中共陕西省委宣传部重大精品图书

中华人民共和国
运动会史

卷 一

（第一届——第四届）

史进 高西广 主编

陕西新华出版传媒集团
三 秦 出 版 社

图书在版编目（CIP）数据

中华人民共和国运动会史 / 史进，高西广主编．—
西安：三秦出版社，2021.8
ISBN 978-7-5518-2446-0

Ⅰ．①中… Ⅱ．①史… ②高… Ⅲ．①全国运动会－体育史－中国 Ⅳ．①G812.20

中国版本图书馆CIP数据核字(2021)第172199号

中华人民共和国运动会史

史进　高西广　主编

责任编辑　高峰　赵炜　郭珍珍
出版发行　陕西新华出版传媒集团　三秦出版社
社　　址　西安市雁塔区曲江新区登高路1388号
电　　话　（029）81205236
邮政编码　710061
印　　刷　中煤地西安地图制印有限公司
开　　本　889mm×1194mm　1/16
印　　张　69.5
字　　数　1571千字
版　　次　2021年8月第1版
　　　　　　2021年8月第1次印刷
印　　数　1—2000
标准书号　ISBN 978-7-5518-2446-0
定　　价　2680.00元（全三册）

网　　址　http://www.sqcbs.cn

谨以此书献给

中国共产党百年华诞
中华人民共和国第十四届运动会

《中华人民共和国运动会史》编辑部

序

体育承载着国家昌盛、民族振兴的梦想，关乎人民幸福，关乎民族未来。已走过60多个春秋的全运盛会，见证了我国群众体育蓬勃发展、竞技体育成绩优异、体育产业亮点纷呈、体育事业成就瞩目的历史发展，见证着我国从体育大国向体育强国迈进的不凡征程。全运会也已成为运动竞技水平最高、规模最大的综合性运动会，是新中国体育事业发展壮大的集中展示和重要标志。60多年发展历程表明，全运会是一幅气势磅礴、雄浑壮丽的历史画卷，是一首百折不挠、勇往直前的奋进史诗，是一曲无私奉献、为国争光的正气赞歌。

“欲文明其精神，先自野蛮其体魄。”百余年前，毛泽东同志在《新青年上》振聋发聩的呼喊，是对民族的警醒，是对每一个同胞的激励。体育，能给人带来健康和活力，更能给国家带来强盛和力量。中国共产党从成立之初，便认识到体育的作用，积极领导和开展体育活动。在苦难深重的年代，体育唤起了民众的救国热情；在百废待举的年代，体育让国人有了民族自信与自尊；在改革开放的年代，体育精神激励着人们追逐梦想；在新时代，发展体育事业不仅是实现中国梦的重要内容，还能为中华民族伟大复兴提供凝心聚气的强大精神力量。

“体育强则中国强，国运兴则体育兴。”“没有全民健康，就没有全面小康。”党的十八大以来，以习近平同志为核心的党中央，把体育强国梦与民族伟大复兴的中国梦紧紧连接起来，中国体育大发展、中国人民大健康、中国地位大提升交相辉映，党和国家各项事业发生了历史性变革，中华民族实现了从站起来、富起来到强起来的伟大飞跃。中国前所未有地接近世界舞台中心，中华民族前所未有地接近伟大复兴目标。

2021年是中国共产党的百年华诞，在这个伟大的历史节点，陕西将举办第十四届全运会。这是陕西的历史性机遇，我们不仅要把各种体育赛事办好办精彩，更要利用好陕西丰富厚重的历史文化资源，向全国人民、国际友人展示陕西社会经济文化大发展大繁荣的景象，展示我国体育取得的辉煌成就。为此，第十四届全运会组委会高度重视，组织国内知名体育史专家编纂《中华人民共和国运动会史》，并以此作为陕西献给全国人民尤其是体育工作者的一份厚礼。

《中华人民共和国运动会史》是国内第一部全运会史，编纂的初衷和方向是牢牢把握体育的根本宗旨，始终坚持以人民为中心的发展理念，坚持竞技体育与群众体育协调发展，进一步增强全民健身意识，加快体育社会化、生活化进程，提高广大人民群众的身体素质和生活质量。

《中华人民共和国运动会史》具有普遍性、代表性和权威性，它通过翔实的历史史料，全面客观真实记载了全运会的历史全貌和重要事件，侧重文化记载和历史传承，将为全运会留下珍贵的文化作品和遗产，也将为未来全运会发展，提供翔实的经验参考，为新时代中国体育事业全面发展做出更大贡献！

编　者

2021 年 8 月

前　言

新中国成立以来，我国体育事业取得了举世瞩目的成就，群众体育蓬勃开展，竞技体育屡创佳绩，体育产业不断发展。1959年9月13日至10月3日，中华人民共和国第一届运动会（以下简称全运会）在北京举行，这是我国体育事业走向新阶段的里程碑。全运会成为中国国内水平最高、规模最大的综合性运动会，是新中国体育事业发展的重要标志。自第一届全运会召开至今，我国已举办了十三届全运会。

我国全运会演进历程大致经历了三个阶段，第一阶段：新中国社会主义革命和建设时期。包括第一、二、三、四届全运会。新中国第一届全运会召开，标志着新中国体育事业承前启后、继往开来走进新时代的开始。第二阶段：社会主义建设和改革开放时期。包括第五、六、七、八、九、十、十一届全运会，随着改革开放的不断深入，体育事业呈现出蓬勃发展的趋势。1983年，国务院决定从第五届全运会开始，每届全运会由不同省市分别举办。同时，全运会项目设置逐渐以奥运会正式比赛项目为目标。这一时期以“举国体制”“奥运争光计划”为引领，竞技体育事业得到了大的发展，确立了世界竞技体育大国、强国的地位。第三阶段：新时代中国体育事业新发展时期。包括第十二、十三、十四届（筹办），明确了体育事业的发展是民族复兴、人民幸福的重要标志，是文化自信的重要组成部分。体育事业发展进入了以人民为中心的新阶段。

新中国成立以来已举办的十三届全运会与我国体育和社会发展历程息息相关。自1959年第一届全运会举办之后，时隔6年，在1965年中华人民共和国成立十六周年前夕举办了第二届全运会。此后，由于受到“文化大革命”的干扰，体育事业基本陷入混乱状态，全运会也被迫中断。时隔10年之后，第三届全运会于1975年9月12日至28日在北京工人体育场举行。1979年在庆祝新中国成立三十周年之际，在北京市举办了第四届全运会。1983年，在上海市举办了第五届全运会。此届全运会上，国家体委决定，全运会每四年举行一次，在各省市轮流举办，使得全运会更加规范化和制度化。1987 年，在广东省举办了第六届全运会。1993 年，第七届全运会由北京市承办，四川省和秦皇岛市协办。1997 年，在上海市举办了第八届全运会。2001 年，在广东省举办了第九届全运会。2005 年，在江苏省举办了第十届全运会，这也是首次通过申办的形式获得的承办权。2009 年，在共和国成立六十周年之际，第十一届全运会在山东省举办。2013 年，在党的十八大之后，在辽宁省举办了第十二届全运会。2017 年，在天津市举办了第十三届全运会。在这一过程中，全运会的举办理念、举办时间、举办方式、举办内容等发生了巨大变化。

全运会在中国的历史舞台上存在了半个多世纪，回顾全运会发展史和改革之路，就会看到我国体育在不同的社会发展时期，都承载着其特有的历史使命。通过体育运动这个载体，促进人们身体、心智和精神的全面发展，全运会是一种超越体育运动和竞技比赛关乎人类和社会和谐发展的社会活动，具有重要的公共价值和意义。

全运会公共价值的表现具有一定的阶段性，可分为前、中、后三个阶段，且每一个阶段的具体表现与效果也存在差异。第一个阶段是从全运会筹备到正式比赛前的阶段。全运会的公共价值主要体现在政府对公众体育意识的引导，如全运会前，地方政府所举办的火炬传递活动、全民健身博览会、各种群众体育活动等，丰富了公众的体育文化生活，起到凝聚人心、振奋精神的作用。第二个阶段是全运会举办期间。全运会的公共价值体现在政府与公众共享体育的盛会，共享竞技体育所带来的荣耀、激情以及感情寄托。第三个阶段是全运会结束后。全运会的公共价值主要体现在政府、公众共享全运会创造的成果，如公众的健身意识逐步加强，为群众体育普及和提高提供了发展平台；体育场地设施条件日益改善，为公众的体育、文化生活提供了载体。让更多的人从全运会中分享快乐，让城市的美化、绿化、净化为公众造福。更重要的是，推动了体育产业的繁荣和城市建设的发展。

全运会不仅是对我国体育发展水平的全面检阅和综合演练，更承载着推动社会和谐发展的积极意义。进入新世纪以来，随着经济社会的全面发展，体育的社会功能也不断得到拓展和深化，人们用更加深刻、更为多元的视角审视全运会的价值。在改革创新的号角声中，全运会努力寻找更宽广的定位，探索多方面社会效益，焕发出新的神采。中华人民共和国运动会史是一笔宝贵的思想和精神财富，其丰富的内容和与时俱进的品格对中国体育改革和发展有着十分重要的意义和作用。总结和研究中华人民共和国运动会历史，为今后体育事业的发展提供了宝贵的实践经验、优良传统和丰富的科学理论，也奠定了中国体育事业发展的基础。

总体来看,新中国成立70年来,我国体育事业发展取得的巨大成就,鼓舞人心、令人振奋。全运会是我国体育事业的集中展示，其历史，如一幅气势磅礴、雄浑壮丽的历史画卷，如一首百折不挠、勇往直前的奋进史诗，如一曲无私奉献、为国争光的正气赞歌，为中国体育发展奠定了坚实的基础。

《中华人民共和国运动会史》是我国迄今为止第一部全运会史，具有很高的史学价值和填补空白的作用。全书试图从文化的视角书写全运会六十年来的发展史，对每一届全运会主要从简介（背景、时间、地点、人数、会徽、吉祥物、主题口号、会歌、祝贺诗文、赛前宣传等）、筹备、开幕式（点火仪式、开幕式领导人主席台照片、欢迎词、开幕辞、开幕式精彩照片、团体操表演或群众文体展演）、组织机构（组委会名单、各代表团负责人名单）、竞赛规程规则（官方公布的竞赛规则）、竞赛成绩（奖牌榜、破纪录的项目及成绩和运动员）、闭幕式、媒体报道、奖品纪念品、友好交流等方面对全运会历史进行整体综述。

本书有助于从史料的系统和研究的全面深入上，展现新中国体育事业之基础。全运会的发展为中国体育事业做出了重要贡献。本书旨在通过翔实的历史资料，真实记载中华人民共和国运动会的历史全貌及重要事件，侧重文化记载和历史传承，全面、真实、立体式呈现前十三届全运会的发展脉络，记录这段珍贵的体育历史，谱写新的篇章。

本书有助于全面搜集与整理中华人民共和国运动会史料文献，抢救正在不断消失的珍贵资料和文化遗产。第一届全运会至今已有60多年，参加比赛的运动员和亲历者至今仍健在的也已高龄，身体状况较弱，对过去的记忆也在逐步淡忘，及时抢救这些活的历史资料，是对不断消失的珍贵资料和文化遗产的保护。我们坚信，随着时间的流逝，有关中华人民共和国运动会历史的各种文献资料，特别是体育文献资料，必将愈加显示出其重要价值。

中华人民共和国运动会史，是中华体育精神和优秀体育道德风尚的重要载体和表现形式。全面、真实地呈现中华人民共和国运动会历史，展现体育事业的发展脉络，有利于弘扬中华体育精神和优秀体育道德风尚。

习近平总书记强调，加快建设体育强国，就要弘扬中华体育精神，弘扬体育道德风尚，坚定自信，奋力拼搏，提高竞技体育综合实力，更好发挥举国体制作用，把竞技体育搞得更好、更快、更高、更强，提高为国争光能力，让体育为社会提供强大正能量。

中华人民共和国运动会史，是中华体育精神和优秀体育道德风尚的重要载体和表现形式。中华体育精神具有强大的感召力，在优秀体育道德风尚引领下，运动健儿展现出积极健康的竞技风貌，精诚团结，奋力拼搏，从一个胜利走向另一个胜利。

加快建设体育强国，是中国人民实现“两个一百年”奋斗目标的重要组成部分。体育精神可以向社会展示强大的影响力和推动力，传递“人生能有几回搏”的奋斗精神。积极向上的体育文化可以充实生活、缓解压力，增加人们的愉悦感和幸福感，并凝聚成有着广泛号召力和凝聚力的社会共识，不断为体育强国建设和实现中华民族伟大复兴的中国梦，输送持续而强大的正能量。

本书将呈现给人们更具体、更易感知的中华体育精神和优秀体育道德风尚。回顾全运会历史，发扬优良传统，弘扬中华体育精神和优秀体育道德风尚，对我们今后体育事业的发展有着极为重要的意义。

在当下，研究、总结中华人民共和国运动会所取得的辉煌成就，传承、发扬中华人民共和国运动会的优良传统，坚持与时俱进、开拓创新，对于新形势下开创中国特色社会主义体育事业的新局面和推进我国由体育大国向体育强国迈进，都有很大的参考价值和借鉴意义。从“体育大国”到“体育强国”，一个更加有温度、深度、气度的梦想正在变为现实。从星星之火到燎原之势，从个体参与到形成风尚，体育强国战略正沸腾起全民健身的海洋，成为标注国家强大与进步的清晰刻度。

十四运将于2021年9月在陕西省举行，全运会不仅仅是体育赛事，更是文化精神的体现，也是展示中国深厚历史文化底蕴的窗口。全运会是竞技的舞台，人民的盛会，它所展现出来的“奋力拼搏，团结协作，追求梦想，为国争光”的全运精神，必将在60多年发展的基础上，继续谱写新的篇章。相信本书一定会为推动全民全运、文化全运、绿色全运、智慧全运、廉洁全运的宣传和落实，起到承上启下、继往开来的作用。

编纂说明

《中华人民共和国运动会史》是我国迄今为止第一部全运会史，具有很高的史学价值和填补空白的作用。全运会是新中国体育事业发展的重要标志，是中国国内水平最高、规模最大的综合性运动会，是新中国体育事业的集中展示。我们编纂本书，试图从文化的视角书写全运会 60 多年来的发展史，对已经举办的 13 届全运会，每一届都从简介（背景、时间、地点、人数、会徽、吉祥物、主题口号、会歌、祝贺诗文、赛前宣传等）、开幕式（点火仪式、开幕式领导人主席台照片、欢迎词、开幕词、开幕式精彩照片、团体操表演或群众文体展演）、组织机构（组委会名单、各代表团负责人名单）、竞赛规程规则（官方公布的竞赛规程）、竞赛成绩（奖牌榜、破纪录的项目及成绩和运动员）、精彩瞬间（赛场运动员比赛的精彩照片）、闭幕式、媒体报道、奖品纪念品、友好交流等 11 个方面对全运会的历史进行整体综述。

从 1959 年第一届全运会举办至今已有 60 多年，时间跨度较大，历届全运会举办时的时代背景、语言风格、竞赛成绩的表述方式等都有很强的时代特征。本着既尊重历史又符合当今要求的原则，我们在本书编纂过程中，对使用的历史资料，非涉及政治原则的不规范之处予以保留，存在原则性问题之处做了必要的技术处理，现简要说明如下：

1. 本书引用的历届全运会的图文资料主要来源于新华社每届全运会的通稿、国家体育总局政府网站、中国新闻网、中国广播网、人民日报、中国体育报（原体育报）、解放军报、中国青年报、光明日报、工人日报、解放日报、辽宁电台稿、天津日报、《体育时空》月刊、新京报、深圳商报等权威媒体。

2. 本书使用的历届照片素材主要来源于自有和外购。

3. 对书稿中出现的人物，依据政府官网公告消息和媒体公开报道消息进行了核查，对核查到的有犯罪行为的人物，如国家体总原副局长肖某、北京市原市委书记陈某同、上海市原市委书记陈某宇、天津市原市长黄某兴、辽宁省原省委书记王某、宁夏回族自治区原政府副主席李某堂、香港特别行政区康体发展局主席洪某禧等人做了删除。

4. 本着尊重历史，保持历史原貌的原则，对历史档案扫描件不做修改。对历史照片的图题文字、竞赛记录表格中的繁体字尽量改为简化字，竞赛成绩的表述尽量规范化。

5. 对历史资料文章中涉及“文革”和带有较强极“左”色彩的语言做了删除。

6. 本书记录历史的时间跨度60多年，语言上不可避免地留有那个时代的痕迹。本着尊重历史，保持历史原貌的原则，本书对前六届中出现在开幕词、欢迎词、闭幕词及媒体报道中的“建国”“解放”“反右倾”等词语不做修改。

7. 本书选用的文章时间跨度很大，其中经历了1956年和1977年两次简化字改革，而第二次简化字使用到1986年就被取消，但在社会上已广泛使用。例如比赛的“赛”字简化成“宧”字，“面”简化成“靣”，这些现象在原始资料里都出现过。我们现在使用的扫描原件为了保持原貌，没有进行修改。

8. 20世纪50年代至80年代，我国体育比赛中，竞赛成绩一项对计时时间的表述方式与现行表述方式不同，例如：旧计时方法为2:13′ 32″，现为2:13.32等。我国是从第九届开始统一执行国际计时方法的。对此，第一届至第八届全运会的“竞赛成绩”扫描件，我们依然保持其原有形式，重新录排部分我们尽量做了调整。

9. 在数字使用上，本着尊重历史，保持历史原貌的原则，前4届使用汉字数字的地方，除年月日和具有统计意义的数字组群改为阿拉伯数字外，其他不做统一修改。

10. 在已经举办的13届全运会中，每届全运会项目都有所不同，有增有减。例如：第五届全运会只保留了两个非奥运会项目，其他全部是奥运会正式项目。这是需要读者注意的一点。

11. 每届全运会的仪程、活动等都有所变化。例如：第四届全运会增加了“新长征火炬接力”活动；第六届全运会增加了“吉祥物”；第九届全运会增加了“会旗”入场仪式等。这是需要读者注意的另一点。

《中华人民共和国运动会史》编纂组

2021年8月

总　目　录

卷一

卷二

卷三

卷一目录

中华人民共和国
第一届运动会

1959年

9月13日—10月3日

北京

简　介

在新中国成立10周年之际，为了展示我国10年来体育事业的发展状况，展示我国社会主义制度的优越性，展示中国人民意气风发建设社会主义的精神面貌，于1959年9月13日至10月3日在北京举办了第一届全运会。为全运会专门建造的北京工人体育场，成为首都十大建筑之一。设足球、篮球、排球、乒乓球、网球、羽毛球、手球、棒球、女子垒球、水球、马球、田径、公路自行车、体操、技巧运动、举重、游泳、跳水、赛艇、武术、中国式摔跤、射箭、中国象棋、围棋、赛马、障碍赛马、射击、摩托车越野、摩托车环行公路、无线电收发报、航海多项、航海模型、滑翔、飞机跳伞、伞塔跳伞、航空模型等36项竞赛项目。场地自行车、击剑、自由式摔跤、古典式摔跤、国际象棋、水上摩托艇等6个表演赛项目。来自29个省、区、市及解放军代表团的10658名运动员参加了各项比赛。其中到北京参加比赛的运动员有7707人。共设立384枚金牌、405枚银牌、380枚铜牌。

本届运动会有7人4次4项破世界纪录，有664人844次106项破全国纪录。

会　徽

由金色的跑道、金色的麦穗和夸张的红“1”字组成，麦穗代表新中国成立10周年的丰硕成果，而似乎要冲出跑道的“1”字恰似上升的“箭头”，象征着当时人们热火朝天建设新中国的激情。

开幕式会场鸟瞰

筹　备

贺龙副总理在筹委会成立会上的指示

（摘要）

明年召开的第一届全国运动会，是庆祝国庆十周年活动的主要项目之一。几年来，我国政治、经济面貌发生了根本的变化，取得了经济战线、政治战线和思想战线上社会主义革命的胜利，正在进入以技术革命、文化革命为中心的伟大社会主义建设新时期，全国人民干劲冲天，精神奋发。工农业发展很快，农业不断放出卫星，小麦总产量超过了美国。这是党的领导、政治挂帅的结果。在建国十周年之际，我国人民将欢欣鼓舞庆祝伟大的成就。全国运动会另一个重要意义是检阅十年来体育运动的成果，促进体育事业大跃进。新中国体育运动已取得了很大的成就，目前有一亿人民经常参加体育活动；二百六十七万多人通过劳卫制；二十二万五千人达到等级运动员标准（以上数字不包括解放军的统计），其中运动健将四百一十人；青少年业余体育学校一万六千多所，学生七十七万多人；体育院校九十五个，另有一个业余体育大学和系科，但从六亿人口来看，还是不相称的。工农业生产大跃进，提高了劳动人民对增强体质的要求。我们要在工农业生产发展基础上，大搞群众性的体育运动。体育运动只有紧密结合生产，为生产服务，才能适应国家建设的需要，才能在广大群众中间生根、开花、结果，成为广大群众所喜爱的活动。山东高唐县开展群众体育运动后，出现了五变的新气象：下地迟变下地早；下地零散变下地整齐；下地慢变下地快；干活质量低变干活质量高；精神消沉变精神奋发。全县人民在抗旱中也坚持锻炼，没有挤掉体育。

体育和国防的关系更密切，海、陆、空军都要有体力，空军一小时飞行几百公里以至上千公里，没有体力怎么能行？首届运动会的规模是空前的。运动员一万二千多人，四十三个项目，陆上、水上、天上的都有，这在我国历史上是没有的。国民党办了七届运动会，最多的一周才八个项目，二千多人，七届运动会加起来，总共还不到一万人。像我们这样的规模在世界上也少有，第十六届奥林匹克运动会才十六个项目，四千多人。

第一届全国运动会在国际上也有重大的政治意义。体育运动是国际政治斗争的一个组成部分。我国运动员 1956 年在日本东京举行的世界乒乓球锦标赛中，打败了美国选手；1957 年郑凤荣拿下了美国人保持的女子跳高世界纪录，震动了全世界。最近，我们为了彻底粉碎美帝国主义利用国际体育组织制造“两个中国”的阴谋，我国奥委会宣布不承认国际奥委会并退出了凡有蒋匪帮代表参加的九个国际体育组织。我们更要发奋图强，

贺龙在筹委会会议上讲话

拿出成绩给那些帝国主义分子看看。各省、市除了在全运会上争总分第一之外，更要努力创造世界纪录，为体育战线上的“东风压倒西风”贡献力量。

第一届全运会的准备工作，各地正在积极进行。要求大家以准备全运会为纲，带动体育工作全面大跃进。

各省、市对这次运动会都很重视，成立了筹委会，党政负责同志亲自挂帅，一些省市还建立了地、县筹委会，专员、县长挂帅劲头很大。河北提出拿第一，上海要和北京争夺冠军，山西、湖南也提出力争第一；辽宁向上海挑了战。各省、市都争第一，都力争上游，世界纪录就有保证。明年第一届全运会是件大事，光靠体委几个干部是不行的，必须依靠党的领导，和有关方面协同努力，发动群众，充分发挥广大体育工作者和运动员的干劲，调动一切积极因素大搞群众体育运动。

明年全运会前，要有计划地训练运动员，大搞劳卫制。因此，各基层单位要普遍组织运动队，举办运动会，层层选拔，层层破纪录；大办业余体育学校；采取大、中、小结合的办法，大量训练干部和技术人才，才能保证群众体育运动日益增长的需要。

目前农村体育运动声势很大，有一百六十多个县普及了体育活动，乡乡社社建立体育协会，修起许多运动场，每个生产队差不多都有运动队和锻炼小组，开展了多种多样活动。山东省高唐县已有一万多人通过劳卫制，辽宁北票县已有一千多个等级运动员。从这些县的经验和干劲看，

贺龙副总理在参加全运会的运动员、工作人员誓师大会上讲话

农村体育完全可以高速度发展。农村体育不仅是普及体育运动中的根本问题，也是技术提高的雄厚后备力量。农村人口多，人才也多，体育工作要向工农开门，运动员要到工农兵中去挑选，教练员也要在群众中解决。

解放了的中国人民要有争取胜利和破世界纪录的雄心大志，我们要更快地赶上和超过世界水平；要叫人家来破我们的纪录，不要老跟在人家屁股后面跑，要采取一切措施，在普及基础上大量训练运动员。现在全国大搞人民公社，实现组织军事化、行动战斗化、生活集体化，更有利于开展体育运动。山西组织五百万劳动力，实现全

民皆兵，以这些人做基础，就能创造新成绩、创造世界纪录。除了已经开展的运动项目外，各省、市特别是兄弟民族地区；要发掘自己特有的项目，拿到全运会上比赛或做表演，好的项目可以提倡。

继续克服保守思想，大破迷信，反对教条主义，政治挂帅，是体育工作不断跃进的关键。据最近江苏召开的高等学校体育工作会议反映，有些人还有严重的保守思想，认为“力争上游，勇气不足；退居下游，于心不甘；稳居中游，心安理得”。要纠正这种落后思想，树立敢想、敢说、敢干的共产主义风格，要像工人农民那样动脑筋，找窍门，要像安徽合肥矿业学院那样，放个体育卫星，100% 学生达到等级运动员和劳卫制二级。合肥矿业学院的条件并不怎么好，可见事在人为，主要靠解放思想、政治挂帅。

对运动员特别要加强政治思想教育，从政治、技术各方面，爱护他们，帮助他们。反对资产阶级思想，反对娇气和骄气。

教练员要进行思想改造，不能把运动员交给那些没有改造的人。有的教练员思想没解放，迷信几个死的打法，迷信几个运动员。这种思想要教育，要批判。体育大跃进，各地都缺乏教练，要改造老的，提拔新的，培养外行为内行。要在实践中，培养教授、讲师，运动员都来当教练，大办训练班，要做到又是老师又是学生，又是学生又是老师。山西提出以秀才教状元，状元的老师不一定是状元，要以土胜洋，这是很对的。协作区互相帮助也是一个办法。

教育全体干部、运动员和教练员，学哲学、学毛主席的著作、学会运用辩证唯物观点分析问题，打破迷信观点和教条主义，提倡技术革新，发挥独创性，用我们的优点，如灵巧、弹跳力好、快速等来取胜。要在自己的基础上学习外国先进的东西，不能学了别人的，丢了自己的特长和固有风格。排球快板，是我们的创造，但自己丢了，被外国人学了打我们，这是吃了迷信的亏。别人什么都好，自己就不好。要研究矮个子如何打败高个子。我们的射门为什么总不准，左脚老踢不好？有的球队只有一种打法，就是快攻，别人一慢就施展不出本领来了。举重挺举都好，推举、抓举都差。要发挥群众智慧，大家想办法来提高技术水平，鼓励创造发明，鼓励优秀者、先进者。在运动员中要提倡勤学苦练，先进技术是从辛勤的劳动中得来的，不出汗就不能出成绩。各级体委领导要深入下层，种试验田，办器材工厂，抓技术领导，抓现场会议，评比检查，树立先进旗帜。领导亲自动手，与群众结合，才能放出卫星，才能更好地带动群众前进，把体育运动有声有色地搞起来。

明年全运会，各省、市要把自己好的团体操拿来表演，要有器械体操等新内容，不能老一套。

体育是人民大众的精神文化生活，是增强人民体质、进行共产主义教育的一种手段，它为经济基础工农业生产建设服务，为国防建股服务，从国际上来说，体育又是国际交往的一种工具。我国工农业生产、文化等方面都放卫星，体育运动也一定能放卫星。坚持党的领导，政治挂帅，听党的话，多请示、汇报，工作就能做好。体育工作者、教练员、运动员，要拔白旗、插红旗，做到又红又专；要用共产主义思想、辩证唯物观点武装起来。

贺龙副总理在全运会筹委会第二次会议上提出要求

反右倾 鼓干劲 一定开好全运会

大会主席团宣布成立并举行首次会议

本报讯 中华人民共和国第一届运动会主席团第一次会议在7日下午召开。会议讨论和通过了中华人民共和国第一届运动会指挥部以及各部负责人名单；通过了第一届全运会开幕式和闭幕式程序。

第一届全运会指挥部由荣高棠任总指挥，李达、黄中、张青季、李梦华任副总指挥。指挥部下设指挥部办公室、竞赛部、宣传部、行政管理部、团体操表演部和外宾接待部等部、室。

又讯 第一届全国运动会筹备委员会7日下午举行了第二次会议。会议听取和一致通过了全运会筹备委员会秘书长黄中关于“第一届全运会筹备工作报告”。会议讨论和通过了中华人民共和国第一届运动会主席团名单（附后）。至此，去年9月成立的第一届全国运动会筹备委员会的工作，已经完满的结束。

国务院副总理兼国家体育运动委员会主任贺龙在这次会上作了重要指示。他说，第一届全国运动会的规模很大，各地选拔工作做得很好。贺龙副总理号召全体体育工作者和运动员更进一步深入学习党的八届八中全会的决议，反右倾、鼓干劲，把这次全国运动会开好。

（刊载于《体育报》1959年8月8日）

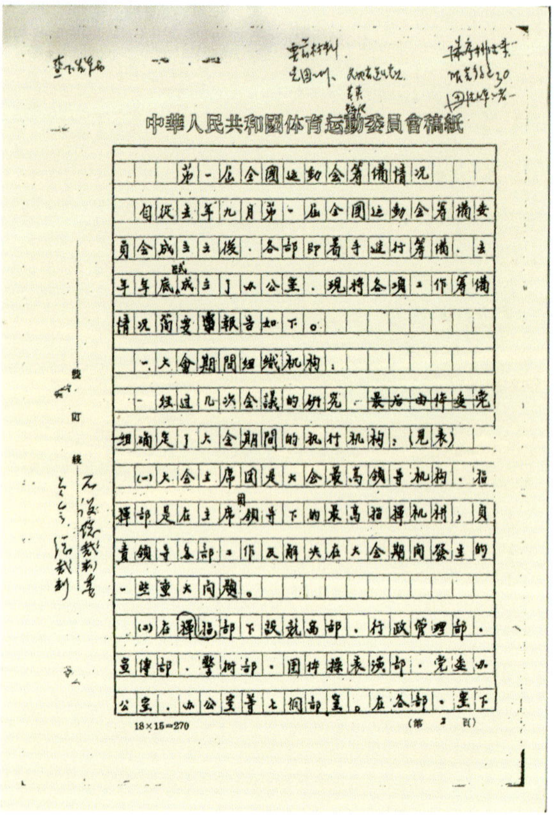

中華人民共和國体育运動委員會稿紙

第一屆全國運動会筹備情況

自從去年九月第一屆全國运動会筹備委員会成立之後，各部即着手進行筹備。去年年底成立了办公室。現將各項工作筹備情況簡要報告如下。

一、大會期間組織机构：

經過几次会議的研究，最后由体委党組確定了大会期間的組織机构：（見表）

（一）大会主席团是大会最高領导机构。指揮部是在主席团領导下的最高指揮机构，負責領导各部工作及解决在大会期間發生的一些重大問題。

（二）在指揮部下設競賽部、行政管理部、宣傳部、警衛部、团体操表演部、党委办公室、办公室等七個部室。在各部、室下

18×15=270 （第2頁）

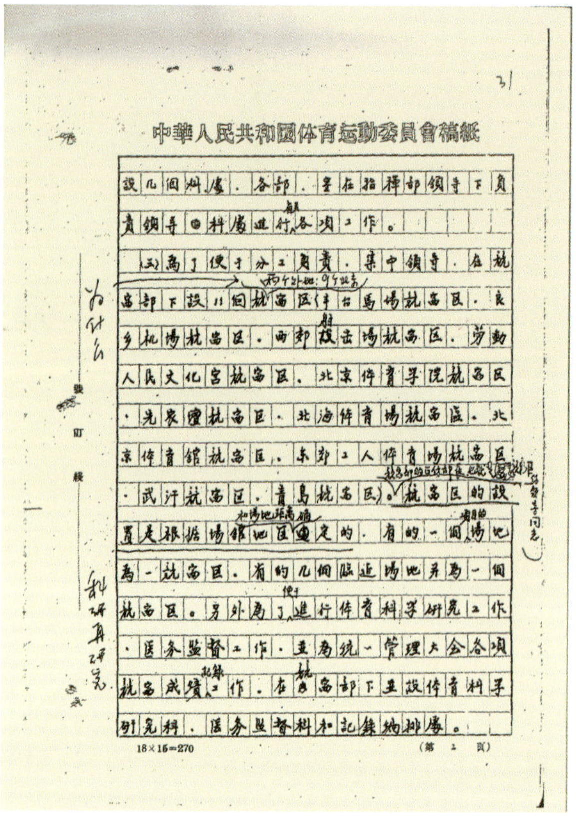

中華人民共和國体育运動委員會稿紙

設几個科處。各部、室在指揮部領导下負責領导各科處進行各項工作。

（三）為了便于分工負責，集中領导，在競賽部下設11個競賽區（丰台馬場競賽區、良鄉机場競賽區、西郊射击場競賽區、勞動人民文化宮競賽區、北京体育学院競賽區、先農壇競賽區、北海体育場競賽區、北京体育館競賽區、东郊工人体育場競賽區、武汉競賽區、青島競賽區）。競賽區的設置是根據場館地區劃定的，有的一個場地為一競賽區，有的几個臨近場地并為一個競賽區。另外為了進行体育科学研究工作、医务監督工作，並為統一管理大会各項競賽成績工作，在競賽部下並設体育科学研究科、医务監督科和記錄編排處。

18×15=270 （第2頁）

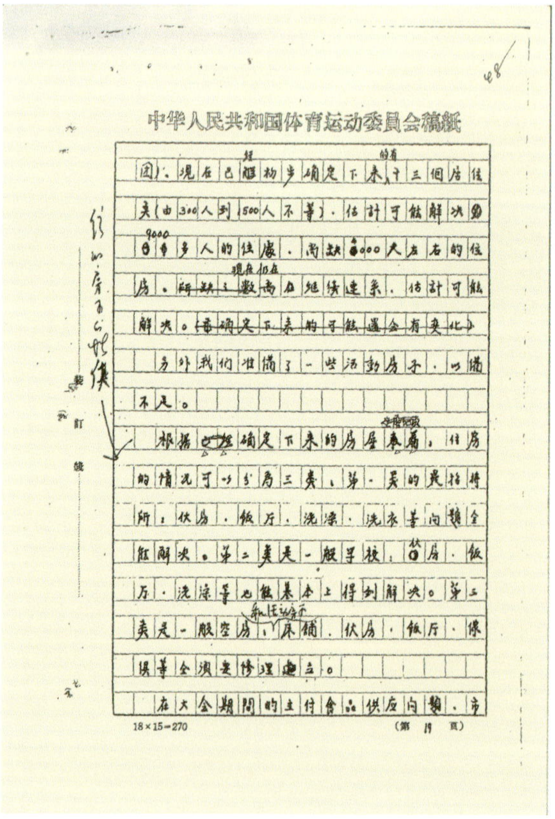

中华人民共和国体育运动委员会稿紙

团）。現在已經初步確定下來十三個居住處（由300人到1500人不等），估計可能解決9000多人的住處，尚缺2000人左右的住房，現在仍在繼續連系，估計可能解決。

另外我們准備了一些活動房子，以備不足。

根據已經確定下來的房屋來看，住房的情況可以分為三类：第一类的是招待所，伙房、飯厅、洗澡、洗衣等問題全能解决。第二类是一般学校，伙房、飯厅、洗澡等也能基本上得到解决。第三类是一般空房，床鋪、伙房、飯厅、傢俱等全須要修理建立。

在大会期間的主付食品供應問題，市

18×15=270 （第19頁）

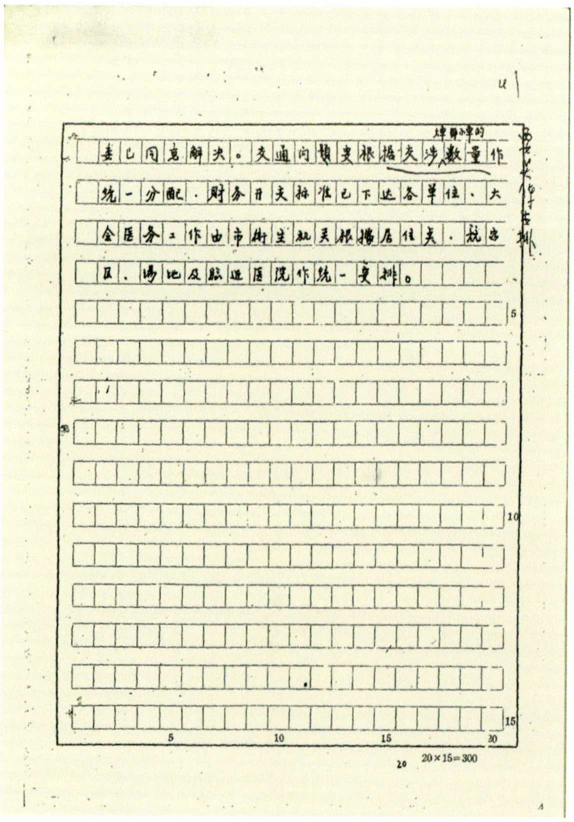

委已同意解决。交通問題要根據交涉數量作统一分配。財务开支标准已下达各单位。大会医务工作由市衛生机关根據居住处、競賽區、場地及臨近医院作統一安排。

20×15=300

来源：国家体育总局办公厅信档处

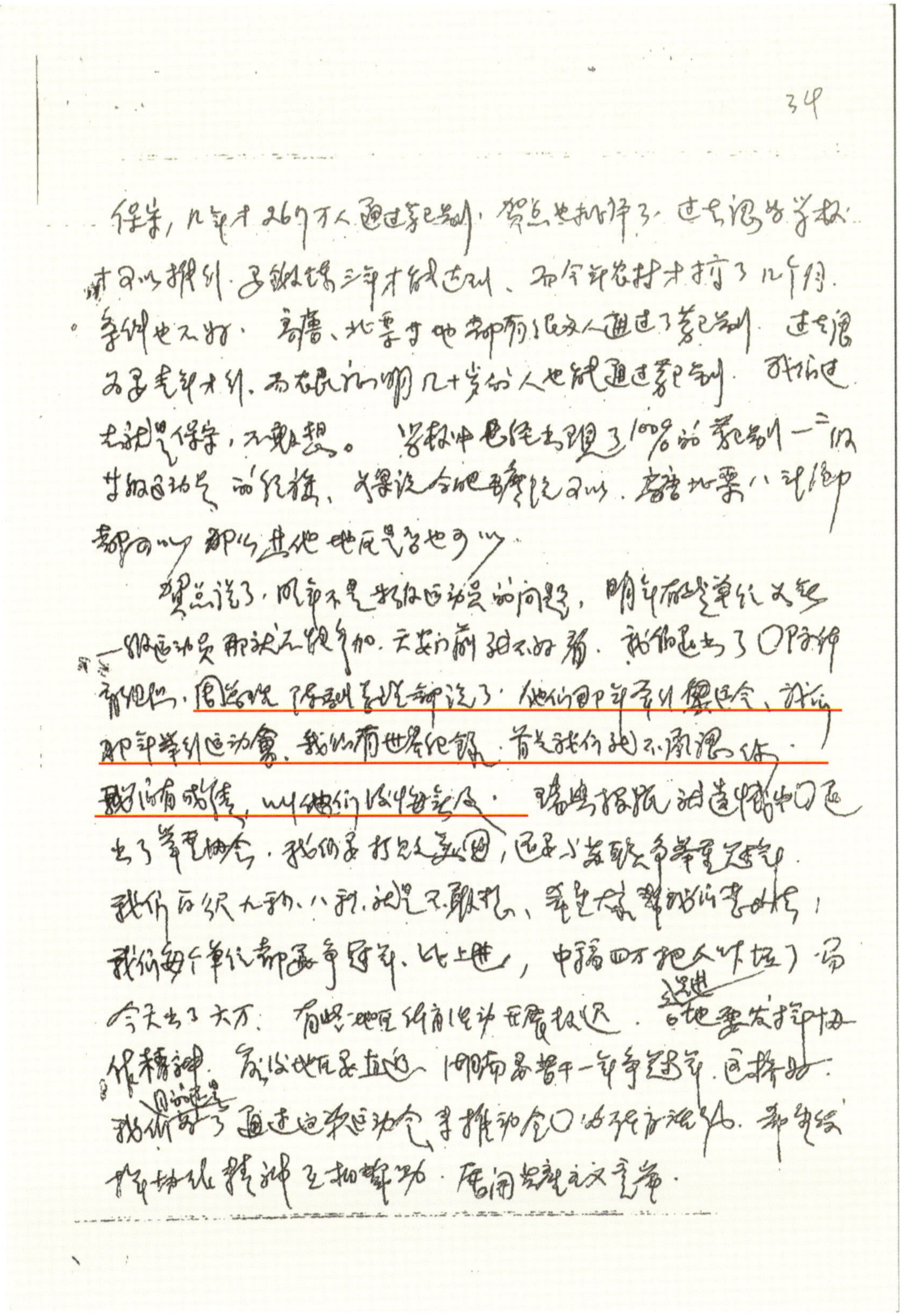

以上画红线部分文字：周总理、陈副总理都说了，他们那年举办奥运会，我们那年举办运动会，我们有世界纪录，首先我们就不承认你，我们有成绩，叫他们后悔无及。

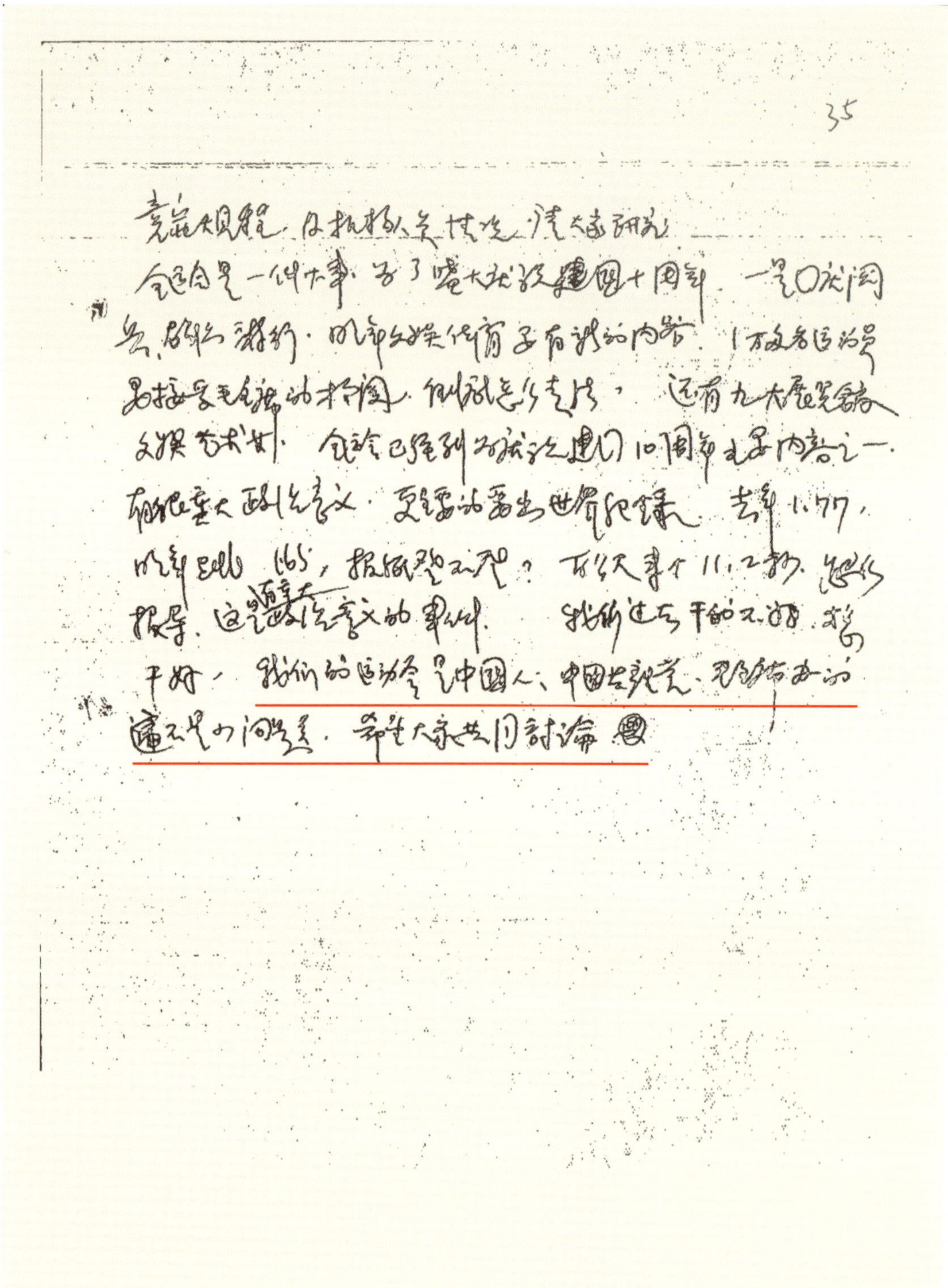
35

竞赛规程，由技术人员讨论，广泛大家研究。

全运会是一件大事，为了庆祝我们建国十周年，一是口号问题，群众游行，内部文娱体育等有许多的内容，1万多名运动员要接受毛主席的检阅，能放多少？还有九大展览馆，文娱艺术等。全运已经列为我们建国10周年主要内容之一，有很重大的政治意义，要创造出世界纪录，去年1.77，今年跳1.65，[illegible]？万公尺[illegible]11.2秒，[illegible]报导，这是有重大的政治意义的事件，我们这次干的不错，干好。我们的运动会是中国人、中国共产党、毛主席办的，这不是小问题，希望大家共同讨论。

以上画红线部分文字：我们的运动会是中国人、中国共产党、毛主席办的，这不是小问题，希望大家共同讨论。

第一届全运会
北京工人体育场图标

速写　李解作

第一届全运会
竞赛项目体育图标

开 幕 式

第一届全运会受到党和国家领导高度重视，毛泽东、刘少奇、朱德、周恩来等党和国家领导人出席了开幕式，中共中央政治局委员、国务院副总理贺龙致开幕词。比赛期间，周恩来总理为新中国成立10年来打破世界纪录和获得世界冠军的优秀运动员颁发了“体育运动荣誉奖章”。

毛泽东主席向观众招手致意

毛泽东主席、刘少奇主席、朱德委员长、周恩来总理等党和国家领导人在主席台上

毛泽东主席与群众亲切握手

团体操表演

正在入场的人群

各省、市、自治区运动员列队在主席台前

庄严的国徽和鲜艳的红旗作为先导，引领运动员进入会场

彩色气球飞上天空

裁判员入场

优秀运动员入场

优秀运动员入场

陕西省代表团入场

北京市代表团入场

西藏自治区代表团入场

中国人民解放军代表团入场

检阅前再整装

国务院副总理贺龙致开幕词

开幕词

贺　龙

同志们：

我代表中国共产党中央委员会和国务院，衷心祝贺中华人民共和国第一届运动会胜利地开幕，并向到会的来宾表示热烈的欢迎！

这次全运会，是在全国人民热烈响应党的八届八中全会号召，反右倾，鼓干劲，掀起增产节约运动新高潮，为提前在今年内完成第二个五年计划的主要指标，以辉煌的成就迎接伟大的国庆十周年的欢腾气氛中召开的。在这光辉的十年里，我国各族人民，在党中央和毛主席的英明领导下，以要高山低头、河水让路的英雄气魄，取得了社会主义革命和社会主义建设的空前的伟大的胜利。

我国体育事业，由于坚决执行了党中央和毛主席关于开展群众性体育运动、为生产和国防服务的方针，十年来也取得了巨大的成就。特别是从1958年以来，在党的社会主义建设总路线的光辉照耀下，在全国人民大跃进、人民公社化、全民皆兵运动的鼓舞和推动下，无论是群众体育的普及，或是运动技术水平的提高，都获得了飞跃的发展和显著的成绩。这对于保证和配合生产、工作、学习任务的完成，起了十分有益的积极作用。现在全国有成亿的人经常参加体育活动。广播体操已成为广大人民日常生活的一部分。在保卫祖国安全的全民皆兵运动中，打枪习武已成为千百万人的爱好，并且涌现了许多优秀的射手。成批的人通过了劳卫制和等级运动员标准。

在广泛的群众体育运动中，涌现了无数的优秀运动员，技术水平也提高很快。解放后，我国运动员创造和打破了两千八百多次全国纪录，出现了一个世界冠军。这是中国历史上从来没有过的。1956年和1957年只有三人六次打破三项世界纪录，而在大跃进的1958年就有九人八次创造六项世界纪录，增长了一倍多。在继续跃进的1959年，仅1–8月，就有二十九人在十二个项目中打破了十二次世界纪录，又使我国技术水平大大前进了一步。

我国体育运动所以得到迅速发展，是和全国人民建设社会主义的积极热情分不开的，也是和全国大跃进分不开的。不可设想，没有人民精神面貌的改变，没有生产的发展和物质生活的提高，人民的体育运动会不会出现这样好的局面。这一切说明，我国广大劳动人民在中国共产党的领导下，不仅在政治上彻底翻了身，经济生活得到了提高和改善，在体质上也有了显著的增强。

我国体育事业取得的巨大成就，是由于党和毛主席，以及人民政府对体育运动的一贯重视和正确领导，对劳动人民身体健康无限关怀的结果。中华人民共和国成立后，党和国家把体育运动列为社会主义建设事业的重要组成部分。毛主席关于“发展体育运动，增强人民体质”的指示，党中央关于“改善人民健康状况，增强人民体质，是党的一项重要政治任务”，是“向劳动人民进行共产主义教育的重要手段之一”的指示，为我国体育运动指出了明确的方向，开辟了广阔的道路。党和国家还为体育运动的开展，创造了充分的物质条件。如在培养干部方面，各省、市、自治区都普遍建立了体育学院或体育学校，青少年业余体育学校也获得了蓬勃的发展；各地还新建了许多体育场和体育馆，这是群众进行体育锻炼和提高运动技术水平的重要基地。

在今后工作中，必须坚决执行体育运动为生产和国防服务的方针；加强党的领导，政治挂帅，反对右倾思想，高举总路线、大跃进、人民公社的光辉旗帜；继续贯彻普及与提高相结合的原则；学习苏联和其他兄弟国家的先进经验；普及群众体育运动，增强人民体质，加速提高运动技术水平，不断创造新纪录，特别是提高主要运动项目的成绩；把我国的体育运动推向一个更加普遍、深入发展的新阶段。

为了庆祝建国十周年举行的这届全国运动会，它的规模在我国还是空前的，包括四十二个比赛和表演项目。在大会筹备过程中，受到党中央和各级党委的亲切关怀，受到广大人民的热烈支持。参加这次运动会的，包括各民族的一万多名运动员，他们是从基层、县、市、省层层选拔出来的。全国共有五千多万工人、农民、学生、干部和部队官兵参加了这次大会的选拔，形成了一个参加体育活动的高潮，并多次创造了省、市、自治区纪录、全国纪录和世界纪录，充分体现了体育工作普及与提高相结合的方针。这次运动会不仅将检阅我国体育运动十年来所取得的成就，也是表现我国人民力争上游的共产主义风格的比武场。运动会的目的，是要团结全国体育工作者，推动群众体育运动的发展，和在若干运动项目上创造优异成绩。希望大会全体同志遵照党中央的指示，政治挂帅，鼓足干劲，力争上游，发扬敢想敢干的共产主义风格和优良道德作风；同心同德，团结一致，认真负责，虚心学习；胜不骄，败不馁，以中国人民在大跃进时代的英雄气概，千方百计地创造优异成绩，把全运会开得好，开得精彩！

庆祝中华人民共和国成立10周年！

总路线万岁！

大跃进万岁！

人民公社万岁！

伟大的中华人民共和国万岁！

伟大的中国共产党万岁！

中国人民的伟大领袖毛主席万岁！

焰火表演

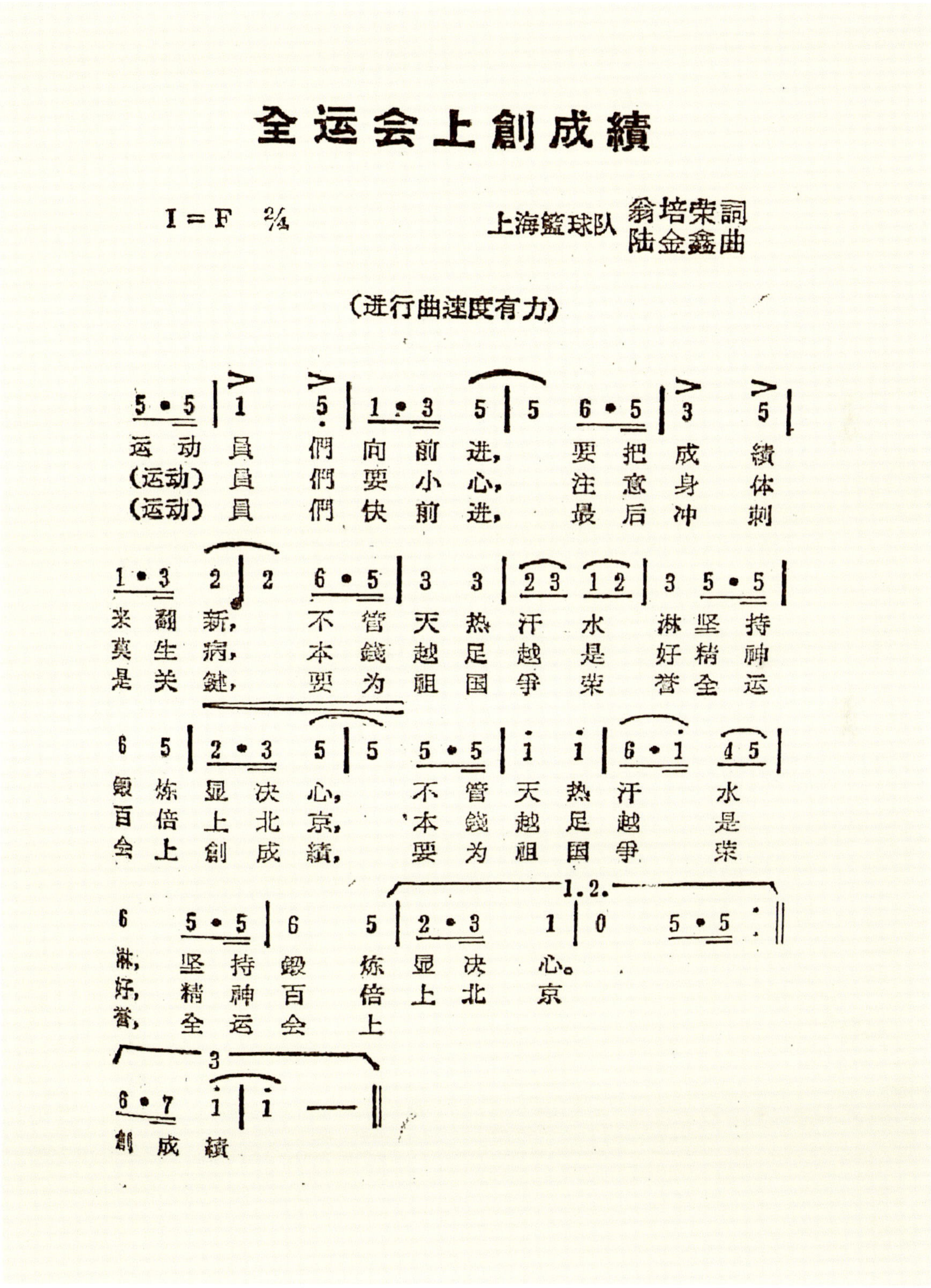

第一届全运会会歌（来源：《第一届全运会纪念册》）

全运会上的团体操

在全运会开幕和闭幕式上，北京市的部分大、中、小学和天津体育学院共八千名学生表演了大型的团体操——“全民同庆”。

团体操有五个部分。

第一部分是“幸福儿童”。一千八百多名戴着红领巾的少先队员，踏着音乐的节拍，时而摆动着小手如小燕展翅，时而躬着小腰伏地像小鸽啄食。他们跳着、唱着，表演着各种劳动的动作：铲土、植树、浇水。它反映了新中国的少年儿童一代，在党和政府的关怀培育下幸福地生活着、成长着；他们热爱劳动，热爱祖国，热爱党和毛主席；他们正在努力学习，锻炼身体，准备做我们共产主义事业的接班人。

第二部分是“青春的花朵”。一千多名穿着浅蓝色短裙的健美少女，踏着轻快的步伐，用两千多个彩球组成无数个鲜艳的花丛，翩翩起舞的“蝴蝶”采着花粉，使花丛生意盎然。随着柔和的旋律和幸福的歌声，她们用健美的身体组成了一个瑰丽无比的大花坛。它象征着我们幅员辽阔的祖国，在共产党的领导下，已到处是百花盛开的花园，人们已走上了幸福生活的道路。

第三部分是“群英比武”。七百多名健壮的男女青年，姿态英武，精力充沛，伴随着悠扬的民族乐曲，踏着古典舞蹈的步法，表演了许多优美的武术动作，表现了独特的民族风格，生动地显示了我国人民勤劳、勇敢、纯朴和不可欺的民族气质。

第四部分是“健美的青春”。七十二对强健美丽的男女青年，表演了高超的技巧动作。每一个动作都像是艺术巨匠的杰作，都是人体健美的艺术造型。它反映了我们年轻的一代遵照毛主席的指示，锻炼身体，增强体质，为建设和保卫祖国贡献自己的力量。

团体操的最后一部分是“祖国万岁”。四千多名青年组成了许多图案，来歌颂我国工人、农民的英勇劳动和祖国的繁荣富强。翻滚的麦浪和林立的高炉，显示着工农联盟坚如磐石，歌颂着我国工农业生产的大跃进。从“1949—1959”的字样和《歌唱祖国》的歌声中，洋溢出全国人民为庆祝新中国成立十周年，感谢党和毛主席，欢欣鼓舞的热烈气氛。

精彩的表演博得了全体观众春雷般的掌声，人们为生活在毛泽东时代感到幸福，为伟大祖国的日益繁荣感到骄傲。

团体操：幸福儿童

团体操

团体操特写：红罗伞

团体操：工人操

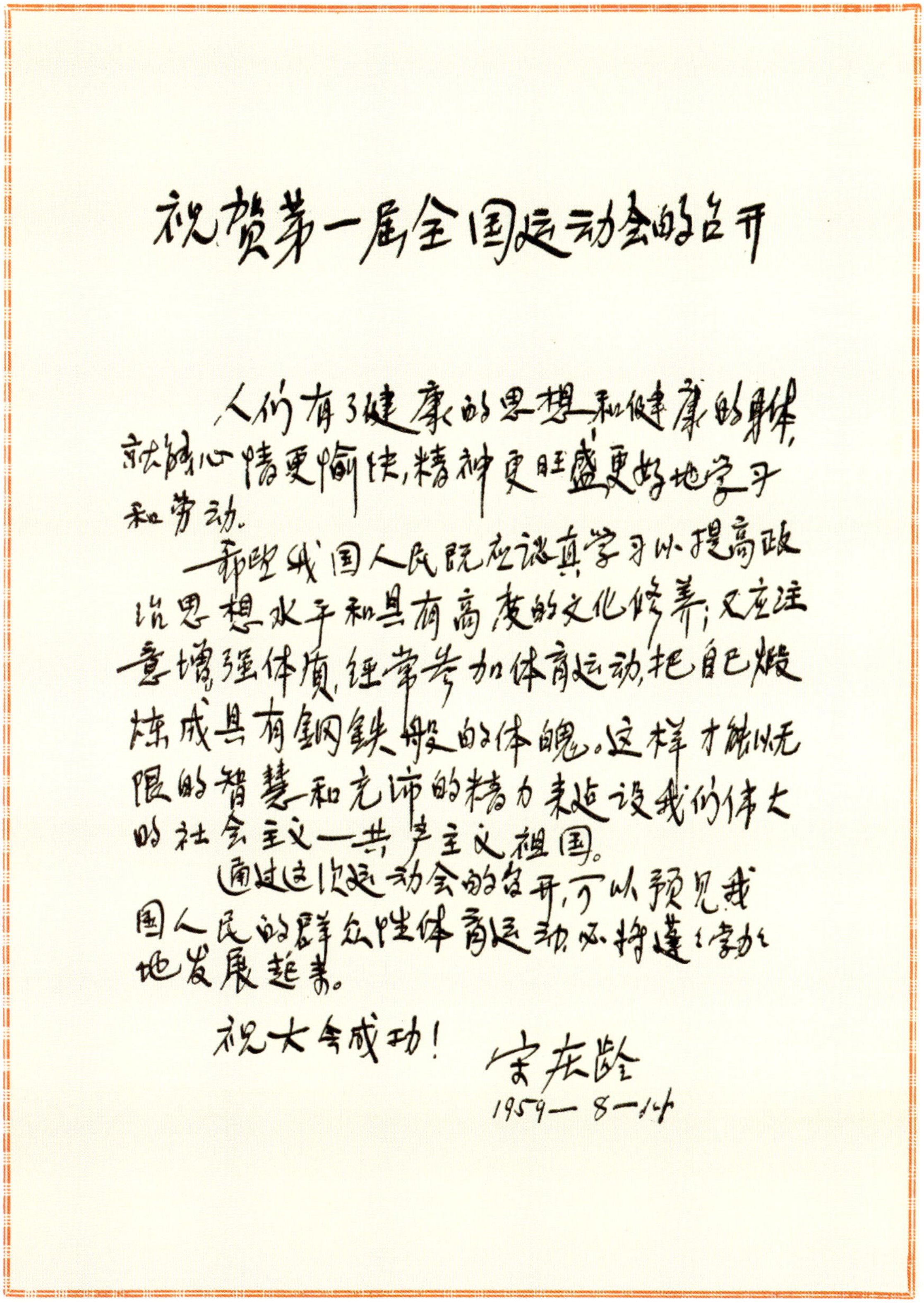

祝贺第一届全国运动会的召开

人们有了健康的思想和健康的身体，就能心情更愉快，精神更旺盛，更好地学习和劳动。

希望我国人民既应认真学习以提高政治思想水平和具有高度的文化修养；又应注意增强体质，经常参加体育运动，把自己锻炼成具有钢铁般的体魄。这样才能以无限的智慧和充沛的精力来建设我们伟大的社会主义、共产主义祖国。

通过这次运动会的召开，可以预见我国人民的群众性体育运动必将蓬蓬勃勃地发展起来。

祝大会成功！

宋庆龄

1959—8—14

宋庆龄题词（来源：《第一届全运会纪念册》）

祝贺第一届全国运动会开幕

董必武

在全国人民欢迎庆国庆十周年的前夕，我国第一届全国运动会召开了。这是全体运动员、体育工作者、体育爱好者以及中国人民的一件大喜事。在这次全国运动会上，将对我国过去十年来在党和毛主席的英明领导下所得到的巨大成就进行一次全面的教育和汇报；将对我国人民体育运动十年来所积累、探索出来的丰富经验以及运动技巧进行一次系统的总结和广泛的交流；来自全国各个角落的体育运动人才将在互相观摩和友谊竞赛的基础上进一步创造出更多的达到和超过全国水平和国际水平的新纪录；他们当中将涌现出大批运动健将和等级运动员。我衷心地祝愿这次大会的成功!

体育运动的发展对社会主义建设事业起着巨大的促进和推动作用。希望通过首届全运会的召开，我国革命性的体育运动能在全国范围内开展起来，举国上下，男女老幼，人人都积极的锻炼身躯，健壮气魄，我们建设祖国和保卫国家才能更有保证。

祝百尺竿头更进一步

聂荣臻

在旧中国的黑暗年代里，西方殖民者诬蔑我们是“东亚病夫”。我国革命的伟大胜利，永远结束了中国人民的悲惨命运，开辟了中国人民幸福前途。体育工作和各方面的工作一样，十年来，取得了辉煌的成绩，特别是去年以来，在党的建设社会主义总路线的光辉照耀下，更获得了空前的跃进。群众性的体育活动大发展，体育运动成果大丰收，广大人民群众健康水平提高了。体育工作对工农业的大跃进和国防建设事业起了很大的作用。

第一届全国运动会是我国运动成绩的大检阅，我热烈地祝贺大会的召开。祝贺全体运动员和体育工作者百尺竿头更进一步，争取更大的成就。要鼓足干劲，力争上游，更大地开展群众性的体育活动。体育工作一定要能够更好地为社会主义建设奋斗。

歌颂全运会

郭沫若

秋高气爽，
浦望红旗迎风飘扬。
我们的祖国呵，我们的党！
你今天检阅着全国青年的健康。
你看呵，全国青年在你的抚育下，
都显得精神旺盛，身体强壮，
意志风发，气宇轩昂。
我们要继续鼓足干劲，力争上游，
无论在空中，在水中，在陆上，
也无论是举重、球赛、投弹、投枪、
游泳、赛跑、跳高、跳远、滑翔……
各个项目都要出现冠军，
都希望打破国家纪录、世界纪录，成绩辉煌。
我们不仅要把瘟神和战争一概送葬，
还要继续向地球开战，向自然开战，
征服核子，征服宇宙，征服太阳。
我们要把宇宙当成一个氢气球，
让我们操纵着飞来飞往；
我们要把太阳当成一个红皮球，
在我们的脚下或者手里，
踢进球门，投入篮内，抛过球网。
这是不是纯粹的一味夸张？不！
这是说，我们要鼓足主观的能动力量。
我们不仅要攀登上最高峰，
还要创造出最高峰；
要使所有的高峰都像雨后春笋，
不断地上长，上长，上长，上长。
盘古开辟天地的神话
显示着我们先人的敢做、敢说、敢想；
这开辟天地的盘古就是我们的榜样。
我们的祖国呵，我们的党，
你今天检阅着你全国儿女们的健康。
我们要把我们的健康向国庆十周年献礼，
要从这健康中产生出多量的钢、煤、棉、粮，
要从这健康中产生出卓越的艺术、科技、思想。
祝我们的党、我们的祖国永远蒸蒸日上！
祝我们亲爱的导师毛泽东主席万寿无疆！

1959年8月27日

祝贺首届全运会

班禅额尔德尼·确吉坚赞

国庆十周年将要来临。回顾十年来，我国各族人民在党中央和毛主席的英明领导下，以排山倒海的英雄气魄建设着我们伟大的祖国，在各个战线上都取得了辉煌的成绩，体育事业也得到了迅速的发展和巨大的成就。特别是近两年来，在鼓足干劲，力争上游，多快好省地建设社会主义总路线鼓舞下，全国出现了一个大跃进的形式。随着我国各项建设事业的大跃进，体育运动也掀起了一个前所未有的高潮，创造了很多惊人的奇迹。

在国民党统治时期，我国的体育事业是很落后的。自从中华人民共和国成立后，短短的十年里，在党中央和毛主席的领导和关怀下，我国的体育事业一日千里的向前发展着，体育运动形成了全面性的运动，无论是城市、乡村、工厂、学校、军队机关和人民公社都普遍地开展了体育运动，大大增强了人民的体质，丰富了人民的文化生活，对我国社会主义建设事业起了积极作用。在群众性体育活动开发开展的基础上，出现了大批等级运动员和运动健将，技术水平在不断迅速的提高，各项国家最高纪录，后浪推前浪地被刷新着。我们大家很熟知的陈镜开，曾多次打破世界纪录。1957年我国青年女运动员郑凤荣，打破了美国人保持的女子跳高世界纪录，震动了全世界。不久前在第25届世界乒乓球锦标赛中，我国年仅21岁的青年乒乓球选手容国团又在28个国家和地区的的200多名好手中，夺得了引人注目的男子单打世界冠军，为我们伟大的祖国，争得了光辉的荣誉。游泳、跳水等项目也曾多次的创造了世界纪录。这些成绩充分地证明了共产党和毛主席的伟大，充分证明了社会主义制度无比的优越性。

全国各族人民殷切地盼望着的首届全国运动会就要开幕了。这是一个不平常的运动会，是检阅我国体育事业十年来取得巨大成绩的大会。我祝贺并深信在这次全运会上会出现很多优异的成绩，向十周年国庆，向党中央和毛主席献礼。我也十分相信通过这次全运会，将会把我国体育事业大大地向前推进一步。通过参加全运会的运动员们，将会把体育运动带到祖国的每一个角落，让全国六亿多各族人民都认识到锻炼身体的重要意义。

最后，我希望参加首届全运会的西藏体育代表团的全体运动员们，要很好地向兄弟地区和各个兄弟民族的运动员们学习，学习他们的共产主义的体育道德和各种先进的技术和经验。你们都是西藏体育战线上的骨干，今后要通过你们使西藏地区的城市、宗教、山区、草原的体育活动普遍开展起来。

歌頌全運會

生龍活虎氣軒昂　競賽場中壯志揚
遠近高低憑實力　重輕投舉具專長
七千健將顯身手　八萬佳賓觀國光
不避辛勞勤鍛鍊　人民體質日增強
健兒躍進宏圖開　國際蜚聲冠等儕
東亞病夫盡滌去　英雄民族譽贏來
規模壯闊興新國　角逐縱橫奪勝盃
奇績功殊共產黨　超歐邁美康濟材

谢觉哉

来源：《第一届全运会纪念册》

组织机构

主席团名单

（按姓氏笔画为序）

万　里	马腾霭	马约翰	王一伦
王中青	王　昭	车向忱	卢　汉
卢绍武	石新安	刘长胜	刘西元
刘志坚	刘卓甫	刘培善	刘子奇
刘宁一	刘渭波	余　修	孙君一
宋季文	李　达	李耕涛	李德全
何能彬	陈伟达	林　恺	孟夫唐
哈丰阿	胡启立	胡耀邦	张青季
张伯峰	张文海	荣高棠	钟师统
徐萌山	栗树彬	袁敦礼	黄　中
曹达诺夫	章　蕴	贺　龙	贺进民
贺炳炎	嵇文甫	董守义	程子华
韩复东	谭冠三	谭　政	管文蔚
蔡廷锴	蔡　畅	杨　杰	杨秀峰
钱俊瑞			

中华人民共和国第一届运动会組织系統表

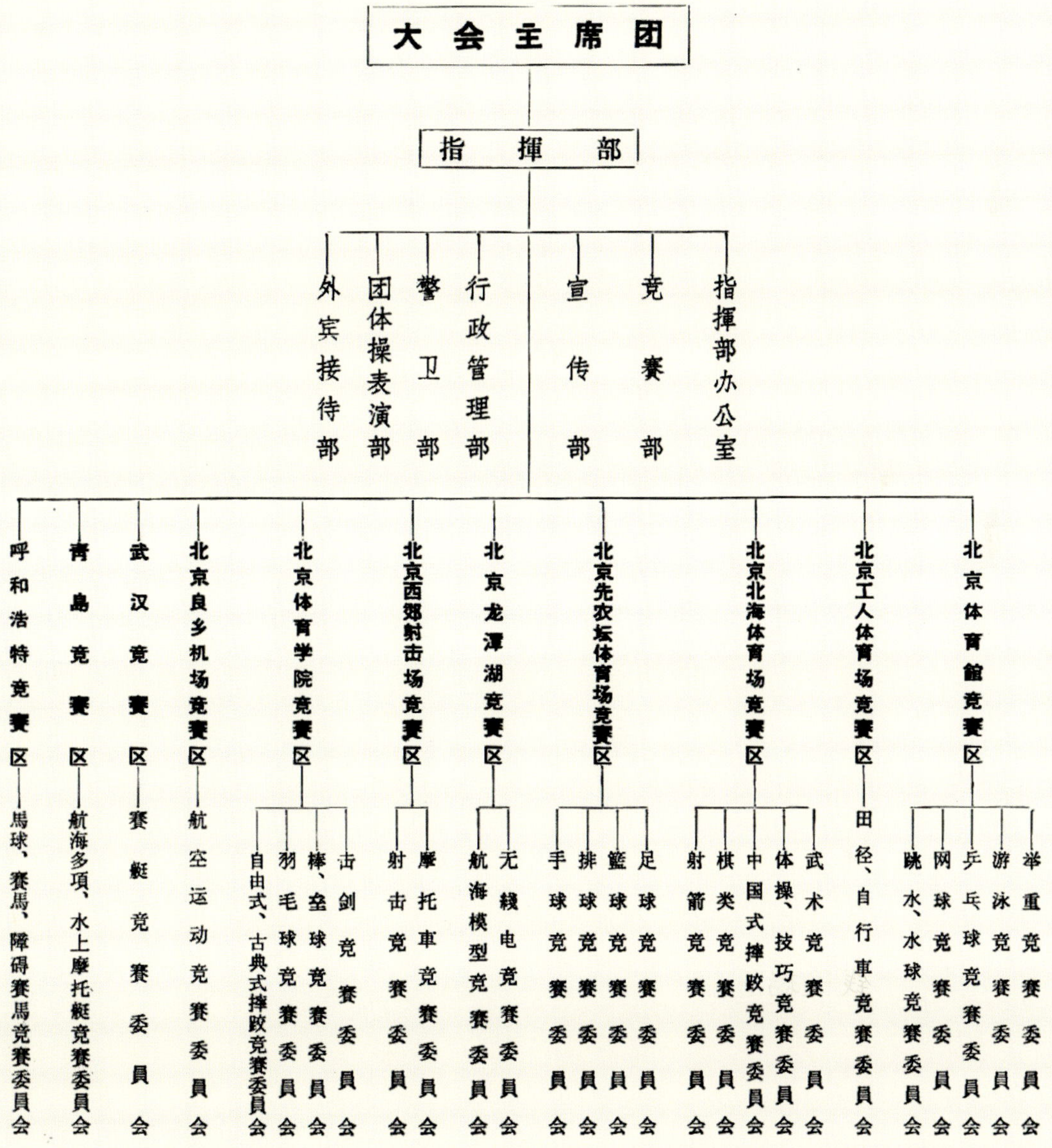

来源：国家体育总局办公厅信档处

指挥部

总 指 挥：荣高棠

副总指挥：李 达 黄 中 张青季 李梦华

中国共产党第一届全运会临时委员会

书　　记：黄 中

副 书 记：李梦华 于梦欣

委　　员：朱德宝 张文华 邓乙真 栗树彬 张青季 张维翰 金鉴萍 胡明孔 吴铮宇 柏 坪

党委办公室

主　　任：于梦欣

大会各部

指挥部办公室

主 任：朱德宝 副主任：张 倜 工作人员共计 35 名

行政管理部

部 长：金鉴萍 副部长：韩统武 张一粟 吴之汉 工作人员共计 591 名

竞赛部

部 长：李梦华 副部长：李凤楼 朱德宝 柏 坪 牟作云 张之槐 张维翰 张文华 吴静宇 冯文华

工作人员共计 46 名

警卫部

部 长：刘 福 副部长：王生荣 夏 印 古远兴 工作人员共计 34 名

宣传部

部 长：吴莆生 副部长：李凯亭 裴 植 尹占春 陈正清 徐肖冰 工作人员共计 123 名

团体操表演部

部 长：张青季 副部长：孙国梁 工作人员共计 23 名

体育报（代会刊）

副总编辑：李凯亭 谢文煊 记者、编辑、工作人员共计 94 名

外宾接待部

部　长：张联华　副部长兼办公室主任：郭　雷　工作人员共计 45 名

各竞赛区

北京体育馆竞赛区

主　任：李梦华　副主任：蔚继统　工作人员共计 26 名

北京工人体育场竞赛区

主　任：朱德宝　副主任：董念黎　刘建华　彭恒文　工作人员共计 89 名

北京北海体育场竞赛区

主　任：柏　坪　副主任：刘世重　工作人员共计 27 名

北京先农坛体育场竞赛区

主　任：栗树彬　副主任：车作云　工作人员共计 17 名

北京龙潭湖竞赛区

主　任：张维翰　工作人员共计 15 名

北京西郊射击场竞赛区

主　任：张文华　党委书记：张文华　副书记：胡　铭　工作人员共计 15 名

北京体育学院竞赛区

主　任：徐英恩　副主任：邓乙真　田日新　李东敏　党委副书记：李树平　倪瑞江

工作人员共计 116 名

北京良乡机场竞赛区

主　任：吴静宇　工作人员共计 1 名

呼和浩特竞赛区

主　任：哈丰阿　工作人员共计 95 名

团体操作者、表演单位

幸 福 儿 童

作　曲：李伟才　伴奏：中央乐团　指挥：张孔凡

表演者：北京市朝阳区 19 个小学

下三条中心小学　南中街第二小学　机械制造学院附小　住家庄小学

二条小学　幸福村第二小学　英家坟小学　神路街小学　头条小学

三道街小学　呼家楼小学　黄庙小学　芳草地小学　三里屯小学

六里屯小学　草厂小学　南中街第一小学　东大桥小学　四〇一小学

青春的花朵

作　曲：葛兴锐　伴奏：中央乐团　指　挥：张孔凡

表演者：北京市第二女子中学　北京市第四女子中学　北京市第十一女子中学

北京市第十二女子中学

群英比武

作　曲：舒铁民　伴奏：中央广播乐团民族乐队　指挥：彭修文

表演者：北京师范学院　北京铁道学院　北京航空学院

健美的青春

作　曲：傅　晶　伴奏：军乐团　指挥：瞿　平

表演者：北京体育学院　北京体育学校　天津体育学院

祖国万岁

作　曲：傅　晶　伴奏：军乐团　指挥：赵瑞方　瞿　平

表演者：北京市第一女子中学　北京市实验中学　北京市第六中学　北京市第三十一中学

北京市第三女子中学　北京市第三中学　北京市第八中学　北京市第三十五中学

北京市第九女子中学　北京市第四中学　北京市第十三中学　北京市第二师范学校

北京市第十女子中学

竞赛规程规则

竞赛规程总则

为了庆祝建国十周年，检阅我国体育运动的伟大成就，促使体育运动的更大跃进，大力开展群众性体育运动，在体育运动广泛开展的基础上，加速提高运动技术水平，争取十年左右在主要运动项目上赶上世界水平，国家体委决定举行中华人民共和国第一届运动会（下称第一届全国运动会），并已于 1958 年 8 月 5 日以（58）体办字第 30 号通知下达各地和各有关部门，第一届全国运动会筹备委员会根据该通知基本精神特拟定第一届全国运动会竞赛规程。

一、竞赛日期

1959 年 9 月 13 日至 10 月 2 日

二、竞赛地点

北京市

三、竞赛项目

足球、篮球、排球、乒乓球、网球、羽毛球、手球、棒球、女子垒球、水球、马球、田径、公路自行车、体操、技巧运动、举重、游泳、跳水、赛艇、武术、中国式摔跤、射箭、中国象棋、围棋、赛马、障碍赛马、射击、摩托车越野、摩托车环行公路、无线电收发报、航海多项、航海模型、滑翔、飞机跳伞、伞塔跳伞、航空模型共 36 项。

四、表演赛项目

场地自行车、击剑、自由式摔跤、古典式摔跤、国际象棋、水上摩托艇共 6 项。

五、参加单位

北京市、上海市、河北省、山西省、辽宁省、吉林省、黑龙江省、陕西省、甘肃省、青海省、山东省、江苏省、安徽省、浙江省、福建省、台湾省、河南省、湖北省、湖南省、江西省、广东省、四川省、贵州省、云南省、内蒙古自治区、宁夏回族自治区、新疆维吾尔自治区、广西壮族自治区、西藏地方、中国人民解放军，共 30 个单位。

六、各单位参加人数

（一）运动员：总人数不得超过 400 人，各项报名人数按各项规程的规定执行。

除摩托车越野和摩托车环行公路必须互相兼报，赛马和障碍赛马可以互相兼报外，每个运动员不得拟报两项（如篮球运动员不得兼报排球、田径或击剑等）。

各项规程中规定的男、女运动员人数，不得互相调剂。

（二）工作人员：总人数不得超过 50 人（包括领队、教练员、机械员、饲养员、管理、医生等）。

七、运动员参加资格

（一）中华人民共和国公民。

（二）经医院检查证明身体健康者。

（三）凡各项规程中有等级或其他特殊规定者，按各该项规程执行。

注：16 周岁以下的运动员经医院检查合格者，亦可报名参加。

八、运动规则

均采用中华人民共和国体育运动委员会 1959 年审定出版的各项运动规则。

九、竞赛办法

（一）足球、篮球、排球、手球、棒球、女子垒球等 6 个竞赛项目，先进行分区预赛，分区办法及录取名额等详见各该项规程。

（二）竞赛项目与表演赛项目如其中有需先期举行预赛、决赛的，均在各该项规程中分别规定。

十、录取名额

（一）足球、篮球、排球、乒乓球、射击各录取前 12 名。

（二）乒乓球及射击中的每一单项（乒乓球的男女 7 个单项，射击的男女 22 个单项）各录取前 12 名。

（三）除足球、篮球、排球、乒乓球、射击外，其他 37 个竞赛及表演赛项目以及每个项目中的各个单项（如田径的女子 100 米、网球的双打、航海多项的男子 2000 米舢板荡桨、武术的太极拳类等）均录取前 8 名。

十一、计分方法

（一）凡录取 12 名的项目按照名次顺序以 24、22、20、18、16、14、12、10、8、6、4、2 计分。凡录取 8 名的项目按照名次顺序以 16、14、12、10、8、6、4、2 计分。

（二）每个竞赛项目及表演赛项目的团体分，其计分方法在各该项规程中分别规定之。

十二、奖励

（一）各单项团体奖及个人奖根据各该项规程的规定执行。

（二）打破全国纪录、世界纪录或有特殊成绩者，其奖励办法另行规定。

十三、报名及报到日期

（一）第一次报名日期于 1958 年 12 月 31 日截止，只报参加项目及人数。

第二次报名日期于1959年8月1日截止，各单位必须详细填写各项报名登记表，按期寄到大会筹备委员会。逾期不报以不参加论，报名登记表一提交到后不得更改和补充。

（二）报到日期：1959年9月1日至6日到北京市向大会报到（赛艇、航海多项、水上摩托艇，根据该项规程规定的时间、地点向各该竞赛区报到），并按各项规程规定校验运动员等级证书或规定的其他证件。

（三）每单位派1至3名工作人员于8月1日以前到大会筹备委员会报到，协助大会进行准备及联络等工作。

（四）各项分区预赛及提前举行预、决赛的报名和报到日期，另在各该项规程中规定。

十四、单位旗

各单位自备，颜色自行规定，尺寸一律按6市尺 ×9市尺。单位旗上只标明 ×× 省（市、自治区）或中国人民解放军等字样。

十五、运动员比赛服装一律按各项运动规则及规程的有关规定执行。

1959年3月公布

附：中华人民共和国体育运动委员会（59）体全运字第1号文《关于第一届全国运动会的规程和有关问题的决定》中对竞赛规程总则中关于各单位参加人数做了如下修改：

1. 各单位参加全运会的运动员总人数不得超过400人。其中包括六项球类分区预赛，提前举行的甲组滑翔竞赛及在武汉、青岛两市举行的赛艇、航海多项、水上摩托艇三项运动员的数目。

2. 工作人员：规程上原定不得超过50人，现改为：按6名运动员1名工作人员的比例，即如参加运动员为400人，则工作人员为67人；如参加运动员为250人，则工作人员为42人。工作人员包括代表团团长、领队、教练员、辅导员、管理、机械员、医生、伴奏及规程上规定在8月1日提前到大会报到的3名工作人员。不包括兽医、饲养员、翻译、炊事员。

1959年6月20日

第一届全运会会场外车水马龙

竞赛成绩

各代表团奖牌榜

单位：枚

第一届全运会奖牌统计
Medal Standings of the 1st National Games

名次 Ranking	单位 Delegation	金牌 Gold	银牌 Silver	铜牌 Bronze
1	解放军 PLA	117	95	64
2	上海 Shanghai	46	34	36
3	北京 Beijing	42	44	38
4	广东 Guangdong	31	26	25
5	山东 Shandong	21	21	20
6	河北 Hebei	20	27	32
7	内蒙古 Inner Mongolia	18	17	7
8	黑龙江 Heilongjiang	15	24	12
9	四川 Sichuan	10	11	16
10	福建 Fujian	10	11	10
11	山西 Shanxi	10	7	9
12	贵州 Guizhou	8	8	9
13	安徽 Anhui	7	7	6
14	吉林 Jilin	6	8	12
15	辽宁 Liaoning	4	9	15
16	江苏 Jiangsu	4	20	17
17	湖北 Hubei	3	10	13
18	浙江 Zhejiang	3	3	3
19	湖南 Hunan	3	2	3
20	云南 Yunnan	2	6	2
21	河南 Henan	2	3	4
22	甘肃 Gansu	2	1	2
23	陕西 Shaanxi	1	5	5
24	新疆 Xinjiang	1	3	8
25	江西 Jiangxi	1	1	1
26	广西 Guangxi	0	5	9
27	青海 Qinghai	0	0	1

打破世界纪录的项目、成绩和运动员

游　　泳： 穆祥雄以1分11秒1的成绩再次打破了男子100米蛙泳1分11秒4的世界纪录。

射　　击： 陈蓉以589环的成绩打破了女子自选小口径步枪50和100米各30发卧射588环的世界纪录。

飞机跳伞： 郭新娥、张景文、梅严以平均距靶心5.11米的成绩打破女子日间1000米集体定点跳伞8.77米的世界纪录。

航空模型： 赵嘉桢、王永熙以1260米的成绩打破了无线电操纵活塞式发动机模型飞机飞行高度1142米的世界纪录。

穆祥雄

陈　蓉

赵嘉桢

王永熙

郭新娥

张景文

梅　严

打破全国纪录的项目、成绩和运动员

田　径

项　　目	破纪录者	性　别	破纪录成绩	1958年全国最高纪录
200米	姜玉民	女	24秒5	24秒8
400米	姜玉民	女	55秒8	56秒6
800米	陈正綉	女	2分15秒1	2分15秒3
80米低栏	刘　正	女	10秒9	11秒
鉛　球	崇秀云	女	13.97米	13.62米
五項全能	郑凤荣	女	4282分	4002分
400米接力	混合队	女	47秒6	48秒4
800米接力	四　川	女	1分44秒6	1分45秒
400米	李忠林	男	48秒9	49秒1
1500米	李賀年	男	3分55秒7	3分59秒8
3000米	李賀年	男	8分30秒6	8分41秒2
5000米	黄志勇	男	14分48秒	15分0秒2
10000米	黄志勇	男	30分49秒4	31分22秒4
110米高栏	周裕光	男	14秒4	14秒6
400米中栏	梁仕强	男	53秒6	54秒7
200米低栏	周裕光	男	24秒5	24秒9
跳　远	张启山	男	7.53米	7.39米
三級跳远	田兆鉥	男	15.82米	15.65米
鏈　球	毕鸿福	男	55.22米	52.78米
手榴弹	林緝友	男	77.11米	73.47米
鉛　球	賀永宪	男	15.33米	15.26米
五項全能	王福荣	男	3121分	2721分
十項全能	齐德昌	男	5819分	5185分
400米接力	湖　北	男	42秒2	42秒4
1600米接力	北　京	男	3分21秒2	3分22秒4

注：本项共有55人（男44人，女11人）76次（男65次，女11次）破25項（男18項，女7項）全国紀录。

来源：国家体育总局办公厅信档处

游 泳

项　目	破紀录者	性 别	破紀录成績	1958年全国最高紀录
100米蝶泳	陈运鵬	男	1分3秒2	1分4秒3
100米蛙泳	穆祥雄	男	1分11秒1	1分11秒4
200米蝶泳	陈运鵬	男	2分27秒6	2分34秒4
200米自由泳	符大进	男	2分9秒7	2分9秒8
800米自由泳接力	广 东	男	8分56秒	9分1秒2
100米自由泳	戴丽华	女	1分9秒4	1分9秒8
100米仰泳	周詠琪	女	1分19秒8	1分20秒4
200米仰泳	周詠琪	女	2分52秒	(超过1959年2分57秒7的全国新成績)
200米蛙泳	韓 彬	女	3分8秒3	3分10秒4
400米混合接力	上 海	女	5分23秒5	5分30秒9
400米自由泳接力	上 海	女	4分47秒1	4分49秒9

注：本項共有19人（男9人，女10人）25次（男11次，女14次）破11項（男5項，女6項）全国紀录。

举 重

项　目	破紀录者	破紀录成績	1958年全国最高紀录
最輕量級双手抓举	黎紀元	97.5公斤	96公斤
次輕量級双手抓举	尤家栋	103.5公斤	103公斤
中量級双手抓举	舒 刚	115公斤	113公斤
輕重量級双手抓举	赵庆奎	133公斤	132.5公斤
次重量級双手抓举	李白玉	132.5公斤	127.5公斤
次重量級双手挺举	李白玉	170.5公斤	170公斤
次重量級总成績	李白玉	437.5公斤	432.5公斤
重量級双手推举	常冠群	137.5公斤	135公斤

注：本項共有6人8次破8項全国紀录。

来源：国家体育总局办公厅信档处

射　击

項　　目	破紀录者	性　別	破紀录成績	1958年全国最高紀录
自选小口径步枪50米40发卧射	董光荣	男	396环	393环
自选小口径步枪50米40发立射	雷代禹	男	350环	347环
自选小口径步枪50和100米各30发卧射	李志杰	男	585环	578环
轉輪手枪25米慢射加速射各30发	邵占明	男	583环	577环
自选小口径手枪25米60发速射	苏成根	男	586环	584环
軍用步枪300米60发卧跪立射	李炳友	男	533环	521环
軍用步枪10+10速射	王永涛	男	182环	175环
自选大口径步枪300米120发卧跪立射	雷代禹	男	1113环	1087环
自选大口径步枪300米40发卧射	邓廷楠	男	391环	390环
自选大口径步枪300米40发跪射	雷代禹	男	378环	369环
自选大口径步枪300米40发立射	雷代禹	男	349环	342环
跑鹿射击50次单发射	王文忠	男	224环	217环
跑鹿射击25次双发射	赵元春	男	216环	212环
双管猎枪对飞碟射击(100个靶)	陈連生	男	97个	83个
自选小口径步枪50和100米各30发卧射	陈　蓉	女	589环	(超过1959年580环的全国新成績)
自选小口径步枪50米90发卧跪立射	李素萍	女	844环	(超过1959年834环的全国新成績)

注：本項共有89人（男78人，女11人）149次（男132次，女17次）破16項（男14項，女2項）全国紀录。

射　箭

項　　目	破紀录者	破紀录成績	1959年全国新成績
男子单輪全能	张殿武	858分	666分
男子30米单輪	段凤山	298分	269分
男子50米单輪	吴汉民	238分	181分
男子70米单輪	徐开才	227分	170分
男子90米单輪	张殿武	155分	94分
男子30米双輪	张殿武	598分	501分
男子70米双輪	徐开才	445分	330分
男子90米双輪	姚水泉	272分	143分
男子50米双輪	吴汉民	396分	339分

来源：国家体育总局办公厅信档处

項　　　　目	破紀录者	破紀录成績	1959年全国新成績
男子双輪全能	徐开才	1647分	1177分
女子单輪全能	賀兰惠	826分	692分
女子30米单輪	陈秀閣	275分	265分
女子50米单輪	王荣娟	197分	161分
女子60米单輪	賀兰惠	209分	173分
女子70米单輪	賀兰惠	186分	116分
女子70米双輪	賀兰惠	344分	170分
女子60米双輪	赵素霞	387分	293分
女子50米双輪	陈秀閣	371分	256分
女子30米双輪	赵素霞	533分	451分
女子双輪全能	赵素霞	1578分	1082分

注：本項共有56人（男33人，女23人）341次（男201次，女140次）超过20項(男10項,女10項)1959年全国新成績。

无綫电

項　　　　目	破紀录者	性　別	破紀录成績	1958年全国最高紀录
机抄长碼	葛　桥	男	260	239
机抄短碼	苗　青	男	300	235
手抄长碼	梁佐才	男	245	223
手抄短碼	吳立清	男	275	245
字碼发报	孙洪才	男	154.4	138
长碼发报	吳立清	男	146.5	105.1
短碼发报	吳立清	男	172.8	135.2
机抄字碼	魏詩嫻	女	260	245
机抄长碼	魏詩嫻	女	295	260
机抄短碼	魏詩嫻	女	315	255
手抄字碼	朱婉琴	女	235	228
手抄长碼	黄純庄	女	240	228
手抄短碼	成木兰	女	265	220
字碼发报	张錦华	女	135.5	128
长碼发报	张錦华	女	121.6	88
短碼发报	张錦华	女	132.4	114.4

注：本項共有55人（男30人，女25人）94次（男47次，女47次）破16項（男7項，女9項）全国紀录，其中有13項（男7項，女6項）24人（男17人，女7人）39次（男24次，女15次）超过历届（1954年，1956年，1958年）社会主义国家国际竞賽最高成績。

来源：国家体育总局办公厅信档处

航海模型

項目	破紀录者	性别	破紀录成績	1958年全国最高紀录
水中螺旋桨竞速模型（汽缸工作容积不超过2.5毫升）	湯万英	男	24秒9(72.29公里/小时)	21.67公里/小时
水中螺旋桨竞速模型（汽缸工作容积不超过5毫升）	潘祖震	男	22秒5(79.99公里/小时)	20.16公里/小时
水中螺旋桨竞速模型（汽缸工作容积不超过10毫升）	武步樑	男	20秒6(87.37公里/小时)	（超过1959年27.29公里/小时的全国新成績）

注：本項共有49人（男45人，女4人）49次（男45次，女4次）破2項全国紀录、1項超过1959年全国新成績。

飞机跳伞

項目	破紀录者	性别	破紀录成績	1958年全国最高紀录
日間600米个人定点跳伞	车广琴	女	2.795米	13.02米
日間1000米集体定点跳伞	陕西	女	5.11米	9.81米
日間600米个人定点跳伞	陈福来	男	2.89米	10.73米
日間1000米集体定点跳伞	山东	男	6.196米	15.56米
日間1000米集体綜合跳伞	安徽	男	3.44米	（超过1959年4.80米的全国新成績）

注：本項共有58人（男35人，女23人）51次（男29次，女22次）破5項（男3項，女2項）全国紀录。

航空模型

項目	破紀录者	性别	破紀录成績	1959年全国新成績
二級竞速	陈寿祥	男	209.3公里/小时	171.4公里/小时

注：本項共有7人（男）9次超过1項1959年5月全国竞速特技航空模型竞赛的最高成績。

（来源：国家体育总局办公厅信档处）

第一届全运会奖品种类、数量统计表

竞赛项目	组别或分项	包括单项种类、数目	录取名额	奖品种类数量				
				团体奖			个人奖	
				大奖杯	中奖杯	小奖杯	奖章	奖状
团体总分			8 名	特大 8 只				
足球			12 名	12 只			264 枚	264 纸
篮球	男子篮球		12 名	12 只			168 枚	168 纸
	女子篮球		12 名	12 只			168 枚	168 纸
排球	男子排球		12 名	12 只			144 枚	144 纸
	女子排球		12 名	12 只			144 枚	144 纸
乒乓球		男、女团体赛共 2 项	各 12 名		24 只		96 枚	96 纸
		单打 2、双打 3，共 5 项	各 12 名				96 枚	96 纸
羽毛球		单打 2、双打 3，共 5 项	各 8 名				64 枚	64 纸
网球		单打 2、双打 3，共 5 项	各 8 名				64 枚	64 纸
手球	男子手球		8 名	8 只			144 枚	144 纸
	女子手球		8 名	8 只			144 枚	144 纸
棒球			8 名	8 只			120 枚	120 纸
女子垒球			8 名	8 只			120 枚	120 纸
田径	男子组	田赛 9 项、径赛 14 项	各 8 名				264 枚	264 纸
		全能 2 项、接力 2 项						
		团体分	8 名		8 只			
	女子组	田赛 5 项、径赛 5 项	各 8 名				168 枚	168 纸
		全能 2 项、接力 2 项						
		团体分			8 只			

续表

竞赛项目	组别或分项	包括单项种类、数目	录取名额	奖品种类数量				
				团体奖			个人奖	
				大奖杯	中奖杯	小奖杯	奖章	奖状
		田径团体总分			8 只			
自行车	公路赛	男、女团体赛共 2 项	各 8 名				64 枚	64 纸
		男、女个人赛共 4 项	各 8 名				32 枚	32 纸
	场地赛	男女共 4 项	各 8 名				32 枚	32 纸
体操	男子组	个人单项共 6 项	各 8 名				48 枚	48 纸
		个人全能	8 分				8 枚	8 纸
		团体分	8 分	8 只				
	女子组	个人单项共 4 项	各 8 名				32 枚	32 纸
		个人全能	8 名				8 枚	8 纸
		轻器械团体操	8 名				48 枚	48 纸
		团体分	8 名	8 只				
技巧		男子 3 项	各 8 名				56 枚	56 纸
		男子 2 项	各 8 名				24 枚	24 纸
		团体分	8 名	8 只				
举重		分 9 级	各 8 名				56 枚	56 纸
		团体分	8 名	8 只				
拳击		分 10 级	各 8 名				80 枚	80 纸
		团体分		8 只				
击剑		男子 4 项、女子 1 项	各 8 名				40 枚	40 纸
		团体分		8 只				
游泳	男子组	个人单项 10 项、接力 2 项	各 8 名				144 枚	144 枚
	女子组	个人单项 9 项、接力 2 项	各 8 名				136 枚	136 纸
		团体分	8 名	8 只			96 枚	96 纸
跳水		男、女各 2 项，共 4 项	各 8 名				32 枚	32 纸
		团体分	8 名	8 只				

续表

竞赛项目	组别或分项	包括单项种类、数目	录取名额	奖品种类数量				
				团体奖			个人奖	
				大奖杯	中奖杯	小奖杯	奖章	奖状
水球			8 名	8 只			96 枚	96 纸
赛艇	男子组	单人、双人、4 人、8 人各项	各 8 名				120 枚	120 纸
	女子组	同上	各 8 名				120 枚	120 纸
		团体分（男、女合计）	8 名	8 只				
武术		竞赛 4 项						
		团体分						
		表演拳术、器械 2 类	各 24 名				48 名	48 纸
中国摔跤		分 8 级	各 8 名				64 枚	64 纸
		团体分	8 名	8 只				
国际摔跤	自由式	分 5 级	各 8 名				40 枚	40 纸
	古典式	分 5 级	各 8 名				40 枚	40 纸
		团体分						
射箭	男子组		8 名				8 枚	8 纸
	女子组		8 名				8 枚	8 纸
		团体分（男、女合计）	8 名	8 只				
棋类	象棋、围棋、国际象棋	8 项	各 8 名				24 枚	24 纸
马术	男子组	障碍 1 项、赛马 2 项	各 8 名					
	女子组	赛马 2 项	各 8 名				16 枚	16 纸
		团体分（男、女合计）	8 名	8 只				
马球			8 名	8 只			64 枚	64 纸
射击	男子组	个人一队赛 8 项	各 8 名	64 只			352 枚	352 纸
		队赛 1 项	8 名	8 只			40 枚	40 纸
		个人赛 4 项	各 8 名				32 枚	32 纸
	女子组	个人一队赛 3 项	各 8 名		24 只		136 枚	136 纸
		队赛 1 项			8 只			

续表

竞赛项目	组别或分项	包括单项种类、数目	录取名额	奖品种类数量				
				团体奖			个人奖	
				大奖杯	中奖杯	小奖杯	奖章	奖状
		单独姿势男女各 2 项				48 只	264 枚	264 枚
		团体分（男、女合计）		8 只				
摩托车	环形公路赛	男子 4 项、女子 2 项	个人、队各 8 名			48 只	168 枚	168 纸
		团体分	8 名		8 只			
	越野赛	男子 4 项、女子 2 项	个人、队各 8 名			48 只	168 枚	168 纸
		个人竞赛男 4 项、女 2 项	各 8 名				56 枚	56 纸
		团体分	8 名		8 只			
无线电		个人竞赛小单项 9 项	各 8 名					
		单项 5 项、全能 2 项						
		队的竞赛单项 3 项	各 8 名		24 只		120 枚	120 纸
		团体分	8 名	8 只				
航海多项	男子组	个人一队赛 4 项	各 8 名			32 只	288 枚	288 纸
		队赛 9 项	各 8 名			56 只	448 枚	448 纸
		团体分	8 名	8 只				
	女子组	个人一队赛 3 项	各 8 名			24 只	216 枚	216 纸
		队赛 5 项	各 8 名			40 只	320 枚	320 纸
		团体分	8 名		8 只			
		航海多项团体总分	8 名	8 只				
水上摩托		男子 9 项、女子 8 项、表演 1 项	各 8 名		64 只		272 枚	272 只
		团体分	8 名	8 只				
航海模型		分为 9 级	各 8 名				72 枚	72 纸
		团体分	8 名	8 只				
滑翔	甲组	8 项（个人 1 队）	各 8 名			64 只	320 枚	320 纸
		个人总分	8 名				8 枚	8 纸
		团体分	8 名	8 只				

续表

竞赛项目	组别或分项	包括单项种类、数目	录取名额	奖品种类数量				
				团体奖			个人奖	
				大奖杯	中奖杯	小奖杯	奖章	奖状
	乙组	2 项（个人 1 队）	各 8 名			64 只	96 枚	96 纸
		团体分	8 名	8 只				
		滑翔团体总分	8 名	8 只				
跳伞	飞机跳伞	个人竞赛 6 项	各 8 名				48 枚	48 纸
		队赛 2 项	各 8 名		16 只		128 枚	128 纸
		团体分	8 名	8 只				
	跳塔跳伞	个人、团体、队的竞赛	各 8 名	8 只	8 只		104 枚	104 纸
航空模型		个人单项 5 项	各 8 名				40 枚	40 纸
		团体分	8 名	8 只				
				316 只	320 只	376 只	7560 枚	7560 纸

荣获体育运动荣誉奖章的优秀运动员

1959 年 10 月 3 日在第一届全国运动会的闭幕式上，国家体育运动委员会颁发了体育运动荣誉奖章，奖给我国历年来打破过世界纪录和取得过世界冠军的 40 名运动员（其中女子 26 人）。这些选手取得的成绩和时间、地点如下：

举重

陈镜开（广东），最轻量级挺举：133 公斤，1956 年 6 月 7 日，上海；135 公斤，1956 年 11 月 11 日，广州；135.5 公斤，1956 年 11 月 29 日，上海；139.5 公斤，1957 年 8 月 6 日，莫斯科；140.5 公斤，1958 年 9 月 26 日，莱比锡。次轻量级挺举：148 公斤，1959 年 3 月 14 日，莫斯科。

黄强辉（黑龙江），轻量级挺举 155 公斤，1958 年 4 月 7 日，重庆；158 公斤，1958 年 11 月 29 日，北京；158.5 公斤，1959 年 4 月 19 日，太原。

赵庆奎（河北），轻量级挺举：176.5 公斤，1958 年 9 月 30 日，北京；177.5 公斤，1958 年 11 月 30 日，北京。

游泳

男子一百米蛙泳

戚烈云（广东），1 分 11 秒 6，1957 年 5 月 1 日，广州。

穆祥雄（河北），1 分 11 秒 4，1958 年 12 月 20 日，北京；1 分 11 秒 3，1959 年 8 月 30 日，北京；1 分 11 秒 1，1959 年 9 月 17 日，北京。

田径

郑凤荣（山东），女子跳高：1.77 米，1957 年 11 月 17 日，北京。

飞机跳伞

女子一千米日间集体定点跳伞

赫建华（解放军）、耿桂芳（解放军）、崔秀英（解放军），9.81 米，1958 年 9 月 21 日，北京；

赫建华（解放军）、李桂珍（解放军）、李淑慧（解放军），2.21 米，1959 年 7 月 30 日，徐州；

梅严（陕西）、郭新娥（陕西）、张景文（陕西），5.11 米，1959 年 9 月 18 日北京。

女子六百米日间集体综合跳伞

李淑花（解放军）、崔秀英（解放军）、李淑慧（解放军），12.39 米，1958 年 11 月 5 日，北京。

女子一千五百米日间集体综合跳伞

赫建华（解放军）、耿桂芳（解放军）、崔秀英（解放军），2.69 米，1959 年 1 月 8 日，开封。

男子一千米日间集体定点跳伞

王建业（四川）、郭荣廉（山东）、刘

加林（山东），2.99 米，1959 年 6 月 27 日，成都。

女子六百米日间集体定点跳伞

高明（山东）、王素珍（四川）、赵成英（四川），7 米，1959 年 6 月 29 日，成都。

女子一千米日间集体综合跳伞

吕学慧（北京）、华邵林（北京）、魏秀玲（北京），6.80 米，1959 年 7 月 3 日，涿县。

乒乓球

容国团（广东），1959 年 4 月 5 日获得第二十五届世界乒乓球锦标赛男子单打冠军。

射击

张铉（解放军），男子自选小口径手枪五十米六十发慢射：567 环，1959 年 4 月 24 日，北京；

陈蓉（解放军），女子自选小口径步枪五十和一百米各三十发卧射：589 环，1959 年 9 月 24 日，北京。

航空模型

刘立天（解放军）、王堪（解放军），活塞式发动机模型直升飞机飞行直线距离：18.083 公里，1959 年 4 月 26 日，北京；

王永熙（解放军）、赵嘉桢（解放军），无线电操纵活塞式发动机模型飞机飞机高度：1260 米，1959 年 9 月 27 日，北京。

登山

齐米（西藏）、西绕（西藏）、查姆金（西藏）、潘多（西藏）、王义勤（西藏）、王贵华（北京）、周玉瑛（山西）、从珍（北京）等八名女运动员，1959 年 7 月 7 日集体安全地登上海拔 7546 米的慕士塔格山顶峰（新疆境内）。

袁扬（北京），1959 年 7 月 7 日登到慕士塔格山海拔 7500 米的地方。

打破 1958 年全国田径运动最高纪录的运动员

打破 1958 年全国游泳最高纪录的运动员

打破 1958 年全国举重最高纪录的运动员

打破 1958 年全国射击最高纪录的运动员

打破1959年全国射箭最高纪录的运动员

打破1958年全国无线电最高纪录的男运动员

打破1958年全国无线电最高纪录的女运动员

打破1958年全国水中螺旋桨竞速模型（气缸工作容积不超过2.5毫升）最高纪录的运动员

打破1958年全国水中螺旋桨竞速模型（气缸工作容积不超过5毫升）最高纪录的运动员

打破1958年全国水中螺旋桨竞速模型（气缸工作容积不超过10毫升）最高纪录的运动员

打破1958年全国飞机跳伞女子日间800米个人定点跳伞最高纪录的运动员

打破1958年全国飞机跳伞男子日间1000米集体定点跳伞最高纪录的运动员

打破1958年全国飞机跳伞男子日间600米个人定点跳伞最高纪录的运动员

打破1958年全国飞机跳伞男子日间1000米集体综合跳伞最高纪录的运动员

超过1959年全国二级线操纵竞速模型飞机的圆周速度新成绩的运动员

精彩瞬间

周恩来总理到运动场观看比赛

周恩来总理在运动场上观看田径比赛

1959 年 7 月，中国登山运动员把五星红旗插上冰山之父——慕士塔格山顶峰，9 名女运动员分别以 7546 米（8 人）和 7500 米（1 人）的成绩，打破了世界女子登山的最高纪录，成为全运会的胜利前奏曲

满怀雄心壮志的内蒙古自治区骑手在策马奔驰

首都运动员又跳过了新的高度

田径比赛

新疆天山脚下阿克牙孜草原上的人们热爱摔跤运动

打碎了封建农奴制枷锁的藏族青年在日喀则运动场上兴高采烈地开运动会

江苏选手成木兰在手抄短码比赛中获得冠军

女子 80 米低栏决赛

排球比赛

羽毛球比赛

球类比赛

篮球比赛

女子手球比赛

游泳比赛

摩托车比赛

赛艇比赛

链球比赛

水上比赛

技巧比赛

国际象棋比赛

滑翔机训练

女子击剑

接力赛

三级跳远

男子摔跤

武术比赛

闭幕式

闭幕词

贺龙

同志们：

为了庆祝中华人民共和国建国十周年举行了第一届全国运动会，现在胜利的闭幕了。这次运动会，是在我国各族人民敬爱的领袖毛主席及党和国家领导同志的亲切关怀下进行的。在各有关方面和广大群众的积极支持和全体人员的共同努力下，使这次运动会开得很好，执行了党中央的指示，是一次胜利的、团结的大会！这次大会还有一些苏联为首的兄弟国家体育代表团和其他国家的朋友们参加，并和我们一起欢度了建国十周年的伟大节日，请向他们表示衷心的感谢。

这次运动会，是我国体育运动的大检阅，是一次规模宏大、内容丰富、成绩优良的运动会。全体运动员在总路线的光辉照耀下，在党的八届八中全会伟大号召的鼓舞下，在全国各级党委的正确指导下，各个斗志昂扬，干劲十足，创造了许多优异成绩。有七名运动员打破游泳、跳伞、射击、航空模型等四项世界纪录。有664人，844次打破游泳、田径、射击等106个单项的全国纪录，这些成绩超过了1958年全年破纪录的总和。打破了各省、市、自治区的最高纪录就有2000多次，这是体育战线上的一次空前的大丰收，也是我国体育运动在1958年“大跃进”的基础上，技术水平飞跃提高的集中表现。这次全运会运动员中，还会集了大批的新生力量。在一万多名运动员中，有46%的人是第一次参加全国比赛的新手，其中许多人都取得了十分可喜的成就。如打破女子跳伞世界纪录的三名运动员，学习跳伞还不到一年。各项球类水平普遍提高，大批新手老将实力接近，比赛争夺十分激烈。这反映出我国体育队伍中新人辈出、百花齐放、万紫千红、欣欣向荣的蓬勃景象。

在各项竞赛中，运动员表现了鼓足干劲，力争上游，团结友爱，互相协作，胜不骄、败不馁的共产主义风格和优良的道德品质。许多球队在失利的情况下，仍能情绪饱满、信心百倍地坚持奋战，终于取得了最后的胜利。许多新手都能破除迷信，解放思想，敢想、敢干、力争胜利。这些都使运动员受到了深刻的教育，进一步认识到，在运动场上不仅要比技术，还要比政治；不仅要比体力，还要比勇敢、机智，比意志坚强。运动员和裁判员，不仅把运动会当作力争上游到共产主义风格的比武场，还当作互相学习，共同提高的大课堂。无论在比赛中，或在技术报告会、经

运动会闭幕招待会在人民大会堂举行

验交流会中，都贯彻了虚心学习的精神，使全体运动员、教练员、裁判员在思想和技术上都获得了双丰收。

这些成绩的出现，是党的总路线在体育战线上又一次辉煌的胜利；是在体育工作中，依靠党的领导，实现政治挂帅，贯彻体育为生产、为国防服务的方针，广泛开展群众性运动的结果。这次运动会，也受到了全国人民的重视、关怀和鼓舞，上百万人参观了全运会的各项比赛。重庆钢铁公司的全体职工以突破日产两千一百吨钢的生产成绩向运动员挑战。各地工人、农民、学生、部队官兵纷纷组织竞赛，积极参加锻炼向大会祝贺。这大大地鼓舞了运动员的斗志，使全国运动员们信心百倍地努力创造新成绩。

全体体育工作者和运动员同志们，希望你们认真总结这次运动会的经验，继续发扬共产主义精神，努力提高自己的思想觉悟和技术水平，争取成为最优秀的人民运动员和裁判员，以便更好地为生产建设和国防服务。运动员同志们！在发展我国体育运动中，你们担负着重要的责任。希望你们在提高技术，不断创造新纪录的同时，积极组织和带动广大群众参加体育锻炼，帮助他们提高运动技术水平；你们不仅要成为优秀的运动员，而且要成为体育运动的宣传员和技术指导员，把我国人民体育事业推向一个更加光辉的新阶段。

同志们，让我们紧紧地团结在党中央和毛主席的周围，和全国的工人、农民、革命知识分子在一起，高举总路线、“大跃进”、人民公社的光辉旗帜，反右倾、鼓足干劲，沿着“大跃进”的道路奋勇前进，从胜利走向更大的胜利。

中华人民共和国万岁！

总路线万岁！

大跃进万岁！

人民公社万岁！

伟大的中国共产党万岁！

中国各族人民的伟大领袖毛主席万岁！

周恩来总理、贺龙副总理向十年来打破过世界纪录和获得过世界冠军的优秀运动员授予体育运动荣誉奖章。图为授奖后合影

1959年，周恩来总理、贺龙副总理在第一届全运会闭幕式上，给打破世界纪录和获得世界冠军的运动员发奖。这是周总理在给女子登山运动员查母金（藏族）发奖时，双手握着她受伤的手亲切地向她问好

中华人民共和国第一届运动会于10月3日下午举行闭幕式。在第一届全运会闭幕式的主席台上，左起：周恩来总理、越南民主共和国胡志明主席、董必武副主席、宋庆龄副主席

1959年10月，北京市市长彭真在人民大会堂接待参加第一届全运会的工作人员和运动员。图为贺龙（右一）副总理、彭真（右二）市长与游泳优秀运动员穆祥雄（左三）、戚烈云（左五）及乒乓球运动员容国团（左二）等亲切交谈。

媒体报道

《人民日报》

创造最优良的成绩向国庆献礼
——祝贺第一届全国运动会开幕

中华人民共和国第一届全运会今天在北京开幕了。

第一届全国运动会是庆祝新中国成立十周年的活动之一。这次大会，将检阅十年来我国体育运动的成就，将进一步团结全体体育工作者，促进我国体育运动的发展，提高运动技术水平。我们满怀兴奋热烈的心情，祝贺第一届全国运动会取得光辉胜利，并向全体运动员和工作人员致以亲切的慰问。

这次运动会具有极广泛的群众性。自从去年决定举行全运会以来，全国各地人民和体育工作者、运动员热烈地响应，积极参加选拔比赛。全国参加选拔赛约有五千万人。各省、市、自治区都在一年内分别召开了一次至数次的全省、市、自治区的运动会，认真地选拔优秀选手参加全国运动会。在参加这次全运会的二十九个代表团的一万多名运动员中，有三分之一左右的女运动员；有汉、满、蒙古、回、藏、壮、苗、维吾尔、土、朝鲜、高山、侗、达斡尔等二十七个民族的成员；有工人、农民、部队官兵、机关干部、学生、医务工作者等，其中有许多是社会主义建设积极分子、战斗英雄和“三好”学生。有些母女、兄弟、姊妹同时被选入了代表团。在这样广泛的群众基础上认真地选拔运动员参加运动会，在一次运动会中包括了这样多的民族的以及工农兵学商各阶层的运动员，这充分显示了我国社会主义体育运动的基本特色。这在旧中国或在资本主义国家是根本不可想象的事。解放前也曾办过七届“全国运动会”。最大的一届也只有八个项目二千多人参加，七届“全运会”参加的人数加起来还不到一万人。

中国共产党和人民政府对体育运动是一贯重视、积极领导的。党中央曾指出：“改善人民的健康状况，增强人民体质，是党的一项重要政治任务。”在我国宪法中载明：“国家特别关怀青年的体力和智力的发展。”1958年党的八大二次会议又明确指出，“提倡体育”是社会主义文化革命的组成部分。毛泽东主席同志一再号召：“发展体育运动，增强人民体质”，青年要做到“身体好，学习好，工作好”。毛泽东同志和其他党和国家的领导人经常参加体育锻炼，使我国体育运动得到了更有力的倡导，使广大人民得到了更明显、更深刻的启示和教育，从而踊跃参加体育活动。在党和政府的一贯支持和关怀下，在坚决执行党

河北选手杨新山，在竞赛专用步枪100米对跑鹿单发50次射击中，以216环的成绩获得第一名

中央和毛泽东同志关于开展群众性运动为生产和国防服务的方针下，我国体育运动已经呈现出了一片万紫千红、欣欣向荣的景象。特别是从1958年以来，在党的社会主义建设总路线的光辉照耀下，在全国人民大跃进、人民公社化、全民皆兵运动鼓舞和推动下，无论是群众体育的普及，或是运动技术水平的提高，都获得了飞跃的发展，对于保证和配合生产、工作、学习任务的完成，起了十分有益的积极作用。

目前，全国已有成亿的人经常参加体育运动。在工厂、在农村、在机关、在学校、在公园里，到处都可以看到人们做操、跑步、打球、练武。正如人们所说："朝阳未起星已残，时钟正指五点半，街头巷尾哨音响，晓风传遍一二三。"群众性体育开展越来越广泛，参加体育活动已经成为我国社会的新风尚。随着体育运动的广泛开展，体育项目也大大增加。目前国际流行的体育项目，差不多在我国都已经推行。我国各民族固有的体育项目，也已经加以整理、研究、提高，存有去无，在全国更广泛地推行。在广泛开展群众体育运动的基础上，技术水平也已迅速提高。旧中国的运动纪录早已全部刷新，而且大大超过。近年来，已有1366个运动员创造和打破了2805次全国记录；从1956年以来，也有33人在16个项目中创造和打破了26次世界纪录，获得了一项世界冠军。在田径、球类、射击等项目中涌现了1044名运动健将和大批的等级运动员。各级劳卫制及格者在学校、工厂、机关大量涌现。

为了适应群众性的体育活动的发展，为了培训更多的有专门知识的体育工作者，国家十分注意发展体育教育和体育设备。1958年以前，在北京、上海等地建立了六所体育学院，在全民大跃进到1958年，许多省、市都建立了自己的体育学院或体育学校。全国各省、市建筑了大、中型体育馆、体育场、运动场、健身房、游泳池、航海运动场、跳伞塔等4000多个。近年来还出版了几千种体育书籍和画册，并经常出版几种体育报刊，发行量很广泛。今后随着社会主义建设事业的发展，随着工业、农业和文化教育事业的大跃进，我国体育运动必然会一日千里地发展，出现更加绚烂的成绩。

现在，全国人民正在热烈地响应党的八届八中全会号召，高举总路线、大跃进、人民公社化的红旗，看着轰轰烈烈的增产节约运动，满怀信心地运用完成和超额完成的生产计划的实际行动向伟大的国庆节日献礼。参加第一届全运会的全体运动员也在党的号召和全国人民继续跃进的形势下，鼓起了十分的干劲，争取用最好的成绩迎接全运会和国庆十周年。在8月30日的誓师大会上，著名运动员穆祥雄、姜玉民、陈镜开等都表示决心，要发挥冲天干劲，提高成绩、向国庆献礼。不久，穆祥雄就突破了100米蛙泳的世界纪录，姜玉民将女子100米短跑提高到11.6秒。但是，我们不要满足已有的成绩，一定要加强党的领导，实行政治挂帅，勇敢顽强，沉着机智，克服困难，胜不骄，败不馁，创造出更优良的成绩。在全运会上，不仅要比战术、比技术，也要比团结、比友爱。要发扬共产主义的道德作风，不仅自己努力创造更优良的成绩，而且要帮助别人共同提高。在党的关怀和领导下，在全国人民的鼓励和支持下，依靠全体人员的亲密团结，共同合作，第一届全运会一定可以开好，而且会开得十分精彩。我们预祝参加第一届全运会的全体运动员、教练员、裁判员和工作人员，鼓足干劲，力争上游，创造最优良的成绩向伟大的国庆十周年献礼！

（刊载于《人民日报》社论1959年9月13日）

《人民日报》

在胜利的基础上阔步前进

——祝贺第一届全国运动会胜利闭幕

绚烂多彩的第一届全国运动会胜利闭幕了。在全国工农业生产战线以大跃进的厚礼献给新中国成立十周年的同时，全国一万多名优秀运动员和体育工作者也在全运会上为我国的体育事业创造了空前未有的“大面积丰收”成绩。在竞赛中有七名运动员创造了四项世界纪录，有六百多名运动员八百多次突破了全国纪录，几千名运动员打破了省、市和自治区的最高成绩。与此同时，出现了大量的青年选手和优秀集体，以飞跃的速度赶上或超过了先进的运动员和单位，新人辈出，万紫千红，这是全运会的巨大成功，是党的发展群众性体育运动的方针的胜利，是我国优越的社会主义制度的胜利。这是值得全国人民向参加全运会的全体运动员和体育工作者祝贺的。以苏联为首的兄弟国家的体育代表团和其他国家的朋友们，也参加了这次运动会，他们带来了兄弟般的关切和鼓励，我们谨向他们表示感谢和敬意。

第一届全运会充分表明，我国运动水平已经

大大提高。它的重大意义在于为我国体育事业的进一步发展提供了极其丰富的经验。它证明了党的总路线不仅适用于工农业生产战线，同样也适用于体育事业。整个全运会期间，人们都是在党的八中全会决议鼓舞下，以冲天干劲进行着比赛。我们知道，运动竞赛，固然是技术水平的较量，这里包括着技术熟练、体力健强、指导得法，以及比赛经验等，都是创造好成绩的基础。但是，这些技术基础都是受人们的政治思想和精神意志所支配的。政治思想始终是灵魂，是统帅。如果没有政治挂帅，鼓足干劲，就不可能取得光辉的成就。因此，参加这次全运会的二十九个省、市代表队的党组织都把政治挂帅和不间断的思想工作摆在第一位。一方面不断表扬先进，树立标兵，鼓励人们前进；另方面又针对着骄傲自满或在取得一些胜利之后麻痹松懈，以及不断暴露出来的“地区落后论”，“人家是强手，我们基础差，根本比不过”等形形色色的保守思想进行了及时的批判，才使运动员们在这些保守思想的束缚下解放出来，以昂扬的意志和冲天的干劲充分发挥了技术水平，比一场长一智，赛一次进一步，创造了优异成绩。事实证明，党的总路线是成功的灵魂，党的领导和政治思想工作是取得光辉成就的根本条件。

这次全运会的重要意义还在于它给人们上了思想解放的最生动的一课。在我们国家里，体育运动也像其他事物一样是在不断前进，不断革新，不断发展着的。在发展着的前进运动过程中，先进和落后，强和弱并不是绝对的，而是往往随着人们的思想是否解放，主观能动性是否充分发挥而发生变化的。先进的、强的当然可以保持先进的和优越的地位，像北京和解放军等许多单位的选手就是这样。但先进的、强的也会转化为中间的或落后的，甚至被“新”者所战胜。相反，中间的和落后的，经过勤学苦练，创造条件，可以转化为先进，这是这次全运会中大量出现的情况，像四川男子篮球队，贵州和云南的篮、排球队，广东足球队，女子乒乓球单打冠军胡克明，跳水冠军周希洋，以及内蒙古的伊套等一群少数民族选手突破全国纪录，都说明了这一真理。无论先进仍然保持先进或转化为中间，中间和落后转化为先进，一般都需要有技术水平做基础，但是如果实行政治挂帅，解放思想，鼓足干劲，力争上游，那么，他们也就能够彻底破除保守思想，发扬敢想敢干的共产主义风格，在竞赛中取得优异的成绩。经过这次全运会，谁也不敢自封先进，认为今后无需努力别人也赶不上。同时也没有人会再以“地区落后”等理由来作为衡量运动水平不高的主要因素。这是这次全运会中最有深远影响的收获。

这次全运会的经验还证明，人们要想在竞赛中获得胜利，取得名列前茅，还必须把冲天的革命干劲和科学分析精神结合起来。因为只有把两者结合起来，才能够使自己的主观认识最大限度地符合客观实际规律，才会得到预期的效果。在竞赛中，很多运动员和他们的领队和教练员都表现了既有技术水平、又有政治头脑。他们把党和人民的需要摆在第一位，提出了创造好成绩给国庆献礼的政治口号，在比赛时具有让高山低头、河水让路的革命英雄主义气概。他们勇敢顽强，克服困难，不屈不挠，充分发挥了技术特点，同时也对比赛情况做了冷静的科学分析，从而夺取了胜利。如球类预赛中四川男子篮球队胜北京队，江西男子排球队胜解放军队，广东足球队连胜辽宁、上海等队，都是干劲足，信心高，破除了对强队的迷信，科学地分析了双方的力量对比，制定了适当的对策，因面取得了胜利的。如果他们在强队面前事先就气馁，软了半截，泄了勇气，缺乏干劲，那么，要想取得胜利是不可能的。同样，有些人胜了易骄，败了易馁，结果都不能创造出好成绩。

由此可见，全运会并不只是技术水平的比赛，而是政治思想水平和技术水平的全面综合比赛，胜利的决定因素并不是一个，而是以政治思想为统帅的各个因素的总和。今后我们还要经常举行各种比赛，这些经验都是有益的。

这次全国运动会的举行，目的是检阅我国体育运动十年发展的成就。结果证明，我们得到的是我国体育运动的政治思想水平和技术水平大大提高，整个体育战线获得了大面积丰收。当然，运动竞赛总是要排列先后的，但无论在前的，以至最末的个人和单位，都比过去提高。尤其可贵的是所有的选手和单位，都取得了丰富的经验。同时，在这次会上，大家都分秒必争、寸功不让地力争优胜和好名次，这也是正确的。不如此就不能充分展示我国体育运动已经达到的高度水平，不能在更高的水平上

上海篮球运动员苦心钻研新战术

衡量先进和一般。但是，我们的竞赛，和资本主义国家把争锦标作为运动会的唯一目的根本不同。我们是要通过竞赛求出冠军、亚军、第三、第四等名次，树立先进，以便带动和鼓舞一般追上先进，使先进的更加先进。同时，我们争锦标、立先进的目的是共同提高、相互学习，以便进一步发展群众性体育运动，增强人民体质，为生产和国防建设服务，为社会主义建设服务。因此，所有的体育骨干力量都应该在全运会的胜利基础上，继续努力锻炼，更快地提高自己，以便能更好地带动和鼓舞群众性体育运动的开展。这也就是体育工作在普及的基础上提高，在提高的指导下普及。现在形势很好，全运会的事实使人们的思想得到进一步解放，并且又有了一支具有相当水平、并且毫不满足地要求上进的体育骨干，广大人民群众又十分爱好体育，这正是大力开展群众性体育运动的大好时机。因此，这次全运会的举行，应该看作是进一步发展群众性体育运动的新的起点。当然，在群众中进一步开展体育活动的时候，还要防止那种把体育看作是脱离国家政治和生产建设，看作是高于工农业生产的“体育至上主义”。这种思想是资产阶级观点在体育工作上的反映，是要不得的。但是，我们也不能赞成有些人把生产和体育对立起来，认为搞了生产就不能开展体育，否则就耽误生产的保守看法。因为无数事实证明，无论在工厂，在公社，在机关，在学校，群众都有充分开展体育锻炼的热烈要求，也完全能够在不妨碍生产和工作的原则下充分开展这项活动，做好这项工作又大大有利于生产。我们希望在所有的地方都能把我国的这支体育骨干力量充分运用起来，一方面继续提高，同时能根据当地的具体情况，在为生产建设服务的原则下，组织群众进行适合于他们要求的多种多样的体育活动，使人人都能把身体锻炼得如钢似铁，精力旺盛，心情愉快，为社会主义事业贡献更大的力量。

（刊载于《人民日报》社论 1959 年 10 月 4 日）

《工人日报》

祝贺第一届全国运动会开幕

正当全国人民和全体职工响应党的八届八中全会的号召，以新的劳动成果迎接国庆十周年的时候，我国历史上规模空前的中华人民共和国第一届运动会在北京开幕了。我们全国职工以兴奋的心情，热烈祝贺大会的开幕，对来自祖国各地的各族运动员表示热烈的欢迎！

这次全国运动会，是今年国庆节丰富多彩的庆祝活动的一部分；它不仅将检阅我国十年来体育运动的成就，而且必将创造出新的优异的成绩，向我们伟大祖国成立十周年献礼！同时，这次大会将使体育运动的普及和提高更密切地结合起来，团结全国体育工作者，把我国群众性的体育运动继续推向前进。

在这次全国运动会开幕之前，全体运动员和工作人员认真地学习了党的八届八中全会的决议，举行了反右倾、鼓干劲，开好全运会的誓师大会。

我们相信，这次大会，一定会开得好，开得精彩。

新中国成立十年来，我国体育运动在党和毛主席的领导下，获得了巨大的发展。现在全国已经有成亿的人经常参加体育活动，特别是简而易行的广播体操，已经成为工厂、企业、机关、学校的广大群众一直坚持的经常性的体育活动。这不仅提高了广大群众的体质，而且对提高生产和工作效率起了重大的作用。十年来特别是近几年来，我国运动员在党的培养和苏联以及其他兄弟国家的帮助下，运动成绩有着显著的提高，不仅把旧中国的全部纪录刷新，并且创造和打破了许多世界纪录。到今年 8 月为止，全国共有一千三百六十六名运动员创造和打破了二千八百零五项次全国最高纪录；从 1956 年到现在的短短三年时间内，就有三十三人二十六次创造和打破了十六项世界纪录，并且出现了一个世界冠军。同时，在田径、游泳、登山、自行车、射击和球类等各个项目中，涌现出一千零四十四名运动健将（其中有职工运动健将一百三十七名）和无数个等级运动员。这是中国历史上所没有过的。

在群众性体育运动广泛开展的同时，我们在体育干部的培养、体育场地的建设和器材的制作等方面，也都获得了显著的成就。拿体育场地来说，就建设了大、中型体育场四千多个，小型体育场地数十万个。这些为我国体育运动的进一步发展创造了有利的条件。

职工体育运动在我国体育运动的全面发展中，几年来也得到了迅速的发展。参加这次全运会决赛的八千八百七十一名运动员中，就有职工运动员一千八百三十九名，占运动员总人数的 20.73%，这是十分可喜的现象。

为了进一步推动职工体育运动的发展，满足在生产继续大跃进中职工增强体质的要求，必须根据党的八届八中全会反右倾、鼓干劲，深入开展增产节约的运动的精神，在职工群众中广泛宣传体育为劳动生产和国防建设服务的方针，介绍第一届全国运动会的盛况和它的成就，提高群众对体育运动的认识，启发他们自觉自愿地参加体育活动。同时，号召运动员积极锻炼，提高运动技术水平，并且在生产上发扬敢想敢干的精神，做到优质高产，不断完成和超额完成生产计划。运动员是开展群众性体育运动的骨干力量，他们的品德、作风和表现，对群众有很大的影响，应该对他们进行经常深入的政治思想工作，克服资产阶级思想影响，密切与群众的联系，积极带动群众参加体育活动。参加这次全国运动会的一千八百多名职工运动员，都是国家的优秀运动员，我们对他们寄予更高的希望，希望他们成为开展职工体育活动的出色的宣传者、组织者和指导者。

职工体育运动的深入发展，要求加强具体领导，而目前对大多数工会基层组织来说，主要的是在党的统一领导下，把体育工作加以妥善地安排，并且作为一项经常任务列入工会工作计划之内。同时，应该把基层体育协会健全起来，根据需要和可能配备一定的专职体育干部或比较稳定的兼职体育干部，并且注意检查工作，帮助他们提高政治思想水平和业务水平，改进工作作风和工作方法。省、市特别是市工会对基层组织应当给以更多的及时的指导。在这方面，最主要的是深入实际，抓典型、总结和交流经验，组织学先进、比先进和赶先进的运动。有计划地组织运动比赛和训练干部，也是省、市工会指导基层组织体育工作的重要方法。

党的八届八中全会的公报和决议，给了我们极大的鼓舞和力量。无疑地，随着我国工农业生

自行车比赛

产大跃进和在全国运动会的推动下，职工体育运动将会走上新的发展阶段。全国体育工作者和运动员们！让我们紧密团结在党中央和毛主席的旗帜下，沿着党的八届八中全会所指出的道路，为广泛开展群众性的体育运动和加速提高运动技术水平，为更好地在今年内胜利完成第二个五年计划的主要指标而奋勇前进吧！

（刊载于《工人日报》社论 1959 年 9 月 13 日）

《解放军报》

向新的高峰迈进

——祝贺第一届全国运动大会开幕

第一届全国运动大会今天在北京开幕了。这次运动大会，是我国有史以来规模最大的一次运动会。从全国数千万人当中选拔出来的一万多名男女运动员，将要在这次运动会上大显身手，创造优异的成绩，向伟大祖国成立十周年献礼。在此，我们向运动大会致以热烈的祝贺。

新中国成立十年来，我国的体育运动事业，在党和政府的充分关怀和有力领导下迅速发展起来。党中央指出，我国体育运动的根本任务是：增强人民体质，为劳动生产和国防建设服务。我国的体育运动在党的正确方针的指导下，形成了一个前所未有的群众性的体育运动，并且获得了巨大的成就。现在，全国有成亿人经常参加体育锻炼。在工厂、农村、学校、机关、部队和一般人民群众中，广播体操已经成为大家每天必做的活动。全国有大批的人达到了"劳卫制"标准，有一千零四十四名优秀运动员荣获运动健将称号。各种体育运动队，在全国各地普遍地建立起来。在群众性体育运动蓬蓬勃勃发展的基础上，我国的体育运动水平，也有了很大的提高。在短短的几年中，我国年青的运动员，全部刷新了旧中国各项体育运动的全国最高纪录，共创造了二千八百零五次新的成绩。更令人兴奋的是，我国已有三十三名运动员二十六次打破和创造了十六项世界纪录，并且获得了一项世界冠军。我国体育运动的水平，已经从一个十分落后的状态，步入了先进的行列。

我军的体育运动，在全国体育运动飞跃发展的同时，也有了很快的进步。几年来，我军体育运动在增强部队体质、为部队训练和战斗服务方面，做出了显著的成绩。据统计，我军已有近百万人达到了"劳卫制"标准，有五万名等级运动员。在今年5月举行的全军第二届运动会上，有十八项次、四十四人次、二队次打破世界纪录和国际比赛纪录，有五十五项次、一百零一人次、六队次打破了国家纪录或创造了国家最高成绩。

我国体育运动所获得的辉煌成就，特别是近一年来我国体育事业的跃进，生动地说明了社会主义制度的无比优越性，说明了在体育运动方面走群众路线的重大意义，说明了党的总路线对体育运动强有力的推动作用。

随着我国经济建设的继续跃进，随着我国人民物质文化生活的不断提高，随着我国国防建设的需要，我国和我军的体育运动，在党的"鼓足干劲、力争上游，多快好省地建设社会主义"总路线的光辉照耀下，必定会突飞猛进地继续向前发展和提高。这次第一届全国运动大会，将在检阅十年来体育运动的巨大成就的同时，创造优异成绩，向国庆十周年献礼，并且将推动我国体育运动事业向新的高峰迈进。

我们热烈希望解放军体育代表团的全体同志在这次运动会上，发扬我军英勇顽强、机智灵活的战斗作风，鼓足干劲，胜不骄，败不馁，创造新成绩，向国庆十周年献礼。同时，更希望你们发扬团结互助的精神，服从裁判，听从指挥，虚心向兄弟体育代表团学习。学习他们优良的作风，学习他们开展体育运动的先进经验，学习他们卓越的技术。

热烈祝贺大会成功！

（刊载于《解放军报》社论 1959 年 9 月 13 日）

《光明日报》

我国体育运动成就的大检阅

作为庆祝新中国成立十周年活动之一的第一届全国运动会昨天胜利闭幕了。第一届全运会以它空前盛大的规模和各项运动成绩的“大面积丰收”，给全国人民留下了深刻难忘的印象。在党的领导和毛主席亲切关怀下，这次大会开得很好、开得很精彩。全体工作人员和运动员高举着总路线的光辉旗帜，鼓足干劲、力争上游，创造了很多优异的成绩，使运动会结满了丰硕的果实。

这次运动会显示了我国十年来开展群众性体育运动的宏伟规模，凝聚了十年来体育运动水平提高的结晶。在党的八届八中全会伟大号召的鼓舞下，全体运动员斗志昂扬、意气风发，在大会期间，共有七人打破了四项世界纪录，六百六十四人八百四十四次打破一百零六项全国纪录。在优秀运动员的行列里，有在不到九个月的时间里三次打破百米蛙泳世界纪录的穆祥雄；有学习跳伞还不到一年、打破了女子日间一千米集体定点跳伞世界纪录的梅严、郭新娥、张景文；有运动场上的新手、年仅十二岁的技巧运动冠军丁照芳；也有坚持锻炼几十年、继续保持重量级举重冠军的四十七岁老将常冠群。参加大会的各兄弟民族选手也取得了良好的成绩，如蒙古族运动员伊套在中、长距离赛跑中三次打破全国纪录；鄂伦春族十五岁的小猎手畏列打破了小口径竞赛专用步枪五十米和一百米卧射全国纪录。各项运动技术水平的飞速提高，正是我国群众性体育运动广泛开展的必然结果，是党的总路线在体育战线上又一次辉煌的胜利。

这次大会在政治思想方面也取得了巨大的收获。由于坚持政治挂帅，许多代表队解放了思想，打破了陈旧观念，在比赛过程中，越战越勇，争取到优先名次。“弱”队战胜强队，新手打败老将，在全运会上已经成为普通现象，这无疑将鼓舞广大群众破除迷信，发挥更大的干劲。政治思想工作的胜利，必然会发生深远的影响和广泛的作用，从而推动我国体育运动不断向前跃进。

这次大会是大团结的大会。来自全国各地的一万多名各族运动员，在大会期间，互相帮助、互相学习、亲密无间。第一次参加全国性比赛的西藏代表团受到了全体运动员、工作人员和广大观众的热烈欢迎。

在全运会上，我们不仅看到了著名的选手更加成熟，更重要的是我们看到了大批新生力量的日益成长和壮大。有才能的青年选手、年轻的运

湖南选手张畅加和贵州选手陈正绣在女子 800 米决赛中

动队，一次再次地赶上和战胜了运动场上的"老将"和有着赫赫战绩的"老队"。在党的培养和教育下，体育运动队伍中的新生力量，正在一天天成长，他们在比赛中朝气蓬勃，敢想敢干，不畏"强敌"，藐视困难，创造了优异成绩。北京十四岁的小姑娘周希洋，一年多以前还不会游泳，而现在却赶过了六届全国跳水冠军，取得女子跳板跳水第一名；上海十七岁的乒乓球选手李富荣打败了世界冠军、第一号种子队员容国团；广东十九岁的胡克明，连过七关，战胜世界乒乓球名手丘钟惠、叶佩琼，夺得女子单打冠军；在田径比赛里，十八岁的杨美如，跳过了一米六八的世界水平的高度。新生力量的不断涌现和取得的成就，证明了党的开展群众体育运动的方针的正确，也显示了我国人民在体育运动中的巨大潜力。

全运会取得的辉煌成就，也是和进行教育革命、贯彻执行党的教育方针分不开的，参加这次大会的运动员，大多数是青年学生。几年来，在党的教育下，他们努力学习，积极参加生产劳动，坚持体育锻炼，在德育、智育、体育几方面得到了全面发展；他们时刻牢记着毛主席的伟大号召，他们从自己生活中深切地懂得了只有身体好，才能学习好、工作好的道理。千百万青年学生积极参加"劳卫制"锻炼，普遍增强了体质，使学校体育出现了蓬蓬勃勃的新气象。这种新气象通过全运会，生动、鲜明而具体地显示出来。

这次全运会检阅了我国十年来体育运动取得的巨大成就，展示了在党的领导下我国人民体育事业宏伟的规模和强大的队伍，也进一步鼓舞了全国体育工作者和运动员继续努力提高运动技术水平的雄心壮志。我们知道：体育的根本目的是增强人民体质，更好地为生产和国防服务，只有生产的迅速发展，体育事业才能不断前进，而体育运动的广泛开展，人民体质的普遍提高，也才能使我国人民在为实现总路线的斗争中，不断获得新的力量。在我们度过了第一个幸福的十年、第二个幸福的十年开始了的时候，在党的八届八中全会伟大号召下，让我们高举总路线、大跃进、人民公社的光辉旗帜，反对右倾，鼓足干劲，把我国人民的体育事业继续推向一个新的阶段。

（刊载于《光明日报》社论 1959 年 10 月 4 日）

《中国青年报》

祝全运会开得精彩开得成功

全国人民和青年渴望已久的第一届全国运动会，今天在首都正式开幕。这是我国历史上最盛大的一次运动会，一万多名运动员将用他们优秀的成绩，来歌颂新中国体育运动的巨大成就。可以预料，这次全国运动会将以灿烂辉煌的一票载入我国体育运动史册。

新中国成立十年来，我国体育运动同其他事业一样，在党和毛主席的英明领导下，获得了巨大的成就。在新中国，体育运动不再是少数剥削阶级分子脑满肠肥之余消遣作乐的玩意儿，也不再是供他们用来从运动员的血汗中牟取利润的工具，而成为建设社会主义的推动因素，是人民生活中不可缺少的一部分。党和毛主席提出的“发展体育运动，增强人民体质”“为生产和国防服务”的方针，使我国体育运动有了强大的生命力。十年来，体育运动蓬蓬勃勃地开展起来，变成了千百万群众的事业。这显示了我国六亿五千万人民朝气蓬勃、勇敢坚强的精神面貌。

在我国群众性体育运动中，青少年是最活跃的一部分。这是因为体育运动是青少年的特殊爱好，也是他们长身体时期的特殊需要。我们亲爱的党和伟大的领袖毛主席特别关怀青年一代的成长，把体育运动当作共产主义教育的手段之一。毛主席在 1953 年提出的“身体好，学习好，工作好”，已经成为全国青年极大的鼓舞力量。广大青年积极参加体育运动，普遍增强了体质，为建设和保卫我们伟大的社会主义祖国打下了基础。在体育运动中，也培养了青少年勇敢坚毅、乐观向上、战胜困难、团结友爱的品质，使他们像早晨八、九点钟的太阳那样，朝气勃勃，天天向上。像这样重视和关怀体育运动是我国历史上无论哪一党哪一派都没有过的，也是不可能有的。

目前，我国人民在党的八届八中全会的鼓舞下，正在意气风发地为在今年提前实现第二个五年计划的主要指标而奋斗。非常明显，在这个继续跃进的新高潮中，青年们要走在跃进的前列，当社会主义建设的突击手，就需要有更健壮的体魄，就需要更积极地参加体育运动。我们越在生产上干得好，就越需要一副好体格，特别是，参加体育运动能培养我们鼓足干劲、力争上游的高尚精神，在为实现总路线奋斗中，不断增加新的力量。所以，共青团各级组织都应当热心地认真地对待体育运动事业。如果对群众性的体育运动有些冷漠淡然，那是不对的。只要把体育运动置于为生产服务的位置，妥善安排，做到生产、学习和文娱体育有节奏地和谐地进行，我们就应当积极提倡，而不能泼一点冷水。

在党和国家的关怀和培育下，十年来，我国运动技术水平有了飞速的提高，在青少年中不断涌现出大批优秀的运动员。他们是我国体育运动队伍的一支新生力量。随着我国体育运动的蓬勃发展，这支队伍将会更加壮大，运动技术水平也将日益提高。可以预料，在党和毛主席的关怀教育下，他们是冲击世界纪录、为祖国争光的重要力量。党和国家希望在青少年中出现几百个、上千个陈镜开、容国团、穆祥雄。我们相信这是一定能够达到的。

参加第一届全运会的运动员们，你们从祖国各地来到首都，全国人民对你们抱着很大的希望。在全运会上，希望你们以党的八届八中全会精神武装自己，一再鼓干劲，一再争上游，努力创造优异的成绩，向伟大的国庆十周年献礼。当然，比赛总是有胜有败，但是对我们新中国运动员来说，不论胜败，始终都应当精神饱满，斗志昂扬，做到胜不骄，败不馁，勤学苦练，力争上游。希望青少年运动员同志们，在这次全运会中，牢牢记住党的教导，政治挂帅，遵守纪律，团结友爱，互相学习，做到思想技术双丰收。

让我们热烈地祝贺第一届全国运动会的开幕，并祝它开得精彩，开得成功！

（刊载于《中国青年报》社论 1959 年 9 月 13 日）

《体育报》

高举总路线的红旗前进

——祝贺中华人民共和国第一届运动会开幕

中华人民共和国第一届运动会今天在首都北京正式开幕了。来自中国人民解放军和全国各地共二十九个代表团的一万多名各族优秀运动员，几千名裁判员和工作人员，在党的亲切关怀和领导下，在全国人民的支持和鼓舞下，将要进行几千场次紧张的、激烈的竞赛，创造优异的成绩，迎接伟大的中华人民共和国成立十周年。我们热烈地祝贺大会胜利成功！

第一届全国运动会正是在党的八届八中全会以后，全国人民积极响应党的号召，反右倾，鼓干劲，轰轰烈烈地展开增产节约运动，决心在今年内提前完成第二个五年计划的主要指标的形势下，又是在十周年国庆前夕举行的。它将检阅十年来我国体育运动的成就，团结全国体育工作者，推动我国群众性体育运动更广泛地开展，加速提高运动技术水平，使体育运动的普及与提高密切结合起来，把我国体育事业继续飞速地推向前进，增强人民体质，更好地为社会主义建设服务。第一届全国运动会的召开，在我国体育史上是具有重大意义的事件。我们相信全体运动员和体育工作者，必能认真地学习和坚决贯彻八届八中全会的精神，忠实地执行党的社会主义建设总路线，反对右倾思想，继续鼓足干劲，把第一届全国运动会开得好，开得精彩，从而使体育运动在全国大跃进的洪流中发挥更大的作用。

我们希望参加全运会的全体运动员在竞赛中要充分发挥革命英雄主义的精神，不怕天，不怕地，敢想敢干，力争上游，并把冲天干劲和实事求是的精神结合起来。只有这样才能去克服前进道路上的一切艰难险阻，才能发挥出应有的水平，创造出优异纪录。同时在竞赛中还要发扬集体主义精神和优良的体育道德作风，服从组织，遵守纪律，团结友爱，加强协作，互学所长，交流经验，共同提高。裁判员、教练员和其他工作人员应充分发挥每个人的特长，勤勤恳恳地工作，并从全运会中认真地吸取和总结经验，努力学习。总之，要通过全运会，得到思想上和技术上的双丰收。

同志们！再有十八天，就是我们国家诞生的十周年。十年，在人类的历史中是短暂的一瞬，而对中国人民来说，却是永远摆脱贫困，开始走向幸福、富强生活的永不会磨灭的年代。在党中央和中国人民的伟大领袖毛主席的领导下，我国各项建设的高速度发展，是旧中国和任何资本主义国家望尘莫及的。十年前该死的蒋介石王朝只年产四万吨钢，而去年我国已经生产了八百万吨洋钢，今年计划生产洋钢较去年提高 50%，即一千二百万吨，抵得上三百个蒋介石王朝时钢的总产量。使钢产量从八百万吨左右增加到一千二百万吨左右，我国将在今年一年内做到，而过去美国用了三年、德国用了六年、英国用了二十一年、法国用了二十五年才能做到。1959 年，我国原煤将比 1958 年增产 24%，农业总产值将增长 10%，今年的国民经济计划完成后，将使我国的钢、原煤、原木、冶金设备、发电设备、金属切削机床、棉纱、机制纸、原盐、粮食、棉花等方面达到和超过或接近原定在 1962 年的生产水平。这样的速度当然是任何资本主义国家从来没有过的，在勤劳、勇敢的中国人民面前，已经或即将成为事实。1958 年大跃进和 1959 年上半年继续跃进的事实证明总路线、大跃进、人民公社是十分正确的，是马克思列宁主义的普遍真理和中国实际情况的创造性的结合。在体育运动方面，无论是群众性体育运动的普及，技术水平的提高，运动场地的建筑，体育干部的培养，国际体育活动的往来，体育器才的制造，体育科学研究等都已取得了很大成就。不仅早已改变了旧中国体育运动的落后面貌，而且对改善人民健康状况，增强人民体质，对生产、工作、学习任务的完成，丰富人民文化生活，以及加强国际文化交流等都产生了积极的良好的作用。占世界人口四分之一的中国，解放前在世界比赛中连一分也得不到，而今天在世界的田径、游泳、举重、球类等等优秀运动员行列中，中国运动员都有一分。帝国主义分子在诽谤我们，它的走狗们在咒骂我们，还有我们自己队伍中的一小撮丧魂失魄、没有骨头的右倾机会主义分子也在埋怨我们。这些蠢材们千方百计妄想抹煞中国人民所获得的巨大成就，实际上是企图破坏和阻挠中国继续跃进，担心从东方冉冉升起的朝日会把他们像冰块一样融化。让他们像秋虫一样悲鸣吧，中国的历史车轮将以隆隆巨响轧过他们所能发出的一切大大小小噪音，向前飞驰！

十年来社会主义建设成就包括体育运动的成就，是同党中央和毛主席的英明领导分不开的，今后我们必须遵照党与毛主席的指示，破除迷信，解放思想，鼓足干劲，力争上游。同志们，战斗的号角响了，让我们高举总路线的红旗前进，前进，前进！

胜利永远是属于我们的！

（刊载于《体育报》社论 1959 年 9 月 13 日）

《体育报》

巩固和扩大全运会的成果

参加第一届全运会的各个代表团，在胜利完成竞赛任务和作好初步总结以后，已经怀着愉快的心情相继离开北京，返回各地。我们谨祝他们一路顺风。

各个代表团的回师，不是说“战斗”已经结束，而是策马横枪，奔赴更大的“战场”巩固和扩大已经取得的成果。根据党中央指示，全运会的主要目的就是团结全国体育工作者，进一步推动我国群众性体育运动的发展，努力提高我国运动技术水平，把体育运动的提高和普及密切结合起来，更好地为工农业生产和国防建设的继续跃进服务。也即是党的八届八中全会的反右倾、鼓干劲、多快好省地建设社会主义的精神，在体育运动中的体现。必须认真地、坚决地加以贯彻。

各个代表团回去以后，首先要作的是采取各种方式，把这次大会的成就和精神作广泛的传达。大会曾组织了运动队深入北京市一些基层单位进行表演比赛，受到广大群众的热烈欢迎，现在又抽出一部分优秀运动队到鞍山、包头等钢铁基地去作慰问表演。各个代表团也正在积极组织运动队到基层去进行表演活动，这是一项使普及和提高密切结合的很好的措施。这对鼓舞群众参加锻炼，进一步推动基层体育活动有深远的意义。各级体委应该抓紧时机，认真、细致地作好这件工作。每个到基层去为劳动群众作表演的运动员都应该认识到这是非常光荣的，必须牢牢地记住并遵照贺龙副总理在全运会闭幕辞中的指示：“不仅要成为优秀的运动员，而且要成为体育运动的宣传员、组织员和技术指导员，把我国人民体育事业推向一个更加光辉的新阶段。”同时，应当认真地向工农群众学习，学习他们的干劲，学习他们无限忠诚于社会主义事业的精神。

首届全运会在各方面都有巨大收获，而重要收获之一，是在实践中有许多宝贵的经验，必须系统地总结起来。这个总结应以虚带实，虚实并举，而且越具体越好，并结合实际情况加以运用才能使它发挥实际作用。因此，就要根据总结出来的经验教训，立即制订和修改训练计划，加强对优秀运动员的训练。全运会是对过去训练工作的一次深刻的检查，什么是优点需要今后发扬光大的，

马术比赛

什么是缺点需要加以克服的，什么是先进的必须加以吸收的，什么是落后的应该废弃的，在这次检查中已看得比较明显。经过认真地总结，把经验教训明确起来，然后再通过制订和修改训练计划，把已取得的好的经验贯彻到今后的训练工作中去，使之生根发芽。这件工作做得好，今后便能够更迅速地提高我国运动技术水平，不断创造新纪录。

在这次全运会中，涌现了大批新生力量。这使我们对“后生可畏”的道理比以前体会得更加深刻了；这是过去广泛开展群众性体育运动和大力培养青少年运动员的结果。事实证明：群众体育是基础，“多里”才能“求精”，而青少年业余体育学校又是迅速而有效的培养青少年运动员的主要方法之一。要巩固与扩大全运会的成果，就必须继续发展青少年业余体育学校，特别是少年业余体育学校，加强对青少年业余体育学校的政治领导与技术训练，下力量办好这些学校。同时注意开展小学的体育工作，进一步改进教学，以便更有效地增强人民体质，扩大新生力量的源泉。

为适应体育运动的蓬勃发展和优秀运动员的不断成长，以及对青少年运动员的培养，还要采取各种方式加强体育运动的宣传教育工作；扩大教练员、裁判员队伍，提高他们的思想水平和业务水平；继续发扬“全国一盘棋”与共产主义大协作的精神，有条件的地区主动给其他地区以大力支援，各地优秀运动员更要积极带徒弟。总之，要继续以总路线的精神，大跃进的姿态，从各方面加强对体育运动的领导，让全运会之果遍种各地，使它再开花、再结果，花越开越鲜艳、美丽，果越结越丰硕、众多。由此可见，巩固和扩大全运会成果，不仅是二十九个代表团义不容辞的责任，而是广大群众自己的事情，各有关部门特别是工会、共青团和教育部门共同的事情。工会、共青团等组织，过去一向是重视体育工作的，最近共青团中央还号召全国青年在体育运动方面立个志气，经常参加体育活动，并要求共青团组织为继续推行劳卫制、迅速提高我国田径运动水平和积极发展并办好青少年业余体育学校而努力。我们相信，在党的统一领导下，工会、共青团等组织和教育部门，以及各级体委密切合作、共同努力，必将使今后我国的群众性体育运动更加蓬勃地开展起来。

摆在我们面前的新的任务是十分艰巨的，在我们第二个十年的道路上还会遇到困难。但是，革命事业从来就是在不断同困难作斗争中，在不断克服困难中，从一个胜利走向另一个胜利。我们是不断革命论者，我们的革命干劲需要一鼓再鼓。当前的形势对发展体育运动非常有利，让我们乘着总路线、大跃进的骏马，向前飞驰。

（刊载于《体育报》社论 1959 年 10 月 12 日）

男子跳高

奖品　纪念品

第一届全运会奖品、宣传品、纪念品

体育运动荣誉奖章

为了奖励优胜团体和个人，第一届全运会置备了奖杯、奖章（金质的、银质的和铜质的）、奖状，还置备了破全国纪录的奖章和体育运动荣誉奖章。

为了庆祝第一届全运会的召开，轻工业部门特生产了印有体育运动图案的衣服、花布、脸盆、漱口杯、头巾、毛巾、暖水瓶、火柴、扑克牌等日用品；邮电部门印制了第一届全运会纪念邮票；食品工业部门特制了带有体育运动图案的饼干、糕点和糖果等。

大会宣传部印制了许多种宣传画、标语和海报，出版了图书和多种精美的体育日记本、信封、信纸等，大量发行于全国。

奖章

奖　杯

奖章

奖给优胜团体的奖状

奖　章

奖给优胜个人的奖状

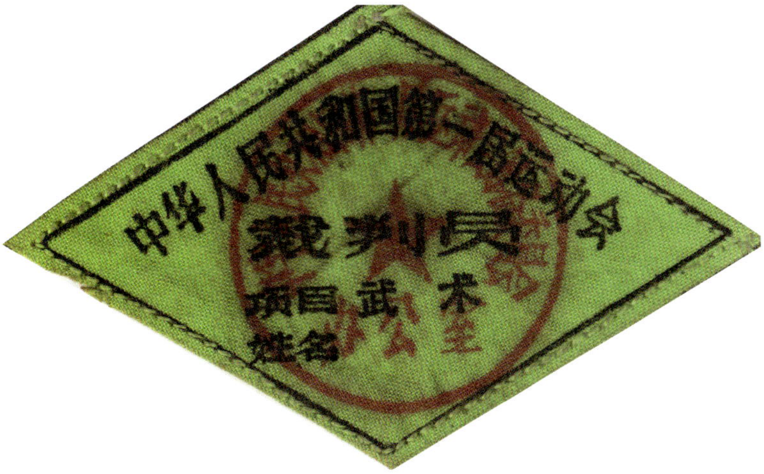

第一届全运会裁判员臂章

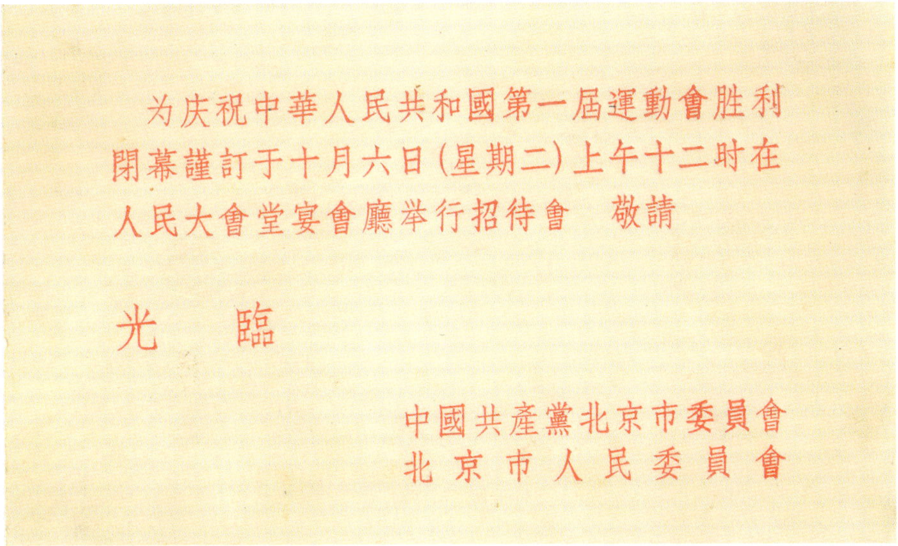

为庆祝中華人民共和國第一屆運動會胜利閉幕謹訂于十月六日(星期二)上午十二时在人民大會堂宴會廳举行招待會　敬請

光　臨

中國共產黨北京市委員會
北京市人民委員會

第一届全运会邀请函

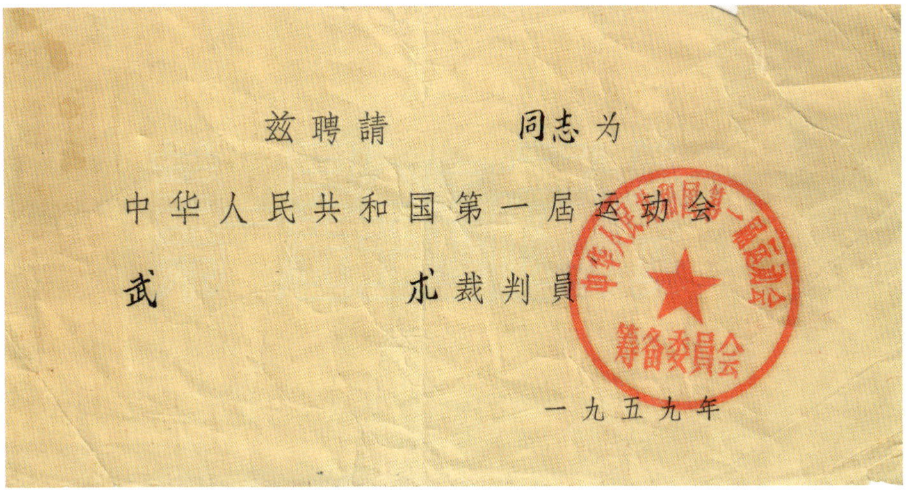

兹聘請　　　同志为

中华人民共和国第一届运动会

武　　　　术裁判員

中华人民共和国第一届运动会
筹备委員会

一九五九年

第一届全运会裁判员聘书

第一届全运会纪念碑

第一届全运会纪念章

第一届全运会纪念品

第一届全运会宣传画

友好交流

外宾来了

大会期间的国际友好活动

全运会期间，我们邀请并接待了来自各国体育界的朋友们。他们是：以苏联体育协会与体育组织联合会主席尼·罗曼诺夫同志为首的苏联体育代表团，阿尔巴尼亚体育运动委员会常务委员基·卡加古尼同志，以越南的体育体操委员会常委陈志贤同志为首的越南民主共和国体育代表团，以匈牙利体育运动委员会主席纠拉·赫基同志为首的匈牙利体育代表团，以保加利亚体育联合会主席热·科列夫同志为首的保加利亚体育代表团，以德意志民主共和国体育总会与运动协会主席鲁·莱希特同志为首的德意志民主共和国体育代表团，以朝鲜内阁体育指导委员会委员长金基洙同志为首的朝鲜民主主义人民共和国体育代表团，以蒙古体育运动委员会主席雅达姆苏伦同志为首的蒙古体育代表团，以波兰体育运动委员会主席弗·莱切克同志为首的波兰体育代表团，以罗马尼亚体育总会主席马·伯德纳拉希同志为首的罗马尼亚体育代表团，以捷克斯洛伐克体育总会主席弗·伏德斯龙同志为首的捷克斯

国家体育运动委员会副主任荣高棠接受苏联体育代表团团长尼·罗曼诺夫的赠旗

洛伐克体育代表团，国际乒乓球联合会名誉秘书长罗·艾文斯夫妇及名誉会计比·文特夫妇，以法国劳动体育联合会秘书长雷·拿波赖奥尼为首的法国劳联体育代表团，以伊拉克教育部学生文娱活动处处长阿·拉·阿扎米为首的伊拉克体育代表团和苏丹足球协会名誉秘书长阿·拉·雪达德。

各国体育代表团带来了各国人民及运动员对于中华人民共和国成立10周年及第一届全国运动会的热烈祝贺和对于中国人民及运动员的友谊。在参观了全运会的开幕式、闭幕式和一些比赛之后，他们对10年来新中国的群众性体育运动的广泛开展和各项运动技术水平的迅速提高，都获得了良好的深刻的印象。各国体育代表团在北京还参加了中华人民共和国成立十周年的庆祝活动，并分别赴上海、杭州、武汉、广州、重庆、昆明等地参观访问。

与此同时，世界闻名的苏联国家足球队、匈牙利国家足球二队、保加利亚国家篮球队及捷克斯洛伐克国家篮球队队员应邀来到了我国，在我们的全运会上做了精彩的表演比赛。他们的良好的技术和道德作风，使我国的广大运动员再一次获得了学习的机会，并为全运会增加了光彩。

重访中国

苏联体育协会与体育组织联合会副主席别斯利亚克

9月13日，我同许多外国体育组织的代表们，来到了北京工人体育场，怀着兴奋的心情观看了规模巨大、隆重和五彩缤纷的中华人民共和国第一届运动会开幕式。

当我看到开幕式上动人的场面，心情的激动是难以形容的。九年前，我曾随苏联青年代表团第一次访问了中华人民共和国并参观了许多城市。那是在1950年4、5月间，中华人民共和国成立刚几个月。我同中国青年无数次的会见，使我们看到了伟大的中国人民正在满腔热情地为巩固革命的成果，为建设自己的新国家而忘我地劳动着。当然，那时的一切还仅仅是奔向锦绣前程的第一步。九年过去了，当我再次到达这个人民共和国光荣的首都时，马上感到，这里已发生了显著的变化：新建的飞机场、规模巨大的工厂、成群的居民楼房、宽阔的马路和街道。马路两旁，耸立着新型的建筑物：电视和广播大厦、农业展览馆、民族文化宫和崭新的火车站。北京天安门广场，九年前我曾在那里参加“五一”观礼，现在已完全变样了。

在从飞机场驱车进城的公路上，我不时询问和我同行的中国朋友：这是什么新建筑！那是什么学校！这是什么工厂！那是什么博物馆！那边又是什么体育宫……请读者们原谅，因为我只能用枯燥的语言罗列我头几天所看到的一切。当然以后还有很多时间要参观那些新的、九年前没有的而今天由伟大的劳动人民建成的伟大的建筑。

在全运会开幕式上，听了国务院副总理、体育运动委员会主任贺龙同志的讲话后，使我更了解到，中国朋友以他们在人民体育运动方面所取得的巨大成就迎接自己的光荣的节日——新中国成立十周年。

参加这次全运会选拔赛的有五千多万人。这个数字，难道不是在体育运动方面大跃进的结果吗？

这些天来，我和许多兄弟国家的代表们，访问了上海和杭州。这些城市的体育工作者给我们介绍了许多有意义的事情，我们还和他们一起开了几次座谈会。每当我到一个地方，我就要问：“你们是怎样大跃进的？”

他们的回答是：大跃进的口号是推动每个体育工作者和每个运动员前进的力量。

就拿上海体育学院来说，建校初期，该校仅一百五十八名学生，而目前已有一千六百余名了；1958年以前该校只有两门科学研究工作，而现在已增至二百零三种。

有二千五百万人口的浙江省，现在已有一百万人从事体育活动，也就是说比1958年多了一倍。上海市进行体育活动的人更多，七人中间就有三人经常从事体育活动。

我们接触了许多从事体育工作的同志，他们对于已取得的成绩，都以谦虚的态度加以评价。他们坦率地说：如果在数量方面已获得成就，那么今后应该培养更多的等级运动员和运动健将，创造更高的成绩。

我很愉快地看到在第一届全国运动会上中国

运动员们取得了巨大成就。运动员们以优良的成绩来迎接即将到来的新中国成立十年大典。田径、游泳、跳伞等项目的卓越成绩就是最好的献礼。

从体育方面的成就来看，中国运动员完全可以站在世界优秀运动员的行列中。

亲爱的中国男、女运动员们：苏联的体育爱好者——你们的忠实朋友和同志，为你们获得了卓越的成就而欢欣鼓舞。这些成就是和共产党、毛泽东主席和人民政府对发展体育运动增强人民体质的关怀分不开的。

祝你们在普及体育运动和迅速提高运动技巧的工作中获得更大的成就，创造更新的纪录。

跟你们在一起的时刻是难忘的

罗马尼亚人民共和国功勋运动员约兰达·巴拉斯

在中国第一届运动会开幕之际，我谨向中华人民共和国运动员们致以最热烈的祝贺。

在中国跟你们在一起度过的时刻是令人难忘的……我看到了你们是在怎样地工作，你们对祖国和人民的热爱，是获得伟大成就的重要因素之一。我相信，不久的将来，你们会取得巨大的成绩，正如中国人民在各个战线上所取得的伟大成就一样。

祝你们成功！

我们两国人民之间的永恒的友谊万岁！

足球表演比赛

祝你们取得更好的成就

德意志民主共和国体育总会与运动协会主席鲁·莱希特

请让我以德意志民主共和国体育总会与运动协会主席的名义，代表一百万德意志民主共和国运动员向中华人民共和国第一届运动会的工作人员、教练员和运动员致以衷心的祝贺。你们的全运会在新中国成立十周年的时候举行，它标志着中华人民共和国体育运动的迅速发展。十年来，你们在社会主义建设中取得了伟大的成就，特别是在中国共产党八大以后，中华人民共和国在工农业、文化和体育方面都开始了大跃进。中国共产党八届八中全会的决议进一步保证了社会主义建设事业的继续跃进。中华人民共和国社会主义建设的成就是对帝国主义战争挑拨者的沉重打击。

德意志民主共和国的运动员完全支持你们为实现八届八中全会决议的斗争，正同我们不久前庆祝德意志民主共和国十周年的时候得到你们的支持一样。我们和伟大的中国人民的战斗友谊是牢不可破的，德意志民主共和国人民及运动员将尽全力粉碎帝国主义制造“两个中国”的阴谋，使中国运动员在国际体育运动中得到应有的地位。

祝中华人民共和国的体育运动继续取得更好的成就。

中保两国人民和运动员的友谊万岁

保加利亚体育联合会主席热·科列夫

当伟大的中国人民摆脱了世代的剥削制度，庆祝祖国解放十周年和举行第一届全国运动会的时候，保加利亚体育运动联合会中央理事会和格奥尔基·季米特洛夫祖国的运动员及体育爱好者，热烈地向你们致兄弟般的敬礼。

解放十年来，六亿五千万中国人民在以毛泽东同志为首的英明的中国共产党领导下，获得了社会主义建设的巨大成就。我们知道，过去中国在经济上是一个落后的、受外国资本主义残酷剥削的国家。中国人民推翻了反动统治，挺身站起来了，和以苏联为首的强大的社会主义阵营的各国人民一道，正在向美好的未来胜利进军。在自由生活的十年中，中华人民共和国取得的全面胜利，使全世界感到惊讶。访问你们国家的我国代表们也曾为你们的建设速度和它的规模感到惊奇。我们坚信，你们的英雄人民一定会光荣地完成共产党所提出的各项跃进指标。在北京、上海、广州和武汉，我们看到了运动员和体育爱好者也积极地投入了社会主义建设的跃进高潮。

我们祖国的劳动人民为你们伟大的社会主义建

设而欢欣鼓舞，并为自己的中国兄弟感到骄傲。我们知道，帝国主义深恶痛绝人民中国的出现，并且千方百计地阻挠它的成长。但正如我们的谚语所说：“狗在狂吠，旅行人仍旧赶路。”让那些快要掉牙的狗狂叫吧，中华人民共和国会继续前进的。

我国解放十五年来，由于党和政府的关怀，体育运动得到了广泛的发展和巩固。

最近几年，我们的运动员曾数次访问中国，高兴地看到了你们在体育运动中的巨大跃进。

保加利亚运动员很高兴和中国运动员接触，因为在友谊比赛中可以彼此学习。掌握优良技术的中国运动员给我们印象最深的是：顽强、谦虚、热爱劳动。

亲爱的同志们！在第一届全运会的前夕，你们已取得了重大成就。预祝你们在全民大跃进中，获得更多的成就。让参加第一届全运会的运动员向党和人民汇报自己的成绩吧！

以毛泽东同志为首的中国共产党万岁！

中华人民共和国万岁！

中保两国人民和运动员的永恒友谊万岁！

以伟大的苏联为首的我们强大的社会主义阵营万岁！

致亲爱的中国兄弟们

（摘要）

苏联功勋运动员库兹

苏联运动员怀着极其兴奋的心情，注视着中国人民为庆祝新中国成立十周年在北京举行的第一届全国运动会。

这次运动会规模巨大，共有四十二个项目。而参加本届运动会决赛的运动员就有一万名以上。按规模来看，可说是盛况空前。

我们高兴地知道由于迎接全运会，你们那里出现了许多新型的运动建筑：北京工人体育场、自行车场地和呼和浩特赛马场等等。在这些条件优越的场地上进行各种比赛的中国运动员们将会创造出许多崭新的成绩和出现许多新的运动健将。

我们的体育运动也正在飞跃地发展着。决定在 1960 年内培养一万至一万二千名新的运动健将，七年计划完成的时候，将吸取五千万名城乡劳动者，参加到运动队伍中来。

苏联共产党正致力于使体育运动成为全民运动；而摆在运动员面前的任务是在各种运动项目中赢得世界冠军。

我们在开展体育运动的工作中，感到最宝贵的一点是青年的积极性和敢想敢干的精神，青年们有力量去完成党所交给的最艰巨的任务。

在第二届全苏运动大会上，各加盟共和国运动员的成绩都有显著的提高，其中有很多人不仅进入了决赛，并且荣获冠军。

第二届全苏运动会是在青年运动员的冲锋陷阵的精神下进行的。这次运动会上，对纪录进行冲击的几乎都是年轻人。大会的 154 项共和国新纪录和10项全国纪录大部分都是由青年健儿们所创造的。

我们老一辈的运动员高兴地看到接班人正在不断地成长和壮大。

亲爱的中国朋友们，我们两国在体育运动方面的共同努力，将给我们带来巨大的战果。

我谨向全体中国运动员致以亲切的问候并热烈地祝贺中华人民共和国成立十周年的伟大节日。中国的兄弟姊妹们，让我衷心地预祝你们在劳动中和在即将开幕的第一届全运会中获得辉煌的成就。

我特别希望我的体育同行——田径运动员，能在全运会上大显身手。毫无疑问，他们将和全国体育大军一道登上新的体育高峰，走向新的胜利。

让中苏两国人民的伟大友谊更加巩固和发展！

祝你们获得新的成绩

功勋运动员、全苏跳高纪录保持者塔伊西娅·钦契克

你们现在正处在伟大而愉快的节日的前夕。1959年10月1日是中华人民共和国成立十周年的日子。伟大的中国人民在共产党的领导下掌握了自己的命运，并且开始建设着社会主义国家。

新中国所获得的各项成就举世皆知。在过去的十年当中，中国人民做出了许多在腐朽的国民党统治下根本不能想象的事情。中国运动员和体育爱好者同全国人民一道，在为自己的伟大祖国争光。我们完全了解，最近几年你们的体育事业正在迅速地发展着。

当你们的体育运动还处在最初发展阶段的时候，你们可钦佩的大跃进精神已使你们获得了许多世界纪录和达到高超的技术水平。

如果在不久前你们还不能夸耀自己的成绩的话，那么现在，陈镜开、黄强辉、赵庆奎、容国团、穆祥雄、戚烈云、郑凤荣、王金玉和其他运动员的名字已使全世界体育界感到惊讶。

中华人民共和国第一届运动会开幕了。这样规模巨大的比赛是中国历史上空前未有的。坐满了新建的北京工人体育场整个看台的八万观众，将是成千上万运动员技术提高的目睹者。

田径运动员的比赛，首先是我的朋友——跳高运动员郑凤荣，是我特别感兴趣的。我很满意地在报纸上读到了中国田径选手在全运会前夕多次刷新了全国纪录的消息，而郑凤荣获得了五项运动的新成绩。我想，你们的田径运动员一定会在全运会上获得优异成绩，并再一次为人民中国增光。

请允许我代表苏联运动员祝你们生活幸福，并在体育事业中获得新的成就。

愿你们的第一届全国运动会成为国庆节前一次成功的巨大规模的体育检阅。

预祝你们的首届全运会获得光辉成就

前越南体育体操干部实习团团长潘元当

去冬今春，我们获得一个难得的机会，到中国访问。我们永远不会忘记，由于中国同志尽心竭力的帮助，我们学习了不少宝贵的经验。通过这次访问，我们进一步了解到中国丰富多彩的体育运动。对此，我们表示衷心的谢意。

我们深感荣幸的是我们在中国大跃进期间接触了中国的体育运动。在这段期间，我们知道中国体育界正在热烈地准备举行一个具有重大意义的第一届全运会。在大会上将检阅十年来中国体育运动的成果，尤其是检阅大跃进以来获得的前所未有的体育成就。

我深信全运会将继续促使中国的体育运动跨着豪迈的步伐前进，它的速度将是“卫星式的速度”。

我在中国期间，亲眼看到中国的运动员、教练员和体育干部们，满腔热情地为第一届全运会创造很多优异的成绩、为全运会获得美满的成就而鼓足干劲。

我相信在中国共产党的英明领导下，毛泽东时代的运动员们个个身健体壮，力争上游，在这届全运会上，体育运动必定是丰富多彩，百花齐放；不仅有国际体育运动的各种项目，而且还有很多民族体育项目。

全运会的成功，对越南体育界是一个很大的鼓舞，它雄辩地证明了社会主义制度的优越性和体育运动的美好前景；同时给好战的狂妄的帝国主义分子以有力的打击。

我们越南体育界预祝中华人民共和国第一届运动会获得伟大的光辉成就，并向中华人民共和国十周年国庆致以最热烈的祝贺！

我惊喜地看到中国体育之花处处开

捷克斯洛伐克著名长跑家扎托倍克

在我的长期体育生活中，我曾到过许多国家。但没有一个国家能像我不久前访问过的中国那样，给我留下了许许多多的印象。在我临出发去中国前，我的心情已开始为将要看到中国而激动。中国人民积极地建设着自己的国家，在工业和农业方面，中国正掀起一个跃进高潮。中国在经济建设中获得的辉煌成绩更加鼓舞了中国人民更大的、前所未有的劳动热情。在体育运动方面，中国运动员也创造了史无前例的世界纪录。最近，中国体育运动参加者的人数已达一亿以上。但可笑的是，国际奥委会的某些反动成员却愚蠢地和中华人民共和国体育组织作对。

我在中国访问了北京、上海及其他城市，使我惊喜地看到体育之花处处盛开。成百上千的男女老少和学生集体做早操的印象更使我难忘。

在莫斯科青年联欢节上，我亲眼看到了中国射击运动打破了世界纪录，其他项目的运动员也相继取得了很好的成绩。

我在中国认识了四位马拉松运动员，他们都打破了我的奥林匹克纪录。我为这些后起之秀感到莫大的愉快。

全世界都在注视着你们的第一届全国运动会。特别是我，作为一个曾看到中国运动员顽强锻炼和听到他们要在运动会上争取优异成绩的誓言的捷克斯洛伐克人，就更感兴趣了。我代表捷克斯洛伐克全体运动员，预祝中国运动员纪录丰收，并祝中华人民共和国在国际体坛上的地位不断提高。

全运会期间，苏、匈足球队在北京工人体育场进行了比赛。图为入场式

我们非常关心和注视着你们的全运会

阿尔巴尼亚登山运动员库伊蒂姆·卡特里乌

你们的第一届全国运动会将在今天揭幕。这是中国体育运动中的一件大事。解放十年来，兄弟的中国人民不仅在政治、经济等方面获得了巨大成就，而且在体育方面也同样取得了很大的成就。在中国的每个角落里都有群众积极参加体育活动。由于群众性体育运动的不断发展，出现了许多新的世界纪录。我们阿尔巴尼亚运动员极为重视你们在体育方面获得的每一个成就，并为此而感到欢欣鼓舞。

为了迎接阿尔巴尼亚解放十五周年，我们在今年将举行第一届全国运动大会。今年 8 月举行了中等城市的决赛，10 月还将举行大城市的决赛。最近四年来，我国体育运动也有了极大发展。仅 1958 年参加各项体育比赛的男女运动员就达七万六千多名，并且有八十八个运动项目打破了全国纪录。今年运动会的规模是空前未有的，它将是我国青年健康和我国人民对社会主义建设热忱的大检阅。

我们全体阿尔巴尼亚运动员非常关心和注视着你们的全运会，并祝你们创造新的全国纪录和世界纪录。

同志们，衷心地预祝你们的体育事业获得新的发展。

中华人民共和国
第二届运动会

1965 年

9 月 11 日—9 月 28 日

北 京

简　介

第二届全运会于1965年9月11日—9月28日在北京工人体育场举行，承办单位为国家体委。设足球、篮球、排球、乒乓球、网球、羽毛球、水球、田径、自行车、体操、举重、击剑、游泳、跳水、摔跤、射箭、射击、摩托车、无线电收、发报、飞机跳伞、航空模型、航海模型和武术（仅作表演）等共二十三项。来自全国各省、市、自治区和解放军共30个代表团的5922名运动员参加了各项比赛。

本届大会主席团下设指挥部，指挥部总指挥荣高棠，副总指挥李达、黄中、李梦华、赵正洪、张青季、武清禄。指挥部下设7个部门即政治部、办公室、竞赛部、宣传部、行政管理部、警卫部、团体操表演部。共设金牌305枚；银牌303枚；铜牌300枚。

运动会上24人10次打破9项世界纪录，有331人469次打破130项全国纪录。

会　徽

由金色的跑道，醒目的“2”字和一面飘扬的红旗构成，跑道上方的红旗飘扬象征高举社会主义伟大红旗。

全世界人民

北京工人体育场鸟瞰

筹　备

筹备委员会委员名单

主任委员：贺　龙

委　　员：（共五十六人）

一、省市提名三十人

万　里　北京市副市长
张青季　北京市体委主任
宋季文　上海市副市长上海市体委主任
王　力　河北省副省长
史纪言　中共山西省委秘书长、省委常委
高锦明　中共内蒙古自治区委书记处书记
王堃骋　辽宁省副省长
张文海　吉林省副省长
王一伦　中共黑龙江省委书记处书记、副省长
舒　同　中共陕西省委书记处书记
何成湘　甘肃省副省长
牛化东　宁夏军区副司令员兼自治区体委主任
曾　征　青海军区副司令员兼省体委主任
曹达诺夫　新疆军区政治部副主任自治区体委主任
刘秉琳　中共山东省委书记处书记
彭　冲　中共江苏省委候补书记、南京市委第一书记
张恺帆　中共安徽省委书处书记、安徽省副省长
冯白驹　浙江省副省长
许彧青　福建省副省长

黄　霖　中共江西省委常委、副省长
邵式平　江西省省长（邵式平同志3月病故）
张柏园　河南省副省长
韩宁夫　湖北省副省长
何能彬　湖南军区副司令员兼省体委主任
曾　生　广东省副省长、广州市市长、省体委主任
卢绍武　广西壮族自治区副主席兼自治区体委主任
黄新廷　成都军区司令员兼省体委主任
石新安　贵州军区政委、省体委主任
赵健民　中共云南省委书记处书记
谭冠三　中共西藏工委书记、自治区体委主任
徐萌山　台盟总部秘书长

二、有关单位提名十三人

刘仰峤　高等教育部副部长
刘　风　教育部副部长
钱信忠　卫生部部长
李　琦　文化部部长
王化民　商业部副部长
肖洪启　中国铁路工会全国委员会副主席
夏　印　公安部六局局长
顾大椿　全国总工会书记处书记
惠庶昌　共青团中央书记处书记
杨蕴玉　全国妇联书记处书记
李文耀　全国青联副主席
张寅安　全国学联副主席
刘志坚　中国人民解放军总政治部副主任

三、体委体总国防体协提名十三人

贺　龙　国务院副总理兼国家体委主任

蔡廷锴　国家体委副主任
李　达　国家体委副主任
卢　汉　国家体委副主任
荣高棠　国家体委副主任
黄　中　国家体委副主任
李梦华　国家体委副主任
赵正洪　国家体委副主任
马约翰　中华全国体育总会主席
钟师统　中华全国体育总会副主席
袁敦礼　中华全国体育总会副主席
董守义　中华全国体育总会副主席
林　恺　中国人民国防体育协会副主任

筹备委员会秘书长和各部门负责人名单

秘书长	李　达
副秘书长	黄　中　李梦华　张青季　柏　坪
竞赛部部长	柏　坪
行政管理部部长	张一粟
宣传部部长	李凯亭
团体操部部长	张青季
警卫部部长	刘　福
外宾接待部部长	张联华
政治部主任	武　清
办公室主任	柏　坪

中华人民共和国第二届运动会筹备委员会关于第二届全国运动会主席团名单的报告

（65）全运筹办字31号

中共中央宣传部：

现将第二届全国运动会主席团名单报上，请批示。

一、拟定原则：

（一）筹委会委员。

（二）本单位筹委不来京者，由代表团团长参加。

（三）若筹委来京，但不担任省（市、自治区）代表团团长而因职务高于筹委者由团长参加。

（四）根据需要新增加的有关方面领导人。

二、第二届全国运动会主席团共五十八人。包括原来筹备委四十二人，各省、市、自治区和有关部门提出调换的十四人；除原筹委外新增加有关方面领导人二人。

三、具体名单如下：

（一）原来筹委四十二人（按姓氏笔画排列）。

万　里　北京市副市长

马约翰　体总主席

王一伦　黑龙江省副省长

牛化东　宁夏军区副司令员兼体委主任

卢　汉　国家体委副主任

卢绍武　广西壮族自治区副主席兼体委主任

石新安　贵州军区政委兼体委主任（是否来京尚未肯定）

刘志坚　总政治部副主任

刘仰峤　高教部副部长

刘秉琳　中共山东省委书记处书记

刘皑风　教育部副部长

许青福　福建省副省长

李　达　国家体委副主任

李梦华　国家体委副主任

李　琦　文化部副部长

李文耀　全国青联副主席

杨蕴玉　全国妇联书记处书记

何成湘　甘肃省副省长

张青季　北京市体委主任

张恺帆　安徽省副省长

张柏园　河南省副省长

林　恺　中国人民国防体协副主任

钟师统　体总副主席

贺　龙　国务院副总理兼体委主任

赵正洪　国家体委副主任

荣高棠　国家体委副主任

高锦明　中共内蒙古自治区区委书记

袁敦礼　体总副主席

夏　印　公安部六局局长

钱信忠　卫生部部长

徐萌山　台盟总部秘书长

曹达诺夫　新疆军区副政委兼体委主任

曾　生　广东省副省长体委主任

曾　征　青海军区副司令员兼体委主任

彭　冲　中共江苏省委书记

黄　中　国家体委副主任

黄　霖　江西省副省长

董守义　体总副主席

韩宁夫　湖北省副省长

惠庶昌　共青团中央书记处书记

谭冠三　中共西藏工委副书记兼体委主任

蔡廷锴　国家体委副主任

（二）省、市、自治区和有关部门提出调换的十四人。

陈琳瑚　中共上海市委教育、卫生部副部长、代表团团长

（原筹委宋季文副市长全运会期不来京）

王中青　山西省副省长、代表团团长

（原筹委省委秘书长史纪言不一定能来京）

王含馥　湖南省副省长、代表团团长

（原筹委何能彬，省军区副司令，任代表团副团长故改换王）

罗希林　浙江省体委副主任，代表团团长

（原筹委冯白副省长，因身体不好不来京故换罗）

李文清　成都军区副司令、代表团团长

（原筹委黄新廷不来京，故换李）

陈　洁　商业部党组成员、政治部副主任

（原筹委王化民副部长八月份下去搞"四清"不能参加全运会）

章　智　中国铁路工会全国委员会副主席

（原筹委铁路工会副主席肖洪启下去搞"四清"不能参加全运会）

黄民伟　全国总工会书记处书记

（原筹委顾大椿书记参加"四清"故换黄）

廖运周　吉林省体委主任、代表团团长

（原筹委张文海副省长参加"四清"，不能来京）

黄伯诚　全国学联副主席

（原筹委张寅安已不担任学联副主席故换黄）

郝田役　河北省副省长、代表团团长

（原筹委王力副省长不来京）

车向忱　辽宁省副省长、代表团团长

（原筹委王堃骋副省长任副团长，故换车）

刘披云　云南省副省长

（原筹委赵健民书记工作有调动，省委决定改为刘参加）

林茵如　陕西省副省长、代表团团长

（原筹委舒同书记因有任务不能来，故换林）

（三）拟新增加的有关方面领导人二人。

谢鹤筹　民族事务委员会副主任、体育运动委员会委员

庄希泉　华侨事务委员会副主任、体育运动委员会委员

一九六五年八月十六日

抄报：贺龙副总理办公室、国务院

中华人民共和国第二届运动会稿紙

贺龙副总理：

我们定于本月八、九两日召开第二届筹备委会，会议由李达同志主持。届时敬请莅临指示。

一、会议程序：

1. 贺龙副总理讲话

2. 报告筹备工作情况及竞赛规程（由李梦华同志报告）

3. 讨论和通过竞赛规程

4. 讨论和通过筹委会机构及各部门主要负责人名单

二、日程：

1. 八日上午请贺龙副总理讲话

2. 报告筹备工作情况及竞赛规程

八日下午至九日讨论和通过竞赛规程、筹委会机构及各部门主要负责人名单，听取各省、市、自治区筹备工作情况的汇报。

三、宣传报导：

规模较小于第一届全运会，请新华社发筹委会成立消息和委员名单，体育报发社论。

以上意见，是否妥当，请批示。

给贺龙副总理的请示的扫描件（来源：国家体育总局办公厅信档处）

第二届全国运动会筹备委员会第二阶段工作要点

月份/单位	办公室	竞赛部	宣传部	行政管理部	团体操表演部	政治部
四月	1. 建立会议、汇报制度、制定收发文规定 2. 协助各部选调必须人员 3. 制订开、闭幕式工作计划(草案) 4. 下达运动员步法和队形的要求 5. 筹借所需器械 6. 制定票务工作方案(草案)	1. 计划练习场地及雨天竞赛预备场地 2. 检查上海定制器材生产情况 3. 全部奖品投入生产 4. 完成各种表格审查，并复印 5. 接受第二次报名	1. 收集展览会图片小样，编辑宣传资料 2. 确定展出实物的数量，部分展品拿到样品 3. 开始设计展览会，申请展览会、场地布置物资 4. 确定场地布置内容、审定布置方案，召开场地布置会议 5. 招贴画、纪念章图样送交工厂 6. 联系外地来京记者数字	1. 修订大会财务开支标准和财务管理办法 2. 编制大会财务总预算 3. 批复各场地维修计划和审定各部预算 4. 继续联系食、宿问题 5. 草拟大会用车计划及车辆管理使用办法 6. 拟定竞赛器材管理、分配和处理办法	1. 提出各操设计方案的问题，争取完成部分操的修改 2. 完成“尾声”“民兵操”的设计 3. 完成儿童、工人、农民操的小型乐队录音工作和星火燎原、民兵操的曲调结构 4. 对音乐、美术设计进行第一次和第二次审查 5. 确定搭接看台方案 6. 完成服装道具样品的试制	
五月	1. 制定通信联络方案 2. 了解各省、市参加全运会准备工作情况 3. 拟定各赛区编制方案抽调干部参加赛区工作 4. 提出向火车头体协抽调干部计划 5. 下达开、闭幕式工作计划 6. 制订分票计划，划分场馆票区	1. 检查京津两地定制器材生产情况 2. 制作裁判服饰及各种标志、号码 3. 编排各项竞赛日程初步方案 4. 研究足、篮、排球分区预赛问题 5. 下达各竞委会组织人选名单 6. 下达足、篮、排球分区预赛裁判员名单	1. 编排图片，并编写说明 2. 场地布置开始施工，制作彩旗 3. 审定并交付招贴画样稿和宣传资料 4. 确定纪念章样式，投入生产 5. 召开在京记者座谈会 6. 制定展览模型、确定图表	1. 颁发大会财务开支标准，审定各分区预算 2. 检查各场地维修情况 3. 检查竞赛器材生产落实情况 4. 筹备展览会所用器械	1. 争取完成搭接看台工程 2. 各操进行小合操 3. 对各操边排练、边修改	1. 指定专人负责开展筹委会政治部的正常工作 2. 根据筹委会各部人员调配情况，适时地建立党团组织，逐步开展政治思想工作
六月	1. 了解各部门第二阶段工作计划完成情况 2. 做好裁判员选调工作 3. 拟订开幕式预演计划 4. 拟定票务工作管理办法 5. 召开票务工作会议	1. 召开场地会议、检查场地最终构建情况 2. 下达第三次报名表 3. 设计秩序册 4. 编排练习场地时间表 5. 下达足、篮、排球分区预赛竞赛秩序 6. 调整各项裁判员及各竞委会工作人员名单，下达聘函	1. 审定展览会图片小样、审定说明稿 2. 收集实物，展览会开始施工 3. 分发第一批招贴画 4. 索取各代表团文字介绍 5. 要求各新闻、宣传单位报来记者名单 6. 预赛的宣传工作安排	1. 建立会计账务及物资登记工作 2. 争取基本落实食、宿、交通问题 3. 检查竞赛器材交货情况 4. 拟订医疗救护计划	1. 中旬完成小合操，为暑期集训做好准备工作 2. 为民兵操做好准备工作 3. 放大背景台画面，制作背景板 4. 完成全部操的曲调结构初稿 5. 服装、道具争取全部投入生产	

中华人民共和国第二届运动会稿紙

第二届全运会筹备工作情况

去年1月，中央~~同意~~批准我们召开第二届全国运动会，并~~在批转全国体育工作会议报告中批~~指示："第二届全国运动会要开得好，开得精彩。同时，还要注意节约。"1月9日，国家体委正式成立了筹委会，贺副总理在会上指示：全运会要革命化，要高举毛泽东思想红旗，努力提高运动技术，赶上并超过世界水平；要贯彻节约精神，反对铺张浪费（对于上述召开全运会的指示都极重视，并）~~根据这些指示，~~各省、市、自治区[illegible]进行了积极的准备，先后成立了由省委书记、正副省长、军区司令员以及省市体委正副主任等负责同志参加的筹委会，并通过选拔，组成了代表队。~~为了开好全运会，各地都~~同时都加强了运动

20×15=300　（第1页）

中华人民共和国第二届运动会稿紙

队伍的政治工作，活学活用毛主席著作，学习国家乒乓球队的经验，坚持四个第一，开展"四好"、"五好"运动，反对保守思想、教条主义和骄娇二气，阶级觉悟大大提高，训练上贯彻了"三从一大"的原则，初步树立了三不怕、五过硬的作风，掀起了勤学苦练的热潮，运动技术水平有了显著提高。在1964年，全年有150名运动员打破94项全国纪录和4项世界纪录。今年上半年，运动员以革命化的精神再鼓干劲，创造了18项世界纪录，466次打破143项全国纪录，提高的速度超过了以往任何一年，为开好第二届全运会作出了贡献。

各地先后成立了代表团，参加第二届全运会的单位有28个省、市、自治区和解放军，共29个代表团，7395人，包括28个民族

20×15=300　（第2页）

中华人民共和国第二届运动会稿紙

。其中运动员5922人（男3911人，女2011人），工作人员1473人（男1344人，女129人）。除足、篮、排球分区预赛被淘汰的1025名外，实际来京参加大会的人数为6370名。其中运动员5014人，工作人员1356人。

在来京的5014名运动员中，有：

党员407人，占运动员总数的8.1%，

团员2463人，占运动员总数的49.1%，

党团员共占运动员总数的57.2%；

家庭出身于劳动人民的3707人，占运动员总数的73.8%。出身于非劳动人民的717人，占14.3%。其他590人，占11.7%；

本人成份是工、农、学生的4903人，占运动员总数的97.8%。自由职业和职员16人，占0.3%。其他95人，占1.9%；

20×15=300　（第3页）

中华人民共和国第二届运动会稿紙

京市委、市人委的重视和领导下，教育部门、卫生部门、交通部门、公安部门和服务行业等等，为全运会做了很多工作；编排团体操的有关人员和表演者，在炎热的夏天坚持排练，付出了辛勤的劳动；解放军调集了大批车辆和人员，为大会服务。所有这些单位，都为开好全运会作出了贡献。对此，我们表示感谢。

第二届全运会的规模较大，涉及面广，工作繁杂，我们的工作人员又来自四面八方，业务上不太熟悉，因此，工作中难免存在缺点和漏洞，希望代表团帮助我们把工作做得更好。

现在，筹备工作已经结束。全体工作人员、裁判员和运动员们，都an突出政治，发扬革命精神，共同努力把全运会开好，开得精彩。

20×15=300　（第11页）

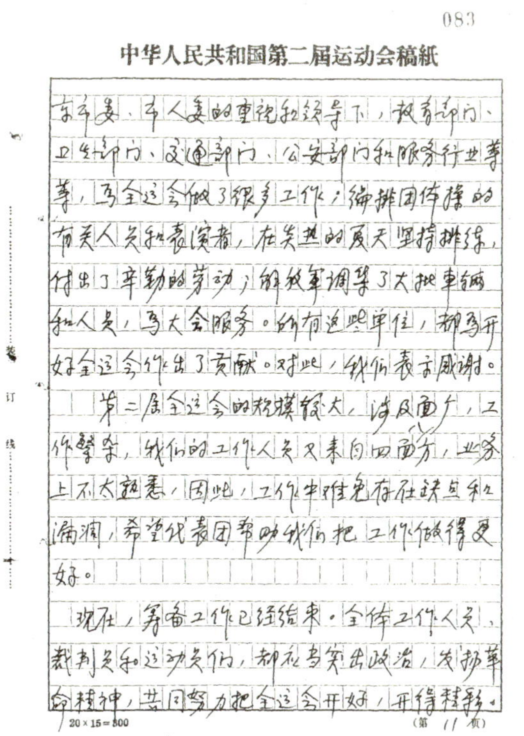

083

中华人民共和国第二届运动会稿紙

市委、市人委的重视和领导下，教育部门、卫生部门、交通部门、公安部门和服务行业等等，为全运会做了很多工作；编排团体操的有关人员和表演者，在炎热的夏天坚持排练，付出了辛勤的劳动；解放军调集了大批车辆和人员，为大会服务。所有这些单位，都为开好全运会作出了贡献。对此，我们表示感谢。

第二届全运会的规模较大，涉及面广，工作繁杂，我们的工作人员又来自四面八方，业务上不太熟悉，因此，工作中难免存在缺点和漏洞，希望代表团帮助我们把工作做得更好。

现在，筹备工作已经结束。全体工作人员、裁判员和运动员们，都应当突出政治，发扬革命精神，共同努力把全运会开好，开得精彩，

20×15=300 （第 11 页）

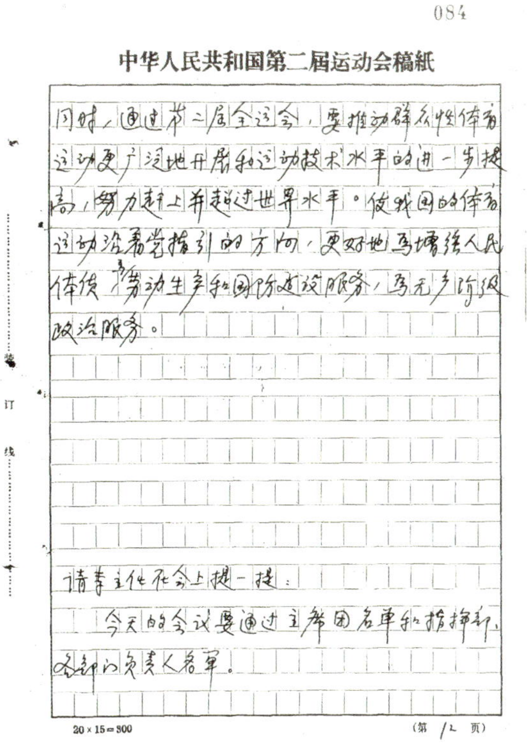

084

中华人民共和国第二届运动会稿紙

同时，通过第二届全运会，要推动群众性体育运动更广泛地开展和运动技术水平的进一步提高，努力赶上并超过世界水平。使我国的体育运动沿着党指引的方向，更好地为增强人民体质、为劳动生产和国防建设服务，为无产阶级政治服务。

请李主任在会上提一提：

今天的会议要通过主席团名单和指挥部、各部门负责人名单。

20×15=300 （第 12 页）

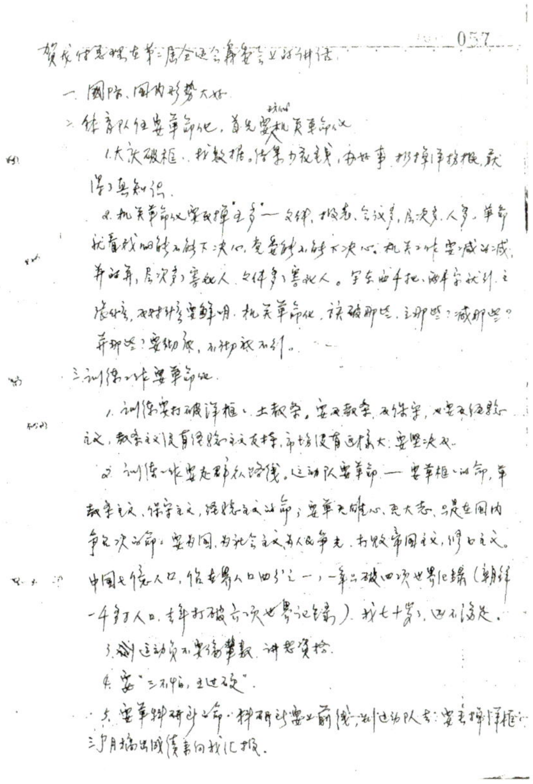

057

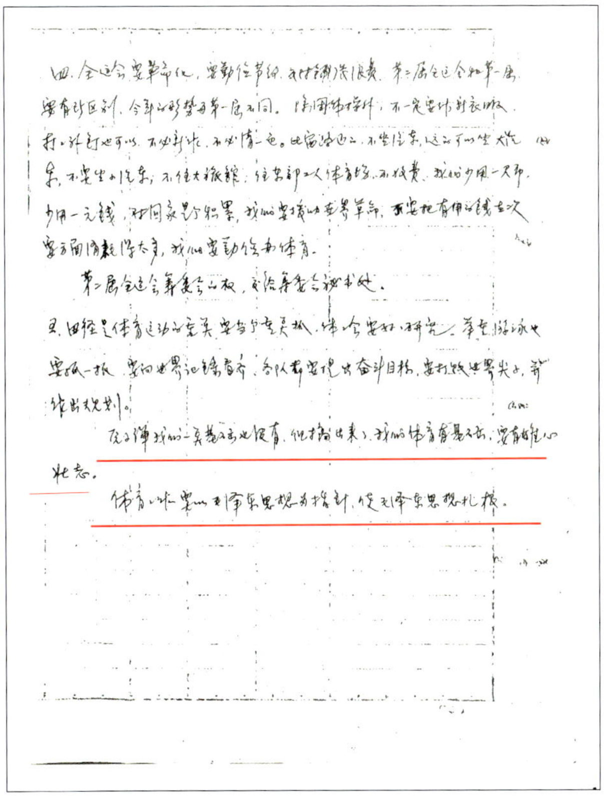

贺龙说（红线标注）：“原子弹我们一点基础也没有，但搞出来了，我们体育有基础，要有雄心壮志。”“体育工作要以毛泽东思想为指针，使毛泽东思想扎根。”

来源：国家体育总局办公厅信档处

各部室主要职责范围

一、政治部

1. 政治部是大会党委政治工作的办事机关。在大会党委成立之前，根据国家体委党委的指示、决定，积极做好政治思想工作。

2. 负责大会全体人员的政治思想教育工作，制订政治学习计划，经常掌握大会全体人员的思想动态，抓住活的思想进行教育。突出政治、坚持四个第一，不断提高全体人员的思想觉悟，从而保证大会顺利进行，创造优异成绩。

3. 建立与健全大会各级党团组织、承办党团组织的报到、转移党团组织关系。加强党团组织的领导，充分发挥党、团支部的战斗堡垒作用。

4. 负责大会的文体活动工作。

二、办公室

1. 了解情况及时汇编工作简报。督促检查各部工作完成情况，安排召集指挥部各种会议，并负责记录和整理。

2. 负责邀请体育界知名人士工作。

3. 负责大会收发、文印工作，掌握大会印章和行文把口，并对档案工作提出统一要求。

4. 负责大会机构设置、人员编制、联系借调干部、办理注册报到手续。

5. 负责票务管理和请柬的分配工作。

6. 负责办理不属各部门职责之内的各项工作，以及领导交办其他事宜。

三、竞赛部

1. 编审和印发各项竞赛规则及规程。

2. 安排竞赛日程、编印大会秩序册。

3. 统筹规划竞赛、练习场地、器材设备和设计、定制奖品。

4. 公布竞赛成绩、印发公报和成绩册。

5. 印制有关竞赛的一切图表。

6. 负责组织各项竞委会（包括裁判）机构，并协助抽调人员。

7. 负责裁判人员的学习和管理工作。

8. 组织安排开幕、闭幕式工作。

9. 组织安排科研工作。

10. 联系竞赛期间北京地区气候变化情况。

四、宣传部

1. 负责拟定宣传方针，组织、接待中外记者。

2. 联系安排拍摄电影、电视、广播等项工作。

3. 对外发布大会各成绩和纪录。

4. 负责有关会场、市容宣传布置制作工作。

5. 设计制作会标、标语、宣传画、编辑画册、纪念册、纪念章。

6. 负责体育运动展览会和会刊工作。

五、行政管理部

1. 负责安排大会人员食、宿、生活管理和接待工作。

2. 负责管理和调配大会所需车辆，办理各代表团离京火车票。

3. 负责编审大会经费预、决算，制定有关财务管理制度，办理经费收支和出纳会计工作。

4. 负责供应办公用品，安装和维修通讯设备。

5. 负责医疗、救护和疾病预防工作。

6. 负责审定竞赛场地修建和器材试制、购置和供应分配工作。

六、警卫部

1. 负责大会期间现场、驻地的警卫和保卫工作，保证大会的安全，保证首长及外宾的安全。

2. 负责各场地、驻地有关水电、建筑设备、消防器材等安全检查工作。

3. 负责大会人员政治审查，并作好安全、保卫、保密宣传教育工作。

4. 负责检验参会车辆、考核司机驾驶技术、行车路线勘查、车场划分，并加强交通管理，保证交通安全。

5. 设计、制作和分发大会所需各种工作证件。

七、团体操表演部

1. 负责团体操的编写、组织及表演工作。

2. 负责团体操表演服装、道具、看台背景的设计制作及保管。

3. 负责看台背景搭接工程的设计与施工。

4. 负责合操预演及表演场地布置和后勤供应工作。

八、外宾接待部

1. 拟定外宾接待工作方针及计划。

2. 安排外宾生活接待。

3. 组织外宾参观、筹办外宾宴请及接见事宜。

开 幕 式

开幕式上表演的大型团体操《革命赞歌》第一场《序幕》

毛泽东主席在全运会开幕式主席台上检阅我国各民族体育健儿

毛泽东主席和周恩来总理、朱德委员长、董必武副主席、贺龙副总理在全运会开幕式主席台上

开幕式上表演的大型团体操《革命赞歌》第二场《高举革命火炬》

开幕词

贺 龙

国务院副总理贺龙致开幕词

同志们、朋友们：

中华人民共和国第二届运动会，今天开幕了。我代表中国共产党中央委员会和国务院，向参加这次大会的全体运动员和体育工作者表示衷心祝贺，向出席大会的各国贵宾表示热烈欢迎！

第二届全运会，是在中华人民共和国成立16周年的前夕召开的，是在国内外一派大好形势下召开的。

我国各族人民，在党中央和毛主席的英明领导下，高举党的社会主义建设总路线光辉旗帜，团结一致，艰苦奋斗，自力更生、奋发图强。我们在社会主义革命和社会主义建设的各战线上，都取得了辉煌的成就。

16年来，我国人民体育运动，遵循党中央和毛主席关于发展体育运动，增强人民体质，为生产劳动和国防建设服务，为无产阶级政治服务的指示，取得了巨大的发展。由于广大人民群众的积极参加，我国的体育运动已经成为一个广泛的真正群众性的运动，我国人民的体质，大大增强了。特别重要的是，广大人民群众踊跃参加游泳、射击、通讯、登山等项体育活动，努力锻炼保卫祖国的本领，时刻准备着响应祖国号召，给敢于侵犯我国的美帝国主义及其走狗以迎头痛击。

在群众体育运动广泛开展的基础上，涌现了大批的优秀运动员。他们树雄心，立大志，勇于攀登世界高峰。16年来，我国运动员一共打破了5700多次全国纪录，100多次世界纪录，获得了13个世界冠军。在第一届新兴力量运动会上，取得了优异的成绩。

中国乒乓球队，心怀祖国，放眼世界，敢于革命，不断革命，在连续几届世界锦标赛中，为祖国争得了巨大的荣誉。我国登山运动员，从北坡登上世界的最高峰珠穆朗玛峰，并且又征服了世界上最后一座未被人征服的八千米以上的高峰希夏邦玛峰。新中国的运动员，以优异的成绩证明，他们有卓越的运动才能，一定能把我国的体育运动推向更高的水平。更重要的是他们表现了中国人民无坚不可摧、无高不可攀的英雄气概。他们这种敢于攀登世界高峰的雄心壮志和踏踏实实的苦干精神，是值得全国人民和体育界学习的。

我们通过国际体育交往，增进了我国人民和各国人民之间的相互了解，加强了彼此之间的友谊。特别重要的是我们和各国人民一道，建立了新兴力量运动会联合会的组织，打破了帝国主义对国际体育事务的垄断和控制，促进了新兴力量体育事业的发展。

我国体育运动，在短短的时间内获得这样迅速的发展，是党中央和毛主席英明领导和广大人民积极参加的结果；是全国体育工作者和运动员在又红又专的道路上，大学解放军，学大庆、学大寨，积极参加阶级斗争、生产斗争和科学实验三大革命运动的结果。我们的成就，是毛泽东思想的成就！

第二届全运会，是16年来体育运动成就的大检阅。参加这次比赛的，有来自全国各地各民族的五千九百多名男女运动员。他们都是从群众运动中选拔出来的优秀选手，其中许多是年轻的新手。这届全国运动会是体育队伍的一次比学赶帮的革命竞赛。我们希望，全体运动员，人人比先进，赶先进，超先进，发扬革命英雄主义精神，发扬共产主义风格，胜不骄，败不馁；鼓足干劲，力争上游，赛出风格，赛出水平，创造新纪录、新成绩；反对锦标主义、本位主义，大破保守思想。我们要通过比赛，达到交流经验、增进团结、互相学习、共同提高的目的。我们相信第二届全运会一定开得好，开得精彩，把我国体育运动推进到一个更高的水平。

同志们，让我们高举毛泽东思想的伟大红旗，在无产阶级革命化的大道上奋勇前进！让我们为体育运动的进一步普及和提高，更好地为社会主义事业服务而奋斗！

开幕式大型团体操表演

再接再厉，为新中国体育史写出更光辉的篇章

——祝贺第二届全国运动会开幕

罗瑞卿

全国各族优秀运动员，会师北京，举行第二届全国运动会，检阅我国体育事业的新成就，这是我国人民政治文化生活的一件大喜事。我衷心地向我国体育战线上的全体同志，致以最热烈的祝贺！

新中国成立以来的十六年，在人类历史的长河中，不过是短暂的一瞬。但是，我国体育战线的同志们，在中国共产党和毛主席的英明领导下，在全国人民的支持下，奋发图强，自力更生，在这短短的时间里，已经彻底改变了旧中国体育事业的落后面貌，使新中国的体育事业，出现一片龙腾虎跃、生动活泼的宏伟景象。

十六年来，我们一支强大的生气勃勃的体育队伍，已经成长壮大。他们刷新了五千多次全国纪录，打破了一百多次世界纪录。特别是乒乓小将，接连夺得世界冠军；登山健儿，屡次征服高山险峰，赢得了世界人民的钦佩，为我国人民争得了崇高荣誉。什么“东亚病夫”，什么“在十八世纪水平上踏步”，等等侮辱，我们伟大民族的一顶顶不光彩的“帽子”，被一股脑儿甩掉了。

十六年来，我们的体育工作者，同六十多个国家和地区的体育界朋友，进行了友好往来，交流了经验，增进了友谊。我国体育工作者和外国朋友在一起，对进一步发展和壮大国际反美统一战线，做出了巨大的贡献。我们的朋友越来越多，我国的事业与日俱增。中国人民在国际体育舞台上根本没有地位的情形现在早已一去不复返了。

十六年来，我国群众性的体育活动，日益蓬勃展开。人不分男女老少，时不分春夏秋冬，到处掀起了“锻炼身体、保卫国家”的热潮，从而使我国人民健康状况有了极大的改善，使人民的体质有了显著的加强，对生产劳动和国防建设，产生了积极的作用。特别是在全国展开游泳、登山、射击、通讯等项国防体育运动以后，亿万人民到江湖河海去游泳，成千上万的青年群众，操枪法，练投弹，进行军事野营，创造了古今中外体育史上空前未有的壮观，为全民皆兵打下了更为坚实的基础，直接增强了我国国防力量。现在体育运动，在我们新中国，已经成了最广泛的群众性的活动，再也不是少数人玩玩乐乐的事情了。

我国体育战线上的同志们，为新中国体育事业做出的巨大贡献，深深地鼓舞了全国各个战线。这不仅因为我们的优秀运动员和全体体育工作者，出色地完成了任务，打了漂亮仗；更重要的，是人们从我国体育事业的巨大变化中，亲切地看到了我们社会主义制度的无比优越性，看到了我国社会主义建设总路线的无穷生命力，看到了中国共产党和毛主席领导的正确伟大，看到了中国人民前程的光明灿烂，看到了毛泽东思想的万丈光芒！十六年来，新中国体育事业的巨大成就，生动地证实了，毛泽东思想是我国社会主义事业的胜利源泉，我国人民高举毛泽东思想伟大红旗，在任何一个战线上，都能够创造出我们前人所不能想象的人间奇迹！

开幕式大型团体操表演

当第二届全国运动会开幕的时候，回顾过去的成就，瞻望我国体育事业的新的跃进形势，我们感到无比的兴奋和自豪。现在，全国人民都以十分关注的心情，对这届运动会寄予殷切的希望。对祖国荣誉和社会主义文化事业的关怀，把全国人民同我们体育战线的同志们联系在一起了。各国进步人民，各国进步的体育界人士，也都在注视着我们这届运动会，希望从这届运动会上听到新中国体育事业新的跃进的好消息。对新中国的热爱和对毛泽东思想的向往，把全世界革命人民同我们体育战线的同志联系在一起了。因此，把这次运动会开好，开精彩，是具有重大意义的！

我衷心地希望，所有参加这届运动会和为运动会服务的同志们，更高地举起毛泽东思想红旗，突出政治，处处听毛主席的话，按毛主席的指示办事。既要创造优异的成绩，攀登世界运动技术的高峰，更要发扬无产阶级体育工作者的高尚风格，实现政治、技术双丰收。我国乒乓球队的小将们，已在这方面树立了一面光辉旗帜。我深信，只要大家切实以乒乓球队的小将为榜样，学习他们，赶上他们，超过他们，这届运动会，一定能够获得丰硕的果实。

我衷心地希望，所有参加这届运动会和为运动会服务的同志们，牢记毛主席关于“虚心使人进步，骄傲使人落后”的教导，认真学习别人之长，补自己之短，认真交流经验，互相促进，使这次运动会，成为我国优秀运动员和全体体育工作者比学赶帮，为攀登世界运动技术高峰而共同练兵的盛会，彻底抛弃资产阶级体育作风的残余，发扬马克思列宁主义的无产阶级体育的光荣传统。

我衷心希望，通过这届运动会，把我国的群众性的体育活动，把我们的国防体育活动，推向一个新的高峰，以便更好地使体育为生产劳动服务，为国防建设服务，为无产阶级政治服务！我们在这方面的成就，实际上是对美帝国主义及其走狗的示威，是认真对付它们侵略的一种切实准备。

过去的十六年，体育战线上的同志们已经为我国体育事业，做出了大的贡献。我深信，用毛泽东思想武装起来的我国全体体育工作者，一定会再接再厉，为我国体育史写出更光辉的篇章！

开幕式大型团体操表演

开幕式大型团体操表演

开幕式上表演的大型团体操
《革命赞歌》第二场《高举革命火炬》

开幕式大型团体操表演

开幕式上表演的大型团体操《革命赞歌》第三场《自力更生奋发图强》

开幕式大型团体操表演

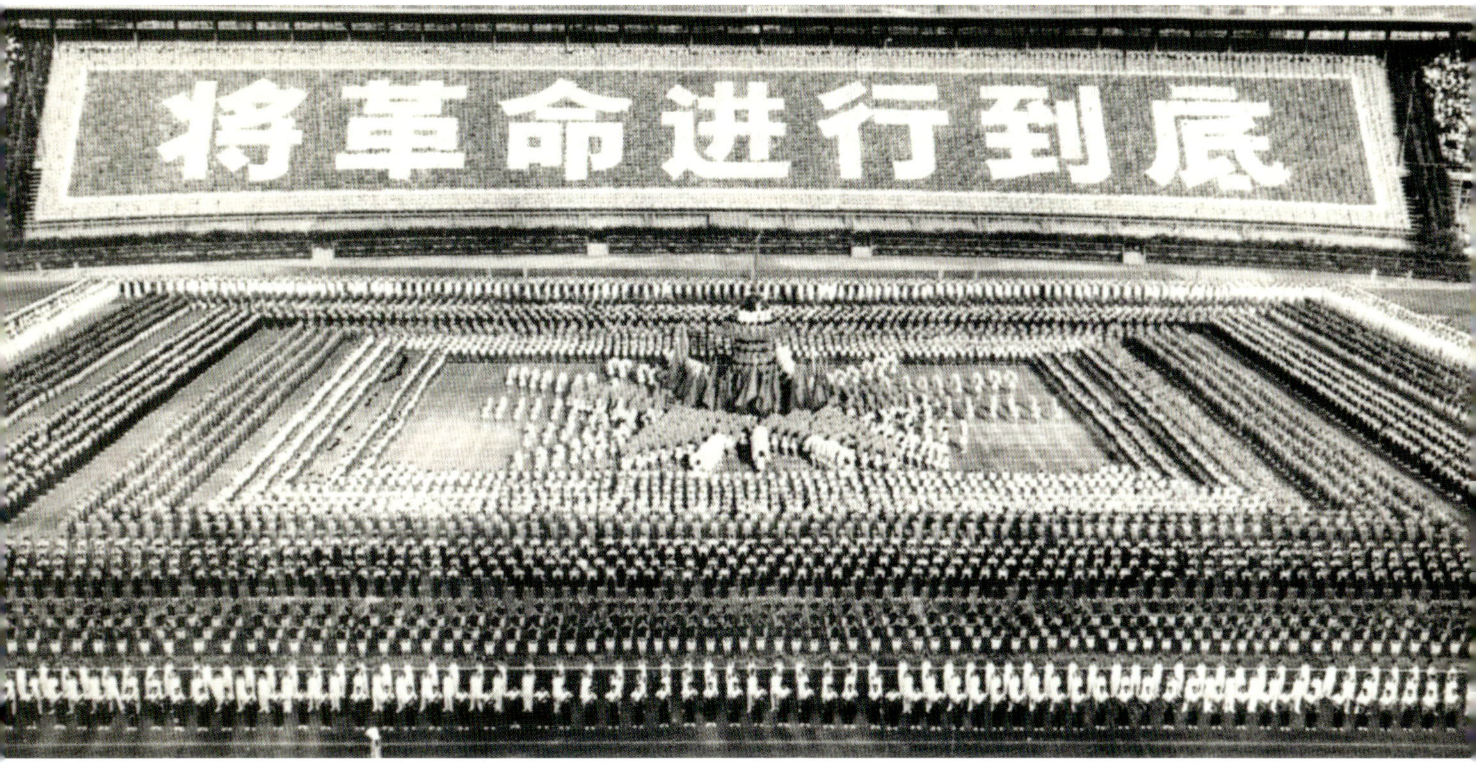

开幕式民兵射击表演

开幕式民兵刺杀表演

开幕式民兵队列表演

开幕式上表演的大型团体操

开幕式上表演的大型团体操

组织机构

主席团名单

（按姓氏笔画为序，提请讨论通过）

万　里　北京市副市长
马约翰　中华全国体育总会主席
王一伦　中共黑龙江省委书记、副省长
王中青　山西省副省长
王含馥　湖南省副省长
车向忱　辽宁省副省长
牛化东　宁夏军区副司令员
卢　汉　国家体委副主任
卢绍武　广西壮族自治区副主席兼体委主任
石新安　贵州军区政委
刘仰峤　高等教育部副部长
刘志坚　中国人民解放军总政治部副主任
刘披云　云南省副省长
刘秉琳　中共山东省委书记处书记
刘皑风　教育部副部长
许彧青　福建省副省长、省委常委兼省委宣传部部长
庄希泉　华侨事务委员会副主任
李　达　国家体委副主任

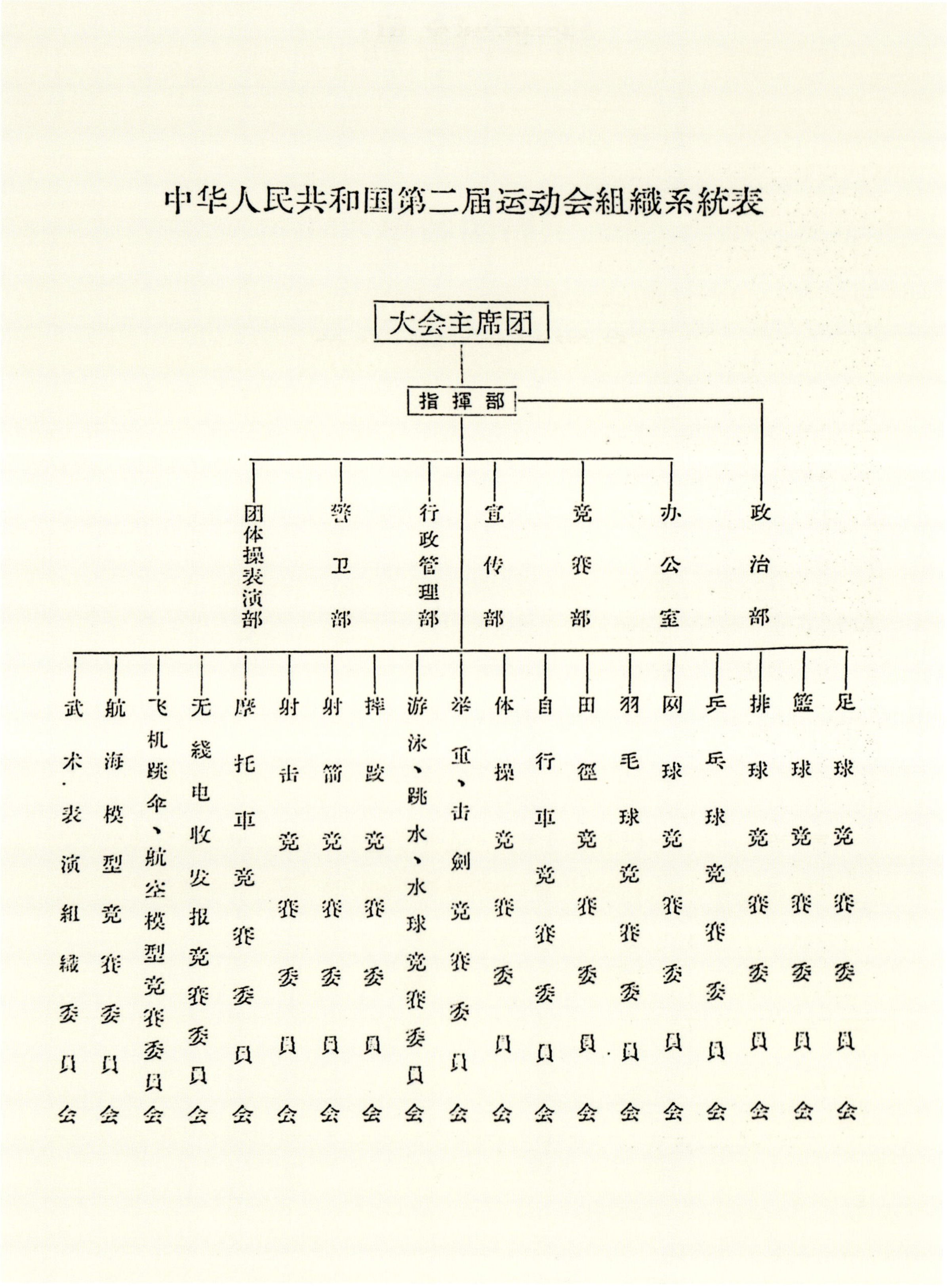

来源：国家体育总局办公厅信档处

指挥部名单

总 指 挥：荣高棠

副总指挥：李　达　黄　中　李梦华

赵正洪　张青季　武清禄

各部门负责人名单

政治部	主　任：武清禄 副主任：张希让　武岳松
办公室	主　任：柏　坪 副主任：鲍明亮　郭连刚
竞赛部	部　长：李梦华（兼） 副部长：朱德宝　孙正华　黄显文　刘　风　李凤楼　赵　斌　刘建华　陈镇华
宣传部	部　长：何启君 副部长：穆　青　耿　耀　徐肖冰　陈正清　李凯亭　姚黎民　左　林　裴　植　吴重远
行政部	部　长：金鉴萍 副部长：张一粟　韩统武　谭　壮　郭守唐
警卫部	部　长：吕　展 副部长：余海宇　孙仲一　陈时风
团体操表演部	部　长：张青季（兼） 副部长：魏　明　谭元堃　秦德远　李　榕
其他各单项竞赛委员会人员名单★（略）	

各代表团负责人名单

北京市代表团

团　长：张青季

副团长：林毅忠　任　超

上海市代表团

团　长：陈琳瑚

副团长：杜　前　张振亚

河北省代表团

团　长：郝田役

副团长：阎　欣　苏振起　杨有山　袁玉亭

山西省代表团

团　长：王中青

副团长：郭宗汾　吕尧卿　王金贵　王立远

辽宁省代表团

团　长：车向忱

副团长：王堃骋　李道之　刘启新　王家善　康　起　董连壁

吉林省代表团

团　长：廖运周

副团长：董济民　江　含　杨钟秀

黑龙江省代表团

团　长：王一伦

副团长：王思元　李天伶　张庆增

陕西省代表团

团　长：林茵如

副团长：韩增友　田得霖

甘肃省代表团

团　长：何成湘

副团长：封致平　徐安民

青海省代表团

团　长：曾　征

副团长：谭汤池　苏　辛

山东省代表团

团　长：刘秉琳

副团长：李澄之　张　明　高凤林　季明焘　赵　群　孙继文

江苏省代表团

团　长：彭　冲

副团长：欧阳惠林　王　范　沈战堤　张凤扬

安徽省代表团

团　长：张憕帆

副团长：仰　柱

浙江省代表团

团　长：罗希林

副团长：余龙贵

江西省代表团

团　长：黄　霖

副团长：陈　言　杨敏之　赖华兴

福建省代表团

团　长：许彧青

副团长：毛会义　李　威　周凤才

河南省代表团

团　长：张柏园

副团长：于大申　殷义盛

湖北省代表团

团　长：韩宁夫

副团长：郑大林　孙耀华　邬作盛　田志宏　霍俊亭　戴　光

湖南省代表团

团　长：王含馥

副团长：王信甫　何能彬　卢德信　刘农畯

广东省代表团

团　长：曾　生

副团长：陈远高　卢　动　蔡演雄　梁克寒

四川省代表团

团　长：李文清

副团长：邓　垦　李铁民　廖家岷　张希英　雷展如　刘元煊

贵州省代表团

团　长：石新安

副团长：田白玉　张　涛　黎涌萍

云南省代表团

团　长：陈　方

副团长：崔　勇

内蒙古自治区代表团

团　长：高锦明

副团长：孙兰峰　潮洛蒙　赵俞廷　卡蓬巴塔尔　谷献瑞

宁夏回族自治区代表团

团　长：牛化东

副团长：程厚珍

新疆维吾尔自治区代表团

团　长：曹达诺夫

副团长：武选生　巴音克共克

西藏自治区代表团

团　长：谭冠三

副团长：宋有亮　雪　康　土登尼玛

中国人民解放军代表团

团　长：周之同

政　委：张少庭

副团长：张德显

各代表团人数统计表

单位		参加项数	参加人数						总計		
			运动员			工作人员					
			男	女	合計	男	女	合計	男	女	合計
1	北京	18	173	90	263	30	7	37	203	97	300
2	上海	23	166	90	256	41	3	44	207	93	300
3	河北	16	161	74	235	61	4	65	222	78	300
4	山西	15	136	72	208	38	4	42	174	76	250
5	辽宁	16	135	63	198	50	2	52	185	65	250
6	吉林	16	137	61	198	48	4	52	185	65	250
7	黑龙江	17	135	68	203	45	2	47	180	70	250
8	陕西	17	139	62	201	42	7	49	181	69	250
9	甘肃	11	112	44	156	44	1	45	156	45	201
10	青海	9	55	34	89	38	5	43	93	39	132
11	山东	17	161	79	240	58	2	60	219	81	300
12	江苏	17	143	88	231	66	3	69	209	91	300
13	安徽	17	167	75	242	52	6	58	219	81	300
14	浙江	16	130	78	208	39	3	42	169	81	250
15	江西	14	130	61	191	55	4	59	185	65	250
16	福建	19	131	69	200	46	4	50	177	73	250
17	河南	16	165	77	242	55	3	58	220	80	300
18	湖北	17	152	81	233	60	7	67	212	88	300
19	湖南	18	146	84	230	60	10	70	206	94	300
20	广东	18	160	92	252	44	4	48	204	96	300
21	四川	15	139	84	223	65	12	77	204	96	300
22	贵州	13	120	73	193	51	4	55	171	77	248
23	云南	16	138	68	206	40	4	44	178	72	250
24	内蒙古	13	132	48	180	62	8	70	194	56	250
25	广西	16	116	81	197	46	7	53	162	88	250
26	宁夏	9	81	44	125	25	—	25	106	44	150
27	新疆	14	117	51	168	28	4	32	145	55	200
28	西藏	5	54	31	85	25	4	29	79	35	114
29	解放军	17	180	89	269	30	1	31	210	90	300
总計			3911	2011	5922	1344	129	1473	5255	2140	7395
备注	除去足球、篮球、排球分区预赛被淘汰的1025名外，(其中运动员908名，工作人员117名）实际来京参加大会的人数为6370名。										

来源：国家体育总局办公厅信档处

1-YJ-13-250

01

中宣部：

今年九月将在北京举行第二届全国运动会业经中央批准在案。为了有效地进行筹备工作，我们拟于本月八、九两日召开第二届全国运动会筹备委员会。会议由李达同志主持，并请贺龙副总理莅临指示。

一、会议程序：

1.贺龙副总理讲話

2.报告筹备工作情况及大会竞赛规程（由李梦华同志报告）

3.討論和通过大会竞赛规程

4.討論和通过筹委会机构及各部門主要負责人名单

二、日程：

八日上午　请贺龙副总理讲話

报告筹备工作情况及竞赛规程

八日下午至九日　討論和通过竞赛规程、筹委会机构及各部門主要負责人名单，听取各省、市、自治区筹备工作情况的汇报。

以上意見，是否有当，请批示

一九

来源：国家体育总局办公厅信档处

中宣部：

今年九月将在北京举行第二届全国运动会，经中央批准在案。为了有效地进行筹备工作，我们订于本月八、九两日召开第二届全国运动会筹备委员会。会议由李达同志主持，并请贺龙副总理莅临指示。

一、会议程序：

1. 贺龙副总理讲话

2. 报告筹备工作情况及大会规程（由李梦华同志报告）

3. 讨论和通过大会竞赛规程

4. 讨论和通过筹委会机构及各部门主要负责人名单

二、日程：

八日上午　请贺龙副总理讲话

报告筹备工作情况及竞赛规程

八日下午至九日　讨论和通过竞赛规程、筹委会机构及各部主要负责人名单，听取各省、市、自治区筹备工作情况的汇报。

以上意见，是否有当，请批示。

一九六五年

竞赛规程规则

竞赛规程总则

国家体委决定：1965 年举行中华人民共和国第二届运动会（简称第二届全国运动会），检阅我国体育运动的伟大成就，推动我国群众性体育运动的广泛发展与各项运动技术水平的进一步提高。

一、竞赛日期

1965 年 9 月 11 日至 9 月 28 日

二、竞赛地点

北京市

三、竞赛项目

足球、篮球、排球、乒乓球、网球、羽毛球、水球、田径、自行车、体操、举重、击剑、游泳、跳水、摔跤、射箭、射击、摩托车、无线电收发报、飞机跳伞、航空模型、航海模型和武术（仅作表演），共 23 项。

四、参加单位

北京市、上海市、河北省、山西省、辽宁省、吉林省、黑龙江省、陕西省、 甘肃省、青海省、山东省、江苏省、安徽省、浙江省、江西省、福建省、台湾省（暂缺）、河南省、湖北省、湖南省、广东省、四川省、贵州省、云南省、内蒙古自治区、广西壮族自治区、宁夏回族自治区、新疆维吾尔自治区、西藏自治区和中国人民解放军，共 30 单位。

五、各单位参加人数

（一）人口在 3000 万以上者：河北省、山东省、江苏省、安徽省、河南省、湖北省、湖南省、广东省和四川省等代表团总人数各为 300 人。

（二）人口在 3000 万以下、1000 万以上者：山西省、辽宁省、吉林省、黑龙 江省、陕西省、甘肃省、浙江省、江西省、福建省、台湾省、贵州省、 云南省、内蒙古自治区和广西壮族自治区等代表团总人数各为 250 人。

（三）人口在 1000 万以下、500 万以上者：新疆维吾尔自治区代表团总人数为 200 人。

（四）人口在 500 万以下者：青海省、宁夏回族自治区和西藏自治区等代表团总人数各为 150 人。

（五）北京市、上海市和中国人民解放军等代表团总人数各为 300 人。

注：上述各代表团总人数，均包括参加分区预赛及来京运动员、工作人员的人数。

（六）各项参加人数均按各该项竞赛规程的规定执行。每个运动员在上述 23 项之间不得兼项（如篮球运动员不得兼报田径），在分区预赛中被淘汰的运动员，一律不得改报其他项目。

六、运动员参加资格

（一）中华人民共和国公民。

（二）经医院检查证明身体健康者。

（三）凡各项竞赛规程中有其他特殊规定者，按各该项竞赛规程执行。

七、竞赛规则

采用中华人民共和国体育运动委员会 1965 年审定出版的各项运动竞赛规则。

八、竞赛办法

（一）足球、篮球、排球先进行分区预赛，分区预赛办法及录取名额等详见各该项竞赛规程。

（二）其他竞赛项目如有需要先期举行预赛、决赛的，均在各该项竞赛规程中分别规定。

九、录取名额

各项团体（队）界及个人赛，凡在 10 个单位（队）或 10 人以上时，均各录取前 6 名。不足 10 个单位（队）或 10 人时，只录取前 3 名。

十、计分办法

每个竞赛项目的计分办法，均在各该项竞赛规程中分别规定。

十一、奖励办法

（一）各项团体奖及个人奖，均根据各该项竞赛规程的规定执行。

（二）田径、游泳、自行车、举重、射击等 5 项，凡超过世界纪录或 1964 年全国纪录者，在原取得名次分数外，另分别增加 10 分或 5 分。同一项目如同时超过世界纪录与 1964 年全国纪录者，只增加超过世界纪录分。如在同一项目中多次超过者，只按一次加分。

（三）运动员、教练员有特殊优良成绩和表现者，其奖励办法另行规定。

十二、报名及报到日期

（一）报名日期

1. 第一次报名：1964 年 12 月 31 日截止。各单位只报参加项目及人数。

2. 第二次报名：1965 年 4 月 30 日截止。各单位须详报确定要参加的项目及人数（包括每项所属各单项的人数）。

3. 第三次报名：1965 年 8 月 10 日截止。各单位必须详细填写各项报名登记表，按期寄到大会筹备委员会。逾期不报以不参加论。报名登记表一经交到后不得更改和补充。

（二）报到日期：1965 年 9 月 3 日、9 月 4 日到北京市向大会报到。

（三）每单位派 1 至 2 名工作人员于 1965 年 8 月 1 日以前到大会筹备委员会报到，加强与大会的联系，协助大会进行有关竞赛、报名等工作。

（四）足球、篮球、排球分区预赛及其他项目，如需提前进行预、决赛的，报名和报到日期，另在各该项竞赛规程中规定。

十三、单位旗

各单位自备。颜色自行规定，尺寸一律按 6 市尺 ×9 市尺，单位旗上只标明省、自治区、直辖市（如四川、内蒙古、北京）或中国人民解放军的名称。

十四、竞赛服装

一律按各该项竞赛规程及规则的有关规定执行。

十五、附则

本竞赛规程总则和各项竞赛规程的解释权、修改权，均属于中华人民共和国第二届运动会筹备委员会。

运动员主要概况统计表

	运动员等级					民族								
	健将	一级	二级	三级	无级	汉族	蒙族	回族	藏族	珞巴族	维吾尔族	壮族	满族	朝鲜族
总计	1128	1710	401	91	2592	5477	57	131	53	4	52	12	13	53
1. 北京	85	104	9	2	63	251	1	9					1	1
2. 上海	112	82	3		59	253		2					1	
3. 河北	80	90	5		60	232		3						
4. 山西	34	51	13	2	108	204		4						
5. 辽宁	34	49	2		113	191		5					2	
6. 吉林	38	89			71	148		4					2	44
7. 黑龙江	36	65	6	2	94	192		1					1	8

	民族																			
	鄂温克族	哈萨克族	土族	土家族	撒拉族	苗族	布依族	傣族	佧佤族	彝族	白族	毛南族	鄂伦春族	达斡尔族	瑶族	锡伯族	塔塔尔族	乌孜别克族	俄罗斯族	纳西族
总计	2	11	3	3	3	3	1	3	1	4	4	1	3	1	1	5	2	1	1	1
1. 北京																				
2. 上海																				
3. 河北																				
4. 山西																				
5. 辽宁																				
6. 吉林																				
7. 黑龙江	1																			

续表

	运动员等级					民族																												
	健将	一级	二级	三级	无级	汉族	蒙古族	回族	藏族	珞巴族	维吾尔族	壮族	满族	朝鲜族	鄂温克族	哈萨克族	土族	土家族	撒拉族	苗族	布依族	傣族	佧佤族	彝族	白族	毛南族	鄂伦春族	达斡尔族	瑶族	锡伯族	塔塔尔族	乌孜别克族	俄罗斯族	纳西族
8. 陕西	18	48	21	2	112	187		14																										
9. 甘肃	2	29	28	14	83	148		7								1																		
10. 青海	3	9	15	21	41	71	2	4	6								3		3															
11. 山东	54	62	12		112	228		11					1																					
12. 江苏	80	83	1		67	228	1	2																										
13. 安徽	27	76	13	2	124	235		7																										
14. 浙江	26	60	24		98	208																												
15. 江西	18	61	29	4	79	191																												
16. 福建	50	75	23	4	48	200																												
17. 河南	11	35	19	3	174	232		10																										
18. 湖北	25	61	10		137	230	1	2																										
19. 湖南	15	45	19	8	143	225		2										3																
20. 广东	95	78	2		77	252																												

续表

	运动员等级				民族																													
	健将	一级	二级	三级	无级	汉族	蒙族	回族	藏族	珞巴族	维吾尔族	壮族	满族	朝鲜族	鄂温克族	哈萨克族	土族	土家族	撒拉族	苗族	布依族	傣族	佧佤族	彝族	白族	毛南族	鄂伦春族	达斡尔族	瑶族	锡伯族	塔塔尔族	乌孜别克族	俄罗斯族	纳西族
21. 四川	76	90	4		53	220		1	2																									
22. 贵州	13	53	52	2	73	188		1	1											2	1													
23. 云南	14	44	8	1	139	179		4	1													3	1	4	4									
24. 内蒙古	21	60	33	4	62	120	49	3					3		1												3	1						
25. 广西	24	67	22	7	77	183						11								1						1			1					
26. 宁夏	2	6	7	10	100	102		21					2																					
27. 新疆	14	44	17	3	90	84	2	11			52					10														5	2	1	1	1
28. 西藏					85	36		2	43	4																								
29. 解放军	121	94	4		50	259	1	1				1																						

中华人民共和国第二届运动会各项竞赛总日程表

	项目 日期 场地	9月11日(六)	12日(日)	13日(一)	14日(二)	15日(三)	16日(四)	17日(五)	18日(六)	19日(日)	20日(一)	21日(二)	22日(三)	23日(四)	24日(五)	25日(六)	26日(日)	28日(二)
1	北京工人体育場	下午在北京工人体育場举行开幕式	田径	田径	田径	田径	田径			足球		足球	足球		足球		足球	下午在北京工人体育場举行闭幕式
2	北京工人体育館		乒乓球	乒乓球	乒乓球	乒乓球	乒乓球	排球	乒乓球	乒乓球	乒乓球	乒乓球	籃球	排球	籃球	籃球	籃球	
3	北京体育館比賽館		籃球	籃球	羽毛球	籃球	籃球		体操	体操	体操		体操	体操	体操	体操	排球	
4	北京体育館练习館		羽毛球	羽毛球	羽毛球	羽毛球	羽毛球	羽毛球										
5	北京体育館足球場		足球		足球					足球		足球	足球		足球		足球	
6	北京体育館游泳館										游泳	游泳	游泳	游泳	游泳	游泳	游泳	
7	北京体育館网球場		网球	网球	网球	网球	网球	网球	网球	网球		网球	网球	网球	网球			
8	先农坛体育場 网球場			网球	网球	网球	网球	网球	网球									
	先农坛体育場 足球場		足球		足球					足球		足球	足球		足球		足球	
9	北海体育場		籃球		中国式摔跤	中国式摔跤	中国式摔跤	中国式摔跤	中国式摔跤	籃球	武术	武术	武术	武术		籃球	籃球	
10	什刹海体育館		举重	举重	举重	举重	举重	举重	举重	排球	排球		排球	排球		排球	排球	
11	劳动人民文化宫		排球	排球	排球	籃球	排球	排球	籃球	排球	排球	籃球	排球	排球	籃球	排球	排球	
12	东长安街体育場		籃球	籃球			籃球	排球	籃球	籃球	排球	籃球	籃球		籃球	籃球	籃球	
13	中关村体育場		排球	排球			排球		籃球	籃球		籃球	籃球					
14	陶然亭游泳場				水球	水球	水球		水球	水球								
			跳水	跳水		跳水	跳水											
15	师范学院体育系 球类館										国际式摔跤	国际式摔跤	国际式摔跤	国际式摔跤	国际式摔跤	国际式摔跤	国际式摔跤	
	师范学院体育系 体操館											击剑	击剑	击剑	击剑	击剑	击剑	
16	官园体育場		足球		足球													
17	地坛体育場		射箭	射箭	射箭	射箭												
18	北京体育館賽車場				賽車場自行車	賽車場自行車	賽車場自行車	賽車場自行車										
19	德昌公路										公路自行車	公路自行車	公路自行車	公路自行車	公路自行車	公路自行車		
20	北京射击場		射击	射击	射击	射击	射击	射击	射击	射击								
21	老山摩托車場				摩托車	摩托車			摩托車	摩托車								
22	无线电俱乐部							无线电收发报	无线电收发报	无线电收发报		无线电收发报	无线电收发报	无线电收发报				
23	良乡航空俱乐部			飞机跳伞	飞机跳伞	飞机跳伞	飞机跳伞		飞机跳伞	飞机跳伞	飞机跳伞	飞机跳伞						
			航空模型	航空模型	航空模型	航空模型	航空模型	航空模型	航空模型									
24	龙潭湖航海俱乐部		航海模型	航海模型	航海模型	航海模型	航海模型	航海模型	航海模型	航海模型	航海模型							
	每天竞赛項目合計		13	13	16	16	16	11	13	12	9	11	11	9	8	7	6	

注：1.九月一日、三日、五日在天津民园体育場、紅桥体育場、河东体育場先举行三輪足球竞赛，具体竞赛程序，見各項竞赛日程及足球竞赛秩序册。

2.安排下基层竞赛的項目，十三日有籃、排球，十四日有排球，十五日有籃球，十六日有足、籃、排球，十七日有足球。

来源：国家体育总局办公厅信档处

竞赛场地示意图

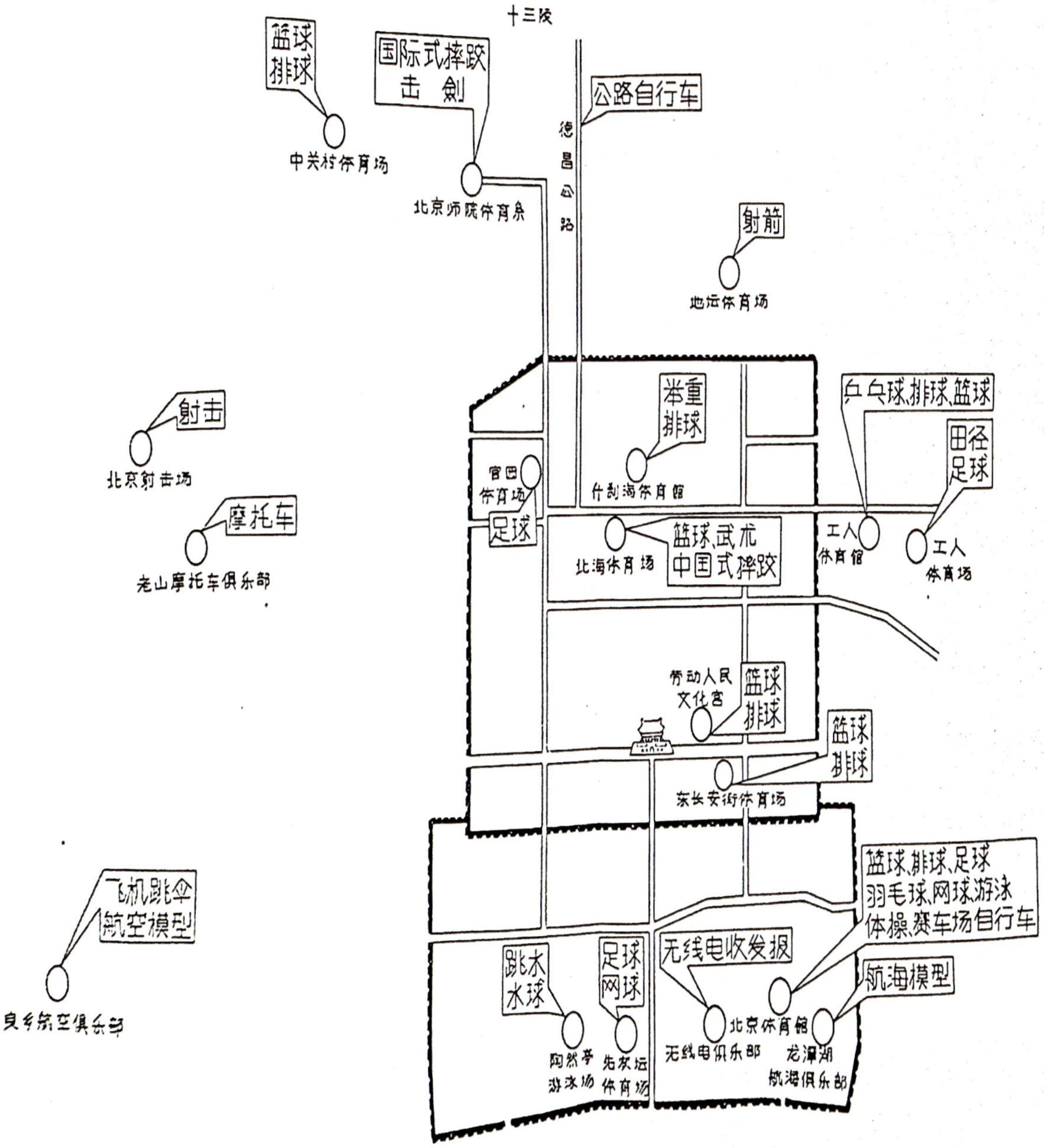
十三陵
篮球
排球
国际式摔跤
击剑
公路自行车
德昌公路
中关村体育场
北京师院体育系
射箭
地坛体育场
射击
北京射击场
摩托车
老山摩托车俱乐部
举重
排球
乒乓球、排球、篮球
田径
足球
官园体育场
什刹海体育馆
足球
篮球、武术
中国式摔跤
北海体育场
工人体育馆
工人体育场
劳动人民文化宫
篮球
排球
篮球
排球
东长安街体育场
飞机跳伞
航空模型
良乡航空俱乐部
篮球、排球、足球
羽毛球、网球、游泳
体操、赛车场自行车
跳水
水球
足球
网球
无线电收发报
航海模型
陶然亭游泳场
先农坛体育场
无线电俱乐部
北京体育馆
龙潭湖航海俱乐部

来源：国家体育总局办公厅信档处

竞赛成绩

各代表团奖牌榜

单位：枚

名次	代表团	金牌	银牌	铜牌
1	解放军	72	53	37
2	上海	38	53	28
3	北京	30	22	19
4	广东	26	21	17
5	山东	17	14	12
6	河北	16	14	21
7	山西	10	6	8
8	广西	10	0	5
9	四川	9	11	13
10	辽宁	9	9	11
11	黑龙江	8	16	15
12	福建	8	7	11
13	内蒙古	6	8	16
14	江苏	6	6	17
15	湖北	6	4	6
16	安徽	6	3	9
17	新疆	4	8	2
18	陕西	4	3	3
19	云南	3	10	7
20	吉林	3	7	9
21	西藏	3	2	2
22	浙江	2	8	3
23	贵州	2	6	7
24	江西	2	4	8
25	河南	2	4	4
26	湖南	2	3	10
27	青海	1	3	7
28	云南	0	1	2
29	甘肃	0	1	1

打破世界纪录统计表

项目		纪录	创造者
举重	最轻量级抓举	113 公斤 115 公斤	叶浩波
	次轻量级挺举	153 公斤	萧明祥
射箭	女子单轮团体	3321 环	李淑兰、王锡华、石桂珍
	女子双轮团体	6574 环	李淑兰、石桂珍、王锡华
射击	男子自选大口径步枪 300 米 40 发跪射	389 环	徐惠敏
	男子团体跑鹿 50 次单发射	926 环	韩昌瑞、林锋、赵元春、董富
	男子个人跑鹿 50 次单发射	239 环	韩昌瑞
飞机跳伞	男子 1500 米五人集体定点	1. 14 米	方品宝、吴绍裘、刘执华、陶俊华、曹加宣
	男子 600 米九人集体综合	4. 31 米	王建业、刘振荣、张富友、杜昆明、朱瑞明、韩金堂、张保琦、谢绍良、张国政

精彩瞬间

广东选手林成达在男子跳马项目比赛中荣获第一

湖南体操12岁小运动员雷阳在平衡木比赛中

辽宁女队获得女子自选小口径步枪50米60发卧射比赛团体冠军，打破全国纪录。图为女射手：赵壁（中）、边桂梅（右）和向秀钦

射箭场上

辽宁选手谭绍光在男子 1500 米决赛中

青海女子标枪运动员周毛加在比赛中

竞速比赛，辽宁选手宋世范打破全国纪录，获得第一名

在“广东省参加全运会举重选拔赛”中，广东举重运动员叶浩波，以 109 公斤的优异成绩，刷新了他本人上一年创造的最轻量级抓举 108.5 公斤的世界纪录

女子排球比赛中辽宁队员大力扣球，解放军队跃起封网

闭幕式

闭幕词

陆定一

同志们、朋友们：

中华人民共和国第二届运动会胜利闭幕了。我国人民的伟大领袖毛泽东同志以及党和国家的其他领导同志，亲自检阅了大会，使运动员和体育工作者，受到了极其巨大的鼓舞。在党和人民的关怀支持下，经过全体运动员、裁判员和工作人员的积极努力，在比赛中取得了优良的成绩。首都青少年表演的团体操“革命赞歌”，热情地歌颂了毛泽东思想的光辉胜利，充分显示了我国人民自力更生、奋发图强的革命精神。第二届全国运动会开得很好，开得很精彩。我代表党中央和国务院，向所有为大会做出贡献的同志们，表示热烈的祝贺。

全国运动会期间，在北京胜利地举行了新兴力量运动会联合会第二次理事会会议，和新兴力量运动会亚洲委员会的成立大会。来自四十三个国家的体育代表团和其他各国的贵宾们，参观了全国运动会。这都给了我们很大的鼓励，谨向他们表示衷心的感谢。特别是柬埔寨国家元首诺罗敦·西哈努克亲王殿下参加了今天的闭幕式，使我们感到十分荣幸。

这届全国运动会，是一次高风格、高水平的运动会。选手们不仅比技术，而且比思想、比政治，取得了政治、思想、技术的全面丰收。在比赛过程中，发扬了共产主义风格，开展了比学赶帮的革命竞赛，运动员们鼓足干劲，力争上游，敢于斗争，敢于胜利，有二十四人十次打破九项世界纪录，有三百三十人，四百六十九次打破一百三十项全国纪录，大批刷新了各省、市、自治区纪录，涌现了许多年青有为的新手。第二届全国运动会，充分反映了我国体育运动欣欣向荣、突飞猛进的景象，体现了我国年青一代心怀祖国、放眼世界的革命英雄主义精神。

第二届全国运动会的胜利，是毛泽东思想的胜利。是我国体育工作者和运动员，在党的培养教育下，突出政治，活学活用毛泽东思想，不断提高阶级觉悟，坚持勤学苦练，以思想过硬保证技术过硬的结果；是我国体育运动贯彻普及和提高相结合的方针，广泛开展群众性体育运动，迅速提高运动水平的结果。

同志们，朋友们，这次全国运动会是我国体育事业胜利前进道路上的一个里程碑，是向世界水平进军的一个新起点。希望你们认真总结经验，团结广大体育工作者和运动

西哈努克亲王和刘少奇主席、周恩来总理在闭幕式上

员，更好地学习毛主席著作，学解放军，学大寨，学大庆，以国家乒乓球队为榜样，努力攀登世界高峰，为祖国争取更大的荣誉。

最近，美帝国主义在扩大越南战争和支持印度反动派侵略巴基斯坦的同时，又加紧对我国进行战争挑衅。我们必须提高警惕，认真做好准备。体育工作必须适应国内外斗争的形势，更广泛、更深入地开展群众性体育运动，继续大力提倡国防体育活动。发动和组织广大群众，锻炼身体、锻炼意志，学习建设祖国和保卫祖国的本领。我们要随时准备响应祖国的号召，作一个召之即来、来之能战、战之能胜的坚强战士，使任何敢于侵犯我们伟大祖国的敌人，葬身于人民战争的火海之中。

在党的领导下，各级体育部门和各有关方面要共同努力做好体育工作。使体育运动更好地为生产劳动和国防建设服务，为无产阶级政治服务。

同志们，让我们高举毛泽东思想的伟大红旗，在社会主义革命和社会主义建设的大道上奋勇前进！

中华人民共和国万岁！

中国共产党万岁！

毛主席万岁！

闭幕式后，西哈努克亲王和刘少奇主席、周恩来总理同部分运动员、工作人员等合影

全运会闭幕式主席台上，前排自左向右：陈毅、哈鲁尔·萨勒、朱德、宾努、周恩来、诺罗敦·西哈努克、刘少奇、西哈努克夫人、王光美、邓小平、彭真、李宗仁

媒体报道

《体育报》

毛主席来了
——第二届全运会开幕式上最激动人心的时刻

"毛主席来了！"

"毛主席万岁！"

……

阳光灿烂，红旗招展。在披满节日盛装的北京工人体育场内，暴风般的掌声，雷鸣一样的欢呼声，一阵响似一阵，经久不息。人们不约而同地站了起来，孩子们蹦跳着、欢呼着，眼里含满了激动的热泪……

毛主席来了！刘主席来了！党和国家的其他领导人周恩来、朱德、邓小平等同志都来了！

"东方红，太阳升，中国出了个毛泽东……"，庄严的《东方红》的乐曲声在空中飞扬、回荡，无数的鸽子在空中飞，彩色气球在天上飘，人们的目光都投向了主席台。毛主席向我们挥手，向我们微笑，同我们一起鼓掌。体育场的十万观众沸腾着，人们的心情久久地平静不下来，多少支颂歌啊，在心中唱起！

毛主席啊，我们最敬爱的领袖，革命的伟大舵手！领导我们从胜利走向胜利，冲破了漫漫长夜，迎接了光辉灿烂的黎明！新中国成立后，又领导全国人民开展社会主义革命，进行宏伟的社会主义建设。现在，工厂林立，山河变样，社会主义大厦建设得越来越美丽、强大。我们的体育事业也获得了空前未有的巨大成就。

今天，毛主席又和他最亲密的战友一同亲临检阅第二届全国运动会。党和国家领导人对体育事业的无比关怀，怎能不使我们全体体育工作者和运动员感到万分激动和鼓舞。

做毛主席的好运动员

入场式开始了。雄壮的乐曲飞扬，人们的心在兴奋地跳动。当我国的那些优秀运动员，在光辉耀眼的巨大国徽徐徐照耀下，踏着乐曲的节拍，迈着雄壮的步伐入场，他们为敬爱的主席到场，感到特别自豪，特别高兴，雄赳赳气昂昂地踏步进场，是伟大的毛泽东思想武装了他们，使他们"心怀祖国，放眼世界"。队伍里的世界冠军庄则栋，走过主席台时，目不转睛地瞧着毛主席。他想起了毛主席接见他们乒乓球运动员时的情景。那天他们刚打完表演比赛，毛主席满面春风地向他们走过来，小庄上去紧紧握住毛主席那温暖的巨大的手，毛主席慈祥地微笑着，亲切地叫了他一声"小庄！"毛主席那慈祥的笑容和亲切的声音，时时浮现在他耳畔。毛主席的殷殷关切成了这位年青运动员前进中的无穷动力。今天，他又见到毛主席了。他一边走，一边想："毛主席啊，您的书句句是理，读了您的书，我懂得了革命的道理。今后，我要更好地学，把毛泽东思想学到手，用到打球上去，使自己成为一个真正的革命'小老虎'为祖国争取更大的荣誉。"

代表小将们下挑战书的徐寅生走过来了，他已经见过好几次毛主席了。他对伟大领袖充满敬爱之情。他激动地说："我是在党和毛主席的哺育下成长起来的。在党的教育下，我懂得了打球就是干革命的道理，作为一个中国的运动员，我感到光荣和自豪。当我在国外参加比赛时，每想到伟大的党，伟大的毛主席，就产生了无限的力量，使我充满信心，排除万难，勇往直前。"

是的，我们的乒乓球运动员都从毛主席著作中吸取了无穷的力量和智慧。当他们踏上征途出国比赛的时候，身边就伴着毛主席著作，比赛期间，他们还读毛主席著作。当他们战胜各国对手，手里捧着五个世界冠军奖杯的时候，他们想到的是毛泽东思想的胜利。

在优秀运动员的行列中，还走着精神焕发的登山运动员，他们见到了毛主席，无比的激动。他们热爱着人民的领袖，热爱着毛主席。当他们被比台风的风力还大的暴风雪困在雪山上的时候，他们打开《毛泽东选集》，学习毛主席著作。当他们攀登在悬崖峭壁上的时候，当他们没有了氧气，前进在被西方称之为"死亡地带"的八千米以上的地方的时候，是他们身上带着的毛主席塑像和五星红旗，使他们勇气百倍，敢笑珠峰不高，扔掉氧气瓶，向顶峰挺进！队伍在行进，健儿的心在激烈地跳动，每一个人啊，都有千言万语涌心间。他们整齐地向前走着，一个劲儿地瞧着毛主席，思潮像汹涌的海涛在冲击着他们，使他们无法平静。

全国人民代表、世界纪录创造者、四川跳伞运动员王素珍，已经是第四次见到毛主席了，但是每见一次都有一次新的激动和感受。她参加第三届全国人民代表大会时，见到过毛主席。毛主席就从她跟前走过，她异常激动，回去以后，她把激动变成了实际行动，活学活用毛主席著作，苦练技术。她曾经几破跳伞世界纪录，但她并不满足，又钻研和苦练特技跳伞，成绩飞快地提高。这次，她是来向党和毛主席汇报的。当她见到毛主席时，她想：一个工人的女儿，能破世界纪录，没有共产党和毛主席的领导是不可想象的。她说："今后，我要牢记毛主席'虚心使人进步，骄傲使人落后'的教导，不以世界纪录创造者自居，要像中国乒乓球队一样，一切都从'零'开始，克服重重困难，创造出更好的成绩。"

另一位全国人民代表、蒙古族著名女射箭手乌日哲，怀着同王素珍一样的激动心情说："我一定努力学习毛主席著作，把毛泽东思想学到手，向高水平进军，为祖国做出贡献，报答毛主席的关怀。"

来自农村的解放军自行车女运动员房桂荣是第一次见到毛主席，她兴奋异常地说："我望着毛主席，信心更足了，干劲更大了，真恨不得马上跑到比赛场，创造好成绩，向党和毛主席汇报！"

健儿们的心情，我们是无法一一描述的。但他们共同的心愿就是一个：做毛主席的好运动员！好好地学习毛主席著作，"心怀祖国，放眼世界"，刻苦锻炼，赛出风格，赛出水平，为祖国争光。

这是我们最大的幸福

西藏体育代表团的旗帜一出，体育场上又掀起了热烈的新高潮。这支百万翻身农奴的体育代表队走到哪里，哪里就响起了热烈的掌声。他们穿着红色运动衣，跨着豪迈的步伐，在运动场上行进着。前面就是主席台，毛主席就在那里！

一想到就要见到毛主席，他们的感情激动万分。在这支队伍中，有许多运动员都是农奴出身，他们在农奴主的皮鞭下，有过黑暗苦难的生活。年不过十五岁的屯珠，四岁时就被迫离开了父母，落入农奴的桎梏中。农奴主的儿子把他当马骑，他在地上爬着走，手脚都磨烂了，鲜血直流。少爷们玩够了，就招来狼狗咬他。他穿不暖，吃不饱，和羊睡在一起，受尽了折磨和苦难。民主改革后，他上了日喀则小学，学会了长跑，如今作为一名运动员来到了北京，接受毛主席的检阅。他心潮汹涌。进场前，听到《东方红》的庄严的乐曲声，知道毛主席来了，他高兴得跳了起来。走过主席团，他定睛瞧着毛主席，热泪夺眶。上了看台，他又借了望远镜，一次又一次地看毛主席。他的心情，也是其他翻身农奴们的心情。见毛主席，这是多少年来就埋在心头的愿望啊！他们天天看毛主席的像，天天盼望见毛主席，今天终于见到各族人民的大救星了！坐在看台上，他们拿到望远镜就不放，眼睛都看花了，还看，热泪遮住视线了，擦一擦再看，脖子看酸了，还看。看不够啊，看不够，他们把毛主席一举一动都看在眼里。他们看到毛主席在鼓掌，看到毛主席红光满面，身体很健康，他们说：“这是我们最大的幸福！”

在五千多健儿当中，有二十八个民族的运动员。解放前，他们都受尽了侮辱和歧视，在农奴主、地主、王爷和其他各种反动统治者的皮鞭下过着牛马不如的生活，连衣食都无着落，怎么顾得上体育呢？就连民族传统的体育活动，也像他们一样濒临死亡线上。欢乐的蒙古族的那达慕大会，维吾尔族的库尔班节、肉孜节，大理白族的三月节，都成了反动统治者敲诈勒索、欺压凌辱穷人的机会。一九四八年，国民党反动政府在上海召开第七届全国运动会，新运动员入场时的旗上画着一只骆驼，反动政客们就称他们为“牲口队”。

如今，天下大变了，在党的民族政策的光辉照耀下，各族人民翻了身，当了国家主人。牛肥马壮，羊儿欢叫，五谷丰登，年景一年胜似一年，随着民族的兴盛和生活的改善，民族体育活动也蓬勃开展起来，各民族优秀运动员像雨后春笋一样飞速地出现，在世界纪录和全国纪录的名册上，写下了他们光辉的名字！

来自大苗山的苗族运动员说：“我人未出大苗山，心就已经飞到北京了。”维吾尔族的阿不都克里木来北京之前，乡亲们千言万语嘱托他：“见了毛主席，代表我们高喊一声‘毛主席万岁！’……”那天，他一看见毛主席就高喊：“毛主席万岁！”哈萨克族的依满买提腿受伤了，大家劝他在家休息，他怎么也要来参加开幕式，看看恩人毛主席。他说：“我七岁就给牧主放羊，挨的鞭子数也数不清。党和毛主席救了我。”坐在看台上，他心里对毛主席说：“毛主席啊，毛主席！您领导我们翻了身，您哺育我们成长，感谢您啊，我们的救星毛主席！”

多少人拍红了手掌，多少人喊哑了嗓子，多少人在心里高喊“毛主席万岁”，多少人怀着情热泪横流，心里默默地诉着毛主席的恩情。多少人啊，激动得难以平静……

把关怀与鼓舞化成力量

夜色降临了，健儿们还沉浸在幸福的回忆里。这是他们永生难忘的一天啊！有的神采飞扬地在互相诉说着见毛主席的心情，有的伏案挥笔，给亲人们写信，让亲人们也分享这个幸福。上海田径运动员杨文珍给家里写信，她亲眼看到了毛主席，今后一定要好好学习，好好锻炼。维吾尔族的阿不都克里木在信中说：我们已代表乡亲们高喊了“毛主席万岁！”毛主席向大家鼓掌微笑，身体很健康，希望乡亲们不忘过去苦，不忘阶级仇恨，永远跟党走，好好搞生产。撒拉族运动员在日记中写道："我要把这一天铭刻在心上，永远记住党的关怀，永远记住党的期望，永远做毛主席的好运动员。"西藏代表团的珞巴族运动员达荣说："我还要见毛主席，像贡布那样向毛主席汇报成绩。我知道，要这样见毛主席，我应刻苦锻炼，把箭射好，为珞巴族，为西藏，为祖国争光。"

健儿们都在把毛主席的关怀和鼓舞变成前进的力量。不太爱说话的游泳运动员陈世珠，已经在全运会上两次见过毛主席了。一九五九年第一次见毛主席时，他的成绩比较差，身体也有病。见了毛主席，这个渔家出身的小伙子，浑身有劲，几年来努力学习毛主席著作，懂得了"为革命游泳"的道理，埋头苦练，克服了重重困难，在一千五百米、八百米和四百米的自由泳中，破了三十多次全国纪录。许多人碰到他，都夸赞他："不错啊！"这次他又见到了毛主席。他心里很惭愧，他说："党和毛主席那么关怀我们，我们做的却很差。不错什么呀！离世界纪录还有一段距离，要大幅度提高才行！"他下定决心，兢兢业业地练，争取把我国长距离的游泳水平再提高一步。"大力士"叶浩波说："看见毛主席，身上就增加了无限的力量。"他把这股力量用到杠铃上去，在第二天晚上就打破了抓举世界纪录，藏族姑娘阿轩曲珍感冒了，还坚持参加铅球比赛。她对同伴说："过去当奴隶，病死也无人管，如今我生点小病，同志就这么关心，我是为祖国创造成绩啊，我要参加！"有人问她这是哪里来的力量，她回答说："开幕式上见了毛主席我全身都是劲！"

伟大的领袖的亲切关怀，对全国人民从来就是无穷的力量。十六年来，我国人民在进行社会主义革命和建设的同时，遵循着毛主席"发展体育运动，增强人民体质"的指示，积极开展生动活泼的体育活动。毛主席关于开展游泳的号召和畅游长江、湘江和十三陵水库的游泳实践，大大鼓舞了全国人民锻炼身体的热情。天安门前的长跑比赛，长白山的滑雪，草原的骑马，长江的横渡……在我们伟大的国家里，到处有人"翻江倒海"，扛枪练武，做操打球，登山通讯。"锻炼身体""建设祖国""保卫祖国"的口号响彻每个角落。我们的人民，下决心练出一副钢筋铁骨，练就一身过硬本领，时刻准备着，一旦祖国需要，就挺身而出，把来犯的美帝国主义及其走狗淹死在人民战争的汪洋大海之中。在革命的大道上，我们将永远向前！向前！向前！

（刊载于《体育报》1965年9月12日）

《体育报》

第二届全运会筹委会举行会议

通过全运会工作情况报告，组成全运会主席团和指挥部

贺龙副总理号召各代表团高举毛泽东思想红旗，力争政治技术双丰收

新华社八日讯 中华人民共和国第二届运动会筹备委员会今天上午举行会议。会上通过了第二届全运会的筹备工作情况报告，组成了全运会主席团和指挥部。

会议由国务院副总理、中华人民共和国第二届运动会筹委会主任委员贺龙主持。贺龙副总理在会上对如何开好这届运动会作了指示。他号召各代表团运动员和工作人员在这届运动会上，要高举毛泽东思想红旗，认真学习毛主席著作，以政治统帅业务，学习解放军，学习大庆，学习大寨，学习国家乒乓球队的经验；要比政治，比风格，树立为国争光的雄心壮志，开展比学赶帮超活动，互相学习，互相帮助，共同提高，力争政治、技术双丰收；还要把运动会开好，开得精彩，并且注意节约，勤俭办事。

贺龙副总理还代表第二届全运会筹备委员会和国家体委，感谢各有关方面，特别是北京市和参加团体操创作、排练的各方面人员对这届运动会的巨大支持和帮助，希望他们为开好这届运动会继续做出贡献。

会议听取和通过了第二届全运会筹委会秘书长、国家体委副主任李达关于第二届全运会的筹备情况的报告。

根据会议决定，第二届全运会主席团由贺龙副总理和各有关方面的负责人以及参加第二届全运会各体育代表团团长等共五十八人组成。指挥部由国家体委副主任荣高棠任总指挥；国家体委副主任李达、黄中、李梦华、赵正洪，北京市体委主任张青季，国家体委政治部副主任武清禄任副总指挥。

参加第二届全运会的各省、市、自治区和中国人民解放军的各体育代表团团长以及其他各有关方面人士也参加了这次会议。

（刊载于《体育报》1965 年 9 月 9 日）

《体育报》

精简机构精打细算 自己动手

全运会各项筹备工作厉行节约

本报讯 第二届全运会筹委会各个部门的工作人员，本着精打细算、力求节省的原则，狠狠抓住了组织机构、场地器材、交通住宿等几个主要环节，做出了显著成绩。

组委会十分注意精简机构，紧缩编制。与首届全运会比较，这次削减了竞赛区的中间组织，

减少了层次，既节约了人员，又可以提高工作效率。这次，工作人员配备得少而精。编排记录处的人员和射击、摩托车裁判与首届全运会比较，几乎都减去了一半左右。人少事多了，有些部门的工作仍做得很好。

在维修、兴建体育场地等工作中，也发扬了自己动手、勤俭办事的革命精神。中关村体育场的电动计时钟、三十秒器、电动计分设备等器材，都是在中国科学院的党政领导下，科研人员和工人利用现有的一些旧残材料，自己动手设计、施工、安装而成的。东长安街体育场党支部书记柴计凯同志，带领全体干部和工人，请技术人员作指导，自己动手，胜利完成了一千八百个座位的看台、主席台、灯光换配房等工程。只是材料一项，就为国家节约了二千八百多元。受到了东城区人委的通报表扬。

“先借，再租，后买。”是比赛器材、裁判服装、办公用品等购置方面厉行节约的显著表现。工作人员提出要把现有的物资做到物尽其用，没有的先借，借不到再买，可买可不买的坚决不买。这次比赛需要几百套裁判服装，都准备利用现有的，不重新再做。运动员用的号码布绝大部分都是原有的。各个部、处的办公桌、椅不够，则采取租借或利用会议桌等办法解决。

负责交通住宿工作的同志，为了切实贯彻节约精神，深入调查研究，本着既要节省，又要让运动员、裁判员吃得好、睡得甜的原则，提出了一个又一个的方案，节约效果一次比一次好。车辆管理处提出了多借车、少租车、多发公共汽车、少发专用车的办法。他们根据人员居住点、场地分布等情况，计划在全运会开幕期间开设三条公共汽车路线，可以节约许多专用车辆。大会筹备工作人员，自带行李，不住旅社，将节约大笔资金。宣传、布置等其他工作，厉行节约也做得很好。

（刊载于《体育报》1965 年 9 月 10 日）

叶浩波曾以 113、115 公斤的成绩连续打破 56 公斤级抓举世界纪录

《体育报》

开展比学赶帮，把我国体育运动水平推向一个新的高度

第二届全运会今天在京开幕

突出政治，以政治统率业务，把政治落实在竞赛中去，将是这届运动会的一个特点

新华社十日讯 中华人民共和国第二届运动会将于十一日下午在北京工人体育场举行盛大的开幕式。

全国各省、自治区、直辖市和中国人民解放军共有二十九个体育代表团参加这届运动会。代表中有二十八个民族的五千九百二十二名运动员（包括参加足、篮、排三项球类分区预赛的人数），其中女运动员二千零一十一人，占运动总数的三分之一以上。从十二日到二十六日各地运动健儿将在北京分别参加足球、篮球、排球、乒乓球、网球、羽毛球、水球、田径、自行车（场地和公路）、体操、举重、击剑、游泳、跳水、武术、摔跤、射箭、射击、摩托车（越野和环行公路）、无线电收发报、飞机跳伞、航空模型、航海模型等二十三项比赛和表演。全部比赛共进行上万场次之多。

第二届全国运动会是在近年来群众性体育活动蓬勃开展的基础上进行的。参加这届运动会的选手有的来自东海之滨，有的来帕米尔高原和雅鲁藏布江两岸，有的来自内蒙古草原和长白山麓，还有来自亚热带的海南岛。他们当中有工人、农民、战士、牧民、翻身农奴、教师、学生等等。运动员中，大部分都是等级运动员，其中有一千一百二十八名运动健将。各个代表团运动员的平均年龄多在二十二岁左右，大部分是第一届全国运动会以后涌现出的后起之秀。

同一九五九年第一届全国运动会比校，这届运动会将在更高的水平上进行。参加比赛和表演的运动员近年来以毛泽东思想为指针，大学解放军、学大庆、学大寨，树立雄心壮志，心怀祖国，放眼世界，坚持从难、从严、从实战需要出发的大运动量训练，技术水平有了普遍的显著的提高。今年头八个月内，不仅乒乓球运动在第二十八届世界乒乓球锦标赛上取得了五项世界冠军，其他运动项目的选手也取得了突出的成就，有五十一人二十六次刷新了二十一项世界纪录，有二百八十人六百四十次打破了一百四十九项全国纪录，从而把我国体育运动的水平推向一个新的高度。

突出政治，以政治统率业务，把政治落实在竞赛中去，将是这届运动会的特点之一。参加比赛的各代表团的运动员普遍注意学习毛主席著作。在赛前训练的日子里，许多运动员都是“白昼练、夜读毛选”。他们广泛地开展了互学互帮和共同练习活动，显示出新的革命风格。运动员们普遍表示，要在运动会期间进一步开展比学赶帮的活动，共同为提高我国体育运动的水平贡献力量。

（刊载于《体育报》1965 年 9 月 11 日）

《体育报》

展示我国体育事业飞速发展的图景

体育运动成就展览会昨天开幕

朱德委员长贺龙副总理先后前往参观

新华社十日讯 反映我国体育运动十六年来巨大成就的“体育运动成就展览会”，从今天起在北京中国美术馆正式展出。第一天就接待了四千多名观众。

这是新中国成立以来规模最大的一次体育展览会。它通过大量照片、图表、实物和模型等，展示了我国体育事业在党中央和毛主席的领导下迅速发展的图景。朱德委员长、贺龙副总理以及其他有关方面的负责人，在预展期间先后分别参观了这个展览会。

展览会共分六个部分。今天，一些外国驻我国的使节，前来参加新兴力量运动会联合会第二次理事会会议和新运会亚洲委员会成立大会，以及应邀来我国参观第二届全运会的部分外宾，也参观了这个展览会。

（刊载于《体育报》1965 年 9 月 11 日）

《体育报》

高举毛泽东思想伟大红旗
开展比学赶帮的革命竞赛

——祝第二届全国运动会开幕

中华人民共和国第二届运动会，今天在首都隆重开幕。我们以欢欣鼓舞的心情，预祝全运会获得成功！并对参观全运会的各国贵宾们，表示热烈的欢迎。

这届全运会面临着国内外大好革命形势：帝国主义和各国反动派加速走向灭亡，亚洲、非洲、拉丁美洲人民的民族民主革命运动如火如荼，全世界人民的反美斗争不断高涨，越南人民抗击美帝国主义侵略的斗争取得了辉煌胜利。我国各族人民，在党中央和毛主席的英明领导下，奋发图强，自力更生，艰苦奋斗，在社会主义革命和建设的各条战线上，取得了辉煌的成就。

随着国内外革命斗争的胜利发展，我国体育运动也取得了巨大的成就。在党中央和毛主席的关怀和领导下，在毛泽东思想的光辉照耀下，解放以来，广泛开展了群众体育活动，迅速提高了运动技术水平。广大人民为革命而锻炼身体，积极参加各种各样的体育活动，以健壮的体魄，旺盛的精力，朝气勃勃地战斗在社会主义革命和建设的各个岗位上。特别是毛主席伟大的人民战争思想，鼓舞着人民去掌握保卫祖国的本领，踊跃参加游泳、射击、通讯、登山等活动。在旧中国，世界纪录的名单里找不到一个中国人的名字。毛泽东时代的新中国运动员，敢于斗争，敢于胜利，解放思想、破除迷信，在战略上藐视困难，在战术上重视困难，开辟自己的道路，勇攀高峰向世界纪录冲击。十六年来，共打破世界纪录一百多次，全国纪录五千七百多次，在世界和国际比赛中获得了优异成绩。我国乒乓球队几届获得世界冠军，登山队征服珠穆朗玛和希夏邦马峰，更为祖国赢得巨大荣誉，在我国体育史上写下了光辉灿烂的篇章。我国运动员在国际比赛中的胜利，扩大了我国的政治影响，长了我国人民的志气，也鼓舞了全国人民建设社会主义的热情。

在国际体育活动中，我们的朋友遍天下，通过体育交往，增进了我国人民与各国人民和运动员之间的了解和友谊。我们还同各国人民一道，建立了新兴力量运动会联合会，打破了帝国主义对国际体育事务的垄断和控制，发展了新兴力量人民的体育事业。

我国体育运动的大发展，大提高，是党中央和毛主席的亲切关怀和正确领导的结果；是全国人民积极支持和热情鼓舞的结果；也是体育工作者、运动员团结一致，群策群力，共同奋斗的结果。

当第二届全运会开幕之际，我们回顾过去，洋溢着革命豪情，展望将来，满怀着胜利信心。我们应当更高地举起毛泽东思想的伟大红旗，活学活用毛主席著作，坚持辩证唯物论，在全运会上，热烈开展比学赶帮的革命竞赛，比政治，比思想，赛出高风格，高水平，创造优异成绩，把这届全运会作为向世界水平进军的新起点，意气风发，高歌猛进！

比学赶帮，是充分发挥人的主观能动性，推动我国社会主义建设的一个基本方法，也是加速发展体育运动的一个基本方法。通过比学赶帮的革命竞赛，不断解决先进与落后的矛盾，促进运动技术水平永远向前发展。

在这次全运会中，我们要大大提倡这种革命的竞赛，通过你赶我，我赶你，你超我，我超你，把运动水平提到新的高度。每个队，每个运动员，都应当放眼世界，充分发扬革命英雄主义，敢打敢拼，冲破各种困难，最大限度地发挥自己的水平，不能以拿第一、得冠军为满足。不但要力争超过自己原来的水平，还要超过对手，超过国家纪录，向世界纪录冲击，向世界最先进的水平迈进。

学和帮，是我国社会主义体育运动的一个特点，是一种共产主义的高尚风格。我们互相比、互相赶的目的，是为了革命的利益，是为了迅速提高我国运动技术水平。资本主义的运动赛，是为了个人的利益，单纯为了争锦标，把技术视为私有财产，不可能真正开展互相学习和诚恳的帮助。学和帮是相互的，不单是哪一个方面的事情。强和弱并不是绝对的，强者并非什么都强，弱者也不是什么都不行。强的既要热情地帮助弱的，也要虚心学习对方的长处；弱的除了认真向对方学习，也应把自己擅长的东西贡献出来，并坦率地帮助对方找缺点和薄弱环节。我们提倡赛前相互鼓舞，相互帮助，赛后相互找差距，切实交流经验。

要学得好，帮得好，就要比得好。比较，是人们正确思维的方法，也是正确认识事物的方法。通过竞赛的比较，更清楚地看出革命干劲的大小，运动作风的好坏，技术的优劣，战术运用的正确与错误，优点和缺点，学和帮才有明确的目标和具体的内容。因此，我们应当胜不骄，败不馁，水平较高的，不要自满、松懈，要兢兢业业，全力以赴，充分发挥水平，为国争光；水平低的，要立志赶先进、超先进，即使拿不到第一，也要对迅速提高我国运动技术水平起到积极的促进作用。

总之，在全运会上，要认真比，虚心学，加劲赶，热情帮，全力超，个个鼓足干劲，个个有作为，人人力争上游，人人有贡献。

全运会的号角吹响了，各项比赛战鼓齐鸣。在这“四海翻腾云水怒，五洲震荡风雷激”的大好革命时代，让我们高高举起毛泽东思想的伟大红旗，怀着党和人民的期望，肩负着革命的重任，向着世界运动技术高峰，前进，前进，再前进！

（刊载于《体育报》1965 年 9 月 12 日）

《体育报》

发扬了革命英雄主义和共产主义风格比学赶帮取得巨大成果

全运会将对我国体育事业产生深远影响

大批运动员打破大批纪录，竞技水平迅速提高，使我国体育史上出现了从来未曾有过的繁荣景象。运动员在“竞赛并没有结束”的口号下，决心继续奋勇前进。

新华社二十七日讯 在第二届全国运动会上，我国各民族运动员的革命英雄主义精神和共产主义风格得到了广泛的发扬。这届运动会上万场次的竞赛，是一次全国规模的优秀选手的比学赶帮的“练兵"活动。它将对我国体育运动的普及和提高产生深远的影响。

“胸怀祖国，放眼世界”，“甩掉名次包袱，排除个人杂念”，“为革命而打球，为推进我国体育事业的发展而参加比赛”，这些发自运动员内心深处的豪言壮语，成为这届运动会参加者的共同思想基础，鼓舞着成百上千的健儿，在比赛中充分发扬了敢拼敢闯、敢于攀登世界高峰的革命英雄主义精神。在整个全运会期间，已有二十四人十次刷新了九项世界纪录；三百三十人四百六十九次打破了一百三十项全国纪录。刷新各省、市、自治区的纪录的就更多；突破个人纪录的成为普遍的现象。

（刊载于《体育报》1965 年 9 月 28 日）

奖品　纪念品

第二届全运会纪念邮票

邮票发行局设计室的工作人员在研究设计第二届全运会的纪念邮票

友好交流

发扬光大万隆精神　高举团结反帝旗帜　永远前进决不后退

新兴力量运动会联合会第二次理事会会议在京隆重开幕

周恩来总理贺龙副总理出席了开幕式
三十九个国家的代表团、代表和观察员参加

贺副总理致贺词：我们决心同一切反帝人民团结在一起，把反对以美国为首的帝国主义及其走狗的革命斗争进行到底

马拉迪强调要对帝国主义破坏第二届新运会的恶毒阴谋保持警惕

荣高棠表示相信新运会事业必将从胜利走向更大的胜利

新华社二十一日讯　新兴力量运动会联合会第二次理事会会议，今天下午在北京隆重开幕。

周恩来总理、贺龙副总理出席了开幕式。

出席开幕式的，还有新兴力量运动会联合会主席马拉迪、副主席黄中（中国）、艾·迪·图尼（阿联）、拉斐尔·坎博（古巴）、卡·阿赫麦托夫（苏联）和新兴力量运动会联合会常设秘书处主任苏莱曼（印度尼西亚）。

会议厅里，高悬着新兴力量运动会会徽和巨幅标语："永远前进，决不后退！"

出席今天开幕式的共有一千二百人。

（刊载于《体育报》1965 年 9 月 22 日）

马拉迪主席参观我体育运动成就展览会

本报讯　新兴力量运动会联合会主席、印度尼西亚体育部长马拉迪和夫人以及随行人员，在新兴力量运动会联合会副主席、中华人民共和国体育运动委员会副主任黄中的陪同下，二十八日上午到中国美术馆参观了体育运动成就展览会。

在参观过程中，马拉迪主席和夫人详细地观看了各种图片、模型和实物。

参观后，马拉迪主席在留言中盛赞中国体育运动的蓬勃发展，以及中国人民和运动员为实现新兴力量运动会"永远前进，决不后退"的理想而取得的卓越成就。他还说：印度尼西亚能够在体育运动及其它方面与中国并肩战斗，我感到很高兴。

（刊载于《体育报》1965 年 9 月 29 日）

周总理贺龙副总理接见马拉迪等外宾

新华社二十一日讯 周恩来总理、贺龙副总理，今天下午接见了新兴力量运动会联合会主席马拉迪和他的夫人、新兴力量运动会联合会副主席艾·迪·图尼（阿联）、拉斐尔·坎博（古巴）、卡·阿赫麦托夫（苏联）和新兴力量运动会联合会常设秘书处主任苏莱曼。周恩来总理和贺龙副总理同客人们进行了亲切友好的谈话。

接见时在座的有蔡廷锴、李达、卢汉、荣高棠、黄中、张奚若、韩念龙、马约翰等有关方面负责人。

（刊载于《体育报》1965 年 9 月 22 日）

新运会联合会执委会在京举行

新华社二十一日讯 新兴力量运动会联合会执行委员会会议昨天和今天上午在北京举行。会议就即将在这里开幕的新兴力量运动会联合会第二次理事会会议议程中的有关问题进行了讨论。

会议由新兴力量运动会联合会主席马拉迪主持。

参加会议的有新兴力量运动会联合会副主席黄中（中国）、艾·迪·图尼（阿联）、拉斐尔·坎博（古巴）、卡·阿赫麦托夫（苏联），以及柬埔寨、锡兰、伊拉克、几内亚、巴基斯坦和越南民主共和国等执行委员会成员国。

（刊载于《体育报》1965 年 9 月 22 日）

贺龙副总理举行盛大招待会
热烈祝贺新运会理事会会议成功

贺龙副总理表示深信，只要新兴力量人民团结起来，高举反对帝国主义、反对殖民主义的大旗，坚持斗争，第二届新运会一定能胜利举行

马拉迪说，这次会议的成功，反映了新兴力量人民反对帝国主义和新老殖民主义，以及保证开好第二届新运会的决心

新华社二十三日讯 贺龙副总理今晚举行盛大招待会，招待参加新兴力量运动会联合会第二次理事会会议和应邀参观第二届全国运动会的各国朋友。

新兴力量运动会联合会主席马拉迪、副主席黄中（中国）、艾·迪·图尼（阿联）、拉斐尔·坎博（古巴）、卡·阿赫麦托夫（苏联）和新兴力量运动会联合会常设秘书处主任苏莱曼应邀出席了招待会。

贺龙副总理在招待会上讲话。他代表中国政府和中国人民热烈祝贺新兴力量运动会联合会第二次理事会会议的成功。他说，这次会议在马拉迪主席的主持下，在各国代表的合作与努力下，开得很好。各国代表发扬了协商一致的民主作风，就发展新兴力量体育事业，广泛地交换了意见，取得了积极的成果，为一九六七年在开罗举行第二届新兴力量运动会打下了良好的基础。

（刊载于《体育报》1965 年 9 月 24 日）

中华人民共和国
第三届运动会

1975年

9月12日—9月28日

北京

简　介

第三届全国运动会于 1975 年 9 月 12 日—28 日在北京工人体育场举行，由国家体委承办，设成年组（甲组）：足球、篮球、排球、乒乓球、羽毛球、网球、棒球、女子垒球、手球、田径、体操、技巧、游泳、跳水、水球、划船（包括赛艇、皮艇、划艇）、举重、射击、射箭、击剑、武术、自行车（包括公路自行车和场地自行车）、中国式摔跤、棋类（包括围棋、中国象棋和国际象棋）、冰球、速度滑冰、花样滑冰、滑雪共 28 项。少年组（乙组）：足球、篮球、排球、乒乓球、羽毛球、田径、游泳、体操共 8 项。来自全国各地包括台湾省在内的 31 个代表团的 12497 名运动员参加了各项比赛。共产生 291 枚金牌、309 枚银牌、311 枚铜牌。

本届运动会有 1 个队 4 人 6 次打破 3 项世界纪录，2 人 2 次平 2 项世界纪录，49 个队 83 人 197 次打破 62 项全国纪录，4 队 36 人 144 次破 58 项青少年全国纪录。

会　徽

会徽背景从金色的跑道变成了圆形的体育场，寓意当时全国人民强烈要求安定团结的愿望；圆形的体育场上依然飘扬着一面红旗，表示继续高举马列主义毛泽东思想伟大红旗。

北京工人体育场鸟瞰

筹　备

1-YJ-23-218

54

国家体委文件

(75)体全运字００６号

关于召开第三届全国运动会的通知

各省、市、自治区革委会并体委，总参、总政：

经国务院批准，第三届全国运动会将于今年九月在北京召开。现将国务院批准的国家体委“关于召开第三届全国运动会的请示”及两个附件印发，请按照执行。

中华人民共和国体育运动委员会

一九[illegible]

抄送：中共中央办公厅、国务院办公室、教育部、文化部、卫生部、公安部、财政部、商业部、邮电部、新华社、人民日报、光明日报、新影、广播事业局、全国总工会、共青团中央、全国妇联，各体育学院。

本委(15)　　　　共打印１００份

来源：国家体育总局办公厅信档处

国家体委文件

（75）体全运字006号

关于召开第三届全国运动会的通知

各省、市、自治区革委会并体委，总参、总政：

经国务院批准，第三届全国运动会将于今年九月在北京召开。现将国务院批准的国家体委“关于召开第三届全国运动会的请示”及两个附件印发，请按照执行。

一九七五年

抄送：中共中央办公厅、国务院办公室、教育部、文化部、卫生部、公安部、财政部、商业部、邮电部、新华社、人民日报、光明日报、新影、广播事业局、全国总工会、共青团中央、全国妇联，各体育学院。

本委(15)　　　　共打印100份

来源：国家体育总局办公厅信档处

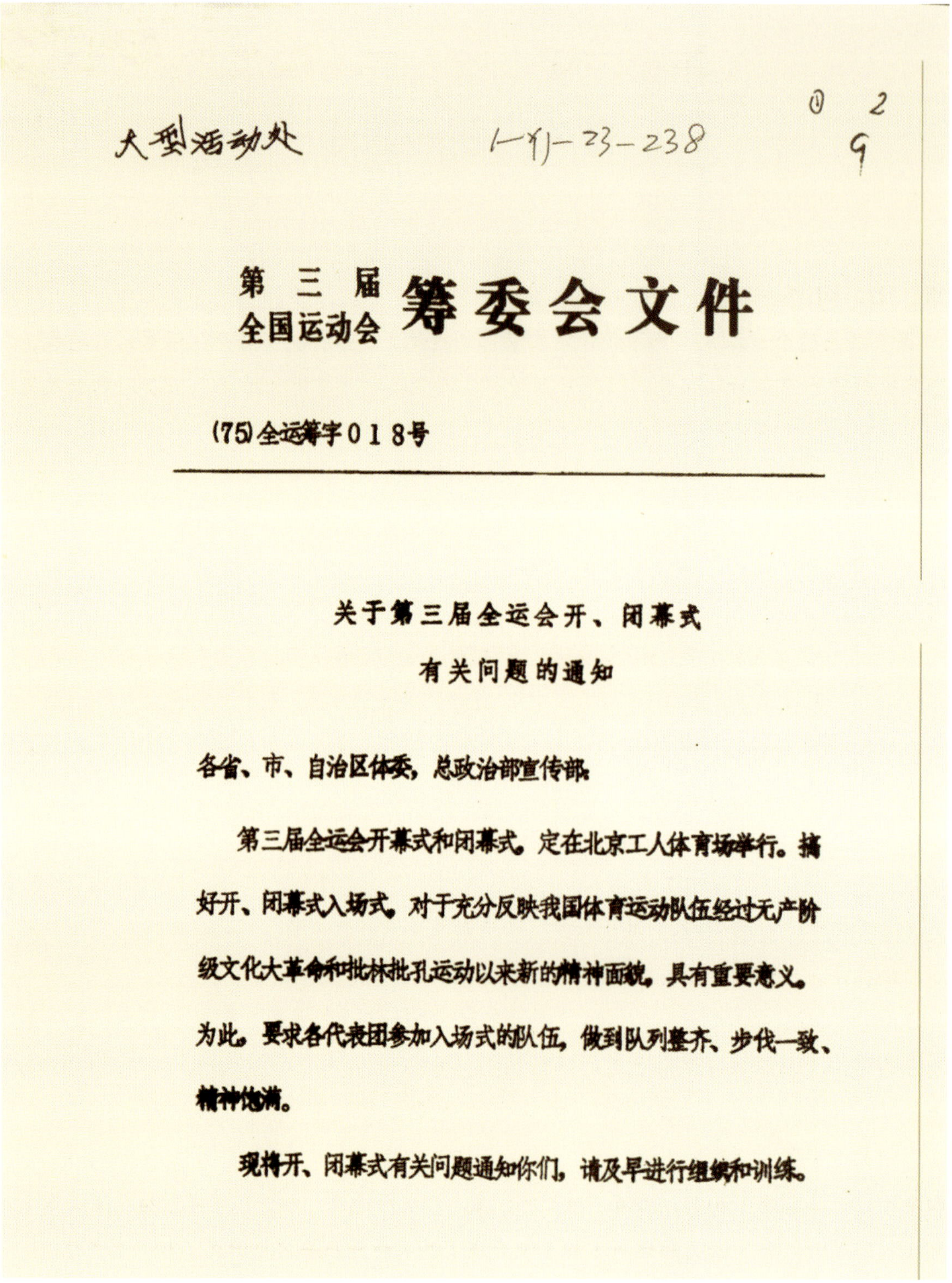
大型活动处　1-Y1-23-238

第三届全国运动会筹委会文件

(75)全运筹字018号

关于第三届全运会开、闭幕式有关问题的通知

各省、市、自治区体委，总政治部宣传部：

第三届全运会开幕式和闭幕式，定在北京工人体育场举行。搞好开、闭幕式入场式，对于充分反映我国体育运动队伍经过无产阶级文化大革命和批林批孔运动以来新的精神面貌，具有重要意义。为此，要求各代表团参加入场式的队伍，做到队列整齐、步伐一致、精神饱满。

现将开、闭幕式有关问题通知你们，请及早进行组织和训练。

来源：国家体育总局办公厅信档处

关于第三届全运会开、闭幕式有关问题的通知

各省、市、自治区体委、总政治部宣传部：

第三届全运会开幕式和闭幕式，定在北京工人体育场举行。搞好开、闭幕式入场式，对于充分反映我国体育运动队伍薪新的精神面貌，具有重要意义。为此要求各代表团参加入场式的队伍，做到队列差齐、步伐一致、精神饱满。

现将开、闭幕式有关问题通知你们。请及早进行组织和训练。

开幕式

一、入场队伍的组成、顺序及服装

入场式队伍由国旗方队、国徽方队、毛主席“发展体育运动，增强人民体质”题词方队、红旗方队、裁判员方队、解放军及各省、市、自治区代表团方队、尾旗方队等共37个方队组成。

1. 国旗方队、国徽方队、毛主席“发展体育运动，增强人民体质”题词方队、红旗方队、裁判员方队、尾旗方队（略）。

2. 每省、市、自治区、解放军代表团各为一个方队，由168人组成，各单位旗手1人（男1.8米左右）、护旗4人（女1.7米左右）、领队3人（男女不限），其他由60名女运动员、100名男运动员组成。每排10人，共十六排，女运动员在前，男运动员在后，高在前、矮在后，高在右、矮在左。（最后一横排必须满员，不足一横排者，上预备队员）。

3. 入场顺序：（1）解放军、北京市。除上述外，其他各省、市、自治区均以第一个字笔画顺序排列。个别根据服装颜色进行适当调整。（2）上海市（3）山西省（4）山东省（5）广东省（6）广西省（7）云南省（8）天津市（9）内蒙古自治区（10）宁夏回族自治区（11）辽宁省（12）台湾省（13）四川省（14）甘肃省（15）安徽省（16）西藏自治区（17）吉林省（18）江西省（19）江苏省（20）青海省（21）河北省（22）河南省（23）贵州省（24）陕西省（25）湖北省（26）浙江省（27）福建省（28）湖南省（29）新疆维吾尔自治区（30）黑龙江省。

4. 服装：领队服装不限（少数民族地区可穿民族服装）；其他男运动员（包括旗手）穿背心、短裤；女运动员（包括护旗者）穿无袖衫、短裤。颜色、式样均按“第三届全国运动会服装会议”所商定的为准。白鞋、白袜。

二、入场路线、距离和集结队形

由北门入场，走运动员步伐。（见附件：关于队列步伐要求）

1. 各方队入场后，沿西跑道行进至主席台前第一标志旗时，右侧第一人为保持方向向前看外，其余人员向右看（队列中有一人喊“向右看”小口令），单位旗向前倾斜35度；至第二标志旗时向前看（队列中有一人喊“向前看”小口令），单位旗复原。

2. 行进间距离：各代表团方队之间距离均为5米，运动员女、男之间距离为2米。

3. 各代表团方队按行进顺序的单双数，先右后左，依次进入体育场中央，分别排列在国旗、国徽、题词等方队的两侧。（见集结退场路线示意图）

三、退场顺序：

待裁判员方队排尾进入西跑道后，各代表团方队按下列顺序同时退场。（见集结、退场路线示意图）

解放军、山西、广东、云南、内蒙古、辽宁、四川、安徽、吉林、江苏出西北门；上海、山东、广西、天津、宁夏、台湾、甘肃、西藏、江西、青海出西南门；新疆、福建、湖北、贵州、河北出东北门；北京、黑龙江、湖南、浙江、陕西、河南出东南门。红旗及尾旗方队待运动员退场完毕，自中间分别左右转，左边的出东南门，右边的出东北门。退场后上指定看台入席。

闭幕式

一、入场队伍顺序及服装：

1. 各代表团方队按开幕式入场顺序依次为1、3、5……9、31由东北门入场2、4、6……8、30由东南门入场。

2. 运动员在集合时仍按10路纵队，入场行进开始即变成五路纵队齐步入场。

3. 各代表团方队均穿“第三届全国运动会服装会议”商定的尼龙长运动服、白鞋、白袜。

二、退场顺序：与开幕式相同。

附件关于队列、步伐要求和示意图。

附件：关于队列、步伐要求

1. 立正、稍息动作按解放军队列条令规定执行。

2. 行进间步伐为运动员步伐，其动作要领为：左腿先踢出、要直脚掌与地面平行，距地面15—20厘米，身体重心前移；左脚着地的同时，右脚跟离地面后立即伸直踢出然后依次交换前进。步幅：70—75厘米。步速：每分钟108步。两臂的动作：两臂自然放松，前摆时至胸前第二纽扣平，上臂与身体成直角，前臂弯曲与上臂成直角、拳眼向内，然后，臂自然下落，经体侧向后摆至与身体成45度，拳眼向下。（注意摆臂时不要耸肩）

3. 队形、方向变换：行进时的排面要保持整齐，在场内弯道行进时，左侧的运动员步幅要小，右侧的运动员步幅加大。队伍左转弯时，左侧第一名运动员原地踏步，并逐渐向左旋转，注意要同右侧运动员的动作相协调，右侧第一名运动员以大步行进，其余的人都用视线余光向左侧看齐（不转头），注意保持规定的间隔。转向新方向后，仍用原步伐行进。

队伍向集结区行进至队形变换标志线时，由专人下达“小口令”，由原10路纵队变换成5路纵队。其方法为：从右侧起算单数运动员按原步伐前进。双数运动员向右前方跨出半步。随即插在单数运动员后面，同时调整好间隔距离。（见队形变换示意图）

红旗方队行进至东跑道标志线时，向右转弯出跑道，变成一列横队，面向主席台在第一位置站好。尾旗方队与红旗方队相同，共成二列横队。待最后入场的代表团方队进入集结区时，再行至第二位置上面向主席台站好。

4. 持旗方法：左手在上右手在下，相距30厘米，两臂伸直，左臂与肩平，右手握在距旗杆底端30厘米处，保持旗杆正直；单位旗经过主席台时，前倾35度：即左手不动，右手向内微收。

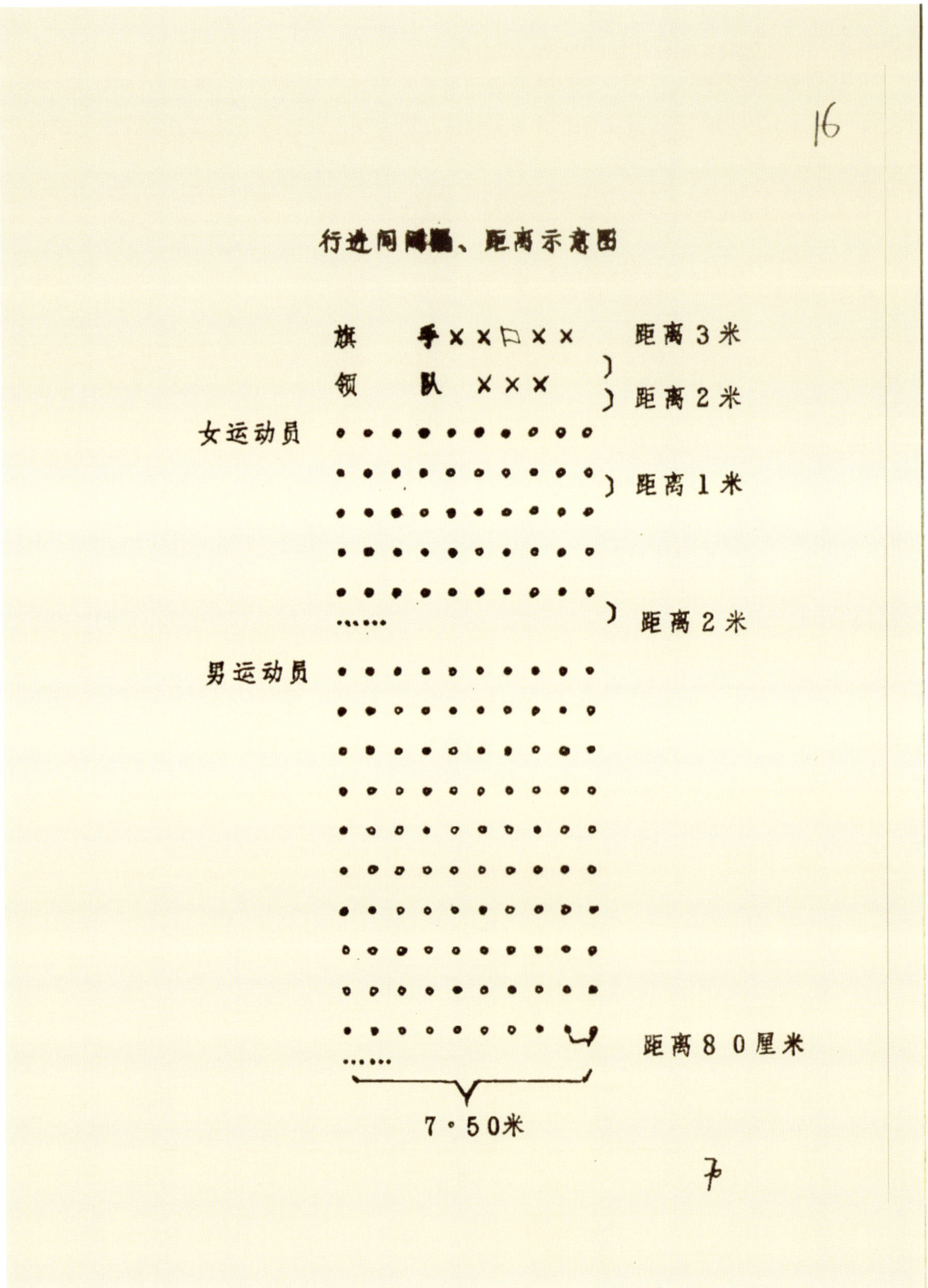

第三届全运会开幕式运动员行进示意图（来源：国家体育总局办公厅信档处）

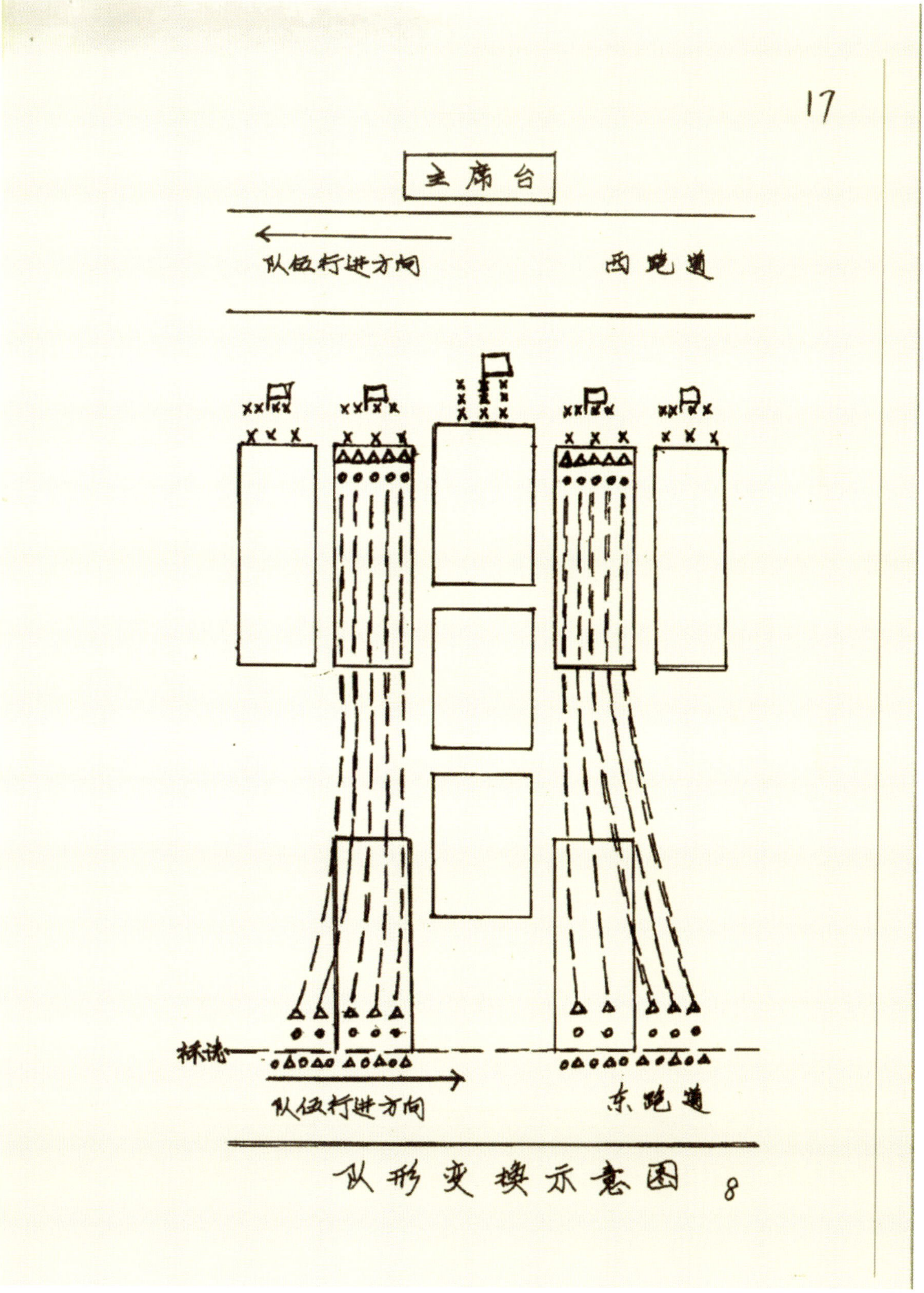

第三届全运会开幕式队形变换示意图（来源：国家体育总局办公厅信档处）

学理论抓路线做好裁判工作
全运会筹委会举办裁判员学习班

本报讯 第三届全运会筹委会最近举办裁判员学习班。一千一百多名裁判员参加了学习。在学习班上，他们认真学习革命理论，联系实际批判修正主义，批判资本主义倾向，批判资产阶级法权思想，……加深了对党的基本路线的认识，明确了任务，增强了团结。他们还学习了必要的裁判业务，决心鼓足干劲，力争上游，高标准高质量地完成全运会的裁判工作。

参加学习班的裁判员来自全国各省、市、自治区，还有解放军。包括汉、蒙、回、朝鲜、维吾尔、满、傣、彝、锡伯、壮、藏等十多个民族。他们通过学习毛主席关于理论问题的重要指示，进一步增强了学好理论的自觉性。……许多同志联系过去及在预赛中的经验教训深有体会地说：学好理论才能路线正，方向明，是非清。大家一致表示：全运会的全过程都要坚持把学习理论放在首位，工作越忙，比赛越紧张，越要认真学习革命理论。

学习中大家还联系“技术第一”、锦标主义、论资排辈等资产阶级思想和资产阶级法权观念在竞赛和裁判工作中的表现，反复讨论了政治与业务的关系，探讨了怎样才能做一个有社会主义觉悟的裁判员等问题。有些同志说，过去在这个问题上存在两种片面性。有的同志光抓业务，不问政治，搞“技术第一”；或者由于批判“技术第一”而不敢去学技术，钻业务。还有的同志说，过去自己错误地认为裁判工作就是“举举旗子，吹吹哨子，翻翻牌子”。通过学习，大家进一步明确了裁判员的职责和任务，一致认为：社会主义体育竞赛中的裁判工作是为巩固无产阶级专政服务的。在比赛场上，我们裁判员要通过自己的工作贯彻毛主席的革命路线，执行“友谊第一，比赛第二”的方针，促进体育事业的发展。有的同志说：一个裁判员在场上反对什么，支持什么，应该旗帜鲜明，对社会主义体育的道德风尚要大力支持，对锦标主义等资产阶级思想作风要坚决反对。

许多同志都强调，要做一名有社会主义觉悟的裁判员，在裁判工作中还必须做到严肃认真，公正准确，坚持原则，有了错误，要认真总结教训，有自我批评精神。我们裁判员要努力做到政治上好，业务上要精，否则就不能很好地贯彻执行“友谊第一，比赛第二”的方针。同志们深有体会地说：思想政治路线不端正，正确的坚持不了；有了私心，公正不了；业务不熟，准确不了。通过讨论，同志们表示，一定要用无产阶级政治去统帅业务，一定要为革命努力掌握更多的裁判知识，要像张思德同志那样全心全意为人民服务；像白求恩同志那样对技术精益求精，努力做到又红又专，使裁判工作更有利于促进团结和运动技术水平的提高。

讨论中大家还强调，应该看到社会主义社会中不可避免地存在旧社会的痕迹以及这些痕迹对自己的影响；要看到个人主义、名利思想以及论资排辈等资产阶级法权思想在裁判队伍中的反映，一定要努力改造世界观，批判资产阶级法权思想，抵制形形色色资产阶级思想的侵蚀。特别是，要正确对待革命分工。大家认为：分工是革命的需要，是必要的，总要有正裁判、副裁判、视线员、记录员之分，但是“分工虽不同，都是主人翁”。认识提高了，同志们纷纷表示决心：党叫干啥就干啥，需要干啥就干好啥。目前，裁判队伍中已出现了不少学习上互相督促、思想上互相帮助、业务上互相请教、生活上互相关心的动人事迹。举重竞委会六十多岁的老裁判主动要求领导分配自己当加重员。他说：“搬不动重的，搬轻的。”体操裁判中两个当老师的热情支持帮助自己的年青学生当好自己的裁判长。开好全运会，团结是保证。大家在学习中批判了资产阶级宗派主义、山头主义，提高了对增强革命团结重要性的认识。同志们说，我们这一千多人来自五湖四海，为了一个目标聚集首都，一定要取长补短，互相学习，团结战斗，努力提高裁判水平，做好裁判工作，为开好这次全运会做出自己的贡献。

（刊载于《体育报》1975年9月1日）

关于召开第三届全运会全体人员动员大会的方案

大会各部、室：

一、参加第三届全运会全体人员动员会拟于9月7日晚8时在首都体育馆进行。

二、大会由赵正洪同志主持。庄则栋同志作动员报告。

三、会场布置

1. 主席台正上方挂毛主席画像两侧挂国旗；

2. 主席台对面会标：（另订）。

四、参加人员

1. 参加全运会的各省、市、自治区、解放军体育代表团全体人员；

2. 全运会各部、室、各竞委会、各接待办公室全体工作人员、裁判员；

3. 参加全运会民族传统项目和军体项目表演人员；

4. 参加全运会开、闭幕式入场式仪仗队人员；

5. 参加全运会团体操表演人员代表；

6. 参加全运会各新闻单位的记者。

五、席位安排

1. 主席台拟安排第三届全运会主席团全体成员，各代表团、大会各部室各两位负责人。请各代表团中中央委员、省委书记一级坐前排。

2. 观众席各代表团座位拟集中安排。

六、组织分工

1. 大会全部组织工作由政治部、警卫部、行政部、宣传部、办公室各派一负责人组成工作小组，由艇国同志担任组长。

2. 具体分工：

（1）动员讲话稿由政治部拟草。

（2）会场席位的分配、主席台席位安排、请柬入场券印制、分发等，由办公室负责并协助工作小组协调大会组织工作。

（3）大会证件、会场安全以及场外交通组织工作，由警卫部负责。

（4）会场布置、宣传、报导、摄影工作由宣传部负责。

（5）交通、医疗等组织，由行政部负责。

（6）场内音响、照明、卫生、服务等工作由首都体育馆负责。

第三届全运会筹委会

1975年8月27日

中华人民共和国体育运动委员会关于第三届全运会开、闭幕式有关问题通知的补充说明

（75）全运筹字 019 号

一、国旗方队、国徽方队、毛主席“发展体育运动，增强人民体质”题词方队、红旗方队、裁判员方队、尾旗方队的组成顺序及服装。

1. 国旗方队由 9 名男运动员组成，每排 3 人共三排，由第二排中间者持旗。穿白色长袖运动服、长制服裤、白鞋、白袜。

2. 国徽方队 116 人组成，由女青年簇拥四周，每排 9 人共十三排。穿浅天蓝色连衣裙，白塑料凉鞋，手持花束。

3. 毛主席“发展体育运动，增强人民体质”题词方队，108 人组成由男运动员簇拥四周每排 9 人共十三排。穿白色长袖运动衫、长制服裤、白鞋、白袜。

4. 红旗方队 120 人组成（男）每排 8 人共十五排每人手持红旗一面（6 市尺 ×9 市尺）。穿白色短袖、运动长制服裤、白鞋、白袜。

5. 裁判员方队 160 人组成（女 60 人、男 100 人），每排 10 人，共十六排。穿“亚非拉乒乓球邀请赛”裁判服。

6. 解放军及各省、市、自治区代表团方队（略）

7. 尾旗方队与红旗方队相同。

二、入场路线距离和集结队形

由北门入场，走运动员步伐。

1. 各方队入场后，沿西跑道行进。各方队行进至主席台前第一标志旗，除右侧第一人为保持方向向前看，外其余人员向右看（队列中有人喊“向右看”小口令），至第二标志旗时向前看（队列中有一人喊“向前看”小口令）。

2. 国旗、国徽、题词、裁判员各方队行进至东跑道中点标志时。左转弯面向主席台继续行进至场地中央西跑道内，各按指定标志点自动立定。

3. 行进间距：国旗、国微、题词、红旗各方队之间距离均为 8 米，红旗方队距裁判员方队 5 米，裁判员方队女男之间相距 2 米，北京市代表团方队距离尾旗方队 5 米。

4. 集结间距：国旗方队距离国徽方队 4 米，国徽方队距离题词方队 2 米，题词方队距离裁判员方队 2 米。

三、退场顺序：国旗、国徽、题词、裁判员各方队，按集结排列顺序均出北门，退场后上指定看台入席。

红旗方队及尾旗方队退场顺序见（75）全运筹字 018 号文件。

开幕式

党和国家领导人以及外国友人出席开幕式

开幕式入场式

开幕式团体操表演

开幕式文艺表演

团结起来，争取更大的胜

开幕式方案

一、时间、地点

1975年9月14日下午3时在北京工人体育场举行。

二、开幕式程序

1. 中华人民共和国第三届运动会开幕式现在开始；
2. 运动员、裁判员入场（奏《运动员进行曲》）；
3. 奏国歌（请全体起立、请坐）；
4. 致开幕词；
5. 群众体育先进单位代表讲话；
6. 运动员代表讲话；
7. 运动员、裁判员退场（奏《运动员进行曲》）；
8. 团体操《红旗颂》表演开始；
9. 开幕式到此结束。

三、入场队伍的组成、顺序及服装

参加入场式的队伍由37个方队组成，预计5841人。

1. 国旗方队由9名男运动员组成，每排3人共3排，由第二排中间者持旗，穿白色长袖运动服、长制服裤、白鞋、白袜。

2. 国徽方队由116人组成，由女青年簇拥，四周每排9人，共13排，穿浅天蓝色连衣裙、白塑料凉鞋，手持浅桃红色花束。

3. 毛主席“发展体育运动，增强人民体质”题词方队108人组成，由男运动员簇拥，四周每排九人，共13排，穿白色短袖运动衫、长制服裤、白鞋、白袜。

4. 红旗方队120人组成，（男）每排8人，共15排，每人手持红旗1面（6市尺×9市尺），穿白色短袖运动衫、长制服裤、白鞋、白袜。

5. 裁判员方队160人，组成女60人、男100人，每排10人，共16排，穿亚非拉乒乓球邀请赛裁判服。

6. 省市自治区解放军代表团方队各由168人组成，旗手1人，男1.8米左右，护旗4人，女1.7米左右，领队3人，男女不限。其他由60名女运动员、100男运动员组成每排10人，共16

排，女运动在前，男运动员在后。高在前，矮在后，高在右，矮在左。最后一横排必须满员，不足一横排者上预备队员。

7. 入场顺序：（1）解放军、北京市。除上述外，其他各省、市、自治区均以第一字笔画顺序排列。个别根据服装颜色进行适当调整：（2）上海市（3）山西省（4）山东省（5）广东省（6）广西壮族自治区（7）云南省（8）天津市（9）内蒙古自治区（10）宁夏回族自治区（11）辽宁省（12）台湾省（13）四川省（14）甘肃省（15）安徽省（16）西藏自治区（17）吉林省（18）江西省（19）江苏省（20）青海省（21）河北省（22）河南省（23）贵州省（24）陕西省（25）湖北省（26）浙江省（27）福建省（28）湖南省（29）新疆维吾尔自治区（30）黑龙江省。

领队服装不限，其他男运动员穿背心短裤，女运动员穿无袖衫短裤，颜色、式样均按第三届全国运动会服饰会议所商定的为准：白鞋、白袜。

8. 尾旗方队与红旗方队相同。

四、入场路线距离和集结队形

由北门入场，走运动员步伐见附件（关于队形、步伐要求）

1. 各方队入场后，沿西跑道行进，裁判员运动员至主席台前第一标志旗时，喊向右看口令（右侧第一人除外）单位旗向前倾斜 35 度至第二标志旗时，喊向前看口令，单位旗复原。

国旗、国徽、题词、裁判员各方队行进至东跑道中间标志时，左转弯走向主席台至西跑道内，至指定标志点自动立定。国旗方队距国徽方队四米，国徽方队距题词方队两米，题词方队距裁判员方队两米。

3. 各代表团方队按行进前后单双数，先右后左依次进入，排列在国旗、国徽等方队的两侧，北京市排列在右侧。

4. 行进间，距离国旗、国徽、题词、红旗各方队之间距离均为八米。以下各方队相距均为五米，裁判员、运动员女男之间距离两米。

5. 红旗方队入场后，行进至东跑道标志线时，右转弯沿跑道变成一列横队，面向主席台，在第一位置站好。

6. 尾旗方队与红旗方队相同，共成两列横队，待最后入场的代表团方队进入集结时，再行进至第二位置上，面向主席台。

五、退场顺序

1. 国徽、国旗、题词、裁判员各方队沿北门。

2. 待裁判员方队排尾进入西跑道后，其他各方队开始退场：解放军、上海、山西、广东、云南、辽宁、四川、安徽、吉林、江苏沿西北门；台湾、山东、广西、天津、内蒙古、宁夏、甘肃、西藏、江西、青海沿西南门；新疆、湖北、贵州、陕西、河北沿东北门；北京、福建、湖南、浙江、黑龙江、河南沿东南门。退场后上指定看台入席。

3. 红旗方队及尾旗方队待运动员退场完毕，自中间分别左右转，朝东南门和东北门。

六、背景配合

1. 在宣布中华人民共和国第三届运动会开幕式现在开始后，背景台立即出现“热烈欢呼中华人民共和国第三届运动会胜利开幕”标语。

2. 在宣布致开幕词后，背景台即将上述背景变换为“发展体育运动，增强人民体质”，至宣布运动员退场止。

开幕式程序

一、中华人民共和国第三届运动会开幕式现在开始；

二、运动员、裁判员入场（奏《运动员进行曲》）；

三、奏国歌（请全体起立、请坐）；

四、请国务院副总理陈锡联同志致开幕词；

五、请群众体育先进基层单位代表大庆女子采油队指导员关晓红同志讲话；

六、请运动员代表、解放军篮球运动员马连民同志讲话；

七、运动员、裁判员退场（奏《运动员进行曲》）；

八、团体操《红旗颂》表演开始；

九、开幕式到此结束。

开幕式上万众欢腾的景象

开 幕 词

陈锡联

同志们、朋友们：

中华人民共和国第三届运动会，今天开幕了。我代表中共中央、国务院向参加这届全运会的全体同志表示热烈的祝贺，向应邀参观这届全运会的外国朋友表示热烈欢迎！

这届全运会是在国际国内一片大好形势下召开的。它充分体现了我国各族人民的革命大团结，反映了我国社会主义革命和社会主义建设朝气蓬勃、欣欣向荣的景象。在毛主席的革命路线指引下，……我国体育战线发生了深刻的变化，我国的体育在社会主义革命和社会主义建设中发挥了积极作用，在国际友好往来中，增进了我国人民同世界各国人民的友谊。

全国体育工作者和运动员，……提高执行党的基本路线的自觉性，按照毛主席“发展体育运动，增强人民体质”的指示，更加广泛地开展群众性的体育活动，努力提高体育运动技术水平，更好地为社会主义经济基础服务，为工农兵服务，为巩固无产阶级专政服务！

辽宁省代表团入场

大型团体操《红旗颂》的第五场《文艺新花春满园》

大型团体操《红旗颂》的第五场《文艺新花春满园》

开幕式各代表团在会场上

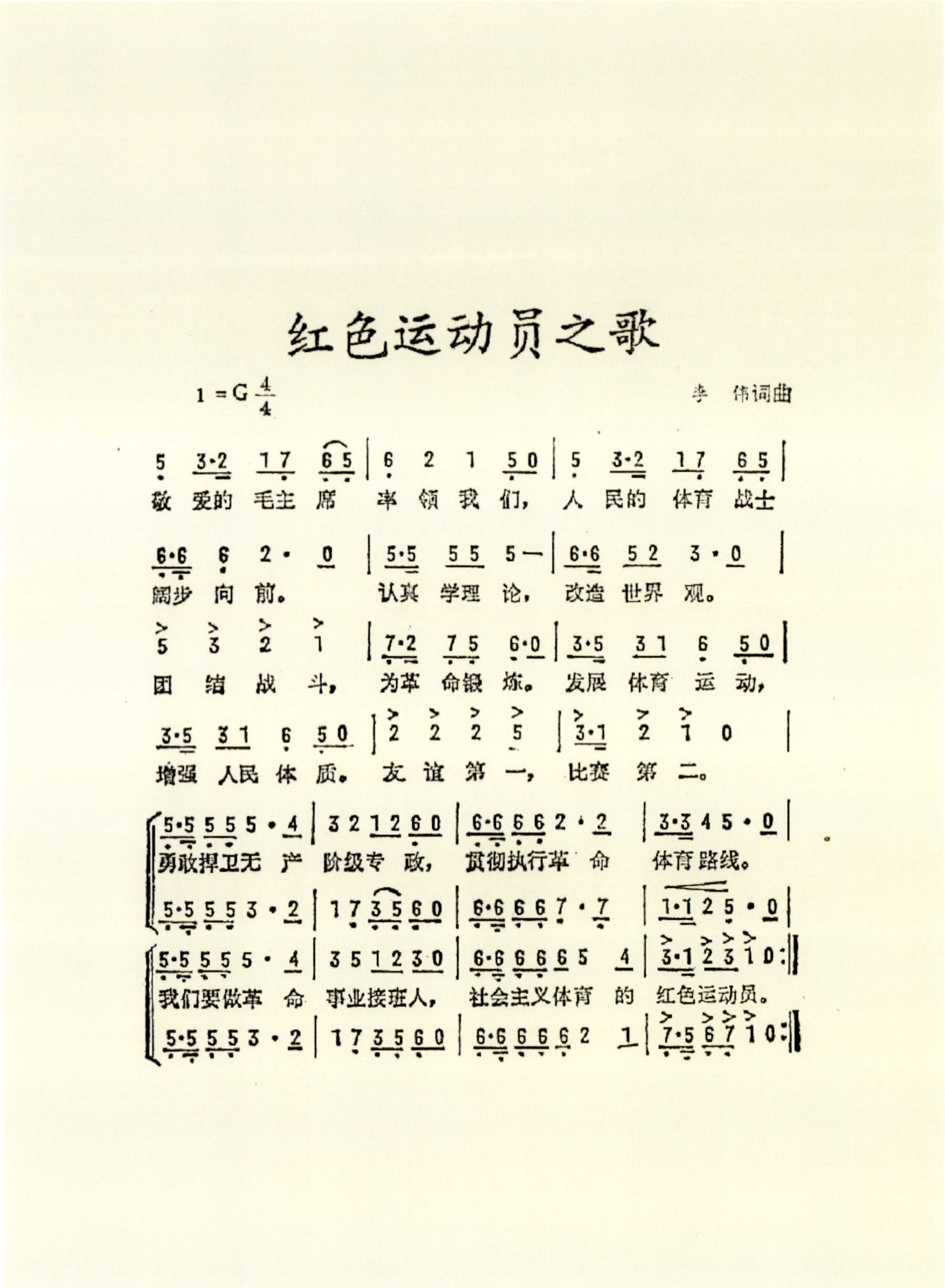

来源：《第三届全运会纪念册》

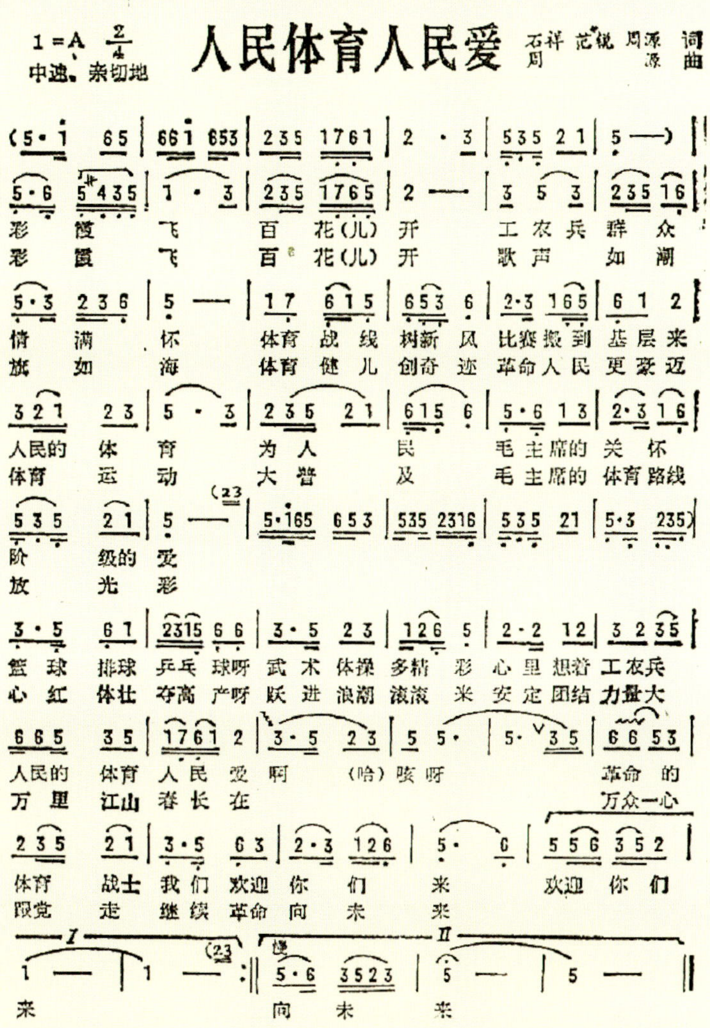

来源：《第三届全运会纪念册》

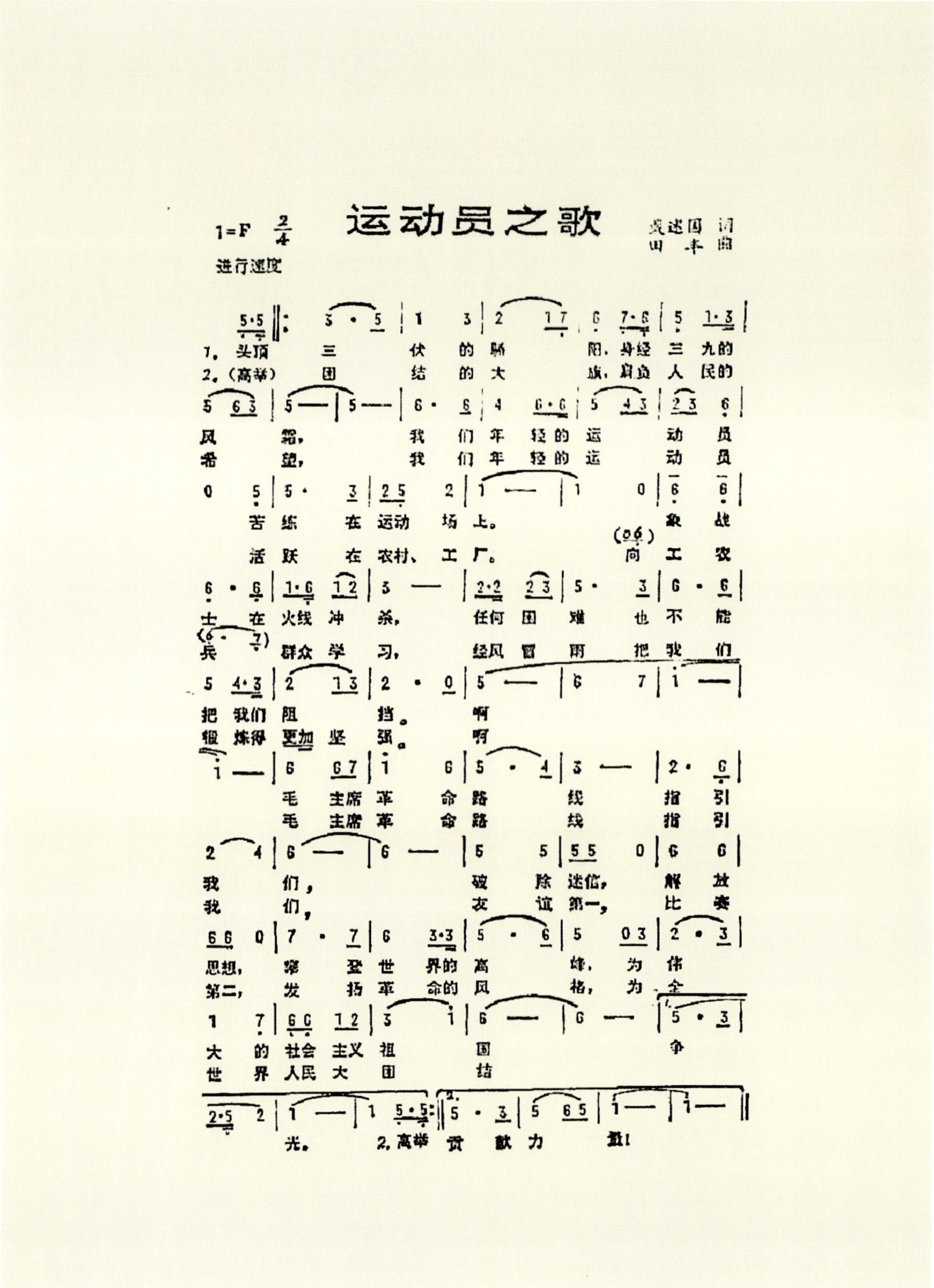

来源：《第三届全运会纪念册》

组织机构

主席团名单

主　任： 陈锡联

委　员：（按姓氏笔画为序）

于　桑　王　铎　王大任　王学彬（女）王淑珍（女）
王路明　尹灿贞　尹锡南　田文惠（女）田维新
朱　刚　朱培屏　庄则栋　任泉生　安建国
刘永生　许骤昌　吕玉兰（女）　杨　岩
杨东生　杨有为　李青川　李振东　李振军
余　英　宋　中　苏　民　张　明　张世忠
张振亚　张维民　陈玉娘（女）　陈明世
沈忠民　冷桂英（女）　何正文　夕　钗
周升炬　周毛加（女）　周宏宝　范叔援（女）
赵正洪　赵宝凯　赵卓云　赵希武　赵棣生
姜惠莲（女）　徐其海　徐运北　徐雷健
徐致祥　倪志钦　贾存锁（女）　曹达诺夫
黄　中　章　泽　梁戈亮　梁任龄　曾绍东
董加耕　董守义　蒋　科　韩庆起　蔡　啸
潘　多（女）　薛国邦

秘书长： 庄则栋

副秘书长：（按姓氏笔画为序）

于　桑　李　伟　李梦夫　张之槐　田文惠（女）
周荣国　赵正洪　赵希武　黄　中　魏　明

中华人民共和国第三届运动会组织系统表

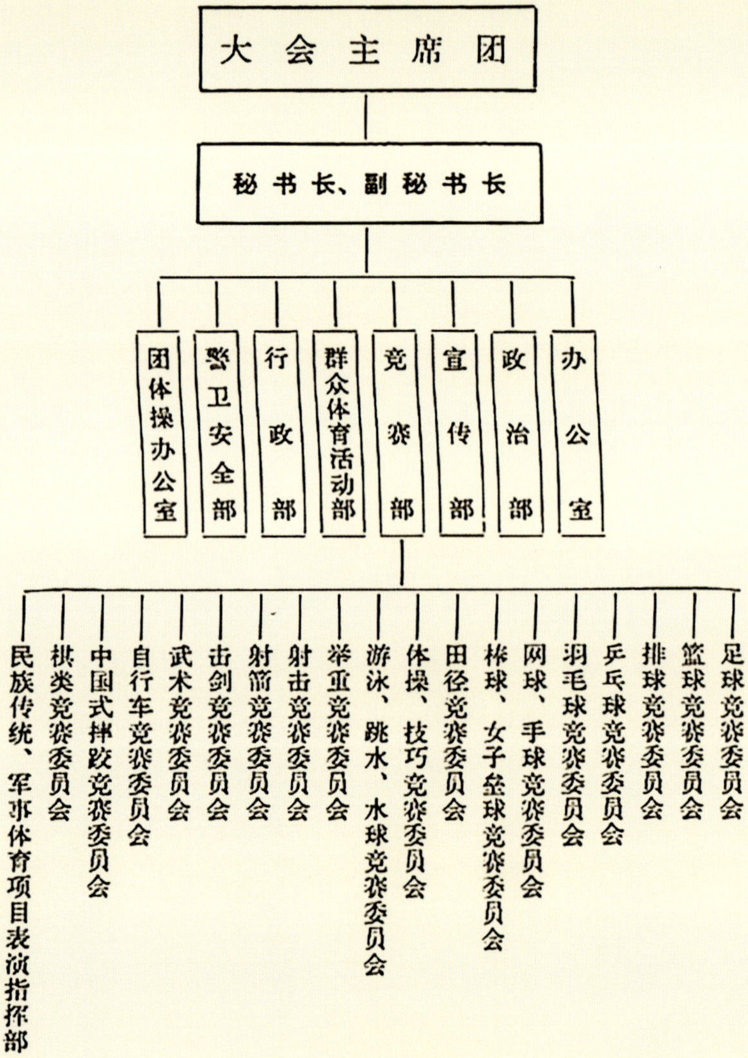

来源：国家体育总局办公厅信档处

各代表团负责人名单

北京市代表团

团　长：徐运北

副团长：刘　丰　魏　明　王福勇　白　鹤　赵　斌

上海市代表团

团　长：张振亚

副团长：杜　前　肖平文　叶柏顺　胡永年

天津市代表团

团　长：王淑珍（女）

副团长：白　桦　赵为一　杨　腾　楚　云　许光黎　王志良

河北省代表团

团　长：王路明

副团长：阎　欣　董银山　李存友

山西省代表团

团　长：王大任

副团长：王文章　袁　涛　王金贵　贾存锁（女）　刘　杰

王立远　李　彬　张玲妹（女）

内蒙古自治区代表团

团　长：王　铎

副团长：宝音达来　赵俞廷　龙　干

辽宁省代表团

团　长：尹灿贞

副团长：于海波　董连壁　冷宝忱　朱香云（女）　王奎泽　李成江　李希来

吉林省代表团

团　长：许肇昌

副团长：刘　宁　王凤祥　刘永年　齐金娣（女）　崔俊生

黑龙江省代表团

团　长：苏　民

副团长：宋振业　郇瑞年　关晓红（女）　邢桂英（女）

陕西省代表团

团　长：章　泽

副团长：白纪年　魏德望　魏瑞琴（女）

甘肃省代表团

团　长：朱培屏

副团长：吴天任　周杰邦　李　明　朱绍堂　李　工（女）

青海省代表团

团　长：曾　征

副团长：李文耀　张忠义　刘树荣　张庆增　周毛加（女）　马呈祥　马明善

宁夏回族自治区代表团

团　长：安建国

副团长：马同近

新疆维吾尔自治区代表团

团　长：曹达诺夫

副团长：赵凌云　阿不都拉·衣不拉音　李象珍（女）　池建英（女）

山东省代表团

团　长：徐雷健

副团长：耿　宏　丁方明　季明焘　王秀泉　袁圣堂　曲展强（女）

江苏省代表团

团　长：蒋　科

副团长：戴心思　李春祥　秦　明

浙江省代表团

团　长：罗　毅

副团长：姚　震　荆子刚　王向立　邵爱娟（女）

安徽省代表团

团　长：李振东

副团长：邱成宣　康　俭　沈忠民　陈道云（女）

江西省代表团

团　长：周升炬

副团长：马继勋　吉云祥

福建省代表团

团　长：刘永生

副团长：李　威（女）

台湾省代表团

团　长：蔡　啸

副团长：黄文钦　黄于燕

河南省代表团

团　长：张耀东

副团长：韩庆起　赵　环（女）　陈　洪　宋逸尘

湖北省代表团

团　长：王步青

副团长：佘　英　尹北岑　陈玉娘（女）　雷　浩　田志宏

湖南省代表团

团　长：李振军

副团长：王岳华　张德隆　靳文奎

广东省代表团

团　长：赵卓云

副团长：卢德耀　陈远高　赵庭瑶　梁丽珍（女）

广西壮族自治区代表团

团　长：徐其海

副团长：宋本洛　张树武　梁木森　黄少莲（女）　楚钟秀

四川省代表团

团　长：赵宝凯

副团长：李铁民　王廷弼　郭炎　毛银坤

贵州省代表团

团　长：张　明

副团长：田白玉　王秉云　郃昌芝（女）

云南省代表团

团　长：陈　方

副团长：关　泰　刘　锦　卢洪生

西藏自治区代表团

团　长：杨东生

副团长：陈　伟　韩武荣　达　瓦　马治平　巴　桑（女）

中国人民解放军代表团

团长兼政委：李　伟

副团长：鲁　挺　张全昌

副政委：袁玉伯　禹文淮

竞赛规程规则

竞赛规程总则

在毛主席革命路线指引下，……社会主义革命和社会主义建设蓬勃发展，全党全军全国各族人民更加团结，……在一派大好形势下，经国务院批准，举行中华人民共和国第三届运动会。

一、总则

举行第三届全国运动会，是为了宣传全国人民在毛主席关于理论问题重要指示的指引下，抓革命，促生产，促工作，促战备的大好形势；宣传贯彻毛主席“发展体育运动，增强人民体质”的革命体育路线，检阅……广大体育工作者、运动员新的精神面貌，进一步推动群众体育的广泛开展，促进运动技术水平的迅速提高，使我国的体育事业更好地为无产阶级政治服务，为工农兵服务，与生产劳动相结合。

第三届全国运动会，必须坚决贯彻毛主席、党中央的重要指示。以……促进安定团结，把国民经济搞上去为纲，把运动会开好。坚持党的基本路线，……要加强党的一元化领导，坚持无产阶级政治挂帅，讲路线，讲党性，讲大局，讲团结，讲纪律。要认真执行“友谊第一，比赛第二”的方针，坚决反对单纯技术观点、锦标主义、官僚主义和大国沙文主义。鼓足干劲，力争上游，自力更生，艰苦奋斗，发扬不为名、不为利、不怕苦、不怕死的革命精神，比出好风格，赛出新水平，创造优异成绩，为社会主义祖国争光。

二、主要活动

（一）由各省、市、自治区和解放军派体育代表团参加竞赛。各代表队要深入基层比赛、表演、辅导，并参加劳动，接受工农兵的再教育。

（二）各省、市、自治区和解放军评选出群众体育先进基层单位代表，出席第三届全国运动会，交流经验。各个项目代表队之间，也要互相学习，交流经验。

（三）组织工农兵参加大会评论，主要评论代表队的思想和风格。

（四）大型团体操表演，民族传统和军事体育项目表演。

（五）举办体育摄影展览。

三、日期

预赛日期：1975 年 6 月开始。

大会日期：1975 年 9 月 12 日至 28 日。

四、地点

预赛地点：在各项竞赛规程中规定

大会地点：北京

五、参加单位

北京市、上海市、天津市、河北省、山西省、内蒙古自治区、辽宁省、吉林省、黑龙江省、陕西省、甘肃省、青海省、宁夏回族自治区、新疆维吾尔自治区、山东省、江苏省、浙江省、安徽省、江西省、福建省、台湾省、河南省、湖北省、湖南省、广东省、广西壮族自治区、四川省、贵州省、云南省、西藏自治区、中国人民解放军，共 31 个单位。

六、代表团人数

各代表团人数由第三届全国运动会筹委会根据不同情况确定。

七、报名和报到日期

第一次报名：1975 年 5 月 10 日截止。

第二次报名：1975 年 7 月 30 日截止。

各代表团于 1975 年 9 月 4 日至 9 月 6 日来京报到。

八、竞赛办法

（一）项目

成年组（甲组）：足球、篮球、排球、乒乓球、羽毛球、网球、棒球、女子垒球、手球、田径、体操、技巧、游泳、跳水、水球、划船（包括赛艇、皮艇、划艇）、举重、射击、射箭、击剑、武术、自行车（包括公路自行车和场地自行车）、中国式摔跤、棋类（包括围棋、中国象棋和国际象棋）、冰球、速度滑冰、花样滑冰、滑雪，共 28 项。

少年组（乙组）：足球、篮球、排球、乒乓球、羽毛球、田径、游泳、体操，共 8 项。

表演项目：各参加单位报名，由第三届全国运动会筹委会选定。

划船竞赛，1975 年 8 月在武汉市举行。比赛后各队可派代表 1 至 2 人来京出席全国运动会。

冰球、速度滑冰、花样滑冰和滑雪竞赛，1976 年初在黑龙江省举行。有关问题另定。各队可派代表 1 至 2 人来京出席全国运动会。

（二）运动员资格

政治思想好、工作（劳动）好、学习好。

经医务部门检查身体合格。

参加少年组（乙组）竞赛的，必须是 1958 年 1 月 1 日以后出生的少年运动员。

（三）各体育代表队，要以老带青，青老结合，以青为主。各自治区体育代表队应注意选拔少数民族的运动员。

（四）预赛

足球、篮球、排球、棒球、女子垒球、手球和棋类项目，先期预赛。 其中，足球、篮球、排球和围棋、中国象棋、国际象棋的个人赛各取前12名，围棋团体赛取前8名，棒球、女子垒球、手球和少年组的足球、篮球、排球，各取前6六名来京参加决赛。成年组足球、篮球、排球和棒球、女子垒球、手球预赛中未录取的各队，可各派代表1至2人来京出席全国运动会观摩学习。

（五）竞赛规则：按各项竞赛规程规定的竞赛规则执行。

（六）奖励和批评

凡是贯彻了大会规程要求、取得了优异成绩的队或个人，予以表扬和鼓励。奖励办法按各项竞赛规程的规定执行。

政治思想作风表现好的，给予表扬和鼓励；表现不好的，进行批评教育以至取消比赛资格或名次。

九、单位旗

由第三届全国运动会筹委会统一制作。

十、本规程和各项竞赛规程的解释或修改，由第三届全国运动会筹委会负责。

竞赛部工作计划

第一阶段：筹备阶段

一、建立竞赛部机构。

二、制定编制、工作职责，提出工作人员名单。

三、建立竞赛部临时党、团组织，制订学习和政治思想工作计划。

四、建立工作、学习、会议、汇报制度。

五、提出竞赛部预算。

第二阶段：竞赛准备阶段

一、小结筹备阶段工作。

二、组织各单项竞委会，确定人员，建立临时党团组织。制订工作计划、政治思想和学习计划，制定编制、职责、预算。

三、制定印发各单项竞赛规程。设计印发各种报表和总秩序册、单项秩序册。

四、编排大会总日程、各单项竞赛日程、各项竞赛表演及练习时间表。

五、选定各项竞赛、表演、练习及雨天后补场地。协同场地器材处提出维修计划，检查维修进程和质量。

六、制定裁判员分配原则，制订裁判员学习计划，组织裁判员学习班。

七、设计、制作奖状器材、裁判服装各种标志号码等工作。

八、组织编排军事体育项目、民族传统项目的表演工作。

九、组织预赛工作办理报名登记工作。

十、协同有关部门解决台湾省代表队集训工作。

十一、统筹安排竞赛期间的科研工作。

十二、各项准备工作总检查。

十三、研究成绩公报计划。

十四、编印各项世界、全国、省、市、自治区纪录。

第三阶段：赛期阶段

一、作好竞赛前的思想动员工作。

二、搞好竞委会的各项工作。

三、及时了解掌握竞赛中的情况和发生的问题，迅速汇报、处理。

四、准确、迅速印发成绩公报，编印成绩册。

五、组织国庆表演项目，制订赴边远地区辅导表演工作计划。

六、组织开好各种经验交流会。

第四阶段：结束总结阶段

一、有始有终搞好结尾工作。

二、认真抓好各竞赛委员会的工作总结。

三、认真搞好竞赛部工作总结和专题工作总结。

（1）关于竞赛部政治思想工作经验总结。

（2）关于……改革竞赛方面的经验。

（3）关于贯彻“友谊第一，比赛第二”方针方面的经验。

四、整理竞赛部的全部文件，装订归档。

总日程表

内容 时间 日期	上午	下午	晚上
九月一日	1.群众体育先进基层单位代表开始报到 2.全国体育摄影展览开幕		
九月二日		团体操彩排	
九月三日	1.筹委委员和代表团团长开始报到 2.群众体育先进基层单位代表经验交流会开始		
九月四日	代表团开始报到		
九月五日	大会主席团、各代表团负责人会议		
九月六日			北京市欢迎各代表团文艺晚会
九月七日	仪仗队、各代表团参加入场式的领队、旗手入场预演	足、篮球开始比赛	动员大会（全体人员参加）
九月八日	讨论动员报告	入场式预演	
九月九日	关于群众体育先进基层单位代表参加评论工作动员会	开幕式预演（包括团体操）	排球开始比赛
九月十日	网球开始比赛		文艺晚会
九月十一日	请大庆、大寨的同志作报告（全体人员参加）		
九月十二日		开幕式	
九月十三日至二十六日	1.进行各项比赛和民族传统、军事体育项目表演 2.群众体育先进基层单位代表和各场地工农兵评论组开展评论工作 3.九月二十六日上午闭幕式入场式预演		
九月二十七日	群众体育先进基层单位代表报告会	大会主席团会议	
九月二十八日		闭幕式	
九月二十九日			
九月三十日			
十月一日	参加国庆游园等活动	同左	同左
十月二日	运动队参加国庆活动—为工农兵表演	同左	
十月三日	1.运动队参加国庆活动——为工农兵表演 2.代表团开始离京	同左	
十月四日	代表团离京	同左	
十月五日	同上	同左	

中华人民共和国第三届运动会总日程表说明

一、总日程表，只列了大会的主要日程。竞赛、表演的日程，详见竞赛、表演总日程表。

二、各代表团每天要安排一定时间学习……理论，根据全运会政治思想工作意见进行安排。

三、大会期间将组织……训练工作经验交流会，并安排训练、下基层辅导、劳动、参观、文艺活动等，在服从大会总日程和竞赛、表演总日程的原则下，分别由各代表团、大会办公室、政治部和各竞委会具体安排。

四、大会期间，召开的主席团、团长等会议，具体时间，另行通知。

五、全运会各部召开的对口会议，未列入大会总日程，由各部安排。大会期间要组织工农兵评论。有关评论工作，由群众体育活动部与各有关方面协同组织。

竞赛成绩

各代表团奖牌榜

单位：枚

名次	单位	金牌	银牌	铜牌
1	广东	38	26	23
2	北京	36	30	23
3	解放军	19	18	28
4	上海	19	22	25
5	吉林	15	13	18
6	黑龙江	14	18	16
7	辽宁	13	15	15
8	广西	13	11	9
9	福建	11	18	9
10	江苏	10	13	8
11	河北	10	6	7
12	山西	9	6	11
13	内蒙古	9	5	3
14	云南	7	12	8
15	湖北	7	9	7
16	山东	7	6	6
17	哈尔滨	7	3	4
18	安徽	5	7	9
19	通化	5	6	1
20	湖南	5	4	11
21	天津	4	7	7
22	四川	4	5	2
23	陕西	4	4	8
24	松花江	4	2	3
25	江西	4	1	2
26	甘肃	4	1	1
27	青海	2	5	5
28	齐齐哈尔	2	3	4
29	新疆	1	3	0
30	呼盟	1	0	2
31	黑河	1	0	0
32	宁夏	1	0	0
33	浙江	0	7	6
34	河南	0	6	7
35	西藏	0	1	0
36	贵州	0	0	2
37	佳木斯	0	0	1

破全国纪录统计

项目	队数	人数			次数			项数		
		合计	男	女	合计	男	女	合计	男	女
射击	41	44	23	21	100	61	39	21	13	8
射箭	7	12	8	4	44	31	13	19	10	9
田径		6	5	1	6	5	1	3	2	1
游泳	1	19	4	15	45	8	37	17	4	13
举重		1	1		1	1		1	1	
自行车		1		1	2		2	2		2
合计	49	83	41	42	198	106	92	63	30	33

破全国青年纪录统计

项目	队数	人数			次数			项数		
		合计	男	女	合计	男	女	合计	男	女
田径	1	12	3	9	16	4	12	8	3	5
举重		10	10		26	26		14	14	
游泳	3	14	7	7	102	26	76	36	15	21
合计	4	36	20	16	144	56	88	58	32	26

破（平）世界纪录统计

项目	队数	人数			次数			项数		
		合计	男	女	合计	男	女	合计	男	女
破世界记录：射击	1	4		4	6		6	3		3
平世界记录：										
射击		1		1	1		1	1		1
射箭		1		1	1		1	1		1

精彩瞬间

为了迎接第三届全运会，1975年5月27日，我国9名男女登山运动员再次从北坡登上珠穆朗玛峰，在地球之巅高展五星红旗

台湾队与天津队在棒球比赛中相遇

台湾队棒球选手与天津队棒球选手进行交流

1975 年第三届全运会射箭赛场一瞥

闭 幕 式

⑥ 37/5

中华人民共和国体育运动委员会发文稿纸

签发：

核稿：请[illegible]审批。开闭幕式方案已经筹委办公会议通过，此件作为备案。[illegible]

拟稿人：[illegible]

密级： 缓急程度：

标题：中华人民共和国第三届运动会开、闭幕式方案

主送：

抄送：

附件：

打字： 校对：

发文（ ） 字 号 19 年 月 日封发

第三届全国运动会开、闭幕式要以党的基本路线为纲，要无产阶级政治挂帅，深入学习无产阶级专政的理论，进一步宣传、贯彻毛主席"发展体育运动，增强人民体质"的

第 页

有关部室、各竞委会、表演指挥部和登山队负责通知知有关发奖、领奖人员准时参加发奖仪式。

第三届全运会办公室

一九七五年九月二十二日

抄送：正、副秘书长

第三届全运会闭幕式方案扫描件（来源：国家体育总局办公厅信档处）

开幕式、闭幕式方案

第三届全国运动会开闭幕式要以党的基本路线为纲要，……进一步宣传贯彻毛主席“发展体育运动，增强人民体质”的指示。

关于闭幕式的通知

各代表团、大会各部室、有关竞委会、表演指挥部、登山队、工人体育场：

现将闭幕式有关事项通知如下：

一、为了搞好闭幕式，定于9月26日上午8时半在工人体育场六看台电影馆召开闭幕式准备会，研究发奖和运动员入场并进行演习，请各代表团入场队伍负责人、旗手，全体群众体育先进基层单位代表、登山队代表、破世界纪录和破全国纪录的运动员，团体操、民族传统和军事体育表演项目代表准时参加。

闭幕时请代表团长发奖。

二、请田径、举重、射箭、游泳竞委会于25日前将破纪录运动员名单和填写好的奖状送大型活动处，自行车和射击竞委会于27日前送大型活动处（团体项目每个破纪录的运动员都发奖状一幅），表演指挥部将表演单位代表名单和填好的奖状于25日前送大型活动处。

开闭幕式要体现体育为无产阶级政治服务、为工农兵服务、与生产劳动相结合的精神，能够反映经过“无产阶级文化大革命”“批林批孔”运动以来，各条战线欣欣向荣的大好形势和运动员团结紧张严肃活泼的精神面貌。

有关部室、各委员会、表演指挥部和登山队负责通知有关发奖、领奖人员准时参加发奖仪式。

第三届全运会办公室

1975年9月22日

抄送：正、副秘书长

中华人民共和国
第三届运动会胜利闭幕

1975 年 9 月 28 日，中华人民共和国第三届运动会，今天下午在北京工人体育场胜利闭幕。

党和国家领导人朱德、叶剑英、邓小平、李先念、纪登奎、华国锋、汪东兴、吴德、陈永贵、吴桂贤、苏振华、聂荣臻、陈云、谭震林、李井泉、周建人、许德珩、胡厥文、李素文、姚连蔚、孙健，政协全国委员会副主席沈雁冰，最高人民法院院长江华出席了闭幕式。

应邀出席闭幕式并在主席台前排就座的外国贵宾有：

柬埔寨国家元首、柬埔寨民族统一阵线主席诺罗敦·西哈努克亲王和夫人，老挝爱国战线中央委员会总书记、老挝临时民族联合政府副首相兼外交大臣富米·冯维希和夫人。

第三届全国运动会历时 17 天。包括台湾省在内的各省、市、自治区和人民解放军 31 个体育代表团 1 万多名各族运动员和体育工作者，在运动会期间，……运动员和体育工作者们听取和学习了大庆、大寨代表的报告；来自全国各地的群众体育先进基层单位代表交流了经验；1000 多名工农兵评论员参加了比赛的评论工作；广大运动员还深入厂矿、农村、部队基层单位举行比赛、参加劳动。通过这些活动，广大运动员相互学习，共同提高，比出了好风格，赛出了新水平。有 1 个队、4 人 6 次打破 3 项世界纪录；2 人 2 次平 2 项世界纪录；3 人 3 次打破 1 项亚运会纪录；49 个队、83 人 197 次打破 62 项全国纪录；4 个队、41 人 151 次打破 64 项青少年全国纪录。

闭幕式会场

国庆二十六周年前夕的首都北京，呈现一派节日景象。今天，在宏伟的北京工人体育场，各族运动员和首都工农兵群众 8 万多人，满怀胜利的喜悦，参加了闭幕式。

闭幕式上，第三届全运会主席团成员，分别向在这次全运会上打破世界纪录和打破全国纪录的运动员，向群众体育先进基层单位的代表，向参加民族体育、军事体育、幼儿体育表演的代表，以及再次登上珠穆朗玛峰的中国登山队的代表发了奖。

中共中央、国务院各部委，中国人民解放军各总部、各军种的负责人，31 个体育代表团的团长，参加全国农业学大寨会议的 3000 多名代表，来自各地的 300 个群众体育先进基层单位的代表和参加全运会的首都工农兵评论员的代表出席了闭幕式。

应邀出席闭幕式的还有前来参观第三届全运会的阿尔巴尼亚、朝鲜民主主义人民共和国、越南南方共和国、罗马尼亚、柬埔寨、老挝、巴基斯坦、伊朗、科威特、日本、苏丹、埃塞俄比亚、墨西哥等国家和地区的体育代表团和体育界友好人士，以及非洲最高体育理事会秘书长，正在北京访问的外国朋友，各国驻中国的外交使节。港澳体育界参观团也参加了闭幕式。

（刊载于《人民日报》1975 年 9 月 29 日）

群众体育先进基层单位代表在闭幕式上接受锦旗

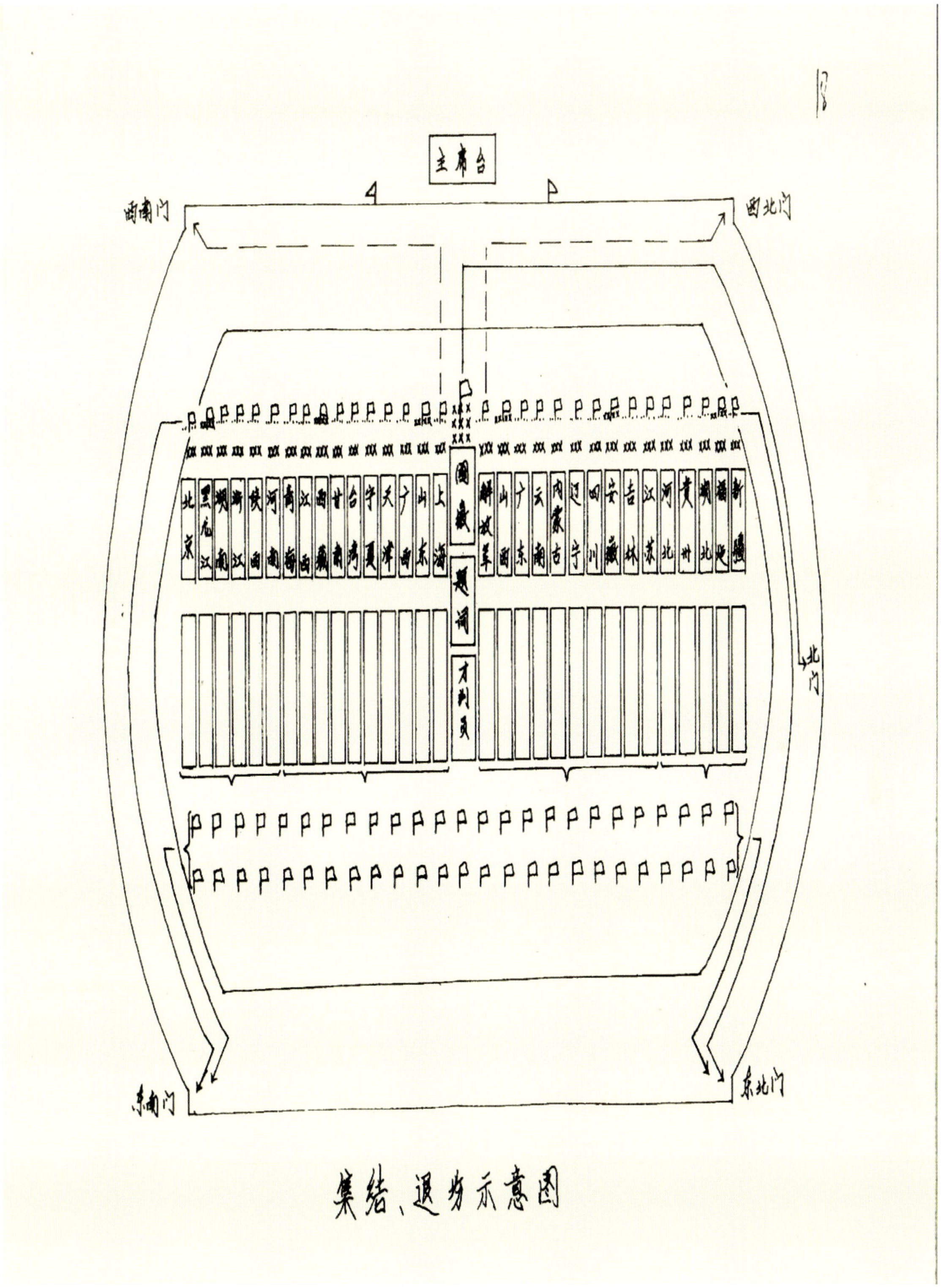

集结、退场示意图扫描件（来源：国家体育总局办公厅信档处）

闭幕式发奖实施计划

一、发奖范围

登山队代表1人；

破世界纪录运动员4人；

群众体育先进基层单位代表300人；

团体操、民族传统和军事体育表演项目10人；

破全国纪录运动员211人。

二、发奖人

大会副秘书长10人；

各代表团团长30人。

三、递奖、托奖和引导员

递奖由北京四十中学女学生担任；

托奖由铁道兵女战士担任；

引导员由各代表团派一工作人员和大会办公室人员担任。

发奖人顺序：

发奖人共40人，领奖分为40组，领奖队伍共8排，每排5组。副秘书长发第1排和第8排；各代表团团长发第2排至第7排，代表团团长发奖顺序按开幕式顺序。

四、退场顺序与开幕式相同

在宣布“中华人民共和国第三届运动会闭幕式现在开始”后，背景台立即出现“毛主席的革命路线胜利万岁”至宣布运动员退场止。

（注：国旗方队、国徽方队、题词方队、裁判员方队均不参加闭幕式。）

入场式各代表团的顺序排列。团长因故不能参加时，由一位副团长代替。

第1排：赵正洪、于桑、田文惠、李梦夫、周荣国

第2排：张振亚、王大任、徐雷健、赵卓云、徐其海

第3排：陈方、王淑珍、王铎、安建国、尹灿贞

第4排：蔡啸、赵宝凯、朱培屏、李振东、杨东生

第5排：许肇昌、周升炬、蒋科、曾征、王路明

第6排：张耀东、张明、章泽、王步育、罗毅

第7排：刘永生、李振军、赵凌云、苏民、徐运北

第 8 排：黄中、李伟、赵希武、魏明、张之槐

五、领奖人编组

登山队 1 组；

破世界纪录 1 组；

群众体育先进基层单位代表（按开幕式入场式各代表团的顺序排列）1 至 23 组；

表演单位 24 组；

破全国纪录运动员 25 至 40 组（各项目按秩序册顺序排列）领奖队伍前后长 18 米、左右长 55 米。

六、入场

附件：关于队形、步伐要求

1. 立正、稍息动作按解放军队列条令规定执行。

2. 行进间步伐为运动员步伐，其动作要领为：左腿要踢高，要直，脚掌与地面平行，距地面 15—20 厘米。身体重心前移左脚。看地的同时，右脚跟离地面后立即伸直踢出。然后依次交换前进。步幅 75—80 厘米。步速每分钟 108 步，两臂的动作：两臂自然放松，前摆时至胸前第二组扣平。上臂与身体成直角，前臂弯曲与上臂成直角，拳眼向内。然后臂自然下落，经体侧向后摆至与身体成 45 度，拳眼向下（注意摆臂时不要耸肩）。

3. 队形方向变换，行进时的排面要保持整齐。在场内弯道行走时，左侧的运动员步幅要小，右侧的运动员步幅加大。队伍左转弯时，左侧第一名运动员原地踏步并逐渐向左旋转。注意要与右侧运动员的动作相协调。右侧第一名运动员以大步行进，其余的人都用余光向右侧看齐，不转头。注意保持规定的间隔，转向新方向后，仍用原步伐行进。队伍向集结区行进至队形变换标志线时，由专人下达小口令，由原十路纵队变换成五路纵队。其方法为：从右侧起算，单数运动员按原步伐行进，双数运动员向后前方跨半步，随即插在单数运动员后面，同时调整好间隔距离。

4. 持旗方法：左手在上，右手在下。相距 30 厘米，两臂伸直，左臂与肩平。右手握在距旗杆低端30厘米处，保持旗杆正直。单位旗帜过主席台时，前倾35度，即左手不动，右手向内微收。

领奖人员下午 2 时到检录处报到、站队；3 点 10 分从西北门整队分四路纵队齐步入场，前四排在前、后四排在后，每组间距为 3 米。进入发奖位置后，自动向右转、前后看齐。托奖、递奖人员分三路纵队（每组三人：递奖一人、托奖二人，每组一排），入场后即进入放奖品区。

下午 3 点 20 分，递奖、托奖人员分组从领奖人员排尾后面到各组位置，面向主席台站好。

引导员下午 2 时到检录处报到，集体整队入场，2 时半到主席台下按指定的位置坐好。

七、发奖

发奖人在主席台下台按指定的席位就坐（各代表团团长坐下台第一排）。发奖时各代表团团长分别从主席台南北入场口下场地，发 2、3、4 排的下南口，发 5、6、7 排的下北口，由引

导员带入发奖位置。发奖后即回到主席台，不集体拍照。

八、退场

宣布运动员退场时，领奖人员即开始退场，前四排向右转出西北门，后四排向左转出西南门。

九、服装

运动员穿运动服装，群体代表要服装整洁，少数民族穿民族服装。托奖人员穿连衣裙，递奖人员穿白上衣、红裙子、白塑料凉鞋。

媒体报道

《体育报》

在党中央的关怀下第三届全运会筹备工作基本就绪 广大运动员、教练员和工作人员 决心以新的成绩迎接体育盛会

新华社 1975 年 9 月 2 日讯 第三届全国运动会的各项筹备工作基本就绪，将于 9 月 12 日在北京隆重开幕。

这次全运会，将进一步贯彻毛主席关于“发展体育运动，增强人民体质”的革命体育路线，推动群众性体育活动广泛开展，促进体育运动技术水平提高，……。各地各民族的运动员、教练员和工作人员，决心以新的成绩迎接这次体育盛会的召开。

在党中央的关怀下，在全国各省、市、自治区党委和中国人民解放军各部队党委的热情支持下，这届全运会的各项筹备工作进展顺利。现在，包括台湾省在内的各省、市、自治区和中国人民解放军共组成了 31 个体育代表团。各代表团在准备工作期间，运动员和教练员们……联系体育战线的实际，……团结一致，加强革命纪律，意气风发，斗志昂扬，进行严格训练。大家表示，一定要贯彻执行“友谊第一，比赛第二”的方针，学习中国登山队勇攀高峰的革命精神，开好这次全运会。

这届全运会将进行 28 个项目的比赛，其中 23 个项目在北京进行。在北京还将进行少数民族体育表演和军事体育项目表演。整个全运会总共近 800 场次的比赛，将在 190 多个场地进行，其中 30% 多的场次，安排在北京城区和郊区的厂矿、农村、学校、部队等基层单位进行。这届全运会还从北京市的工厂、农村人民公社和解放军部队聘请了千多名工农兵评议员，分别在各个竞赛场地参加体育竞赛的评议工作。这些安排都是为了贯彻体育为无产阶级政治服务、为工农兵服务的方针，给运动员提供向工农兵学习的机会。

全运会的男女裁判员共有 1000 多人。现在，他们已从各地来到北京，举办学习班，进行赛前的学习和训练。

北京、上海、天津、广州、昆明、西安、黑龙江、四川等地的工厂，为这届全运会生产了近 200 种、数量达几万件的体育器材、设备和运动服装。全运会上将试用我国自己生产的田径比赛电子摄影终点计时设备、电动计分牌、电动计圈器和跳远光学测距仪，以及游泳比赛用的电子计时设备等。去年，在北京工人体育场铺设的塑胶跑道，经过

近一年的试用，质量良好，这次将第一次在大型体育比赛中使用。

第三届全运会主办的全国体育摄影展览，从9月1日起已经在北京展出。全运会的宣传画、纪念章，也将在全国各地发行。

（刊载于《体育报》1975年9月3日）

《体育报》

齐心迎盛会　众手绘新图
第三届全运会团体操《红旗颂》排练侧记

宏伟的北京工人体育场上红旗飘扬，鲜花飞舞，锣鼓喧天，歌声嘹亮。将在第三届全运会开幕式上表演的大型团体操《红旗颂》正在排练。只见场上时而烈火熊熊、钢水奔流，时而沃野千里、麦浪滚滚，映衬着背景台上一幅幅绚丽多彩的画面，织成雄伟壮丽的宏图。

团体操是由成千上万的人在广场上通过矫健优美的体操和舞蹈动作，复杂的队形变换，瑰丽多彩的组字和图案背景，鲜艳的服装、道具，以及音乐的伴奏等艺术手段，表达某一主题思想的群众性体育表演。因此要做到和谐完美的配合，是一件很艰巨的组织工作。《红旗颂》从主题思想的确定，动作、队形、背景和音乐的设计，到千百次的分练、合练，需要多少人付出艰苦的劳动！“台上几分钟，台下千日功”。那绚丽整齐、丰富多彩的团体操表演，有的场次虽然只有几分钟，但它的每一个动作、每一个队形变换，却凝结着广大群众共同战斗的心血和汗水，每一个场面都是集体智慧的结晶。

一年前，编训组接受了创编任务。通过学习……理论，创编人员认识到，在第三届全运会团体操中，要……努力反映出全国人民在毛主席关于理论问题的重要指示的指引下，……进一步安定团结，工业学大庆、农业学大寨，高举红旗奋勇前进的精神面貌。编出这样思想性强、内容丰富的团体操，是一项艰巨的任务。“一定要满腔热血地歌颂毛主席的革命路线！”创编人员决心共同努力，完成这项任务。在创编过程中，他们认真学习毛主席关于理论问题的重要指示和四届人大文件。他们还先后到大寨、大庆油田、红旗渠、首都钢铁公司、东方红炼油厂等先进单位学习，同群众一起劳动、座谈。创编后，又带上初稿下去征求意见。经过反复修改，力求精益求精，终于编出了《红旗颂》团体操脚本。

《红旗颂》团体操规模大，参加的人数多，按着设计图案，用艺术形象在操场上组成一幅幅栩栩如生的场面使观众受到感染，还需要一番复杂的组织工作。这次，参加《红旗颂》表演的有北京市的102所学校和卫戍区某部共2.5万人，还有更多不出场的同志在为团体操奔忙。这支庞大的队伍尽管分散在各个地方各个岗位，但是不论年过半百、鬓发斑白的老同志，还是只有七八岁的红小兵，都怀着一个共同的心愿：把伟大祖国、英雄人民的精神面貌表现出来，坚决贯彻执行毛主席“发展体育运动，增强人民体质”的革命体育路线，以实际行动迎接第三届全运会的召开。

当学生和战士们接到排练团体操的任务后，个个欢欣鼓舞。……承担背景表演任务的北京七十三中学生说："我们的画本描绘着社会主义新生事物和我国的一派大好形势，我们一举一动不能马虎。我们翻对了，工农兵满意，国际朋友高兴，翻错了影响全局。全局的胜利要靠大家的共同努力。"表示要"背景要领记心间，一丝不苟不嫌烦，为了革命翻画卷，革命重担挑在肩"。

广大师生在排练团体操过程中，努力严格要求，刻苦训练。去年寒假开始进行了团体操的冬季训练，今年春天以来天天坚持课余练。师生们"三九"隆冬不怕风雪寒冷，"三伏"盛夏不怕骄阳似火，一练一身土，一练一身汗，他们豪迈地表示要"演英雄，学英雄"。北京一零一中学担任"大寨红花遍地开"一场的表演，他们说："我们表演的是大寨人，就是要表现出大寨人战天斗地的革命精神。大寨人为了社会主义整年拼命干，我们也要在训练场上不怕苦、不怕累。大寨人怎么干，我们就怎么练！"他们起早贪黑加紧练，每个动作都一丝不苟，受到各方的好评。

团体操表演队伍中，还有一批预备队员，他们平时要照常参加训练，但表演时多数人并不上场，只担任少量的补缺任务。然而他们不计较分工，不降低要求。宣武区北京育才学校高二（三）班团支部书记孟宪菊同学，一年来当预备队员，不迟到，不早退，不请假。为了需要时能顶得上，她平时学的动作比表演队员还多，把不同队形中各个人动作都记熟，准备随时上场替换。她抽空还去帮助辅导参加训练较晚的同学，受到师生的赞扬。团体操排练的过程，也是广大革命师生和解放军战士自觉改造世界观的过程。近一年来，他们的精神面貌发生了很大变化，好人好事层出不穷，一批批同学在排练中光荣加入了共青团、红卫兵、红小兵组织。

（刊载于《体育报》1975 年 9 月 11 日）

《体育报》

今昔对比，天壤之别

——参加第三届全运会有感

这次我（指刘长春，编者注）被邀请参观第三届全运会，亲眼看到在毛主席革命路线指引下，新中国的体育事业欣欣向荣，生气蓬勃，感慨万千，一件件的往事涌向心头。在旧中国，我曾两次参加奥运会，在反动统治下中国人被帝国主义者污蔑为"东亚病夫"，处处受人歧视。解放后，在党和毛主席的英明领导下，我国国际地位空前提高，我们的朋友遍天下，我国运动员与五大洲的运动员建立了亲密的友谊，我国参加国际比赛的运动队，受到了各国人民的热情欢迎和接待。今昔对比，实不能同日而语。旧中国我当运动员的遭遇与今天新中国运动员的幸福，真是天壤之别！

记得 1932 年在美国洛杉矶举行的第十届奥运会，只有我一个运动员和一名现任北京体院副院长的宋君复先生为教练员去参加。反动统治者对我们参加奥运会采取不管的态度，能够去参加全靠教育界和体育界的强烈呼吁，迫使反动政府不得不同意我们去。直到7月2日我才到了上海，8日乘美国邮轮去美国洛杉矶，海上行程长达20多天，7月31日到达会址，8月1日即开始比赛，旅途疲劳还没消除就参加2日的百米和3日的200米预赛，两项都未被录取，失掉复赛资格而落选。从乘上邮轮到美国的日子里，受尽歧视和凌辱。在船上我为保持体力，每天早晚两次在甲板上进行锻炼。每当锻炼时，船上的一些洋阔人都以冷眼相待。船上每天有上下午两次喝茶的时间，这些白种人都不愿和我们坐在一起。在比赛期间，我们住在奥林匹克村，每当我出入时，一群美国人包围着我，就像猎人获得猎物似的。尤其在开幕式那天我更气愤，所谓的中国代表团，招兵买马拼凑了一个乌七八糟的队伍入场，把中国人的脸都丢尽了。

1936年，我和几十名运动员参加在德国柏林市举行的第十一届奥运会的比赛，那次还有一个有40多位体育工作者的参观团。其经费大部分为大资本家捐献和球赛门票收入。在选拔过程中乌烟瘴气，大搞交易，有亲求亲，有友求友，请客送礼，行贿贪污，层出不穷。对外地来上海参加选拔的运动员百般刁难，被选上了往返路费由选拔委员会供给，否则一切费用自理，所以造成各项运动员拼命地活动、拼命地竞选，有些有才干的运动员因没路费而不敢去上海应选。在各个运动队中待遇也差别很大，足球代表队去南洋一带赛球有门票收入，可以乘坐三等船舱优待，田径代表队不能卖门票，只能乘坐四等船舱。20多天的航程使我们田径队下船后像得场大病似的，一个多星期还没有恢复过来，结果都没能发挥应有的运动水平，全军覆没，得了个“大鸭蛋”而归。大会闭幕后，各国代表团都纷纷回国，唯独中国代表团由于旅费无着，不能立即离开德国，没有办法，只好在柏林市最小的一个旅馆里暂住，每天发给仅能糊口的补助费，其悲惨情景可想而知。在这种走投无路的困境下，当时向外国银行借款，求中国当时驻外国的大使馆担一下保也被拒绝，后来不得已将国内带去的一点大米变卖了，又恳求华侨和留德学生捐助，才勉强返回国土。

回想我在半殖民地、半封建的旧中国当运动员的遭遇，看到生活在伟大的毛泽东时代的新中国运动员是那么幸福，怎能不百感交集！我们定要珍惜革命前辈为我们开创的社会主义新时代，奋发图强，自力更生，把我们的社会主义祖国建设得更加繁荣富强。

（刊载于《体育报》1975年9月13日）

《体育报》

敢把高峰踩脚下

——记金东翔打破射击世界纪录

捷报频传的北京射击场上，21日再次传出振奋人心的喜讯：辽宁射击运动员金东翔打破女子小口径标准步枪8×20项目的世界纪录。

高峰再险也敢攀

站在六号靶位上的金东翔，英资勃勃，凝视着前方，她在想什么呢？

人们知道，女子小口径步枪项目，在国际上开展时间很早，参加比赛的人多，目前的世界纪录也高。女子小口径标准步枪8×20的世界纪录，一向就被人们看作是射击场上难以攀登的高峰。此刻，金东翔想的，正是如何攀登这座高峰。她下定决心：高峰再险也敢攀，定把高峰脚下踩。她那神采焕发的目光，流露着必胜的信念，决心以优异成绩向党和人民汇报。

比赛开始了，先打卧射。金东翔趴卧在地线上，只见她左臂支撑在地面上，用手托着枪托，从瞄准器里把缺口、准星、靶心连成一线，按照理想的瞄准景况，果断地抠动扳机。记分射的第一发子弹打出去，靶壕示靶手就报出命中“十环”。十环，十环，十环……满环是多么激动人心啊！十环，意味着运动员要击中50米处直径只有12.5厘米、比衬衣扣子还小的靶心。这是需要雄心、毅力和高度精确的技巧才能实现的。精力稍微分散，很容易出现“远弹”。金东翔，虽然只有18岁，还是个用橡皮筋扎着两只小辫儿的女青年，在一个接一个十环面前，并没有松懈斗志。她认为一丝不苟地打好每一发子弹，是党的需要，决不能掉以轻心。她继续坚持认真比赛，把二十发子弹都射到靶心上，卧射获得了满环200环的成绩。

坚持就是胜利

立射开始了。这是卧、立、跪三种姿势中最难掌握的一种。金东翔的六发试射，打得都不理想。记分射的第一发就打了个左下八环。决心冲闯的金东翔，仍然冷静沉着，按照自己的规律打法继续打下去。第一组十发子弹命中89环。此后越打越好，第二组就取得了95环的好成绩。

卧射、立射两种姿势四十发子弹共命中384环了，要打破世界纪录需要在跪射的二十发中命中194环以上，而这是相当困难的。能不能冲上去？小金心里想：关键在于自己敢不敢冲。

金东翔平时对跪射的训练同其他姿势一样，也是严格训练，严格要求，一练就是四十分钟，腿跑得麻木难受，都咬牙坚持。她懂得，要想攀登高峰，就得“要保持过去革命战争时期的那么一股劲，那么一股革命热情，那么一种拼命精神”。平时的严格训练，给今天带来良好的基础。她试射的六发子弹，都是命中十环。在记分射的第一组，打了三个九环，七个十环。第二组，前六发又都是十环。当她准备打出第七发子弹时，思想上稍微受了一点外界的影响，竟打了个八环。顿时观众发出一片惋惜声。这声音成了小金继续攀登高峰的新的推动力，她意识到千千万万的群众在关心着她，成绩的好坏绝不是个人的问题。她赶快集中注意力，又打了个九环！十环！

还剩最后一发了。此时，她前五十九发已经累计为568环，这最后一发，如果命中九环，就只能平世界纪录，只有命中十环，才能打破世界纪录。金东翔长吸了一口气，决心要打好最后一发，“要拼上去！”她按照自己平时的训练规律，注意保持击发瞬间的平稳，沉着、冷静地把最后一颗子弹打出去了。靶壕示靶牌又报出“十环”，总成绩578环。金东翔终于勇敢地跃上了射击坛上的一个世界高峰。这个优异的成绩，打破了南斯拉夫运动员马西奇和苏联运动员拉特尼科娃保持了四年之久的577环的世界纪录。比去年举行的第四十一届世界射击锦标赛的冠军成绩还高两环。几天前打破两项世界纪录的董湘毅、李亚敏、杜宁生热烈地向金东翔祝贺，表示要向小金学习敢把世界高峰踩脚下的革命精神。早年打破射击世界纪录的赵墮高兴地说：小将们冲上来啦！

（刊载于《体育报》1975年9月22日）

《体育报》

女子射击再次击破世界纪录

两天共有九队二十四人打破二十一项全国纪录

运动员赛出了新的道德风尚新的运动水平

据新华社1975年9月18日讯 第三届全运会今天的比赛出现了许多令人鼓舞的情景，老将的技艺得到了很好发挥，创造出不少好成绩，新手不畏老将，敢打敢拼，超过老将，迅速成长。他们在比赛中显示出来新的运动水平和道德风尚，给广大观众留下了深刻印象。

在紧张而激烈的比赛中，今天又有9队10人打破10项全国纪录。

射箭比赛今天全部结束，共有1名女运动员平了1项世界纪录，有3个队和8名运动员打破了13项全国纪录。今天又有3个队、5名运动员打破6项全国射箭纪录。山东、内蒙古、辽宁3个队分别打破男子单轮全能团体3363环的全国纪录。内蒙古陈普光、辽宁王文华、山东姬长民分别打破男子单轮全能1176环的全国纪录。陈普光打破男子双轮全能2311环的全国纪录。王文华在男子50米单轮射箭中，打破305环的全国纪录。辽宁宋淑贤打破女子双轮全能2432环的全国纪录，广东王亦农打破女子30米双轮670环的全国纪录。经过四天的比赛，获得女子双轮全能团体前三名的是内蒙古队、辽宁队、上海队，获得男子双轮全能团体前三名的是内蒙古队、山东队、青海队；获得女子双轮全能前三名的是辽宁宋淑贤、内蒙古扎拉嘎、上海郭蓓；获得男子双轮全能前三名的是内蒙古陈普光、上海张家骥、辽宁王文华。

举重比赛今天也全部结束。这次比赛共有1人打破1项成年全国纪录，有10名青少年运动

18 岁的辽宁选手金东翔在女子小口径标准步枪 3×20 射击比赛中打破世界纪录

员先后 26 次打破 14 项青少年全国纪录。获得这次举重比赛团体总分前 6 名的代表队是：广东、湖南、山东、北京、解放军、湖北。

北京西郊射击场上今天又有 6 队 1 人打破 2 项全国纪录。在男子小口径自选步枪 8×40 射击 40 发卧射（团体）比赛中，陕西队、云南队、北京队、河北队、广东队、青海队，分别打破了这个项目 1559 环的全国纪录，并分别获得团体比赛前 6 名。青海队的刘洪海今天在这项比赛中成绩打破 396 环的个人全国纪录。

乒乓球成年组和少年组男女团体赛今晚在首都体育馆结束，辽宁男队和北京女队分别获得成年组男女团体第一名，广东、广西、北京、解放军、黑龙江男队和河南、黑龙江、上海、辽宁、解放军女队，分别获得成年组男女团体第二至第六名，广东、河南、上海、河北、陕西、四川男队和上海、四川、浙江、辽宁、北京、河南女队分别获得少年组男女团体第一至第六名。

男、女体操甲组团体赛经过六天的紧张比赛于今天结束。江苏男队和湖南女队分别获得男、女团体第一名。获得男子团体第二和第三名的是解放军队、湖南队，获得女子团体第二和第三名的是广西队、北京队。

今天的游泳比赛，又有四名选手打破两项全国纪录。黑龙江 14 岁的赵静，在女子少年组 400 米自由泳决赛中，打破这项成年的全国纪录，比她在八月间创造的今年最高成绩又快了 2 秒 56。广东的程凤英、北京的高凯和辽宁的王笑分别打破了女子 100 米仰泳的全国纪录。水球比赛正在继续进行，各队都已比赛了四场。目前，广东队以四战四胜的成绩领先，广西队三胜一负，上海队二胜一平一负。在今天的男子跳台跳水比赛中，有 6 名运动员做了目前在世界跳水中还没有出现过的难度很高的动作。

田径项目的比赛已进入高潮，今天下午进行了 16 个项目决赛。在男子跳高比赛中，有 7 名选手跳过了 2 米的高度。横杆升到 2 米 10、2 米 15，北京队的詹永安都是一跃而过，场上不断响起热烈掌声，最后，詹永安以 2 米 18 的成绩，取得这个项目的第一名。击剑竞赛今天开始进行。参加这项比赛的有 16 个代表队，共 183 名男女运动员。这次比赛将进行花剑、佩剑、重剑三个剑种四个项目的个人和团体比赛。

据新华社 1975 年 9 月 17 日讯 第三届全运会的比赛今天进入第五天，各地运动员乘胜前进，继续创造好成绩，又有 1 人打破 1 项世界纪录，18 人打破 13 项全国纪录。

北京西郊射击场上今天再传喜讯：解放军选手董湘毅在女子小口径手枪慢加速射 60 发复赛中，又以 591 环的成绩，再次打破世界纪录，并获得这个项目比赛的个人第一名。获得二至六名的浙江陈俭、内蒙古赵桂英、山东高建敏、辽宁张华敏、湖北陈菊保，也分别打破了这个项目 580 环的全国纪录。按照竞赛规程规定，个人比赛的前八名，每个单位只允许有一人。没有取得名次的解放军选手李亚敏，也以 584 环的成绩打破这个项目的全国纪录。在男子小口径自选步枪 3×40 射击四十发卧射比赛中，云南选手孙卫加刷新了由董光荣保持十六年的 396 环的全国纪录。

射箭比赛，今天有 6 人刷新了 7 项全国纪录。山东姬长民、内蒙古陈普光、上海张家城，分别打破了男子 90 米单轮射箭 260 环的全国纪录。陈普光、张家骥还分别打破男子 90 米双轮射箭 495 环的全国纪录。在男子 70 米单轮射箭比赛中，青海刘家贵、内蒙古陈普光分别打破了 297 环的全国纪录，陈普光还打破了男子 70 米双轮射箭 585 环的全国纪录。辽宁宋淑贤一鼓作气，再接再厉，今天又打破了由她自己保持的女子 70 米双轮射箭 585 环的全国纪录。上海郭蓓分别打破了女子 60 米单轮和双轮射箭 313 环、612 环的全国纪录。

辽宁运动员宋淑贤在射箭比赛中

在今天进行的游泳比赛中，有3名选手打破3项全国纪录。广东运动员程凤英在女子100米仰泳的预赛中，打破了这个项目的全国纪录。另外两名少年选手，云南的胡华打破女子100米蝶泳全国纪录，上海的汤群打破男子200米仰泳全国纪录。

今天下午，在工人体育场进行的10公里竞走中，北京杨其胜一路领先，只用了46分5秒8的时间就走完了全程，把这个项目的全国纪录缩短了3秒钟。

今天羽毛球男女团体赛进入第二阶段比赛，各场比赛都打得非常紧张。江苏队以3比2战胜了由名将侯加昌、方凯祥等选手组成的广东队。

连日来，具有我国民族独特风格的武术比赛在紧张地进行。今晚在西单体育场进行的男子自选拳的比赛引起了观众们的极大兴趣。北京队12岁的年轻选手李连杰，他的拳术干净、利落，难度大，取得了这个项目比赛以来的最好成绩。

（刊载于《体育报》1975年9月19日）

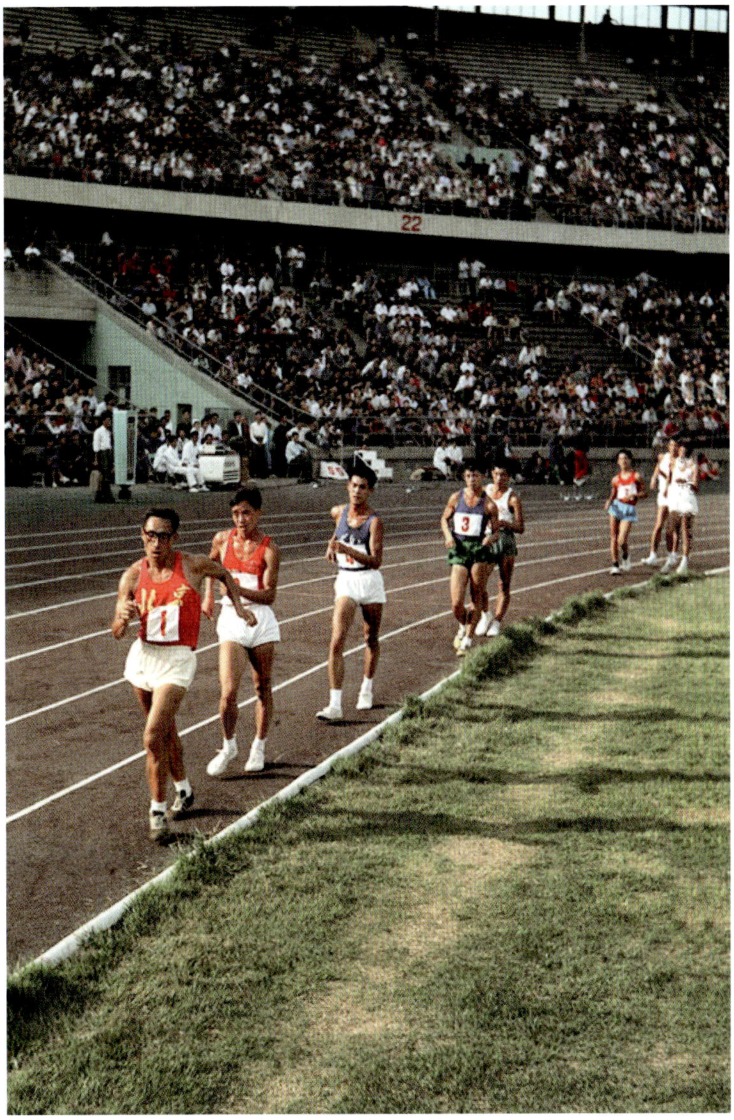

男子10公里竞走比赛

《体育报》

第三届全运会各项比赛进入尾声

运动员继续努力，创造优异成绩，向国庆献礼

据新华社1975年9月25日讯 第三届全运会各项比赛进入尾声，乒乓球、羽毛球、网球、棒球、体操、击剑、武术和自行车等八个项目的比赛今天全部结束。连以前结束的比赛项目共有17个。除足球一场争夺第一名的比赛将在全运会闭幕式上举行外，其余所有项目都将在明天结束。

乒乓球比赛今晚进行了男、女单打，少年男、女单打，男、女双打和混合双打等七个单项的决赛。王文荣以3比2战胜郭跃华，获得男子单打冠军。阎桂丽以3比0战胜魏力婕，取得女子单打冠军。

获得男子双打第一名的是梁戈亮、李卓敏（广西）；女子双打第一名的是李明、刘新艳（辽宁）；混合双打第一名的是李鹏、李明（辽宁）。

羽毛球比赛在今天晚上经过五个单项决赛之后全部结束。福建汤仙虎和湖南梁秋霞分别获得男、女单打第一名。福建汤仙虎和吴俊盛、湖南梁秋霞和李芳、福建吴俊盛和丘玉芳分别获得男、女双打和混合双打第一名。今天结束的网球比赛，在七个项目的比赛中，北京队获得男子团体、女子双打第一名，湖北队获得女子团体、女子单打第一名，福建队获得男子单打、男子双打第一名，广东队获得混合双打第一名。福建选手高宏运以8比1战胜北京队的王福章，赢得男子单打第一名。湖北选手郭汉琴以2比1战胜上海队的姜丽华，取得女子单打第一名。今天取得男子双打第一名的是福建队的高宏远和赖水长，女子双打第一名是北京队的孙京环和王萍。24日进行的混合双打决赛，广东的彭志渊、徐润珍获得第一名。棒球比赛今天也已结束。天津队以六战五胜一负获得棒球比赛的第一名。

体操比赛也在今天结束。新手大量涌现是这次体操比赛的特点。这次比赛还表明，我国体操运动技术水平也有较大的提高。女选手们还在自由体操中，把中国舞蹈和体操较好地结合起来，努力使这个项目具有中国自己的民族风格。

击剑经过八天的比赛已于今晚结束。在这次比赛中上海队获得重剑团体和女子花剑团体第一名。江苏队获得佩剑团体和男子花剑团体第一名。

今晚结束的武术比赛，显示了我国民间武术运动的丰富多彩。参加这次武术比赛的青少年运动员占85%，有很多少年运动员在这次比赛中取得了很好的成绩。在这次武术比赛中，无论是规定套路、自选套路，还是表演的项目，在内容、质量、难度和风格等方面，都有新的发展和提高。

有300名男、女选手参加的自行车比赛今天全部结束。北京男、女队双获场地自行车比赛的男、女团体总分第一名。山西男队和甘肃女队分别获得公路自行车比赛的男、女团体总分第一名。

在今天下午举行的女子1公里计时赛中，山西队18岁的宁艳华，以1分21秒54的优异成绩，又破一项全国纪录，获得这个项目的第一名。

这次举行的男子172公里和女子70公里的公路自行车比赛，是我国历次比赛中路程最艰险

的一次。男子比赛的路程要翻越三座山，然后折回，总共有将近100多公里的山路。女子也要爬越15公里的山坡。但是，参加比赛的运动员发扬了勇敢顽强的革命精神，战胜各种困难，创造出了好的成绩。

北京西郊射击场今天又打破三项全国纪录。在男子小口径标准步枪8×20比赛中，解放军队以2237环的成绩打破这个项目的团体全国纪录。云南选手孙卫加和解放军选手杨相炎，也分别以573环和568环的成绩，刷新这个项目的个人全国纪录。在男子气手枪40发立射比赛中，吉林选手金淳捌以383环的成绩，打破自己在去年第七届亚运会上创造的原来的全国纪录。

足球（成年组）争夺第三、四名的比赛，今晚在解放军队和北京队之间进行。这两个队都是我国足球劲旅，在前两个阶段比赛中，都获得小组第一名。今天两队一交锋就展开激烈的争夺。解放军队身体素质好，速度快，上半场开局不到10分钟就攻进一球，下半场开始又攻进一球。北京队在0比2落后的情况下，并没有斗志松懈，积极组织反攻，变被动为主动，很快接连攻进两球。终场，双方以2比2踢成平局。进行延长期30分钟的比赛，解放军队又攻进一个球。结果，解放军队以3比2获胜。

新华社1975年9月24日讯 第三届全运会的比赛进入第十二天，各地运动员继续保持旺盛的革命斗志，决心在最后的三天比赛时间里，努力创造优异的成绩，向即将到来的国庆二十六周年献礼。今天在北京体育馆，羽毛球男女单打、双打和混合双打进行争夺进入前二名的比赛。

乒乓球比赛今天进入第四阶段，在男子单打比赛中，1974年全国男子单打冠军王文荣和1973年全国男子单打冠军李振恃对阵，比分十分接近，多次出现平局，最后王文荣以3比1获胜。20岁的广东新手王建强不畏强手，打得积极、主动，以3比2战胜广西的梁戈亮。

足球（成年组）争夺第五、六名和七、八名两场决赛。比赛结果，河北队以2比1胜湖北队，天津队以5比0胜湖南队。这样，这届全运会足球决赛五到八名的名次已经揭晓，即河北队、湖北队、天津队、湖南队。

全运会期间开始最晚的一个比赛项目技巧比赛，今天在门头沟体育场开始举行。来自九个省、市、自治区100多名男、女选手的精彩表演，赢得数千名观众的热烈掌声。在今天女子单人比赛中，年仅10岁的广西小选手颜伟霞，引起了人们的注意。颜伟霞在前一段时间的集训中，小腿受了伤，但她以登山队的大姐姐、大哥哥为榜样，严格训练，严格要求，水平提高很快。今天，她以快速、灵巧、轻盈的风格，出色地完成三套规定动作，并都取得9分以上的好成绩。

各地射箭运动员在地坛体育场进行的表演赛中，又有4个队、7名运动员打破13项全国纪录。其中由辽宁宋淑贤、内蒙古扎拉嘎和上海郭蓓组成的第一女子联队，齐心协力，团结战斗，创造了女子双轮全能团体7258环的优异成绩，这个成绩比今年6月在瑞士举行的第二十八届世界射箭锦标赛上，由苏联女队创造的这个项目的7252环的成绩高出6环。

神枪手们今天又破一项射击全国纪录。在男子小口径标准步枪3×20射击比赛中，江西选手雷源生和陕西选手边兆峰，分别以571环和566环的成绩，打破了564环的全国纪录。

（刊载于《体育报》1975年9月26日）

《体育报》

欢庆全运会顺利召开

赛前

一杆杆红旗，阳光下迎风飘摆，第三届全国运动会呵，胜利召开！一曲曲凯歌，传遍九霄云外。

我们的体育大军啊，多么成熟豪迈。

或来自翠绿的江南，或来自莽莽塞外，

还有咱台湾同胞，亲骨肉投入母亲的胸怀……全国各族体育健儿欢聚北京，豪情满怀向运动场走来。

我们是中华民族年青的一代，对党的体育事业啊，肩负重载，……革命激情如滚滚海涛，汹涌澎湃。

远望珠穆朗玛峰，虽是云遮雾盖，串串脚印如飞天长虹，已挂向天外。近看小小的球台，虽是银球穿梭，条条闪光如友谊电波，已传往四海……

牧民的心愿

像清晨的红花向阳开放，

牧人心中有多么欢畅。

摔跤手要去参加全运会，

欢送的人们喜在心里笑在脸上。

老爷爷把雪白的哈达捧在手，激动的心啊像流水欢唱：

“请你把它献给领袖毛主席，表达我们颗颗红心永远向党。

年轻时代我也是个搏克琴（注），在八旗的那达慕上名列第一行。只因击败了王爷手下的人，

黑色的皮鞭下我遍体鳞伤。

今天，是咱社会主义运动场，

年轻人啊，‘友谊第一’可要牢记心上。

同各族弟兄团结战斗，比技术，更要比思想。

把降龙伏虎的力量全献给党。”

老爷爷的话表达了咱牧民的向往，摔跤手如骏马插上了翅膀。

满怀激情飞向北京，

高唱战歌为全运会贡献力量。

注：搏克琴，蒙语，即摔跤手。

我们表演团体操

运动会，

开幕式，

我们表演团体操。

花如海，

歌似潮，

张张小脸向阳笑。

舞藤圈，

做体操，

动作整齐心一条。

毛主席，

指方向，

锦绣前程无限好。

发展体育运动，增强人民体质，

这伟大的指示，已溶进我们的血管，

无论在山林边塞，还是在水乡碧海，

“为革命而练”已成为亿万人民的战斗风采。

第三届全运会呵，我们体育大军的检阅台，各运动场展开激烈的友谊赛。

让跃进的捷报、崭新的纪录，一齐飞向中南海……

第三届全运会呵，体育战线的战斗台，望世界风云哟，已把火红的画卷展开，我们团结战斗踏着一个节拍！

第三届全运会呵，胜利召开，

揭开我国运动史无比壮丽的一页；让我们的体育大军同全国人民一道，紧跟毛主席，奔向共产主义新时代！

唱给全运会的歌

像金色的秋风吹遍万里山河，像滴滴春雨润开山花朵朵。第三届全运会召开的喜讯，激荡着多少人的心窝。

佤族姑娘风尘仆仆唱新歌，台湾兄弟把万里重洋跋涉……来向伟大领袖毛主席汇报。

看，场下传经送宝亲如手足，场上你追我赶龙腾虎跃。

“友谊第一，比赛第二”，一条金色的彩带串起了红心颗颗。

全运会呵！繁荣昌盛的象征，全运会呵！安定团结的颂歌。今日练出钢筋铁骨，来日保卫伟大的社会主义祖国。

（刊载于《体育报》1975 年 9 月 27 日）

《体育报》

新的胜利　新的起点

——评述第三届全国运动会的成就

第三届全国运动会经过 17 天紧张热烈的比赛，28 日在北京胜利闭幕。在毛主席、党中央的亲切关怀下，在各省、市、自治区党委和有关方面的热情支持下，本届全运会取得了很大的成果。这是一次团结的大会、胜利的大会。这次大会是对……我国体育战线巨大成就的检阅，也是我国社会主义体育事业更大发展的新起点。

大会代表的广泛性，体现了我国各族人民的革命大团结。包括台湾省在内的全国各省、市、自治区和中国人民解放军的运动员、体育工作者以及各地群众体育活动先进基层单位的代表共一万多人参加了这次盛会。还有各地一些 60 岁以上的老体育工作者来北京参观表演和比赛。参加大会的人员，包括 31 个民族。其中年龄最小的 7 岁，最大的 78 岁。有 19 个国家和地区的 84 位外宾应邀前来参观。在大会期间，广大运动员、体育工作者……宣传贯彻了毛主席关于“发展体育运动，增强人民体质”的革命体育路线，加强政治思想工作，……继续清除技术第一、锦标主义的流毒。整个大会反映出体育战线的一派大好形势，洋溢着团结战斗的热烈气氛，体现了我国运动员勇攀高峰的雄心壮志。

把这次全运会和第二届全运会加以对比，可以看到一个重要特点是：思想新，风格新。一支用马列主义、毛泽东思想武装起来的、具有崭新精神风貌的无产阶级体育大军已经成长起来。这……是毛主席革命体育路线取得新胜利的主要标志。

广大运动员、体育工作者在这次大会上，自觉地以无产阶级体育战士的标准要求自己，把为工农兵服务作为自己的光荣责任。他们来北京不是为了争个人和本队的名次，而是要以政治上、技术上新的进步向党和工农兵汇报，共同促进社会主义体育事业的发展和技术水平的提高。许多代表团来到北京以后，第一课就是到工厂、农村、部队去进行比赛和表演，参加劳动，接受工农兵的再教育。“心中要有工农兵”“为革命而竞赛，不当锦标主义的奴隶”“做反修防修的战士”，广大运动员和体育工作者就是这样想、这样做的。体操甲组全能决赛在北京郊区一个室外体育场进行。运动员们不怕日晒和风沙迷眼，一丝不苟地完成各项动作，取得了良好成绩。湖南游泳队、水球队抓紧中午时间为部队指战员表演。室外水温低，队员们愉快地说：“为亲人表演，水凉心里热。”吉林女子乒乓球队和湖北女子乒乓球队在北京郊区马头公社比赛后，又不顾疲劳，给没有看到比赛的三位炊事员作了专场表演。上海和浙江羽毛球女队到基层比赛时，正赶上停电。她们不按常规更换场地，而是坚持等到来电后再比赛，赛完已是深夜了。运动员们在深入工农兵过程中，自觉汲取政治营养，受到深刻的阶级教育和路线教育，更加明确了应当把立足点移到工农兵这方面来，把眼光从小小的锦标赛转向革命的大目标。大会期间，从比赛场到运动员的住地，“友谊第一，比赛第二”的思想已成风气，“龙江风格”大发扬。不少场足球、篮球、水球比赛，打得虽然十分激烈，但气氛很团结。关心兄弟队胜于关心自己、“宁失一球，不伤战友”、互相交流技术经验、老将热情带新手等团结友爱的动人情景不断出现。为了提高比赛水平，云南田径选手、共产党员彭祥生在男子5000米决赛中，不计个人得失，用最快的速度担任了所谓“费力不讨好”的领跑任务。

结果，他虽然因体力消耗很大没有得到第一名，却带动大家跑出了好成绩，有四人刷新了全国纪录。这种为革命而竞赛、为革命甘当铺路石的高风格，生动地反映了我国运动员精神面貌的深刻变化。对比过去修正主义路线干扰下有些运动员“技术上去了，政治下去了”的历史教训，喜看今天批批“又红又专”的运动健儿的茁壮成长，人们更深刻地感到这一变化的可贵，认识到“思想上政治上的路线正确与否是决定一切的”这一真理。

本届全运会的另一个特点，就是遵循体育为工农兵服务的方向，对竞赛制度和方法进行了改革，使体育在工农兵群众中扎根更深了。这次全运会的800多场比赛和表演中，有280多场被安排在郊区和市区的工厂、农村、部队、学校等基层单位进行。在距北京市区200多华里的延庆山村，在工厂、商店和学校，在部队的营房旁，在不大宽敞的向阳院里，工人、贫下中农、部队指战员、商业职工和街道居民在离家门口不远处就可以看到全运会精彩的决赛。为了照顾更多的工农兵观众，田径比赛还破例增加了晚间场次。此外，北京市的工厂、人民，公社和部队的基层单位，选派1000多名优秀的工农兵评论员，同群众体育活动先进基层单位的代表共同参加了各项竞赛的评论工作。他们评路线、评思想、评风格，也评技术，把政治思想工作做到比赛场地，教育了运动员和广大观众。广大工农兵热烈赞扬这些改革。他们对运动员说："过去像你们这样有名的球队，我们请也请不来，现在送上门来了。这一请一送，变化真大。这是毛主席、共产党对工农兵的亲切关怀。你们一定要沿着毛主席的革命体育路线走到底。"

体育比赛下基层，工农兵评论体育，这是体育战线出现的新生事物。它对于在体育领域破旧立新、坚持体育事业的社会主义方向、培养"又红又专"的体育队伍，有着重要的意义。

本届全运会在提高运动技术水平方面，也取得了可喜的成绩。有1个队、6名运动员打破了3项世界纪录，平了2项世界纪录，3名运动员打破1项亚运会纪录；有49个队、83名运动员刷新了62项全国纪录。许多项目，如田径、跳水、体操、游泳等，都出现了一批比较好的成绩。有些项目和运动队正在形成自己独特的技术风格。例如湖北男子篮球队等不少队，发挥自己的特点，坚持"快速、准确、灵活"的风格，已取得可喜成果。这种从实际出发、勇于创新的态度是正确的。正如我国乒乓球运动员所做的那样，只要坚持走自己的道路，重视总结实践经验，努力钻研，我国体育运动技术水平必能有迅速的提高。这届全运会，还是对我国体育界新生力量的一次大检阅。这一点，是非常令人鼓舞的。参加全运会的运动员中，83%是22岁以下的新手。在这次大会上打破世界纪录和全国纪录、创造优异成绩的，绝大多数都是青年人。其中，女子体操个人全能冠军刘显军只有13岁。连续打破女子200米、400米、800米自由泳全国纪录的赵静才14岁。女子体操甲组团体冠军湖南队的平均年龄也不到15岁。打破射击世界纪录的辽宁运动员金东翔刚18岁。一代年轻的裁判员队伍也出现在比赛场上。

青出于蓝而胜于蓝。当前我国体育界新生力量成长的特点是：发展速度比过去快，技术起点比过去高，好苗子的"面积"比过去大。不少十六七岁青少年选手目前的技术水平，已经高于我国一些著名运动员在相同年龄时曾经达到的水平。在许多项目中，有希望迅速达到全国先进水平的青年选手，成批地成长起来。具有"小老虎"风格的青少年选手或运动员大量涌现。这一切，显示出我国社会主义体育队伍基础十分雄厚，前景非常广阔。

还应当指出的一个重要事实是，在群众体育活动广泛开展的基础上，原来体育活动基础较差，水平较低的一些省、市、自治区，也都大步赶了上来，有的后来居上，在一些项目中创造了具有全国先进水平的好成绩。这也是我国社会主义体育事业兴旺发达的一个重要标志。

这次大会既是一次体育竞赛，更是深入学习毛主席革命体育路线的大课堂，是夺取新胜利的一次誓师会。广大运动员、体育工作者和群众体育活动先进基层单位代表在会上畅谈了形势和任务，听了大庆、大寨代表的报告，学习了中国登山队的先进经验，交流了政治思想工作、群众体育、技术训练等方面的经验，更加感到形势大好，形势逼人。他们决心像大庆工人、大寨社员那样自力更生，奋发图强，鼓足干劲，力争上游，更广泛、更扎实地开展群众体育运动，进一步增强人民体质，奋勇攀登体育运动技术的新高峰，使体育更好地为无产阶级政治服务，为工农兵服务，与生产劳动相结合，在抓革命、促生产、促工作、促战备方面发挥更大的作用。

（刊载于《体育报》1975 年 9 月 29 日）

《体育报》

在新的起点上乘胜前进

第三届全国运动会胜利闭幕了。在毛主席的革命路线指引下，在党中央的亲切关怀和全国人民的热情支持下，这届全运会获得了成功。这是一次团结的大会、胜利的大会。这对今后体育运动的发展将会起到很大的推动作用。

这届全运会认真贯彻毛主席的重要指示和党中央的有关指示精神，……“友谊第一，比赛第二”的方针得到进一步贯彻，社会主义新风尚大大发扬，整个大会洋溢着团结战斗的热烈气氛。300 个群众体育先进基层单位代表认真交流了经验，这对群众体育活动的进一步开展是一个有力的鼓舞和推动。……一部分比赛安排到基层举行，体现了体育为工农兵服务的正确方向，深受广大群众的欢迎。广大运动员胸怀祖国，放眼世界，发扬革命英雄主义精神，刷新了一批全国纪录，并打破了 3 项世界纪录，平了 2 项世界纪录。特别令人兴奋的是，大批青少年选手朝气蓬勃、勇往直前，以迅速的步伐赶超老将，展示了我国体育事业兴旺发达的广阔前景。

当前，我国革命和建设事业都在胜利前进。形势大好，形势逼人。第三届全运会所取得的成就，只能是我们继续前进的新的起点。我们要坚持一分为二的观点，在充分估计体育工作成绩的同时，清醒地看到体育事业还不能很好地适应形势发展的需要。各级体委必须进一步贯彻执行毛主席的革命体育路线，加快体育事业的发展，使体育更好地为社会主义经济基础服务。

体育战线的同志要认真看书学习，要以大庆、大寨为榜样，坚持党的基本路线，大批修正主义，大批资本主义，大干社会主义，……坚持体育工作的社会主义方向，建设一支无产阶级的体育队伍。

体育是关系 6 亿人民健康的大事。大力开展群众性体育活动，是贯彻执行毛主席革命体育路线的重要内容。全运会后，各地要组织运动队深入基层，广泛宣传毛主席的革命体育路线，使广大干部和群众充分认识社会主义体育的重要意义。要采取有力措施，把工矿、农村、部队、学校、机关的群众体育活动更加广泛、扎实地开展起来。要十分重视青少年的体育活动，切实加强学校体育工作。各地体委要根据本地区实际，认真推广全国300个群众体育先进基层单位的经验，抓好自己的典型，抓好三分之一。要注意点面结合，以点带面，充分发挥先进典型的推动作用，使点上的经验在面上开花结果。

在普及群众体育的基础上，要大力提高运动

内蒙古自治区运动员进行马球表演

技术水平，迅速攀登世界运动技术高峰。必须加强党的领导，坚持无产阶级政治挂帅，振奋革命精神，批判懦夫懒汉世界观，提倡为革命刻苦钻研业务和技术，对技术精益求精，做到“又红又专”。要用辩证唯物论指导训练，认真总结经验，掌握各项运动技术的规律，反对唯心主义和形而上学。要把学习和独创结合起来，虚心学习别人的好经验，敢于革新，勇于创造，提倡百花齐放，发展不同的技术风格。在毛主席的革命路线指引下，中国登山队为我们树立了“无高不可攀”的榜样。既然在登山、乒乓球、羽毛球、射击等项目上我们能够达到世界先进水平，其他项目又有什么上不去的呢？这些项目的运动员能够做到的，其他项目的运动员也一定能够做得到。

第三届全运会胜利闭幕了，新的更艰巨的任务摆在我们面前，各级体委要在党的一元化领导下，坚定不移地贯彻执行党的路线、方针和政策，不断加强领导班子的革命化，切实改进领导作风。让我们保持过去革命战争时期的那么一股劲，那么一股革命热情，那么一种拼命精神，进一步做好党的体育工作，为在本世纪内把我国建设成为社会主义的现代化强国，做出应有的贡献。

（刊载于《体育报》1975 年 9 月 29 日）

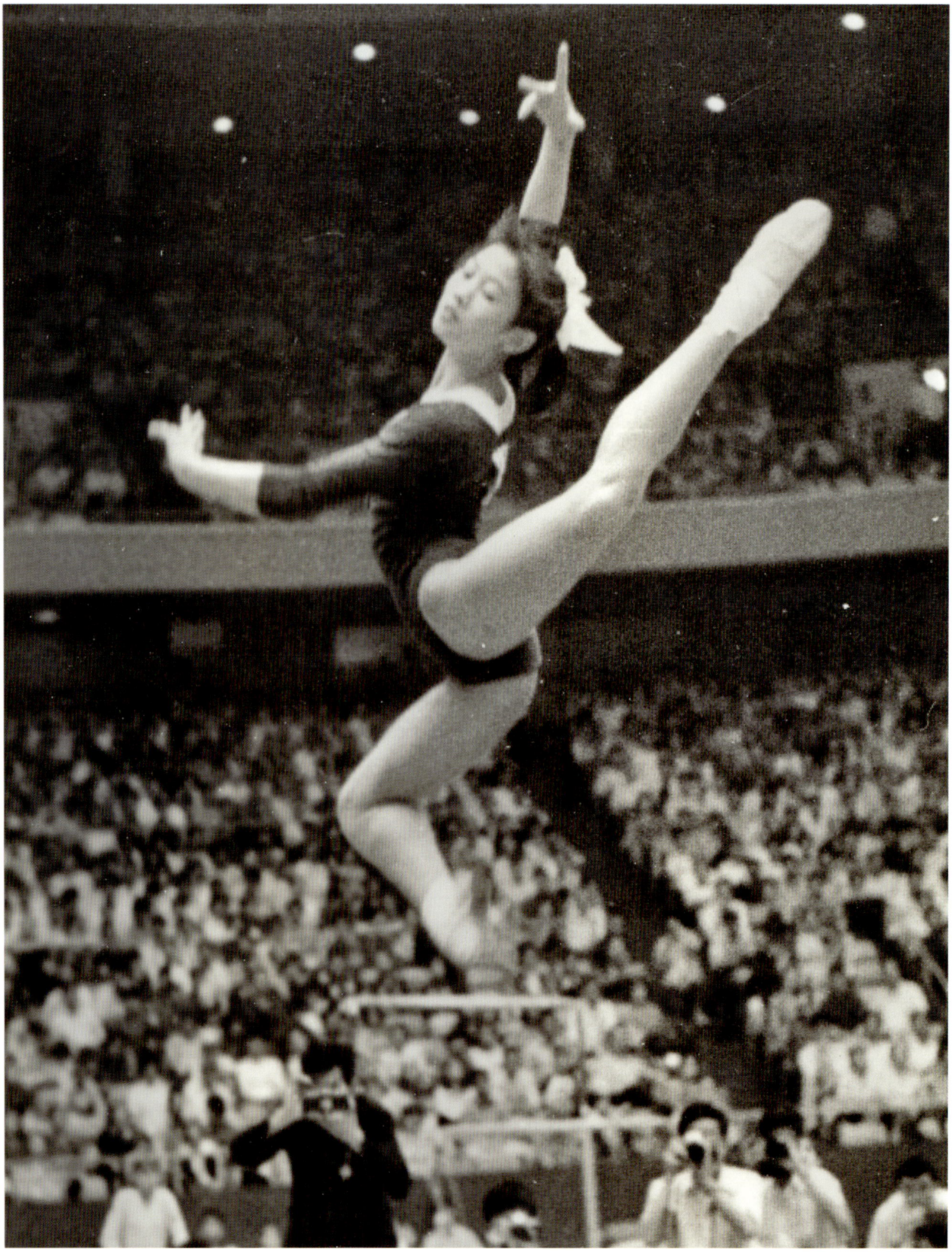

北京运动员刘亚军曾获第三届全运会和1978年上海国际体操邀请赛女子个人全能冠军

奖品　纪念品

第三届全运会纪念邮票

友好交流

在毛主席和党中央的亲切关怀下 参加全运会台湾省体育代表团在京成立

体现了台湾同胞和全国人民的战斗团结，显示了全国人民解放台湾、统一祖国的坚强意志

新华社 1975 年 8 月 23 日讯 在伟大领袖毛主席和党中央的亲切关怀下，参加第三届全国运动会的台湾省体育代表团今天在北京正式成立。

台湾省体育代表团成立大会今晚在北京饭店隆重举行。有关方面负责人罗青长、庄则栋、林丽韫、于桑、丁国钰、田维新、马文波、李金德、吴庆彤、赵正洪，以及北京市和中国人民解放军体育代表团的负责人，第三届全国运动会筹备委员会有关方面的负责人，在京的台湾省籍人大常委会委员、政协常委会委员、人大代表、政协委员庄希泉、陈逸松、苏子衡、田富达、蔡子民、陈木森、陈丁茂、李纯青、陈文彬、徐萌山和台湾同胞代表，共 500 多人出席了成立大会。

成立大会洋溢着亲人团聚、团结战斗的热烈气氛。大会上，各方面人士和台湾同胞欢聚一堂，同叙骨肉深情，决心为实现解放台湾、统一祖国的崇高目标，贡献自己的力量。

今天成立的台湾省体育代表团包括在国内的台湾同胞和旅居海外的台湾同胞体育工作者、运动员。团长是中共中央委员、第三届全国运动会筹备委员会和台湾省体育代表团筹备处负责人、台湾同胞蔡啸，副团长是黄文饮、黄于燕。

今年二、三月，第三届全国运动会筹备委员会和台湾省体育代表团筹备处，先后向台湾省体育工作者、运动员发出通知和邀请，热烈欢迎他们和在祖国大陆、港澳、旅居海外的台湾省籍体育工作者、运动员一起组成体育代表团，前来北京参加第三届全国运动会。几个月来，国内外广大台湾省籍同胞和体育工作者、运动员积极响应，踊跃报名，在第三届全国运动会筹备委员会的领导下，在国家机关有关方面和各省、市、自治区，以及人民解放军、海外爱国人士、广大台湾同胞的大力支持下，选拔了一批体育工作者和运动员，为组成台湾省体育代表团创造了良好的条件。

国家体委主任、第三届全国运动会筹备委员会秘书长庄则栋首先在大会上致词，热烈祝贺台湾省体育代表团成立。他说，台湾省体育代表团的成立，体现了台湾同胞和全国人民的战斗团结，显示了全国人民解放台湾、统一祖国的坚强意志。我们希望，台湾省体育代表团认真贯彻执行毛主席的革命体育路线，坚持友谊第一、比赛第二的方针，认真向兄弟队学习，为开好第三届全国运

动会做出贡献。

蔡啸同志接着在大会上讲话。他说，旅居海外的台湾省籍体育工作者和运动员，为增进同祖国人民的团结和友情，克服困难，远涉重洋，回到祖国参加这次盛会，带来了海外台胞对代表团的期望和对祖国大陆同胞的深情厚谊，也带来了你们在海外进行反蒋爱国斗争的革命精神。为此，我代表居住在祖国大陆的台湾省籍同胞向你们表示热烈的欢迎，并通过你们，向旅居海外的台湾同胞致以亲切的问候。

蔡啸同志说，在这亲人团聚的时刻，我们更加怀念在台湾的父老兄弟姐妹们和体育工作者、运动员。但是，使我们异常愤慨的是，蒋经国对台湾同胞实行残暴统治，无理禁止台湾省内的体育工作者、运动员回祖国大陆参加这次全国的体育盛会，使他们不能和我们在这里欢聚一堂，共叙骨肉情谊。这是蒋帮反人民的又一罪行。这笔账总有一天要清算的。

蔡啸同志在讲话中指出，台湾省体育代表团的成立，是台湾省同胞和祖国大陆同胞的一件大喜事。它体现了毛主席、党中央和全国人民对1600万台湾省同胞和体育工作者、运动员的亲切关怀。我们作为台湾省人民和台湾省体育工作者、运动员的代表参加第三届全国运动会，再次表明了台湾省人民是我国各族人民大家庭中不可隔离的骨肉同胞，台湾省是祖国神圣领土不可分割的一部分，充分显示了台湾同胞和祖国大陆人民解放台湾、统一祖国的坚强意志。我们深信，通过代表团的各种活动，必将为增进台湾同胞和祖国大陆同胞的骨肉情谊，为祖国社会主义革命和建设以及体育事业，为促进解放台湾、统一祖国的斗争，发挥积极作用。

蔡啸同志最后说，我国人民在毛主席的革命路线指引下，学理论，抓路线，大大促进了各项工作的发展，社会主义建设在各条战线取得了很大成绩，形势越来越好。随着国内外大好形势的发展，台湾省同胞的爱国主义觉悟进一步提高，爱国进步力量不断壮大，反蒋爱国斗争日益高涨，盘踞在台湾的蒋帮反动集团更加孤立，他们顽固坚持与人民为敌的立场，是绝没有好下场的。我们坚信，台湾同胞和祖国人民团结起来共同奋斗，解放台湾，统一祖国的崇高目标，一定能够实现。

中国人民解放军体育代表团团长李伟、北京市体育代表团副团长魏明、北京市台湾同胞和台湾省体育代表团运动员的代表，也在大会上发表了充满骨肉情谊和革命精神的讲话。他们的讲话受到与会者的热烈鼓掌欢迎。

大会结束后，台湾同胞和文艺工作者一起演出了歌舞、杂技等节目。

（刊载于《体育报》1975年8月24日）

国家体委、全国体总举行文艺晚会 欢迎参观全运会的各国朋友和港澳同胞

新华社1975年9月13日讯 为欢迎前来参观中华人民共和国第三届运动会的各国朋友和港澳同胞，国家体委、中华全国体育总会今天晚上举行了文艺晚会。

国家体委主任庄则栋，中华全国体育总会主席赵正洪，有关方面负责人于桑、路金栋、李伟、魏明等，陪同观看了文艺演出。晚会上，我国文艺工作者演出了音乐、歌舞节目。

（刊载于《体育报》1975年9月14日）

第三届全国运动会筹备委员会举行宴会热烈欢迎台湾省体育代表团

华国锋副总理等出席庄则栋主任和蔡啸团长讲话

席间，同胞们和战友们畅叙骨肉深情，充满了亲人团聚的欢乐气氛

新华社1975年8月29日讯 第三届全国运动会筹备委员会今晚举行宴会，热烈欢迎由海外和从祖国各地来到首都北京的台湾省籍同胞组成的台湾省体育代表团。宴会在人民大会堂宴会厅举行。国务院副总理华国锋，第三届全国运动会筹备委员会、国家体委、北京市等有关方面的负责人罗青长、庄则栋、田维新、林丽韫、于桑、丁国钰、赵正洪、马文波、李金德、李青川、路金栋、徐运北，台湾省体育代表团团长蔡啸，副团长黄文钦、黄于燕，在北京的台湾省籍的人大常委会委员、政协全国委员会常务委员、人大代表、政协委员庄希泉、陈逸松、苏子衡、田富达、蔡子民、陈木森、王碧云、陈丁茂、李纯青、陈文彬、徐萌山，中国人民解放军体育代表团团长李伟，北京市体育代表团副团长刘丰等出席了宴会。今年5月27日胜利登上世界最高峰——珠穆朗玛峰的9名男女运动员的代表索南罗布和潘多，也出席了宴会。

第三届全国运动会筹备委员会秘书长、国家体委主任庄则栋在宴会上讲话。他说："第三届全国运动会有台湾省体育代表团参加，充分体现了伟大领袖毛主席和党中央对台湾同胞的亲切关怀，显示了台湾同胞对伟大领袖毛主席和社会主义祖国的热爱，增进了台湾同胞与全国各族人民的爱国大团结，表达了包括台湾同胞在内的全国人民一定要解放台湾、统一祖国的坚强决心。我们一定要随时准备歼灭入侵之敌和解放台湾，台湾同胞一定要回到祖国的怀抱，伟大的祖国一定要实现统一。"

庄则栋说，应当严正指出，国际上一小撮敌视中国人民的反动分子，包括国际体育组织中的极少数顽固分子，至今还在策划"两个中国""一中一台""台湾独立"等卑鄙阴谋，这只能是搬起石头砸自己的脚，是注定要失败的。

台湾省体育代表团团长蔡啸在宴会上讲话。他说：我们台湾省体育代表团代表台湾省人民和台湾省体育工作者和运动员，参加第三届全国运动会，接受党中央和全国人民的检阅。这是台湾省体育工作者和运动员的幸福，也是台湾省人民的心愿。在参加第三届全国运动会期间，我们坚持党的基本路线，在毛主席的革命体育路线指引下，贯彻"友谊第一，比赛第二"的方针，向各

兄弟省、市、自治区和解放军体育代表团学习，为增进台湾同胞和全国人民的团结做出贡献。我们决心紧密地团结起来，在以毛主席为首的党中央的领导下，同全国各族人民和来自各地的体育工作者、运动员一道，为促进祖国社会主义体育事业的发展，为加强社会主义革命和建设，为解放台湾、统一祖国而努力奋斗。

席间，同胞们和战友们畅叙骨肉深情，充满了亲人团聚的欢乐气氛。

（刊载于《体育报》1975年8月29日）

祖国处处是骨肉深情

——记各族人民亲切关怀台湾省体育代表团（节选）

山遥水阔隔不断，骨肉同胞紧相连。

飞越海洋的烟波云水，穿过祖国的锦绣山川，旅居海外的爱国儿女和战斗在国内各条战线的骨肉兄弟——台湾省籍的体育工作者和运动员，为了参加中华人民共和国第三届运动会，为了解放台湾、统一祖国的共同目标，来到了伟大祖国的首都，来到了伟大领袖毛主席身边！

欢迎你呀，我们的骨肉兄弟！

富饶美丽的宝岛台湾，是我们的神圣领土，勤劳勇敢的台湾同胞，是我们的骨肉兄弟。台湾省体育代表团参加全运会，体现了毛主席、党中央对1600万台湾人民的深切关怀，体现了台湾同胞同全国各族人民的战斗团结。这不仅是体育战线的一件大喜事，也是全国人民的一件大喜事。

慈母般的祖国，向台湾同胞敞开了壮阔、温暖的怀抱。他们的到来，让各族人民无不欢欣鼓舞，激情满怀。无论是在机场、车站还是宾馆里，无论是参观工厂、人民公社还是幼儿园，他们走到哪里，哪里就充满了骨肉情谊。那一束束挥动的鲜花，一张张欢快的笑脸，一封封热情的来信，一首首激情的诗篇，汇成了一个共同的声音，代表了全国各族人民的心意。

欢迎你呀，我们的台湾同胞！

欢迎你呀，我们的骨肉兄弟！

台湾省体育代表团成立那天，党和政府的有关方面负责同志出席大会，表达了党和政府对台湾省体育代表团的积极支持和亲切关怀，首都钢铁公司、四季青人民公社和守卫天安门的人民解放军战士，分别写了热情洋溢的欢迎信，表达了广大工农兵群众对台湾同胞的深厚情谊；来自“世界屋脊”的西藏歌舞团，专门为台湾省体育代表团作了慰问演出，表达了百万翻身农奴的心意。全运会领导部门和解放军总政治部，还为他们组织了专场电影晚会，各兄弟代表团的运动员、教练员，同他们一起共同训练，互相学习……

台湾同胞深有感触地说：“一踏上祖国大陆，心里就感到暖烘烘的。在这里就像生活在自己家里一样。”是的，我们伟大的社会主义祖国，是一个各民族团结的大家庭。她，为8亿爱国儿女开拓了无限宽广、无限美好的前景。

急台湾同胞所急　帮台湾同胞所需

我们的工人同志们满腔热情，不辞辛劳，用自己的实际行动，急台湾同胞所急，帮台湾同胞所需，又是另一种形式的关怀和欢迎。

被选上参加第三届全运会的广州射击运动员谢洁冰，因为比赛需要配制一副眼镜，按常规需要半个月才能取到。但越秀山眼镜店的工人同志听说她是台湾省籍同胞，要到北京参加全运会，当即决定打破常规，提前为她制作。过了一天，谢洁冰又告诉眼镜店的同志她要提前赴京，问能不能在几天内取到。

“可以，你什么时间需要，我们就什么时候做好。”工人同志立即加班赶制，使谢洁冰按时拿到了眼镜。提起这件事情，她至今还一再赞扬工人们对台湾同胞的帮助和支持。

北京胜利服装厂在接受为台湾省体育代表团棒球队制作比赛服之前，已经接受了三项紧急任务。而台湾省棒球队从提出需要到离京参加比赛只有 9 天时间，又是一个紧急任务。一个只有 30 多名职工的小厂，要在短时间完成这些任务显然是十分困难的。怎么办？用无产阶级专政理论武装起来的工人同志们在讨论中说：“台湾省运动员是我们的骨肉同胞，他们参加全运会具有重要意义，不管有多大的困难，我们都要满足台湾同胞的要求。”

我们的工人同志是说到做到的。他们接受这个任务后废寝忘食地为台湾同胞赶制。业务员王少云主动放弃休息时间，担负裁剪任务，胡有芳、孙有凤、张淑根几个女师傅带病坚持工作，自觉加班加点。为了使台湾同胞满意，他们还把过去按号码生产改为一个一个地量体裁衣，仅用一周的时间，提前完成了任务。他们把衣服交给台湾省代表团时，亲切地说：“你们还需要什么，只管提出来，我们保证完成任务。”事实正是这样，棒球队从旅大比赛回到北京后，又要加制一批服装。胜利服装厂的职工们，又一次胜利地完成了任务。

工农群众把为台湾同胞服务看成是自己的光荣职责，这样的事情是说不尽写不完的。北京第二皮鞋厂是这样，北京市制帽厂是这样，新华书店、友谊宾馆服务部也是这样。台湾省体育代表团需要买一批学习资料，海外回来的台湾同胞也要买一些书籍。但宾馆服务部有的数量不足，有的品种不全，服务部的两个同志就冒着盛夏骄阳，骑着自行车跑了几个书店，完全满足了台湾同胞的需要。

军民欢聚更添鱼水情

同胞相逢倍觉骨肉亲，军民欢聚更添鱼水情。8 月 26 日，中国人民解放军体育代表团为台湾省体育代表团举行了盛大的联欢晚会。

这是一次骨肉兄弟的不寻常的欢聚。大厅里，欢声笑语，喜气盈盈。他们欢聚在一起，有的在相互问候，有的在促膝谈心。留个影吧，让我们永远记住骨肉兄弟的欢聚；签个名吧，让我们永远记住亲人解放军。我们的台湾同胞，说不尽热爱毛主席、共产党，向往社会主义祖国，要求早日解放台湾的殷切心情。我们的解放军指战员，表达了对骨肉兄弟的热烈欢迎，对台湾同胞的深切怀念和随时准备解放台湾的坚强决心。

解放军体育代表团副团长鲁挺同志说：“中国人民解放军是毛主席亲自缔造、领导和指挥的无产阶级军队，是无产阶级专政的柱石。保卫祖国、解放台湾是我军的光荣任务。”

台湾省体育代表团副团长黄文钦同志说：“现

在蒋帮统治下的台湾省同胞，仍处在水深火热之中。我们坚信，有了毛主席、党中央和全国人民的关怀、支持，有了解放军这样一支坚强的人民武装力量，台湾一定能够解放。让我们台湾省同胞和全国人民、和中国人民解放军更紧密地团结起来，为实现解放台湾、统一祖国这个崇高目标而共同奋斗！”

这是一次充满鱼水深情的欢聚。舞台上，歌声高昂激越，我们的解放军指战员，我们的台湾同胞，用艺术的语言表达了同样的愿望。听，旅居欧美的台湾省籍运动员，正在演唱台湾民歌《盼望早日出头天》：

台湾的矿工啊，
做牛做马啊，
受苦做奴隶啊，
想念北京红太阳啊，
统一祖国做主人！

是啊，我们一天也没有忘记苦难深重的骨肉兄弟；我们时时刻刻都盼望着解放台湾、统一祖国，和我们的台湾同胞朝夕欢聚。听，解放军指战员的歌声代表着全国各族人民的心意：

台湾同胞我骨肉兄弟，
我们日日夜夜把你们挂在心上。
……
革命洪流不可阻挡，
台湾同胞必将和我们欢聚一堂。
我们一定要解放台湾，
让那太阳的光辉照耀在台湾岛上。

（刊载于《体育报》1975 年 8 月 29 日）

热烈欢迎前来参观中华人民共和国第三届运动会

陈锡联副总理会见各国朋友和港澳同胞
全运会主席团国家体委全国体总举行欢迎宴会

新华社 1975 年 9 月 11 日讯 国务院副总理陈锡联，今天晚上在人民大会堂会见了前来参观中华人民共和国第三届运动会的各国朋友和港澳同胞。

会见后，第三届全运会主席团、国家体委、中华全国体育总会举行了宴会，热烈欢迎各国朋友和港澳同胞。

国务院副总理陈锡联出席了宴会。

国家体委主任庄则栋，中华全国体育总会主席赵正洪，有关方面负责人王炳南、于桑、徐运北、李青川、路金栋、董守义、李伟、魏明等，参加会见并出席了宴会。

参加会见和应邀出席宴会的前来参观第三届全运会的各国朋友、港澳同胞是：以依里亚・康果为团长的阿尔巴尼亚体育代表团，以金基学为团长的朝鲜民主主义人民共和国体育代表团，以黎德整为团长的越南民主共和国体育代表团，以阮士活为团长的越南南方共和国体育代表团，以笃坎敦为团长的柬埔寨体育代表团，以西文・乌拉为团长的老挝体育代表团，以古瓦米丁・沙卡尔为团长的伊朗体育代表团，巴基斯坦体育代表团代表阿蒂夫准将，以饭泽重一为团长的日本体育协会代表团，以田佃政治为团长的日本奥委会代表团，尼日利亚体育界代表埃丰科亚，以温古·萨莫拉为团长的墨西哥体育代表团，日本体育界友好人士竹田恒德、清川正二，埃及体育界友好人士图尼，日本乒乓球老运动员栗本君代和她的丈夫栗本隆朗，以约恩·布狄山为领队的罗马尼亚青年乒乓球队，由穆罕默德·伯茨姆率领的叙利亚团体操学习组，以及以霍英东为团长的港澳同胞参观团，以傅国梁为领队的香港长城电影公司摄影队，以张云枫为组长的港澳爱国报纸记者组。

庄则栋主任在宴会上致祝酒词，他代表中华人民共和国第三届运动会主席团、中华人民共和国体育运动委员会、中华全国体育总会和参加这次运动会的全体运动员及体育工作者，向各位朋友表示热烈的欢迎。

他说，现在，我国同世界100多个国家和地区进行了体育交流，从而增进了相互了解和友谊，也使我们向各国的朋友们学习到了不少的好经验。今后，我们将一如既往，本着“友谊第一，比赛第二”的方针，继续加强与各国的体育交往，为促进世界人民的大团结，贡献自己的力量。

宴会自始至终洋溢着热情友好的气氛。

（刊载于《体育报》1975年9月12日）

中华人民共和国
第四届运动会

1979年

9月15日—9月30日

北京

简　介

第四届全运会于1979年9月15日至9月30日在北京举行，由国家体委承办。设足球、篮球、排球、乒乓球、羽毛球、网球、手球、棒球、女子垒球、田径、体操、技巧、举重、游泳、跳水、水球、划船（赛艇、皮艇、划艇）、武术、射箭、棋类（中国象棋、围棋、国际象棋）、击剑、自行车（公路、场地）、摔跤（中国式、自由式、古典式）、速度滑冰、花样滑冰、冰球、滑雪、射击、摩托车、跳伞、航空模型、航海模型、摩托艇和潜水共34项。团体操作为表演项目。来自全国30个省市自治区以及解放军的3824名运动员参赛。设金牌469枚、银牌471枚、铜牌469枚。

本届运动会共有5人5次破5项世界纪录，2人3次破3项青年世界纪录，3人3次平3项世界纪录，12人24次破8项亚洲纪录，36个队203人376次破102项全国纪录，2队6人10次破5项全国少年纪录。

会　徽

由金色的跑道和燃烧的火炬组成，当时正值拨乱反正、改革开放，火炬象征着继往开来，进行社会主义现代化建设。

筹　备

把全运会的准备工作抓紧落实

全运会的准备工作千头万绪，方方面面，有组织领导、思想教育、运动训练、场地器材、后勤供应等等。这些工作都做得充分、扎实、周到、细致，全运会才能开得圆满，开得精彩。如果有一项工作没搞好，一个环节脱了钩，都可能影响全局。譬如进京教育没人抓或抓得不深不透，队伍进京后就可能捅点娄子，出点乱子；裁判工作或场地器材有漏洞，就可能影响比赛的顺利进行，妨碍新纪录、新成绩的创造；饮食不卫生，车辆出事故，也都会造成不良后果。因此，在参加全运会各代表团相继成立、各项准备工作基本就绪的时候，认真进行一次检查，把准备工作一件件落实，是很有必要的。

落实，首先要做好参加全运会运动员、教练员、裁判员和全体工作人员的思想动员工作，使大家充分认识开好全运会的重大政治意义，以高度的责任感和严肃的态度去完成自己所承担的任务。思想教育是开好全运会的中心环节。这项工作做好了，才能激发大家的工作热情，调动大家的积极性、创造性，并把各方面的力量拧成一股绳，共同为全运会出力。

落实，要建立岗位责任制。每项工作，都要有专人负责，有明确的职责范围和要求。每个同志，要各在其位，各司其事，尽自己最大努力完成本职工作。部门与部门间要互通情报，加强联系。特别对工作中的薄弱环节，要及时检查，加强力量。要有表扬、批评和奖惩制度，开展人与人、部门与部门之间的革命竞赛。

落实，要在努力完成本职工作的基础上，提倡共产主义协作精神，把困难留给自己，把方便让给别人，分内的事积极干，分外的事抢着干。要敢于负责，勇挑重担，不要互相推诿，互踢皮球。出了问题，严于责己，宽以待人，互相谅解，互相支持。

古人有言：“为山九仞，功亏一篑。”前一段时间，我们已经做了大量的工作，卓有成效。在临近全运会开幕的这段时间，各项工作更应进一步落实，力求尽善尽美，而决不可少了最后一筐土。

精心准备　热情迎盛会

全运会运动员食宿交通安排就绪

将为全运会服务的首都部分招待所和交通运输部门的同志，满怀热情，积极、细致、周到地进行了准备工作，运动员、工作人员的食宿、交通均已安排就绪。

担负接待的24个饭店、招待所，分属于国务院各部、委，驻京部队和北京市服务局。这些单位的领导对这次接待工作都很重视。第二机械工业部领导同志亲自到招待所作了布置。为了解决日常接待和全运会接待工作之间的矛盾，他们一面动员现有住所人员及早离所或联系转所，一面发出通知，要求下属单位在全运会期间严格控制来京人员，并将原定会议推迟，给全运会让路。北京部队主动拿出三个招待所接待运动员，部队副司令员马卫华亲自到招待所作了动员，要求工作人员努力做好接待工作。建委招待所新楼原定10月1日完工，为了接待运动员，担负施工任务的基建工程兵部队增调人力，日夜奋战，新楼已于8月30日提前竣工，目前正加紧进行室内布置工作。负责20个省、市体育代表团及随团篮球、排球、乒乓球队接待工作的西苑饭店，认真总结经验，派人到外单位学习取经，并根据运动员的特点和要求，布置有关的生活用具和设施。为了让运动员吃好，他们精心安排了食谱，并为身材高大的运动员准备了长铺板以保证他们能休息好。

全运会的交通运输工作，主要由首都汽车公司、北京出租汽车公司和天津出租汽车有限公司共同承担。为了完成这一任务，他们从6月起就着手准备。首都汽车公司对所有车辆进行了保养、维修，并根据全运会的需要，挑选最好的车供大会使用。他们还对参加全运会工作的司机进行了动员教育，提出了安全、准时、卫生、周到的服务要求。天津出租汽车有限公司选派了最好的车辆，调配了有经验的老司机，举办了进京人员学习班，要求他们确保安全、准时。此外，驻京部队也派出大批车辆，参加全运会的运输任务。目前各单位的车辆已陆续报到，他们已在进一步熟悉道路状况和运输方案，为完成全运会运输任务做好了准备。

立足节约　精打细算　搞好后勤

党中央、国务院十分关怀第四届全运会的召开，为大会拨出了足够的资金。怎样花这笔钱呢？

大会筹备人员学习了华国锋同志在五届人大第二次会议上所作的《政府工作报告》，认识到国家正处于经济调整的时期，“四化”建设急需资金。他们急国家所急，在保证全运会胜利召开的前提下，千方百计节约每一分钱，支援“四化”建设。这里记录的是他们精打细算办后勤的几个片断。

科学管理提高效率

交通处的同志，努力提高车辆的使用率。对借调和租用的车辆，实行统一调配，合理使用。他们参考北京市出租汽车公司的办法，在向阳二所、工人体育场、体委机关和首都宾馆等地建立站点，司机执行任务开车到这些地方后，即打电话与总调度联系，再接受从这些地方用车任务，尽量减少空驶现象。这样做，虽然给司机同志增加了大量的工作，但他们说："只要能给国家节省资金，加快四个现代化建设，苦点累点我们也愿意干。"

为了节省租车费用，他们想了很多办法。首先是能借就借，能调就调，尽量减少租车量。他们主动与体委各单位加强联系，搞好协作。8 月初团体操部技巧队要与军乐团合练，110 人需用大轿车 3 辆，如果要租车，一天就要花 500 多元钱。交通处的同志借调了 3 辆大轿车，仅用了 20 多元钱的汽油费就把任务完成了。从 8 月 1 日至 20 日，大会仅租用了 5 辆小车，节约了大量开支。

一条新路子节约万余元

为了保证运动员的身体健康和比赛的顺利进行，医务人员是一支不可缺少的力量。参加这次全运会的 1 万多名运动员和工作人员分住在 30 多个地方，将进行 370 多场比赛。如果每个居住点、每场比赛至少配备两名医生值班，那全部所需医务人员的数字将是非常可观的。过去历届全运会都是从首都各医院抽调大批医务人员承担这项任务，结果花钱不少，还影响医院的正常门诊。大会医务处的同志经过反复研究，闯出了一条新路：一是把体委系统和其他部委一些医务人员充分组织起来投入工作；二是邀请一些有实践经验，又能坚持工作的退休医生担任部分医疗工作；三是调动各代表团随队医生的积极性，安排他们承担部分任务。此外，适当地从解放军和首都各医院借调少量医护人员。这样，仅用 105 人，就可保证全运会的需要。据初步统计，这一项将节约资金 1.1 万余元。

八方求援能借就借

全国体育成就展览是新中国成立以来的第一次，一定要搞好。如何搞好呢？筹备展览的同志认为，国家正处在调整时期，虽然这次展出意义很大，但也不应大手大脚，花钱太多。况且展出时间不长，如果特地定制一批展架、展台、展墙，既费工费料费钱，展览过后又无其他用处，白白浪费。

因此，他们决定：能借就借，借不到再做。大家分头四处联系，八方求援。他们跑遍了首都各个展览馆、博物馆，又多次走访了贸易促进会、工艺美术公司、陶然亭等单位，还利用催调展品的机会在天津、上海等地与展览馆进行联系。最后在建筑材料展览馆的大力支持下，免费借到了所需的展具和物资。接着，他们一鼓作气，自己动手进行搬运、安装，连续战斗 40 多天，基本上完成了任务，为国家节省了几千元资金以及大量木材。

担任本届全运会在京比赛项目的裁判员共有

1006 人，如果全部做裁判服，约需 5300 多元。服装、奖品处的同志们，经过多方协商研究，仅新制了举重、排球、水球、棒球、垒球和篮球 6 个项目的裁判服，其余 15 个项目的裁判服都是借的，节约经费 4 万余元。

简　报

第一期

全运会办公室编

1979 年 9 月 12 日

在以华国锋同志为首的党中央、国务院的亲切关怀下，第四届全国运动会即将于 9 月 15 日正式开幕！

9 月 12 日，大会组织委员会举行第二次会议，由陈锡联同志主持，王猛同志传达了华国锋同志接见体委领导时的讲话。荣高棠同志汇报了筹备工作情况。陈锡联同志讲话时说，华主席的讲话很重要，肯定了体育战线的成绩，进一步阐述了体育工作的重要意义，指出了今后的努力方向，体育系统的同志，应当认真学习，切实执行。他还讲了召开这次全运会的意义，希望这次全运会认真贯彻十一届三中全会和五届人大二次会议精神，充分体现体育战线解放思想、安定团结、大干快上、勇攀高峰的精神面貌，充分反映出全国人民同心同德、一心奔“四化”的信心和决心。他要求各级领导做好队伍的管理工作和政治思想工作，坚决执行“友谊第一，比赛第二”的方针，努力创造优异成绩，向国庆三十周年献礼。

这次全运会，是新中国成立以来规模最大、人数最多的一次运动会，有 34 个比赛项目，31 个代表团，近 8000 名运动员参加决赛，其中在京比赛项目 21 个，运动员 3779 人，参加京外决赛的运动员 3890 人。全运会期间，还有 338 名体育工作先进集体代表和先进工作者来京交流经验。

全运会在京的各类工作人员 1600 多人，裁判员 1004 人，科研人员 269 人，记者 818 人，连同运动员，总数达 9800 多人。

大会还邀请一些体育外宾前来参加开幕式和到一些省市参观展览。截至目前，应邀的有 152 人，其中有国际奥委会委员 8 人。

7 月 1 日在上海点燃的新长征火炬接力，经过 16 个省、市、自治区，全程一万二千多公里，将于开幕时进入会场，与“新长征”团体操衔接起来。参加团体操表演的共 95 个单位，1.6 万余人。

大会的竞赛工作已编排就绪，共安排 33 个比赛场地，22 处训练场地，现均已焕然一新。

大会所需的服装、器材，在轻工、纺织、化工、四机、五机、建委、建材、商业、全国供销合作总社等部委和成百上千工厂的工人、技术人员的大力支援下，已准备妥当。所需 100 多种器材，绝大部分是国产的，不少器材的质量达到或接近世界水平。大会还由瑞士阿米茄厂和日本精工舍厂提供了田径和游泳的电子记时记分设备。

大会的食宿、交通、医疗，在国务院有关部委、解放军和北京、天津等有关单位的大力支持下，也都得到了妥善的解决。共住24个饭店、招待所，安排大小车辆570台。有关领导机关对这次接待工作都很重视，反复动员，加强领导，准备比较充分。

大会宣传工作正按计划进行。新华社、人民日报、广播电台、电视台等各新闻单位对全运会的宣传报道开始加强；体育报在全运会期间改出日报；新闻电影制片厂正组织拍摄三部彩色纪录片（四届全运会、火炬接力、团体操）；9月5日起举行了体育展览；大会编辑了《火炬》画刊，还在全国大城市发行11种宣传画；征集体育歌曲800多首，有选择地在电台、电视台播送；邮电部门发行一套（五枚）纪念邮票，还发售了全运会纪念章。为了利用宣传品获得外汇，正与人民银行等单位共同合作筹备发售纪念币四种（金币、银币、铜镀金币、铝币）；正在发售登有广告的大会秩序册15万册；招收了比赛场地外商广告。

大会的安全警卫工作，由公安部牵头，组织北京卫戍区、北京市公安局等单位参加。已制订了计划，安排了力量，进行了检查，保证大会安全进行。

现在各代表团已按时报到，齐集北京，准备迎接第四届全运会的胜利开幕，接受党和人民的检阅。

北京市运动员高举新长征火炬，举行环城接力跑，准备在当天下午将火炬传递进入开幕式会场

火炬传递

开 幕 式

开幕式现场

和国第四届运动会胜利开幕

团体操表演

开幕式现场

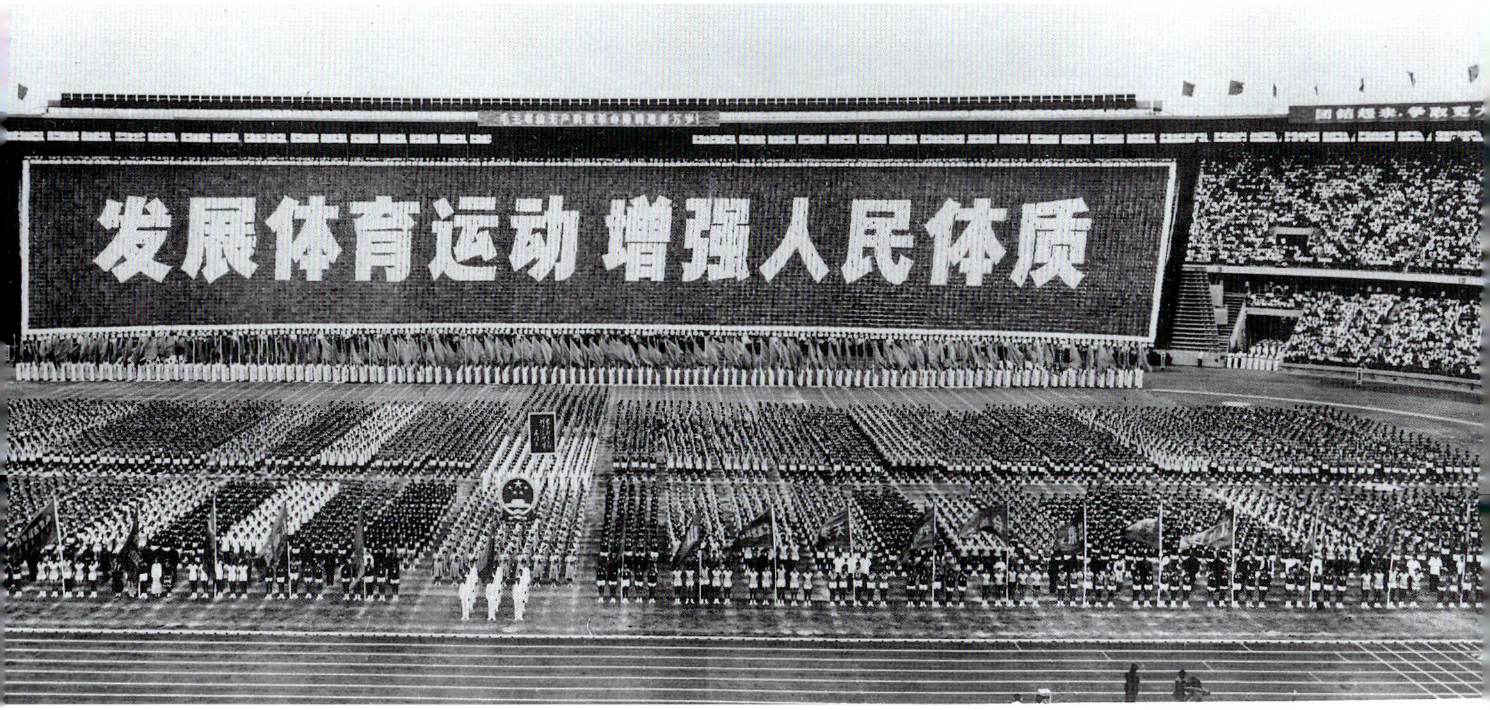
发展体育运动 增强人民体质

来自全国各地的运动员、裁判员以国旗国徽为前导，迈步进入开幕式会场

31 名运动员代表各自的体育代表团高举新长征火炬进入开幕式会场

开幕式欢腾景象

1979 年 9 月，在北京举行的中华人民共和国第四届运动会上，演出了大型团体操《新的长征》。它以鲜明的主题、宏伟的气势、清新的画面、健美的体操技巧，为广大群众描绘出一幅壮丽的画卷，鼓舞人们在党的领导下，同心同德进行新的长征，为我国早日实现四个现代化奋勇前进！

这部团体操共分五场。

第一场　欢庆胜利

国旗，迎风飘扬；葵花，向着太阳开放。

百花丛中舞彩龙，胜利锣鼓震天响，欢庆新中国成立三十周年，我们纵情欢呼，放声歌唱；气壮山河的新长征，揭开中华民族的历史新篇章。

第二场　继往开来

松柏常青，高山屹立，人民英雄纪念碑巍峨壮丽。深情缅怀老一辈无产阶级革命家，光辉的榜样永远将我们激励。

打倒“四人帮”，凯歌八方起，蓝天铺彩虹，霞光映大地，各族人民跟着党，继往开来夺取新的胜利。

第三场　茁壮成长

鼓号齐鸣，红旗招展，沐浴党的阳光雨露，祖国的花朵无比鲜艳，争当“三好”，茁壮成长，时刻听从祖国的召唤。

激流千里，任重道远，搏风击浪，百舸扬帆，少年儿童胸怀远大理想，在大风大浪中奋勇向前！

第四场　勇攀高峰

碧水银波，天鹅飞腾，新一代英姿矫健，壮志凌云，那优美的体操，精湛的技巧，是青春的闪光，理想的象征。

白雪皑皑，珠峰巍巍，我们长缨在手，壮志在胸，决心在新的长征中，勇攀世界高峰！

第五场　锦绣前程

万里长城，坚不可摧；英雄的人民军队，保卫着祖国的千山万水。麦浪翻滚，油龙喷吐，宇宙来客，四个现代化的宏伟蓝图，将用我们的双手描绘。

庆胜利，焰火飞，浩荡征途，战鼓催，奔向2000，锦绣前程无限美。

全部团体操由 17000 多名男女青年和少年儿童分别在场中央和背景台上表演。整个表演历时60 分钟。

大型团体操表演

团体操《新的长征》第五场《锦绣前程》

大型团体操表演

开幕式表演

开幕式表演

开幕式大型团体操表演

开幕式表演

开幕式表演

开幕式表演

外国朋友在观看开幕式的团体表演

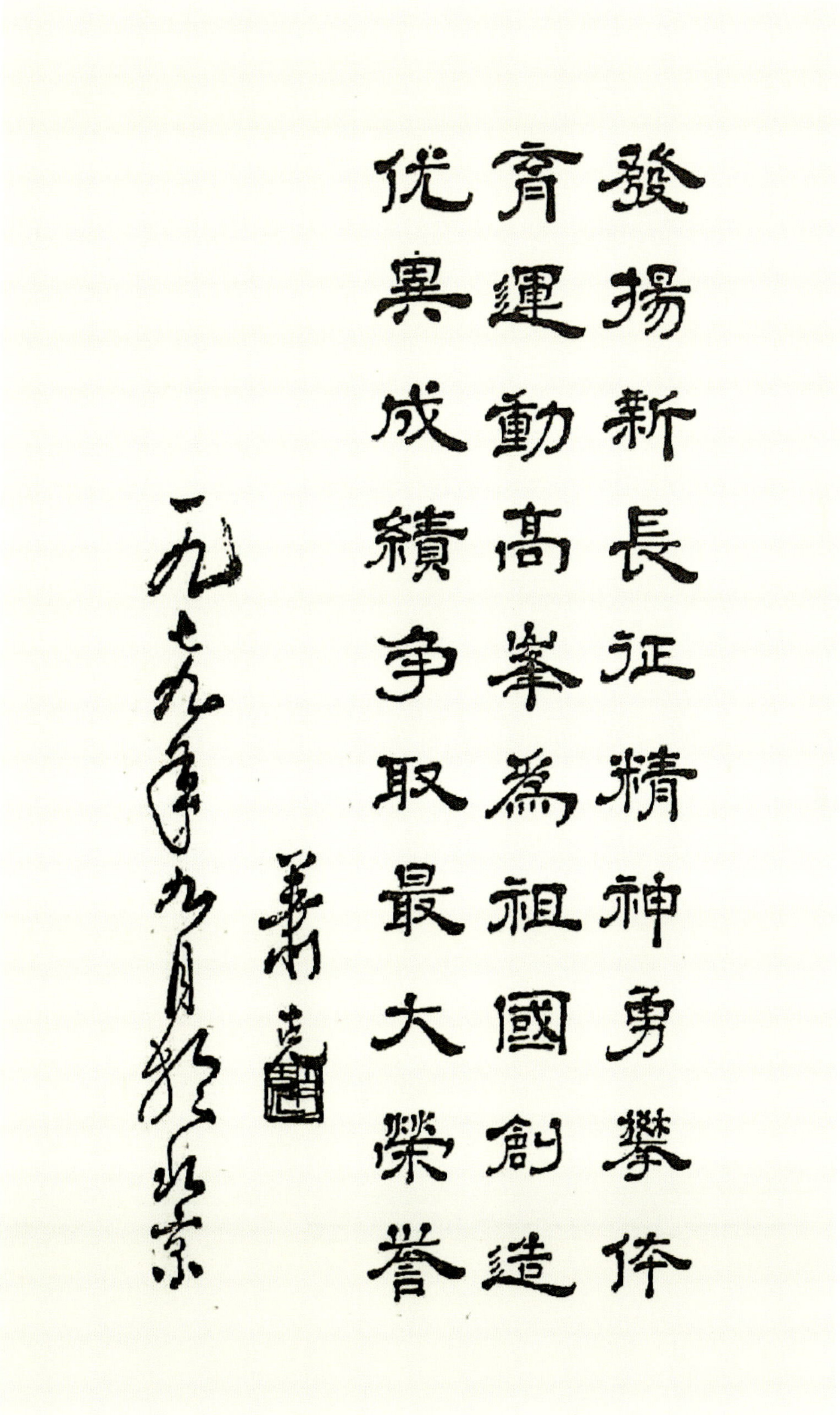
發揚新長征精神勇攀体
育運動高峯爲祖國創造
優異成績爭取最大榮譽
蕭克
一九七九年九月於北京

萧克题词（来源：第四届全运会纪念册）

仪仗队入场

国家体委主任王猛致开幕词

开幕词

王 猛

同志们，朋友们：

在全国人民欢庆建国三十周年的时候，第四届全国运动会今天开幕了！

首先让我们向出席大会的华国锋主席以及党和国家的其他领导人，致以最崇高的敬礼！

向出席大会的尊敬的丹麦玛格丽特二世女王陛下、亨里克亲王殿下以及各国的贵宾们，表示热烈的欢迎！

我们还向出席大会的台湾同胞、港澳同胞、海外侨胞，表示热烈的欢迎！

建国以来，我国体育事业在党和政府领导下，在毛主席、周总理、朱委员长和贺龙同志等老一辈无产阶级革命家亲切关怀下，取得了很大成绩。但是，由于林彪、“四人帮”极“左”路线的破坏，体育事业遭到严重挫折，本来已经缩小了的同世界水平的差距又拉大了。粉碎了“四人帮”，体育得解放，体育战线呈现一派欣欣向荣的景象。

最近，华国锋主席指出，体育关系整个民族的健康水平，也关系到国家的精神面貌。要求我们抓好青少年的体育活动，使广大人民身体健康；同时要求运动员创造优异成绩，为国争光。还希望我们把这届全运会开好，开精彩。我们一定要认真学习华主席的指示，切实贯彻执行。

这届全运会是建国以来规模最大的一次运动会，是对我国体育事业的一次大检阅。我们要通过竞赛和表演，充分体现体育战线解放思想、团结一致、大干快上、勇攀高峰的精神面貌，体现同心同德、一心一意奔“四化”的坚强决心。全体运动员都要鼓足干劲，力争上游，坚持“友谊第一，比赛第二”的方针，赛出水平，赛出风格，努力创造优异成绩，向国庆三十周年献礼！

我们体育工作者和运动员，必须接过老一辈无产阶级革命家点燃的革命火炬，振奋精神，再接再厉，在党中央领导下进行新的长征，努力发展体育事业，为实现四个现代化贡献力量！

最后，祝大会成功！

第四届运动会在京隆重开幕

本报9月15日讯 为检阅新中国成立三十年来我国体育事业的伟大成就，激励体育健儿勇攀高峰、为国争光，鼓舞全国人民锻炼体魄、献身“四化”而举行的中华人民共和国第四届运动会，在北京隆重开幕。

今天首都北京天高气爽，宏伟的北京工人体育场披上了节日盛装：巨大的会标和立体火炬形会徽高悬在北大门上；无数面彩旗随风飘舞，毛泽东主席和华国锋主席的巨幅画像悬挂在主席台上方，两旁排列着十面红旗；看台顶端的五条大幅标语鲜绝夺目；4只巨大的气球悬着“热烈庆祝中华人民共和国成立三十周年”“伟大的中国共产党万岁！”“伟大的马克思列宁主义、毛泽东思想万岁”和“努力发展体育事业为实现四个现代化贡献力量！”的巨幅标语，高飘在体育场上空。在南面看台上的军乐队，演奏着雄壮有力的《光荣的凯歌》等乐曲，欢迎中外观众前来参加盛会。

出席开幕式的有党和国家领导人华国锋、邓小平、李先念、汪东兴、王震、韦国清、乌兰夫、方毅、邓颖超、纪登奎、吴德、余秋里、张廷发、陈永贵、陈锡联、胡耀邦、耿飚、聂荣臻、徐向前、陈慕华、赛福鼎、彭真、谭震林、阿沛·阿旺晋美、周建人、许德珩、胡厥文、朱蕴山、史良、谷牧、康世恩、薄一波、姚依林，中央军委常委粟裕；政协全国委员会副主席宋任穷、康克清、季方、王首道、杨静仁、胡子昂、荣毅仁、刘澜涛、陆定一、胡愈之、王昆仑、班禅额尔德尼·确吉坚赞；最高人民法院院长江华、最高人民检察院检察长黄火青。

当大会主持人宣布中华人民共和国第四届运动会开幕时，裁判员和包括解放军、台湾省在内的31个体育代表团排成威武雄壮的队伍，沿着赭红色塑胶跑道阔步前进。

新中国成立后，这支队伍在党的领导下，由小到大，由弱到强，到1966年初，就100多次打破世界纪录，6000多次刷新全国纪录。在重大国际比赛中，他们为祖国赢得了荣誉，结束了中华民族在国际体坛默默无闻的状况。由于林彪、“四人帮”的疯狂摧残，我国体坛一度凋零不堪，运动水平停滞甚至严重倒退，拉大了同世界先进水平之间的差距。粉碎“四人帮”的三年来，我国体育健儿奋发图强，急起直追，已23次打破世界纪录，10次打破青少年纪录，荣获18个世界冠军和世界性比赛冠军，在重大国际比赛中，获得234个第一名，986次打破181项全国纪录。现在他们意气风发，斗志昂扬，决心在本届全运会的比赛中创造优异的成绩，向党和人民汇报，向国庆三十周年献礼。

来自拉丁美洲、北美洲、欧洲和日本的台湾省运动员，与大陆的台湾省籍运动员汇合组成台湾省代表团，行进在体育大军中，受到全场观众热烈的欢迎。多年来，他们和港澳同胞以及其他海外侨胞一起，为祖国的统一、为祖国体育事业的发展做出了宝贵的奉献。今天，他们面对欣欣向荣的建设事业，面对蓬勃发展的祖国体育运动，心情无比激动。台湾省代表团副团长黄文钦说：

台湾同胞回来参加全运会，就是表达这样的心情——希望台湾早日回归祖国。许多台湾运动员表示，渴望在不久的将来，能和现在台湾的运动员组成更强劲的阵容，参加实现了统一的中华人民共和国运动会，为祖国赶超世界体育先进水平做出更大贡献。

出席开幕式的还有来自全国各地各条战线的全国体育先进单位的代表和先进个人。他们心情激荡，壮志满怀。三十年来，在党的领导下，他们和全国人民一起大力开展群众体育运动，为提高我国整个民族健康水平，振奋人民的精神面貌做出了积极的贡献。在开展群众体育活动中，他们重点抓好青少年体育，积极推行《国家体育锻炼标准》。为了迅速提高我国运动水平，全国各地办起的青少年业余体校，为国家培养和输送了大批优秀体育人才。

在雄壮豪迈的国歌尾声中，各代表团的运动员代表手执鲜花奔向主席台，两千只信鸽鼓翼飞上蓝天。31 名运动员代表把鲜花献给党和国家领导人，献给出席开幕式的外国贵宾。

国家体委主任、第四届全运会组织委员会副主任王猛同志在大会上致开幕词（全文另发）。陕西运动员林波代表来自全国各地的 4000 名运动员讲话，表示：一定要解放思想，鼓足干劲，团结一致，赛出风格，赛出水平，努力创造优异成绩，为社会主义祖国争光。

运动员、裁判员刚刚退场，扩音喇叭又响起了《火炬歌》的乐曲，由 31 人组成的火炬接力队入场了。举着主火炬站在最前面的是解放军运动员，其他 30 只火炬分别由 30 个省、市、自治区的运动员代表高举着。这火炬自今年 7 月 1 日在上海点燃后，经 16 省、市、自治区，行程 3 万里，于今天传到运动员们手中。这火炬，是中国革命事业继往开来的象征；这火炬，照亮了祖国光辉灿烂的锦绣前程；这火炬，表达了亿万青少年献身四化的坚强决心；这火炬，鼓舞着我国运动员向世界体育高峰奋勇攀登。

精彩纷呈的团体操《新的长征》开始了。95 个单位的 16000 多人参加了表演。在近一小时的团体操表演即将结束时，5000 多只小气球腾空而起，带着第四届全运会胜利开幕的消息，象征体育健儿誓攀高峰为国争光的信心和决心，飞向四面八方。

应邀出席开幕式的有丹麦女王玛格丽特二世陛下和亨里克亲王殿下、宾努亲王和夫人、委内瑞拉争取社会主义运动代表团团长特奥多罗・佩特科夫。

出席开幕式的，还有应邀前来参观全运会的国际奥委会和其他国际体育组织的友好人士竹田恒德（日本）、斯托波（挪威）、库马尔（印度）、维拉西埃尔托（乌拉圭），以及罗马尼亚体育代表团团长扬・西克罗万、瑞典体育代表团团长卡・弗里蒂・奥夫逊、日本体育代表团团长近藤天、厄瓜多尔体育代表团团长帕・赛瓦约斯尼等。

霍英东团长、何贤副团长带领的港澳参观团也出席了开幕式。各国驻华使节以及在我国访问的其他外宾也出席了开幕式。

（刊载于《体育报》1979 年 9 月 16 日）

组织机构

主席团名单

主　任：陈锡联

副主任：王　猛　荣高棠　钟师统

委　员：（按姓氏笔画为序）

于步血	马万里	马继孔	王　平	王　凌（女）
王　铎	王文章	王达成	王崇伦	王耀东
尹　喆	尹忠尉	巴　岱	白　桦	白介夫
左漠野	孙作宾	乔加钦	任泉生	庄彝尊
刘亚南	刘建章	刘海泉	刘雪初	刘敬之
许道琦	杜　前	李　达	李　荒	李　琦
李青川	李剑白	李海峰（女）	李庶民	李梦华
杨　恺	杨康华	杨植霖	宋　中	张之槐
张汇兰（女）	张玉芹（女）	张青季	张树德	张格心
张海棠	张联华	陈　先	陈玉娘（女）	陈培民
林丽韫（女）	周巍峙	郑思远	胡开明	宫维桢
徐　才	徐其海	徐寅生	徐雷健	高文礼
郭维城	夏　翔	崔月犁	黄　中	黄　健
商景才	梁焯辉	韩复东	傅　钟	傅蕴珧
谢鑫鹤	路金栋	潘　多（女）	魏　明	

秘 书 长：荣高棠（兼）

副秘书长：黄　中　韩复东　高富有　陈忠义　袁晋修　魏　明
张联华　徐　才　张之槐

各代表团负责人名单

北京市代表团

团　长：毛联珏

副团长：魏　明　韩作黎　赵　斌　任　超　李大伟　徐仲华

上海市代表团

团　长：赵行志

副团长：杨　恺　杜　前　沈家麟　尹　敏　朱　勇

天津市代表团

团　长：白　桦

副团长：王诚熙　纪丕芳　仇　涌　袁玉亭　杨　腾

河北省代表团

团　长：尹　斋

副团长：徐瑞林　秦长怀　王伯宵　李存有　庞文通

山西省代表团

团　长：王文卓

副团长：王金贵　刘　杰　练改凤

内蒙古自治区代表团

团　长：孔　飞

副团长：特古斯　陈觉生　奇文祥

辽宁省代表团

团　长：王堃聘

副团长：刘金声　董连壁　刘启新　康　起　张　仲

吉林省代表团

团　长：庄彝尊

副团长：韩容鲁　廖运周　江　含

黑龙江省代表团

团　长：李剑白

副团长：李兴昌　张恒安

陕西省代表团

团　长：孙作宾

副团长：韩增友　杨笃谦

甘肃省代表团

团　长：杨植森

副团长：钟仰高　刘鸿儒

宁夏回族自治区代表团

团　长：李庶民

副团长：马　赛

青海省代表团

团　长：马万里

副团长：姜含勋　苏　辛

新疆维吾尔自治区代表团

团　长：巴　岱

副团长：吕　铭　达依木　哈的尔

山东省代表团

团　长：徐雷健

副团长：耿　宏　张　明　季明煎　孙继文　王秀泉

江苏省代表团

团　长：宫维桢

副团长：吴　镇　流　静　李春祥　王云山

浙江省代表团

团　长：商景才

副团长：姚　镇　王　贵　王岳尧

安徽省代表团

团　长：胡开明

副团长：马维民　任　明　张泰升

江西省代表团

团　长：马继孔

副团长：马继勋　杨敏之

福建省代表团

团　长：张格心

副团长：李德安　李　威　武占元

台湾省代表团

团　长：陈木森

副团长：黄文钦

河南省代表团

团　长：张树德

副团长：李景堂　翁少峰　卢　路

湖北省代表团

团　长：许道琦

副团长：罗　明　雷　浩　田志宏　张有典　刘贵乙　戴　光

湖南省代表团

团　长：刘亚南

副团长：张德隆　斯文奎

广东省代表团

团　长：杨旅华

副团长：陈远高　卢　动　赵庭瑶　陈镜开　孙凯风

广西壮族自治区代表团

团　长：徐共海

副团长：宋本洛　张今雄　张树武

四川省代表团

团　长：刘海泉

副团长：周　航　李培根　李铁民　王廷弼　郭　炎

贵州省代表团

团　长：张玉芹

副团长：陈均儒　李根牛

云南省代表团

团　长：陈　方

副团长：卢洪生　刘　锦

西藏自治区代表团

团　长：乔加钦

副团长：洛桑达瓦

中国人民解放军代表团

团　长：韩复东

政　委：周之同

副团长：鲁　挺　黄　烈　张野光　程英杰　王恒清

副政委：朱为流　冉光照　周敬一

竞赛规程规则

竞赛规程总则

第四届全国运动会是在全党工作着重点转移到社会主义现代化建设上来的时候举行的，又适逢建国三十周年，一定要开得隆重热烈。要高举毛泽东思想的旗帜，贯彻党的十一届三中全会精神，反映体育战线安定团结、大干快上、勇攀体育高峰的精神面貌。要坚持“友谊第一，比赛第二”的方针，鼓足干劲，力争上游，赛出风格，赛出水平，努力创造一批新纪录、新成绩，涌现一批新人才，向党中央汇报，向国庆三十周年献礼。通过全运会，推动我国社会主义体育事业高速度发展，为实现四个现代化做出贡献。

一、竞赛日期

1979 年 9 月 15 日至 30 日。

二、竞赛地点

北京市。部分项目在京外举行。

三、竞赛项目

1. 成年：足球、篮球、排球、乒乓球、羽毛球、网球、手球、棒球、女子垒球、田径、体操、技巧、举重、游泳、跳水、水球、划船（赛艇、皮艇、划艇）、武术、射箭、棋类（中国象棋、围棋、国际象棋）、击剑、自行车（公路、场地）、摔跤（中国式、自由式、古典式）、速度滑冰、花样滑冰、冰球、滑雪、射击、摩托车、跳伞、航空模型、航海模型、摩托艇和潜水，共 34 项。

2. 少年：田径和足球，共 2 项。

3. 表演项目：团体操。

四、参加单位

北京市、上海市、天津市、河北省、山西省、内蒙古自治区、辽宁省、吉林省、黑龙江省、陕西省、甘肃省、青海省、宁夏回族自治区、新疆维吾尔自治区、山东省、江苏省、浙江省、安徽省、江西省、福建省、台湾省、河南省、湖北省、湖南省、广东省、广西壮族自治区、四川省、贵州省、云南省、西藏自治区、中国人民解放军，共 31 个单位。

五、运动员资格

1. 中华人民共和国的公民。

2. 经医务部门检查，证明身体合格。

3. 参加足球、田径少年竞赛，必须是 1962 年 1 月 1 日以后出生的。

4. 凡各项竞赛规程中有其他特殊规定者，按各项竞赛规程规定执行。

六、竞赛办法

1. 足球(成年、少年)、篮球、排球、乒乓球、网球、羽毛球、手球、棒球、女子垒球、田径(成年)、体操、技巧、棋类、击剑、花样滑冰、冰球、射击、摩托车、航海模型共 19 项，先进行预赛。

2. 游泳、举重、跳水、射箭、跳伞等项目，采用规定报名标准或规定报名人数的办法，在京进行比赛。详见各该项竞赛规程的规定。

3. 在京外比赛的项目地点是：

乒乓球、少年足球在天津比赛；

少年田径和摔跤、手球在保定比赛；

武术在石家庄比赛；

自行车(公路和场地)在太原比赛；

马拉松在呼和浩特比赛；

网球在上海比赛；

水球在广东省江门、新会比赛；

速滑在乌鲁木齐比赛；

滑雪在黑龙江尚志县比赛；

划船在杭州比赛；

航空模型在成都、南宁比赛；

潜水在长沙比赛；

摩托艇在青岛比赛。

4. 先期举行预决赛的项目日期、地点、竞赛办法以及报名、报到日期等，均按各项竞赛规程的规定执行。

5. 工作人员人数：

(1) 各代表队的领队、教练、伴奏、医生等，均按各项竞赛规程的规定报名。

(2) 各代表团团部工作人员(包括团长)，来京运动员总数为 150 人以上者，按 15 比 1 配备。运动员总数在 150 人以下者，工作人员不得超过 10 人。

6. 竞赛规则：采用中华人民共和国体育运动委员会 1979 年审定的各项运动竞赛规则。凡采用 1979 年以前审定的竞赛规则，均由各该项竞赛规程另行规定。

七、录取名额与奖励

1. 各项、集体项目、成队项目、个人全能、个人单项，均取前 6 名。分别颁发奖章和奖状。凡不足 6 名的个人和团体，或有其他需要给予奖励的，均由各该项竞赛规程具体规定。

2. 破纪录奖励方法：凡破全国纪录、亚运会纪录（高于全国纪录者）、世界纪录和有特殊贡献者，分别授予全国纪录奖章和荣誉奖章。

八、报名日期

1. 第一次报名：1979 年 4 月 30 日截止。各单位要报确定参加的项目及人数（包括每项的单项人数，有预赛的项目除外）。

2. 第二次报名：1979 年 7 月 31 日截止。各单位必须填写各项运动员的报名单。按规定的截止日期前寄到大会筹备办公室。逾期不报以不参加论。报名单一经交到后，不得更改或补充。

九、报到日期

1. 各代表团于 1979 年 9 月 10 日、9 月 11 日到北京市向大会报到。在天津、保定等地举行的项目，报到日期见有关单项竞赛规程。

2. 各单位派 1 至 2 名工作人员，于 1979 年 8 月 25 日前到大会筹备办公室报到。加强与大会的联系，协助大会进行有关竞赛、报名等工作。

十、代表团团旗

各单位自备。颜色自行规定，尺寸一律按 6 市尺 ×9 市尺。代表团团旗上只标明省、自治区、直辖市或中国人民解放军的名称。

十一、竞赛服装

一律按各该项竞赛规程及规则的有关规定执行。

十二、附则

本竞赛总则和各单项竞赛规程的解释、修改，由第四届全国运动会筹备办公室负责。

中华人民共和国第四届运动会各代表团参加竞赛项目统计表

单位＼项目	足球 成年	足球 少年	篮球	排球	乒乓球	羽毛球	网球	手球	棒球	女子垒球	田径 成年	田径 少年	体操	技巧	举重	游泳	跳水	水球	划船	武术	射箭	棋类	击剑	自行车 公路	自行车 赛场	摔跤	速滑	花滑	冰球	滑雪	射击	摩托	跳伞	空模	海模	摩托艇	滑水	参加项数	备注
1北京	△	△	△	△	△	△	△	△	△	△	△	△	△	△	△	△	△			△		△	△	△	△	△		△			△	△	△	△	△	△		27	本届全运会共三十四个竞赛项目，其中足球（包括成年、少年），田径（包括成年、少年）和自行车（包括公路、赛场），均计为一个项目。
2上海	△	△	△	△	△	△	△	△	△	△	△	△	△	△	△	△	△	△	△	△	△	△	△	△	△	△					△	△	△	△	△	△		29	
3天津	△	△	△	△	△	△	△	△	△	△	△	△	△		△	△				△	△	△	△			△					△	△		△	△			22	
4河北	△	△	△	△	△	△					△	△	△		△	△	△			△		△				△					△	△		△	△	△		18	
5山西	△	△	△	△	△			△			△	△	△		△					△	△	△		△	△	△					△	△		△	△			17	
6内蒙古	△	△	△	△	△		△				△	△	△		△	△				△	△	△				△					△	△		△	△			17	
7辽宁	△	△	△	△	△	△	△	△	△	△	△	△	△		△	△	△			△	△	△	△	△	△	△	△				△	△		△	△	△	△	27	
8吉林	△	△	△	△	△					△	△	△	△		△					△		△		△	△	△	△	△	△	△	△	△		△	△			20	
9黑龙江	△	△	△	△	△			△		△	△	△	△		△	△				△		△	△		△	△	△	△	△	△	△	△	△	△	△			24	
10陕西	△	△	△	△	△				△	△	△	△	△		△	△				△		△		△		△					△	△	△	△	△			19	
11甘肃	△	△	△	△	△			△	△	△	△	△	△	△						△		△		△	△	△					△	△		△				16	
12宁夏	△	△	△	△	△						△	△	△		△					△		△		△	△	△					△	△		△				14	
13青海	△	△	△	△	△						△	△								△	△	△		△		△			△		△	△		△				14	
14新疆	△	△	△	△	△						△	△			△					△	△	△		△		△	△	△	△	△	△	△		△				18	
15山东	△	△	△	△	△						△	△	△		△	△				△	△	△									△	△	△	△	△	△		17	
16江苏	△	△	△	△	△	△	△		△		△	△	△	△	△	△	△		△	△		△	△	△	△	△					△	△		△	△	△		24	
17浙江	△	△	△	△	△	△					△	△	△	△	△	△			△	△		△									△			△	△	△	△	18	
18安徽	△	△	△	△	△	△	△	△			△	△	△	△	△	△				△		△		△	△	△					△	△		△	△	△		21	
19江西	△	△	△	△	△	△					△	△	△	△	△	△	△			△		△									△	△		△	△	△	△	19	
20福建	△	△	△	△	△	△	△	△	△	△	△	△	△	△	△	△	△	△		△	△	△		△	△						△	△		△	△	△	△	26	
21台湾					△	△	△		△		△					△						△									△	△						9	
22河南	△	△	△	△	△	△	△		△	△	△	△	△		△	△				△		△	△	△	△	△					△	△	△	△	△			22	
23湖北	△	△	△	△	△	△	△				△	△	△		△	△	△		△	△		△	△								△	△	△	△	△	△	△	23	
24湖南	△	△	△	△	△	△	△		△	△	△	△	△	△	△	△	△	△		△											△	△	△	△	△	△	△	23	
25广东	△	△	△	△	△	△	△	△			△	△	△	△	△	△	△	△	△	△	△	△	△								△	△	△	△	△	△	△	26	
26广西	△	△	△	△	△	△		△			△	△	△	△	△	△	△	△		△		△									△	△		△	△	△	△	21	
27四川	△	△	△	△	△	△	△	△	△	△	△	△	△	△	△	△	△	△		△		△	△								△	△	△	△	△			24	
28贵州	△	△	△	△	△	△		△	△	△	△	△	△		△	△		△		△		△	△								△	△	△	△	△			21	
29云南	△	△	△	△	△	△	△	△			△	△	△	△	△	△				△		△	△	△	△	△					△	△	△	△	△			22	
30西藏	△		△		△						△	△									△										△							6	
31解放军	△	△	△	△	△	△	△	△	△		△	△	△		△	△	△	△	△						△		△		△	△	△		△					21	
合计	30	29	30	29	31	20	16	15	14	13	31	30	27	12	27	24	13	8	6	28	11	28	12	15	14	18	5	4	5	4	31	28	13	28	24	14	8		

来源：国家体育总局办公厅信档处

竞赛成绩

奖牌榜

单位：枚

名次	单位	金牌	银牌	铜牌
1	解放军	50	42	46
2	北京	44	42	53
3	广东	44	41	39
4	黑龙江	38	52	32
5	上海	36	32	33
6	吉林	30	21	31
7	辽宁	28	28	16
8	山西	21	18	16
9	山东	21	14	12
10	江苏	19	20	34
11	湖北	17	18	14
12	广西	16	16	14
13	新疆	15	9	3
14	内蒙古	14	11	12
15	河北	12	11	13
16	浙江	11	18	16
17	云南	10	7	9
18	陕西	9	10	12
19	四川	7	10	9
20	湖南	6	6	11
21	福建	5	6	7
22	河南	5	4	3
23	天津	4	11	9
24	江西	3	5	5
25	安徽	2	5	8
26	甘肃	2	5	4
27	青海	0	4	5
28	宁夏	0	3	1
29	贵州	0	1	2
30	西藏	0	1	0

破平纪录统计表

	项目	姓名	单位	性别	破纪录成绩	世界纪录	亚洲纪录	备注
举重	52 公斤抓举	吴数德	广西	男	108 公斤	107.5 公斤		破青年世界纪录
	52 公斤级挺举	张跃鑫	江苏	男	130.5 公斤	130 公斤		破青年世界纪录
	52 公斤级总成绩	吴数德	广西	男	235 公斤	232.5 公斤		破青年世界纪录
航空模型	橡筋动力水上模型飞机直线距离	何伟雄	广东	男	2280 米	100.7 米		
	橡筋动力水上模型飞机飞行高度	何伟雄	广东	男	561.6 米	42.7 米		
	无线电遥控模型直升飞机直线距离	敖维驯 崔仁智	内蒙古	男	2854.77 米	2509.87 米		
	活塞式发动机模型飞执飞行高度	尹承伯	江苏	男	5809.7 米	4152 米		
	活塞式发动机水上模型飞机飞行高度	朱耀周	江苏	男	2740 米	1960 米		
	橡筋动力模型飞机直线速度	陆钟毅	上海	男	146.96 公里/ 小时	144.9 公里/ 小时		平世界纪录
射击	男子小口径自选步枪 3×40 卧射	林波	陕西	男	400 环	400 环		平世界纪录
	女子小口径手枪慢加速射	高建敏	山东	女	592 环	592 环		平世界纪录
田径	女子铁饼	李晓慧	河北	女	58.58 米		58.22 米	
	女子 400 米栏	章会芬	陕西	女	59″79		1′1″32	
		刘卫平	河北	女	59″87			
		李素兰	山东	女	59″70			
		胡埃屏	河北	女	1′0″25			
		谌欣	江西	女	1′0″55			
		杨燕燕	河北	女	1′0″66			
		高萍	黑龙江	女	1′0″97			
		柳丽娟	河北	女	1′1″23			
	67.5 公斤级抓举	赵新民	江苏	男	137.5 公斤		135 公斤	
	67.5 公斤级挺举	赵新民	江苏	男	172.5 公斤		170 公斤	
	67.5 公斤级抓举	赵新民	江苏	男	310 公斤		297.5 公斤	
	90 公斤级挺举	马文广	山东	男	188 公斤		187.5 公斤	
	90 公斤级总成绩	马文广	山东	男	335 公斤		332.5 公斤	
	110 公斤以上级抓举	杨怀庆	山东	男	150 公斤		148 公斤	

破全国纪录统计表

项目	破纪录队数	破纪录人数			破纪录次数			破纪录项数		
		合计	男	女	合计	男	女	合计	男	女
田径	5	41	25	16	60	34	26	16	10	6
游泳	4	28	7	21	78	18	60	23	9	14
举重		14	14		29	29		17	17	
射箭	1	4	2	2	6	4	2	6	4	2
场地自行车	9	5	3	2	18	6	12	5	3	2
速度滑冰		21	7	14	38	11	27	9	4	5
射击	4	12	11	1	19	18	1	9	8	1
跳伞	13	15	4	11	28	7	21	4	2	2
航空模型		38	38		29	29		7	7	
航海模型		19	19		62	62		4	4	
摩托艇		7	1	6	9	2	7	2	1	1
合计	36	204	131	73	376	220	156	102	69	33

破全国少年纪录统计表

项目	破纪录队数	破纪录人数			破纪录次数			破纪录项数		
		合计	男	女	合计	男	女	合计	男	女
田径	2	6	6		10	10		5	5	

破纪录公报

据第四届全运会竞赛部统计，到14日为止，打破世界纪录、平世界纪录和打破全国纪录的情况如下：

一、打破世界纪录（5人、5次、5项）

航空模型（已经国际航联批准）：

（1）何伟雄（广东）以2280米的成绩打破橡筋动力水上模型飞机直线距离的世界纪录。

（2）何伟雄（广东）以561.6米的成绩打破橡筋动力水上模型飞机飞行高度的世界纪录。

（3）敖维训、崔仁智（内蒙古）以2854.77米的成绩打破无线电遥控模型直升飞机直线距离的世界纪录。

（4）尹承伯（江苏）以5809.7米的成绩打破活塞式发动机模型飞机飞行高度的世界纪录。

（5）朱耀周（江苏）以2740米的成绩打破活塞式发动机水力模型飞机飞行高度的世界纪录。

二、平世界纪录（2人、2次、2项）

（1）射击（1人、1次、1项）：

林波（陕西）以400满环的成绩平小口径自选步枪3×40卧射的世界纪录。

（2）航空模型（1人、1次、1项）：

陆钟毅（上海）以146.96公里/小时的成绩平橡筋动力模型飞机直线速度的世界纪录。

三、打破全国纪录（103人、9队、135次、32项）

（1）田径：6人2队8次打破3项全国纪录。

（2）速度滑冰：28人46次打破10项全国纪录。

（3）摩托艇：7人9次打破2项全国纪录。

（4）赛场自行车：4人5队13次打破2项全国纪录。

（5）射击：5人2队7次打破6项全国纪录。

（6）航海模型：15人23次打破2项全国纪录。

（7）航空模型：38人29次打破7项全国纪录。

精彩瞬间

辽宁省潜水运动员乔亚平

辽宁射箭队获得女子双轮团体比赛第一名

江苏举重运动员李顺柱抓举 140 公斤成功

上海队许梅林和王良佐在网球双打比赛中

羽毛球比赛

乒乓球比赛

上海市运动员朱政在第四届全运会女子体操比赛中的高低杠动作

男子双杠比赛

花剑比赛中，江苏队栾菊杰以五战五胜的成绩夺得女子花剑冠军。栾菊杰与孙鲁宁在比赛中

女子平衡木决赛场面

辽宁省运动员邹振先获得男子跳远冠军

举重比赛

1979 年 9 月 24 日，在全运会男子 4×400 米接力赛中，获得前两名的广西、北京队的成绩都打破了全国纪录。这是广西运动员领先交接第 4 棒的情形

跳伞比赛

我国优秀的女将、广东省运动员陈肖霞，在第四届全运会女子跳台跳水比赛中不负众望，夺得金牌。图为陈肖霞跳台跳水动作的连续摄影

获得第四届全运会女子跳板跳水冠军的上海运动员史美琴

浙江省运动员薛友忠、李惠芳制作的导弹护卫艇模型，配有“导弹”“对空火箭”和多种“火炮”，在第四届全运会航海模型无线电遥控绕标舰船比赛中受到好评

水上项目

摩托车比赛

马拉松比赛

技巧比赛

女子 100 米栏决赛终点处的连续动作摄影：8 名选手几乎同时向终点冲刺，其中，右起第 4 人是获得冠军的新疆运动员戴建华，第 5 人是获得亚军的解放军运动员周英

参加全运会的台湾省代表队

冰球比赛

闭 幕 式

闭幕式程序

1979 年 9 月 30 日下午 3 时

一、中华人民共和国第四届运动会闭幕式开始；

二、奏国歌；

三、向体育运动荣誉奖章获得者“勇攀高峰运动队”和团体操《新的长征》奖旗获得者、破全国纪录奖章获得者发奖；

四、致闭幕词；

五、中华人民共和国第四届运动会胜利闭幕。

由第四届全运会足球冠军山东队和亚军北京队进行表演赛。

李先念同志给创造优秀成绩的运动员、运动队颁发锦旗

党和国家领导人在第四届全运会期间向打破世界纪录的运动员和今年以来在国际比赛中获得世界冠军的运动员、有重大贡献的教练员颁发荣誉奖章，向“勇攀高峰运动队”和《新的长征》大型团体操的代表颁发锦旗，向在北京比赛期间打破全国纪录的运动员颁发破纪录奖。

第四届全运会胜利闭幕

新华社北京 9 月 30 日电 中华人民共和国第四届全国运动会今天下午在北京工人体育场举行闭幕式。党和国家领导人同首都 8 万多群众一起，热烈庆祝第四届全运会圆满成功。

出席闭幕式的有华国锋、叶剑英、邓小平、李先念、汪东兴，以及中共中央政治局委员、候补委员，人大常委会副委员长，国务院副总理，中央军委负责人，政协全国委员会副主席，最高人民法院院长，最高人民检察院检察长。

西哈努克亲王和夫人、宾努亲王和夫人，应邀出席了闭幕式。

下午 3 时许，闭幕式宣布开始。军乐团奏国歌。接着，在《团结友谊进行曲》的雄壮旋律中，华国锋、邓小平、李先念以及 31 个体育代表团团长走下主席台，来到运动场地，分别向在第四届全运会期间打破世界纪录的运动员、今年以来在国际比赛中获得世界冠军的运动员和有重大贡献的教练员共 51 人，发了体育荣誉奖章，向 19 个“勇攀高峰运动队”和《新的长征》大型团体操的代表发了锦旗，向 226 名在北京比赛期间打破全国纪录的运动员发了破全国纪录奖章。

第四届全运会从 9 月 15 日正式开幕，历时 16 天。加上先期进行的一些项目的比赛，在整个全运会的 34 个项目比赛中，共有 5 人 5 次打破了 5 项世界纪录；2 人 3 次打破了 3 项青年世界纪录；3 人 3 次平了 3 项世界纪录；12 人 24 次打破了 8 项亚洲纪录；204 人和 34 个队 376 次打破了 102 项全国纪录。在全运会期间，一些项目还组织了对抗赛，其中有 3 个队 3 次超过 3 项世界纪录，1 人 1 次平了 1 项世界纪录；10 人 10 个队 20 次打破了 13 项全国纪录。体操、游泳等项目也取得了可喜成绩，已达到或接近世界先进水平。各项球类比赛异军突起，新人辈出，水平接近，争夺激烈，显示出各地球队技术水平又有了新的进步。

中共中央政治局委员、国务院副总理徐向前致闭幕辞。他说，第四届全运会开得很好，很成功。他代表党中央和国务院向大会表示热烈的祝贺，向创造优异成绩的运动员表示热烈的祝贺。

出席闭幕式的还有：

在北京的中共中央委员，全国工业、交通、基本建设战线的先进企业的代表和劳动模范，第四届全运会港澳参观团；应邀前来参观全运会的国际奥委会和其他国际体育组织的友好人士，正在北京访问的外宾、各国驻华使节。

闭幕式结束后，这届全运会足球比赛冠军山东队和亚军北京队进行了表演赛，北京队以 4 ∶ 2 获胜。

（刊载于《体育报》1979 年 9 月 30 日）

闭幕词

徐向前

同志们，朋友们：

中华人民共和国第四届运动会，今天胜利闭幕了！这届运动会，是在全国人民向四个现代化进军的时候举行的。运动员们高举革命火炬，开展革命竞赛。象征着我们9亿人民，在马列主义、毛泽东思想的指引下，决心进行新的长征。运动会开得很好，很成功。我代表党中央和国务院，向大会表示热烈的祝贺！向创造优异成绩的运动员，表示热烈的祝贺！

体育是造福人民、强盛国家、振奋民族精神的大事。我们的党和政府，从来都十分重视体育工作。我们相信，在华国锋同志为首的党中央的领导下，我国的体育事业一定会有一个大发展！一定会有一个大提高！

各省、市、自治区和解放军，一定要十分重视体育工作，加强对体育工作的领导。

各行各业的同志们，希望你们积极参加体育活动，增强体质，为实现“四化”多做贡献。

青少年同志们，你们是祖国的未来，希望你们特别加强体育锻炼，德智体全面发展，做到身体好、学习好、工作好，在建设祖国、保卫祖国的伟大事业中贡献自己的青春！

运动员、教练员同志们，希望你们努力发扬为社会主义体育事业献身的精神，胸怀祖国，放眼世界，勤学苦练，勇攀高峰，为祖国争光，为人民建立新的功勋！

同志们，朋友们，明天就是国庆了，让我们一起热烈庆祝中华人民共和国成立三十周年！让我们在党的十一届三中全会和四中全会精神的鼓舞下，同心同德，团结一致，为把我国建设成为一个现代化的社会主义强国而奋斗！

媒体报道

《人民日报》

第四届全运会于九月在京举行
目前，各项筹备工作正在积极进行

全运会将组织革命火炬接力活动。火炬从上海点燃，经南昌、井冈山、广州、长沙、遵义、西安、延安到北京，开幕式时入场

新华社北京3月8日电 经国务院批准，中华人民共和国第四届全国运动会将于今年9月10日至23日在北京举行。

这届全运会由国家体育运动委员会和中华全国体育总会举办，全国各省、市、自治区和解放军组成31个体育代表团（包括台湾体育代表团）参加。目前，各项筹备工作正在积极进行。

预定比赛项目有足球、篮球、排球、乒乓球、羽毛球、网球、手球、棒球、女子垒球、田径、游泳、跳水、水球、体操、技巧、举重、击剑、自行车（公路和场地）、划船（赛艇、皮艇、划艇）、武术、射箭、摔跤（中国式、自由式、古典式）、射击、棋类（中国象棋、围棋和国际象棋）、速度滑冰、花样滑冰、冰球、滑雪、跳伞、航空模型、航海模型、摩托车、摩托艇、潜水共34项。

少年比赛项目有田径、足球2项。

全运会上将进行团体操表演，表彰体育先进集体和先进工作者，交流经验。

为表达全国人民高举中国共产党点燃的革命火炬，在新时期跟随党中央进行新长征的坚强意志，扩大全运会的影响，推动群众体育活动的开展，这届全运会将组织革命火炬接力活动。火炬将从上海点燃，然后经南昌、井冈山、广州、长沙、遵义、西安、延安到北京，在开幕式时入场。

第四届全国运动会是在全党工作着重点转移到社会主义现代化建设上来的时候举行的，适逢新中国成立三十周年。广大体育工作者、运动员、教练员表示一定要高举马列主义、毛泽东思想的旗帜，贯彻党的十一届三中全会精神，发展体育战线安定团结的局面，坚持“友谊第一，比赛第二”的方针，勇攀体育高峰，争取创造一批新纪录、新成绩，涌现一批新人才，推动我国体育事业的发展，为实现四个现代化做出贡献，向新中国成立三十周年献礼。

（刊载于《人民日报》1979年3月9日）

《人民日报》

第四届全运会组织委员会在京举行会议

宣布全运会改期在 9 月 15 日至 30 日举行

各项筹备工作正在积极进行　各体育代表团基本组成

新华社北京 7 月 16 日电　第四届全国运动会组织委员会今天下午在北京举行会议。会上宣布，第四届全运会原定 9 月 10 日至 23 日在北京举行，现改期在 9 月 15 日至 30 日举行。全运会的各项筹备工作正在积极进行。

国务院副总理、第四届全运会组织委员会主任陈锡联出席会议并讲了话。第四届全运会组委会在北京的委员出席了会议。

这届全运会将进行 34 个项目的竞赛。成年项目有足球、篮球、排球、乒乓球、羽毛球、网球、手球、棒球、女子垒球、田径、体操、技巧、举重、游泳、跳水、水球、划船（赛艇、皮艇、划艇）、武术、射箭、棋类（中国象棋、围棋、国际象棋）、击剑、自行车（公路、场地）、摔跤（中国式、自由式、古典式）、速度滑冰、花样滑冰、冰球、滑雪、射击、摩托车、跳伞、航空模型、航海模型、摩托艇和潜水。少年项目有田径和足球。参加这届全运会的共有 31 个体育代表团。这些代表团将分别由各省、市、自治区（包括台湾省）和人民解放军组成。

国家体委副主任、第四届全运会组委会副秘书长黄中，在会上介绍了全运会的筹备工作情况。他说，今年是新中国成立三十周年，我们一定要开好这届全运会。通过这届运动会促进体育运动队伍的建设和社会主义体育运动事业的发展，保障人民有健康的体魄和充沛的精力从事我国四个现代化的建设。

组织委员会还邀请港澳同胞参观团参观全运会。

目前，各省、市、自治区和人民解放军的体育代表团基本上已经组成。

（刊载于《人民日报》1979 年 7 月 16 日）

《人民日报》

新长征的赞歌

第四届全运会团体操简介

反映全国人民在党中央领导下，同心同德、一心一意奔四化的大型团体操《新的长征》，将在第四届全运会的开幕式上同观众见面。

有 15000 多人参加表演的团体操《新的长征》，由《欢庆胜利》《继往开来》《茁壮成长》《勇攀高峰》和《锦绣前程》五个部分组成，并配有 31 幅背景画面（变化 44 次），气势宏伟。整个团体操动静结合，虚实相间，背景画面和表演呼应，通过优美的体操技巧和动人的音乐舞蹈，表现全国各族人民阔步新长征的精神风貌。

背景台上“新的长征”四个光辉闪耀的大字，拉开了团体操的序幕。顿时，音乐四起，近2000名英姿勃勃的男女青年健步入场，表演第一场《欢庆胜利》。在雄壮欢快的乐曲声中，表演者迅速组成了一面长50米、宽30米的五星红旗和6朵大葵花。它们象征着全国人民同心同德、勇往直前。这时，背景台上展现出庄严的国徽和“一九四九—一九七九”的大字。随之，场上锣鼓震天，6条色彩绚丽的巨龙在鼓乐声中飞舞。接着，红旗变成一朵迎着骄阳怒放的大葵花，与周围的千朵小花汇成一片花的海洋。花丛中巨龙狂舞、奇葩斗妍，出现了欢歌乐舞庆祝新中国成立三十周年的热烈场面。

第二场是《继往开来》。乐曲深沉低回，背景上高大的人民英雄纪念碑庄严肃穆。1200名身着白衣、罩纱粉裙的少女，手舞黄扇，面向纪念碑，用凝重的舞步、舒展的舞姿表达对先烈无限缅怀的深情。当背景上出现毛主席、周总理、朱委员长画像时，场上1000余把黄扇瞬息间变成了绿色，组成了一幅幅青山和松柏的图案，表现了对老一辈无产阶级革命家的悼念。一声春雷，背景台上一条七色长虹横贯云天。场上表演者全部翻开红色扇面，翩翩起舞，宛如朵朵报春的红梅，笑迎明媚的春天！接着，场内组成了象征着美好吉祥的孔雀开屏图案，同背景上各族人民跟着党中央奋勇前进的画面相辉映，反映了全国人民继承先烈遗志，继往开来的壮志豪情。

第三场《茁壮成长》是活泼的儿童操。以600名少先队员组成的鼓号队为先导，1200名天真烂漫的儿童手持游泳圈欢快地奔跑入场。他们朝气勃勃地表演了徒手操、游泳操和各种儿童游戏。当孩子们组成了一个个“1＋1”算式的图案时，背景上出现的“我们爱科学”画面紧相呼应，使人联想到中国人民必将夺得“哥德巴赫猜想”那样的更多的科学王冠！当孩子们模拟游泳和划船的有趣动作时，浪峰中忽然升起了24只白帆，背景上3朵映日荷花捧出3个“好”字，象征着沐浴党的阳光雨露、茁壮成长的广大青少年，决心在新长征的大风大浪中，千锤百炼，做革命事业接班人。

第四场《勇攀高峰》，是由1000多名体操运动员和10个省的技巧队联合表演的。首先入场表演的健美的藤圈操，象征着群众性的体育活动正在全国蓬勃开展。在悦耳的电子音乐声中，场内表演自由体操、双人多人技巧、罗汉造型，背景画上碧水银波，天鹅翱翔，使观众心旷神怡。当场中出现高难度的罗汉造型时，背景台呈现出白雪皑皑的珠穆朗玛峰画面，表现了在新的长征中，各行各业敢于攻关、勇攀高峰的豪迈气概。

大型团体操的最后一场是《锦绣前程》。在万里长城背景画面映衬下，步伐整齐的海、陆、空三军战士威武雄壮地步入会场，显示了人民解放军是“四化”的坚强保卫者。接着3000多名男女青年簇拥着一座高大的翻花台和四个翻花柱入场表演。背景台上出现了一幅幅瑰丽的图案：油龙喷涌，麦海荡漾，潜艇待发，群星璀璨。场内万紫千红，百花吐艳，祖国四化的锦绣前程映在观众面前。正在观众欣赏这繁花似锦的场景时，突然间，从背景台的最高处凌空飞下八位披纱着彩、裙带飘舞的“仙女”，把人们带入科学漫想之中……正在人们陷入太空的遐想时，数百名手持花束、气球的儿童，欢腾雀跃地跑进场内，随之，4000多个花球腾空而起，1000多只鸽子展翅高翔。这时，背景台上“二〇〇〇”四个大字，召唤我们奔向无限美好的未来。

（刊载于《人民日报》1979年9月16日）

《人民日报》

接过老一辈革命家点燃的火炬　在党中央领导下进行新的长征

第四届全国运动会在京隆重开幕

华国锋同志等党和国家领导人出席，玛格丽特女王、亨里克亲王等贵宾和国际奥委会等组织的友好人士应邀出席 4000 名运动员和首都 80000 各界群众一起参加开幕式，国家体委主任王猛致开幕词。

新华社北京 9 月 15 日电 中华人民共和国第四届运动会今天下午在北京工人体育场隆重举行开幕式。来自全国各地的体育健儿英姿勃勃，接受党和国家领导人的检阅。

出席开幕式的有：党和国家领导人华国锋、邓小平、李先念、汪东兴、王震、韦国清、乌兰夫、方毅、邓颖超、纪登奎、吴德、余秋里、张廷发、陈永贵、陈锡联、胡耀邦、耿飚、聂荣臻、徐向前、陈慕华、赛福鼎、彭真、谭震林、阿沛·阿旺晋美、周建人、许德珩、胡厥文、朱蕴山、史良、谷牧、康世恩、薄一波、姚依林，中央军委常委粟裕；政协全国委员会副主席宋任穷、康克清、季方、王首道、杨静仁、胡子昂、荣毅仁、刘澜涛、陆定一、胡愈之、王昆仑、班禅额尔德尼·确吉坚赞；最高人民法院院长江华、最高人民检察院检察长黄火青。

应邀出席开幕式的有丹麦女王玛格丽特二世陛下和亨里克亲王殿下、宾努亲王和夫人、委内瑞拉争取社会主义运动代表团团长特奥多罗·佩特科夫。

今天北京秋高气爽，晴空万里。宏伟的北京工人体育场顶棚上一面面彩旗迎风飘扬。毛泽东同志和华国锋同志的巨幅画像竖立在主席台上方。体育场内悬挂的标语上写着：“伟大的中国共产党万岁”，“热烈庆祝中华人民共和国成立三十周年”，“发展体育运动，增强人民体质”，“努力发展体育事业，为实现四个现代化而奋斗”，“为把我国建设成现代化的伟大社会主义强国而奋勇前进”。在京参加决赛的运动员和在天津、保定、石家庄、长沙赛区参加决赛的运动员共 4000 人，同首都 80000 各界群众一起参加了开幕式。

下午 3 时 30 分，广播喇叭传出庄严、洪亮的声音：“中华人民共和国第四届运动会现在开幕！”在雄壮的乐曲声中，一队簇拥着国旗、国徽和高举着红旗的青年为前导，裁判员、运动员队伍步入会场，全场报以热烈的掌声。依次入场的是解放军、上海、山西、山东、广东、广西、云南、天津、内蒙古、宁夏、辽宁、台湾、四川、甘肃、安徽、西藏、吉林、江西、江苏、青海、河北、河南、贵州、陕西、浙江、湖北、湖南、福建、新疆、黑龙江、北京的体育队伍。观众以特别热烈的掌声欢迎身着淡绿色短袖运动衣的台湾省体育代表团的运动员入场，表示对骨肉同胞的深情。

军乐队高奏国歌。代表 31 个体育代表团的 31 名运动员跑上主席台，向党和国家领导人，以及远道而来的外宾献花。此时，2000 只信鸽凌空飞起，绕场回翔。

中华人民共和国体育运动委员会主任、第四届全运会组织委员会副主任王猛致开幕词。他说，在全国人民欢庆中华人民共和国成立三十周年的时候，第四届全运会开幕了。这届全运会是新中国成立以来规模最大的一次运动会，是对我国体育事业的一次大检阅。我们要通过竞赛和表演，体现体育战线解放思想、团结一致、大干快上、勇攀高峰的精神面貌，体现全国人民同心同德、一心一意干“四化”的坚强决心。全体运动员都要鼓足干劲，力争上游，坚持“友谊第一，比赛第二”的方针，赛出水平，赛出风格，努力创造优异成绩，向国庆三十周年献礼。

王猛说，全体体育工作者和运动员，要接过老一辈无产阶级革命家点燃的革命火炬，振奋精神，再接再厉，在党中央领导下进行新的长征，努力发展体育事业，为实现四个现代化贡献力量。

运动员代表林波在讲话中说：我们一定高举马列主义、毛泽东思想的伟大旗帜，贯彻党的十一届三中全会精神，解放思想，鼓足干劲，团结一致，为社会主义祖国争光。

裁判员、运动员退场后，31 名运动员手举火炬跑入会场。8300 名青少年组成的背景台上，出现熊熊燃烧的火炬画面。从 7 月 1 日在上海点燃火炬后，50 万参加火炬接力的青少年爬雪山、过草地，踏着老一辈革命家的足迹，途经 16 个省、市、自治区把火炬传送到会场，历时 70 多天，行程近 30000 里。80000 观众以热烈掌声欢迎火炬接力队。

最后由 17000 名青少年表演了大型团体操——《新的长征》。宽阔的场地和背景台上，万花竞放，五彩缤纷，展现了今日中国人民进行新长征的磅礴气概和锦绣前程。

出席开幕式的，还有应邀前来参观全运会的国际奥委会和其他国际体育组织的友好人士竹田恒德（日本）、斯托波（挪威）、库马尔（印度）、维拉西埃尔托（乌拉圭）；以及罗马尼亚体育代表团团长扬·西克罗万、瑞典体育代表团团长卡·弗里蒂·奥夫逊、日本体育代表团团长近藤天、厄瓜多尔体育代表团团长帕·塞瓦约斯尼等。

霍英东团长、何贤副团长率领的港澳参观团也出席了开幕式。各国驻华使节，以及在我国访问的其他外宾也出席了开幕式。

（刊载于《人民日报》1979 年 9 月 16 日）

《体育报》

洋溢着时代精神的盛会

——祝第四届全运会开幕

在熊熊燃烧的新长征接力火炬的辉映下，第四届全国运动会今天在北京隆重开幕。体坛群英荟萃，兴会无前。我们谨向即将在全运会上大显身手的体育健儿们，与会的体育先进集体和先进工作者们，致以热烈的祝贺，对前来参观全运会的外国贵宾和港澳同胞表示热烈的欢迎。

规模宏大的第四届全国运动会，将是一次洋溢着时代精神的体育盛会。当前，全国人民正在党中央领导下进行新的长征，朝气蓬勃，意气风发，一心一意搞“四化”。这种时代精神，将在这届全运会上得到充分的体现。那光彩夺目的“新长征接力”火炬，那气象万千的《新的长征》团体操，那凌空飞翔的“奔向二〇〇〇年”信鸽，就是这种时代精神的生动象征。运动场更是集中展现这种精神风貌的场所。我们的运动健儿，一向怀有为国争光、为中华民族争气的雄心壮志。粉碎“四人帮”以来，他们在全国人民向“四化”进军的革命洪流之中，积极性和创造精神进一办迸发出来，刻苦训练，奋勇攀登，技术水平有了很大提高。在全运会上，他们将带着为“四化”多做贡献的坚强决心和巨大热忱，以敢于向世界水平挑战的宏伟气魄，你追我赶，奋勇争先，向亚洲纪录、世界纪录猛烈冲击。闪烁着时代精神光辉的第四届全运会，对于振奋人民群众的精神，激励人民同心同德奔“四化”的革命热情，必将产生积极的影响。

这届运动会还将是一次在体育竞赛上进一步拨乱反正、解放思想的体育盛会。竞赛是推动社会前进的一股强大的力量，也是体育运动的一个鲜明特点。通过体育竞赛，能充分调动人们发展体育事业、提高运动水平的积极进取精神，能够使人才辈出，生生不已。林彪、“四人帮”破坏社会主义体育事业，反对体育竞赛，他们给组织竞赛戴上“搞修正主义”的帽子，比赛了，也不让宣传比分、名次，不让运动员冒尖，把参加国际比赛，为国争光，污蔑为“适应国际资产阶级的需要”。这届全运会就是要进一步拨乱反正；为了创成绩，为了出人才，各个项目都要提倡破纪录，争金牌，夺奖杯，冒尖子，露头角。对那些创造了新纪录、新成绩，为国家做出重大贡献的名手强将，要宣传、表扬，记功授奖。这样做，是发展社会主义体育事业的需要，是四化建设的需要，也是群众的愿望和要求。这是搞马克思主义，不是搞修正主义；是搞社会主义，不是搞资本主义。我们要理直气壮地搞竞赛，夺锦标，再也不能让林彪、“四人帮”极“左”路线的精神枷锁捆住手脚。

体育运动是关系国家强弱和民族盛衰的大事。当前我国正处在经济、文化、科学技术上由落后变先进，由衰弱到昌盛的一个伟大历史转折时期，民族的体质和精神面貌则是我们求得彻底翻身的一个重要条件。经济发展了，人民体质会好些，人民体质好了，反过来又会促进经济的发展，它们之间的关系是辩证统一的。前不久，华国锋主席在谈到新长征中的体育工作时，深刻地指出：“体育工作开展得好不好，关系到整个民族的健康水平，也关系到国家的精神面貌。一个民族没有体育，精神面貌不好，健康水平很差，那是不行的。”这就是说，没有发达的体育，人民体质衰弱，精神萎靡不振，这个民族就不会有生气、有力量，就没有自立于世界民族之林的希望。我们中华民族是一个伟大的民族，有如此优越的社会主义制度，一旦在经济、文化上彻底翻了身，再加上人民身体健康了，精神面貌好了，那我们就什么都不怕了。

开好这届全运会，创造优异成绩，是时代对我们的要求。运动健儿们，为国争光的时候到了，为人民建功的时候到了。期待你们以雄姿英发、斗志昂扬的精神状态，赛出时代精神来，赛出中国人民的志气来，赛出一大批新成绩、新纪录来，为国争光，为中华民族争气，为使我国早日跃入世界体育强国之列做出新的贡献！在竞赛中，要发扬良好的体育道德作风。贯彻执行“友谊第一，比赛第二”的方针，以团结为重，以友谊为重，以大局为重，相互学习，共同提高，坚决防止锦标主义。希望大会全体工作人员，都要全力以赴，认真负责，任劳任怨，团结协作，保证大会顺利进行。

让革命的火炬，永远燃烧在新长征路上，燃烧在体育战士的心中。

祝大会以崭新的姿态，丰硕的成果，向国庆三十周年献礼，为我们伟大的时代增光。

（刊载于《体育报》1979 年 9 月 15 日）

《人民日报》

热烈欢迎各路体育代表团 体委、体总举行文艺晚会

新华社北京9月14日电 国家体委和中华全国体育总会今天在人民大会堂举行文艺晚会，热烈欢迎前来参加第四届全国运动会的各地和中国人民解放军的体育代表团。在第四届全运会开幕前夕，各省、市、自治区的8000多名优秀运动员、教练员、体育工作先进集体的代表、先进体育工作者，以及旅居海外的台湾同胞运动员欢聚一堂，共同欣赏了首都文艺工作者演出的音乐、舞蹈节目。

国家体委、中华全国体育总会和第四届全运会组织委员会的负责人王猛、荣高棠、钟师统等出席了文艺晚会。应邀前来参观第四届全运会的国际体育组织的负责人、体育界朋友和港澳同胞，也同大家一起观看了演出。

（刊载于《人民日报》1979年9月15日）

《人民日报》

发展体育运动振奋民族精神

在全国人民迎接国庆三十周年的日子里，第四届全国运动会今天开幕。数千名运动健儿汇集北京，决心创造优异成绩，给国庆佳节增添鲜艳的色彩。我们向大会表示热烈祝贺，预祝大会成功！

以“新长征火炬接力”为序幕的第四届全运会，是在粉碎“四人帮”之后，我国进入新的历史时期，全国人民在党中央领导下开始新长征的时候举行的。这次盛会，显示着我国九亿人民向四个现代化进军的坚强决心和豪迈气概，是对我国体育队伍的一次检阅，是向世界体育高峰进军的一次练兵，也是对群众体育活动的一次推动。

新中国成立30年来，伴随着社会主义祖国前进的脚步，我国体育事业有了很大的发展，也走过一段曲折的道路。新中国的诞生，给人们带来了体育的春天。在不长的时间里，我们甩掉了“东亚病夫”这顶屈辱的帽子，改变了旧中国体育运动极其落后的面貌，昂首挺胸地登上了世界体育舞台。到1966年初，我国运动员先后打破了100多次世界纪录，刷新了6000多次全国纪录，发展速度是相当快的。此后，在林彪、“四人帮”横行时期，我国体育事业蒙受了极大的灾难。林彪、“四人帮”反对体育，更反对体育竞赛，他们把创成绩，破纪录，夺奖杯，为国争光，污蔑为“锦标主义”“修正主义”，搞乱了人们的思想。由于他们的破坏，我们国家蓬勃发展的群众性体育活动被扼杀了，体育运动技术停滞不前，不少项目本来同世界先进水平缩小了的差

距又拉大了。粉碎了“四人帮”，体育的春天回到了神州大地。在不到3年的时间里，我国运动员又打破了23次世界纪录、10次青少年世界纪录；荣获18个世界冠军和世界性比赛冠军；986次打破了181项全国纪录；近三分之二的有纪录项目的成绩，有了新的提高。群众性体育活动广泛而扎实地开展起来，为革命锻炼身体的动人景象到处可见。

我们党和政府一向重视体育运动的发展。毛泽东同志、周恩来同志、朱德同志等老一辈无产阶级革命家十分关怀体育工作，亲切教导要努力发展体育运动。华国锋同志最近谈到体育的重要性时指出：“体育工作开展得好不好，关系到整个民族的健康水平，也关系到国家的精神面貌。”他的讲话着重阐述了新长征中体育的地位与作用，指明了体育与“四化”的关系。大家知道，体育是项重要的事业，古往今来，许多国家在创建、复兴、改革、发展的各个时期，都把倡导体育运动、增强民众体质，摆在重要的位置上。在我们国家的新的历史时期，实现“四化”是摆在全体人民面前的一项中心任务。这项宏伟大业，需要亿万有觉悟、有智慧、身心健康的劳动者。没有好的身体素质，不提高民族健康水平，是不能胜任实现“四化”的任务的。随着“四化”的逐步实现，人们的生活习惯和生活方式将有很大改变。社会生产水平的逐步提高，必将引起人民生活的不断改善。人们的生活情趣、爱好将会更加丰富多彩，体育作为文化生活的一部分，必然成为人们不可缺少的生活内容。在新的长征中，努力发展体育运动，也是提高整个中华民族科学文化水平的一个重要内容。

正如华国锋同志指出的：体育不仅关系到民族健康水平，还关系到国家的精神面貌。它是兴民气、壮国威、振奋民族精神的重要手段。广大群众通过参加体育运动，可以磨砺意志，陶冶品德，活泼情趣。竞赛是体育的一个显著特点。体育比赛能够激励人们树立积极进取、奋发向上的精神，培养人们坚毅顽强、机智灵活、团结友爱、勇于献身的品质。体育竞赛还具有国际性。运动员作为一个国家的代表参加国际比赛，他们的思想作风、技艺如何，直接影响到国家的荣誉。每一次重大的国际比赛都引起全国人民的深切关注。我们的运动员每一次在国际比赛中获得良好成绩，都激起人们的爱国热忱和民族自豪感，它给人们的教育远远超出体育的范畴。在体育竞赛中，运动员为国争光的崇高思想和敢拼敢搏的革命精神，正是我们向“四化”进军中所不可缺少的精神状态。实现四化是亿万人民的事业，需要调动广大群众的社会主义积极性。竞赛是激发人们的干劲、发挥人们的才智、提高劳动生产率的有效方式。各行各业都应该像体育运动那样，掀起比、学、赶、帮、超的竞赛热潮，来一个创纪录、争第一、夺奖杯的群众运动，努力攀登各自的高峰。

体育是现代文明的一个重要内容，是衡量民族康强、国家经济文化发展水平的一个标志。世界上的发达国家都十分重视体育，体育活动不断出现热潮。这是现代化生产发展的必然结果。我国随着“四化”的进展，也将会出现这种局面。各级领导同志都要认真领会党中央的指示精神，充分认识发展体育运动的重要性，满腔热血地关怀人民的身体健康，把体育工作摆到应有的位置上。今后，在制定国民经济计划，特别是城市建设规划时，一定要把发展体育运动、兴建体育活动场所列为一项，为人民群众进行体育活动创造有利条件。

让我们努力发展体育运动，为增强人民体质，提高整个中华民族的健康水平，振奋民族精神，加快“四化”步伐而努力奋斗！

（刊载于《人民日报》1979年9月15日）

《体育报》

振奋民族精神，向新的高峰挺进

中华全国体育总会主席钟师统

1979年9月15日至30日，中华人民共和国第四届运动会在北京隆重举行。

这届运动会，选择了理想的时间——北京的9月，不仅秋高气爽，气候宜人，而且恰逢中华人民共和国成立三十周年大庆。节日的欢乐，竞赛的热烈，相互交织，格外受到国家的重视和人民的欢迎，给人们留下了深刻的印象。

这届全运会，内容丰富多彩，除举行了二万五千里“新长征”火炬接力赛跑外，还举办了体育展览，开展了层层破纪录活动，表扬了体育先进集体和个人。全国有30个省、市、自治区（包括台湾省在内）和中国人民解放军，组成了31个代表团参加竞赛。开幕式上，16000名青少年表演了大型团体操《新的长征》。

第四届全运会，是对新中国成立三十年来体育实力的一次大检阅，是一次振奋民族精神的体育盛会。经过15天的激烈比赛，各个项目最好的成绩显示出我国体育运动在原有的基础上，前进了一大步，成绩是令人满意的。

第一，创造了一批好成绩。有5人5次打破5项世界纪录，3人3次平3项世界纪录，2人3次打破3项青年世界纪录，12人24次打破8项亚洲纪录。打破全国纪录的就更多了，有204人36队376次打破102项全国纪录。

在全运会期间，一些项目还组织了对抗赛，其中有3队3次 超过3项射击世界纪录，1人1次平1项世界纪录。10人10队20次打破13项全国纪录。

从比赛中看，举重在中国是一个很有希望的项目，特别是较轻的几个级别。经过9天激烈的比赛，有2人3次打破3项52公斤级青年世界纪录；3人7次打破6项亚洲纪录；14人29次打破7个级别的17项全国纪录。其中13人的成绩相当于去年世界举重锦标赛前六名的成绩。54名运动员的成绩，达到1980年奥运会报名标准。陈伟强、张棣洲、吴数德、蔡俊成、张耀鑫都是很有希望的运动员，他们在比赛中向全国纪录、世界纪录进行了勇敢的冲击。

射击比赛也平了两项世界纪录。一项是射击预选赛中，陕西运动员林波在男子小口径自选步枪3×40发卧射中，以400满环的成绩平了这个项目的世界纪录。一项是山东运动员高建敏在女子小口径手枪慢加速射决赛中，以592环的成绩平世界纪录。速射是高建敏的拿手项目，在全运会预赛中，她曾打过30发300满环的优异成绩。

通过比赛，射击共有12人4队19次打破9项全国纪录。女子项目优于男子项目，女子有5个项目达到世界先进水平。女运动员巫兰英，在双向飞碟比赛中，参加这个项目男子比赛，这个唯一的女射手不仅获得第一名，而且还以200发击中194碟靶的成绩，超过了这个项目189靶的女子世界纪录。

田径是这届运动会参加人数最多的项目，虽

然没有创造世界纪录，但在542名运动员进行的个人单项比赛中，就有41人5队60次打破16项全国纪录。

第二，破纪录的人次多，而且提高的幅度也大。如田径女子400米栏，原来全国纪录1分0秒99，在预赛中有5人打破，在决赛中又有5人打破，其中章会芬成绩59秒79，刘玉平成绩59秒8，两人都打破了亚洲纪录；男子10000米，有5人打破全国纪录；男子400米，有7人打破全国纪录；男子1500米，有3人同时打破全国纪录。女子跳高，当横杆升到1.80米的时候，还有8个女运动员在竞争。

尤其令人可喜的是，在这届全运会上，涌现出一批后起之秀。如果说，前十年中国体坛曾经出现了青黄不接、后继无人的局面，那么现经三年工夫，则出现了如雨后春笋般生机勃勃的喜人景象。参加男、女排球比赛的各13个队，女排平均年龄21.5岁，男排平均年龄22.7岁。他们的身体条件也相当好，女排身高1.78米以上的有55人，男排身高1.90米以上的有66人。参加举重比赛的270名选手，平均年龄为21.4岁。参加花样滑冰比赛的选手，百分之七十是少年，平均年龄只有16.8岁。这些年轻选手，如初生之犊，敢斗敢拼，无所畏惧，比赛中，往往出人意料地战胜一些名将老手而获得胜利。一批过去不为人们注意的选手，这次也展露头角。如新疆射箭女运动员郭梅珍，获女子双轮全能冠军，并以2543环打破全国纪录（2538环）。新疆男运动员汝光，获男子单轮全能冠军，并以1242环打破全国纪录（1237环）。他们开始参加比赛时，往往被人忽视，当摄影镜头对准那些老手名将的时候，他们的环数在悄悄地增加，终于渐渐引起人们注意，成为记者们采访的目标。

第三，是比赛争夺激烈，令人眼花缭乱，形势发展错综复杂，即使是了解情况的人，也往往对比赛的结果估计错误。如足球比赛，上届全运会第九名的山东队，这次异军突起，先后战胜著名的解放军队、上届全运会并列足球冠军辽宁队和广东队，最后打败北京队，获得了冠军。山东队以大刀阔斧、勇猛冲杀的风格获得群众赞扬。女子排球各组的种子队，在前两轮比赛中，没有一个队能保持不败。山西女排平均年龄最小，也是刚进入乙级队行列的后备队，这次在第一阶段比赛中，曾以3∶1的成绩战胜了全国冠军队四川女排。

体操出现了一批水平较高的新手，女子团体全能第一名到第四名，积分和差只有0.1分。全能比赛决冠亚军时，争夺到最后一场、最后一项才见分晓。

棋类比赛，上海选手占绝对优势，囊括了4个项目的团体冠军。在国际象棋比赛中，21岁的上海年轻选手李祖年，初露头角。

他攻杀凶猛，线路清楚，一举战胜了老冠军戚惊萱和刘文哲，获得个人冠军。但在此半年之前，李祖年还是未被人们注意的普通选手。戚惊萱在今年纪念维德马尔国际象棋比赛中，曾战胜南斯拉夫和丹麦的特级国际象棋大师，与苏联的特级大师下成平局；刘文哲是一位已获得国际特级大师称号的第一序列者。而年轻的李祖年，战胜了这两位名将，证明强中自有强中手，后生可畏。难怪体育评论家们说：这届全运会进入了历史上的“战国时期”。所谓“战国时期”，就是指列强突起，群英争雄，不相上下。这说明中国体育运动已打破“四人帮”横行时万马齐喑的局面，进入了一个蓬勃发展的新阶段。

在这届全运会上，还有一个突出的特点，就是体育健儿表现了良好的体育道德作风，团结友爱；真正赛出了风格，赛出了水平，受到了观众们热烈的赞扬。

当然，这次全运会比赛的成绩也有不够理想的地方。如一些曾经创造过优异成绩的选手，没能发挥出应有的水平。优秀的女跳高运动员郑达真，今年上半年跳过 1.89 米的好成绩，这次只跳过了 1.83 米。一些曾经打破过射击、射箭世界纪录的运动员，如高庆、杜宁生、董湘毅、孟凡爱、黄淑艳和宋淑贤等，个人成绩都不大理想。出现上述情况的主要原因之一，是基本功不够扎实，容易紧张失常。

第四届全国运动会以它的比赛成绩表明，我国的体育运动在停滞、徘徊十年之后，迈开了新的步伐，正向新的高峰挺进；当然，我国目前的水平与世界先进水平相比，还有差距，缩短这个差距需要做不懈的努力。值得注意的是，我国现在已涌现出一批年轻的后起之秀，他们身体条件好，又具备一定的技术基础，如果训练得法，今后三五年内顺利成长将是大有希望的。我国的教练员在训练方面短期内能否有所突破，对我国运动技术水平的提高将产生直接的影响，这个问题必须引起我们足够的重视。

（刊载于《体育报》1979 年 10 月 1 日）

《体育报》

向世界体育强国进军

规模宏大的第四届全运会，经过半个月紧张激烈的比赛，昨天胜利闭幕了。它以鲜明的时代特色，丰富多彩的姿容，优异的运动成绩，为国庆三十周年增添了光辉，带来了喜气洋洋的气氛。

在冲出亚洲、走向世界的思想鼓舞下，广大运动员发扬了一心一意奔四化的新长征精神，在全运会赛场上，英姿勃发，斗胜争雄，战果累累。据统计，从预赛开始到全运会结束，在各项比赛中，共有 5 人 5 次打破 5 项世界纪录，3 人 3 次平 3 项世界纪录，2 人 3 次破 3 项青年世界纪录，12 人 24 次破 8 项亚洲纪录，204 人 36 队 376 次破 102 项全国纪录。

纵观全运会整个过程，很多运动项目的成绩都有大幅度提高，出现了全面跃进的势头，不少项目与世界水平的差距正在缩小。体操、举重、跳水等原来基础较好、水平较高的项目有了新的提高，田径、游泳等差距较大的项目也有较大的进步。很多项目都涌现出一批年纪轻、很有发展前途的尖子，显示出我们赶超世界水平的队伍更大了，实力雄厚了。一些条件较差的边远省份，如新疆、内蒙古等，正在大踏步赶上来，他们在摔跤、射箭、投掷等一些项目上接近或超过了先进地区。在举重、射击、体操等项目中，不少运动员破除迷信，解放思想，冲击世界纪录，猛攻高难动作。他们敢于向世界水平挑战的雄心壮志，不顾个人名利得失的思想风格，为广大运动员攀登世界体育高峰增强了信心，鼓舞了士气。我国体育运动在遭受林彪、“四人帮”十年破坏之后，经过短短三年的恢复和发展就取得了这样重大的成就，这不能不说是一个很大的跃进。但是也应当看到，我们许多项目的水平仍然是不高的，有的甚至是相当落后的，同世界体育强国相比还有不小的差距。

当前和今后相当时期内，体育战线的一个突出任务就是要大力抓提高，勇攀世界体育高峰。华国锋主席在全运会前夕再次强调了体育对“四化”建设的重要性，要求我们正确处理普及和提高的关系，努力提高技术水平，在国际比赛中争取胜利。我们正在建设现代化国家，而一个现代化国家没有高水平的体育，是不合乎世界潮流的。我们说体育运动可以扬国威振民气，那是要成绩、要水平的。如果成绩不好，水平很低，那就不好向祖国、向人民交代。我国跳水健儿提出“冲出亚洲，走向世界”的响亮口号，这也是广大运动员共同的战斗口号。但只有具备雄厚的实力，才能冲出去、走出去，才能与世界体育强国对抗争雄。特别在目前，我们还面临着一系列重大国际比赛的艰巨任务，加速提高运动技术水平就显得更为迫切了。因此，抓提高、攀高峰，决不仅仅是一般的体育工作任务，而是一项重要的政治任务。

提高运动技术的雄厚基础和巨大的潜力存在于群众之中。抓提高要有战略眼光，要走一步，看两步，想三步，放眼于今后五年、十年、二十年。也就是说，除了抓好现有优秀运动员队伍以外，要重点抓好青少年，特别是两亿一千万在校的青少年学生。他们是体育队伍浩浩荡荡的后备军，抓好了他们的体育锻炼，运动人才就会连绵不断，生生不息。一些项目后继乏人的状况就会彻底改变。运动人才不是自然长出来的，要靠我们去发掘、去培养，要从小抓起。一是要贯彻德、智、体全面发展的教育方针，开展好学校群众性体育活动；二是要切实办好各级各种类型的业余体校；三是要根据各地、各单位的特点、基础和条件，发展自己的重点项目和传统活动，创“排球之乡”“游泳之乡”“乒乓之校”之类运动品牌。这样，我们发展体育运动，提高运动技术水平的路子就会越走越宽，步子越迈越大。我们的国家这样大，各省、市、自治区人口多的上亿，最少的也有几百万，只要把群众体育活动抓好，又因地制宜，抓住重点，何愁没有人才，何愁水平上不去！即便是各地都只培养几名能在重大国际比赛中拿金牌的选手，我们的成绩也就相当可观了。

贺龙同志生前说过：“三大球不翻身，体育搞不上去，我死不瞑目。”他的话至今还激励和鞭策着我们。党把发展体育事业的重担交给我们，我们就一定要把它挑起来，挑到底。体育战线的每个同志，特别是各级领导干部，应当带着强烈的事业心和责任感，祖国荣誉感，时代紧迫感，发愤图强，艰苦奋战。也就是说要无限热爱体育事业，全心全意做好体育工作，奉献出自己的全部心血和才智，不能三心二意、半心半意，更不能饱食终日、无所事事，当一天和尚撞一天钟。我们的使命是重大的，争取在本世纪末成为体育强国，时间是有限的，所以我们应当进一步振奋起来，紧张起来。

我们伟大的祖国已经走过了30年的战斗历程。今后的20年，将是更加波澜壮阔、光辉灿烂的20年，我国体育事业的发展前景是无限美好的。现在通向世界体育强国的道路已经打通，障碍已经扫除，让我们以第四届全运会为新的起点，迈开坚定的步伐，全速奋进！

（刊载于《体育报》1979年10月1日）

《体育报》

高举火炬新长征一心一意奔四化

在举世瞩目的五届人大第二次会议胜利闭幕的时刻，在党成立58周年的日子里，新长征接力火炬在党的“一大”会址前点燃，赤焰腾腾，光华四射。它是革命的象征，胜利的象征。革命的火炬，有力地鼓舞我们团结一致，打好四化的第一场战役，为加速现代化建设而奋斗。

革命的火炬将循着我党58年来光辉的战斗历程，途经壮美的南昌市、雄伟的井冈山、秀丽的韶山冲、巍峨的遵义城，跨过滚滚金沙江、滔滔大渡河，穿越蒙蒙雪山、茫茫草地、粼粼洪湖浪、清清延河水……接力全程近两万五千里，最后在第四届全运会开幕的日子到达伟大祖国的首都北京。接力者们将踏着老一辈无产阶级革命家、先驱者的足迹，重温战斗的岁月，感受着创业的艰辛，增长革命的胆略。当年漫卷的红旗，进军的铁流，嘶鸣的战马，闪光的刀剑，将在人们心中激起汹涌的波涛和革命的豪情。

新长征火炬接力具有鲜明的时代特色，粉碎“四人帮”以后，我国进入了一个伟大的新时期，五届人大第二次会议指出，我国现阶段的中心任务就是实现四个现代化，新长征接力寓思想教育于体育运动之中，寄政治内容于群众活动之内，它寓意深刻，气势磅礴，新颖生动，别开生面，具有很大吸引力和感染力。这个活动对于我们，特别是青少年发扬革命传统，培养艰苦奋斗、勇往直前的革命精神，形成一种想四化、学四化，披荆斩棘搞四化的社会舆论和风气，夺取新长征的胜利，有着重要的意义。

45年前，震惊中外的二万五千里长征，是人类历史上空前伟大的壮举。无产阶级革命悲壮的历史，具有永恒的激荡人心的力量。前辈们那种解放全人类的崇高理想，为革命而献身的可歌可泣事迹和不畏艰险、前赴后继的大无畏革命精神，至今还在极大地鼓舞着我们，深刻地教育着我们。

今天，以华主席为首的党中央正领导我们迎接新的长征，实现四化。这是二万五千里长征的继续，是使中华民族自立于世界民族之林的根本大计，为了实现这个伟大的事业，需要我们一代又一代人坚韧不拔的努力。我们每一个人，都要继承前辈的革命精神，倾尽自己的全部智慧和力量，一心一意奔四化。我们一切有志于祖国富强、实现“四化”的同志，要满怀信心地投身到新长征的接力革命竞赛中来，以最快的速度传出自己的一棒。

新长征接力革命竞赛，对体育战线来说，就是要以必胜的信念，战斗的姿态，向世界体育高峰挺进。要有越来越多的人参加体育活动，大大增强我们民族的体质。要打破更多的全国纪录、亚洲纪录、世界纪录，为国争光，为民族争气。解放以来，我国运动员已经打破了100多次世界纪录，获得了30多次世界冠军。今天，我们的基础更雄厚了，条件更优越了，经验更丰富，只要我们在体育工作中继承和发扬党的光荣传统，发愤图强，埋头苦干，把革命热情和科学态度结合起来，我们就一定能够做得到，一定能够跃入世界体育强国之列。

（刊载于《体育报》1979年9月2日，编选时略有删节）

《体育报》

举重比赛在凯歌声中结束 十三名健儿闯进世界水平

最后一天比赛杨怀庆破 1 项亚洲纪录、3 项全国纪录

本报讯 举重比赛压轴戏出现精彩场面，山东杨怀庆以 150 公斤的好成绩打破 110 公斤以上级抓举 148 公斤的亚洲纪录。他还以抓举 143 公斤、150 公斤，挺举 183 公斤，总成绩达到 332.5 公斤的成绩 4 次刷新这个级别的 3 项全国纪录。9 月 24 日晚的比赛是全运会举重比赛的最后一场，110 公斤级和 110 公斤以上级同时进行。杨怀庆在抓举和挺举的第一次试举中，就要了超过全国纪录的重量，如果一举成功，就能连破 3 项全国纪录 148 公斤整整两公斤，可惜未成。但杨怀庆并不气馁，在第三次试举中一鼓作气，拿下了这项亚洲纪录。有 270 名运动员参加了第四届全运会举重比赛，经过 9 天 23 场的激烈争夺，9 月 24 日胜利结束。比赛中有 2 人 3 次打破 3 项 52 公斤级青年世界纪录，3 人 7 次打破 6 项亚洲纪录，14 人 29 次打破 7 个级别的 17 项全国纪录。其中有 13 人的成绩可以进入去年世界举重锦标赛前六名。有 54 名运动员达到下届奥运会报名标准。山东、江苏、广东、广西的成绩比较突出。在轻级别中，两广尽占优势，与世界水平接近，中级别江苏成绩最佳，重级别山东大显威风。十个级别 30 枚金牌的分布是：山东 7，江苏 5，解放军 4，北京 4，广东 3，广西 3，湖南 2，湖北 1，辽宁 1。

（刊载于《体育报》1979 年 9 月 25 日）

《体育报》

带着理想飞向 2000 年

在一片欢腾的节日气氛中，几千只信鸽迎着金色的阳光飞向蓝天，飞绕四方，这一群群展翼飞翔的信鸽为全运会开幕式增添了喜人的风光，也给人们带来了喜悦和欢乐。

放飞的几千只信鸽中，有一大部分是从上海运来的。这背后，有不少动人的故事。

一个细雨蒙蒙的秋夜，在上海的一条马路上有几个手提鸽笼的老人，自行车上放着鸽笼的年轻人和手捧一对鸽子的夫妻匆匆赶向“上海信鸽协会”。原来这些信鸽协会的会员们早些时候得知，即将在北京召开的第四届全运会上要放飞信鸽，像吃了蜜糖，心里甜滋滋的。这天晚上，他们就在“信鸽协会”集合，准备先进行信鸽近距离的放飞训练，然后再精心挑选 2000 羽信鸽送往北京。

在“上海信鸽协会”一间不大的屋子里，放着许多的鸽子，有白的，灰的，黑的，有脖颈上

围着一圈翎毛的，还有翅膀上夹着红、黄、绿等彩色羽毛的，煞是好看。难怪人们给它们起了一个个美丽的名字："浅雨点""深雨点""红络""拉花" "红轮" "灰壳" "白鸽" "墨雨点"……鸽爪上都套着刻有"沪鸽 ×× 号"的亮晶晶的铝圈，有的鸽子羽翎上还盖有"徐州" "合肥" "玉门"等印章，称明它们已参加过从这些地方至上海的竞翔。

说来挺有意思。在这些信鸽的爱好者中，不少都是自幼就有此爱好的。一个在中学时代读生物课时对鸡、鸽等小动物产生浓厚兴趣的教师，现在也在中学教生物课。在他身上，兴趣爱好和本职工作完全协调，紧密地统一起来了。

人们都把美丽温驯的鸽子看作是勇敢、智慧与和平的象征。在丰富多彩的生活中，驯养鸽子是一种不同的情趣，有人喜欢在闲暇时养几只鸽子，这本来无可非议。谁知，在"四人帮"横行之时，鸽子被无故扣上宣扬"阶级调和"、不讲"斗争"、"专政"的罪名。

近期，还出现了一个新词，叫作"送鸽参军"。上海信鸽协会近几年来挑选了几批能远飞千里的良鸽，派代表专程送到部队"参军"。当部队负责同志从代表手中接过鸽子时，问他们：要什么回报？代表回答道："这是我们信鸽爱好者支援国防建设的一片心意，如果要回报，我们就不送来了！"后来，这些信鸽在执行任务中立了战功。某军区给上海信鸽协会送来了写有"发展信鸽，为边防建设服务"的锦旗。由此可见，这些精心驯养的信鸽在第四届全运会上大显身手是绝非偶然的。

祖国奔向四个现代化的列车已经开动了。信鸽啊，展翅高飞吧！祝愿你带着各条战线上层出不穷的捷报，带着人们美好的希望、理想，早日飞向那2000年，飞向四个现代化！

（刊载于《体育报》1979年9月16日）

《体育报》

全运会航空模型比赛结束

超过5项平1项世界纪录，打破7项新建4项全国纪录

本报讯 全运会航空模型比赛（成都赛区），于8月10日结束。这次航空模型比赛，是新中国成立以来规模最大、项目最多、成绩最好的一次。在历时20天的比赛中，进行了3个项目的比赛和19个项目的纪录飞行，其中橡筋动力水上模型飞机直线距离纪录飞行、橡筋动力水上模型飞机高度纪录飞行、无线电遥控模型直升飞机直线距离纪录飞行、活塞式发动机模型飞机飞行高度、活塞式发动机水上模型飞机飞行高度等5个项目成绩超过世界纪录，橡筋动力模型直线速度纪录飞行的成绩平世界纪录，38人29次打破无线电遥控模型飞机飞行高度、直线速度、活塞式发动机模型飞机留空时间、线操纵模型飞机圆周速度（3项）、橡筋动力模型飞机直线速度等7项全国纪录，还新建了4项全国纪录。

（刊载于《体育报》1979年8月11日）

《体育报》

全运会成绩迎接新的任务
江苏省举行庆功大会鼓舞健儿再接再厉勇攀高峰

本报讯 10月6日，江苏省委、省革委会在南京五台山体育馆为参加第四届全运会凯旋归来的江苏省体育代表团召开庆功大会。

省委，省革委会，省军区，省政协，南京市委、市革委会的负责同志出席了大会。

最近，江苏省革委会批准了江苏男女排球一队、航空模型队、男子体操一队、举重队、男子羽毛球一队、男女花剑组、射击队男女手枪班、摔跤队等8个运动队为1979年度“勇攀高峰运动队”。当省委常委、省革委会副主任，江苏体育代表团团长宫维桢在大会上宣布，授予上述8个队“勇攀高峰运动队”的光荣称号时，全场响起了热烈的掌声。

省委书记、省革委会副主任胡宏在大会上讲了话。他说：我省体育代表团在全运会上取得的成绩，体现了我省在各条战线上的大好形势，体现了我省人民团结一致、同心同德搞四化的坚强决心。这是认真贯彻党的十一届三中全会和五届人大第二次会议精神的结果，是我省各级党委和革委会重视体育工作、加强领导的结果，也是体育战线广大运动员、教练员、体育工作者努力奋斗的结果。最后，他说，第四届全运会胜利闭幕了，新的任务、新的战斗又在召唤着我们，让我们在党的三中全会、四中全会和五届人大第二次会议精神的指引下，解放思想，鼓足干劲，团结一致，为把我国建设成为一个现代化的社会主义强国而奋斗。

（刊载于《体育报》1979年10月12日）

《体育报》

为国争光沉着冷静射击
高建敏平世界纪录

本报讯 18日在女子小口径手枪慢加速射击比赛中，山东队运动员高建敏以592环的优异成绩，平了经过国际射击联合会公布的苏联射手科尔宗1977年在罗马创造的世界纪录，但没有达到董湘毅于1978年在布加勒斯特创造的593环全国纪录。

18日上午，天高云淡，风和日丽，金色的阳光洒满了碧翠浓绿的北京射击场，人们怀着极大的兴趣来到这里观看女子手枪慢加速射的比赛。宽敞明亮的射击房看台上，坐满了观众。比赛一开始，英姿飒爽的射击健儿，立即投入紧张的夺魁战。在30发慢射中，上海队17岁的射手王银珍，沉着果断，敢拼敢搏，技术发挥比较正常，成绩295环，领先其他强手。山东高建敏，泰然自若，仅差一环落后于王银珍。

速射开始了，长于速射的高建敏力争打出水平，她在近两年来的几次重大比赛中，几次都打出弹弹命中十环，打满300环的好成绩。然而，事情不是一帆风顺的。第二阶段一开始，高建敏头一组就出现了一个48环，这对超越世界纪录是个很大的威胁。这时，比赛场上气氛紧张，人人都为高建敏惋惜。但是高建敏却沉着冷静，攀登世界体育高峰，为社会主义祖国争光的雄心壮志像泰山一样不可动摇。她一心想着党和人民的期望，想着自己肩上的责任，并在射击动作上找出了弹着点偏低的原因。这时，只见她在靶位上，从容不迫，举枪瞄准，枪声啪啪，连连中靶，一鼓作气打出了4个满环，赢得观众的热烈赞扬。但是，正在这得心应手的情况下，意想不到的困难又向她袭来，当打最后一组时，扣动扳机，枪却不响。此时，高建敏心里猛地一震，精神上开始紧张起来，在场的观众都为她捏一把汗，她判断这是子弹毛病，于是放下手中的枪，报告裁判员，经检查发现是子弹问题。故障排除后，她极力控制着自己，充分发挥了平时勤学苦练出来的过硬本领，顺利地打完了最后一组，又取得了满环，终以592环的优异成绩，平了这个项目的世界纪录。

同一天上午，还进行了女子小口径标准步枪60发卧射项目的比赛，内蒙古队的庞立勤、苏日娜、苏素珍三人齐心协力，团结战斗，以1775环的成绩，平了该项团体全国纪录。

（刊载于《体育报》1979年9月19日）

《体育报》

女子小口径手枪慢加速射对抗赛传喜讯
杜宁生董湘毅高建敏联队成绩超过世界纪录

本报讯 25日上午，由解放军队的杜宁生、董湘毅、山东队的高建敏组成的联队，在女子小口径手枪慢加速射的对抗赛中，以1762环的优异成绩，超过了该项苏联队1978年创造的1755环的世界纪录。这个成绩是在全运会期间，在北京射击场举行的一次对抗赛中创造的。杜宁生、董湘毅、高建敏是我国优秀的女射手。她们近几年在国内外比赛中，曾多次取得好成绩，是这个项目我国最高纪录创造者和保持者，为发展我国射击运动做出了贡献。在全运会射击比赛中，她们虽然取得了较好的成绩，但是雄心犹壮，十分珍惜这次全运会射击名将强手云集首都的大好时机。为了交流经验，提高射击技术，她们又高兴地参加了对抗赛。比赛从24日开始，为期4天。比赛当天，北京射击场刮起了五级阵风，成为射击比赛的不利因素。但是平时一贯坚持从难、从严、从实战训练的杜宁生、董湘毅、高建敏，并没有因此影响比赛，她们仔细地判断，根据风向及时修正标尺，3 人团结战斗，终于以 1762 环成绩（个人成绩分别是 588 环、587 环、587 环）超过世界纪录。她们在慢射部分的 30 发子弹分别打出了 290 环、293 环、289 环。速射部分，3 人又分别打出 298 环、294 环、298 环的好成绩。当场，总裁判长向观众宣布杜宁生、董湘毅、高建敏组成的联队射击总成绩超过了团体世界纪录，看台上的观众以热烈的掌声祝贺她们的胜利。

（刊载于《体育报》1979 年 9 月 26 日）

《体育报》

第四届全运会具有鲜明的时代特点

本报讯 在向四化进军的征途中召开的第四届全运会具有鲜明的时代特点，各项活动都将体现出新长征的时代精神。

7 月 1 日，在中国共产党诞生地上海开始了新长征火炬接力。那熊熊燃烧的火炬，象征着不可磨灭的革命精神，通过千百万青少年的传递，沿着老一辈无产阶级革命家的足迹，爬雪山，过草地，途经 13 个省市，二万五千里路程，将于 9 月 15 日全运会开幕式时进入会场。

紧接着，将进行全运会的第一个精彩节目：新长征团体操。由 10000 多名青少年和人民解放军战士联合表演的大型团体操《新的长征》，表现了粉碎“四人帮”后，我国国民经济蓬勃发展、欣欣向荣的胜利景象，展现了九亿人民在华国锋同志为首的党中央领导下，同心同德，一心一意奔四化的生动画面。

可以相信，有全国各省、市、自治区和中国人民解放军的 31 个体育代表团参加的第四届全运会，必将进一步推动我国体育事业有一个新的发展，使之更好地为四个现代化服务。

拨乱反正，鼓励赶先进，夺锦标，是这届全运会的突出特点。过去，“四人帮”鼓吹“体育革命”，结果取消了成绩和名次。“修正主义”“锦标主义”帽子、棍子满天飞，体育健儿为革命锻炼的积极性受到压抑。粉碎”四人帮”，思想大解放。我国体坛拨乱反正，国家体委要求全国体育健儿把准星定在攀登世界高峰上，拿出为国争光的劲头，力争在全运会期间出一些新的世界纪录，出一些新的亚洲纪录，出一大批新的全国纪录。

“四人帮”不许运动员学技术，把优秀运动员诬为“修正主义苗子”，叫嚷“三年不出成绩，也要把路线搞端正”。这届全运会期间将开展评标兵、树标兵、学标兵活动。对破全国纪录、亚洲纪录、世界纪录和在提高我国运动水平方面有特殊贡献者，授予奖章和体育运动荣誉奖章。鼓励运动员掌握技术，精益求精，不怕冒尖，不怕出线。这次大会还要表扬一批体育工作先进集体和先进个人，奖励一批“勇攀高峰运动队”。

今年，由于党的各项政策在体育战线进一步得到贯彻落实，调动了广大教练员、运动员的积极性，全运会前夕，我国体坛已出现新气象：11 名运动员超过了 8 项世界纪录，平 2 项世界纪录，破1项青少年世界纪录，有4人打破了亚洲纪录。上半年，还有114人186次打破74项全国纪录。这是近十几年来我国体坛所没有过的，它充分反映了深受“四人帮”之害的体育战线，在清除了极“左”路线的干扰和影响之后，广大体育健儿正以无高不可攀的气概向世界体育运动高峰冲击。

这次盛会的另一个特点是：开展了体育科研、专业学术讨论，贯彻了百家争鸣、百花齐放的方针；各项目体育协会都恢复活动；还开展体育歌曲、体育摄影评比，以及举办体育成就展览，展出我国运动员在历次比赛中所得的奖杯和其他奖品，展出我国自行设计、制造的体育器材。据有关方面介绍，这届全运会体育科研的成果是上届的3倍。科研人员的来源从8个省、市的12个单位，增加到17个省、市的24个单位。研究内容涉及运动训练、运动生理、运动医学以及训练器材、科研仪器等。在全运会的各项决赛中，还将有一批先进的体育器材投入使用，如电子摄像机、终点录像机、精密激光测距仪、塑胶跑道等。体育科研活动的蓬勃展开，显示了我国体育运动在赶超世界先进水平的征途上又有了新的突破。

目前，全运会的各项工作已经就绪。各路体育大军正陆续来北京。他们正厉兵秣马、摩拳擦掌，准备在这届运动会上大显身手。全国人民也以殷切的心情，期待着运动员们为祖国争光，为中华民族争气！

（刊载于《体育报》1979年7月2日）

《体育报》

发展全运会成果为四化多做贡献

本报讯 10月2日上午，第四届全运会组委会举行第三次会议，组委会主任陈锡联主持会议，组委会副主任荣高棠作全运会工作小结。

会议认为，总的说来，这届全运会开得很好，很成功，顺利地完成了全运会各项任务，达到了预期的目的。概括起来，有以下七点收获：发扬了革命传统；创造了一批好成绩；涌现了一批新人才；贯彻了“友谊第一，比赛第二”的方针；交流了经验；加强了体育宣传，扩大了影响；外事活动取得较好效果。

会议指出，这届全运会之所以开得比较顺利，比较成功，是由于党中央、国务院的重视、关怀和各省、市、自治区、解放军党委的重视；国务院有关部委、北京市和解放军等各方面的大力支持和大会全体工作人员的共同努力。

会议还谈到全运会工作中存在的一些问题和不足之处。

会议提出，要巩固和发展这次全运会的成果，迅速提高运动水平，做好参加重大国际比赛的准备，进一步推动群众体育活动的开展，使体育工作更好地适应国民经济发展的形势，为四化多做贡献。

（刊载于《体育报》1979年10月3日）

《人民日报》

党和国家领导人同首都八万多群众在国庆前夕盛大集会

热烈庆祝第四届全运会圆满成功

徐向前同志致闭幕词

全运会历时十六天，五人五次破五项世界纪录；二人三次破三项青年世界纪录；三人三次平三项世界纪录；体操、跳水等项目取得了可喜成绩，已达到或接近世界先进水平

新华社北京 9 月 30 日电 中华人民共和国第四届全国运动会今天下午在北京工人体育场举行闭幕式。党和国家领导人同首都 8 万多群众一起，热烈庆祝第四届全运会圆满成功。

出席闭幕式的有华国锋、叶剑英、邓小平、李先念、汪东兴以及中共中央政治局委员、候补委员，人大常委会副委员长，国务院副总理，中央军委负责人，政协全国委员会副主席，最高人民法院院长、最高人民检察院检察长。

西哈努克亲王和夫人，宾努亲王和夫人，应邀出席了闭幕式。

下午 3 时许，闭幕式宣布开始。军乐团奏国歌。接着，在《团结友谊进行曲》的雄壮旋律中，华国锋、邓小平、李先念，以及 31 个体育代表团团长，走下主席台，来到运动场地，分别向在第四届全运会期间打破世界纪录的运动员、今年以来在国际比赛中获得世界冠军的运动员和有重大贡献的教练员共 51 人，发了体育荣誉奖章，向 19 个“勇攀高峰运动队”和《新的长征》大型团体操的代表，发了锦旗，向 226 名在北京比赛期间打破全国纪录的运动员，发了破全国纪录奖章。

第四届全运会从 9 月 15 日正式开幕，历时 16 天。加上先期进行的一些项目的比赛，在整个全运会的 34 个项目比赛中，共有 5 人 5 次打破了 5 项世界纪录；2 人 3 次打破了 3 项青年世界纪录；3 人 3 次平了 3 项世界纪录；12 人 24 次打破了 8 项亚洲纪录；204 人和 34 个队 376 次打破了 102 项全国纪录。在全运会期间，一些项目还组织了对抗赛，其中有 3 个队 3 次超过 3 项世界纪录，1 人 1 次平了 1 项世界纪录；10 人 10 个队 20 次打破了 13 项全国纪录。体操、跳水等项目也取得了可喜成绩，已达到或接近世界先进水平。各项球类比赛异军突起，新人辈出，水平接近，争夺激烈，显示出各地球队技术水平又有了新的进步。

中共中央政治局委员、国务院副总理徐向前致闭幕词。他说，第四届全运会开得很好，很成功。他代表党中央和国务院，向大会表示热烈的祝贺，向创造优异成绩的运动员，表示热烈的祝贺。

出席闭幕式的还有：

在北京的中共中央委员，全国工业、交通、

基本建设战线的先进企业的代表和劳动模范，第四届全运会港澳参观团；

应邀前来参观全运会的国际奥委会和其他国际体育组织的友好人士，正在北京访问的外宾，各国驻华使节。

闭幕式结束后，这届全运会足球比赛冠军山东队和亚军北京队进行了表演赛，北京队以四比二获胜。

（刊载于《人民日报》1979年10月1日）

我们的欢送词

从今天开始，参加第四届全运会的各代表团，将带着在这次盛会上共同创造的累累硕果，离开首都，陆续返回祖国的四面八方。

你们，祖国各民族的体育健儿们，在短短的十六天中，接受了党和人民的检阅，用辛勤的汗水，书写了我国体育运动史册上新的一页——新长征中光荣的一页。那些熠熠闪光的奖章和奖状，是祖国和人民给予的崇高奖赏。

比赛场上的高低先后，成败得失，已经成为历史，重要的在于认真总结经验，在成绩面前找出差距，从挫折之中看到希望，把这届全运会作为向世界体育高峰冲击的新起点。肩上的担子很重，未来的道路正长，希望各地的健儿们，从北京带回去的不仅仅是胸前闪光的奖章，还要带回去继续登攀的决心、智慧和力量！

在新的进军征途中，还会遇到许多的困难和挫折，但困难和挫折常常是前进的阶梯。我们相信：具有崇高革命理想和求实精神的运动员和体育工作者，必能披荆斩棘，勇攀高峰，必将会在今后的国际比赛场上赢得更多的奖章，挂满伟大祖国的胸膛。

冲出亚洲，走向世界！向世界体育强国进军的号角嘹亮，我们的运动健儿们，张开双手，去迎接八十年代的第一个春天吧！

奖品　纪念品

第四届全运会纪念邮票

第四届全运会纪念邮票

第四届全运会纪念币

友好交流

国际航空联合会总干事拉歇尔，在全运会期间来到北京，参加了运动员创造五项航空模型世界纪录授证书仪式。这是拉歇尔参观跳伞比赛后与跳伞运动员握手的场景

王震会见国际体育界人士
指出国际奥委会执委会关于恢复我席位的建议是积极的

据新华社北京9月16日电 国务院副总理王震今天晚上在人民大会堂会见了前来参观全运会的国际奥委会委员和其他国际体育组织人士。

会见时，王震副总理对国际体育界人士前来参观全运会表示热烈的欢迎。

王震副总理在谈到恢复我国在国际奥委会的合法席位时说："国际奥委会执委会在波多黎各提出了一项建议，承认'中国奥委会'，以'中国台北奥委会'的名称继续承认设在台北的奥委会，条件是台湾不得使用所谓'中华民国'的国旗和国歌。我们认为这个建议是积极的。我们的立场很清楚，只有一个中国，台湾是中国的一部分。我们坚决反对'两个中国'或'一中一台'。"他强调指出："我国在国际组织中的席位问题，必须按照这个原则解决。"

王副总理说："有的朋友长期以来，一贯支持我们的正义立场，我们很感谢。"

参加会见的国际体育界人士有：国际奥委会委员竹田恒德（日本）、斯托波（挪威）、库马尔（印度）、维拉西埃尔托（乌拉圭）、高斯泊（澳大利亚）、国际体操联合会副主席近藤天（日本），国际手球联合会主席海格贝（瑞典），国际近代五项和冬季两项联合会副主席加尔佐（法国），国际体育记者协会副主席宫川毅（日本），国际航空联合会总干事拉歇尔（法国）。

（刊载于《人民日报》1979年10月15日）

邓颖超同志会见台湾省体育代表团

新华社北京9月10日电 人民大会堂的台湾厅里今天上午洋溢着热烈气氛和同胞情谊，邓颖超副委员长在这里会见了参加第四届全运会的台湾省体育代表团全体教练员、运动员和工作人员。

10时许，邓颖超同志来了。她亲切地招呼台湾同胞坐下，笑着说："今天能够跟大家见面，我非常高兴，因为我们是骨肉同胞。我向你们表示热烈欢迎，预祝你们在这届全运会上取得好成绩。"大家都亲切地问候邓颖超同志，称她"邓大姐"。邓颖超同志询问了大家训练和生活的情况。代表团的摩托车运动员莫克在训练中负伤，还住在医院里，邓颖超同志要代表团的同志替她向莫克表示慰问。

邓颖超同志向大家介绍说："这个厅叫台湾厅。你们来到这里，就像在自己的家里一样。"代表团团长陈木森说："今天我们能够同邓大姐交谈，太高兴了。看到您身体很好，大家都希望您有一天和我们一起到台湾去呢！"人们欢快地笑起来。

代表团顾问、原台湾省体协常务理事兼总干

事林朝权激动地对邓大姐说：“我今年 74 岁了。在今天这样的时刻，我特别想念在台湾的亲人和体育界的老同事、老朋友，我日夜都在想着和他们团聚。我和教练员、运动员们都有一个心思，要为台湾早日回归祖国多出力。”曾参加过第三届全运会的旅居海外的台湾同胞、棒球运动员廖文男也说：“我同样十分想念在台湾的同胞手足。我们应该加紧统一祖国的步伐啊！”

邓颖超同志说：“对，加紧步伐，我跟你们在一块，跟你们在一块！”

台湾厅的会见，使人们回忆起周恩来同志。人们谈到周恩来同志病重时也还在为台湾回归祖国操心，谈到周恩来同志对台湾人民的挂念。陪同邓颖超同志会见的人大常委会副秘书长罗青长说：“周总理亲自参加布置台湾厅，多次组织台湾同胞来参观，征求他们的意见。周恩来同志逝世后，他的骨灰在撒向祖国的土地和江河之前，曾经安放在台湾厅里。”邓颖超同志接着说：“周恩来同志生前没有见到台湾回归祖国，所以在他去世后，为了表示不忘记台湾人民，我们把他的骨灰放在台湾厅。是我亲自捧着他的骨灰盒，把它放在这里的。”这时，台湾厅里宁静下来，教练员、运动员们默默无语，陷入沉思中。

一位运动员激动地说：“敬爱的周总理虽然没有看到祖国统一，他的骨灰虽然没有能撒在台湾省的土地上和江河里，但是周总理的容颜和精神已经深深印入台湾人民的心中。我们一定加倍努力，为实现他的遗愿而奋斗！”

会见持续了一个多小时。

（刊载于《体育报》1979 年 9 月 12 日）

新加坡国术总会访问团参观全运会武术比赛
两国武术界朋友就有关问题举行了座谈

本报讯 由团长、新加坡总理公署高级政务部长、人民协会副主席、全国国术总会会长李炯才先生率领的新加坡全国国术总会中国访问团，于 9 月 19 日、20 日在石家庄参观了全运会武术比赛，并做了新加坡套拳、左手刀、二合刀和特技表演，获得观众的热烈欢迎。20 日下午，访问团邀请了大会组织委员会负责人和我国武术界人士举行了座谈会。李炯才团长说：“中国武术高手集会在石家庄，使我们开了眼界，这是一生中难忘的机会，我们希望今后能通过多种方式来进行武术交流。”访问团成员，新加坡全国国术总会裁判主任、国术研究组顾问高长明，同我国武术工作者张文广是 44 年的老同学，故友重逢，分外高兴。他们分别介绍了两国开展武术活动的情况。两国武术家还就共同关心的学术和技术问题进行了广泛的交流。新加坡朋友希望在不久的将来，两国武术运动员能同台比赛。中国武术家说，这一天一定会到来。

（刊载于《体育报》1979 年 9 月 24 日）

叶剑英委员长接见港澳同胞国庆代表团和第四届全运会港澳参观团

新华社北京10月1日电 人大常委会委员长叶剑英今天下午在人民大会堂亲切接见了港澳同胞国庆代表团和第四届全运会港澳参观团。

叶剑英委员长在接见时说，港澳应该成为台湾和大陆之间进行联系的一座桥梁。他对港澳同胞说，我们国家的安定团结是靠得住的，我们国家的经济会一天天繁荣起来。

他希望港澳同胞为祖国实现四个现代化做出自己的贡献。

接见是在非常亲切的气氛中进行的。

参加接见的有国务院副总理耿飙、纪登奎、陈慕华，人大常委会副委员长廖承志，以及人大常委会、国务院有关部门和全国总工会等方面的负责人。

（刊载于《体育报》1979年10月3日）

全国体总宴请海外台胞运动员

新华社北京9月24日电 中华全国体育总会今天晚上在北京烤鸭店宴请台湾省体育代表团的海外同胞。

中华全国体育总会和第四届全运会组织委员会的负责人荣高棠、李梦华出席了宴会。台湾省体育代表团团长陈木森、顾问林朝权和团内的国内台胞教练员、运动员代表，也应邀出席。

荣高棠在宴会上讲话时说，对旅居海外的台湾同胞回国来参加第四届全运会表示热烈欢迎。他对台湾省体育代表团2名女射击运动员在这次比赛中打破3项台湾省纪录表示祝贺。他说，现在我们的运动水平虽然不高，但是通过我们的共同努力，我们的运动水平和各项工作一定会搞上去的。

台湾省体育代表团副团长、旅日台胞黄文钦也在宴会上讲了话。他说，我们这次回到祖国，一直过着十分温暖和愉快的日子，深切感到了祖国人民对台湾同胞的关怀。他希望国内和海外的台湾体育工作者再接再厉，努力提高运动水平，为祖国争光。他还希望大家为台湾回归祖国出力。

（刊载于《体育报》1979年9月25日）

中华人民共和国
运动会史

卷 二

（第五届——第十届）

史进　高西广　主编

陕西新华出版传媒集团
三　秦　出　版　社

卷二目录

中华人民共和国
第五届运动会

1983年

9月18日—10月1日

上 海

简　介

第五届全运会于1983年9月18日—10月1日在上海市举办，由国家体委和上海市人民政府承办。设足球、篮球、排球、乒乓球、羽毛球、网球、手球、曲棍球、田径、体操、艺术体操、举重、游泳、跳水、水球、帆船、帆板、射箭、射击、击剑、自行车、摔跤、柔道、赛艇、皮划艇共25个竞赛项目，武术1个表演项目。其中艺术体操、柔道、帆板、曲棍球是新增比赛项目。来自29个省、市、自治区和解放军、火车头体协共31个代表团的8943名运动员参赛。共产生金牌277枚、银牌276枚、铜牌282枚。

这是全运会首次走出北京，国务院决定自此后全运会将由各省市轮流举办，还第一次设立了精神文明奖。

本届运动会有2人3次打破2项世界纪录，4人5次平3项世界纪录，创1项世界青年纪录，7人12次破9项亚洲纪录，64人38队142次破60项全国纪录。

会　徽

首次运用中西文结合的表现手法，图案立意新颖，横放的跑道，加上与之垂直的国旗，形成“中”字，象征“建设有中国特色的社会主义”，第五届的五字改用罗马字“V”，又是国际公认的“胜利”符号，象征着十一届三中全会以来各条战线均取得伟大胜利。

筹　备

迎接第五届全运会
上海市正积极进行筹备工作

本报讯　第五届全国运动会将于9月18日至10月1日在上海举行。届时各省、市、自治区、解放军、火车头体协共31个代表团的近万名运动员、教练员和工作人员将参加这次体坛盛会。目前，上海市各有关部门正在抓紧做好各项准备工作，迎接全运会。

9月，在上海召开的全运会比赛项目有25项，表演项目1项（武术），分散在全市29个体育场馆举行。这些体育场馆基本上是在原有的基础上，经过维修，添置了必要的设备而承担全运会任务的。江湾体育场是一座可容纳4万名观众的老体育场，经过改装和绿化，新装了大屏幕电子计分牌，它将作为开幕式和足球比赛的场地。进行田径比赛的虹口体育场已铺设了塑胶跑道。与此同时，在上海体育馆东南角，我国规模最大、设备较先进的上海游泳馆即将交付使用。馆内有1个游泳池，1个跳水池和1个训练池，可容纳4000名观众。全运会的游泳、跳水和水球比赛将在这里举行。在青浦县淀山湖游览区，按照国际标准设计的我国第一个船艇竞赛场已初步建成。全市24个饭店、招待所将接待来自各地的体育健儿和前来参观的国内外来宾。

第五届全运会的开幕式上，将举行团体操、大型体育和文艺表演。其中有跳伞表演、舞龙、儿童团体操、纺织女工操、学生艺术操和大型歌舞。

目前，上海市正在进行各种宣传教育活动，要求全市人民做文明观众，以保证全运会在积极、奋发、友爱、团结的气氛中，有秩序、有纪律地进行。

（刊载于《人民日报》1983年8月18日）

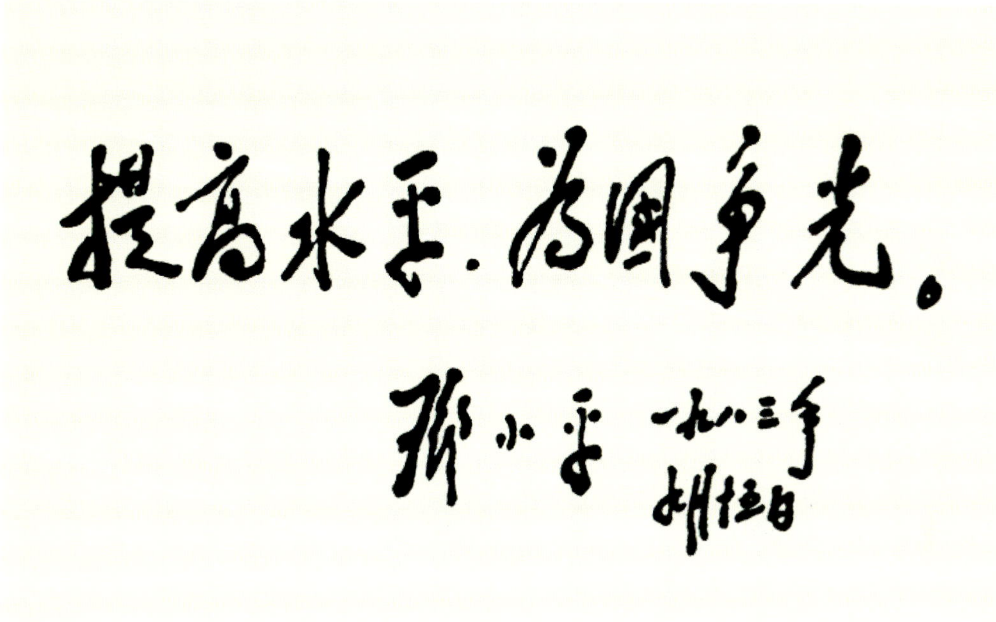

邓小平为全运会题词：提高水平，为国争光。

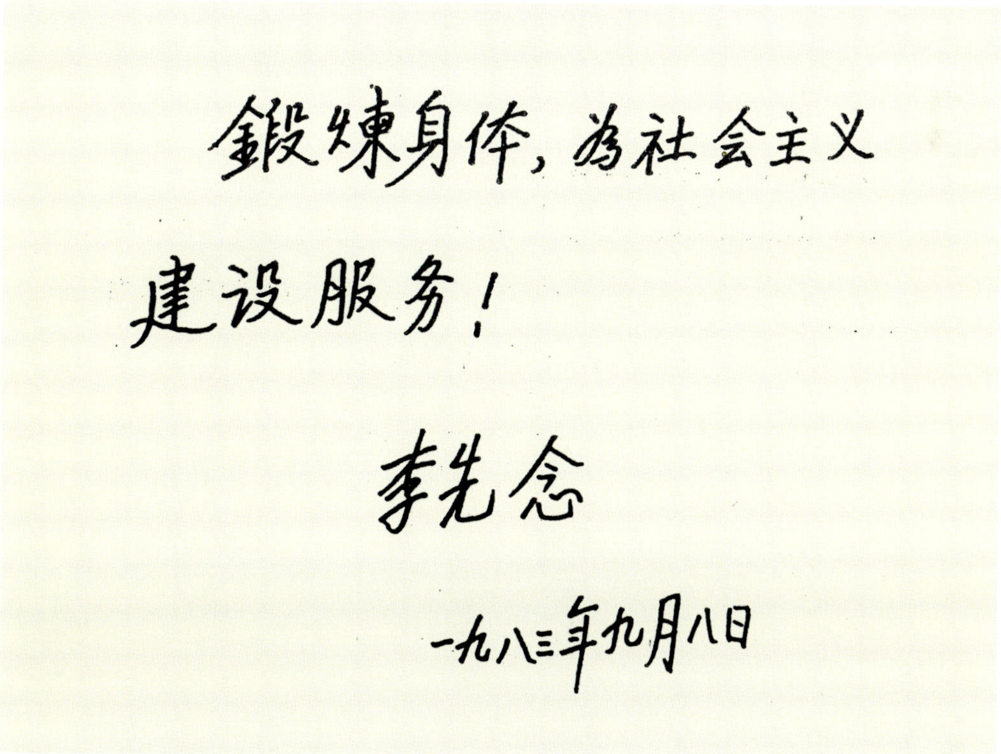

李先念为全运会题词：锻炼身体，为社会主义建设服务！

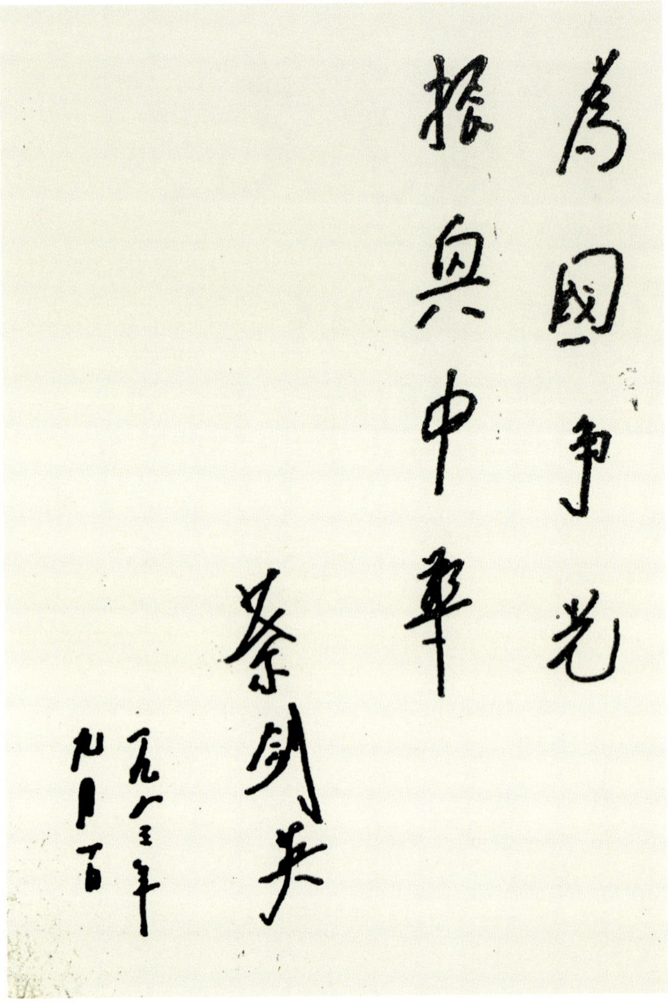

叶剑英为全运会题词：为国争光　振兴中华

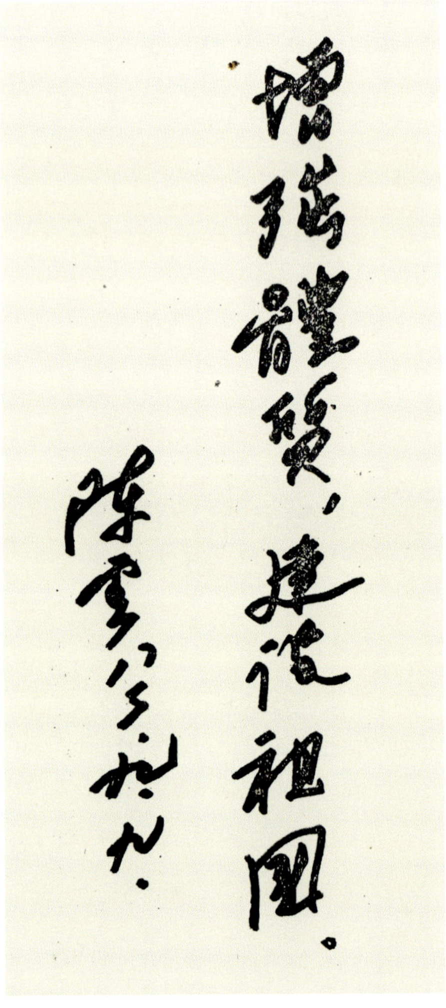

陈云为全运会题词：增强体质，建设祖国。

李梦华在组委会第一次会议上宣布
全运会筹备就绪　按期隆重开幕

本报上海9月11日电　10日上午，在第五届全运会组委会第一次全体会议上，组委会主任、国家体委主任李梦华兴奋地宣布：经过近两年的工作，特别是上海市党政军民和各行各业的艰苦努力，全运会各项筹备工作全部就绪，将按期隆重开幕。在欢欣的气氛中，组委会副主任杨恺宣读了组委会将向大会主席团所作的情况汇报，汇报透露了不少动人心弦的数字。规模巨大的第五届全运会有31个代表团的8943名运动员参加，其中进沪决赛的有3697名。

比赛项目25项，表演项目1项，裁判员1431人，科研人员270人。

应邀前来参观的外宾和港、澳、台同胞约400人，其中有国际奥委会主席萨马兰奇，一些友好国家体育代表团以及上海市政府邀请的9个外国友好城市参观团。

大会还邀请了一些老体育工作者和有重大贡献的体坛名将及群体先进代表。前来采访的国内记者有572名，外国记者100多名。

新建、新修了一批体育设施，97种全运会器材全部备齐，食宿、交通、接待、安全等项工作均已妥善安排，近千种纪念商品正投放市场。

预赛中打破1项世界纪录，平3项世界纪录，破1项亚洲纪录。先期举行的决赛项目已破1项世界纪录、1项世界青年纪录、7项亚洲纪录。预赛和部分决赛中还刷新了一批全国纪录。

综上所述，这次全运会将是我国体育成就的一次大检阅，是我国参加1984年奥运会的一次预演，也是开创我国体育新局面的一次盛会。

组委会还讨论了大会日程安排，确定了工作制度，增补了都浩然、李甦光为组委会委员。

出席这次会议的还有组委会副主任徐寅生、陈先、吴若岩、杜前和全体委员。

（刊载于《体育报》1983年9月12日）

国家体委关于进一步开创体育新局面的请示

（摘录）

（1983年10月21日）

党的十一届三中全会以来，经过拨乱反正，体育事业在调整和恢复的基础上，1981、1982年有了新的发展和重大突破。体育战线开始出现新的局面。群众体育活跃的程度是新中国成立以来少有的，城市体育发展较快，学校体育状况有明显改善，城乡约有3亿人参加体育活动，累计有近1亿人次达到各类各级体育锻炼标准，有近三分之一的项目接近和达到世界水平，在第九届亚洲运动会上我国选手夺得金质奖章总数第一，我国已成为亚洲体育强国。1979年年底我国在国际奥委会的合法席位恢复后，至今已是47个国际体育组织和26个亚洲体育组织的会员，我们开始全面登上世界体育舞台，体育在建设社会主义精神文明中的作用越来越明显，振奋了民族精神，日益受到社会各方面重视。

当前的问题是：群众体育活动还不够普及，职工、农村体育相当薄弱；多数运动项目尚未达到世界水平，后备力量不雄厚，训练体制不健全，优秀运动队的建设存在不少问题，文化素质差，思想政治工作薄弱，训练不够严格、科学；体育场地严重不足，器材设施落后；科研工作等也不能适应形势发展的要求，领导作风不深入，对重大问题的调查研究和改革、创新精神不够，忙日常事务多，抓长远、抓根本的战略观点不强，工作的主动性不大。

过去体育工作比较活跃，一个重要原因是较好地发挥了竞赛的杠杆作用。但这方面矛盾也比较集中、尖锐，应进行改革。要使国内比赛与重大国际比赛衔接好，国内各级各类比赛衔接好，优秀运动队比赛与院校比赛衔接好，逐步做到社会化、多样化、制度化。

由优秀运动员参加的4年1次的全国运动会，改为轮流在各省、市、自治区举行，大学生、中学生运动会仍坚持4年1次。民族运动会、工人运动会拟5年1次。此外，还应根据训练需要，安排一些赞助性比赛，对各系统、各团体和群众体育组织培训的选手以及自训成才的运动员，凡成绩达到一定标准的，给予参加全国比赛和国际比赛的方便，对篮、排、足球分级升降的联赛制度加以改进，今年篮球试行先分赛区再决全国名次，取消甲乙级升降，省级比赛要安排一定数量的重点项目年年比赛。12岁以下的少年儿童比赛，原则上放到省和市、县举办（主要是市、县），规模较大的学生竞赛尽可能安排在假日举行比赛，计成绩标准应与成年人有所区别，以利少年儿童的全面发展。

开 幕 式

优秀运动员朱建华、张爱玲和曹燕华手持火炬，跑上火炬台，点燃第五届全运会巨型火炬

火炬在虹口体育场点燃

代表队入场

全运会入场式

开幕式上表演的大型文艺体育节目《蓝天彩虹》

开幕式上的大型文艺表演

全运会入场仪式

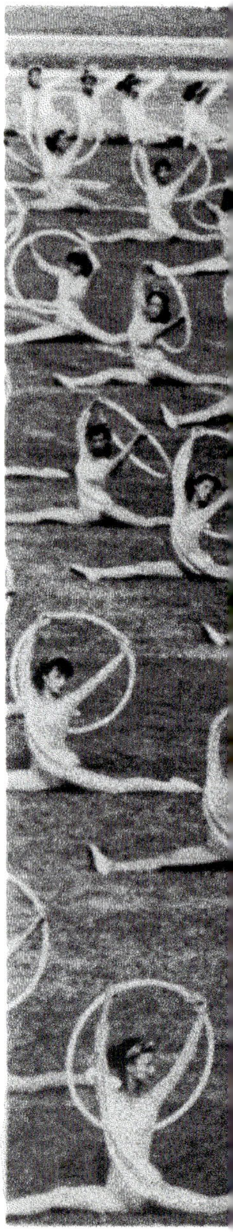

《健美青春》（女生团体操）

国家主席李先念点燃火炬

在“振兴中华火炬接力”点火仪式上的讲话

李先念

同志们：

国家体委和共青团中央为第五届全运会举办的“振兴中华火炬接力”活动，今天举行点火仪式。我很高兴来参加这样一项有意义的活动。

今天，我们的国家正在努力开创社会主义现代化建设的新局面。这需要全国人民特别是青年一代的努力奋斗。青年是祖国的未来和希望。青年一代应当接过老一辈人手中的火炬，继承和发扬革命传统，在我国社会主义现代化建设的征途上勇敢前进！

“振兴中华”是在本世纪初由我国资产阶级民主革命的志士提出来的，他们曾为此做出了努力和牺牲。然而，只有在中国共产党的领导下，经过各族人民几十年的前赴后继，英勇奋斗，振兴中华的夙愿才由理想一步步地变成现实。今天振兴中华就是要振兴社会主义的中国，就是要把我国建设成为一个强大、繁荣、昌盛的国家。这是全国各族人民共同的心愿，是历史赋予我们的重任。我们要举国上下，团结一致，兢兢业业地为实现这个伟大的目标而奋斗。

青年同志们，你们是社会主义现代化建设的生力军，是振兴中华的突击力量，肩负的责任是重大的。你们要在党的领导下，继续发扬艰苦奋斗的创业精神，奋发图强，埋头苦干，在社会主义现代化建设的事业中发挥更大的作用。党信任你们，祖国信任你们，希望你们更加勤奋地学习，积极锻炼身体，不断提高政治思想和科学文化水平，为振兴中华贡献自己的智慧和力量。

预祝“振兴中华火炬接力”顺利！

预祝第五届全运会开得成功！

开 幕 词

乌兰夫

国家副主席乌兰夫致开幕词

同志们，朋友们：

中华人民共和国第五届运动会开幕了！我代表党中央、国务院热烈祝贺运动会的胜利召开，并向前来参加这次体育盛会的港、澳同胞，台湾同胞和外国朋友们表示热烈欢迎！

自第四届全国运动会以来，我国的体育事业在党的十一届三中全会路线指引下，取得了很大的成绩。群众性体育活动蓬勃开展，有效地增进了人民的健康。广大运动员勤学苦练，为祖国荣誉而拼搏，在国际比赛中，多次夺得优胜，激发了广大人民群众的爱国热情，振奋了民族精神，增进了我国人民同世界各国人民的友谊。体育运动在四化建设中，在建设社会主义物质文明和精神文明中，发挥了积极的作用。对于体育战线所取得的成就，党和国家是充分肯定的，人民是高兴的。

望你们继续努力，奋发图强，进一步发展城乡体育运动，努力攀登世界体育高峰，力争在本世纪内使我国成为世界体育强国之一。这届全运会，不仅是对近几年体育工作的一次检阅，同时

中华人民共和国副主席乌兰夫（前排右二），国务院副总理、本届全运会主席团主席万里（前排右一），国际奥委会主席萨马兰奇（前排右三）在主席台上

也是实现这个宏伟目标的起点。

我国的体育事业，是社会主义精神文明建设的组成部分。希望体育战线的同志们充分认识自己肩负的责任，以新的精神面貌和优良的体育道德作风，开好这次全运会，赛出风格，赛出水平，取得新成绩，展示我国人民在振兴中华的伟大事业中团结奋战的英勇形象，为社会主义祖国增添新的光彩！

预祝大会圆满成功！

接受十亿人民检阅　向两个新高度进军

——祝第五届全运会开幕

熊熊燃烧的振兴中华火炬即将传进上海江湾体育场。全国人民期待已久的第五届全国运动会今天开幕！

我们向带着丰硕的训练成果和崭新的精神风貌前来接受人民检阅的全国运动健儿们致敬！向为筹办这届全运会而辛勤劳动、做出重大贡献的英雄的上海人民致敬！

党和国家对这届全运会十分关怀，寄予极大的期望。在全运会即将揭幕的时候，党和国家领导人亲切题词，是对我们的巨大鼓舞。我们要认真领会题词精神，努力把全运会开好，努力把体育事业推向前进，为振奋民族精神，振兴中华大业做出贡献。

这届全运会是检阅四年来我国体育运动成就的盛典。过去的四年，是中国体育在党的十一届三中全会精神指引下，由恢复到发展，迈开大步“冲出亚洲，走向世界”的四年。以振兴中华，建设社会主义精神文明为目的，以运动技术取得一个个重大突破，在全国兴起滚滚的“体育热”“爱国热”为主要标志，构成了这一阶段我国体育的突出特点。“国运”兴“球运”兴，“国运”昌“球运”昌。体育事业的突飞猛进，是我国走向兴旺发达的结果，是振兴中华的一个结晶。

振兴中华的大业不仅需要具有高度的科学文化知识、强大的精神力量，而且需要有钢铁般的身体。因此党和人民对体育的要求越来越高了。我们的运动员、教练员和体育工作者担负着十分光荣而艰巨的社会责任和历史使命。我们要向运动水平的新高度进军。每一届全运会，都应成为我国运动技术发展史上的一座丰碑。每个运动员、体育工作者都应想一想：自己能在这座丰碑上刻下些什么？是精湛的技艺还是崭新的纪录？今天，在举国瞩目的全运会上，应当全力拼搏、顽强奋斗，写下新的篇章。这就是说，要努力创造具有全国、亚洲和世界水平的新成绩、新纪录，以进一步增强我们全面走向世界的实力，为参加1984年奥运会锻炼队伍做好准备。

我们还要向精神文明的新高度进军。全运会不仅比金牌、比名次，而且赛精神文明和思想境界。在这届全运会上，我们不能是一般地讲文明、懂礼貌、守纪律，而是要表现出共产主义的思想、道德、情操，集体主义、革命英雄主义和爱国主义的精神，展示20世纪80年代中国人民的思想风貌。要让我们的“乒乓精神”“拼搏精神”“最佳精神”，在这届全运会上开出更鲜艳的花朵，结出更丰硕的果实。

我们既要夺取运动技术的金牌，又要赢得精神文明的金牌。获得这样两种金牌，达到这样两个新高度，全运会才能充分显示运动健儿的技艺美和心灵美，激发人们的爱国主义热忱，陶冶人们的思想感情，形成人们奋发向上，献身“四化”的强大精神力量。

全运会的大幕即将拉开，进军的号角就要吹响，体育健儿将先后登上赛场，接受人民的检阅。让我们发扬顽强拼搏、奋勇进取的革命精神，整齐步伐、意气风发地向两个新高度进军！

（刊载于《体育报》1983年9月16日）

祝愿全体运动员赛出风格，赛出水平，勇攀高峰，争取精神文明、运动成绩双丰收，进一步开创体育事业新局面；

祝愿全体裁判员、教练员、工作人员齐心协力，为第五届全运会的顺利进行做出贡献；

上海市各界、各有关部门和上海市人民为第五届全运会提供了良好条件，对此，致以衷心的感谢；

预祝第五届全运会开得隆重、热烈、精彩，取得圆满成功！

中华人民共和国
体育运动委员会 主任 李梦华

来源：《第五届全运会纪念册》

我谨代表中华全国体育总会对第五届全国运动会的胜利举行致以热烈的祝贺。我相信，在第五届全运会的推动下，我国体育运动必将有新的发展。

全国体育工作者团结起来，再接再厉，为进一步开创体育新局面，为祖国的社会主义物质文明和精神文明建设做出新的贡献！

中华全国体育总会主席 钟师统

来源：《第五届全运会纪念册》

国务院决定第五届全国运动会在上海举行，给我们城市增添了光彩。我们热烈欢迎祖国各地的体育健儿、先进体育工作者，热烈欢迎港、澳、台的同胞们，海外侨胞们光临。

第五届全运会将是强手云集的群英会，也是社会主义大团结的盛会。它带来青春的活力和节日的欢乐，促进全市各条战线的社会主义物质文明和精神文明建设的发展。

我衷心祝愿各路体坛英雄继续发扬拼搏精神，取得更优异的成绩。

祝愿第五届全国运动会取得圆满成功。

上海市市长 汪道涵

来源：《第五届全运会纪念册》

组织机构

主席团名单

主　　席： 万　里

副 主 席： 李梦华　钟师统　汪道涵

秘 书 长： 徐寅生

副秘书长： 杜　前

成　　员：（按姓氏笔画排列）

丁　峤	万　里	马万里	马长贵	马思忠
习仲勋	王屏山	王崇伦	王耀东	叶进明
白介夫	冯　健	冯文彬	吕正操	朱宣人
庄明理	刘亚南	刘念智	刘建章	刘敬之
汤元炳	孙达人	苏子蘅	杜　前	李　达
李　琦	李连杰	李国豪	李梦华	李富荣
李德葆	杨　恺	杨纪珂	杨寿山	杨尚昆
杨静仁	吴　镇	吴克清	何　贤	何　光
何郝炬	何振梁	余秋里	汪道涵	宋任穷
张之槐	张汇兰（女）		张知远	张青季
张格心	张维庆	张联华	陆定一	陆榕树
陈　先	陈国栋	陈锡联	茅以升	依敏诺夫·哈米提
林丽韫（女）		林朝权	周谷城	赵行志
赵志宏	赵祖康	赵超构	荣高棠	胡立教
钟师统	柳　斌	费孝通	洛桑达瓦	姚　峻
袁伟民	夏　翔	徐　才	徐寅生	徐瑞林
班禅额尔德尼·确吉坚赞		爱新觉罗·溥杰		高　沂
高治国	褚振民	黄　中	黄　健	

梁淑芬（女）		梁焯辉	彭　冲	董寅初
韩劲草	韩复东	韩统武	程子华	程思远
傅蕴珧	谢文清	路金栋	雷洁琼	靖伯文
潘　多（女）		薄一波	霍英东	魏　明

组织委员会名单

主　　任：李梦华

副 主 任：徐寅生　陈　先　杨　恺　吴若岩　杜　前

秘 书 长：杨　恺（兼）

副秘书长：沈家麟　李文耀　金永昌

委　　员：（按姓氏笔画排列）

于书元	于宸奎	王永芳	王焕超	毛经权
孔　朗	朱瑞镛	任百尊	刘　兴	刘　凯
杜　前	苏　荣	李文耀	李寿棠	李修庚
李梦华	李苏光	杨　恺	杨文圻	吴　建
吴　强	吴若岩	余　瑾（女）		谷炳夫
沈家麟	张世珠	张安友	张伟强（女）	
陈　先	金永昌	杭　苇	孟　波	明志澄
赵介纲	洪锦堂	秦振中	钱学中	倪　振
徐寅生	郭连刚	都浩然	黄耀全	蔡东园
曹舜琴（女）		章钜林	渠果珍	蒋　励
蒋佑祯（女）				

各竞赛委员会负责人名单（略）

各代表团负责人名单

北京市代表团

团　长：白介夫

副团长：魏　明　　赵　斌　　李大伟　　张俊英　　程世春

天津市代表团

团　长：姚　峻

副团长：仇　涌　　吴寿章　　史景云

河北省代表团

团　长：徐瑞林

副团长：张　班　　王伯青　　何玉成

山西省代表团

团　长：张维庆

副团长：刘　杰　　练改凤（女）

内蒙古自治区代表团

团　长：赵志宏

副团长：奇文祥　　王进江

辽宁省代表团

团　长：张知远

副团长：郭洪林　　李孝生　　马青山　　康　起

吉林省代表团

团　长：刘敬之

副团长：都文举　　刘永年　　周正　　曲世查

黑龙江省代表团

团　长：培伯文

副团长：皮文波

上海市代表团

团　长：杨　恺

副团长：杜　前　沈家晴　尹　敏（女）　朱　勇　金永昌　杨　明

江苏省代表团

团　长：吴　镇

副团长：张海涛　孙晋芳（女）

浙江省代表团

团　长：李德葆

副团长：金霖俊　王　贵　王岳尧

安徽省代表团

团　长：杨纪珂

副团长：马维民　谷宗勤　娄良鸿

福建省代表团

团　长：张格心

副团长：秦　光　王　浩　何方生

江西省代表团

团　长：柳　斌

副团长：姜佐周　李儒乞

山东省代表团

团　长：马长贵

副团长：季明焘　孙继文　杨继泉　燕志夫

河南省代表团

团　长：韩劲草

副团长：王启亭　马基铭

湖北省代表团

团　长：梁淑芬（女）

副团长：罗　明　刘贵乙　田志宏　张有典　钟添发

湖南省代表团

团　长：刘亚南

副团长：陈大鸾（女）　李茂勋

广东省代表团

团　长：王屏山

副团长：魏振兰　陈镜开　营昭胜　陈金城

顾　问：陈远高

广西壮族自治区代表团

团　长：吴克清

副团长：张建辉　张树武　孟祥发　肖汉祥

四川省代表团

团　长：何郝炬

副团长：郭　炎　潘毅平　魏振铎

顾　问：王廷弼

贵州省代表团

团　长：褚振民

副团长：李元栋　王家声　李根中

云南省代表团

团　长：高治国

副团长：卢洪生　崔　勇

西藏自治区代表团

团　长：洛桑达瓦

副团长：格桑益西

陕西省代表团

团　长：孙达人

副团长：姚福利　雷志敏

顾　问：宋友田

甘肃省代表团

团　长：朱宜人

副团长：苏创夫　田景福

青海省代表团

团　长：马万里

副团长：班马旦增　苏　辛　王克文

宁夏回族自治区代表团

团　长：马思忠

副团长：郭恩山　　朱沛然

新疆维吾尔自治区代表团

团　长：伊敏诺夫·哈米提

副团长：卡德尔·索菲　　吕　铭（女）

中国人民解放军代表团

团　长：韩复东

政　委：李　伟

副团长：刘鲁民　　鲁　挺

副政委：张仲彬

中国火车头体协代表团

团　长：韩统武

副团长：黎伯涛　　赵　树

竞赛规程规则

竞赛规程总则

第五届全国运动会是对党的十一届三中全会以来，我国体育事业所取得的成就的一次大检阅。

在党的领导下，全运会要开得隆重、热烈、精彩；要发扬艰苦奋斗的革命精神；要赛出风格，赛出水平，勇攀高峰，努力创造一批新纪录、新成绩，涌现出一批新人才。第五届全运会要为推动我国群众体育运动的发展，促进我国运动技术水平的提高，振奋民族精神，建设社会主义精神文明，实现四个现代化做出贡献。

一、竞赛日期和地点

1983年9月16日至30日在上海市举行。

注：自行车：1983年9月1日至11日在山西省太原市举行。

射击：1983年9月16日至30日在江苏省南京市举行。

二、竞赛项目

1.足球、篮球、排球、乒乓球、羽毛球、网球、手球、曲棍球、田径、体操、艺术体操、举重、游泳、跳水、水球、赛艇、皮划艇、帆船、帆板、射箭、射击、击剑、自行车（公路、赛场）、摔跤（自由式、古典式）、柔道，共25项。

2.表演评奖项目：武术。

三、参加单位

北京市、天津市、河北省、山西省、内蒙古自治区、辽宁省、吉林省、黑龙江省、上海市、江苏省、浙江省、安徽省、福建省、江西省、山东省、河南省、湖北省、湖南省、广东省、广西壮族自治区、四川省、贵州省、云南省、西藏自治区、陕西省、甘肃省、青海省、宁夏回族自治区、新疆维吾尔自治区、台湾省和中国人民解放军、中国火车头体育协会，共32个单位。

四、运动员资格

1.中华人民共和国公民。

2.经医务部门检查证明身体健康合格。

3.符合各该项竞赛规程的规定。

五、竞赛办法

1.曲棍球、赛艇、皮划艇、帆船、自行车，不进行预赛，按规定报名人数参加。

其他竞赛项目均进行预赛。足球、篮球、排球、乒乓球、羽毛球、网球、手球、体操、艺术体操、水球、帆板、射箭、射击、击剑、摔跤、柔道，按规定报名标准参加决赛；田径、游泳、跳水、举重，按规定报名标准和报名人数参加决赛（详见各项竞赛规程规定）。

各项预赛要求在1983年7月10日前结束。

2.田径、游泳两项设团体总分。

3.竞赛规则：采用国家体委审定的各项运动竞赛最新规则。

六、参加办法

1.参加比赛的各代表队人数按各该项竞赛规程规定报名。

足球、篮球、排球国家优秀运动队运动员均不占原单位报名名额。

2.各代表团团部工作人员（包括团长），凡在沪参加比赛运动员总人数在50人以上者，按15比1配备，不足150人者，工作人员不超过10人。

3.裁判员：按各该项竞赛规程规定办理。

七、录取名额与奖励

1.集体项目、成队项目、个人全能、个人单项录取前6名。

其中，田径、游泳、体操、举重、射击项目、个人全能、个人单项录取前8名。分别颁发奖章、奖状。

6名和6名以下的个人或团体，或其他需要给予特殊奖励的，其奖励办法在各该项竞赛规程中规定。

为了鼓励各重点项目创造优异成绩，对足球、篮球、排球男、女冠军队，乒乓球、羽毛球、体操、射箭团体赛男、女冠军队，田径、游泳男、女团体总分第一名，射击、举重、跳水获金牌总数最多的队，各奖奖杯一座（详见各该项竞赛规程）。

2.破纪录奖励办法

（1）破全国纪录者，授予破全国纪录奖章。

（2）破世界纪录或对我国体育运动做出重大贡献者，授予体育运动荣誉奖章。

（3）足球、篮球、排球设单项技术最佳运动员奖，分别给予奖励。

（4）设“精神文明奖”（具体条件另行制订）。

八、仲裁委员会

根据各项目特点和需要设立“仲裁委员会”。凡违反竞赛纪律的，按《仲裁委员会暂行条例》的规定执行。

九、辅导、表演活动

在全运会竞赛结束后，可酌情根据大会安排，派一些项目运动队到基层进行表演、辅导。

十、报名日期

1.第一次报名：1983年5月1日截止，各单位要报确定参加的项目及人数。

2.第二次报名：1983年7月31日截止，各单位逐项、逐人填报参加比赛各项报名表，在规定截止日期前报出（以寄出地邮戳日期为准）。逾期报名，以不参加论。报名单寄出后不得更改和补充。

十一、报到日期

1.各代表团于1983年9月11日、12日到上海市向大会报到。

参加自行车比赛的运动队于1983年8月27日到太原市向大会报到。

参加射击比赛的运动队于1983年9月12日到南京市向大会报到。

2.各单位派一至两名联络员于1983年8月25日到上海市大会筹备办公室报到，协助大会进行工作。

3.裁判员报到日期另行通知。

十二、代表团团旗

各单位自备，颜色自定。

规格：6市尺×9市尺，标明各省、市、自治区、中国人民解放军、中国火车头体育协会名称。

十三、竞赛服装

按各该项竞赛规程和规则规定执行。

十四、本竞赛规程总则和各单项竞赛规程的解释、修改，由国家体委负责。

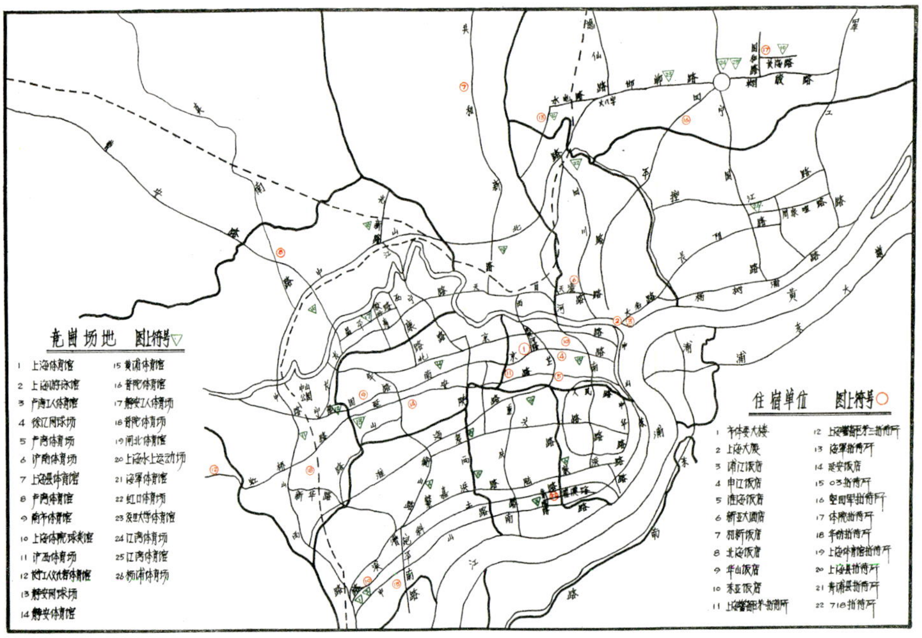

竞赛场地住宿示意图（来源：国家体育总局办公厅信档处）

竞赛总日程表

项目/日期/场地		9月16日（五）	17日（六）			18日（日）			19日（一）			20日（二）			21日（三）			22日（四）			23日（五）			24日（六）			25日（日）			26日（一）			27日（二）			28日（三）			29日（四）			9月30日（五）	项目	各场地小计	备注
			上午	下午	晚上	上午	下午	晚上	上午	下午	晚上	上午	下午	晚上	上午	下午	晚上	上午	下午	晚上	上午	下午	晚上	上午	下午	晚上	上午	下午	晚上	上午	下午	晚上	上午	下午	晚上	上午	下午	晚上	上午	下午	晚上				
1	上海体育馆			体	体			体			兰		艺	排		兰	艺		排	排		武	排		武	兰		排	兰					排	排		排	兰			排		体3兰5排9艺2武2	21	板：帆板。帆：帆船。水：水球。射：射箭。
2	卢湾体育馆		乒		乒	乒		乒	乒		乒	乒		乒	乒		兰			兰		兰	排			兰		兰	排			兰			排			排					乒9兰6排4	19	
3	卢湾工人体育馆				兰			兰			兰						兰			兰			兰					兰				兰					兰						兰9	9	
4	静安体育馆				兰		排	排			兰		排	排			兰		排	排		排	排			兰		兰	排			兰			排		兰	排					兰7排11	18	
5	长宁工人俱乐部体育馆			武	武		武	武		武	武		武	武		武	武		武	武			武			武		武	武														武16	16	1.男子排球提前在4月5日至14日在上海市举行。
6	闸北体育馆	大	乒		乒	乒		乒	乒		乒	乒		乒	乒		乒			排	乒		乒	乒		乒	乒		乒						排			排				大	乒16排3	19	
7	黄浦体育馆				兰		排	兰			兰							羽		羽	羽		羽	羽		羽				羽		羽	羽		羽	羽		羽	羽		羽		兰3排1羽14	18	
8	江湾体育馆				兰			排			兰		排	排			兰			排			排					排	排						排			排					兰3排9	12	2.手球提前在6月6日至12日在上海市举行。
9	上海县体育馆							兰						排			兰						排						排														兰2排3	5	
10	普陀体育馆	会	柔		柔	柔		柔	柔		柔									兰			兰					兰														会	柔6兰3	9	
11	南市体育馆							剑			剑												剑						剑														剑4	4	3.摔跤提前在8月24日至29日在上海市举行。
12	复旦大学体育馆				兰			排			兰																																兰2排1	3	
13	海军体育馆				兰																							兰															兰2	2	
14	江湾体育场	开					足						足						足						足						足											闭	足5	5	4.举重提前在8月30日至9月7日在上海市举行。
15	虹口体育场							足						足				田	田	足	田	田				足	田	田		田	田	足						足			足		足7田8	15	
16	杨浦体育场												足						足						足																		足3	3	
17	卢湾体育场		射	射		射	射		射	射		射	射													足						足						足					射8足3	11	5.帆船于9月12日开始比赛。
18	沪西体育场	幕		曲			曲			曲						曲			曲												足						足					幕	足2曲5	7	6.射击在江苏省南京市举行。
19	沪南体育场							足						足												足						足											足2	4	
20	静安工人体育场						足																		足																		足4	2	7.自行车在山西省太原市举行。
21	上海游泳馆		游		游	游		游	游		游	游		游	游		游	游		游				跳	跳		跳	跳		跳	跳		跳	跳		跳	跳		跳	跳			游12跳12	24	
		式		水	水		水	水		水	水		水	水		水	水																								式	水10	10	
22	上海水上运动场		帆	帆		帆	帆											板	板		板	板		板	板		板	板		板	板												帆4板10	14	
			皮	皮		皮	皮		皮	皮														赛	赛		赛	赛		赛	赛		赛	赛		赛							皮6赛9	15	
23	上海体院球类馆		剑	剑	剑	剑	剑		剑						剑	剑	剑	剑	剑	剑	剑	剑		剑	剑	剑	剑																剑18	18	
24	普陀体育场																		足												足												足2	2	
25	徐汇网球场		网			网			网			网			网	网		网	网		网	网		网	网		网	网		网	网												网16	16	
26	静安网球场		网			网			网			网			网	网		网	网		网	网		网	网		网	网															网14	14	
每天项数合计			10	8	14	10	11	16	9	5	13	6	8	11	6	7	11	7	12	12	7	8	11	8	10	10	8	14	8	6	8	7	3	3	6	3	5	8	2	1	3		315		
			32			37			27			25			24			31			26			28			30			21			12			16			6						

来源：国家体育总局办公厅信档处

朱建华再破世界纪录

竞赛成绩

奖牌榜

单位：枚

代表团	金牌	银牌	铜牌
广东	36	25	24.5
上海	33	35	30
辽宁	22	18	21
北京	17	24	22
解放军	16	28	20
江苏	13	17	11
浙江	11	15	10
广西	11	12	6
山西	11	9	9
福建	11	5	10
四川	10	4	8
江西	9	5	8
黑龙江	9	3	10.5
湖北	8	7	16
内蒙古	8	7	7
安徽	7	6	6
天津	6	5	11
吉林	6	4	4
河北	5	8	11
新疆	5	5	8
山东	4	10	12
云南	4	7	2
青海	4	6	3
河南	3	7	3
湖南	3	4	2

续表

代表团	金牌	银牌	铜牌
陕西	3	0	4
火车头	1	1	1
甘肃	1	0	0
宁夏	0	1	1
西藏	0	1	0
贵州	0	0	1
合计	277	279	282

浙江运动员叶联英在田径比赛中，以5666分的成绩打破5653分的女子七项全能亚洲纪录

破世界纪录 破世界青年纪录 平世界纪录 破亚洲纪录 破全国纪录 统计表

破世界纪录统计表

项目	姓名	单位	破纪录成绩	原纪录
田径男子跳高	朱建华	上海	2.38米 2.37米	2.37米 2.36米
举重 56公斤抓举	吴数德	广西	128公斤	127.5公斤

破世界青年纪录统计表

项目	姓名	单位	破纪录成绩	原纪录
举重 56公斤抓举	赖润明	解放军	125.5公斤	125公斤

平世界纪录统计表

项目	姓名	单位	平纪录成绩	原纪录
射击（男）小口径自选步枪 60发卧射	林济成 马 军	青海 青海	600环 600环	600环
射击（男）小口径自选步枪 3X40卧射	林济成	青海	400环	400环
射击（女）气枪	刘玉华 李英子	辽宁 吉林	387环 387环	387环

破亚洲纪录统计表

项目	姓名	单位	平纪录成绩	原纪录
男跳高	朱建华	上海	2.38米 2.37米	2.36米
男20公里竞走	张阜新	辽宁	1:27'38"	1:27'57"6
男50公里竞走	张阜新 邱世永 戴明喜	辽宁 江西 辽宁	4:3'2" 4:5'25" 4:7'10"	4:7'23"
女七项全能	叶联英	浙江	5666分	5625分
56公斤级抓举 总成绩	吴数德 吴数德	广西 广西	128公斤 275公斤	126.5公斤 270公斤
67.5公斤级抓举 挺举 总成绩	姚景远 姚景远 姚景远	辽宁 辽宁 辽宁	140.5公斤 177.5公斤 317.5公斤	140公斤 176.5公斤 315公斤

破全国纪录统计表

田径	20人		26次	破 11项
游泳	20人	4队	42次	破 15项
举重	9人		16次	破 13项
射箭	1人		1次	破 1项
自行车	1人	5队	9次	破 3项
射击	13人	29队	48次	破 17项

破全国纪录成绩统计表

田 径

项目	姓名	单位	破纪录成绩	原纪录
男 100米	余壮野	广东	10"51	10"52
男 200米	何宝栋	广东	21"04 21"15	21"30
	李丰	北京	21"08	
	王少明	广东	21"16	
	谭红海	江苏	21"20	
	蔡建明	江苏	21"28 21"27	
男 400米	郭顺起	北京	47"30	47"36
男 20公里竞走	张阜新	辽宁	1:27'38"	1:29'45"30
	邱世永	江西	1:28'00"	
	张延龙	辽宁	1:28'24"	
	李广兴	解放军	1:28'30"	
	娄绍洪	江西	1:29'45"	
	王春堂	辽宁	1:29'22"	
男 50公里竞走	张阜新	辽宁	4:3'2"	4:7'23"
	邱世永	江西	4:5'25"	
	戴明喜	辽宁	4:7'10"	
男跳高	朱建华	上海	2.38米 2.37米	2.36米
男撑杆跳高	张成	北京	5.45米	5.43米
男链球	谢瑛琪	解放军	69.36米 68.10米	67.88米
男十项全能	翁康强	福建	7645分	7352分
女 100米	翁佩风	上海	11"95	11"98
女七项全能	叶联英	浙江	5666分	5625分

游 泳

项目	姓名	单位	破纪录成绩	原纪录
男 100 米自由泳	穆拉提	解放军	52″80 53″14	53″20
男 200 米自由泳	潘佳章 沈坚强 吴金煌	上海 上海 福建	1′ 56″10 1′ 56″70 1′ 56″25 1′ 56″94 1′ 56″76 1′ 57′ 10	1′ 57″10
男 200 米仰泳	王浩 徐冠南	解放军 广东	2′ 07″00 2′ 08″65	2′ 08″90
男 100 米蝶泳	郑健	上海	56″84	57″09
男 200 米蝶泳	罗兆应	广东	2′ 04″20 2′ 04″30	2′ 04″6
男 400 米个人混合泳	冯大伟 陈勤	黑龙江 解放军	4′ 37″60 4′ 39″70	4′ 40″0
女 100 米自由泳	丁继莲	河北	1′ 00″06 1′ 00″19	1′ 00″42
女 200 米自由泳	严红 李文华 傅燕玲	天津 黑龙江 北京	2′ 08″64 2′ 09″70 2′ 09″89	2′ 10″20
女 400 米自由泳	李文华 严红 张梅	黑龙江 天津 解放军	4′ 27 ″ 42 4′ 28″ 97 4′ 30″ 77	4′ 30″ 87
女 800 米自由泳	李文华 张梅	黑龙江 解放军	9′ 06″ 24 9′ 11″ 10 9′ 11″ 17 9′ 13″ 10	9′ 15″ 00
女 400 米仰泳	张志欣 唐晴漪	解放军 上海	1′ 06″ 93 1′ 07″ 28 1′ 07″ 36 1′ 07″ 40	1′ 07″ 40
女 100 米蝶泳	李金兰	江西	1′ 04″ 65	1′ 04″ 81
女 400 米个人混合泳	严红 李力健 李雪冰	天津 天津 天津	5′ 02″ 59 5′ 06″ 90 5′ 07″ 60 5′ 08″ 31 5′ 08″ 39	5′ 09″ 30
女 4×100 米自由泳接力		天津 解放军 北京	4′ 03″ 35 4′ 03″ 75 4′ 04″ 32	4′ 04″ 40
女 4×100 米混合泳接力		广东	4′ 24″ 86	4′ 27″ 52

举　重

项目	姓名	单位	破纪录成绩	原纪录
52 公斤级挺举	王焕斌	湖南	137.5 公斤	135 公斤
56 公斤级抓举	吴数德	广西	128 公斤	126.5 公斤
总成绩	吴数德	广西	275 公斤	270 公斤
60 公斤级挺举	陈伟强	广东	160.5 公斤	160 公斤
总成绩	陈伟强	广东	285 公斤	282.5 公斤
67.5 公斤级抓举	姚景远	辽宁	140.5 公斤	139 公斤
挺举	姚景远	辽宁	177.5 公斤	176.5 公斤
总成绩	姚景远	辽宁	317.5 公斤	312.5 公斤
90 公斤级抓举	镡庭君	黑龙江	151.5 公斤	151 公斤
100 公斤级抓举	马文平	黑龙江	154 公斤	
	杨怀庆	山东	153.5 公斤	
挺举	刘宗友	湖北	187.5 公斤	186 公斤
总成绩	马文平	黑龙江	330 公斤	322.5 公斤
	杨怀庆	山东	330 公斤	
	刘宗友	湖北	327.5 公斤	
110 公斤级挺举	陶慧	解放军	190.5 公斤	190 公斤

射　箭

项目	姓名	单位	破纪录成绩	原纪录
男 30 米双轮	郭勇	四川	693 环	691 环

自行车

项目	姓名	单位	破纪录成绩	原纪录
女 3000 米个人追逐赛	吕玉娥	上海	4′01″81　4′05″35	4′08″71
女 3000 米团体追逐赛		江苏	3′47″80　3′48″10	3′50″50
		山西	3′50″16	
女 4000 米团体追逐赛		山西	4′41″03　4′42″66	4′45″57
		北京	4′43″71	
		黑龙江	4′44″90	

射　击

项目	姓名	单位	破纪录成绩	原纪录
男小口径自选步枪 3×40	徐小广 邱波	北京 湖北	1171环 1167环	1161环
男小口径自选步枪立射	徐小广 仇泽庆 车鲁会 邱波	北京 河北 解放军 湖北	380环 378环 378环 378环	377环
男小口径自选步枪跪射	徐小广	北京	394环	393环
男小口径自选步枪 60发卧射	林济成 马军	青海 青海	600环 600环	599环
男气手枪	王义夫	辽宁	589环	583环
男 50米移动靶标准速	李玉伟	辽宁	588环	587环
男小口径步枪卧射团体赛		湖北 青海 新疆 解放军 山西 北京 陕西	1586环 1585环 1584环 1584环 1583环 1583环 1582环	1581环
男小口径步枪立射团体赛		江苏 河北 北京 解放军 陕西 湖北	1475环 1469环 1468环 1466环 1466环 1466环	1458环
男小口径步枪跪射团体赛		解放军 天津 上海	1545环 1541环 1540环	1537环
男小口径步枪 60发卧射团体赛		青海 解放军 湖北 山西 新疆 江西 北京 云南	2377环 2371环 2375环 2371环 2375环 2374环 2374环 2373环 2372环 2371环	2370环
男气手枪团体赛		河南	2285环	2284环
男 50米移动靶标准速团体赛		辽宁 北京	2298环 2291环 2291环	2290环
男 50米移动靶混合速团体赛		北京	1535环	1533环
女小口径标准步枪 3×20	金东翔 王德文	辽宁 山东	584环 581环	580环
女气手枪	刘玉华 李英子	辽宁 吉林	387环 387环	385环
女气步枪	张秋萍	湖南	390环	388环

我国与世界纪录对照（男子）

项目	我国纪录	创造者	世界纪录	创造者	国家
100米	10″52	袁国强	9"96	海因斯	美国
200米	21″30	袁国强	19"72	门内阿	意大利
400米	47″36	郭顺起	43"86	伊万斯	美国
800米	1′49″13(手计时)	黄洛涛	1'41"73	科	英国
1500米	3′44″02(手计时)	王　斌	3'31"36	奥维特	英国
5000米	13′54″22	张国伟	13'00"42	莫尔克洛夫	英国
10000米	29′07″68	张国伟	27'22"5	罗诺	肯尼亚
110米栏	14″10	王勋华	12"93	内赫米亚	美国
400米栏	50″96	王贵华	47"13	摩西	美国
3000米障碍	8′39″86	王占魁	8'05"4	罗诺	肯尼亚
20公里竞走	1:29'18"4（田径场）	王春堂	1:20'06"8	鲍蒂斯塔	墨西哥
50公里竞走	4:07'23"（公路）	邱世永	3:41'39"	冈萨雷斯	墨西哥
马拉松	2:13'32"	许　亮	2:08'13"	萨拉萨尔	美国
4×100米接力	39″82	中国队	38'03	美国队	
4×400米接力	3′09″57	中国队	2'56"16	美国队	
跳高	2.37米	朱建华	2.36米	韦西格	民主德国
跳远	8.14米	刘玉煌	8.90米	比蒙	美国
撑杆跳高	5.43米	张　成	5.81米	波利亚科夫	苏联
三级跳远	17.34米	邹振先	17.89米	奥利维拉	巴西
铅球	17.77米	郭怀云	22.15米	拜尔	民主德国
铁饼	59.48米	李伟男	71.16米	施密特	民主德国
标枪	89.14米	申毛毛	96.72米	帕拉吉	匈牙利
链球	67.88	胡　刚	83.98米	利特维诺夫	苏联
十项全能	7352分	翁康强	8743分	汤普森	美国

我国与世界纪录对照（女子）

项目	我国纪录	创造者	世界纪录	创造者	国家
100米	11"98	肖燕卿	10"88	格尔	民主德国
200米	24"41	贺祖芬	21"71	科赫	民主德国
400米	54"97	梁月玲	48"16	科赫	民主德国
800米	2'05"07(手计时）	郭桂梅	1'53"43	奥力扎连科	苏联
1500米	4'19"88（手计时）	陶海棠	3'52"47	卡赞金娜	苏联
3000米	9'18"59（手计时）	崔云美	8'26"78	乌尔玛索娃	苏联
100米栏	13"68	戴建华	12"36	拉布什藤	波兰
400米栏	58"81	刘桂花	54"28	罗斯莱	民主德国
4×100米接力	46"56	中国队	41"60	民主德国队	
跳高	1.93米	郑达真	2.02米	迈法特	联邦德国
跳远	6.44米	肖洁萍	7.20米	伊奥内斯库	罗马尼亚
铅球	18.15米	沈丽娟	22.45米	斯卢皮亚内克	民主德国
铁饼	61.80米	李晓惠	71.80米	佩特科娃	保加利亚
标枪	61.64米	唐国丽	74.20米	萨科拉法	希腊
七项全能	5518分	叶佩素	6772分	诺伊贝特	民主德国

精彩瞬间

上海运动员翁佩凤在田径比赛中以11秒95的成绩打破了肖燕卿在1978年创造的11秒98的女子百米全国纪录

体操运动新秀、山西选手杨艳丽获高低杠和自由体操两枚金牌

第五届全运会首次将帆板列为比赛项目，采用三角绕标的竞赛方法，分男、女两个单项。经过七轮扬帆竞逐，安徽运动员齐建国（83265号）获男子帆板冠军

9月21日，在射击比赛中，吉林运动员李英子异军突起，以387环的成绩平了苏联斯托利亚罗娃1974年创造的世界纪录

中秋之夜，参加全运会的广东、江苏两省跳水队员欢聚一堂，庆贺广东跳水运动员吴国村（中）的25岁生日

在射击比赛男子气手枪决赛中，辽宁选手王义夫打破全国纪录获得冠军

获得95以上公斤级和无差别级两枚金牌的辽宁省运动员徐国清（右）在比赛中

在重剑决赛中，上海选手崔一宁击败江苏选手宋祥庆夺得冠军。图为崔一宁（左）向对手发起进攻

在射箭比赛中，只经过一年多正规训练的李玲娟（右一）经过四天的争夺，取得女子双轮全能和女子70米双轮、女子30米双轮三块金牌。图为李玲娟接受记者采访

第五届全运会足球决赛在上海队和广东队之间进行，结果上海队以5比4获胜，夺得冠军。图为上海队前锋李国良带球突破逼近球门，被广东队守门员杨宁扑救解围

四川女排以3比1战胜北京女排，获得冠军。图为四川女排队员欢呼雀跃，庆贺胜利。自第二届全运会以来，四川女排已蝉联四届全运会排球赛冠军

广东跳水名将陈肖霞，以高超的技艺，获得女子跳水全能和女子跳台跳水冠军。这是陈肖霞的入水动作

帆船比赛在碧波万顷的淀山湖上展开，来自湖北、山东、浙江、福建、江西等省的水上健儿在此大显身手，经过一番激烈争夺，福建运动员连道发、唐庆顺（右、22号船）获飞行荷兰人级比赛冠军

上海青年“文明观众啦啦队”活跃在全运会各个体育场馆，他们以崭新的精神面貌激励健儿们奋勇拼搏

曲棍球第一次被列为全运会比赛项目。火车头体协队力克群雄，以四战四胜的成绩夺得冠军。图为火车头队队员（前右一）向内蒙古队发起进攻

动作优美、富有韵律感的艺术体操，也是这届全运会新增项目之一。运动员分别用球、棒、带、圈四种器械，在音乐的伴奏下，做出各种优美、高雅、巧妙的动作。图为北京队李卫红在表演带操

左图：在羽毛球单打比赛中，浙江选手李玲蔚战胜上海选手张爱玲，获得女子单打冠军

右图：辽宁选手韩健获得羽毛球男子单打冠军

国家体委主任李梦华致闭幕词

闭幕式

闭幕词

李梦华

同志们、朋友们：

举国瞩目的中华人民共和国第五届运动会，在党和政府亲切关怀下，经过14天激烈比赛和紧张工作，在欢度34周年国庆佳节的今天，胜利闭幕了！

我代表大会主席团、国家体委和中华全国体育总会，向参加这次运动会的全体同志致以亲切的慰问，向创造优异成绩的运动员致以热烈的祝贺，向为保证大会顺利进行而付出巨大努力的上海市党政军民，致以衷心的感谢。

这届运动会开得隆重、热烈、精彩，既有29个省、市、自治区和解放军、火车头体协的体育健儿奋勇拼搏，争创优异成绩；又有光临盛会参观的老体育工作者、港澳同胞、台湾同胞和外国朋友欢聚一堂。在运动会上共3次打破世界纪录，5次平世界纪录，创造了1次世界青年纪录，12次打破亚洲纪录，142次刷新全国纪录；评选出106个精神文明运动队，有1500名运动员、裁判员获得精神文明奖；还有314名群众体育工作先进集体的代表和先进工作者受到奖励。这是一个赛出新风格、新水平的大会，是一个团结胜利的大会，获得了运动成绩和精神文明双丰收，达到了预期目的，取得了圆满成功。它不仅是对我国参加明年奥运会的一次检验，而且将对我国体育事业的全面发展产生积极的影响。

这次大会的成果，集中反映了近几年体育运动的新发展。体育战线的一切成就，都是在党和政府的正确领导和广大人民群众的热情关怀、支持下所取得的。我国体育运动正在进一步走向社会，走向世界。希望各级政府加强领导，全社会都来办体育，使体育成为全民活动。在新的历史时期体育工作的总任务是，普遍增强人民体质，努力提高运动技术水平，积极建设精神文明，为社会主义服务。在本世纪的奋斗目标是，普及城乡体育运动，达到世界第一流的运动技术水平，建设现代化的体育设施，拥有一支又红又专的体育队伍，成为世界体育强国之一。希望社会各界通力合作，促其实现。希望各条战线、各人民团体都要把体育作为关心群众生活、改变社会风气、培养青少年德智体全面发展的一项重要工作抓紧抓好。

体育战线要在党的十二大的精神指引下，继续努力学习马列主义、毛泽东思想，学习《邓小平文选》，提高体育队伍的素质，坚持高标准，严要求，勤学苦练基本功，勇攀新高峰。

同志们，让我们在第五届全运会胜利举行的基础上，团结奋斗，继续前进，以最佳精神创最佳成绩，振兴中华体育，造福人民，为国争光！

谢谢大家。

走向社会　走向世界

——祝贺第五届全运会胜利闭幕

在中华人民共和国诞生34周年国庆佳节，第五届全国运动会胜利闭幕了。正如人们预期的那样，这届全运会开得隆重、热烈、精彩，是一个团结胜利的大会。我们热烈祝贺大会圆满成功，并向承办这届全运会的上海市人民致敬！

团结胜利的主要标志是：运动成绩和精神文明获得了双丰收，都达到了一个新高度。全运会上，体育健儿们发扬为社会主义祖国争光，为社会主义现代化做贡献的时代精神，顽强拼搏，奋勇进取，创造了一批具有世界水平、亚洲水平和全国水平的好成绩，涌现出一大批获得精神文明奖的运动队、运动员和裁判员。一些较先进的项目赛出了新水平，一些后进的项目如田径、游泳等取得了新的突破。朱建华超人的“一跳”，吴数德奋力的“二举”，更是振奋人心，大放异彩。在各项比赛中，“冷门”迭爆，新手崛起，众多名将“落马”，不少冠军易人。这展示出祖国体坛热气腾腾、群雄并起、齐向奥运会进军的动人情景。与优异运动成绩相辉映，运动员的赛风和观众的观风，也得到明显好转。规模宏大的“精神文明啦啦队”的出现，更带来了赛场新风，增添了全运会的活力。

第五届全运会的丰硕成果，具有鲜明的时代特点。它反映了党的十一届三中全会以来，全国人民同心同德奔“四化”，在社会主义物质文明和精神文明建设中，各条战线人才辈出、各项事业突飞猛进的一个侧面，一个缩影，是我们的国家和人民生机勃勃、充满活力的象征。

振兴中华必须振兴体育。我们的体育事业已经取得了很大的成就，但同世界体育发达国家相比还有不小的差距。我们的目标是争取在本世纪末成为世界体育强国。我们是社会主义国家，是世界上人口最多的国家，理应对人类做出较大贡献。我们的党和政府把发展体育事业作为一项重要的国策，我们已经有了三十多年的工作基础和经验，以更快的速度把我国体育事业推向前进，争取早日成为世界体育强国是完全有可能的。

要使中国成为世界体育强国，必须更好地推动普及、促进提高，使体育进一步走向社会，走向世界。要大力促进体育的社会化，发动全社会办体育，使体育深入社会各个领域，并深入家庭，深入人们的生活，吸引更多的人锻炼身体，发现、培养、造就千百万青少年优秀运动人才。我们还要在更广阔的世界赛场上与各国强队、强手角逐争雄，提高技艺，丰富经验，提高抗衡能力，创造更优异的运动成绩，表现出良好的精神风貌。

体育战线的同志们，到本世纪末并不是遥远的事，只剩下屈指可数的16年了。世界体育强国不是等来的，需要的是时代的紧迫感和高度的责任感，同心协力，艰苦奋斗，人人齐发奋，个个有建树。我们要以这届全运会为新的起点，认真学习马列主义、毛泽东思想和《邓小平文选》，努力普及城乡体育运动；提高运动技术水平；建设现代化体育设施；造就一支又红又专的体育队伍，以扎扎实实的工作，一步一个脚印地向2000年奋进。

（刊载于《体育报》1983年10月2日社论）

10月1日晚，第五届全运会胜利闭幕。万里副总理向打破世界纪录的优秀运动员朱建华、吴数德及他们的教练胡鸿飞、杨国荣等发奖

内蒙古曲棍球队获得“精神文明运动队”的光荣称号

媒体报道

《体育报》

以改革精神指导竞赛工作
第五届全运会比赛日期场地已排定

本报讯 第五届全运会的各项竞赛组织工作已经全面展开。马拉松、竞走决赛最近已在上海市嘉定县结束。男子排球、手球、体操团体赛由于国家队需参加重大国际比赛等原因，提前至上半年度的4月和6月分别在上海进行决赛。同时，全运会20个项目的预赛也陆续在16个省、市、自治区开始举行。

参加这届全运会的有各省、市、自治区和解放军、火车头体协的31个代表团，教练员、运动员、裁判员和工作人员近万人。为选拔和锻炼我国参加1984年洛杉矶奥运会的队伍，全运会在竞赛项目的设置上贯彻了改革的方针，全部25个比赛项目与奥运会上设置项目对口。另把在我国具有悠久传统的武术列为表演项目。所以，这届全运会无论从规模还是参加人数上来讲，都是历届中较大的一次。全部比赛和表演，除射击、自行车分别在江苏南京和山西太原进行外，均安排在上海市举行。

全运会在上海比赛的日程、场地已基本排定，分别在全市29个体育场、馆进行。竞赛器材也已基本落实，以保证比赛的需要。比赛采用的电子计时计分设备，大部分是国产的，如开幕式场地的大型计时计分器，已准备组装；各种电子秒表、显示器等，质量都很好。少数项目如游泳、船艇以及田径等项目，适当采用一些国外公司用广告形式资助的计时计分设备。奖杯、奖状、奖章，除奖章仍用金属制作外，奖杯准备用瓷器制作，奖状用瓷盘代替，刻上名字，既可作摆设，又具有我国特色。

比赛共组织816名裁判员（不包括场地记录、司线员等辅助人员）。裁判服装的制作基本落实。上海地区的裁判员将分批分项进行训练，以提高思想、业务水平和临场裁判能力。

全运会期间，全国将有很多体育科研人员来沪进行调研。上海将采用计算机来代替人工操作，进行比赛和运动员素质、技术的全面统计和分析，迅速提供各项数据并可储存大量的资料。有关人员已就全运会的调研工作着手进行准备。

（刊载于《体育报》1983年4月1日）

《体育报》

创造新局面
——祝贺第五届全国运动会召开

今年9月在上海举行的第五届全国运动会，是我国社会生活中的一件大事，对我国体育事业的发展，将发挥很大的推动作用。

由于党和国家的领导与关怀、全国体育工作者和运动员的努力，我国体育事业已经取得了巨大的成就。特别是党的十一届三中全会以来，我国体育事业蓬勃发展，无论在普及和提高上，都有了新的突破，体育战线开始出现新的局面。

群众体育达到了新的广度和深度。城市体育发展较快，农村体育出现新势头，全国城乡约有3亿人经常参加体育活动。学校体育有很大的改进，除体育课外，大都还组织了课外的体育活动，学生体质得到增强。少数民族体育和中国的传统体育项目——武术也广泛发展起来。

全国通过《国家体育锻炼标准》的，累计已近1亿人次，其中1981年和1982年就有1859万人次。我国人民的平均寿命从1949年的36岁，延长到现在的68岁，这和体育事业的发展密切相关。

30多年来，我国的各项运动技术水平有了很大提高，共获得83个世界冠军，打破251项次世界纪录。近两年来，有9个项目38次获得世界冠军，17个项目33次打破世界纪录。1982年在第9届亚运会上，我国获金牌总数第一。最近，在第37届世界乒乓球锦标赛上，获得6项冠军，4项亚军。我国乒乓球、女排、体操、羽毛球等项目取得的重大胜利，有力地推动了其他项目的发展。据不完全统计，仅在1981、1982两年中，我们在有3个以上国家参加的比赛中，有27个项目赢得了710枚金牌，这样大面积的丰收，是从来没有过的。

我国参加国际体育活动日益频繁，开始全面登上世界体育舞台。自从1979年11月，我国在国际奥委会的合法席位得到恢复后，现在我国已是46个国际体育组织和26个亚洲体育组织的会员，和100多个国家进行了体育交往。我们将进一步参加国际体育活动，发展和加强同各国人民之间的友谊，促进我国运动技术水平的提高。

最近几年，体育在我国社会生活中越来越受到重视，特别是运动员在重大国际比赛中为国争光、取得优胜时，在群众中就激起了“体育热”和“爱国热”，其影响远远超出了体育界。

（刊载于《体育报》1983年9月19日）

《体育报》

党中央要求各地坚持普及与提高相结合的方针

进一步发展全民族体育运动
在本世纪内建设成为体育强国

新华社北京11月9日电 中共中央最近发出通知，要求全党全社会都要重视加强体育工作，进一步发展全民族的体育运动，并希望体育战线的全体同志要充分认识自己的光荣职责，戒骄戒躁，锐意改革，勇于进取，不断做出新的贡献。

通知指出："体育关系到人民的健康、民族的强盛和国家的荣誉，对提高广大人民群众的思想觉悟，实现党在新的时期的总任务，发展国际交往与加强同世界人民的团结和友谊，加强国防力量，都有重大的作用。"

通知在充分地肯定我国体育事业在近几年的巨大发展，以及中国体育健儿在第23届奥运会上实现了具有历史意义的突破后指出："体育战线的重大成就，为祖国争得了荣誉，极大地激发了人民群众的民族自豪感和自信心，鼓舞了海内外中华儿女的爱国热情，扩大了我国的国际影响。"

通知说："必须看到，目前我国体育事业的发展规模和发展水平同世界先进水平相比，还有很大的差距。为了尽快地缩小这个差距，必须坚持普及与提高相结合的方针，采取有力措施，使体育运动不断向新的广度和高度发展。要积极发展城乡体育活动，努力提高人民健康水平，重点抓好学校体育，从少年儿童抓起。在增强学生体质的同时，积极开展业余体育训练。要完善多渠道、多层次的体育人才梯队，改革训练和竞赛体制，积极发展体育科研、教育事业，及时掌握体育情报信息，采用国内外先进技术和设备，加强科学训练，不断革新技术。搞好项目的战略布局，集中力量发展优势项目，大力加强田径、游泳等薄弱环节（田径是各项运动的基础），同时要把那些短期内能赶上世界先进水平的项目抓上去，争取在今后的重大国际比赛中，夺取更优异的成绩。"

通知要求："建设一支又红又专、有勇有谋的运动员和教练员队伍。各个项目都要像女排、乒乓球队那样，坚持高标准、严要求，勤学苦练基本功，做到有理想，有道德，有文化，守纪律。对做出优异成绩的运动员、教练员等，要给予精神鼓励和物质奖励，其中有特殊贡献的，应予重奖。"

通知还要求各地妥善安排退役的优秀运动员，给予他们以深造的机会；对于有贡献的老运动员、老教练员应关心、解决他们的困难。

为了保证体育事业的大发展，中共中央要求各地"必须逐步增加体育事业经费和基建投资，纳入各级政府的国民经济和社会发展计划。目前，体育设施远远不能适应体育事业发展的需要，必须增加数量，提高质量。有些地方和单位把体育场地占作他用，必须坚决纠正。各地一定要认真落实国家对体育场地建设的要求和城市规划关于运动场地面积的定额指标。体育场馆应合理布局，避免过分集中。要增加群众活动的体育场所，重点增加学校体育设施；逐步实现优秀运动员训练基地的现代化，有条件的省、自治区、直辖市要逐步建成能够承办全运会和国际比赛的设施，有计划地发展高等院校的体育活动场所。体育场馆要改善管理，提高使用率，成为开展群体活动和培训体育人才的基地；同时，要讲究经济效益，积极创造条件实行多种经营，逐步转变为企业、半企业性质的单位。工商业部门要会同体育部门做好体育器材和专用设备的研制、生产和供应。”

通知要求各地“加强对运动队和观众的文明礼貌教育，正确对待胜负。在国际比赛中，尤其要注意既赛出水平，又赛出风格，体现出社会主义国家的风度。要通过体育成就，进行爱国主义、集体主义、社会主义和共产主义的教育，进行为祖国荣誉顽强拼搏、奋勇进取、勇攀高峰的革命精神的教育，以加速‘四化’建设，推进祖国统一大业。”

中共中央要求：“各级党委要加强对体育工作的领导。通过整党，加强各级体委领导班子的建设，按照干部‘四化’标准，调整好各级体委的领导班子，选拔一批年轻、有创见、有事业心的干部到各级体委领导岗位上来。健全体育机构，全面贯彻党的路线、方针、政策，切实发挥体委对体育事业的领导、协调、监督作用。各级体委都应立足本地区，面向全世界，深入实际调查研究，认真总结经验，研究制订体育发展战略，建设具有中国特色的社会主义体育事业。”

中央指出：“现在，国家政治局面安定，经济状况好转，人民群众对发展体育运动有着强烈的要求，具备了把体育运动更快地搞上去的条件。要充分利用这个条件，在本世纪内把我国建设成体育强国，以增强全民族的体质，强国强民。通过参加各种国际比赛，增进同世界各国人民的友谊，鼓舞我国人民奋发图强、建设‘四化’的信心和斗志。”

通知最后说：“中央相信，在体育战线全体同志和全党、全国各族人民共同努力下，中华民族一定能跻身于世界体育强国之林。”

（刊载于《体育报》1984年11月10日）

《新体育》

田径——要下功夫选材（节选）

第五届全运会田径比赛取得可喜成果。男子跳高运动员朱建华创造2.38米的世界纪录；女子七项全能叶联英以5666分的新成绩创造亚洲新纪录；男子200米、撑竿跳高、链球、十项全能和女子100米都打破了全国纪录；除此之外，男女跳高、男女跳远前八名的平均水平都有了明显的提高，长期处于落后状态的男女短跑也稍有起色。

田径是各项运动的基础，比赛中奖牌多，往往标志着一个国家体育运动的水平。从这届全运会田径比赛看，不少省、市、自治区体委对田径也是很重视的，效果显著。

上海的跳高、短跑，辽宁的竞走，广东的跳高、跳远、短跑、跨栏，云南的长跑等都形成了各自的优势和传统。这说明只要认真抓，采取有力措施，就会出成果。当然，田径项目很多，如果要求把43个项目都抓好，也不切合实际。因此在普遍开展的基础上，重点突出地抓好几个传统项目，方向是对头的。不仅像我们这个田径基础较薄弱的国家应如此，就是世界上一些田径强国也如此。像美国的短跑、跳跃、跨栏，民主德国的女子短距离、全能、投掷，苏联的男女跳远、投掷等，多年来这些项目逐步形成传统的优势项目。当前，一些地区田径上不来，主要是没下功夫。虽然也喊抓田径，但缺乏具体措施。

……

有些项目，近年来，还有下降的趋势，如男女标枪、女铁饼等。还有一些项目多年来训练，事倍功半，收效甚微，更值得认真总结、认真学习、认真训练，不断总结新鲜经验，使之成为财富，这无疑对教练也是学习和提高。

这次田径比赛出现一个令人深思的现象，就是不少省、市和自治区的运动员，有的甚至是不出名的年轻新手，从国家集训队的尖子手中夺走了金牌。一方面，这是十分可喜的现象；另一方面，对我们那些成绩不能令人满意的运动员和教练员来说，是否能从中得到点有益的启示呢？

（刊载于《新体育》1983年第10期）

朱建华打破世界纪录后，和他的教练紧紧地拥抱在一起，共同庆贺新的世界纪录诞生

《新体育》

举重——尖子不多（节选）

第五届全运会举重赛，经过九天紧张激烈的比赛，取得了可喜成果：广西著名选手吴数德和解放军年轻新手赖润明，分别打破56公斤级抓举世界纪录和世界青年纪录，一批亚洲和全国纪录被刷新。但是，同世界强队相比，我们总的水平还是不高的，多年来一直徘徊在世界第六到第八名之间，还有一些级别，如82.5公斤以上的级别，与世界先进水平的差距越拉越大。我国举重训练，还存在一些问题，有待我们去改进。

首先值得注意的问题是，我们举重队伍中，尖子不多，尖子不尖。

……

目前，举重训练的科研工作，还未能引起足够的重视。训练在很大程度上还存在盲目性，选材的科学依据不足，单凭经验观察往往造成选材不准、淘汰率高，容易造成人力、物力的浪费，影响尖子运动员的培养。今后，要适当集中，强化训练，实行有计划、有目标、有系统的多年培养，才能使我国举重的尖子运动员又尖又多，早日赶超世界先进水平。

（刊载于《新体育》1983年第10期）

广西运动员吴数德在56公斤级抓举比赛中，以128公斤的成绩打破127.5公斤的世界纪录

吴数德打破世界纪录后和父母、教练及国家体委领导人在一起合影

《新体育》

游泳——训练要改革（节选）

全运会游泳比赛，共有16名运动员（男6人，女10人）、4个接力队30次（男8次，女22次）打破14项（男5项，女9项）全国纪录，获得大面积丰收。

广东著名女子蛙泳运动员梁伟芬，这次在百米比赛中，游出了1分13秒12的成绩，是近年来亚洲第二个最好的水平。郑健的男子百米蝶泳56秒84的成绩和穆拉提的男子百米自由泳53秒14的成绩，都是我国的最好水平。但是，必须清醒地看到，我国游泳水平提高不快。

……

在比赛中，他们显示了良好的蛙泳技术，体现了我国蛙泳技术风格，发挥了腿强有力、划水动作合理、协调而紧凑配合的技术特点。

我国蛙泳运动员应该取己腿之所长，学习外国蛙泳运动员臂有力之长，补己手臂之短，采用合理的紧凑配合技术，这样才是掌握蛙泳训练的合理方向。

（刊载于《新体育》1983年第10期）

在男子100米蝶泳决赛中，上海运动员郑健以56秒84的成绩打破全国纪录

在女子200米自由泳决赛中，天津队严红（中）、黑龙江队李文华（左）、北京队傅燕玲（右）均打破全国纪录，获得该项目比赛的前三名

《新体育》

从全运会想到世界大赛（节选）

参加世界锦标赛回来不久，就去看全运会的比赛，真是个很好的学习机会，能够冷静、仔细地观看、思考。我担任国家女篮教练以后，脑子里转的都是国家队的训练和比赛，很少像这次这样“超然物外”，所以这次“旁观”，收益不浅。

这次全运会篮球比赛，总的水平有提高。速度方面，不管是进攻的速度，还是退守的速度，普遍有提高。外围的投篮也比过去准了。对于防守和抢篮板球，不少队也比较重视了，还涌现出了一批优秀的年轻队员。这些都是很令人高兴的。

……

我国女篮进入世界先进行列是全国的功劳，队员是各地发现和培养新生力量输送上来的。这次全运会上又出现了一批新人，有的给人留下了很好的印象。我作为国家女篮的教练，很感谢各省、市、自治区和解放军的教练及各级少体校对青少年选手的培养，并希望他们进一步坚持正规训练，更严格要求，要帮助她们树立敢攀高峰的雄心壮志和顽强作风。保加利亚女篮教练说，他选运动员，首先选那些好斗的。我认为这话有一定道理。

从全运会想到世界锦标赛，我认为中国女子篮球是有希望、有潜力的。我国乒乓球在世界上保持先进地位，就是因为人才众、尖子多。篮球在我国也是很有群众基础的，我们希望篮球有一天也能达到那样的水平。

（刊载于《新体育》1983年第10期）

《新体育》

每人都应有“一手”

——为全运会设单项奖叫好（节选）

第五届全运会篮球比赛设立了三个单项奖。最佳中远投篮手奖由上海女队丛学娣和四川男队李亚光获得，最佳篮板球手奖由黑龙江女队柳青和吉林男队关德有获得，最佳抢断球手奖由解放军女队韩君和江苏男队宫鲁鸣获得。

中远投篮、篮板球和抢断球技术是篮球运动的基本技术。鼓励运动员苦练这些基本技术必将有利于我国篮球水平的提高。篮球大国美国就特别重视运动员的个人技术。他们的“篮球纪念馆”里，都陈列有传奇人物张伯伦、防守天才比尔·拉塞等人的业绩。篮球虽是集体项目，但离不开个人技术的基础。可是，有的运动员个人技术虽好，却由于整个队的水平不高，显不出其才华，结果影响了个人的积极性。所以评选优秀的单项选手，是一项调动运动员积极性的好措施。

……

获得最佳篮板球手奖的都是高大队员。过去，我国男女篮与国际强队比赛，明显地存在抢篮板球不如人家的短处。现在许多省、市、自治区篮球队已经有了不少高个儿队员，对他们加强这方面的训练，做到每球必争，动作有力，经得起对抗，是很重要的。所以行家们认为这次全运会设这三项单项奖方向对头。当然评选办法也还有不足之处，只要认真搞下去，总会不断完善的。预祝我国出现更多的拥有各自绝招的篮球运动员，把我国的篮球，尤其是男篮的水平提高一步。

（刊载于《新体育》1983年第10期）

《当代中国体育》

中国体育阔步向前

1983年9月，在上海举办的第五届全国运动会，是国内体育生活中的一件大事。8900多名选手参加了这届全运会，其中影响最大的是，男子跳高选手朱建华在预赛和决赛中两次刷新世界纪录，国外舆论指出：“这证明中国近几年来在大多数体育项目中取得了迅速的进步。”这届全运会，是新中国成立以来第一次在首都以外的城市举行，体现了竞赛改革的成果，对今后各省、自治区、直辖市轮流举办全运会是一个良好的开端。大会邀请了265名老体育工作者和前世界冠军、世界纪录创造者以及来自港澳的著名老运动员参观、联欢、座谈，充分体现了体育界的大团结。同时，把表扬、奖励群众体育工作先进集体和先进工作者，作为全运会的一个组成部分。314名群体代表在观摩比赛的同时，参观了上海一些群体活动，分行业对口交流经验。全运会开幕之日，举行了10万人参加的“马路运动会”。大会期间，群体活动高潮迭起，140万市民观看比赛，10万青年组成“精神文明啦啦队”，与观众共创看台新风。大会还设立了精神文明奖，评出精神文明运动队106个，精神文明运动员、裁判员1800多名。这些，显示了普及与提高相结合的中国体育特色。

这届全运会的圆满成功，是在党和政府的重视、关怀下和上海党政军民各界通力合作下取得的。李先念主席在北京天安门广场亲手点燃了“振兴中华火炬接力”的火炬。乌兰夫副主席到上海出席全运会开幕式并致辞，万里副总理担任大会主席团的主席。叶剑英、邓小平、李先念、陈云4位中央领导同志为大会题了词。他们在题词中强调了新时期体育工作的三项主要任务，勉励体育健儿提高水平，为国争光，振兴中华。上海市委、市政府组织各方面力量保证了全运会的顺利进行。

这届全运会不仅推动了体育运动的普及与提高，在国际上也产生了积极的影响。300多名外宾应邀来参观，给予全运会高度评价。他们说：“中国人民不但在古代是一个伟大的民族，现在也伟大”，“从运动员身上看到了中国人民生气勃勃、万众一心振兴中华的气概”。国际奥委会主席萨马兰奇说：“乌兰夫副主席在开幕式上的讲话中，指出群众性体育活动蓬勃开展，有效地增进了人民的健康，并提出了进一步发展城乡体育运动，努力攀登世界高峰。这说明中国政府既重视高水平的运动，又重视群众体育。我认为这一政策是正确的。”朱建华在全运会上两破男子跳高世界纪录，国际田径界人士认为这是亚洲、世界的光荣。外电发表评论，赞扬我国在大多数体育项目中取得了迅速的进步。

（来源：《当代中国体育》，中国社会科学出版社，1984年，第27页）

《新体育》

向世界体育强国迈进（节选）

第五届全运会开幕式上，一面国际奥委会的旗帜，在会场南端高高飘扬；国际奥委会主席萨马兰奇和其他外国朋友出席了第五届全运会开幕式。

朱建华、吴数德在预决赛中，打破了跳高和举重世界纪录，国际田径联合会和国际举重联合会分别发来了贺电。

中华健儿已经开始全面登上国际体育竞技舞台。我国现已参加了340多个国际体育组织。我国体育健儿已经在亚运会上夺得金牌总数第一，他们的精神风貌博得了各国人民的赞誉。向世界体育强国迈进！成了回荡在本届全运会上的最强音。

潜力巨大　希望在前

9月22日，虹口体育场内外人山人海。这天，全运会的田径比赛在这里揭开战幕了，朱建华要向新的世界高峰冲击。人们多么盼望他在这次决赛中再破世界纪录啊！

当横杆上升到2.26米，跳高架前只剩下朱建华一人时，当他向裁判一举手，人们的心就紧张跳动起来。成万双眼睛不停地扫视那长长的身材，细细的横杆。当那两条细长腿最后飞越过2.38米时，全场立即沸腾了。人们欢呼雀跃，热泪盈眶。一位老体育工作者闪着泪花说：“我干了几十年体育工作，今天是我生平最激动、最高兴的一天。”

……

使人感兴趣的还有：一批破纪录的佼佼者，如朱建华、吴数德、叶联英等，主要是由各省、市、自治区训练出来的。这说明，我国的训练水平已普遍提高；统筹安排，发挥中央、地方以及社会各方面的积极性的政策是完全正确的。广大群众中蕴藏着极大的社会主义积极性，蕴藏着大量的人才。只要你赶我超，群星争辉，我们就能更快地成为世界体育强国。

四年一次的全运会是体坛的大检阅，各省、

市、自治区以及解放军、火车头体协等都希望取得好名次。但在广大体育工作者的心目中，祖国的荣誉高于一切。吴数德在抓举比赛中，不要较轻的重量争全运会冠军，而要了128公斤的重量创造新的世界纪录。翁康强在国内无敌，稳拿十项全能金牌，但他的目标也不在这里。7469分还到不了奥运会的报名标准（7600分），怎么能就此满足呢？他跳呀，跑呀，投呀，为此掉了十斤肉，在这次全运会上终于拼出了7645分的好成绩。

是的，向世界体育强国迈进，关卡还很多，有些项目路程还很远。但目标已经确定，以吃苦耐劳著称的中华民族的优秀儿女们，不达目的是誓不罢休的。

……

迎头赶上的“基础”

要向世界体育强国迈进，体育器材也要向世界水平进军。这届全运会的器材设备，绝大多数都是国产的，而且质量大都达到了相当高的水平。

吴数德破世界纪录用的杠铃，是上海体育器材一厂生产的。它已被国际举联批准为一般国际比赛可以使用的B级器材了。我国的乒乓球比赛设备，早已达到世界先进水平，而这次全运会使用的乒乓球台，比以往又有了改进，支撑台面的那八条大粗腿已被金属腿代替。这不仅节约了大量好木材，球台的重量也减轻了许多。中间的腿上还有个小机关，搬动时，折叠起来就可以推走。球网也不需要再用夹子固定在台子上了，这一改进看来不大，却解决了球掉在夹子上裁判难判分的问题。国际乒联对此特地给予了表扬。

……

电子设备，曾经使人感到多么神秘而先进呀！现在，很多比赛必需的设备，我们可以自给了。这是“四化”建设取得的成果。我国已申请举办1990年亚运会，这些设备的自给，也将为办好亚运会提供良好的器材保证。

一只有力的车轮

这届全运会上还出现了一个人们可能还未注意到的“第一”：在组织机构里第一次设置了科研委员会，领导整个大会的科研工作（以前，是由隶属于竞赛部的一个处来管理的）。体育想上去，科研要起飞。这在体育战线已开始被人们认识了，这届全运会科研工作的规模之大前所未有。

……

国家体委科研所和同济大学合作，在这届全运会上首次运用高速同步立体摄影，对田径的部分单项进行研究。这种方法能更加准确、全面地分析动作，为改进技术提供可靠的数据。

血液动力流变学参数半自动分析仪，这个名称读起来真绕口费劲，然而它却能轻而易举地提供20多个数据，帮助教练了解运动员整个肌体的疲劳情况，并对消除疲劳的效果进行评定。

新规模，新仪器，新课题，科学研究以新的姿态进入了体育领域。它必将成为一只有力的轮子，载着体育成绩向世界强国迈进！

江湾体育场上的熊熊火炬已经熄灭。振兴中华、向世界体育强国迈进之火却在人们心中燃烧。振兴中华，在我国进行资产阶级民主革命时就提出来了。为了实现这个目标，多少仁人志士抛头颅，洒热血，前仆后继。可是，只有在今天，在中国共产党的领导下，这一夙愿才得以逐步实现。向体育强国迈进是振兴中华不可或缺的一个组成部分，第五届全运会的圆满成功和它显示的特点，预示了体育事业的前景必然光辉灿烂。

（刊载于《新体育》1983年第10期）

奖品　纪念品

第五届全运会纪念章

1983
4分 中国人民邮政
8分 中国人民邮政
8分 中国人民邮政
8分 中国人民邮政
20分 中国人民邮政
70分 中国人民邮政
128

第五届全运会邮票

友好交流

前来中国参加第五届全运会的国际奥林匹克委员会主席、委员与荣高棠同志合影留念

李先念会见萨马兰奇

李先念说体育是各国人民友谊的桥梁
萨马兰奇祝贺朱建华打破世界纪录

新华社北京９月23日电　中华人民共和国主席李先念今天晚上会见了国际奥林匹克委员会主席胡安·安东尼奥·萨马兰奇。

萨马兰奇是在访问了朝鲜民主主义人民共和国以后于今晚到达北京的。在此以前，他在上海观看了第五届全运会的比赛。

会见时，李先念对萨马兰奇为恢复中国在国际奥委会中的合法权利所起的作用表示感谢，并对他的来访表示欢迎。李先念说，体育运动是促进各国人民之间的友谊的桥梁。

萨马兰奇说，他为中国第五届全运会在组织工作和体育竞赛上取得的成功感到高兴。他还对昨天朱建华打破男子跳高世界纪录表示祝贺。他说，他相信中国有很大可能举办1990年的亚运会。

李先念说，朱建华的成绩是个鼓舞，但我们不能满足，要继续努力。

会见后，萨马兰奇出席了国家体委主任李梦华为他举行的宴会。

萨马兰奇将于明天离开中国。

（刊载于《体育报》1983年9月24日）

访旅外台胞体育参观团（节选）

一位旅美台湾同胞，第一次来大陆，在观看了全运会开幕式后，情不自禁地双臂向天空一举，说："伟大！我看过奥运会开幕式的电视转播，我们的开幕式可以与它相比。特别是小孩子那样小，操做得多美，多整齐！难怪我们的体操是这个。"他跷起大拇指，接着说，"这样下去，成为世界一流体育国家没问题。亚运会上我们的金牌不是最多的吗！"

在和一位台胞共同叙谈了近年来祖国的体育成就后，他颇有感触地回忆说："当年恢复奥委会代表权时，大陆除了乒乓球是世界水平外，其他项目均成绩平平，而现在又有了举重、跳高、跳水等。"

欢欣之余，不少台胞都很想了解这几年祖国大陆的一些具有世界水平的运动员是如何训练出来的。他们抱着浓厚的兴趣，参观了被誉为"体坛英杰的摇篮"的上海体育运动学校。这所体校曾培养出许多国手：乒乓球选手张德英、倪夏莲、何智丽；曾轰动美国的体操选手杨明明；1982年世界业余围棋冠军曹大元，全国围棋冠军杨晖；国际象棋国际大师戚惊萱；优秀跳高选手杨文琴等。台胞们一到学校就根据自己从事和爱好的项目与教练员、工作人员攀谈起来。在乒乓球训练室，一群学生在练球，两位台胞也兴高采烈地挥拍上阵。

"讲条件，这里比不上美国、日本等体育发

霍英东、何振梁与应邀出席开幕式的萨马兰奇亲切交谈

达国家，教练中也没有外国人，祖国是自力更生出人才，这应该说是了不起的。”一位台胞这样谈到他的观后感。

不少台胞还对上海的晨练留有很深的印象。美国来的柯先生说：“我一直喜欢很早起来健身，在上海也坚持。当我跑出饭店，已有很多人在街头、公园、广场锻炼，尤其见不少老太太、老公公在用心地打太极拳，我心里是很激动的。这给人一种欣欣向荣、朝气勃勃的感觉，它表现了人们的精神和社会的风貌。”柯先生练过空手道，现在喜好中国的太极拳和少林拳。他说，外国人很佩服中国武术。他讲到台湾一位很精通太极拳的老先生，身体精瘦。到美国时，一些练柔道和拳击的美国人对他很不服气，去和他比试。他们一拳击过去，老先生顺势一推，对手便莫名其妙地跌倒了。“太极拳练身体也练脑子，使人变得机智。中国武术讲对练不是对打，体育的味浓。”……

（刊载于《新体育》1983年第10期）

全运会宣传部和中国体育记协举行招待会
中外记者欢聚一堂

本报上海9月18日电 中华人民共和国第五届运动会宣传部、中国体育记者协会今天中午举行招待会，欢迎来自日本、联邦德国、法国、美国以及港澳的近60名体育记者。国家体委副主任、中国体育记者协会主席徐才在招待会上讲话，对外国和港澳的记者朋友专程来上海采访中国的第五届全运会，表示热烈欢迎。

国际体育记者联合会主席泰勒夫妇、秘书长贝尔格拉夫妇也出席了今天的招待会。

（刊载于《体育报》1983年9月19日）

乌兰夫会见国际奥委会领导人

新华社上海9月19日电 中华人民共和国副主席乌兰夫今天上午在这里会见了国际奥委会主席萨马兰奇和国际足联主席阿维兰热。

乌兰夫代表中国政府和中国人民对萨马兰奇和阿维兰热应邀前来观摩第五届全运会表示热烈欢迎。萨马兰奇在交谈中对中国体育运动员在近几年中取得的成就表示祝贺。

会见时，国家体委主任李梦华、顾问荣高棠，中国奥委会主席钟师统等在座。今天上午，萨马兰奇和阿维兰热还出席了由上海市总工会工人文化宫举办的体育运动邮票展览的开幕式。

（刊载于《体育报》1983年9月17日）

中华人民共和国
第六届运动会

1987年

11月20日—12月5日

广 东

简 介

第六届全国运动会于1987年11月20日—12月5日在广州举行，由国家体委和广东省人民政府、吉林省人民政府承办。设足球、篮球、排球、乒乓球、网球、羽毛球、手球、曲棍球、女子垒球、棒球、田径、游泳、跳水、水球、花样游泳、举重、体操、艺术体操、击剑、柔道、国际式摔跤、中国式摔跤、技巧、围棋、中国象棋、国际象棋、马术、现代五项、武术、射击、射箭、赛艇、皮划艇、帆船、帆板、蹼泳、航海模型、航空模型、自行车、滑水、摩托艇、摩托车越野、无线电测向、跳伞等项目，高尔夫球、保龄球、桥牌为表演项目，来自全国各省、市、自治区和解放军、行业体协共37个代表团的12400名运动员参加了比赛。共产生金牌343枚、银牌344枚、铜牌347枚。

本届运动会有10人2队17次打破15项世界纪录，3人3次平3项世界纪录，2人2次超过2项世界纪录，创造或超过48项亚洲纪录和最好成绩，创造85项全国纪录和最好成绩，为全国人民奉献了一次体育盛宴。本届运动会是在我国追求改革、开放、搞活的新形势下召开的。

会 徽

会徽由醒目的“6”象征火炬，跑道则形象地表达出“羊”的韵意。火焰变形而成的“6”，意味着第六届全运会，以“羊”字的三横引申为跑道，表示全运会在广州（羊城）举行。

筹　备

第六届全国运动会筹备委员会于1985年6月20日在广州白云宾馆正式成立，并举行了第一次全体筹委会委员会议，本次会议确定第六届全国运动会将进行44个竞赛项目和2个表演项目。筹委会表示：热烈欢迎台湾和香港同胞、体育工作者及居住在世界各国的华侨回来观看比赛。筹委会的成立，标志着第六届全运会筹备工作走向了新的阶段。

吉祥物

第六届全运会吉祥物的名字叫“阳阳”，“阳阳”的由来与本届全运会的举办地广州有关，广州素有“羊城”之称，于是，组委会决定以城市的标志——山羊作为吉祥物。经羊城晚报美术编辑、漫画家陈树斌（笔名方唐）雕琢，一只天真可爱、憨态可掬、面带微笑，右手高擎火炬，身着印有六运会会徽的红色背心，跑步向前的小山羊跃然纸上，这便是中国体育史上第一个正式的吉祥物。

善始善终做好各种准备
广东省召开六运会筹备工作汇报会

本报广州10月22日电　善始善终，做好各种准备工作，为办好全运会多做贡献。广东省委、省政府最近在省委书记林若同志主持下，召开第六届全运会筹备工作汇报会，对筹备工作逐一检查落实，并认真讨论了如何抓紧这不到一个月的时间，把六运会筹备工作做得更好。会议认为，几年来广东省在筹办第六届全运会的过程中做了大量的工作，进展情况是好的。现在距离六运会开幕只有一个月的时间，不能自满、松劲，要继续努力，保质保量，按时完成各项筹备工作，把全运会办得隆重、热烈、精彩、圆满。

会议希望各部门、各单位都要顾全大局，积极支持全运会各项工作，全力以赴，为第六届全运会做出贡献。

会议还要求各部门、各单位充分认识办好全运会的意义，善始善终地做好各项工作；广泛进行宣传教育，使干部、群众自觉维护比赛秩序。遵守各项规定，热情接待来宾和运动员，做文明观众。

广东省委、省政府还要求体育部门，除了做好全运会筹备工作外，要抓好广东体育队伍训练工作，力争在全运会上创造优异成绩，争取运动成绩、精神文明双丰收。

（刊载于《体育报》1987年10月23日）

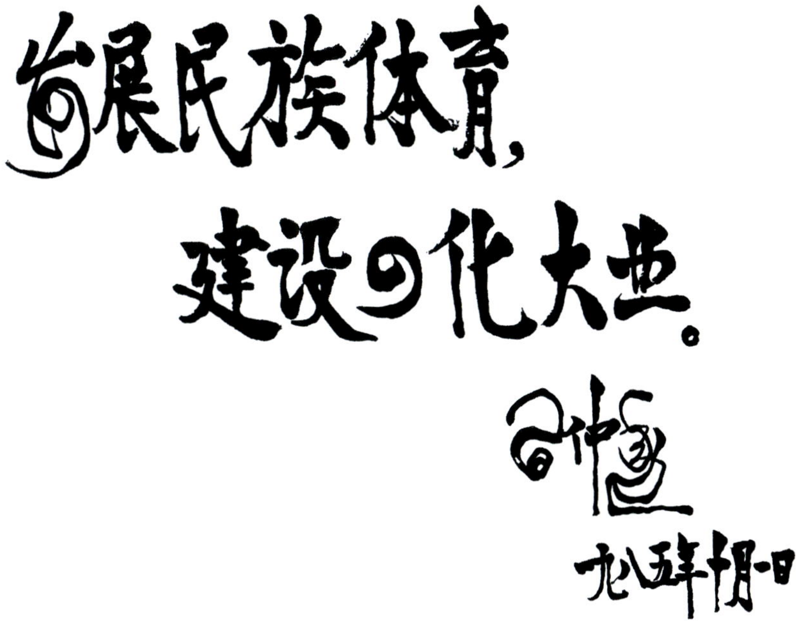

习仲勋题字（来源：《第五届全运会纪念册》）

广东省体育运动委员会笺

关于争取第六届全运会在广东举办的报告

省文教办并报

省人民政府：

自从国家体委去年提出今后全国运动会采取在省、市举办的办法之后，上海已接受举办第五届全国运动会的任务（1983年），现在正积极进行筹备。据了解，国家体委投资400万元建设游泳馆，补助100万元维修场地。

广东是祖国的南大门，是南方一个有影响的城市，实行特殊政策。灵活措施以来，对外交往活动十分频繁。但体育场馆多属50年代修建的，设备落后，数量又少，与我省所处的地位很不相称。如广州体育馆由于没有空调、没有座椅，许多外国体育队伍夏天不愿在里面比赛，许多外宾不愿在里面看表演，严重地影响了我国的声誉。为适应当前形势发展的需要，加快体育场馆的建设，也为今后承担亚运会等一类综合性的国际比赛任务创造条件，促进我省运动队伍的建设，提高运动技术水平，攀登世界体育高峰，推动群众性体育活动的开展，并为建设社会主义精神文明做出更大的贡献，拟向国家体委提出申请，承担第六届全国运动会（1987年）的报告。以争取国家体委投资一部分并请省补助一部分以及争取华侨、港澳同胞投资一部分，预计约需1000万元以上，在天河机场附近建设一个体育馆及其他体育设施，并逐年改建广州体育馆和东较场灯光篮球场等现有场地，以承担举办第六届全国运动会的任务。

1983年6月15日

广东省和国家体委领导
会见六运会各代表团团长

本报广州11月16日电 广东省省长叶选平，国家体委主任李梦华、副主任袁伟民，广州市市长朱森林等领导同志，于今晚在广东大厦会议厅，亲切会见前来参加全运会的各省、区、市、解放军和行业体协的代表团团长。

在充满友谊与欢乐的气氛中，叶选平省长风趣地说："我们已经盼望好多年了，终于盼到了各兄弟代表团的领导以及各地的体育健儿们。我代表省委、省政府表示热烈欢迎。"他说："为了迎接全运会，我们做了些工作，也建了些体育场地，究竟做得怎样，要请各代表团来检验。"叶选平省长说，办这样大规模的体育盛会，我们是没有经验的，还有不少不足的地方。他要求各代表团多提出宝贵意见和改进建议，并力求做到尽快改进，对有些不周之处还望各代表团谅解。

李梦华同志接着说："我征得各位同意，代表在座的各位团长，向广东省、广州市为全运会的顺利举行创造如此良好条件表示感谢，同时也代表国家体委对各代表团来到广东表示欢迎与感谢。"他说，各代表团首先要把本团的工作做好，同时对大会的不足之处可以提出来，但也要予以谅解。李梦华同志最后说，办这样规模的运动会，不可能没有缺点与问题。凡遇到矛盾要多谅解，大家要团结一致，一起努力把全运会开好。

（刊载于《体育报》1987年11月17日）

I-YJ-31-268

国家体委文件

（82）体球字66号

关于第六届全国运动会举行时间和地点的通知

广东省、吉林省体委：

国务院于二月十六日批准国家体委“关于在广东和吉林省举办第六届全国运动会的请示”。现将请示件发去，请对一九八七年第六届全运会筹备工作有计划地进行安排。

中华人民共和国体育运动委员会

一九　　六日

·1·

来源：国家体育总局办公厅信档处

国家体委文件

（82）体球字66号

关于第六届全国运动会举行时间和地点的通知

广东省、吉林省体委：

国务院于二月十六日批准国家体委“关于在广东和吉林省举办第六届全国运动会的请示”。现将请示件发去，请对一九八七年第六届全运会筹备工作有计划地进行安排。

一九八二年三月六日

（原件复印件）

筹备委员会名单

主　　任：叶选平

副主任：李梦华　杨德元　王屏山　袁伟民　徐寅生　朱森林

秘书长：李祥麟（兼）

副秘书长：仇作华（兼）　陈开枝（兼）　魏振兰（兼）　刘　兴（兼）　朱章苓（兼）　杨青山（兼）　陈镜开（兼）　曾昭胜（兼）

委　　员：李祥麟　赖竹岩　陈绮绮　关相生　仇作华　陈开枝　魏振兰　陈远高　杨青山　黄　浩　王　骏　刘宜麟　黄光华　姜志新　林汉枢　李仲民　谢巩基　张传英　佟　星　吴重远　刘　兴　孙叶青　都浩然　朱章苓　秦笃训　陈家亮　楼大鹏　洪　林　陈镜开　曾昭胜　马先觉

万里副总理为全运会点燃火炬

第六届全运会组织委员会成立

本报广州10月21日电 第六届全运会组织委员会今天在广州宣布成立。组委会的名单如下：

主　　任： 李梦华

副 主 任： 杨德元　何振梁　袁伟民　徐寅生　张彩珍　方　苞　王屏山　张万年　赖竹岩

秘 书 长： 李祥林

副秘书长： 仇作华　刘　兴　陈开枝　魏振兰　曾昭胜　王　骏

委　　员： 由国家体委、广东省人民政府、广州市人民政府等有关方面负责人，以及各省、市、自治区代表团团长共59人组成

（刊载于《体育报》1987年10月21日）

开幕式

开幕词

万　里

同志们，朋友们：

中华人民共和国第六届运动会现在开幕。我代表党中央、国务院向全体运动员、教练员、工作人员致以热烈的祝贺！向应邀出席这次盛会的海外华侨、台湾同胞、港澳同胞和外国来宾表示热烈的欢迎！广东省、广州市和驻广州部队的同志们为开好这次全运会出了大力，我们向他们表示感谢！

全运会是我国体育生活中的一件大事。这届全运会将反映我国改革开放和现代化建设的成就、检阅体育运动的水平，进一步推动全民体育的发展。党中央、国务院高度评价我国体育事业蓬勃发展的显著成就，坚决支持体育战线的同志们为冲出亚洲，走向世界，在本世纪内把我国建设成为世界体育强国所做的巨大努力。希望参加全运会的各地区、各系统的体育健儿再接再厉，做到公正竞赛，团结拼搏，赛出风格、赛出水平，力争运动成绩与精神文明双丰收。

体育是我国社会主义建设事业的组成部分，是提高全民族身体素质和精神素质的积极手段，有利于促进社会生产力的发展，增进我国各族人民同各国人民之间的友谊，体育战线的同志们要充分认识自己的光荣职责，在党的社会主义初级阶段基本路线指引和鼓舞下，坚持四项基本原则，坚持改革开放，自力更生，艰苦创业，进一步发展体育事业的新局面，为建设富强、民主、文明的社会主义现代化国家做出新贡献。

国务院副总理万里致开幕词

祝全运会圆满成功！

李梦华在第六届全运会上的讲话

值此中华人民共和国第六届运动会开幕之际，我谨代表中华人民共和国体育运动委员会、中华全国体育总会、中国奥林匹克委员会，向大会致以热烈的祝贺。

第六届全运会是在全国政治局面稳定，改革开放，加快步伐，经济繁荣，人民安居乐业，以及体育改革逐步深化，体育事业继续取得显著成绩的形势下召开的。这届全运会对我国体育运动技术水平是一次大检阅，对体育工作是一次大推动。可以预期，通过这届全运会一定会创造出一批新纪录、新成绩，涌现一批新人才。希望全体运动员、教练员、裁判员和工作人员遵守“公正竞赛，团结拼搏”的体育道德，奋发进取，赛出风格，赛出水平，把全运会开成一个团结的、生动活泼的、高水平的大会，促进体育事业的发展，为社会主义两个文明建设做出新的贡献。

预祝本届全运会开得隆重、热烈、精彩、圆满。

国家体委主任李梦华

叶选平在第六届全运会上的讲话

第六届全国运动会在广东举行，我们热烈欢迎祖国各路体育健儿，群众体育先进代表，热烈欢迎港、澳、台同胞和海外侨胞，热烈欢迎国际体育组织的友好人士光临。

第六届全运会，是检阅我国体育成就的隆重的体育盛会，也是一次促进团结、增进友谊的盛会。这次盛会在广东召开，不仅推动我省体育事业的发展，而且对我省改革开放，搞好社会主义物质文明和精神文明建设也是很大的促进。

我衷心祝愿各路体育健儿，发扬“公正竞赛，团结拼搏”的作风，夺取运动成绩和精神文明双丰收。

祝愿第六届全国运动会取得圆满成功。

广东省省长叶选平

开幕式文艺表演

团体操表演

第六届全国运动会开幕式上4000多名青少年表演了大型团体操《凌云志》，看台上8028人组成的大背景画，配合场内6450人的表演，奇迹般地变换着38幅画面，令中外观众为之惊叹和欢呼。

第一场　迎宾

中心思想：表达羊城人民热烈庆祝第六届全运会胜利召开，热情欢迎来自祖国各地的体育健儿和国内外来宾。

表演形式：1.舞蹈 2.小羊表演 3.献花。

鲜花、彩球，相映成趣；欢歌、笑语，如浪如潮，男女青年在强劲的旋律中，跳起热情奔放的舞蹈，可爱的"小羊"欢呼雀跃，风格热情欢快。

主要背景：1.凌云志　2.五羊红棉　3.南国风光　4.美好祝愿　5.现代城市　6.彩带飞舞。

表演单位（981人）：华南师范大学附属中学、广州市执信中学、广州市第七中学、广州市第十六中学、广州铁路第一中学、广州市东风东路小学、广州市育鹰小学、广州市水均岗小学、广州市梅花村小学。

气球、鲜花队（600人）：广州市先烈路小学、广州市沙河小学。

第二场　自豪

中心思想：表现我国人民对伟大祖国无限热爱和强烈的民族自豪感。

表现形式：1.纱巾操 2.南拳。

彩巾飞扬，闻歌起舞，翩翩起舞，绚丽多彩，绘制出祖国秀丽的画卷。刚健彪悍的南拳武功，英姿焕发，气贯长虹，风格抒情豪迈。

主要背景：1.江山多娇 2.源远流长 3.长城雄姿 4.古代体育 5.华夏新姿。

表演单位（1346人）：中国人民武装警察部队广州指挥学校、广州市幼儿师范学校、广东省人民警察学校、广州市师范学校、广东广雅中学、广州幼儿教育骏业中学、广州市第一中学。

第三场 希望

中心思想：寓意我国人民对未来充满希望，并将希望寄托于未来的一代。

表演形式：1.儿童操、技巧、游戏 2.积木组图案造型。

幸福的乐园，科学的幻想，茁壮的幼苗，盛开的鲜花，表现了新一代的理想和创造精神，风格天真活泼。

主要背景：1.和平之春 2.祖国花朵 3.从小锻炼 4.奔向未来 5.明日之星。

表演单位（1200人）：广中路小学、小北路小学、中山大学附属小学、东风西路小学、广州市回民小学、乐贤坊小学、荔湾区华侨小学、广州市师范学校附属小学、芦荻西小学、前进路小学、培正小学（荔湾）、教育路小学、朝天路小学、惠新西街小学、新港小学、人民中路小学、三元坊小学、西来西小学、沙西小学、宝华正中约小学、昌岗东路小学、洗基东小学、客村小学、珠链路小学、富善西小学。

第四场 拼搏

中心思想：反映我国人民不畏艰险，立志发扬拼搏精神，为祖国的未来努力奋斗。

开幕式现场

开幕式文艺表演

表演形式：1.竹竿操 2.高器械体操表演。

变化奇巧的竹竿表演和健美壮观的高器械表演，似巨浪翻腾，排山倒海，充满了青春的活力，风格刚毅矫健。

主要背景：1.新的目标 2.海的旋律 3.一往无前 4.乘风破浪 5.奥运之光。

表演单位（1348人）：广州体育学院、解放军体育学院、广州市公安干部学院、华南师范大学。

第五场 腾飞

中心思想：展示在新的开放、改革方针指引下，伟大祖国腾飞的美好前景。

表演形式：1.体操 2.灯珠火棒操 3.火龙 4.集

开幕式文艺表演

体舞 5.放烟花。

灯珠火棒挥舞，熠熠生辉，狂翻劲舞的火龙，飞花吐焰，广阔夜空千姿百态的礼花，流光溢彩，带给人们美好的遐想，振奋人心的歌舞，唱出了亿万人民的心声“腾飞吧，东方的巨龙！腾飞吧，伟大的祖国！”风格热烈豪放。

主要背景：1.霞光万道 2.时代信心3.闪闪发光 4.五星红旗。

表演单位（984人）：广州市第二中学、广州市第二十一中学、广州市第三中学、广东省实验中学、广州师范学院附属中学、中国人民武装警察部队广东总队第四支队。

背景表演单位（8028人）：广州市第五中学、广州市第九十七中学、广州市第四十二中学、广州市第九十四中学、广州市第六中学、南武中学、广州市第五十二中学、培正中学、广州市第一一三中学、广州市第七十五中学、广州市第七十八中学、广州市第一二一中学、广州市第四十七中学、广州市第四十四中学、广州市第九十五中学。

开幕式文艺表演

开幕式文艺表演

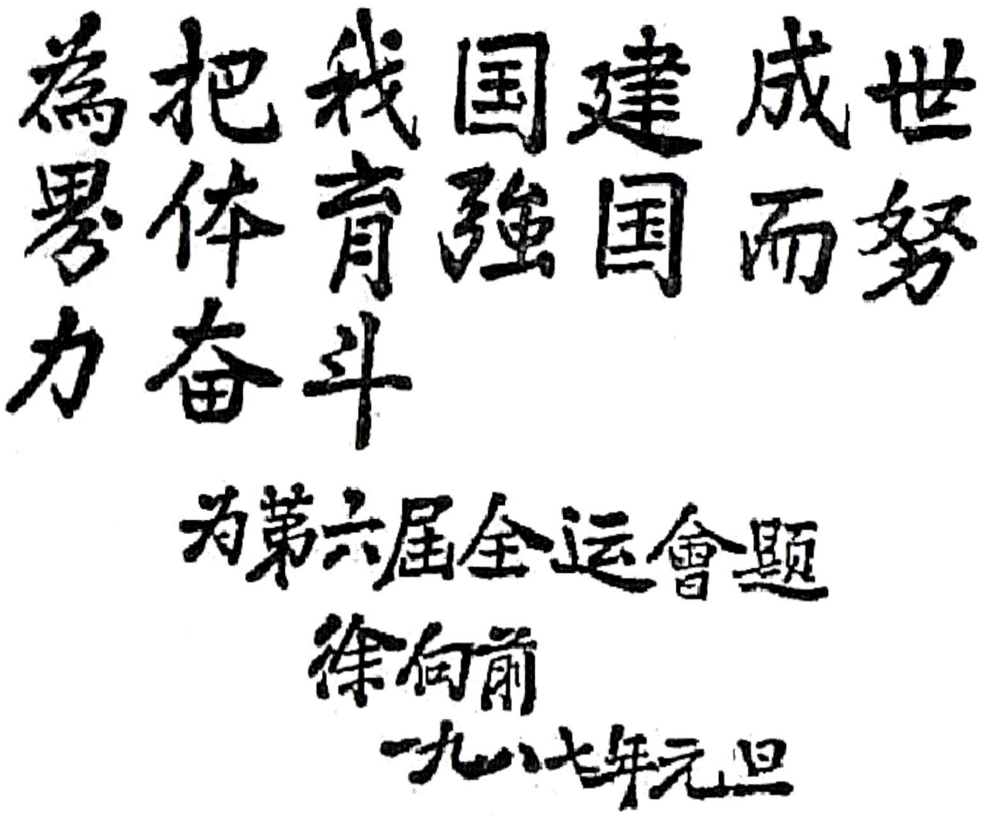
為把我国建成世界体育強国而努力奋斗

为第六届全运會题

徐向前

一九八七年元旦

徐向前为六运会题词（来源：《第六届全运会纪念册》）

组织机构

主席团名单

将于本月20日在广州开幕的第六届全国运动会主席团成员已确定，名单如下：

主席团主席：万　里

副　主　席：李梦华　　叶选平

秘　书　长：袁伟民

副秘书长：魏振兰

成　　员：（按姓氏笔画排列）

万　里	马万祺	马长贵	马庆雄	马青山
马腾蔼	习仲勋	千家驹	王　猛	王文教
王向天	王厚宏	王祖武	王屏山	王崇伦
王耀东	韦纯束	尤太忠	方　毅	布　赫
叶选平	田富达	冯芝茂	吉普·平措次登	
曲绵域	吕正操	朱森林	伍觉天	任仲夷
伊敏诺夫·哈米提		刘　恕（女）	刘云沼	刘田夫
刘建章	刘振元	江家福	许　川	孙达人
孙晓风	杜　前	李　瑛	李　琦	李海峰（女）
李梦华	李森茂	李富荣	李源潮	李德葆
杨文锦	杨詠沂	杨尚昆	杨德元	肖　鹏
何振梁	余秋里	邹时炎	沈其震	宋任穷
张之槐	张文寿	张玉芹（女）		张汇兰（女）
张百发	张仲先	张青季	张季农	张宝明
张彩珍（女）		张联华		张蓉芳（女）
陈　先	陈立英（女）		陈明义	陈癸尊
陈隧衡	林　声	林　若		林丽韫（女）

林朝权	金善宝	周克玉	郑洞国	荣高棠
荣毅仁	胡廷积	钟师统	姚　峻	洪允成
秦基伟	袁伟民	夏　翔	顾英奇	倪志钦
徐　才	徐有芳	徐寅生	高占祥	郭超人
容志行	黄　中	黄　健	黄强辉	章瑞英（女）
梁灵光	梁尚立	梁淑芬（女）		梁焯辉
彭　冲	葛志成	韩怀智	韩复东	程子华
程思远	傅蕴珑	谢　非	路金栋	靖伯文
慕丰韵	廖　晖	潘　多（女）		薄一波
霍英东	魏　明	魏振兰		

组织委员会名单

主　　任： 李梦华

副 主 任： 杨德元　何振梁　袁伟民　徐寅生　张彩珍　方　苞　王屏山　张万年　赖竹岩

秘 书 长： 李祥麟

副秘书长： 仇作华　刘　兴　陈开枝　魏振兰　曾昭胜　王　骏

委　　员： 马先觉　方　苞　仇作华　王　骏　王屏山　王鼎华　卢瑞华　孙叶青　关相生　朱章苓　李仲民　李金云　李祥麟　李梦华　李　光　刘　兴　刘宜麟　刘俊臣　佟　星　汪　石　苏日光　吴寿章　吴重远　张万年　张传英　张彩珍　杨青山　杨德元　陈　雷　陈开枝　陈远高　陈家亮　陈绮绮　陈镜开　何振梁　武福全　林汉枢　郑锦涛　欧阳德　周溪舞　洪　林　姜志新　袁伟民　徐寅生　都浩然　秦笃训　梅振耀　黄　浩　黄光华　蒋佑桢　谢巩基　曾昭胜　董良田　温　树　赖竹岩　楼大鹏　蔡森林　戴维镛　魏振兰

各代表团负责人名单

北京市代表团

团　长：张百发

副团长：林炎志　马贵田　张思温　贝卓华　沙万泉　杨玉民　孙民治　李煌果

天津市代表团

团　长：姚　峻

副团长：仇　涌　刘建生　刘　钢　孙海麟　傅宝丽

河北省代表团

团　长：王祖武

副团长：赵经宏　赵学健　何玉成

山西省代表团

团　长：冯芝茂

副团长：任国维　练改凤　王长有　王建业　任效宣

内蒙古自治区代表团

团　长：布　赫

副团长：赵志宏　贺希格图　王进江

辽宁省代表团

团　长：林　声

副团长：周武治　李孝生　李世明　杨俊卿　崔大林

吉林省代表团

团　长：刘云沼

副团长：桑逢文　郝文举　王富远　李鹏志　荆永春

黑龙江省代表团

团　长：靖伯文

副团长：孙凤刚　刘海云　皮文波

上海市代表团

团　长：刘振元

副团长：黄荣魁　沈家麟　赵英华　金永昌　祝嘉铭

江苏省代表团

团　长：杨詠沂

副团长：周维高　林祥国　张海　孙晋芳　李宗汉

顾　问：胡有彪　酆祥林

浙江省代表团

团　长：李德葆

副团长：金霖俊　马寿根　杨宝贞　邵爱娟　胡玉书　周振武

杨存浩

安徽省代表团

团　长：王厚宏

副团长：马维民　汪　洋　谷　庆　王德璋

福建省代表团

团　长：陈明义

副团长：计克良　王　浩　苏振国　倪志钦　张新陆

顾　问：丁魁武　潘心诚

江西省代表团

团　长：陈癸尊

副团长：姜佐周　杨小春　周佩琅　于顺诚　姜树贵

山东省代表团

团　长：马长贵

副团长：李明焘　杨季泉　吴一忠

河南省代表团

团　长：胡廷积

副团长：张耀庭　马基铭　迟美林

湖北省代表团

团　长：梁淑芬

副团长：刘贵乙　张维先　王成才　肖爱山

湖南省代表团

团　长：王向天

副团长：龙禹贤　李茂勋　陈大骛

王天佑　龚立人　靳文奎

广东省代表团

团　长：王屏山

副团长：魏振兰　陈镜开　曾昭胜　董良田　马先觉
容志行

广西壮族自治区代表团

团　长：韦纯束

副团长：吴克清　张树武　肖汉强　孟祥发

四川省代表团

团　长：许　川

副团长：郭　炎　毛银坤　程　杰　任国钰　肖阳宗

贵州省代表团

团　长：张玉芹

副团长：李元栋　余丛辉　王家声

云南省代表团

团　长：陈立英

副团长：黎汝杰　邬湘慈　卢洪生　蒋绍敏

西藏自治区代表团

团　长：吉普·平措次登

副团长：洛桑达瓦　姬　嘉

陕西省代表团

团　长：孙达人

副团长：陶　钟　姚福利　马贤达　雷志敏　杨万瑛

甘肃省代表团

团　长：刘　恕

副团长：张维国　梁守礼

青海省代表团

团　长：杨文锦

顾　问：班玛丹增

副团长：杨继祖　王克文

宁夏回族自治区代表团

团　长：马腾霭

副团长：马正兴　朱沛然

新疆维吾尔自治区代表团

团　长：伊敏诺夫·哈米提

副团长：卡德尔·索菲　　董兆和

中国人民解放军代表团

团　长：李　瑛

副团长：刘海亭　王克忠　李振恃　海启绵

前卫体协代表团

团　长：慕丰韵

副团长：张海天　王学春　高作舜　郭大维

银鹰体协代表团

团　长：洪允成

副团长：尹志海　王景师　金维城

林业体协代表团

团　长：徐有芳

副团长：李　茂　李　展

水电体协代表团

团　长：张季农

副团长：谷安亚　刘振华　张　全

煤矿体协代表团

团　长：张宝明

副团长：赵景岐　谷　峰　苏　甦

石油体协代表团

团　长：孙晓风

副团长：王福臻　康书丛　贺　捷

火车头体协代表团

团　长：李森茂

副团长：杨其华　蔺子安　韩统武　赵　树　张锡铃

竞赛规程规则

竞赛规程总则

在体育改革深入发展的形势下，召开第六届全国运动会，对我国体育事业将是一个有力的推动。第六届全国运动会要开得隆重、热烈、精彩、圆满，显示出我国体育战线改革后的生机与活力；要赛出风格，赛出水平，努力创造出一批新纪录、新成绩，涌现出一批新人才，并表现出高度的社会主义精神文明，为把我国建设成为世界体育强国做出贡献。

一、竞赛日期、地点

（一）1987年11月20日至12月5日在广东省举行。

马　术：9月20日至26日在山东牟平县举行。

自行车：10月11日至20日在上海市举行。

现代五项：10月14日至18日在北京体院举行。

（二）足球（女）、棒球、摩托艇、滑水、跳伞、摩托车、无线电测向，按当年该项全国比赛的时间、地点。

二、竞赛项目

奥运会项目：足球（男）、篮球、排球、乒乓球、网球、手球、曲棍球、田径、游泳、跳水、水球、花样游泳、体操、艺术体操、举重、射击、射箭、击剑、柔道、国际式摔跤、自行车、现代五项、马术、赛艇、皮划艇、帆船、帆板。

非奥运会项目：足球（女）、羽毛球、垒球、棒球、技巧、国际象棋、中国象棋、围棋、中国式摔跤、武术、航海模型、蹼泳、滑水、航空模型、跳伞、摩托车、摩托艇、无线电测向，共44个项目。

三、表演项目

高尔夫球、保龄球、桥牌。

四、参加单位

北京市、天津市、河北省、山西省、内蒙古自治区、辽宁省、吉林省、黑龙江省、上海市、江苏省、浙江省、安徽省、福建省、江西省、山东省、河南省、湖北省、湖南省、广东省、广西壮族自治区、四川省、贵州省、云南省、西藏自治区、陕西省、甘肃省、青海省、宁夏回族自治区、新疆维吾尔自治区、台湾省、中国人民解放军、中国前卫体育协会、中国火车头体育协会、中国水电体育协会、中国银鹰体育协会、中国石油体育协会、中国煤矿体育协会、中国林业体育协会，共38个单位。

五、参加办法

（一）参加比赛各代表队人数，按各该项竞赛规程规定报名。

（二）各代表团团部工作人员（包括团长），凡参加比赛运动员总人数在100人以下者，工作人员不超过10人；100人以上者，每超出15人，可增报1人。

（三）裁判员按各该项竞赛规程规定办理。

六、竞赛办法

（一）原则上各项目先进行预赛，按规定录取标准或录取名额参加决赛。

（二）不足三个单位参加的，则作为表演项目。

（三）武术部分项目作为比赛项目，部分项目作为表演项目。

七、运动员资格

（一）中华人民共和国公民。

（二）经医务部门检查，证明身体健康合格。

（三）符合各该项竞赛规程的规定。

八、奖励和计分办法

（一）计代表团总分，按获总分数公布各代表团名次。奖励名次和计分办法如下：

1.奥运会项目奖励8名，按9、7、6、5、4、3、2、1计分。

凡该项竞赛规程规定奖励6名的，按7、5、4、3、2、1计分；奖励3名的，按4、2、1计分；奖励1名的，按2分计分。

2.非奥运会项目奖励6名，按7、5、4、3、2、1计分。

凡该项竞赛规程规定奖励3名的，按4、2、1计分；奖励1名的，按2分计分。

3.奥运会项目中的非奥运会小项，均按非奥运会项目奖励名次和计分办法规定执行。

（二）打破纪录者给予奖励。

（三）设“精神文明奖”。

九、报名日期

（一）第一次报名：1987年8月20日截止。各单位报参加的项目和人数。

（二）第二次报名：1987年10月6日截止。各单位逐项、逐人填报参加比赛各项目报名表，在规定报名截止日期前，由代表团联络员送到大会，办理报名有关事宜。逾期报名，以不参加论。报名后，名单不得更改或补充。

十、报到日期

（一）原则上各代表团于1987年11月15日、16日到大会报到。

（二）各代表团派1至2名联络员于1987年11月2日到大会报到，协助大会进行工作。

（三）裁判员报到日期按大会通知。

十一、代表团团旗

各单位自备，颜色自定。

规格：6市尺×9市尺。标明省、自治区、直辖市、中国人民解放军、行业体育协会名称。

十二、竞赛服装

按各该项竞赛规程规定执行。

十三、本竞赛规程总则和各单项竞赛规程的解释修改，由国家体委负责。

六运会设破纪录奖

为鼓励运动员创造优异成绩，第六届全国运动会设破纪录奖。其办法如下：

（一）打破全国纪录者，颁发“破全国纪录奖章”。

（二）打破世界纪录者，颁发“体育运动荣誉奖章”。

（三）打破亚洲纪录，举重打破世界青年纪录者，如成绩超过全国纪录，发给破“全国纪录奖章”。成绩提高幅度大，经组委会批准，可作为“有特殊贡献者”，颁发“体育运动荣誉奖章”。

（四）打破全国青少年纪录的，列入破纪录统计内。

六运体操将评比动作落地稳定性 抓关键环节适应国际大赛

本报讯 第六届全运会体操决赛期间将进行动作落地稳定性的评比活动。

近年来，我国竞技体操技术水平已进入国际先进行列，但男、女各项的下法和结束动作的落地稳定性较差，而落地稳定性在国际大型比赛中又是优秀运动员能否取胜的关键。为此，将举办落地稳定性的评比活动。

评比项目包括男、女团体，男、女全能和跳马单项。男、女团体，男、女全能，各奖前三名；男、女跳马，只奖第一名。有资格参加评比的为男、女团体参加决赛的各队的男、女6名运动员。混合队的运动员，不能参加男、女团体评比。男、女全能为参加男、女全能的前36名运动员。男、女跳马为参加男、女跳马单项决赛前8名运动员。

评比步骤分为初评：各项裁判组在比赛进行中，按“稳”“不稳”逐项、逐人纪录，再由总纪录处分项汇总统计，提供评比的数据与名次。复评：由总裁判召开各项裁判长和总纪录长会议，认真讨论、检查并签名，将评比情况与名次送交“落地稳定性评比小组”。决评：评比小组最后详细审核，提出评比结果，上报审批。

这次评比活动，是在第六届全运会体操竞委会领导下，由人民体育出版社、中国体操协会和《体操》杂志共同举办的。

（刊载于《体育报》1987年11月1日）

六运会男足赛将采用国际足联六月改定的规则

本报讯 中国足球协会最近做出决定，第六届全运会男子足球决赛将正式实施国际足联今年6月修改的比赛规则。

国际足联规则委员会决定修改的比赛规则共有8条。

其中主要条款是：

第三章第二条C款："任何比赛都不许一队使用替补员多于2名。而这2名替补员必须是赛前交给裁判员的不超过5名替补员的名单中选出。"

第七章A款："在每半场中由于替换队员、受伤队员抬出场地所延误的时间，或由其他而损失的时间应予补足。这个时间的多少由裁判员斟酌决定。"

第十四章："罚球点球应从罚球点上踢出。罚球时除主罚队员和对方守门员外，其他队员均应在场内该罚球区外，至少距罚球点9.15米处。对方守门员在球未被踢出前，必须站在两门柱之间的端线上（两脚不得移动）。主罚队员必须将球向前踢出：在未经其他队员踢或触及前不得再次触球。当球滚动至球的圆周距离时，比赛即为恢复。罚球点球可直接射门得分。在比赛正常进行中，或在上半场，全场终了时，或终了后执行罚球点球、重罚罚球点球时，在球通过两门柱与横木进入球门前，触及门柱、横木和守门员，或连续触及门柱、横木和守门员，如无其他犯规，进球均为有效。"

第十四章国际理事会第六条："在上半时或全场比赛终了，当延长时间执行或重踢罚球点球时，应延长至该罚球踢完为止，即裁判员已判定是否进球时为止。比赛应在裁判员做出裁定后立即终止。""踢罚球点球的队员将球射出后，除对方守门员外，双方其他队员均不得在射门未完成前踢或触球。

第十五章国际理事会增加了一款条款："未在球出界处掷界外球，将判不合法掷球者为犯规。"国际足联规则委员会（国际理事会）制定的新规则，主要是明确掷界外球的准确性必须在球出界处。在出界处以外的其他地点掷界外球，均属犯规并按规则改判由对方掷界外球。

（刊载于《体育报》1987年11月1日）

竞赛成绩

奖牌榜

单位：枚

名次	单位	金牌	银牌	铜牌
1	广东	54	35	36
2	辽宁	32.5	30	19
3	上海	32	29	25
4	浙江	17.5	13	8
5	北京	17	23	25
6	四川	17	19	14
7	湖北	15	13	20
8	内蒙古	14	10	4
9	解放军	13	11	15
10	黑龙江	13	8	7
11	山东	12	17	19
12	河北	11	12	15
13	河南	11	12	12
14	福建	11	10	10
15	江苏	9	15	16
16	湖南	8	15	10
17	云南	8	7	11
18	陕西	8	5	3
19	安徽	7	12	16
20	天津	7	9	7
21	山西	6	5	6
22	吉林	5	5	7
23	甘肃	4	4	1
24	广西	3	11	17
25	江西	3	4	6
26	贵州	1	3	3
27	青海	1	0	3
28	火车头	1	0	2
29	西藏	1	0	1
30	宁夏	1	0	0
31	新疆	0	4	4
32	前卫	0	1	1
33	煤矿	0	1	1
34	石油	0	1	0
35	银鹰	0	0	3

成绩公报

女子200米蛙泳决赛

名次	姓名	单位	成绩
1	黄晓敏	黑龙江	2'27"78☆
2	魏姿芳	解放军	2'34"57
3	夏福杰	河北	2'34"94
4	徐洁	上海	2'37"96
5	沈乃明	辽宁	2'38"94
6	林莉	江苏	2'38"96
7	唐珏雯	上海	2'39"01
8	杨金荣	河北	2'39"45

女子200米自由泳决赛

名次	姓名	单位	成绩
1	阎明	黑龙江	2'03"49☆
2	庄泳	上海	2'04"00☆
3	安卫新	北京	2'04"90☆
4	王晓红	江苏	2'05"36☆
5	沈季宇	上海	2'06"35
6	孙春莅	北京	2'07"19
7	王红	北京	2'07"32
8	殷雪莲	上海	2'07"34

男子400米个人混合泳决赛

名次	姓名	单位	成绩
1	谢军	上海	4'32"24☆
2	王大力	河北	4'32"51☆
3	田良	天津	4'42"74
4	李伟	四川	4'44"02
5	黄大力	北京	4'44"32
6	孟峰	湖北	4'45"20
7	何树标	广东	4'45"55
8	李伟	山东	4'47"99

男子100米蝶泳决赛

名次	姓名	单位	成绩
1	沈坚强	上海	0'54"65☆
2	徐江	天津	0'55"78
3	郑健	上海	0'56"26
4	罗兆应	广东	0'56"86
5	张常青	河北	0'57"16
6	林来九	广东	0'57"58
7	高庆生	上海	0'58"23
8	刘仲林	广东	0'58"82

男子4×200米自由泳接力决赛

名次	单位	成绩
1	上海	7'49"26
2	广东	7'51"65
3	河北	7'55"09
4	浙江	7'57"08
5	解放军	8'05"02
6	北京	8'10"14
7	广西	8'11"65
8	江西	8'20"72

（文中有☆为破全国纪录）

女子排球

比赛双方	比分
辽宁：福建	3：0
云南：山东	3：1
河北：陕西	2：3
解放军：浙江	3：1
北京：四川	3：0
广东：上海	0：3

男子排球

比赛双方	比分
湖北：广东	3：0
解放军：福建	3：0
四川：河南	2：3
北京：辽宁	3：0
天津：江苏	0：3
浙江：上海	3：2

男子佩剑个人名次

名次	姓名	单位
1	郑兆康	广东
2	汪兴洪	上海
3	贺桂华	江苏
4	汪志明	湖北
5	房广明	广东
6	陈金羽	上海
7	张双桥	江苏
8	吕奕	上海

男子重剑个人名次

名次	姓名	单位
1	庄宏代	上海
2	余伦	湖北
3	尼进	江苏
4	谭岩	辽宁
5	张军	上海
6	谭志程	广东
7	张一宁	上海
8	杨文勇	上海

举重52公斤级决赛

名次	姓名	单位	体重	抓举	挺举	总成绩
1	何灼强	广东	51.70公斤	117.5公斤☆	147.5公斤	265.0公斤☆
2	张寿烈	广西	51.70公斤	112.5公斤	137.5公斤	250.0公斤
3	郭通富	四川	51.70公斤	110.0公斤	135.0公斤	245.0公斤
4	韩洪臣	山东	51.80公斤	110.0公斤	132.5公斤	242.5公斤
5	农庆培	广西	51.70公斤	105.0公斤	132.5公斤	237.5公斤
6	田宗毅	上海	51.80公斤	100.0公斤	137.5公斤	237.5公斤
7	林国	河南	51.60公斤	105.0公斤	130.0公斤	235.0公斤
8	钱云波	江苏	51.80公斤	105.0公斤	130.0公斤	235.0公斤

（文中有☆为超世界纪录）

来源：国家体育总局办公厅信档处

成绩公报

女子自选棍术

名次	姓名	单位	决赛得分
1	张玉萍	山东	9.800
2	向凤琴	湖北	9.700
3	王萍	四川	9.600
4	赵翠荣	山东	9.590
5	施瑞芬	浙江	9.560
6	吕燕	北京	9.500

男子自选棍术

名次	姓名	单位	决赛得分
1	原文庆	山西	9.800
2	赵长军	陕西	9.730
3	沈建军	浙江	9.630
4	卢金明	北京	9.610
5	李彦龙	河北	9.530
6	马志明	江苏	9.510

男子花剑个人名次

名次	姓名	单位
1	劳绍沛	上海
2	储石生	江苏
3	王利宏	北京
4	俞继	上海
5	张志成	广东
6	叶冲	上海
7	谢伟明	广东
8	顾文伟	江苏

女子花剑个人名次

名次	姓名	单位
1	孙洪云	天津
2	李华华	河南
3	周跃军	江苏
4	张建秋	天津
5	栾菊杰	江苏
6	朱庆元	天津
7	肖爱华	江苏
8	薛秀英	北京

男子排球

双方队名	比分
北京：上海	3：0
广东：福建	2：3
辽宁：江苏	2：3
四川：解放军	0：3
天津：浙江	1：3
湖北：河南	3：0

男子足球

双方队名	比分
北京：四川	1：0
辽宁：上海	0：0
解放军：湖北	1：0
银鹰：广东	0：4

男子100米蛙泳决赛

名次	姓名	单位	成绩
1	陈剑虹	安徽	1′05″25
2	熊伟	四川	1′05″62
3	金浦	四川	1′05″75
4	常青	云南	1′06″17
5	李农战	广东	1′06″59
6	孙家伟	上海	1′07″09
7	潘德伟	福建	1′07″23
8	何鸿均	广东	1′07″42

男子200米自由泳决赛

名次	姓名	单位	成绩
1	沈坚强	上海	1′52″81☆
2	谢军	上海	1′53″75
3	陈苏伟	广东	1′53″87
4	王大力	河北	1′54″88
5	潘佳璋	上海	1′56″47
6	杨俊青	河北	1′57″43
7	卢海燕	广东	1′58″12
8	屈欣松	上海	1′58″15

女子100米自由泳决赛

名次	姓名	单位	成绩
1	庄泳	上海	0′56″22
2	夏福杰	河北	0′57″05
3	杨文意	上海	0′57″15
4	黄红	上海	0′57″28
5	钱红	河北	0′57″42
6	王晓红	江苏	0′57″84
7	楼亚萍	解放军	1′01″43
8	吴菁	解放军	1′02″22

女子400米个人混合泳决赛

名次	姓名	单位	成绩
1	阎明	黑龙江	4′40″63☆
2	王柏林	辽宁	4′57″27
3	李雯	云南	5′00″50
4	严红	天津	5′01″55
5	莫婉兰	广东	5′05″55
6	杨迅	广东	5′07″00
7	李培	北京	5′17″01
8	林莉	江苏	犯规

女子4×200米自由泳接力决赛

名次	单位	成绩
1	上海	8′30″65☆
2	北京	8′33″22
3	解放军	8′33″46
4	黑龙江	8′39″78
5	广东	8′41″62
6	广西	8′49″92
7	天津	9′13″12
8	河北	9′52″03

以上文中凡有☆均为破全国纪录

来源：国家体育总局办公厅信档处

精彩瞬间

广西队李宁获得了吊环的金牌

马术比赛

女子排球

蝶泳比赛

女子竞走比赛

女子标枪比赛

郑世玉领奖后向观众致意

摩托车比赛

手球比赛

男子自行车100公里公路赛中，西北大汉出尽风头，显示了雄厚的实力。甘肃队和新疆队分获冠亚军；宁夏队和陕西队名列第四、第五名

国际摔跤

国际摔跤

排球比赛

女子三米板跳水比赛

篮球比赛

闭幕式

1987年12月5日晚，第六届全国运动会在广州胜利闭幕，中共中央政治局常委、国务院代总理李鹏，国务院副总理万里，中央政治局委员李铁映，中顾委副主任薄一波等中央领导同志参加了闭幕式。

出席闭幕式的具体人员有：

李　鹏	万　里	李铁映	薄一波	王首道	江　华	陈锡联	胡乔木
黄　镇	刘澜涛	彭　冲	李梦华	荣高棠	王　猛	任仲夷	刘田夫
刘转连	欧阳山	彭嘉庆	林　若	叶选平	张万年	张仲先	梁灵光
吴南生	罗　天	朱森林	伍觉天	梁尚立	李坚真	王全国	寇庆延
梁威林	梁　广	伍晋南	刘昌毅	邓逸凡	霍英东	马万祺	

国务院代总理李鹏致开幕词

闭幕词

李　鹏

同志们，朋友们：

第六届全国运动会今天就闭幕了。这届全运会检阅了体育成就，创造了一批新纪录，涌现出一批新人才，显示了改革、开放的成果和各民族的团结，取得了运动成绩和精神文明双丰收。全运会开得隆重、热烈、精彩、圆满，我代表党中央、国务院表示热烈祝贺，并向全运会所有的参赛者、组织者、服务人员，向广东党政军领导和广大人民群众表示衷心感谢！

党的十一届三中全会以来，我国走上了一条建设有中国特色社会主义的道路，开辟了社会主义建设的新阶段。体育事业在这一期间的大成就，是体育战线的同志们把十一届三中全会的路线同体育工作的具体实践紧密结合，团结拼搏，进行创造性工作的结果。

党的十三大提出，要使经济建设转到依靠科技进步和提高劳动者素质的轨道上来。体育是强国强民的大事，是提高劳动者素质的积极因素，也是精神文明建设的重要内容。因此，各级政府要进一步重视加强体育工作，切实发挥体委对体育事业的领导、协调、监督作用，各个部门、行业、团体也都要把体育列入议事日程，花一定的力量做好，特别是各级教育部门、各类学校，都要把体育作为培养德、智、体全面发展人才的手段，切实加强青少年体育，为增强人民体质、培养优秀运动人才打好基础。要建设一支德才兼备、有勇有谋的运动队伍，加强科学训练和管理、教育，引进先进技术，走自己的路，勇攀世界体育运动高峰。

希望体育战线的同志们乘着这次全运会的热潮，再接再厉，沿着党的十三大所指引的道路，同全国人民一道，在深化和加快改革中，加紧建设体育强国的步伐，为体育腾飞，为实现我国社会主义现代化做出更大的贡献！

祝贺·感谢·希望

广东省省长　叶选平

举国瞩目的中华人民共和国第六届运动会，在党的十三大精神鼓舞下，经过全体运动员、教练员、裁判员和工作人员的共同努力，实现了党中央、国务院提出的“隆重、热烈、精彩、圆满”的要求，今天胜利闭幕了。

在这次盛况空前的体育运动会上，各个代表团的体育健儿，鼓足干劲，力争上游，英勇顽强，团结拼搏，赛出志气，赛出水平，赛出风格，取得了令人振奋的优异成绩。刷新了一批世界纪录、亚洲纪录和全国纪录，并且表现了良好的体育道德，获得了运动成绩和精神文明双丰收。我代表广东全省人民，表示热烈的祝贺！

六届全运会交由我省承办，有力地推动了我省的体育事业和其他各项事业的发展。全运会期间，党中央、中央顾问委员会、全国人大、国务院和全国政协的领导同志，亲临大会视察工作和指示；各省、市、自治区的负责同志前来参观、指导，广大体育工作者和体育爱好者热情关怀和支持大会，这对我们做好各方面的工作，开好这次全运会，起了极为重要的作用。海外华侨、台湾同胞、港澳同胞和外国来宾应邀前来出席这次盛会，为这次全运会增添了光彩，增进了同我省人民的情谊。数千名来自各地的运动员到我省参加比赛，300多个群众体育先进单位的代表来我省传授经验，给我省带来了好思想、好作风，以及良好的体育技术、体育道德，为我省的广大运动员和体育工作者提供了一次难得的学习机会，这必将推动我省体育运动的进一步开展和技术水平的提高。借此机会，我表示深切的感谢。

六届全运会闭幕后，各路体育健儿即将回去。我衷心祝愿体育健儿们的运动技术水平不断提高，创出更加优异的成绩，为加速我国体育事业的发展，为社会主义祖国争取更大的荣誉，做出新的贡献。

第七届全运会上再会！

媒体报道

《体育报》

解决三大困难：场地 资金 环境
——广东省体委主任魏振兰谈六运会筹备工作

5年前，当国家体委决定由广东省承办六运会时，面临的第一个难题是体育场地少，预计需要有40个比赛场地和50多个练习场地，还要建一座具有80年代水平的体育中心场地，怎么办？广东省体委主任魏振兰说：是党的改革、开放、搞活方针使广东在全国的经济地位有了很大的提高，社会总产值从第7位上升到第3位，国民收入从第6位上升到第3位，各个地方，尤其是沿海地区，有了一定的经济实力，在省委、省政府的决策下，决定把各个比赛项目分散到有经济实力、体育基础好和有承受能力的地方去搞。由于充分利用改革、开放的大好形势，及时抓住时机，使一批新的场地建起来了，又使原来旧的场地得到修建翻新。据统计，各地投资金额超过1亿元，而省的补贴经费仅1000万元，这次为全运会新建的44个场地和修建的56个场地，实际投资总额达5亿元，其中省投资总额3亿元。我们依靠地方的财力和积极性建起了一批体育场地，为今后发展全省和各地的体育事业奠定了很好的基础。

魏振兰同志说，面临的第二个难题是资金问题，他说从洛杉矶奥运会得到启示，形成一个依靠全社会来支持的概念。从最初的发行奖券到会徽、吉祥物的广告专利和商品专利，最后发展到组织体育旅游。运用这些途径筹集到的资金，基本上可供所需。

最后的一个难题是如何创造一个良好的环境，这里包括城市建设和精神文明建设，仅以广州为例，整个城市建设计划提前了好几年，建立了立交桥，高架桥和人行天桥，拓宽了主要路面和修建了地下隧道，使城市电讯设施更趋现代化，增加了3万门电话，开通了无线电话等，全省各行各业都以为全运会做贡献为荣，大大推进了精神文明建设。

魏振兰深有体会地说，广东能成功地承办第六届全运会，靠的是全党、全社会共同来办体育，是体育改革带来的新观念，改变了过去体育部门包办体育的做法。

（刊载于《体育报》1987年11月16日）

《人民日报》

全运会筹备工作进入关键时刻 广东省省长叶选平表示全力以赴迎接盛会

本报广州9月12日电 第六届全运会的筹备工作已进入关键时刻，广东人民将全力以赴，搞好全运会的各项工作。这是广东省省长、本届全运会筹备委员会主任叶选平，在此间召开的全运会代表团团长会议上对记者说的。

他说，现在距全运会11月20日的开幕日期，只有两个多月了，广东人民十分珍惜这百年一遇的喜庆大事。尽管我们缺乏经验，水平、能力、条件有限，但我们一定夺取全运会筹备工作的全胜，保证第六届全运会的顺利进行。

为给六运会创造良好的比赛条件，广东省在两年多的时间里，投资5亿多元，新建和修建了100个比赛场馆。目前，在新建的44个场馆中，除广东体育馆、石龙体育馆和佛山训练比赛馆要到下月上旬才能竣工外，其余的41个场馆均已完工，可以交付使用。这也是广东有史以来规模最大的一次体育场馆建设。

另外据统计，六运会期间进入广东参加比赛、工作和应邀来参观的来宾将高达17000多人，其中国际、亚洲体育组织，一些国家的体育领导人、来宾和港、澳、台同胞将超过1500人，国内外记者1000多人，运动员、教练员、裁判员、领队等11000余人，加上省内外参观比赛的观众，预计有上百万人次。海内外各界将通过全运会这个“窗口”，了解我国的体育运动水平、经济建设成就、人民群众的精神面貌等。

因此，广东省自从4年前接受承办第六届全运会以来，下大决心，花大力气，动员相当大的人力、财力、物力迎接这次盛会。

（刊载于《人民日报》1987年9月12日）

《人民日报》

第六届全运会举行主席团会议

万里强调要运动成绩精神文明双丰收

本报广州11月20日电 第六届全运会主席团主席万里今天上午在这里举行的主席团会议上，对繁忙筹备体坛盛会的广东省和广州市军民表示衷心感谢。

万里说，这次全运会规模最大，人数最多，项目最全。为此，广东省各界做了大量的筹备工作。这一切都是为了让体育健儿创造出最好的成绩，振兴中华，提高社会主义祖国在世界上的威望和地位。党的十一届三中全会以来，在党和政府的关怀和领导下，体育战线取得了很大成就，伤残人、老年人和农民体育发展也很快。

他希望参加全运会的运动员和教练员讲文明，守纪律，创造更多的新纪录，取得运动成绩和精神文明双丰收。

主席团会议通过了组委会副主任袁伟民所作的组织工作报告。袁伟民在会上汇报了全运会的筹备经过和准备情况。他说：全运会是在体育改革不断深入、我国体育开始全面走向世界的形势下召开的。它既是检验体育战线改革成果，也是对我国运动技术水平的一次检阅。主席团副主席叶选平也在会上讲话。

（刊载于《人民日报》1987年11月20日）

《体育报》

运动成绩精神文明双结硕果
本届盛会隆重热烈精彩圆满

袁伟民张彩珍在记者招待会上评价六运会

本报广州12月4日电 今天上午，国家体委副主任袁伟民、张彩珍在这里举行的记者招待会上，高度评价即将闭幕的第六届全运会，认为六运会达到了隆重、热烈、精彩、圆满的预期目的，获得了运动成绩和精神文明双丰收。

袁伟民说，气势磅礴的开幕式反映了我国改革开放的成果。富有浓郁时代特色、民族特色和南国特色的团体操，将政治、体育、艺术有机地融合在一起，使许多人受到鼓舞，打响了六运会的第一炮。广东省为大会提供了一流的组织工作、一流的服务和一流的体育设施。

他还指出，本届运动会各项比赛，赛出了新水平，涌现出了一批新人才。由于近两年各省、市、自治区重视了科学训练，同时注意引进国外先进技术，使得训练水平有了提高，技术有了新的突破，运动员打破和超过了一批世界纪录、亚洲纪录和全国纪录，是历届全运会最多的一次。除了粤、沪、辽、京成绩突出外，河北、山东进步幅度较大；一些原先体育水平较落后的省、市、自治区也有了自己的拳头项目，如甘肃的自行车、陕西的射击、青海的田径等；女子曲棍球、女子柔道、花样游泳等新开展的项目进步较快；体操女队水平有所回升……也要看到，我们虽然涌现了一批新手，但尖子不尖，打破或超过的各项世界纪录中，只有举重和男子小口径步枪60发卧射是奥运会比赛项目，打破和超过的亚洲纪录的成绩与世界水平相比，差距还很大。我们需要的是高水平的冠军，应该保持清醒的头脑，加强训练。要把科学精神放在重要位置上，训练才能有成效。

袁伟民认为本届运动会上，各代表团普遍重视抓好运动队的赛风教育，进行严格管理，赛风有所好转。他特别强调，希望作为“世界第一运动”的足球项目应树立一个好的形象，领导、教练、队员和广大球迷应共同创造一个好的气氛。

张彩珍说：这次全运会在广东召开，本身就是一项改革措施，有利于调动地方的积极性，改变过于集中由国家办体育的状况，实行多层次多渠道的竞争体制。这次有7个行业体协参加了全运会，有的虽然没有拿到金牌，但是他们说：“重要的是全运会上有了我们的旗帜。”这符合奥林匹克精神。同时少数民族地区也取得了可喜的进步。广东省这次实现了体育强省的目标。如果我们全国各地都像广东一样成为体育强省、强市，我国到2000年成为体育强国的目标就一定能实现。

（刊载于《体育报》1987年12月4日）

《体育报》

举国翘首望羊城
今日下午五时——
六运会隆重揭幕
7500名健儿上阵拼搏

本报广州11月19日电 犹如一艘巨轮的天河主体育场和伴随着它的形如海鸥的两个场馆，已被花和旗的“海洋”包围。——白色的巨大建筑群、绿色的植物分割带、红色的标语群在蓝天下显得异常安谧。

然而，明天下午5时，这里将敲响中华人民共和国第六届全国运动会开幕的激动人心的钟声。

这将是一次全新的运动会。在改革开放旗帜下，这届全运会不仅将检阅4年来我国体育事业蓬勃发展的成果，更会从一个侧面显示出我国两个文明建设的宏伟进程，体现出人民群众80年代的精神风貌，展露出我们社会主义制度的巨大进步。

党的十一届三中全会以来，我们有了230个世界冠军，打破和超过了152次世界纪录，蝉联着亚运会金牌第一。在“亚洲体育强国”的基础上，我们已吹响了向世界体育强国进军的号角。

这是历届全运会中规模最大的一届。各省、区、市、解放军和产业体协的37个代表团，7500名运动员共参加44个项目的角逐。

开幕式在国家领导人致辞、广东省省长致辞、运动员讲话后，11000名大中小学生将表演气势恢宏的大型团体操《凌云志》。开幕式将持续两个小时，在万紫千红的焰火中结束。

（刊载于《体育报》1987年11月20日）

《体育报》

何灼强冲击纪录　黄晓敏不可低估

今日可能出现两条爆炸新闻：国内外注目的举重名将广东队何灼强，今年9月在世界锦标赛上一举托起153公斤杠铃，打破世界纪录后，他又望着新的高度，在全运会前的训练中，不止一次地突破世界纪录；他的52公斤级总成绩也接近世界纪录。

处于高峰状态的黑龙江游泳新星黄晓敏，最近200米蛙泳成绩离世界纪录仅有0.99秒。从今年8月一次把全国纪录提高1.0秒的创举来看，17岁的北国姑娘有可能今晚在天河体育中心水上馆震惊南国。

离闹市区较远的黄埔体育馆，昨日起票房前已熙熙攘攘，热门项目女排首次亮相，今天正逢辽宁与福建两强较量。

其他赛场也很值得注意，男子手球北京对安徽，男女羽毛球前5名决赛广东对江苏；男女网球正进行团体第二轮赛；新项目曲棍球也是今日在佛山人民广场亮相，火车头对辽宁定会精彩。在番禺的三棋（围棋、中国象棋、国际象棋），北京聂卫平、上海胡荣华、四川刘适兰等男女大师都将黑白纵横，驱兵驭马；常平馆内刀光剑影会使你眼花缭乱，估计北京李霞的剑，山东张玉萍的刀，男子项目太极拳和南拳，都会有上乘表演。

（刊载于《体育报》1987年11月28日）

何灼强打破世界纪录

《体育报》

国家体委召开体育宣传研讨会
明确“体育需要宣传”的观念

本报湖南郴州４月５日电　体育运动的迅速发展给体育宣传提出了许多新问题。来自各省、市、自治区体育宣传主管部门的负责人在这里进行了为期５天的研讨会，对加强体育宣传的主动性、指导性，扩大体育宣传阵地，建立大型比赛的新闻中心有了明确的认识。

广东省体委赵怀珠同志介绍的多形式、多层次、多角度进行体育宣传的做法受到好评。他们主动向新闻单位提供信息，创造条件，协助新闻单位掌握政策，使全省体育宣传很有起色。广东的《南方日报》《羊城晚报》《广州日报》等都设有体育专栏固定版面，受到海内外读者欢迎的《武林》杂志发行量100万份。北京、上海、安徽等地也介绍了经验。

国家体委宣传司司长吾如仪在发言中强调，体育宣传是体育事业的组成部分，要让“体育需要宣传”的观念在体育系统普遍建立起来，充分依靠新闻出版等社会各方面力量，拓宽体育宣传阵地，实现体育宣传社会化、多样化，坚持四项基本原则，加强体育宣传的方针政策指导，促进体育事业的改革和开放。

会上还介绍了大家关心的第六届全运会的筹备情况和接待各地记者的初步安排及名额分配。

（刊载于《体育报》1987年4月6日）

《体育报》

六运会大幕开启
萨马兰奇赞扬道“把体育和艺术结合得太好了”
万里称赞道“这是最好的一次开幕式”

本报广州11月20日电　突如其来的岭南雨水没有冲掉6万观众的热情，今天下午的六运会开幕式别开生面，异常成功。中共中央政治局委员、副总理万里对本报记者说：“这是最好的一次开幕式。”国际奥委会主席萨马兰奇高度赞扬具有独创性的开幕式，他兴奋地说：“中国把体育和艺术结合得太好了。”

尽管天公作梗，重复了4年前五运会开幕下雨的“恶作剧”，今天的开幕式仍像一幅巨型的画卷，以其壮阔的气势、瑰丽的色彩、沉深的魅力，倾倒了所有中外观众。

新建的天河体育场经过雨水的冲刷，更加整洁醒目，它张开那巨人般的双臂，将各路健儿拥抱其中。数以万计的炎黄子孙在电视屏幕前同时欣赏了这极为壮观的两个小时的盛况。

5点，当党和国家领导人万里、田纪云、秦基伟、宋任穷等陪同萨马兰奇等外宾进入会场时，全场欢声骤起。

国家体委主任李梦华宣布开幕式开始，37个代表团在五星红旗和会徽引导下，相继入场，来自兄弟民族地区的男女健儿载歌载舞，给盛会增添了节日的气氛。7个行业系统体协代表团昂首阔步的雄姿，更展示了社会办体育的良好前景。

今天，萨马兰奇是最受欢迎的客人，他和万里、田纪云并肩坐在主席台上，望着场内高高飘扬的国际奥委会会旗，显得格外高兴。4年前，是他提议在五运会会场悬挂这面五环会旗，4年后的今天，中华健儿又取得一批丰硕成果，尤其在洛杉矶奥运会上一展英姿、世人瞩目，正如萨马兰奇今天所说：“中国已是国际奥委会中一个重要的成员。”

（刊载于《体育报》1987年11月21日）

《人民日报》

游泳田径走出低谷　举重射击更攀高峰
全运会赛程过半创新纪录已远远超过历届

本报广州11月27日电　第六届全运会开赛以来，各赛场捷报迭驰，喜讯频传，使前半程赛事出现持续高潮，破世界纪录和亚洲纪录之多已远远超过历届全运会。

据统计，全运会自开幕至27日止，已破3项、超1项世界纪录，平1项世界纪录，创13项、超过21项亚洲纪录和亚洲最好成绩，平12项亚洲纪录，并刷新了大批全国纪录。

奥运会基础项目之一游泳成绩的大面积突破，是本届全运会迄今最令人鼓舞的收获。有9人13次创9项亚洲最好成绩，15人1队29次打破全国纪录。一些选手在蛙泳、自由泳等项目上逼近世界先进水平。其中，黑龙江选手黄晓敏两次向世界纪录冲击，成为映亮中华碧波池的希望之光，令人振奋和激动。

田径比赛，27日在风雨交加中决出了第21枚金牌后，已有12人1队18次打破7项全国纪录，其中4人1队8次刷新了4项亚洲纪录。福建选手刘华金在女子100米栏的比赛中，两破全国纪录之后，又刷新了沉睡17年之久的亚洲纪录，难能可贵。河北选手李梅素的铅球成绩接近21米大关，列今年世界第7位。女子100米跑中，4人5次打破该项全国纪录，标志着我国女子短跑水平的大面积提高。王秀婷打破女子3000米跑亚洲纪录之后，成为一人拥有3项亚洲纪录的选手，这在亚洲田坛是独一无二的。

举重和射击是我国较强的项目，健儿们不负众望，接连举起世界新重量和打出世界新纪录。

广东两强虎虎生威，打破3项世界纪录，何灼强在52公斤级比赛中结束了我国没有总成绩世界纪录的历史，意义重大。陕西射击选手李朝阳一鸣惊人，在我国的弱项男子小口径自选步枪60发卧射中一平一超世界纪录。新选手在几天赛事中表现出较强的金牌竞争能力，而老选手在较大压力下未能尽如人意的表现，则说明他们的心理素质仍需加强。

全运会正式开幕之时，辽宁代表团在已结束的项目中获得291分，19枚金牌，居各代表团之首。上海和广东分别以170分、6枚金牌和152分、10枚金牌位居第4、5位。

随着游泳、田径、举重、赛艇等“金牌大户”的开张，在这几个项目中颇具实力的上海、广东积分扶摇直上，很快超过了辽宁，遥遥领先。看来上海这条“东海蛟龙”将取代“东北虎”辽宁代表团与“华南虎”广东代表团进行总分冠亚军争夺战。

至今天为止，全部金牌已决出231枚，尚余113枚有待争夺。在尚未结束的项目中，中国式摔跤、皮划艇、跳水、棋类和球类中广东、上海、辽宁各有长短，由于广东目前积分较高，因此很有可能蝉联团体总分第一。

（刊载于《人民日报》1987年11月28日）

《体育报》

李梅素奋臂掷出亚洲新纪录
刘华金女子百米栏逼近纪政

本报广州11月24日电 今天下午进行的女子铅球决赛，担任主角的河北选手李梅素演出一台精彩好戏。她头一次试投就以20.87米打破自己保持的该项亚洲纪录，最后一投又提高到20.95米，逼近21米大门。李梅素的这一成绩相当于去年该项世界第5名、列今年世界第7名，这是近3年我国田径健儿（除竞走外）在世界强手中排名最前的好成绩。

今天最富戏剧性的是女子100米栏比赛。因该项决赛是在明天，人们本以为今天下午进行的预、复赛会风平浪静，不料预赛第二组的比赛使形势突变。全国纪录创造者、上届全运会冠军刘华金（福建）与“亚洲新栏王”冯英华（上海）相遇，刘前程领先，冯穷追不舍，最后刘华金（13秒05）、冯英华（13秒09）双双打破已沉寂两年多的该项全国纪录（13秒20）。在复赛时，刘华金与“客串”100米栏的解放军选手朱玉青相遇，朱目前拥有女子七项全能亚洲纪录，也是本项夺标呼声很高的“外星人”。枪响后，朱怕腿伤复发影响全能比赛跑了两步便停了下来，退出竞争。如临大敌的刘华金不知身后发生的变故，奋力向前，竟以12秒99跑完全程，再次刷新了她在两个多小时前创造的新纪录，距我国台湾名将纪政17年前在慕尼黑创造的该项亚洲纪录（12秒93）仅差0.06秒，17年来，亚洲从没有人接近过纪政高悬起来的这颗蜜果。然而，也许明天决赛就会有人尝到它的滋味了。

今天上午决出的男子链球金牌被江西罗军夺得，下午进行了男子4个项目的决赛，广东黄振斌、河北魏建文、辽宁王树波、河北纪占政分别摘取了男子400米栏、男子800米、男子3000米障碍和男子标枪桂冠。

最近新创女子1500米亚洲纪录的北京选手郑丽娟，今天下午在这个项目的预赛途中与其他队员相碰，影响成绩而未入明日决赛榜，痛失夺标机会。

（刊载于《体育报》1987年11月25）

《人民日报》

北京体育代表团向各兄弟团发出倡议
争取运动成绩精神文明双丰收

本报广州11月16日电 北京体育代表团在瞄准着六运会精神文明的奖牌。他们今天向各兄弟代表团发出倡议共同争取运动成绩和精神文明的双丰收。

北京代表团为迎接羊城盛会，特意编辑了《大赛指南》和《文明礼貌手册》两本书，人手一册，书里归纳了比赛中常出现的50个问题，并做了针对性的回答。

北京代表团的倡议书包括争取运动成绩和精神文明双丰收；各参赛队要服从领导，听从指挥，赛出风格，赛出水平；全体教练员、运动员坚决执行有关守则，讲文明、讲礼貌、讲道德、讲卫生以及遵守法纪和社会公德，爱护公物等五点内容。

（刊载于《人民日报》1987年11月17日）

《体育报》

六运会熊熊火炬熄灭
众健儿挥手告别羊城

本报广州12月5日电 11天前刚刚担任国务院代总理的李鹏同志，专程从北京赶来广州参加了今晚的六运会闭幕式。他身着短大衣，兴致勃勃地走到会场草坪上，向举重英雄何灼强颁发了荣誉奖章。李鹏同志握着何灼强的手说：“祝贺你取得了好成绩。”并将一束鲜花献给了勇攀高峰的运动健儿，顿时，全场掌声雷动。何灼强手握鲜花，品尝着胜利的甘甜，是幸福，更是鼓舞。颁奖之后，小何情不自禁地跑出队伍，将色彩斑斓的鲜花回赠给了代总理，中外记者们纷纷抢拍了这一难忘的镜头。是的，今晚确是一个令人高兴、使人倾倒的闭幕式。4000多个高空礼花弹冲天竞放，新颖的蓝色激光划破夜空，6万支手电筒闪烁着点点彩光，置身于神话般会场中的李鹏、万里等同志，也高兴地挥舞起座位上的手电筒，此情此景正是："东风夜放花千树，更吹落，星如雨。"在如此动人的闭幕式上，党和国家领导人同6万多名观众共贺六运会取得了圆满成功。

今晚的闭幕式由李梦华主持，魏振兰和袁伟民分别宣布了各代表团总分、打破和超过世界纪录的运动队和运动员、获"精神文明奖"的代表团、1987年贡献奖的名单（名单另发）。李鹏、万里、薄一波、李铁映分别为获奖者颁奖。袁伟民、王屏山、张彩珍分别向承办六运会做出贡献的广东省人民政府、广东省体委、广州军区和承办各项比赛的当地政府、单位赠送了纪念品。

李鹏代总理在会上讲了话。（全文另发）

晚上7时55分，燃烧了15天的火炬渐渐熄灭了。四川省省长蒋民宽激动地从广东省省长叶选平手中接过了会旗，这面旗帜6年后将飘扬在天府之国的上空。黑龙江省省长侯捷也从吉林省副省长刘云沼手中接过冬运会会旗。烟花四起，欢歌阵阵，37个代表团带着丰收喜悦，带着奋勇腾飞的信念，告别羊城，成都再会！

闭幕式后，本届足球冠军广东队和香港队进行了友谊比赛，结果一比一握手言和。

（刊载于《体育报》1987年12月6日）

《人民日报》

世界潜水联合会
批准我国运动员创造的4项世界新纪录

据新华社巴黎11月9日电 马耳他瓦莱塔消息，世界潜水联合会代表大会11月6日正式批准中国运动员今年9月创造的4项世界纪录。

这次世界潜水联合会代表大会于11月2日到7日在马耳他首都瓦莱塔举行。来自法国、中国、苏联、意大利和日本等43个国家的200名代表参加了大会。

被这次代表大会批准的中国运动员创造的4项蹼泳世界新纪录是：辽宁运动员郑世玉创造的17秒63的女子50米屏气潜泳和39秒55的女子100米器泳世界纪录，广东运动员邱亚帝创造的35秒42的男子100米器泳世界纪录，广东接力队刘惠章、符晓云、林小妹和黄少欢以6分32秒57的成绩创造的男子4×200米蹼泳世界纪录。

（刊载于《人民日报》1987年11月10日）

《体育天地》

射击场上的并蒂莲

在第六届亚洲射击锦标赛上，最引人注目的要数王义夫、张秋萍夫妇俩。这次比赛中他们打破1项世界纪录、5项亚洲纪录，获得7枚金牌、2枚银牌。一时间，他们成了赛场上的新闻人物。

秀气文静的张秋萍今年24岁，打枪已有8年历史。她是上届全运会8×20女子步枪的冠军，1984年奥运会预选赛落选，回到了湖南，去年又重新回到国家集训队，在这届大赛上，她与队友李丹、吴小旋以1167环的总成绩打破这个项目1166环的团体世界纪录。她自己破了个人的亚洲纪录。

王义夫今年27岁，是辽阳人。这位东北的小伙子爱说，显得敦实老练。他确实身经百战，可这次却马失前蹄了。王义夫首先以569环的成绩打破567环的亚洲纪录。要决赛了，按他平时的训练成绩破世界纪录是很有希望的。王义夫吸引了各国记者和观众，上场了，决赛的第一发打9环，第二发7环，糟了。接着又是一个8环。头三脚没踢好，他平静了下来，10环，10环，10环！周围的观众不喧哗了，破世界纪录唾手可得了。只剩最后关键的两发子弹了，只要打两个9环，他便可实现夙愿。王义夫举起枪又放下。是啊，他眼睛的视力一个是0.2，一个是0.5，妻子秋萍说他打枪完全凭感觉。“放！”就在这一锤定乾坤的时刻，他打出一个6环，失去了一次打破世界纪录的良机。

当谈到同张秋萍结为夫妻时，他说，我们互相理解，又热爱射击运动，能为祖国立功，是我们的理想！

（刊载于《体育天地》1987年11月21日）

《体育报》

国家体委举行招待会
感谢为六运会做出贡献的人们

本报广州12月6日电 今晚国家体委在这里举行答谢招待会，向全运会东道主及社会各界人士表示感谢。

国家体委主任李梦华在祝酒词中说：“第六届全运会不仅将作为体育战线的一项重大成果而载入史册，而且作为社会主义精神文明建设中光辉的一页受到社会各界广大人民的赞颂，”他说，“这届全运会贯彻改革开放的方针，又创造了许多新的宝贵经验，无论是场地建设、开幕式，还是竞赛、新闻宣传、科研、后勤、保卫、接待等各方面的工作，都为今后全运会和其他大型比赛提供了有益的借鉴。”

出席招待会的有中顾委委员任仲夷、刘田夫及广东省、广州市的负责同志林若、叶选平、梁灵光、杨德元、王屏山、朱森林等。

（刊载于《体育报》1987年12月7日）

《体育报》

大级别举重力士身手不凡 李广顺杨波冲击亚洲纪录成功

本报广东石龙11月25日电　“我从来没听说过这个人，简直是从地上突然冒出来的。”今天下午3点，当河北21岁的李广顺打破82.5公斤级日本名将沙冈良治所保持的165公斤的抓举亚洲纪录时，坐在我旁边的何英强感叹道。

李广顺是第四把将165.5公斤的杠铃举在头顶的。他结束了中国没有大级别82.5公斤级抓举亚洲纪录的局面。

名将蔡炎书获得这个级别的冠军，李炳军与李广顺分别站在了亚、季军的领奖台上。

又讯　辽宁22岁的名将杨波使劲将拳头在空中一挥，为今晚第一次试举就将自己保持的90公斤级抓举166公斤的亚洲纪录提高了1.5公斤而洋洋得意。这是他一年半内第5次改写该项亚洲纪录。

该级别的金牌也挂在了他的脖子上。

（刊载于《体育报》1987年11月26日）

奖品　纪念品

第六届全国运动会纪念币

第六届全国运动会邮票

友好交流

领导人会见萨马兰奇
二十余名外宾与港澳人士参见

本报广州11月20日电 今日下午六运会开幕前，万里、田纪云、秦基伟、宋任穷、荣毅仁等党和国家领导人在天河体育场会见了国际奥委会主席萨马兰奇。

同时会见的还有21位国际、洲际和友好国家体育组织负责人，以及港澳知名人士霍英东夫妇、马万祺夫妇。

（刊载于《体育报》1987年11月20日）

五洲朋友光临全运会
萨马兰奇等国际体育界人士不日抵穗

本报广州11月17日电 即将开幕的第六届全运会引起了国际体育界的广泛兴趣和重视。记者今天在此间获悉，以国际奥委会主席萨马兰奇为首的一批国际奥委会官员将应邀来广州出席第六届全运会的开幕式。

此外，来自30多个国家和地区的外宾共1300余人将来我国观看这一体育盛会。还有数十名来自宝岛的台胞也专程来观看全运会。

观看全运会的贵宾，除萨马兰奇主席之外，还有国际奥委会第二副主席梅德罗（比利时），执行委员高斯罗（澳大利亚）、沙力士（香港），以及非洲奥委会主席马贝亚、亚奥理事会副主席西尔瓦、亚足联主席哈姆扎、国际羽联主席卡尔默和国际帆船联合会主席等人。

罗马尼亚、朝鲜、新加坡、保加利亚、日本、民主德国、菲律宾、南斯拉夫、孟加拉国、尼泊尔、泰国等12个国家均由本国的体育主管部门领导带队前来广州。国际足联主席阿维兰热先生日前专门来电，称由于他有其他事情，不能观看中国的全运会，因而深表遗憾。

（刊载于《人民日报》1987年11月18日）

“我很高兴到广州”萨马兰奇一行抵穗

本报广州11月19电　“热烈欢迎你到广州来参加我们的全运会。”“我很高兴有机会再次参观中国的全国运动会，我也很高兴到广州来。”

这是国家体委副主任、国际奥委会中国执委何振梁与今天晚上到达广州的国际奥委会主席萨马兰奇在机场的热情对话。萨马兰奇和他的随员一行是今天晚上到达广州的，这虽是萨马兰奇第六次访华，却是第一次访问羊城。当得知这届运动会的规模超过以往各届全运会时，萨马兰奇高兴地说：“太好了！”

广东省体委主任魏振兰也到机场迎接。

萨马兰奇一行在下榻的广州白天鹅宾馆受到热烈欢迎，国家体委主任、中国奥委会主席李梦华向他赠送了花篮。

明天，萨马兰奇将出席全运会开幕式。

（刊载于《体育报》1987年11月19日）

李梦华、徐才会见日本体育界友人

第一个外国记者

特利普·加布里尔是第一个到达广州的采访六运会的外国记者。

他是美国的一位自由撰稿人，以写体育文见长，曾经历过许多重大国际体育事件并在美国《体育画报》《纽约时报》《滚石》杂志等报刊发表文章。这次他受《世界体育》杂志委托，与摄影师米歇尔·尼克斯一道，专程前来中国采访。

谈到中国全运会时，加布里尔说："全运会是个绝好的机会。在这里我既可以见到1984年奥运会的明星，又可以先睹以后奥运会新秀的英姿！"

记者在采访中注意到，外国记者对中国体育的了解正在深化。加布里尔表示，不仅要了解中国体育的现状，还想知道中国体育明星产生的社会和文化背景、训练的科学化程度以及体育在增强10亿人民体质上所起的作用，从而进一步研究中国体育在今后10年的发展趋势。他还希望能借全运会之机，了解十三大以后体育改革的动向。也许这正是本届全运会能吸引众多外国记者的原因。

（刊载于《体育报》1987年11月16日）

六运会期间各种活动精彩纷呈

本报广州11月15日电 即将在广州开幕的六运会，除了壮观新颖的开、闭幕式和大型团体操《凌云志》外，还将有一系列精彩活动，据记者在此间获悉的信息有：

萨马兰奇将应邀莅会

国际奥委会主席萨马兰奇等国际体育组织领导人将应邀出席六运会开幕式，并将举行授勋仪式，参观场馆，观看技巧、花样游泳等比赛，举行记者招待会等。

各种展览琳琅满目

中国体育成就展览、中国奥林匹克集邮展览、六运会专利商品展览、画展将分别于18日、19日剪彩。六运会体育图片展览已经揭幕。

表彰活动接连举行

六运会期间，将分别举行全国群体先进代表颁奖大会、六运会精神文明奖评选发奖活动，国家体委并将颁发今年体育贡献奖、表彰全国25个体育宣传先进单位、评选表彰全国20名最佳教练员等。

"拼搏之歌"催人奋发

"拼搏之歌"报告会将于明日（16日）举行，韩爱平、左树声、许绍发、高丰文、沈金康等运动员、教练员将在会上畅抒心曲。

（刊载于《体育报》1987年11月16日）

参观六运会的来宾有多少?

前来参观六运会的外国朋友和港澳台同胞共1300多人，其中外国朋友来自30多个国家和地区。

来宾中有国际奥委会主席萨马兰奇和一些国际体育组织负责人。

香港体育界知名人士霍英东夫妇、澳门马万祺夫妇均将率团来羊城。

在广州的各国领事、商务机构负责人、外国专家和留学生600多人将参观开幕式。前来采访的外国记者有29人，港澳记者有94名，至截稿时止，已有4名外国记者、76名港澳记者到达羊城。

（刊载于《体育报》1987年11月16日）

萨马兰奇向陈镜开授勋，后排为何振梁

邀请台湾体育界人士参观或参加六运会

中华全国体总发电

新华社北京10月6日电 中华全国体育总会发言人今天对本社记者说，全国体总主席李梦华最近致电台湾省体育协进会理事长张丰绪，邀请和欢迎在台湾的体育工作者和运动员，参加或参观将于11月间在广东举行的第六届全国运动会。

发言人说，举行全国运动会是全国体育界的大事，全国体总历来希望海峡两岸的体育工作者和运动员能借全运会举行之机，欢聚一堂，切磋技艺，为发展中华体育事业做贡献。1985年6月20日，本届全运会在广州成立筹委会时，就表示欢迎台湾体育工作者和运动员来参加比赛或参观。现在，全国体总已正式发出了邀请电函。

发言人说，目前，六届全运会的一些项目已进行了预赛，但对台湾体育代表团采取灵活的安排，可以直接参加11月20日至12月5日在广州等地举行的足球、篮球、排球、乒乓球、羽毛球、手球、田径、游泳、射击、击剑、赛艇等项目的决赛。

这位发言人还说："对于前来参加比赛或参观的台湾体育代表团，我们将负责接待，承担到大陆后的全部食宿交通费用。他们如愿探望在大陆的亲友，我们也将提供方便。"

（刊载于《人民日报》1987年10月7日）

中华人民共和国
第七届运动会

1993年

9月4日—9月15日

北 京·四 川·秦皇岛

简　介

第七届全国运动会于1993年分别在北京、四川和秦皇岛举行，由国家体委和北京市人民政府承办。设田径、游泳、体操、艺术体操、举重、击剑、柔道、国际式摔跤、拳击、现代五项、马术、中国式摔跤、围棋、速度滑冰、短道速滑、自行车、航海模型、无线电测向、跳伞、足球、篮球、乒乓球、网球、手球、曲棍球、女子垒球（北京）；跳水、水球、花样游泳、技巧、射击、射箭、赛艇、皮划艇、蹼泳、滑水、航空模型、排球、羽毛球、棒球、武术（四川）；帆船和帆板（秦皇岛）等项目。来自全国各省市自治区和解放军及行业体协42支代表团参加了比赛。共设置金牌374枚、银牌367枚、铜牌362枚。

运动会上有4人4次创4项世界纪录；18人4队43次超21项世界纪录；4人4次平3项世界纪录；54人1队93次创34项亚洲纪录；61人3队143次超66项亚洲纪录；130人14队273次创117项全国纪录。

为了与国际竞赛时间吻合，第七届全运会时隔6年，于1993年在北京和成都举行。此次全运会分设北京和四川两个主赛区，两地分别进行比赛。另外，秦皇岛市承办了帆船和帆板两个项目。因此，第七届全运会成为首次由多个地区共同承办的全运会。

会　徽

会徽图案是一把燃烧的火炬，火焰由罗马字母“Ⅶ”（七）字变形而成；手柄呈跑道造型，由两个相反的“7”字组成，点明届数。

筹　备

七运会组委会成立
江泽民李鹏乔石为七运会题词

本报讯　第七届全国运动会组织委员会8月9日在北京国际会议中心宣告成立。

七运会组委会主任由国家体委主任伍绍祖担任，北京市市长李其炎、四川省省长肖秧任执行主任（名单另发）。组委会下设17个办事机构、26个单项竞委会和2个行政服务领导小组。

成立大会上宣读了党和国家领导人江泽民、李鹏、乔石给七运会的题词。江泽民的题词是：“发展体育运动，为建设有中国特色的社会主义服务。”李鹏的题词是：“发展体育事业，提高全民素质。”乔石的题词为：“深化体育改革，促进群众体育与竞技体育协调发展。”

伍绍祖与会并讲话。他说，党和国家领导人的题词既是对七运会的祝贺，又是对体育工作的指导方针，我们应认真贯彻执行。组委会的成立表明七运会各项工作已进入实施性的运转阶段。

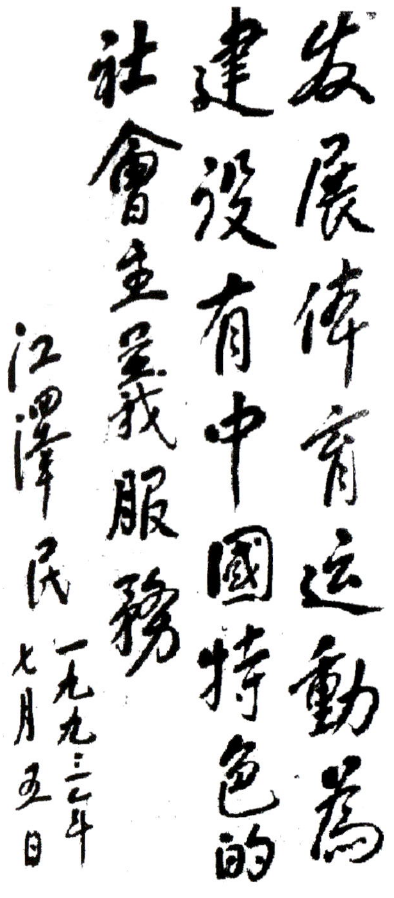

江泽民题词（来源：《第七届全运会纪念册》）

伍绍祖再次强调了办好七运会的重要意义。他说，全运会是全国最高水平的运动会，是我国体坛的一件大事，又是国家的庆典活动，全民族的盛大节日。他指出，成功地举办七运会，有利于北京申办2000年奥运会工作，能够形象地宣传

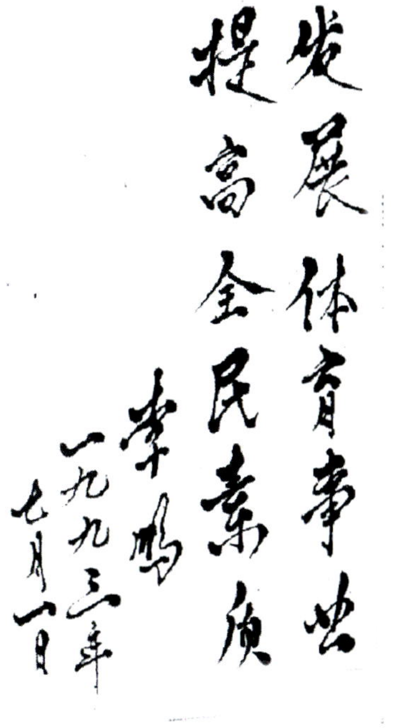

李鹏题词（来源：《第七届全运会纪念册》）

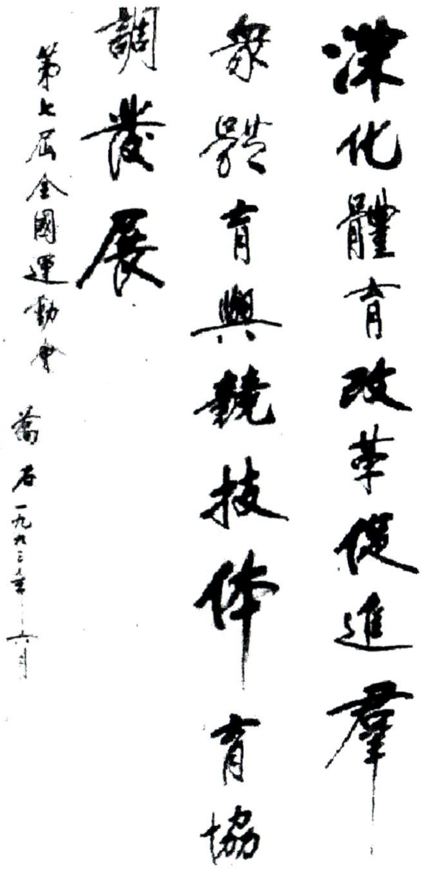

乔石题词（来源：《第七届全运会纪念册》）

我国改革开放的大好形势。

他对组委会和决赛阶段的工作提出要组织好、赛风好、成绩好的要求。他最后强调：“今天距四川赛区开幕还有5天，距秦皇岛赛区比赛开始还有14天，距北京赛区开幕还有25天，时间已经非常紧迫。要求各级领导和各单位要有紧迫感和责任感，切实做好各项组织工作。让我们共同努力，使七运会开得隆重、热烈、精彩、圆满。”

李其炎在会上表示，北京市要尽最大努力承办好这届展现中国形象和炎黄子孙风采的全运会。

会上还介绍了北京、四川、秦皇岛赛区的筹备情况。

组委会常务副主任、北京市常务副市长张百发，组委会副主任、国家体委副主任何振梁、徐寅生和刘吉，以及组委会副主任、四川省副省长李蒙等到会。

（刊载于《中国体育报》1993年8月10日）

吉祥物

因为1993年当年是农历鸡年，所以选择了金鸡作为吉祥物，名字叫作“明明”。“明明”身后有蓝色尾巴，前面手持火炬，寓意金鸡报晓。

七运会开幕前组委会再作部署 高水平高标准高质量　展示改革开放新风貌

中共中央政治局委员李铁映9月2日在北京说：七运会一定要保证高水平、高标准、高质量，一定要圆满。

李铁映在七运会组委会暨代表团团长会议上讲话时强调，本届全运会具有重要意义。一方面，改革开放15年来，我国各方面取得巨大成就，七运会是这些成就的一次展示，要充分体现中国人民在改革开放新形势下的精神风貌。另一方面，本届全运会恰逢北京申办2000年奥运会的关键时刻，七运会四川赛区、秦皇岛赛区都取得很大成功，在北京赛区，各方面务必共同努力，把七运会办得精彩、圆满，为北京申办奥运会最后的冲刺做出贡献。

组委会执行主任李其炎在会上表示，七运会一切准备就绪，只等开幕。北京人民正以当好东道主、热情迎嘉宾的心情，期待七运会北京赛区召开。

伍绍祖在会上讲话，组委会秘书长向与会者汇报了七运会准备工作情况。

各代表团团长及组委会成员参加了会议。

（刊载于《人民日报》1993年9月3日）

第七届全运会票价

单位：元

序号	项目	预赛			决赛（半决赛）		
		甲	乙	特	甲	乙	特
1	田径	3			3		
2	篮球	4	3		6	4	
3	拳击	5	4	20	8	6	30
4	自行车	2			2		
5	击剑	3			3		
6	足球	5	3		8	6	
7	体操	5	3		5	3	
8	手球	5			5		
9	曲棍球	3			3		
10	柔道	3			3		
11	海模	1			1		
12	垒球	1			1		
13	游泳	6	4		8	6	
14	乒乓球	4			4		
15	网球	2			2		
16	举重	3		10	3		10
17	中国式摔跤	3			3		
18	国际式摔跤	3			3		
19	马术	8			8		
20	现代五项	2			3		
21	围棋	3			3		
22	无线电测向						
23	跳伞						
24	艺术体操	5	3		5	3	
					甲	乙	丙
25	开幕式				300	200	100
26	开幕式预演				200	100	50
27	闭幕式				50	30	20

北京赛区报名人数逾四千
七运竞赛筹备工作近尾声

新华社北京8月8日电 记者今天从第七届全国运动会筹委会竞赛部获悉，第七届全国运动会北京赛区运动员报名工作已经结束，各项竞赛筹备工作已基本完成。

据悉，共有45个代表团的4228名运动员报名参加七运会北京赛区的比赛，各代表团中进京人数较多的，除北京外，有辽宁、上海、广东、山东、江苏、河南、中国人民解放军、河北和四川等。

另悉，七运会各单项竞赛日程已经确定，除已提前进行的速度滑冰、短跑道速度滑冰、手球、赛艇、皮划艇、滑水、男女马拉松、男子排球、女子曲棍球等项目的决赛外，女子排球、羽毛球、棒球、跳水、水球、花样游泳、技巧、射击、射箭、蹼泳、航空模型和武术等12个项目的比赛将于8月5日至24日在四川赛区进行；帆船和帆板比赛将于8月24日至9月2日在河北省秦皇岛市举行。

北京赛区将于9月4日晚举行隆重的开幕式，5日至15日进行足球、篮球、乒乓球、网球、垒球、男子曲棍球、田径、游泳、体操、艺术体操、举重、击剑、柔道、国际式摔跤、中国式摔跤、拳击、自行车、马术、现代五项、围棋、无线电测向、航海模型和跳伞等23个项目的决赛。

全部比赛将设金牌323枚，金、银、铜牌总计984枚。七运会的奖牌已由筹委会设计、抚顺铝厂有色工艺厂制作完毕，并运送至北京筹委会。

七运会筹委会竞赛部目前已选定各项目裁判员1214人，其中国际级136人，占裁判总数的11%；国家级610人，占50%。在京进行的各项比赛所使用的场馆已经排定，比赛所用器材也已全部到位。

（刊载于《中国体育报》1993年8月8日）

向世界展示北京和中国新形象
迎七运北京总动员

本报讯 日益临近的第七届全运会各项准备工作进入冲刺阶段。7月30日，北京市召开全市迎七运总动员大会，呼吁北京市民尽快进入角色。

七运会筹委会主任张百发做了动员报告，他说七运会是新中国成立以来规模最大、水平最高的全运会。七运会能够有力地向世界展示中国的形象、北京的形象，有利于申办奥运会。他号召北京市民全力以赴办好七运会。

他介绍七运会筹备工作时说，七运会筹委会组织机构已经健全，全面的筹备工作作为一个系统工作，在全面顺利运转。组委会将在下周成立，他要求全市要大力加强首都精神文明建设。

国家体委主任伍绍祖对北京市七运准备工作给予好评。他说，从国家体委早些时候对北京市筹备工作的检查情况看，场地、器材、电子通讯、大型活动、行政接待、宣传保卫等各方面的准备工作都进行得顺利、周到，基本上达到了比赛的要求。他相信北京市有能力、有魄力使七运会开得隆重、热烈、圆满。

北京市领导在讲话中指出北京市承办七运会，是党和国家及全国人民交给的光荣任务，是北京的荣誉。他要求全市办好七运会，要提高对七运会的认识；办好七运会，要创造优美环境、优良秩序、优质服务，保证安全。

动员大会由北京市市长李其炎主持。中直机关和国务院有关领导、驻京解放军和武警部队的有关领导、七运会筹委会以及北京各区县有关人士出席了动员会。

（刊载于《中国体育报》1993年8月1日）

心向七运志昂扬

北京青年迎七运系列活动拉开序幕

7月30日，北京城洋溢着迎接七运会的浓烈气氛。

万余名青少年走上街头，在东西长安街和城区各主要地段，开展了七运知识宣传、文化娱乐、七运商品销售、体育表演、文化体育服装表演等活动。

这个名为“我们走向七运”的文化之夜活动，是正在开展的北京青少年七运社会宣传、社会服务大行动的组成部分。

从距七运开幕30天之日起，到大会举办期间，北京的年轻人将开展一系列的社会宣传和社会服务活动，从而使得这届举国盛会在祥和、欢快、热烈的气氛中进行。

此次宣传、服务大行动的序幕，是同为七运东道主的北京、四川两地青年联手推出的一台“东方之子迎七运、盼奥运”的系列活动。这个活动以四川画家陈可之表现炎黄子孙对奥林匹克运动热切追求的油画《东方之子》为主体形象，以文化衫为载体，举办大型宣传活动周和“迎七运”文化衫文艺晚会，京、渝万名青年将身着“东方之子”和“众盼奥运”文化衫参加七运会火炬传递活动。

北京市委已经组建了“首都中学生社会实践团”，这个实践团将在全市组织10万名中学生，在全市100条大街、体育场馆设立100个宣传站，在100个重点公共汽车站设立100个服务岗，出动100支宣传队养护二环路、长安街100亩绿地。七运期间，他们将统一着装上岗，充当义务向导并深入到各代表团驻地开展联谊活动。

七运会主火炬点燃的前夕，1万多名青年学生将与来自全运会45个体育代表团的代表及56个民族的少年儿童代表，在天安门广场举行七运火炬传递活动和交接仪式。

七运会期间，观众的热情将不被东道主队独享。七运会有关方面已在组建45支由各地大学生和北京青年组成的文明啦啦队。这些啦啦队分别为各自家乡的代表队呐喊助威，从而使赛场真正体现“公平竞争”的精神。

由北京市委、七运会群工部、北京市青联共同组建的“七运志愿人员服务队”将在迎七运30天之际宣告成立。这些志愿人员将在七运期间，参与场馆卫生和观众组织工作，并到运动员营地开展导游购物、美容美发、邮寄快件、代看友人等活动。

“中国儿童迎七运、盼奥运”大型艺术灯会在7月10日至8月10日举行。灯会的主题是“少年儿童手拉手，我们齐心盼奥运”。众人拾柴火焰高，北京人正努力将七运会办得圆满、成功。因为他们知道，七运会的风光，也是他们自己的风光。

（刊载于《中国体育报》1993年7月31日）

七运会开幕在即　四川赛区总动员

本报成都8月2日电　离七运会四川赛区开幕只有13天之际，赛区组委会举行了全体总动员大会。

组委会副主任、四川省副省长李蒙做了动员报告，他在充分肯定近两年来筹备工作成就的同时，着重谈了差距和要求。他说：低水平地说还可以，但不能算高水平，现在已到了最后决战时刻，要动员全社会广泛的参与和支持。全体工作人员即日起取消正常休假，以“无私奉献，艰苦奋斗，团结协作，争创一流”的精神确保协办七运会圆满成功。

（刊载于《中国体育报》1993年8月3日）

四川赛区今启幕——筹备工作全部就绪

本报成都8月14日电　“经过两年的筹备，七运会四川赛区各项工作已全部就绪，只待明日的开幕仪式。”七运会组委会副主任李蒙14日下午在组委会首次新闻发布会上向500余名记者做做了如上表示。自1991年8月国务院批准四川协办七运会后，四川成立了以省委书记谢世杰为首的协办七运工作领导小组。目前，为竞赛服务的各项保障工作已全部就绪。

四川赛区协办的15个项目在共30个场馆中进行，四川省投资6000万元新建5个场馆，维修、改建了其余25个场馆，目前工程已全部完工。

技术系统经过4次模拟演练，效果良好。与

新闻中心、指挥中心、比赛场馆联通的计算机网络系统开始运转，并将承担各项目单项成绩的处理，同时可为记者及时提供各类查询服务。

目前39个体育代表团和1个队（中国台北航空模型运动协会派出的台湾队）已向组委会报到。截止到今天，参赛运动员注册人数3029 人，工作人员858人，裁判1148人。有180家境内外新闻单位的近800名记者前来报道四川赛区盛况，此外还有部分特邀贵宾。

眼下成都市主要街道已披红挂绿、张灯结彩，喜迎来自全国的体育健儿和嘉宾，长达约两小时的开幕式明晚8点将在省体育馆举行。

（刊载于《中国体育报》1993年8月15日）

七运会火炬运抵北京

据新华社北京8月2日电　由上海申花集团研制的1500把第七届全运会圣火传递火炬和开幕式表演用火炬，今天运抵北京。

七运会使用的火炬数量是历届全运会中数量最多的一届，开幕式上的大型文体表演将使用850把火炬组成一个巨大的“龙”字，以显示中国悠久的文化和申办2000年奥运会的决心。

（刊载于《中国体育报》1993年8月3日）

七届全运会场馆一览

第七届全国运动会共43项比赛，除15项在四川赛区、两项在秦皇岛赛区外，其余26项均在北京赛区举行，将启用各种体育比赛场馆31座。现将北京赛区的主要场馆作简介。

足球赛共43场（其中包括女足21场），将于9月3日至14日分别在北京工人体育场、先农坛体育场、丰台体育场、石景山体育场、海淀体育场和大兴体育场、北京工人体育场进行。

北京工人体育场是北京著名的十大建筑之一。作为七运会的主会场和足球决赛场，不仅能容纳64000名观众，还装有亚洲最大的电子显示装置和高大火炬台。

先农坛体育场占地面积15万平方米，总建筑面积1.75万平方米，设20个观众区，可容纳3万多观众。比赛场地长108米，宽68米，场内装有现代化灯光、音响、通讯设备及特大室外彩色屏幕。

丰台体育中心体育场，建筑面积仅次于北京工人体育场，占地8.44公顷，建筑面积2.3万平方米，观众席35000个，坐落于北京西南方向丰台区体育中心中部。足球比赛的其他3个场地是石景山体育场、海淀体育场和大兴体育场。

男、女篮球比赛48场于9月7日至14日分别在大学生体育馆和海淀体育馆进行。

大学生体育馆坐落于北京北三环路北侧北京

体育师范学院院内，馆内座席4100个，2/3为活动座椅。两层活动看台推开后即可成为四块24米×48米的训练场地。

海淀体育馆与北大相对，环境优美，建筑面积1万多平方米，附设练习馆。比赛场地面积为24米×44米，净高14米，可以进行各种体育比赛及演出，2900多名观众分坐在南、北两侧看台，全部处于最佳视线范围。

田径比赛12场，于9月8日至13日在国家奥林匹克体育中心田径场举行。这是一座具有现代化体育风格的体育场，东西两个方向设置了拥有2万个席位的观众看台。跑道为400米国际标准塑胶跑道，另有跳高、跳远、投掷等田赛设施和障碍水池，占地5公顷，建筑面积3万平方米。

举重比赛于9月5日至14日安排在地坛体育馆举行。它位于北京安外大街中段，形若皇冠，建筑面积11889平方米，高23.25米，地面大厅内场地最大24米×44米，还可进行篮、排、手球等比赛。

中国式摔跤比赛16场于9月5日至10日在丰台体育中心体育馆举行，该馆占地2.8公顷，建筑面积近万平方米，观众席3500多个，比赛场地规格为26米×44米，比赛大厅净高13米，可进行篮球、排球、拳击、体操等比赛，也可用于文艺演出，还附有33米×33米的练习场地。

马术表演和现代五项共9场于9月5日至14日在北京体院举行。这里有宽阔的马术场，马术比赛所使用的各种障碍设施及现代五项赛所需要的击剑馆和游泳馆等。北京体院体育馆比赛场地36米×24米，3100个座席中1/3是活动席。

男、女柔道比赛8场于9月10日至13日在月坛体育馆举行。月坛体育馆位于北京西二环路旁，建筑设计巧妙，独辟蹊径，为偏八角形，引人注目。馆内比赛场地面积为44米×22米，有观众座席3000多个，其中大部分为活动座椅。总建筑面积为9800平方米。

拳击比赛8场于9月5日至14日晚在朝阳体育馆举行，该馆为一马鞍形，建筑面积近万米，可容纳观众3000多人，并设有练习馆，还适用于排球比赛。

国际摔跤（包括自由式摔跤和古典式摔跤）12场于8月15日至9月10日在石景山体育馆举行。该馆造型为展翅欲飞的雄鹰。建筑面积8429平方米，可容纳3000多人，馆内馆外、上下左右，处处是角，是其建筑的最大特色。比赛大厅长44米、宽34米，还有16套运动员休息室及热身房等。与之相邻的是石景山体育场，可容纳观众30000人。

自行车比赛8场将于9月7日至10日在昌平自行车赛车场举行。它像一只巨大的玉盆静卧在北京城北30公里外苍翠的原野中，占地面积约100亩，建筑面积为1100平方米，整个赛场可容纳观众6000多人。

击剑比赛15场于9月5日至9日在光彩体育馆举行。在北京城南，1989年建成，建筑面积9932平方米，馆内设有46米×36米的比赛场地，除数千个固定座位外，另设有残疾人专座10个，贵宾、裁判、记者和评论员席138个。除比赛馆外还有练习馆。

体操、艺术体操比赛共22场于9月3日至14日在首都体育馆举行，该馆位于北京西郊白石桥路，建筑宏伟，是目前北京最大的体育馆，能容纳18000多名观众，并设有练习馆及速滑和冰球馆，形成一个气势辉煌的体育建筑群。

垒球比赛17场于9月5日至13日在丰台体育中

北京工人体育场

心棒球场举行。该球场占地面积2374平方米，观众席3200个，是华北地区规模最大、条件最好、完全符合国际比赛要求的棒垒球场。

游泳比赛12场将于9月9日至14日在国家奥林匹克运动中心游泳馆举行。游泳馆建筑面积4万平方米，拥有6200多个观众席。游泳馆比赛大厅中心游泳池和跳水池均按国际比赛标准精确施工。游泳池为50米×25米，水深3米，可安排10个泳道，可进行游泳、水球、潜泳和花样游泳等项目比赛。池内壁设水下音响、水下灯光、水下摄影等设备。跳水池规格为25米×25米，水深5.5米，建有固定跳台10座，0.75米—4米可升降式跳板两个，固定和活动跳板各6个，并附有可调试液压升降机，输送运动员到跳水台上去。

曲棍球比赛16场于9月5日至12日在国奥中心曲棍球场举行。这座曲棍球场位于奥林匹克体育中心东北角，包括一个比赛场、两个练习场和一个可容纳2000多名观众的看台。

乒乓球比赛24场于9月6日至13日在北京工人体育馆举行，60年代初建成，当时第26届世乒赛曾在北京举行。能容纳观众15000人。

航道模型比赛于9月5日至12日在崇文区龙潭湖东湖举行。这里水域宽阔，风景优美，湖边有石阶，便于群众观看。

（刊载于《中国体育报》1993年8月15日）

中华人民共和国第七届运动会北京赛区比赛场馆示意图

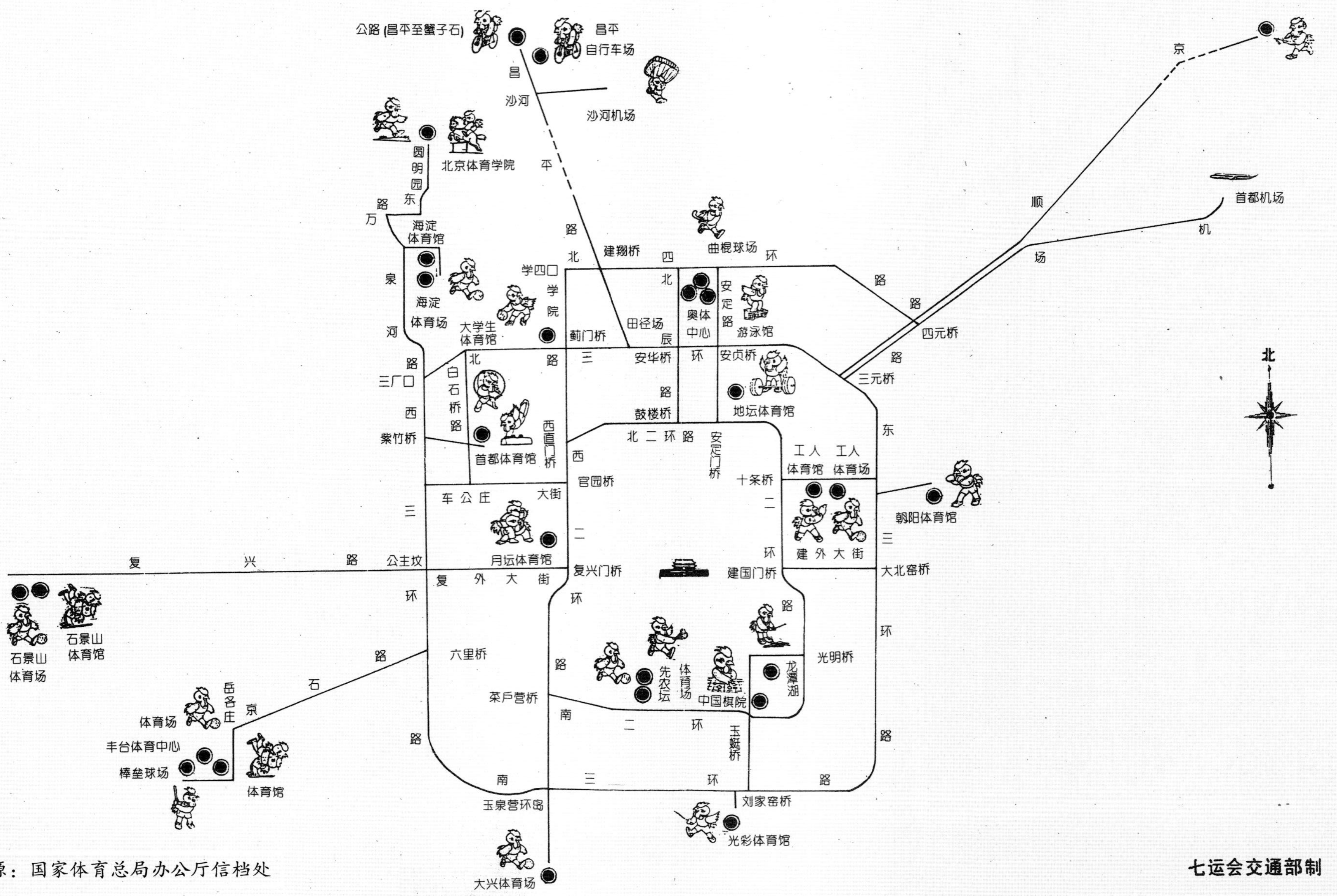

来源：国家体育总局办公厅信档处

七运会交通部制

开 幕 式

1993年9月4日开幕式在北京工人体育场隆重举行。左起：刘华清、李瑞环、李鹏、江泽民、诺罗敦·西哈努克、乔石、西哈努克夫人、朱镕基、胡锦涛、杨尚昆、薄一波在主席台上

欢 迎 词

李其炎

各位来宾、同志们、朋友们：

在中华人民共和国第七届运动会即将宣布开幕的庄严时刻，我代表北京市人民政府和1000余万首都人民，向出席这次盛会的全体运动健儿和体育工作者们，向来自全国各条战线的同志们和港、澳、台的同胞们，表示热烈的欢迎！向光临这次盛会，并给予我们热情关心和极大支持的国际奥委会委员和所有海内外朋友表示热烈的欢迎和衷心的感谢！

祝愿参赛的体育健儿们奋力拼搏，共同提高，创出优异的成绩！

祝第七届全运会开成我国体育运动史上硕果辉煌的盛会，开成展示当代中国改革开放伟大成就的盛会，开成体现中国人民争办2000年奥运会宏伟志向的盛会！预祝第七届全运会开得隆重、精彩、圆满、成功！

入场式上的辽宁代表团

开幕词

伍绍祖

国家体委主任伍绍祖致开幕词

尊敬的同志们、朋友们：

中华人民共和国第七届运动会即将正式宣布开幕，本届全运会在举国深化改革、扩大开放的喜人形势下，在北京申办奥运的重要时刻，以团结奋进、振兴中华为宗旨，是展示贯彻党的基本路线以来，我国体育发展成果和良好精神风貌的盛会，希望全体运动员、教练员、裁判员发扬公正竞赛、顽强拼博的精神，赛出风格、赛出水平，创造出一批好成绩，涌现出一批新人才，为我国体育运动水平的提高和群众体育活动的开展，为建设有中国特色的社会主义和实现第二个战略目标做出贡献。

在此，我代表国家体委和大会组委会向北京市委、市政府和北京市人民，向四川省、秦皇岛市党政领导和各界群众表示衷心的感谢和崇高的敬意！

现在，请中共中央总书记、中华人民共和国主席江泽民同志宣布开幕。

四川赛区
开 幕 词

伍绍祖

同志们、朋友们：

在举国上下深化改革、扩大开放的喜人形势下，在北京申办2000年奥运会举世瞩目的时刻，第七届全国运动会四川赛区的比赛胜利开幕了！我谨代表中华人民共和国体育运动委员会和大会组委会向全国来自40个代表团队的体育健儿，向前来观看比赛的港、澳、台同胞以及国外的华侨朋友们表示热烈的欢迎！向为大会顺利召开而付出辛勤劳动的工作人员致以亲切的问候！

全运会是全国最高水平的运动会，是全民族盛大的体育节日，它荟萃了全国的体坛精英。本届全运会以“团结奋进、振兴中华”为宗旨，是展示贯彻党的基本路线以来，我国体育发展成果和良好精神风貌的盛会，必将促进我国体育事业的发展，有利于振奋民族精神，有利于团结全国人民建设有中国特色的社会主义，我希望全体运动员、教练员、裁判员发扬公正竞赛、顽强拼搏的精神，赛出风格、赛出水平，创造出一批好成绩，涌现出一批新人才，为我国体育运动水平的提高和群众体育活动的开展，为中华民族的繁荣、富强、昌盛做出积极贡献。

勤劳智慧的巴蜀人民为协办本届全运会付出了极大热情和辛勤劳动，为比赛创造了良好的条件。借此机会，我代表国家体委和大会组委会，向四川省委、省政府及各界群众表示衷心的感谢！

预祝各代表团获得运动成绩和精神文明双丰收！

预祝大会开得隆重、热烈、精彩、圆满！

现在，我荣幸地邀请中共中央政治局常委、中央军委副主席刘华清同志宣布开幕。

七运会秦皇岛外摆战场

国家副主席荣毅仁宣布赛区开幕

国家体委副主任袁伟民致开幕词

本报秦皇岛8月24日电 今天上午，海滨城市秦皇岛披上一袭节日盛装——第七届全国运动会秦皇岛赛区开幕式在海上运动场隆重举行。国家副主席荣毅仁和谷牧同志，以及七运会组委会主任、国家体委主任伍绍祖，国家体委副主任袁伟民、刘吉，河北省副省长王幼辉，秦皇岛市党、政、军负责人出席了开幕式。

上午9时，开幕式开始。来自全国13个省市自治区的体育代表团相继入场，七运会秦皇岛赛区组委会主任、秦皇岛市市长陈来立致了欢迎词。河北省副省长王幼辉在讲话中指出，秦皇岛市继成功地承办了第十一届亚运会帆船、帆板比赛之后，今年又接受了承办第七届全运会帆船、帆板比赛的任务，这是秦皇岛市和河北省的光荣，秦皇岛市人民在用实际行动为我国申办2000年奥运会做出最直接的贡献。袁伟民致开幕词，向秦皇岛市人民表示衷心感谢。随后，国家副主席荣毅仁宣布“中华人民共和国第七届运动会秦皇岛赛区开幕”。

第25届奥运会女子帆板比赛银牌获得者张小冬和裁判员马达分别代表运动员、裁判员在开幕式上宣誓。

秦皇岛市人民向赛会奉献了大型专题歌舞表演《秦皇岛颂》。

当日中午，七运会帆船、帆板开始进行第一轮的比赛。

在秦皇岛为期10天的比赛中，来自全国各地的176名运动员将争夺帆船、帆板8个级别的金、银、铜牌。

（刊载于《中国体育报》1993年8月25日）

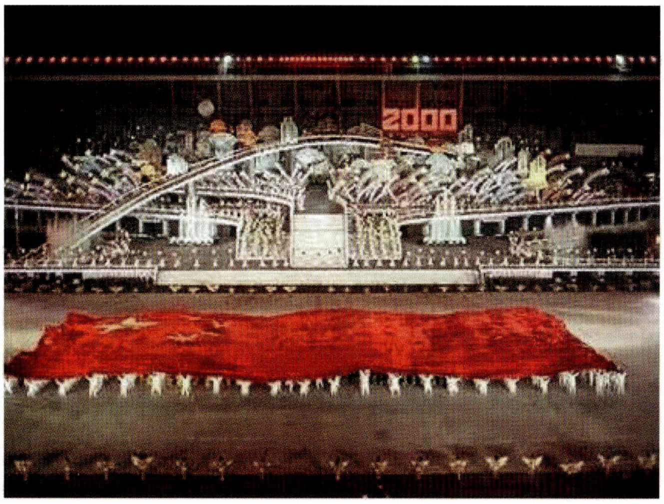

开幕式现场

组织机构

组委会名单

主　　　任：伍绍祖

执 行 主 任：李其炎　　肖　秧

常务副主任：张百发　　蒲海清

副　主　任：何振梁　　袁伟民　　徐寅生　　刘　吉　　李志坚

　　　　　　李润五　　万嗣铨　　李　蒙　　陈来立

新闻发言人：丁维峻　　戴文忠

秘　书　长：万嗣铨（兼）

第一副秘书长：万进庆

副 秘 书 长：刘　兴　　吴寿章　　朱祖朴　　梅蕴新　　龙新民

　　　　　　刘长义　　马贵田　　沈国俊　　郭　炎

委　　　员（按姓氏笔画为序，共101人）：

丁维峻	万进庆	万嗣铨	马李胜	马贵田	王　文
王世安	王俊生	王鼎华	王瑞林	邓先荣	龙新民
卢先吾	白文庆	刘　兴	刘　吉	刘习良	刘文杰
刘长义	刘积斌	刘晓江	朱祖朴	朱章苓	伍绍祖
牟新生	沙万泉	沈国俊	李　蒙	李士松	李长明
李斗魁	李庆洲	李光荣	李志坚	李其炎	李　修
李润五	李晋有	李富荣	李煌果	肖　秧	吴寿章
吴秀萍	邱玉才	何振梁	张　琪	张发强	张百发
张振东	张振亭	张熙增	陈来立	陈昌本	陈滋英

郑斯林　林炎志　杨天乐　杨玉民　杨伯镛　杨柏林
杨福海　尚天林　国　林　易厚高　阜柏楠　全季春
全基鹏　姜凤岐　姜润山　胡光宝　郝建秀　赵双驹
赵树新　赵常态　柯德铭　南振中　战仲信　钟添发
姚　望　郭　炎　郭振刚　高云厚　袁伟民　倪益麟
殷大奎　徐志坚　徐寅生　梅蕴新　尉淑兰　董继胜
韩伯平　韩荣岱　焦亿安　蒲海清　臧洪阁　滕少华
戴文忠　戴维镛　魏　明　魏广智　魏纪中

各代表团负责人名单

中国人民解放军代表团

团　长：刘晓江

副团长：杜敦善　王振远　蒋清滋　吴皖湘

北京市代表团

团　长：何鲁丽（女）

副团长：万进庆　贝卓华　李诚志　苏雪怀（女）

天津市代表团

团　长：钱其敖

副团长：仇　涌　刘建生　刘　钢

河北省代表团

团　长：王幼辉

副团长：段　立　何玉成　赵经宏

山西省代表团

团　长：吴达才

副团长：申维辰　练改凤（女）　李富信

内蒙古自治区代表团

团　长：赵志宏

副团长：刘世忠　贺希格图　朱传高

辽宁省代表团

团　长：张榕明（女）

副团长：闫福君　崔大林　林治国　金东翔（女）

吉林省代表团

团　长：张岳琦

副团长：鲁安平　王富远　李鹏志

黑龙江省代表团

团　长：周铁农

副团长：刘海云　孙克俭　皮文波

上海市代表团

团　长：龚学平

副团长：黄荣魁　金永昌　赵英华　李宗镛

江苏省代表团

团　长：张怀西

副团长：王　湛　林祥国　孔庆鹏　酆祥林

浙江省代表团

团　长：徐志纯

副团长：陈培德　杨丽英（女）　胡玉书

安徽省代表团

团　长：杜宜谨

副团长：郑牧民　江孝鸿　张玉林

福建省代表团

团　长：王良溥

副团长：张新陆　李　子（女）　荆福生

江西省代表团

团　长：黄懋衡（女）

副团长：梅长林　聂明阮　敖林生

山东省代表团

团　长：吴爱英（女）

副团长：王科三　曹学成　吴一忠　马文广

河南省代表团

团　长：张世英

副团长：迟美林　王　健　高　虎

湖北省代表团

团　长：韩南鹏

副团长：刘贵乙　肖爱山　冯梦雅（女）

湖南省代表团

团　长：潘贵玉（女）

副团长：李茂勋　陈大骞（女）　靳文奎

广东省代表团

团　长：李兰芳（女）

副团长：魏振兰　董良田　陈冠湖　辛传铿

广西壮族自治区代表团

团　长：李振潜

副团长：于文海　李兆荣（女）　吴数德

海南省代表团

团　长：刘名启

副团长：王长有　黎应钦

四川省代表团

团　长：蒲海清

副团长：郭　炎　程　杰　任国钰　肖阳宗

贵州省代表团

团　长：张玉芹（女）

副团长：余丛辉　陈均儒　蔡国祥

云南省代表团

团　长：王广宪

副团长：龙忠志　杨必育　蒋邵敏（女）

西藏自治区代表团

团　长：吉普·平措次登

副团长：姬　嘉（女）　洛桑达瓦

陕西省代表团

团　长：姜信真

副团长：孙武学　　姚福利　　雷志敏

甘肃省代表团

团　长：张吾乐

副团长：张维国　　梁守礼　　赵剑勋

青海省代表团

团　长：班玛丹增

副团长：白　玛　　王志德

宁夏回族自治区代表团

团　长：刘　仲

副团长：卢传国　　李行勇

新疆维吾尔自治区代表团

团　长：吾甫尔·阿不都拉

副团长：阿不力孜·巴克　　汪宗茂

前卫体协代表团

团　长：蒋光进

副团长：树久雪　　高作舜

地质体协代表团

团　长：蒋承菘

副团长：姚秉忠

航空体协代表团

团　长：朱育理

副团长：王友来　　池耀宗

航天体协代表团

团　长：王礼恒

副团长：王邦群　　张德福

化工体协代表团

团　长：谭竹洲

副团长：朱耀生　　徐　宇

轻工体协代表团

团　长：于　珍

副团长：李秀森　何天雄

火车头体协代表团

团　长：李森茂

副团长：赵　树　郝良工

邮电体协代表团

团　长：刘平源

副团长：张晨光　闫　文

林业体协代表团

团　长：蔡延松

副团长：蒋祖辉　刘志清

银鹰体协代表团

团　长：白文庆

副团长：李月明　崔铁广

石化体协代表团

团　长：李毅中

副团长：董玉麟　张重庆

煤矿体协代表团

团　长：张宝明

副团长：谷　峰　薛祥山

石油体协代表团

团　长：金钟超

副团长：康书丛　陈炳骞

汽车体协代表团

团　长：丁志寰

副团长：李广忠　葛树桂

竞赛规程规则

竞赛规程总则

第七届全运会要勤俭节约，开得隆重、热烈、精彩、圆满，赛出风格，赛出水平，努力创造出一批新纪录、新成绩，涌现出一批新人才，表现出高度的社会主义精神文明，为实现“四化”、振兴中华做出贡献。

一、承办单位和竞赛日期、地点

承办单位：北京市。1993年9月4日至15日举行。

协办单位：四川省。排球等部分项目1993年8月15日至24日在成都市举行。帆船、帆板1993年8月24日至9月2日在河北省秦皇岛市举行。

二、竞赛项目

（一）奥运会项目

足球（男）、篮球、排球、乒乓球、羽毛球、网球、手球、曲棍球、棒球、垒球、田径、游泳、跳水、水球、花样游泳、体操、艺术体操、举重（男）、射击、射箭、击剑、柔道、国际式摔跤、拳击、自行车、赛艇、皮划艇、帆船、帆板、现代五项、马术、速度滑冰、短跑道速度滑冰。

（二）非奥运会项目

足球（女）、举重（女）、技巧、武术、蹼泳、滑水、中国式摔跤、围棋、跳伞、航空模型、航海模型、无线电测向。

（三）各竞赛项目的小项目设置，按各单项竞赛规程规定执行。

三、参加单位

中国人民解放军、北京市、天津市、河北省、山西省、内蒙古自治区、辽宁省、吉林省、黑龙江省、上海市、江苏省、浙江省、安徽省、福建省、江西省、山东省、河南省、湖北省、湖南省、广东省、广西壮族自治区、海南省、四川省、贵州省、云南省、西藏自治区、陕西省、甘肃省、青海省、宁夏回族自治区、新疆维吾尔自治区、台湾省、前卫体育协会、地质体育协会、航空体育协会、航天体育协会、化工体育协会、轻工体育协会、火车头体育协会、邮电体育协会、林业体育协会、银鹰体育协会、石化体育协会、煤矿体育协会、石油体育协会、汽车体育协会，共46个单位。

四、参加办法

（一）各代表团参加比赛的运动队人数，按各项竞赛规程规定执行。增派到各队的医生、伴奏、机械员等技术人员，均占代表团工作人员的比例，由各代表团自行配置并在第二次报名时明确。

（二）各代表团团部工作人员。凡参加比赛运动员总数在60人（含60）以下的工作人员不超过10人；运动员在64至100（含100）人的，工作人员不超过12人；100人以上的，每超出10人，可增报1人。

（三）裁判员参加办法按各项竞赛规程规定执行。

五、竞赛办法

（一）足球、篮球、排球、乒乓球、羽毛球、网球、手球、曲棍球、田径、游泳、跳水、体操、艺术体操、举重、射击、射箭、击剑、柔道、国际式摔跤、拳击、自行车、速度滑冰、短跑道速度滑冰、技巧、武术、蹼泳、中国式摔跤、航海模型等28个项目进行预赛，按各项竞赛规程规定的录取标准或录取名额参加决赛。其他项目进行一次性决赛。

（二）足球、篮球北京市队，排球四川省队直接参加决赛。

（三）凡被国家体委选派参加亚洲和世界锦标赛的运动员，比赛时间与该项目预赛有冲突的，运动员可直接参加决赛。

（四）各项目竞赛办法按各该项竞赛规程执行。

六、运动员资格

（一）中华人民共和国公民。

（二）经医务部门检查证明身体健康合格。

（三）符合参加各项目竞赛规程的规定。

七、奖励和计分办法

（一）个人全能、个人单项、集体项目（含团体）奥运会比赛项目奖励前8名，非奥运会项目奖励前6名。奥运会比赛项目有11名（含11名）以上运动员（队）参加的，奖励 8名；8—10名的，奖励6名；5—7名的，奖励3名；3—4名的，奖励1名；2名以下的，不予奖励。

非奥运会比赛项目有8名（含8名）以上运动员（队）参加的，奖励6名；不足8名运动员（队）参加的，其奖励办法同奥运会项目。

（二）按获金牌数和获总分数分别公布各代表团名次。

1.按获金牌数多少公布各代表团名次的办法：

金牌多者名次列前；金牌相同，银牌多者名次列前；金、银牌数相同，铜牌多者名次列前；金、银、铜牌数相同者，名次并列。

2.按获总分数多少公布各代表团名次的办法：

奥运会比赛项目奖励8名的，按9、7、6、5、4、3、2、1计分；奖励6名的，按7、5、4、

3、2、1计分；奖励3名的，按4、2、1计分；奖励1名的，按2分计分。非奥运会比赛项目奖励6名的，按7、5、4、3、2、1计分；奖励3名的，按7、5、4计分；奖励1名的，按7计分。

（三）田径、游泳、举重、射击、射箭、自行车每超一项奥运会比赛小项世界纪录，增加1枚金牌和9分，计入代表团金牌总数和总分内。

（四）田径、游泳、跳水、举重（男）、射击项目另增设团体前三名奖以金、银、铜牌和9、7、6分，计入代表团奖牌总数和总分内。

（五）运动员在第25届夏季奥运会和第16届冬季奥运会上取得前三的成绩以金、银、铜牌和9、7、6分，计入第七届全运会该代表团奖牌总数和总分内。统计办法：

个人：每获1枚金（银、铜）牌，按1枚金（银、铜）牌计算。

两人以上双打、团体、集体：按获金（银、铜）牌数，每人按半枚金（银、铜）牌计算。

（六）创、超纪录者给予奖励。

（七）设“体育道德风尚奖”。

八、报名和报到

（一）第一次报名，于1993年5月3日截止，各单位报参加项目和人数。

（二）第二次报名，四川赛区于1993年6月25日截止，北京赛区于1993年7月25日截止，报参加运动员名单和具体项目。具体报名的有关规定另行通知。报名工作在各代表团联络员会议期间进行。

（三）代表团报到时间，北京赛区于8月30日、31日两天报到；四川赛区于8月12日报到；提前决赛的项目报到日期按各单项竞赛规程规定。

联络员报到时间，北京赛区于8月23日报到，四川赛区于8月9日报到，协助承办单位安排本代表团有关准备工作。

裁判员报到日期另行通知。

九、代表团团旗

各单位自备，颜色自定。

规格：6市尺×9市尺。标明省、自治区、直辖市、中国人民解放军、行业体育协会全称。

十、竞赛服装

按各项竞赛规程规定执行。

十一、未尽事宜，另行通知

十二、本竞赛规程总则的解释、修改权属国家体委

北京赛区竞赛总日程表

序号	比赛场馆	9月2日 星期四 上下晚	9月3日 星期五 上下晚	9月4日 星期六 上下晚	9月5日 星期日 上下晚	9月6日 星期一 上下晚	9月7日 星期二 上下晚	9月8日 星期三 上下晚	9月9日 星期四 上下晚	9月10日 星期五 上下晚	9月11日 星期六 上下晚	9月12日 星期日 上下晚	9月13日 星期一 上下晚	9月14日 星期二 上下晚	9月15日 星期三 上下晚
1	北京工人体育场			开			足		足		足		足	足	足闭
2	先农坛体育场		足足		足足		足		足足		足		足		
3	丰台体育中心体育场		足足		足足		足		足		足		足		
4	石景山体育场		足		足	足	足	足		足		足		足	
5	海淀体育场		足		足	足	足	足		足	足	足		足	
6	大兴体育场					足	足	足						足	
7	大学生体育馆						篮篮篮	篮篮篮	篮篮篮	篮篮篮	篮篮篮	篮篮篮	篮篮篮	篮篮	
8	海淀体育馆						篮篮篮	篮篮篮	篮篮篮	篮篮篮	篮篮篮	篮篮篮	篮篮		
9	工人体育馆					乒　乒	乒	乒	乒　乒		乒　乒	乒　乒	乒　乒		
10	先农坛网球场	网	网	网网	网网	网网	网网	网	网	网	网	网	网	网	
11	国家奥林匹克体育中心曲棍球场				曲曲	曲曲		曲曲		曲曲	曲曲	曲			
12	丰台体育中心垒球场				垒垒	垒垒	垒垒	垒垒	垒垒	垒垒	垒垒	垒垒	垒		
13	国家奥林匹克体育中心田径场							田田	田田	田田	田田	田田	田		
14	国家奥林匹克体育中心游泳馆								游　游	游　游	游　游	游　游	游　游	游　游	
15	首都体育馆		体体体	体体体	体体体	体体体	体体	体体				艺　艺	艺	艺	
16	地坛体育馆				举举	举举	举举	举举		举举	举举	举举	举举	举举	
17	光彩体育馆				剑剑剑	剑剑剑		剑剑剑	剑剑剑	剑剑					
18	月坛体育馆									柔　柔	柔　柔	柔　柔	柔　柔		
19	石景山体育馆							摔摔	摔摔	摔摔					
20	朝阳体育馆				拳拳	拳拳	拳拳	拳拳	拳拳	拳拳	拳拳	拳拳		拳	
21	昌平自行车赛车场						车车	车车	车车	车车					
22	昌平公路				车						车	车			
23	北京体育学院					马马		马	马		五五	五五	五	五	
24	丰台体育中心体育馆				跤跤	跤跤	跤								
25	中国棋院				围	围	围		围	围		围	围		
26	沙河机场				伞	伞	伞	伞		伞	伞	伞			
27	龙潭湖				模模	模模	模模	模模	模模	模模	模模				
28	北京郊区					测	测	测	测						

来源：国家体育总局办公厅信档处

竞赛成绩

各代表团奖牌、团体总分统计

单位：枚

名次	单位	奖牌数			其中奖励奖牌			名次	单位	总分	其中奖励分
		金牌	银牌	铜牌	金牌	银牌	铜牌				
1	辽宁	65	50.5	48	18	2.5	5	1	辽宁	1496	200.5
2	广东	31	30	29.5	1	3	3	2	广东	884.33	48
3	上海	29	22	16	2	3	0	3	上海	787	39
4	北京	21	19.5	24	0	0.5	0	4	北京	670	3.5
5	湖北	20.5	15	13.5	2.5	2	1.5	5	四川	590.5	37.5
6	河南	20.5	9	18	1.5	0	0	6	江苏	587.5	30
7	江苏	20	16	17	1	3	0	7	山东	545	3.5
8	四川	18	16	22	3	1.5	0	8	解放军	519.08	52.5
9	湖南	15	19	13	1	4	2	9	湖北	500	45.5
10	解放军	13	18	10	0.5	6	1	10	河南	457	13.5
11	山东	12	16.5	19	0	0.5	0	10	河北	457	23
12	浙江	11	10	8	1.5	1	0	12	湖南	448	49
13	福建	11	4.5	2	0	0.5	0	13	浙江	346.25	20.5
14	安徽	11	3.5	11	0	0.5	1	14	黑龙江	345.5	7
15	内蒙古	10	13.5	10	0	0	0	15	吉林	316.5	3.5
16	吉林	9	9	12	0	0.5	0	15	内蒙古	316.5	
17	山西	9	4	3	0	0	0	17	广西	314	16.5
18	河北	8	17	12	1	2	0	18	天津	296.5	13
19	广西	6	15.5	10	0	1.5	1	19	安徽	253	9.5
20	新疆	6	3	9	1	0	0	20	福建	229	3.5
21	天津	5	14	7	0	1	1	21	甘肃	189	

来源：国家体育总局办公厅信档处

续表

名次	单位	奖牌数			其中奖励奖牌			名次	单位	总分	其中奖励分
		金牌	银牌	铜牌	金牌	银牌	铜牌				
22	黑龙江	4	13	12．5	0	1	0	22	山西	175．83	
23	甘肃	4	7	5	0	0	0	23	新疆	165．5	9
24	贵州	4	3	1	0	0	0	24	云南	156	9
25	江西	3	4	5	0	0	1	25	江西	152．5	2
26	云南	3	3	4	1	0	0	26	陕西	145	3
27	陕西	1	5	5．5	0	0	0．5	27	贵州	114	
28	青海	1	1．5	4	0	0．5	1	28	青海	60．5	9．5
29	前卫	1	1	3	0	0	0	29	邮电	56．5	
30	邮电	1	0．5	3	0	0	0	30	前卫	48．5	
31	海南	1	0	1	0	0	0	31	石油	27	
32	石油	0	1	0	0	0	0	32	西藏	26	
33	西藏	0	0	1	0	0	0	33	海南	25．5	
34	宁夏	0	0	1	0	0	0	33	火车头	25．5	
35	煤矿	0	0	1	0	0	0	35	银鹰	17．5	
36	航空	0	0	1				36	煤矿	15．5	
								37	石化	10	
								38	宁夏	9	
								39	航空	6	
								40	地质	4．5	
								41	化工	3	
								42	林业	2	
说明	一、注△：各代表团运动员在第25届奥运会、第16届冬季奥运会、第4届世界田径锦标赛获得金、银、铜牌和在第七届全运会上创、超世界纪录，均给予奖励，并计入七运会金、银、铜牌中。 二、注△：各代表团运动员在第25届奥运会，第16届冬季奥运会，第4届世界田径锦标赛获得金、银、铜牌和在第七届全运会上创、超世界纪录，均给予奖励，并计入七运会总数中。										

来源：国家体育总局办公厅信档处

破纪录统计

4人4次创4项世界纪录

项　目	单位	姓名	成绩	原纪录	时间
* 蹼泳 *					
女子 400 米器泳	湖北	程　超	3∶07.34		93.03.16
男子 100 米器泳	广东	刘秋荣	33.65		93.03.17
女子 100 米器泳	广东	符晓云	37.07		93.03.17
女子 1500 米蹼泳	河北	赵晓莲	13∶45.73		93.03.18

18 人 4 队 43 次超 21 项世界纪录

项　目	单位	姓名	成绩	原纪录	时间
＊蹼泳＊					
男子 400 米器泳决赛	辽宁	王　辉	02：54.06	02：54.14	93.08.17
男子 50 米屏气潜泳决赛	广东	刘秋荣	00：14.83	00：14.95	93.08.17
女子 50 米屏气潜泳预赛	广东	符晓云	00：16.45	00：16.98	93.08.17
女子 50 米屏气潜泳预赛	广东	李少珍	00：16.28	00：16.98	93.08.17
女子 100 米蹼泳	广东	李少珍	00：41.38	00：41.50	93.08.17
女子 50 米屏气潜泳决赛	广东	李少珍	00：16.31	00：16.98	93.08.17
女子 4×100 米蹼泳接力决赛	广东	李少珍 陈连娇 吴笑慧 符晓云	02：46.38	02：51.67	93.08.17
男子 400 米器泳决赛	辽宁	李　泽	02：52.65	02：54.14	93.08.17
女子 400 米器泳决赛	湖北	程　超	03：05.27	03：07.34	93.08.17
女子 4×100 米蹼泳接力决赛	上海	谢　芳 王　静 麦　静 金　凡	02：50.29	02：51.67	93.08.17
女子 50 米屏气潜泳决赛	广东	符晓云	00：16.44	00：16.98	93.08.17
女子 100 米器泳预赛	广东	符晓云	00：36.61	00：37.07	93.08.18
女子 400 米蹼泳决赛	湖北	程　超	03：24.23	03：24.49	93.08.18
女子 1500 米蹼泳决赛	河北	赵晓莲	13：42.06	13：45.73	93.08.19
男子 800 米器泳决赛	辽宁	李　泽	06：11.60	06：11.74	93.08.19
女子 800 米蹼泳	河北	赵晓莲	07：09.78	07：12.08	93.08.19
女子 100 米器泳决赛	广东	李少珍	00：36.91	00：37.07	93.08.19
女子 100 米蹼泳决赛	广东	符晓云	00：40.96	00：41.50	93.08.19
女子 100 米器泳决赛	广东	符晓云	00：36.26	00：37.07	93.08.19

续表

项　目	单位	姓名	成绩	原纪录	时间
女子 4×200 米蹼泳接力决赛	广东	李少珍 陈连娇 吴笑慧 符晓云	06：20.86	06：29.96	93.08.19
女子 800 米器泳决赛	湖北	程　超	06：32.24	06：39.00	93.08.20
＊射箭＊					
奥林匹克淘汰赛 男子团体总成绩	四川	吴逢波 曹　炅 杨卫东	970	949	93.08.23
奥林匹克淘汰赛 男子团体总成绩	新疆	巴永善 汝　光 志　勇	957	949	93.08.23
＊航海模型＊					
F1－V15	浙江	胡胜高	10.8	11.0	93.09.05
F1－V3.5	上海	周建明	11.7	11.9	93.09.05
F1－V6.5	上海	浦海清	10.7	11.2	93.09.05
F1－V3.5	上海	周建明	11.5	11.7	93.09.08
F1－E1Kg	广东	黄兆林	11.9	12.4	93.09.10
F1－V15	广东	杨伟明	10.7	10.8	93.09.10
＊田径＊					
女子 10000 米	辽宁	王军霞	29：31.78	30：13.74	93.09.08
女子 10000 米	云南	钟焕娣	30：13.37	30：13.74	93.09.08
女子 1500 米	辽宁	曲云霞	03：50.46	03：52.47	93.09.11
女子 1500 米	辽宁	王军霞	03：51.92	03：52.47	93.09.11
女子 3000 米	辽宁	王军霞	08：12.19	08：22.62	93.09.12
女子 3000 米	辽宁	曲云霞	08：12.27	08：22.62	93.09.12
女子 3000 米	辽宁	马丽艳	08：19.78	08：22.62	93.09.12
女子 3000 米	辽宁	张林丽	08：22.06	08：22.62	93.09.12
女子 3000 米	辽宁	张丽荣	08：22.44	08：22.62	93.09.12
女子 3000 米	辽宁	张林丽	08：16.50	08：22.62	93.09.13
女子 3000 米	辽宁	曲云霞	08：12.18	08：22.62	93.09.13
女子 3000 米	辽宁	张丽荣	08：21.84	08：22.62	93.09.13
女子 3000 米	辽宁	马丽艳	08：21.26	08：22.62	93.09.13
女子 3000 米	辽宁	王军霞	08：06.11	08：22.62	93.09.13

4 人 4 次平 3 项世界纪录

项　目	单位　姓名	成绩	原纪录	时间
* 射击 *				
男子 10 米移动靶射击 30＋30	贵州　肖　俊	582	582	93.08.20
* 航海模型 *				
F1－E1Kg	上海　姚文凯	12.4	12.4	93.09.05
F1－V15	河北　张彤宇	11.0	11.0	93.09.05
F1－V15	广东　杨伟明	10.8	10.8	93.09.08

1 人 2 次超 1 项世界青年纪录

项　目	单位　姓名	成绩	原纪录	时间
* 田径 *				
女子 1500 米	辽宁　王　媛	04：01.79	04：04.39	93.09.10
女子 1500 米	辽宁　王　媛	03：59.81	04：01.79	93.09.11

1 人 1 次超 1 项世界青年最好成绩

项　目	单位　姓名	成绩	原纪录	时间
* 田径 *				
女子 10 公里竞走	辽宁　高红苗	41：57	43：45	93.09.08

精彩瞬间

郑海霞在解放军与辽宁的女篮比赛中抢球瞬间

羽毛球男子单打冠军、江苏选手赵剑华在比赛中

辽宁队与吉林队在男足比赛中射门瞬间

田径名将王军霞在女子10000米比赛中

闭幕式

闭幕词

伍绍祖

同志们、朋友们：

中华人民共和国第七届运动会今天闭幕。我代表大会组委会向所有参赛者和工作人员，向为开好这次大会做出贡献的北京市、四川省、秦皇岛市的党政领导和广大群众，表示衷心的感谢和崇高的敬意！

本届运动会是一次高标准、高质量、高水平的运动会，做到了组织好、赛风好、成绩好，取得了运动成绩和精神文明双丰收。这届运动会开得隆重、热烈、精彩、圆满，鲜明地体现了我国改革开放的巨大成就，集中展示了体育发展的丰硕成果，充分表达了我国人民申办2000年奥运会的决心和愿望。

体育是建设有中国特色社会主义的重要组成部分，是提高民族素质的积极手段，有利于促进社会生产力的发展，有利于增进我国各族人民同各国人民的友谊。体育战线的同志们要认识自己的光荣职责，在党的基本路线指引下，团结奋进，为振兴中华做出贡献！

第七届运动会荣获“体育道德风尚奖”代表团名单

北京市代表团	江西省代表团
江苏省代表团	吉林省代表团
山东省代表团	福建省代表团
湖北省代表团	贵州省代表团
解放军代表团	云南省代表团
浙江省代表团	内蒙古自治区代表团
广西壮族自治区代表团	安徽省代表团
河北省代表团	

闭幕式上，身着七彩服装的少年鼓号手组成奥运五环标志和“2000”字样，表达中国人民申办2000年奥运会的愿望

舞翩翩　歌阵阵　别情依依
七运闭幕式早知道

七运会将于9月15日下午在北京工人体育场举行简短而热烈的闭幕式。

闭幕式前（15时），将上演七运最后一出好戏——北京、辽宁两队的足球争冠战。一边是东道主居地利人和之便，一边是东北虎挟赛场老大之威，两强斗法，观众可一饱眼福。

中场休息间隙，是一场外国民俗舞蹈表演，充溢着异国情调。

足球赛后，闭幕式开始。在七运赛场上一展风采的各路体坛精英在仪仗方队的引导下，从立交桥上进入场地。

组委会领导将向体育运动荣誉奖章和体育道德风尚奖的获得者颁奖。

组委会官员宣读闭幕词后，北京将全运会会旗交给第八届全运会的承办者——上海。

在全场的注目礼下，国旗缓缓降下。

在会歌《五星邀五环》的音乐声中，燃烧了12天的七运火炬将徐徐熄灭，一台由2000余人参与的命名为《腾飞中华》的大场面表演被浓缩在10分钟的时间里。

率先入场的是北京市少先队“七色光”鼓乐队的孩子们。他们身着九色服装，在行进中奏乐，最后组成五环和“2000”的图案。

媒体报道

《中国体育报》

办好七运会意义重大

本报成都8月15日电 中共中央政治局常委、中央军委副主席刘华清，中共中央政治局委员李铁映15日上午在金牛宾馆接见前来四川参加七运会的各代表团团长，并在芙蓉楼前与大家拍了一张“全家福”。

刘华清、李铁映同志上午9点乘面包车抵达金牛宾馆，随后与各代表团团长及四川省党、政、军负责人互致问候。

刘华清即席发表了讲话。他说：“七届全运会是一次体坛盛会，也是国家的一次庆典活动。办好七运会，对于展示我国改革开放形象、促进我国的改革开放、推动体育事业的发展和申办2000年奥运会都具有重要意义。希望各参赛代表团团结拼搏，赛出风格、赛出水平，取得精神文明和运动成绩双丰收。”

本报记者抓住空隙，询问了李铁映来川后的观感及对即将展开的竞赛的期待。李铁映笑答：“我前两天就到了，总的印象是四川的同志为筹办七运，花费了不少精力，做了许多细致的工作，各方面情况看来很好。我希望比赛中能出好成绩，四川协办工作获得圆满成功。”

参加接见的还有秦基伟、霍英东以及谢世杰、伍绍祖、肖秧、李其炎等。

（刊载于《中国体育报》1993年8月16日）

《中国体育报》

七运盛会开赛在即　各地领导看望健儿

本报讯 七运盛会日渐临近，各地运动健儿们正在洒热汗、斗酷暑，进行赛前练兵。各省市领导纷纷踏入运动场，为备战七运的运动员鼓劲加油。

上海　8月6日，上海市委副书记陈至立，上海市副市长、七运会上海代表团团长龚学平，冒着酷暑看望了正在训练的体操、技巧、击剑、羽毛球、乒乓球、篮球、游泳、跳水等运动员，勉励他们做好赛前的最后冲刺。

（平　萍）

辽宁　辽宁省委、人大、政协、政府和沈阳军区的领导孙奇、徐文才、李军等于8月6日晚在省人民政府礼堂为即将赴赛的498名七运健儿壮行。李默然、刘兰芳等表演了精彩节目。

（邵宗正）

广西　广西壮族自治区政府副主席、广西七运会代表团团长李振潜在看望顶着烈日训练的运动员时对有关人员说："现在天气热，要尽量给运动员提供更好的生活条件，让大家吃好住好，全力投入训练。"

（陈彦桂　李　超）

黑龙江　黑龙江七运会代表团团长周铁农在看望运动员时说："大家一定要再加一把劲，团结一致，科学训练，要将精神状态调整到最佳，力争七运会两个文明双丰收。"

（董金忠）

云南　云南省党政领导于8月11日来到昆明海埂基地，为即将出征的七运选手送行。

（段云星）

石油体协　七运会石油体育代表团日前在北戴河成立。石油体协有7个项目共44名运动员获七运会决赛权。

（任玉霞）

河北　河北省体育代表团近日在石家庄召开参加七运会誓师大会。省长叶连松、省委副书记李炳良、副省长王幼辉等到会为健儿鼓劲。会上还为在今年国际大赛中取得优异成绩的运动员和在七运会预赛中打破世界纪录和亚洲纪录的运动员及他们的教练员发了奖。

（鲁君超　罗　一）

陕西　陕西省委书记张勃兴、副省长姜信真等日前看望了积极备战的陕西代表团运动员和教练员。张勃兴在对健儿们讲话中强调："只要努力拼搏了，赛出了自己的水平和风格，即使拿不到金牌，人民群众也会理解你们，我们不以成败论英雄。"

（邱祖泰）

安徽　为了使紧张备战的健儿们轻松一下，安徽省体委和文化厅为七运代表团举行音乐喷泉纳凉晚会，省长傅锡寿在晚会上说："无论是赢是输，5800万安徽省人民始终都和你们站在一起。"

（李道节）

（刊载于《中国体育报》1993年8月15日）

《中国体育报》

体育的盛典　民族的节日

——祝贺第七届全国运动会开幕

今晚8时许，工人体育场的两条巨龙，将喷出金色的火球，引燃熊熊的七运圣火。

全国关注着北京。

世界关注着北京。

千千万万的人们像过节一样，迎接着七运盛典的到来。七运会正以其独特的风采，显示出不同寻常的意义。

她像一面镜子，映射着中国改革开放的巨大成就和人民群众团结奋进、振兴中华的精神风貌。

她像一个窗口，展示正在申办2000年奥运会的北京，举办大型综合性运动会的能力，展示十一亿多中国人民为奥林匹克运动做贡献的巨大热情，展示中国体育运动的飞速发展和光辉成就。

她像一座桥梁——一座通向全国、也通向世界的和平、友谊之桥，一座衔接远古、又通向未来的希望之桥。

眼下，时间的巨轮正隆隆地驰向21世纪，中国正在改革开放的大道上奔向更加灿烂的前程。

上下五千年，中华民族有过辉煌的过去，为人类做出过卓越的贡献，只是在近500年来才落后了。然而落后、贫穷、屈辱并没有，也不会压倒我们这个民族，一百多年来的历史就是很好的证明。如今，我们将“文明之火”“进步之火”交融一体，燃起改革开放的熊熊烈焰。在20世纪即将结束的时刻，一个朝气蓬勃的青年中华却崛起于世界。下一个世纪无疑将是中国奔向富强、民主、文明、大放异彩的世纪。

我们正是带着这般信念、这般豪情、这般理想汇集到北京，将七运会办成一次体育的盛典、民族的节日。用七运会上出色的工作，优异的运动成绩，来显示我们民族奋发向前的性格，朝气蓬勃的活力。开拓未来，为人类做出更大贡献的坚强信心，我们有决心申办奥运会，也完全有能力举办奥运会。如果国际奥委会能给我们一个机会，我们将还给世界奥林匹克运动一次巨大的成功。

办好七运，人人有责。此时此刻，我们参与七运工作和参加七运比赛的每一位工作人员、运动员和教练员都应该用高标准、高质量、高水平来要求自己，做到组织好、赛风好、成绩好。赛场竞争定将十分激烈。激烈的竞争会带来运动水平的长高，涌现出一大批新人才。但我们提倡文明公正的竞争，讲道德、讲风格的竞争，七运赛场容不得任何歪风邪气、旁门左道。用文明、道德保证竞争的健康，那么竞争才会获得更丰硕的成果。群众叫出一个口号：金牌诚可贵，银铜价亦高，赛场勇拼搏，无牌也英豪。

七运赛场烽火连天。四川赛区和秦皇岛赛区的赛事已经结束，更多的竞赛项目正在主赛场——北京赛区拉开帷幕。人们期待八方运动健儿再接再厉、奋勇进击，创造更多的世界纪录、亚洲纪录和全国纪录，推出更多的有能力向世界水平冲刺的新人才，从而造就一支实力更加雄厚，阵容更为强大，生生不息的体育大军。用我们的实际行动，为七运会增光，为首都北京添彩，为申办奥运会成功创造有利的条件，做出更大的贡献。

向一切为七运会做出贡献的人们致敬。祝七运会隆重、热烈、精彩、圆满。

（刊载于《中国体育报》1993年9月4日）

《中国体育报》

文化“包装”七运会

离开了文化，体育将变得苍白。

七运会大型活动将使得这届体育盛会文化味十足，远古与现代、传统与发展的内涵都在活动中得以体现。

分别象征我国古老文明和时代进步的七运“文明之火”“进步之火”的火种已先后在北京周口店猿人遗址和深圳明华船上点燃，南、北两路圣火，将在京城会和，进行盛大火炬传递活动。

9月2日，“进步之火”通过卫星电视向设在北京国贸中心大厦顶端接收系统发射点燃讯号，点燃北京的火炬。“进步之火”与“文明之火”的接力队伍分别从国贸中心、公主坟始跑，会合在天安门金水桥前，完成火炬交接仪式。

火炬队伍由摩托车队和30辆造型新颖的彩车作前导，交接仪式举行时，天安门广场进行形式多样的表演。中央电视台将转播这一盛况。

一台在北京21世纪剧院上演的中西合璧的文艺晚会，是七运会开幕前欢迎国内外嘉宾的节目。

剧目有古曲《将军令》《春江花月夜》，江南丝竹乐《三六》，藏族舞蹈《草原上的热巴》，京剧选萃，贝多芬的交响乐《欢乐颂》。刘欢、韦唯将演唱《五星邀五环》《好运，北京》，杨丽萍表演孔雀舞《雀之灵》，最后是曲比阿乌在身穿56个民族服饰的演员伴舞下演唱《远方的客人请你留下来》。

七运大戏当数开幕式。9月4日晚，北京工人体育场成为一个超级大舞台，创意不凡的开幕式将轰轰烈烈地展示给世人。

主火炬以二龙吐珠方式点燃，不落俗套。大型文体表演是融舞蹈、体育、音乐、美术为一体的大型广场艺术。写实、写意、象征手法并用，表现了中华民族灿烂的文化和当代中国走向明天的气势。上万名演员的强大阵容，丰富多彩的服装、道具，旋律优美的背景音乐，梦幻一般的灯光效果，称得上是一次视听上的享受。

七运期间还将推出“地毯式”的文化展览活动。共有20多项展览在北京十几个博物馆进行。中国体育博物馆举办《中国体育发展史展》《北京申办奥运展》，鼓楼文保所举办《体育集邮展》展览内容还包括古科技发展史、明清家具、佛教艺术、明清瓷器等。

劳动人民文化宫将推出文物精品展和齐白石、张大千等巨匠的画展。时下受人关注的传奇人物潘玉良的画作藏品也将展出。

有这样一个文化氛围，七运会无疑会更加精彩。

（刊载于《中国体育报》1993年9月5日）

《中国体育报》

支持七运就是支持申奥
——徐寅生剖析

本报讯 “企业在支持体育的过程中，可以提高企业自身知名度，促进生产的发展。而体育在接受企业支持的过程中，增强了自身的活力，反过来，也推动了社会的发展。”7月3日，国家体委副主任徐寅生在北京七单位赞助七运会彩车颁证仪式上做了这样的论述。

徐寅生认为，体育搭台，经济唱戏，这个道理已经被越来越多的人们所认识。他说，健力宝初创时期，国内外很少有人知道这种饮料。在洛杉矶奥运会，创造佳绩的中国健儿喝健力宝饮料，引起人们的注意。多年来，健力宝积极支持体育，体育也为它做了宣传。现在健力宝已冲出国门，打进国际市场。这说明，体育是个见效快、影响大的广告载体。

现在，全社会都在积极支持七运会，北京七单位赞助彩车的方式就比较新颖，相信会引起北京乃至全国企业界的兴趣。希望近期内能形成高潮，带动全国各个方面都来进一步支持七运会。

七运会是中国水平最高的综合性体育盛会。通过七运会，我们要锻炼培养一批优秀体育人才，创造优异成绩。七运会是在国际奥委会决定2000年奥运会举办地点的前夕举行的，届时不少国际体育界的人士都要前来指导工作和观摩，有大批外国记者进行采访。徐寅生指出，全运会办得好，可以说明中国人有智慧、有能力办好奥运会。因此，支持北京申办全运会，也是支持奥林匹克运动和北京申办2000年奥运会。

（刊载于《中国体育报》1993年7月6日）

《中国体育报》

办七运举国携手 争奥运众志成城
四川赛区会旗传递活动昨揭幕

新华社重庆7月1日电 四川省省长肖秧今天把第七届全国运动会会旗授予重庆市市长，七运会四川赛区会旗传递活动由此揭幕。

重庆市主要党政领导人和5000余名群众参加了今天在市体育馆前举行的会旗交接仪式。

重庆市区今天彩旗飘扬，主要建筑物上都悬

挂着“办七运举国携手，争奥运众志成城”“拼搏一九九三七运，盼迎二〇〇〇奥运”等标语。由3000名工人、农民、机关干部、学生和部队官兵组成的队伍举行了迎会旗长跑活动。七运会会旗在五名旗手护送下登上游轮，在长江江面绕行一周。会旗将于明天送至四川涪陵，并于7月3日在涪陵举行交接仪式。

据介绍，四川省11个地、市、州的10万余人将参加此次声势浩大的会旗传递活动，会旗将于8月14日传递回成都。七运四川赛区比赛将于8月15日开幕。

四川省政府希望通过此次活动，使全国人民更进一步了解全运会，积极支持七运会部分项目比赛在四川举行，同时为支持北京申办2000年奥运会创造浓烈氛围。

会旗传递活动由四川省体委、教委、民委、团省委等13个单位共同发起。

（刊载于《中国体育报》1993年7月2日）

《人民日报》

老将稳定　新人不多

——七运会跳水赛评述

本报成都8月22日电　男子3米板冠军今天下午被老将谭良德夺走。在已决出的4枚跳水金牌中，除女子10米跳台的冠军为北京新秀王睿获得外，其余得主均为老将。

谭良德、熊倪、谈舒萍、伏明霞等一批顶尖高手的参赛，吸引了众多观众。每个项目的决赛，最后都是世界冠军之间的争斗，其他选手倒成了“陪客”。连王睿的教练在赛后都说：“根本没想过第一，只要求她进前八名就行。”观其比赛，要想在高手林立的情况下取得好成绩，的确不易。前三名之间，最后总分相差仅几分。难怪一位选手说，参加全运会比国际大赛还紧张。所幸的是，老将个个发挥稳定，拿金夺银者皆为意料之中。

但从另一面看，新人不多也是事实。这从王睿夺冠即令传媒欣喜若狂，可见一斑。现行体制下，省市优秀运动员往往提早送进国家队，最后培养出尖中之尖。一些优秀的基层教练员常有“无米之炊”的慨叹。更值得注意的是，每次全运会后，各省的项目发展重点都将做些调整，在金牌战略的导向下，下届全运会会不会有更多的省区退出了跳水的竞争？

这几年，女排、羽毛球等我们过去的优势项目滑坡很快，一个原因就是各省区的后备力量不足。体育强项必然是整体优势的反映。“一花独放不是春，百花齐放春满园。”要保持跳水世界领先水平，我们不能不居安思危。

（刊载于《人民日报》1993年8月23日）

《中国体育报》

中华人民共和国第七届全国运动会会刊

本报讯 中国体育盛典——七运会，9月4日晚在北京工人体育场上演了壮丽的第一幕。

中共中央总书记、国家主席江泽民以其浑厚的声音宣布："中华人民共和国第七届全国运动会开幕！"

这声音在欢腾的北京之夜传得很远，很远……

江泽民、李鹏以及柬埔寨国家元首西哈努克亲王和夫人等中外贵宾与数万名观众一同观赏了开幕盛况。

解放军军乐团指挥扬起指挥棒，场上奏起了运动员进行曲《五环旗下》。乐声悠扬，45个代表团依次入场。

万众注目着主席台。随着一声金鸡报晓声，一群天真可爱的儿童跑上主席台，将毛茸茸的吉祥物小鸡献给嘉宾。江泽民微笑着将一个小女孩抱了起来。孩子们是幸福的。

国旗缓慢升起，全场观众同声高歌："把我们的血肉筑成我们新的长城……万众一心……前进进。"

北京市市长李其炎、七运会组委会主任伍绍祖分别致欢迎词和开幕词。

圣火传进场内。邓亚萍、杨文意分别点燃了圣火塔下两条巨龙的龙尾，火势顺龙身上行。稍顷，龙口喷珠，圣火点燃，夜空通明。

歌星韦唯、刘欢高唱七运会歌《五星邀五环》，背景台出现"2000"字样，体育场上空升起巨大的充气五环，全场形成一个辉煌壮丽的空间。

绚丽的礼花怒放，天地为之动容。

其他党和国家领导人乔石、李瑞环、朱镕基、刘华清、胡锦涛、丁关根、李岚清、李铁映、杨白冰、邹家华、钱其琛、尉健行、温家宝、王汉斌、杨尚昆、姚依林、薄一波、宋任穷、任建新等也出席了开幕式。

（刊载于《中国体育报》1993年9月5日）

《人民日报》

七届全运会拟设33个比赛项目

袁伟民强调压缩项目集中抓优势

本报北京3月8日讯 国家体委副主任袁伟民今天在全国体育重点项目布局会议上透露，国家体委拟定第七届全运会设立33个比赛项目，其中，28项为奥运会比赛项目。另外5个非奥运会项目是技巧、蹼泳、武术、围棋、垒球。

袁伟民说，压缩比赛项目是为了集中精力抓

我国的优势项目。他同时指出，各地体委要想办法使没有被列入全运会的项目不致衰落、萎缩。而北京、解放军等代表认为，未被列入全运会的跳伞、现代五项等项目，势必面临被砍掉的厄运。各地体委同志们认为，地方体育工作的评定，在很大程度上取决于全运会的成绩，压缩下来的项目如何发展是个具体而复杂问题。已砍掉“三大球”的内蒙古体委主任心情坦然地说：“要是考虑群众普及性，提倡体育全面发展，我们没有理由那么做，但现在讲的是金牌，我们不得不那么干了。”

袁伟民在会上指出了目前体育界存在的几个突出问题。他说，苦练是基础，科学是关键，现在对于苦练大家认识容易统一，科研却开展得不太理想。一些运动队训练缺乏系统性，热衷于打邀请赛，说穿了无非是为了出场费、高额奖金，而全国最高一级的甲级联赛反倒调动不了队员们的热情，很不正常。在谈到运动队管理时，袁伟民仍然强调思想教育。他说，运动员不能没有理想、追求、目标。

（刊载于《人民日报》1989年3月9日）

《人民日报》

上下一致抓赛风

本报成都8月16日电 第七届全运会四川赛区开幕后的第一天，各赛场便强调赛风，许多省市代表团也亲自抓赛风。在水球赛场，广东省体委党组书记魏振兰告诉记者，抓赛风已成为广东代表团的共识，出发前将参赛行为准则发给大家，要求人人遵守。真可谓抓得及时、抓得早。赛风好坏不仅关系到能否成功举办一次比赛、一次运动会，而且影响整个体育运动队伍的形象。我们许多优秀运动员之所以受到大家赞扬就是因为他们不仅取得好成绩，而且有良好的道德风貌。每年评选出的全国十佳运动员就是他们中的典范。

在15日举行的四川赛区组委会上，国家体委副主任徐寅生强调，要把赛风问题当成纠正行业不正之风来抓，要从端正党风的高度来认识这个问题。可见决心之大。他还代表国家体委公布了《“八要八不准”规定》，使赛风规范化。“八要八不准”明确规定体委干部、教练员、裁判员和运动员应该怎样做，不应该怎么做。比如第一条规定：“要实事求是，顾全大局，不准在资格问题上弄虚作假。”第二条规定：“要讲道德，讲风格，公正竞赛，不准搞君子协定，搞假比赛、打假球。”这些明确规定，既容易记也便于操作。

据悉，本届运动会对赛风问题要求极严，对于打假球和不公正裁判问题，坚决处理，毫不手软。“严”是解决风气问题的良药，只有严格才使人意识到必须遵守，只有“严”能杜绝屡禁不止的问题。国家体委主任伍绍祖曾提出第七届全运会要组织好、赛风好、成绩好，人们期待全运会取得运动成绩和精神文明双丰收。

（刊载于《人民日报》1993年8月17日）

《中国体育报》

“急转弯”后的协办者

——四川省省长肖秧访谈录

1987年，自四川省原省长蒋民宽在天河体育场从广东省省长叶选平手里接过会旗起，四川人就开始投入第七届全运会的筹备工作。为此，他们投资新建了一个能容纳 4万人的田径场及一个有9700多个座位的大型体育馆。孰料，1989年国务院工作会议，决定将七运会的主办地移到北京，四川则作为一个分赛区。从主办一下子变为协办，四川人是如何“急转弯”的呢?

七运会组委会执行主任、四川省省长肖秧坦率地说：“一开始，大家心里面是不太舒服，因为主办全运会是我们多年的愿望。但想到国家从通盘考虑，将七运会移到北京是为了利用亚运会留下的一批场馆，减少一点投资。慢慢地，四川人就想清楚了。何况，能争取到协办全国最高规格的体育盛会的资格，不也是一种荣誉吗！”

“认识到了协办的意义，四川人就由消极地服从转为积极地投入。省政府号召全省1亿人民‘以亚运精神办七运，以七运风彩争奥运’。”

“七运会期间，预计有5000多名运动员、教练员、近千名记者来四川，并有30多万人次光临四川参观、旅游。这么多朋友汇聚蜀地，这是一次向中国、向世界介绍四川，扩大四川影响的好机会，结合赛事，我省还将举办大型的商贸活动，吸引中外客商入川投资。“总而言之，我们要抓住七运会这个契机，用体育的精神带动全省各行各业在改革开放的形势下，进一步促进四川经济的振兴。”

“如果用一个词来概括四川人的性格，我想就是‘坚强’。坚强就意味着有一股韧劲，一股倔劲，一股不达目的誓不罢休的劲头。有了这种劲头，作为全国人口最多的省份，四川一定会有更加辉煌的未来。”

（刊载于《中国体育报》1993年8月15日）

《中国体育报》

健儿弘扬奥林匹克精神
七运会四川赛区落下帷幕

本报成都8月24日电 七运会四川赛区最后两块金牌今天决出。擅长水中作战的“浪里白条”粤军，没再让男子10米跳台金牌旁落，并获得男女混合团体第一，惯于陆上称雄的“黑旋风”辽军一路顺风，捧得女子排球桂冠。至此，七运四川赛区协办的15个项目均落下帷幕。

自8月15日大幕拉开，短短10天内，各路健儿奋勇争先，以更快、更高、更强的奥林匹克精神勾画了一幅赛风良好、竞争激烈的全景图。来自4个省的7名选手及广东、上海两队，在游泳比赛中，一共21次把13项世界纪录抛在身后；射箭比赛成绩最有价值，在这一奥运项目中，四川队、新疆队分别以970环、957环，超过奥林匹克淘汰赛男子团体949环成绩；贵州省运动员肖俊平2项射击成绩打破世界纪录。此外，还有8人3队创16项全国纪录，2人2次平2项全国纪录；44个运动队获体育道德风尚奖。一批新人涌现，爆出本赛区最大冷门的跳水新苗王容，羽翼渐丰的谈舒萍，为邮电体协也为所有体协赢得首金的技巧女子三人张蕾、赵爱军、任海鹰等，预示着我国竞技体育美好的未来。

共有24个代表团加入瓜分四川赛区全部94枚金牌的行列，其中，粤军以15金居首位，基本实现事先的计划；辽宁“川西阻击战”也达到目的，夺得11金；但称得上“暴发户”的还属川、豫两家，各获10金。

晚上，七运四川赛区组委会在锦江饭店，用一顿丰盛的川宴款待操劳多日的各代表团，庆贺本赛区竞赛组织圆满成功。

国家体委副主任、四川赛区组委会副主任徐寅生在招待会上致词，赞扬“这次运动会开得‘隆重、热烈、精彩、圆满’，达到了促进体育事业发展，振奋民族精神，推动改革、开放的预期目的”。

（刊载于《中国体育报》1993年8月25日）

奖品　纪念品

第七届会运会纪念瓷盘

第七届会运会纪念币

邮票上的全运会

——专题邮集中的一朵奇葩

1959年12月28日，我国邮电部为庆贺第一届全运会在北京举行，发行了首套16枚全运会邮票，图案展现了跳伞、射击、乒乓球、举重、赛马、体操、自行车、足球、田径、武术等15个项目，面值均为8分，是目前我国所发行的全运会邮票中枚数最多的一套。第二套全运会邮票设计新颖，色彩艳丽，呈现出一派朝气蓬勃、生龙活虎的动人情景，发行时间为1965年9月28日，全11枚，是为第二届全运会而发行的，被评为新中国成立三十周年最佳纪念邮票，内容分别是足球、射箭、标枪、体操、排球、自行车、跳水、跨栏、举重、篮球。第三届全运会邮票于1975年9月12日发行，全7枚，画面突出了在毛泽东主席“发展体育运动，增强人民体质”的号召下，群众性体育活动的崭新面貌，画面上反映了具有少数民族特色的赛马、群众喜闻乐见的广播体操、登山、游泳以及儿童体育等，邮票上洋溢着友谊第一、比赛第二的新风尚。1979年9月15日，发行了第四届全运会邮票，这套邮票全4枚，以四方连的形式出现，别具一格，并设计一枚小型张，面值2元，是我国第一枚反映体育内容的小型张邮票，这届全运会上有5人打破5项世界纪录，标志着我国体育冲出亚州、走向世界的腾飞景象。第五届全运会在上海举行，1983年9月16日，发行6枚一套的纪念邮票，画面为会徽、跳水、体操、跳高、羽毛球和新兴项目——帆板，背景上绘有上海万体馆等图案，用色素雅，运动员形象逼真，是同类邮票中的佼佼者。第六届全运会在广州举行，1987年11月20日，发行4枚一套的纪念邮票，将撑杆跳高、女子垒球、举重、跳水绘于方寸之中。今年举行第七届全运会，将发行一枚纪念邮票，又为体育邮票园地增色生辉。全运会邮票内容丰富，场面炽热，形象生动，为增强全民体育意识起到积极的宣传作用，欣赏这些精美的方寸艺术品，给人“生命在于运动”的启迪，妙趣横生，令人振奋。

纪念邮票首日封

火花上的七运会

这套纪念火花是四川西昌火柴厂获准为七运会专门设计的。火花共计40枚。其火花右边均印有七运会会标，左边的40幅盈寸画面，除第一枚为生动可爱的小公鸡“明明”（吉祥物）高擎火炬的造型外，其余则分别是拟人化的“明明”小公鸡身穿运动服，进行球类、体操、柔道、射击、田径等39个竞赛项目的姿态。

宣传海报

友好交流

江泽民会见国际奥委会委员

新华社北京9月4日电（记者高殿民）国家主席江泽民今天下午在人民大会堂会见了国际奥委会执委库玛尔等11名国际奥委会委员。

江泽民代表中国政府和中国人民对委员们前来出席中华人民共和国第七届运动会的开幕式表示欢迎。他说，能在北京见到国际奥委会委员们感到很高兴。

江泽民主席说，北京申办2000年奥运会是全中国人民的共同心愿，我国政府全力支持。

库玛尔代表来访的国际奥委会委员表示，能来北京参加中国第七届运动会很高兴。他代表国际奥委会主席萨马兰奇对中国体育事业所取得的成绩表示祝贺。会见时在座的有奥申委执行主席、国家体委主任伍绍祖，北京市市长李其炎，奥申委常务副主席何振梁、张百发等。

（刊载于《中国体育报》1993年9月5日）

七运开幕式恢宏绚丽惹人醉
香港舆论界不吝其辞交口赞

新华社香港9月5日电 奥运热中的香港各报今天纷纷以显著版面，图文并茂地报道昨晚在北京举行的第七届全运会开幕式盛况，称其“冠盖云集、气势恢宏、荟萃古今”，旨在“办七运重燃圣火，盼奥运再度辉煌”。

《东方日报》以工人体育场“星光灿烂”为题的报道说，开幕式上的大型文艺节目气势宏伟，匠心独具。表演者以写真和抽象的手法，反映了中华民族古老文明的“魂”，再现了现代中国改革开放的“潮”。

《天天日报》则称七运会“是中国申办2000年奥运会最重要、也是最后一次冲刺，各选手全力攀登世界高水平，向去年奥运会成绩挑战”。

《大公报》用“以七运风采争办奥运”作题，称中国申办2000年奥运的决心不容置疑，“全中国人民均期待着中国继七运会之后，成功申办2000年奥运”。

《文汇报》则辟出彩页专版，充分报道气势磅礴的开幕式表演。

《香港商报》称“五星邀五环显示11亿人盼奥运，开幕式创新令人印象深刻”。

《华侨日报》说，七运会“展现中华体坛万千健儿的风采”。《明报》称开幕式场面壮观、隆重。《香港联合报》认为，开幕式“极尽声光之美，表露全民企盼奥运的决心。

（刊载于《中国体育报》1993年9月6日）

李瑞环会见港澳朋友和海外华人

新华社北京9月5日电 中共中央政治局常委、全国政协主席李瑞环今天下午在人民大会堂会见了来京出席第七届全国运动会开幕式的40多位港澳地区全国人大代表、政协委员、港事顾问和社会知名人士。

李瑞环首先代表中共中央、全国政协对大家的到来表示热烈欢迎和亲切的问候、崇高的敬意。他说，近年来在座的各位朋友用各种方式，为支持内地的改革开放和现代化建设事业，为维护港澳的繁荣、稳定和实现主权回归，为促进中华民族的大团结和国际友好交往，倾注了大量心血，做了许多工作，表现了殷殷同胞情，拳拳爱国心。

会见后，全国政协、中共中央统战部设宴招待港澳人士。

据新华社北京9月5日电 中共中央政治局常委、全国政协主席李瑞环今天下午在人民大会堂会见了海外华人、深圳观澜湖高尔夫球会董事长朱树豪先生。

李瑞环对客人的来访表示热烈欢迎，对他自中国改革开放以来积极投资大陆、兴办企业，热心赞助中国体育事业，最近又发起海外百万华人支持北京申办奥运会签名活动表示赞赏。

国家体委主任伍绍祖等会见时在座。

（刊载于《中国体育报》1993年9月7日）

李铁映霍英东京华会嘉宾（节选）

本报讯 中共中共政治局委员、国务委员李铁映和全国政协副主席霍英东今天下午在北京人民大会堂会见了前来观看七运会的海外贵宾。

李铁映代表中国政府和七运会组委会，对前来观看七运会的海外来宾表示热烈欢迎。他说：“全运会是我国水平最高、规模最大的体育盛会。自新中国成立以来，举办过六次，已成为全民的盛大节日。七运会是对我国体育事业的一次大检阅，将展现中国人民在改革开放形势下的良好精神风貌。”

李铁映谈到申办问题时说：“北京目前正在申办2000年奥运会，这是我国人民的心愿，也是海内外炎黄子孙的共同愿望。我们的申办工作得到了国内外各界朋友的理解和支持。对此我们十分感谢！”

……

李铁映还希望各位来宾就此机会在北京、在中国多看看，更好地了解中国。

参加会见的贵宾来自德国、越南、日本及香港、澳门、台湾等地区。国家体委主任伍绍祖、副主任何振梁等会见时在座。

（刊载于《中国体育报》1993年9月5日）

北美华人得睹七运盛况

本报讯 9月2日当天，美国、加拿大、墨西哥和加勒比海沿岸诸国的三百万华人在自己家的电视里看到了美洲东方电视台7套转播的江泽民主席在天安门广场为七运会点燃主火炬的画面。

9月4日，北美华人看到七运会开幕式盛况。北美华人还可以从《中华体育》《竞技场》等节目中得知中国体坛信息。

（刊载于《中国体育报》1993年9月5日）

秩序册上的“老外”

访功勋教练巴隆，在七运会体操比赛场地上，有一位活跃繁忙的“老外”十分引人注目。他就是贵州队的“首席”教练、来自乌克兰的巴隆·巴利斯。外国人的名字出现在全运会的秩序册上，恐怕是我国体操史上的第一次。

“前额宽阔，挺着啤酒肚”的巴隆今年58岁，已有38年的执教经验，他曾是苏联国家队的功勋教练，世界冠军谢尔博、米休金等都是他的学生训练出来的。去年年初，他应聘到贵州省队任男队教练，与年轻教练合作，使名不见经传的贵州队35年来第一次进入全国5强之列。

比赛间隙，记者采访了这位德高望重的老教练，并请他就中国体操运动员的现状谈谈感想。

看着满场龙腾虎跃的小伙子，巴隆教练显得有些激动地说：“中国孩子有着相当高的体操才能，特别是那瘦小灵活而有力的身体，是全世界第一流的。七运会是中国体操最高水平的比赛，很多优秀人才令我吃惊。因此，我敢预言，在苏联解体之后，亚特兰大奥运会体操男团冠军应该属于中国队。”

巴隆教练同时也毫不客气地对中国运动员训练中的毛病提出了中肯的意见。

他指着几位脚腕、肘关节缠着绷带及护腕的运动员说：“几乎每个上场的队员都有伤病，这很可怕，也很不应该，出现伤病的原因是训练方法有问题。”

“当我看到有的教练员让他的学生在杠子上连续两三个小时拼命练习同一个动作时，我心里暗叫——完了！这孩子的手腕快出毛病了。”

“我主张大运动量训练，但应该45分钟适当变换训练项目，尽可能不要让某一局部产生疲劳而引起损伤。”

当他得知中国最优秀的世界冠军李敬在赛前因跳马膝关节严重受伤而退出决赛时，深表惋惜。他说：“有些意外事故很难预料，但是在做一些危险动作时一定要精神集中，不能有丝毫的懈怠。”

在记者请教巴隆如何预防运动创伤时，他

指出："少年运动员一定要严格控制训练量，不要让他们未发育完全的身体去承受力所不能及的动作，更不能让他们对体操训练产生厌恶感。另外，要利用辅助器械，如蹦床是练习空中感觉和落地的最好的辅助方法，谢尔博少年时，几乎天天在蹦床上跳来跳去，但中国蹦床训练很不够。"

最后，巴隆教练非常坦率地指出："中国体操场上不乏优秀的年轻选手，但是教练员队伍和训练方法有待改进，如果这一环节能改善，中国体操定能扬威于世界。"

（刊载于《中国体育报》）1993年9月6日）

中华人民共和国
第八届运动会

1997年

10月12日—10月24日

上 海

简　介

第八届全运会于1997年10月12日至24日在上海举行，这是20世纪末我国规模最大的一次全国综合性运动会，也是新中国成立后上海第二次承办全运会。设足球、篮球、排球（含沙滩排球）、乒乓球、羽毛球、网球、手球、曲棍球、棒垒球、田径、游泳（含跳水、水球、花样游泳）、体操（含艺术体操）、举重、射击、射箭、击剑、柔道、摔跤、拳击、自行车、赛艇、皮划艇、帆船（含帆板）、现代五项、马术、速度滑冰、短道速度滑冰、武术28个大项319个小项。来自全国各省、自治区、直辖市、香港特别行政区和解放军以及13个行业体协共46个代表团，共计2万余人（运动员7647人）参加了全运会，其中，首次参加全运会的香港特别行政区代表团由257人组成。共产生370枚金牌、378枚银牌、571枚铜牌。

本届运动会有179人659次超41项世界纪录，其中，16人19次超7项奥运会纪录，另有8人17次超4项世界青年纪录，100人3队367次创55项亚洲纪录，88人6队142次创66项全国纪录。

'97 SHANGHAI
上海

会　徽

会徽图案由代表八运会的“8”和代表上海的汉语拼音字母“S”重新组合，图形外围是红色的“8”，中心形成一个白色的“S”，视觉上像一把火炬，又像一朵上海市市花——白玉兰；下半部分以“8”字为基础，像上海八万人体育馆，一环套一环，象征着全国人民大团结。

筹　备

筹备委员会名单

主　　任：龚学平　（上海市副市长）

副 主 任：徐寅生　（国家体委副主任）

　　　　　周慕尧　（上海市政府秘书长）

秘 书 长：金永昌

副秘书长：谢炳元　（国家体委办公厅主任）

　　　　　吴寿章　（国家体委综合司司长）

　　　　　何慧娴　（国家体委宣传司司长）

　　　　　赵英华　（上海市体委副主任）

　　　　　祝嘉铭　（上海市体委副主任）

新闻发言人：贾树枚　（上海市委宣传部副部长）

吉祥物

图案以“牛年画牛”的设计思路，采用“卡通牛”的绘画技巧，意喻“初生牛犊不怕虎”。配以跳跃的动作，富有勃勃生机的体育气息。小牛脸部造型以笑脸相迎，活泼可爱，右手伸出八字形二指，点明“八运会”。

江泽民点燃八运会主火炬

中共中央总书记、国家主席江泽民今天在北京点燃中华人民共和国第八届运动会主火炬，揭开了遍布全国、声势浩大的八运会“奔向新世纪”火炬传递活动的序幕。

八运会“奔向新世纪”火炬传递点火起跑仪式今天下午在北京人民大会堂东门外广场隆重举行，中共中央总书记、国家主席江泽民，中共中央政治局常委、书记处书记胡锦涛等领导同志及2000名各界人士出席了今天的仪式。

火炬传递点火起跑仪式会场今天布置得隆重、庄严，广场南、北侧旗杆上飘扬着中华人民共和国国旗和第八届全国运动会会旗。大会堂东门正门外台阶上铺设着红色地毯，台阶第一层平台上放置中华鼎，两侧则摆放着两个火种台。

下午4时，国务委员兼国务院秘书长罗干宣布八运会“奔向新世纪”火炬传递点火起跑仪式开始。曾分别在香港和上海采集火种的香港少女寇璐和上海少女王慧婷从火种盒里引燃手中的引火棒，随后用引火棒点燃中华鼎内的火源。

江泽民主席亲手点燃火炬

中共中央政治局委员、国务委员李铁映致词说，我们要努力发展体育运动，增进全民的身体素质，为社会主义现代化服务，为祖国争光。李铁映说，在党的十五大精神鼓舞下，在全国人民热情支持下，第八届全国运动会一定能够办成一届高水平、高标准、高质量的体育盛会，充分展现全党、全军和全国各族人民高举邓小平建设有中国特色社会主义理论的伟大旗帜，在以江泽民同志为核心的党中央领导下展现在改革开放和现代化建设中取得的伟大成就，展现我国体育事业取得的新的成绩和体育健儿们的精神风貌。衷心希望体育战线的同志们努力为祖国为人民增添新的光彩。

下午4时5分，江泽民主席从燃烧着八运会圣火火种的中华鼎内点燃手持的主火炬，高举火炬环顾四周，向会场人群致意。此时，会场内掌声热烈，气球升空，信鸽飞翔，现场气氛达到了高潮。江泽民主席随后把主火炬传授给国家体委主任、八运会组委会主任伍绍祖，又由伍绍祖把该火炬传递给主火炬手、为我国获得第一枚奥运会金牌的射击运动员许海峰。许海峰和两名女子副火炬手又依次引燃了火炬队队员手中的传递火炬。这些火炬手分别来自并代表全国32个省、自治区、直辖市和香港特别行政区。

“奔向新世纪”火炬点火仪式结束后，火炬传递活动开始，许海峰和两名副火炬手带领主火炬队和跟跑队伍跑出人民大会堂东门外广场，穿

过天安门广场到历史博物馆门前结束。

出席今天火炬传递点火起跑仪式的还有中共中央政治局委员、中共上海市委书记黄菊，中共北京市委书记、市长贾庆林，上海市市长、八运会组委会执行主任徐匡迪以及有关方面负责人。

八运会火炬传递活动将在全国各地举行。各路火炬将在八运会开幕前传抵上海，并在10月12日点燃八运会圣火。第八届全国运动会将于今年10月12日至24日在上海举行。

开幕式

欢迎词

徐匡迪

各位来宾，同志们，朋友们：

今晚的上海，彩灯闪耀，花团锦簇，黄浦江两岸一派喜悦。举国瞩目、国际体坛关注的中华人民共和国第八届运动会将在这里开幕，值此之际，我谨代表中共上海市委、上海市人民政府和1300万上海市民，向光临上海出席八运会开幕式的中共中央总书记、国家主席江泽民同志，国际奥委会主席萨马兰奇先生，国家有关部门和兄弟省区市、香港特别行政区、解放军、各行业体协以及其他国际体育组织的领导、友好城市贵宾、台湾同胞、澳门同胞，向来自全国各地的运动员、教练员，以及群众体育先进集体和个人的代表们，表示热烈的欢迎！

在党中央、国务院和全国人民的关心、支持下，上海人民以服务全国为己任，以乐于奉献为光荣，以争创一流为目标，经过四年的努力奋斗，八运会的各项准备工作已全部就绪。“当好东道主，办好八运会”已成为上海人民的共同心愿。我们将继续全力以赴，为八方嘉宾提供良好服务，为运动健儿创造一流的比赛环境。我们深信，八运会一定会办得隆重、热烈、精彩、文明！

我真诚地祝愿国内外朋友在上海生活愉快！预祝运动员创造优异的成绩，为祖国和人民争光！谢谢大家。

中共中央总书记、国家主席江泽民，国际奥委会主席萨马兰奇等出席开幕式

开幕式入场式的先导队簇拥国旗和八运会会旗步入会场

开幕式入场式

开幕式上会场外的主火炬圣火

开幕词

伍绍祖

同志们、朋友们：

在香港顺利回归祖国、党的十五大胜利召开之后，中华人民共和国第八届运动会今天就要开幕了。这是本世纪我国最后一次水平最高的运动会，是我们学习宣传党的十五大精神，贯彻党的体育工作方针和体育法，推动全民健身计划，奥运争光计划的体育盛会。我们一定要高举邓小平理论的伟大旗帜，在以江泽民同志为核心的党中央领导下，坚持体育为党的基本路线服务、为人民服务的方针，坚持运动成绩与精神文明“两手抓、两手都要硬”的方针，大力发扬中华体育精神，切实做到“组织好，成绩好，赛风好，接待好”，把本届运动会办得隆重、热烈，精彩、文明，为把建设有中国特色的社会主义伟大事业全面推向21世纪做出贡献！

现在请中共中央总书记，中华人民共和国主席江泽民同志宣布开幕！

开幕式

开幕式现场

开幕式表演

香港青年访沪代表团

八运会会歌

生命的放飞
——中华人民共和国第八届运动会会歌

薛锡祥词
左翼建、朱良镇曲

1=F 4/4
♩=140
(女)跨越世纪，搏击春秋，
勇敢地冲刺，尽显风流。(男)看
青春燃烧的圣火照亮中国，让
生命在晴空里放飞追求。
(男)竞赛场上扬起风帆希望捧在手，
(女)

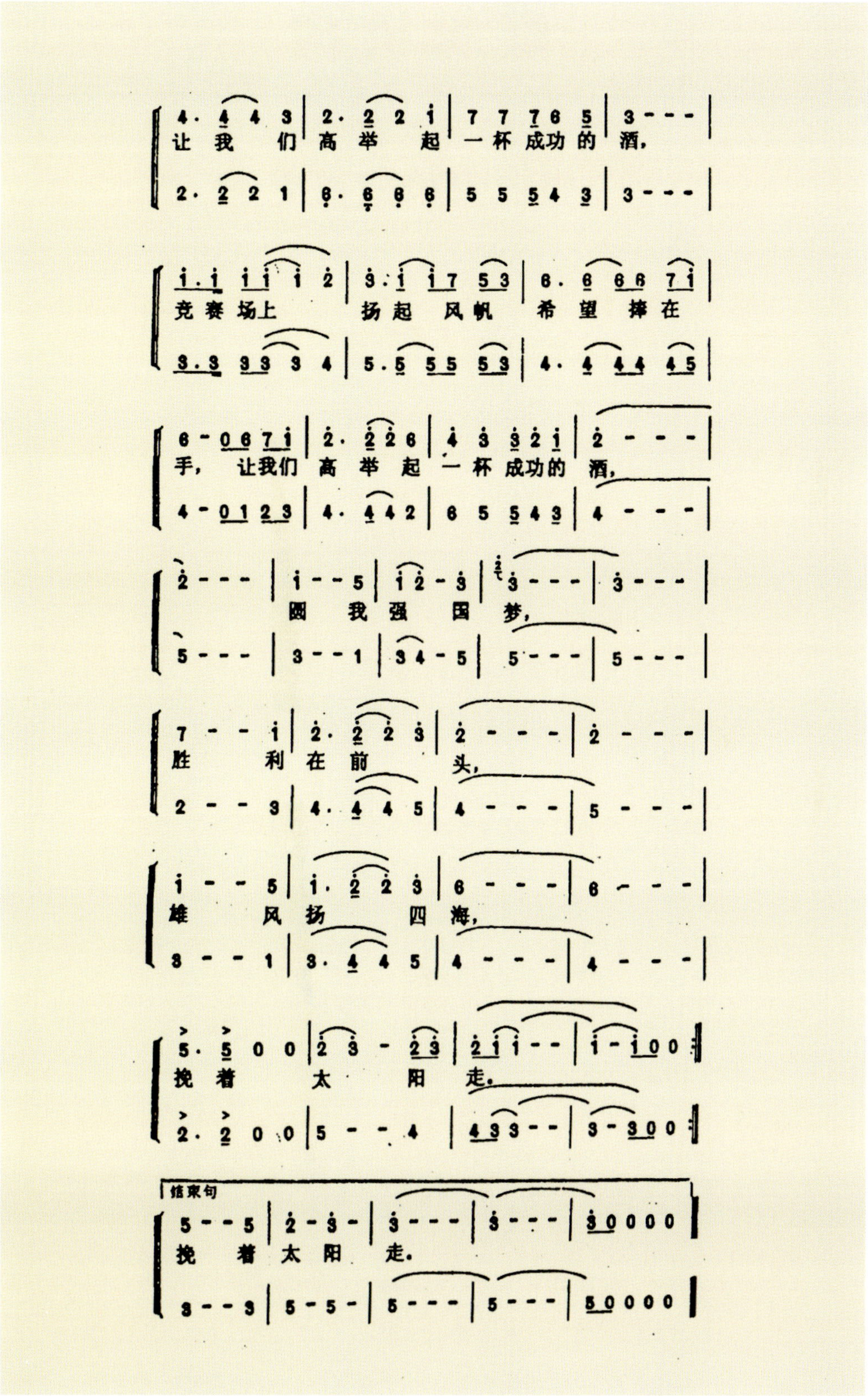

来源：《第八届全运会纪念册》

组织机构

组织委员会名单

主　　任：伍绍祖　（国家体委主任）

执行主任：徐匡迪　（上海市市长）

常务副主任：袁伟民　（国家体委副主任）

龚学平　（上海市副市长）

副 主 任：陈至立　（上海市委副书记）

徐寅生　（国家体委副主任）

刘　吉　（国家体委副主任）

张发强　（国家体委副主任）

王宝良　（国家体委纪检组长、党组成员）

魏纪中　（国家体委专职委员）

楼大鹏　（国家体委专职委员）

秘 书 长：周慕尧　（上海市政府秘书长）

常务副秘书长：金永昌　（上海市体委主任）

刘云耕　（上海市委、市政府副秘书长，市公安局局长）

王仲伟　（上海市委副秘书长）

黄跃金　（上海市政府副秘书长）

殷一璀　（上海市政府副秘书长）

谢炳元　（国家体委办公厅主任）

吴寿章　（国家体委综合司司长）

何慧娴　（国家体委宣传司司长）

新闻发言人：贾树枚　（上海市委宣传部副部长）

何慧娴　（国家体委宣传司司长）

委　　员：组委会委员共114人，由国务院有关部委，国家体委和上海市有关方面负责人组成

（按姓氏笔画为序）

丁法章	马庆勇	马博敏	方良清	王　雷
王永海	王仲伟	王观昌	王宝良	王金重
王鼎华	毛应梁	甘忠泽	石俊生	叶志康
白文庆	刘　吉	刘卫国	刘云耕	刘名启
刘晓江	许培星	许德明	吕凤太	伍绍祖
任连友	孙环葆	牟新生	辛举德	肖长年
芮友仁	杜春才	李子伟	李仲明	李树文
李俊民	李富荣	李智平	李毓毅	张　昊
张　健	张　乾	张发强	张春新	张载养
顾永和	吴申耀	吴寿章	吴胜祥	何梦乔
何慧娴	陈文炳	陈文禄	陈圣来	陈至立
陈良宇	陈建华	陈效达	郑健龄	杨　雄
杨天乐	杨伟光	孟燕坤	金永昌	周明伟
周慕尧	洪林珍	施兰章	祝嘉铭	赵学敏
赵英华	胡光宝	胡运筹	钟添发	段世杰
俞蒙娜	俞继英	姚颂平	高明光	郭敏泰
绍　德	袁伟民	贾君德	贾树枚	夏秀蓉
顾　明	顾永和	顾行伟	奚国华	徐匡迪
徐寅生	殷一璀	殷国元	黄跃金	萧金方
梅　均	曹恒礼	龚学平	盛重庆	屠铭德
谢亚龙	谢旭人	谢炳元	景　晨	楼大鹏
鲍培德	端木君	蔡旭敏	潘振宙	薛潮薛
钟　魁	穆端正	戴文忠	戴维镛	魏纪中

纪律检查委员会名单

主　任：袁伟民
副主任：王宝良　楼大鹏
委　员：吴寿章　史康成　戴文忠　郭敏　肖长年
贾君德　杨天乐　余梦娜

组委会下设24个部、委、室

办公室、竞赛部、新闻宣传部、集资部、行政部、大型活动部、安全保卫部、对外联络部、财务部、人事部、技术部、审计部、监察部、交通指挥部、邮电通讯部、医务部、场地建设办公室、广播电视委员会、群体先进表彰部、市政市容部、兴奋剂检查委员会、首长接待部、体育科研部、志愿者工作部

竞赛规程规则

竞赛规程总则

举办第八届全国运动会是为了进一步提高我国体育运动水平，锻炼和培养优秀体育运动人才，展现体育改革的成就，推动我国体育事业的发展，为社会主义建设做出贡献。

第八届全国运动会要本着勤俭节约的精神，开得隆重、热烈、精彩、圆满，赛出风格、赛出水平， 努力创造出一批新纪录、新成绩，涌现出一批新人才，为社会主义建设服务。

一、竞赛日期和地点

1997年10月12日至24日在上海市举行。

二、竞赛项目

足球、篮球、排球（含沙滩排球）、乒乓球、羽毛球、网球、手球、曲棍球、棒垒球、田径、游泳（跳水、水球、花样游泳）、体操（艺术体操）、举重（含女子）、射击、射箭、击剑、柔道、国际式摔跤、拳击、自行车、赛艇、皮划艇、帆船（板）、现代五项、马术、速度滑冰、短道速度滑冰、武术。

各竞赛项目的小项设置按国家体委统一审定的单项规程执行。

三、参加单位

中国人民解放军、北京市、天津市、河北省、山西省、内蒙古自治区、辽宁省、吉林省、黑龙江省、上海市、江苏省、浙江省、安徽省、福建省、江西省、山东省、河南省、湖北省、湖南省、广东省、广西壮族自治区、海南省、四川省、贵州省、云南省、西藏自治区、陕西省、甘肃省、青海省、宁夏回族自治区、新疆维吾尔自治区、台湾省、香港特别行政区、前卫体协、地质体协、建设体协、电力体协、煤矿体协、 冶金体协、化工体协、火车头体协、邮电体协、水利体协、林业体协、银鹰体协、航空体协、航天体协、石油体协、中汽体协。

如果一个行业体协没有运动员取得决赛的资格（不含个别项目指定的基数），则不组成代表团参加第八届全国运动会。

四、运动员资格

（一）中华人民共和国公民。

（二）经医务部门检查证明身体健康合格。

（三）符合《中华人民共和国第八届运动会运动员资格规定》《运动员参加全国比赛代表

资格注册管理办法》及有关规定。

五、参加办法

（一）各代表团参加比赛的运动队人数，按各项竞赛规程规定执行。

（二）足球、篮球、排球（不含沙滩排球）项目上海市队不参加预赛，直接参加决赛。

（三）凡被国家体委选派参加亚洲和世界锦标赛的运动员，比赛时间与该项目预赛有冲突的， 运动员可直接参加决赛。具体办法按各单项竞赛规程规定执行。

（四）各项目国家队运动员回原单位参加比赛，占代表团名额。

（五）各代表团团部工作人员（含团长、副团长及增派到各队的医生）；凡参加比赛运动员总数在5人（含5人）以下的工作人员不超过运动员人数；运动员总数在5至60人的，工作人员不超过10人； 运动员总数在61至100人的，工作人员不超过12人；运动员总数在100人以上的，每超出10人可增报1名工作人员。

各代表团团长、副团长：运动员总数在100人（含100人）以下的，可设团长1人，副团长1至2人；运动员总数在101至200人的，可设团长1人，副团长1至3人；运动员总数在201人以上的，可设团长1人，副团长1至4人。

此外：如各代表团因工作需要，可另增设副团长1至2人，不占代表团团部工作人员比例，一切费用自理。

六、竞赛办法

（一）执行国家体委审定的各项目最新竞赛规则。

（二）按各项竞赛规程规定进行预赛，并按各项竞赛规程规定的录取标准或录取名额参加决赛。

（三）裁判员及仲裁委员的选派办法按各项竞赛规程和有关规定执行。

七、奖励和计分办法

（一）为鼓励足球、篮球、排球等集体项目的开展，足球、篮球、排球（不含沙滩排球，下同）奖励前 12名，其他项目奖励前8名。足球、篮球、排球、手球、曲棍球、棒垒球、水球参加比赛的队数不足奖励名额的，按实际参赛队数奖励；其他项目有11名（含11名）以上运动员（队）参加的，奖励8名；8至10名的，奖励6名；5至7名的，奖励3名；3至4名的，奖励1名。

（二）对获各项目比赛前3名者分别颁发金、银、铜牌1枚，获得奖励名次者分别颁发证书。足球、篮球、排球、手球、曲棍球、棒垒球、水球项目获前3名的队分别各按2枚金（银、铜）牌计算。

（三）获得足球、篮球、排球项目前12名的，分别按26、22、20、18、16、14、12、10、8、6、4、2计分；获得手球、曲棍球、棒垒球、水球项目前8名的，分别按26、22、20、18、16、14、12、10计分；获得其他项目前8名的，分别按13、11、10、9、8、7、6、5计分。不足录取名额的计分，按各项目相应名次的分值计算。

（四）单项比赛名次并列时，将下一个（或几个）名次空出。空出名次与获得的名次分相加后的平均数，作为并列名次者所得分。

（五）田径、游泳、举重、射击、射箭、自行车、短道速度滑冰、速度滑冰项目运动员在第八届全国运动会预、决赛中每创单一项奥运会比赛项目世界纪录，增加1枚金牌和13分，计入代表团金牌总数和总分内。创超世界纪录的确定办法，按《中华人民共和国第八届运动会创超纪录审批办法》规定执行。

（六）运动员在第26届夏季奥运会和第17届冬季奥运会上取得前3名的成绩，计入代表团奖牌总数和总分内。统计办法为：

单人项目：每获1枚金（银、铜）牌，按1枚金（银、铜）牌和13（11、10）分计算。

两人以上（含两人）项目：每获1枚金（银、铜）牌、每人按0.5枚金（银、铜）牌和6.5（5.5、5）分计算。

（七）解放军代表团两次计分办法

解放军代表团与各代表团共同排名，确定其名次后，解放军代表团运动员所获奖牌和分数再分别计入原输送单位，在公布各代表团排名顺序时，解放军代表团与相同名次的代表团并列。

1994年7月1日以后地方输送到解放军的运动员实行两次计分。具体统计办法为：

单人、两人项目：每获1枚奖牌，按1枚奖牌和分数计算，分别计入原输送单位的奖牌总数和总分内。如果运动员来自两个单位，则各计50%。

两人以上项目：只计分数，不计奖牌。一名运动员按所获名次得分的50%计入原输送单位。如一个输送单位在同一个项目中有两名或两名以上运动员，最多不得超过所获名次满分。

解放军运动员在第八届全国运动会上创超世界纪录；在第26届夏季奥运会和第17届冬季奥运会上取得前3名成绩，不实行两次计分的办法。

（八）创超世界纪录者给予奖励。奖励办法按《中华人民共和国第八届运动会创超纪录审批办法》规定执行。

（九）设“体育道德风尚奖”。评选办法按《中华人民共和国第八届运动会体育道德风尚奖评选办法》规定执行。

八、兴奋剂和性别检查

（一）兴奋剂检查办法按照有关规定执行。在兴奋剂检查中，凡尿样呈阳性者，除取消其全部成绩（两人以上含两人项目，取消全队全部成绩）外，再扣除其代表团的相应名次的奖牌数和总分数。无相应名次奖牌的，扣除下一个名次的奖牌数，依次类推。

（二）性别检查根据国际组织的有关规定，按照必需和必要的原则进行。已经获得并出示国际奥委会医学委员会、国际体育单项联合会或被全国单项运动协会认可的医学部门出具的女性证明书的运动员，可予以免检。

九、公布代表团名次

（一）按获奖牌数公布各代表团名次。金牌多者名次列前；金牌相同，银牌多者名次列前；金、银牌数相同，铜牌多者名次列前；金、银、铜牌数相同，名次并列。

（二）按获总分数公布各代表团名次。总分高者名次列前；总分相等名次并列。

十、报名和报到

（一）第一次报名于1997年3月1日截止，各代表团报参加项目和人数。

（二）第二次报名于1997年9月8日在各代表团联络员会议期间进行，报参加运动员名单和具体项目。

（三）各代表团报到时间为1997年10月9日；各项目运动员在本项目比赛开始前3天报到，比赛结束后1天离会。

（四）联络员及裁判员报到日期另行通知。

十一、代表团团旗

各单位自备，颜色自定，规格为2米×3米。代表团团旗除标明规程规定的参加单位名称外，不得出现其他标志。

十二、比赛服装按各项竞赛规程规定执行

十三、未尽事宜另行通知

十四、本竞赛规程总则的内容由国家体委负责解释

关于第八届全国运动会
竞赛规程总则的补充通知

各省、自治区、直辖市体委，总参军训部、总政文化部，各行业体协：

现将第八届全国运动会有关竞赛规程总则补充和修改的内容通知如下，请遵照执行。

一、1997年3月14日全国人大正式通过设立重庆市为直辖市。经研究，同意重庆直辖市作为全运会的正式参加单位。为了确定重庆市的排位顺序，现将第八届全国运动会参加单位重新明确如下：

中国人民解放军、北京市、天津市、河北省、山西省、内蒙古自治区、辽宁省、吉林省、黑龙江省、 上海市、江苏省、浙江省、安徽省、福建省、江西省、山东省、河南省、湖北省、湖南省、广东省、广西壮族自治区、海南省、重庆市、四川省、贵州省、云南省、西藏自治区、陕西省、甘肃省、青海省、宁夏回族自治区、新疆维吾尔自治区、台湾省、香港特别行政区、前卫体育协会、地质体育协会、建设体育协会、电力体育协会、煤矿体育协会、化工体育协会、火车头体育协会、邮电体育协会、水利体育协会、 林业体育协会、银鹰体育协会、航空体育协会、石油体育协会、汽车工业体育协会，共计47个单位。

二、1997年4月3日前注册在重庆市的运动员可代表重庆市参加第八届全国运动会；1996年12 月31日前注册在四川省参加第八届全国运动会的运动员中由重庆市培养输送的运动员参加八运会决赛的单人项目（不含2人或2人以上项目）所取得的成绩计入四川省代表团，同时再计入重庆市代表团。

三、四川省与重庆市进行人才交流实行协议计分的运动员以及重庆市与其他省区市进行人才交流的运动员按原规定执行。

四、重庆市培养输送到四川省的运动员已经确定由四川省与解放军实行两次计分的，仍按原规定执行。

五、在统计各代表团奖牌总数和总分时，重庆市代表团与其他各代表团共同排名，确定重庆市代表团的名次。在公布各代表团第八届全国运动会奖牌总数和总分排名时重庆市代表团与其下一个代表团名次并列，其他代表团排名顺序不变。

六、其余事项按八运会有关规定执行。

运动员资格规定

举办第八届全国运动会是为了锻炼和培养优秀体育运动人才，进一步推动我国体育事业的发展。为达到预期的目的，保证第八届全国运动会顺利进行，各代表团运动员必须严格按照以下规定参加比赛。

一、符合竞赛规程总则和单项竞赛规程的各项规定。

二、运动员须持有国家体委各单项运动协会和有关业务部门颁发的“全国体育竞赛运动员注册证”参加比赛。具体注册办法按《运动员参加全国比赛代表资格注册管理办法》和各项目的实施细则执行。

三、各省、自治区、直辖市、解放军代表团的运动员其代表资格以1996年12月31日前注册的代表单位为准。

行业体协夏季项目运动员1996年3月1日前、冬季项目运动员1996年7月30日前在国家体委各单项运动协会注册方具有代表行业体协参加第八届全国运动会的资格。

四、有关实行两次计分的解放军运动员的规定

（一）实行两次计分的解放军代表团的运动员必须是1994年7月1日以后入伍，且要在1995年10 月底以前注册，报国家体委审批。

（二）田径、游泳、体操（男）、举重、柔道、国际式摔跤、现代五项、马术、速度滑冰、短道速度滑冰、射击、赛艇、皮划艇、足球（男）、篮球、排球、乒乓球、网球、手球项目的地方优秀运动员（指全国比赛参加单位运动队正式在编运动员或代表该单位参加过国家体委主办的全国成年正式比赛者，下同）入伍的，不实行两次计分，按转会对待。

（三）1993年8月15日至运动员入伍前，跳水、体操（女）、羽毛球项目在世界锦标赛、世界杯赛、奥运会（以下简称三大赛）上获得过前8名，在亚运会、全运会上获得过前6名；垒球、足球（女）、帆船（板）、击剑、自行车、拳击项目在世界三大赛上获得过前3名，在亚运会、全运会及全国锦标赛上获得过前3 名；射箭、武术项目在亚运会、全运会、全国锦标赛上获得过前6名的地方优秀运动员入伍不实行两次计分，按转会对待。

五、解放军运动员不得代表地方、地方运动员不得代表解放军参加第八届全国运动会。

六、有关人才交流运动员的规定

（一）各省、自治区、直辖市代表团之间进行人才交流的运动员须于1996年12月31日前注册，明确交流运动员的代表单位并于1997年1月报国家体委备案。

（二）一个项目同一名次中协议计分运动员不能来自两个以上计分单位；一个项目同一名次中无论协议计分的两个单位的运动员人数比例大小，各只按一个名次的奖牌和分值的50%计入代表团成绩。

（三）1993年9月16日以后曾经是各项目国家队（不含集训队）队员的运动员不实行协议计分。

七、各单位不允许跨省(自治区、直辖市、解放军、行业体协)配对参加第八届全国运动会。

八、凡不符合上述规定的，不得参加第八届全国运动会比赛。比赛开始后，如查出有违反者，即取消该运动员的比赛成绩(两人含两人以上的项目取消该队全部成绩)，经费全部自理。

九、本规定由国家体委负责解释。

项目及金牌设置

第八届全运会共设置竞赛项目28个大项、319个小项。

足球2枚 曲棍球2枚 射箭4枚 皮划艇12枚 篮球2枚

棒、垒球2枚 击剑10枚 帆船（板）9枚 排球4枚 田径45枚

柔道16枚 现代五项2枚 乒乓球7枚 游泳43枚

国际式摔跤20枚 马术4枚 羽毛球7枚 体操16枚 拳击12枚

速度滑冰4枚 网球7枚 举重19枚 自行车15枚 短道速滑4枚

手球2枚 射击18枚 赛艇16枚 武术15枚

竞赛总日程

	场地 \ 项目 \ 日期	10月12日(日)	13日(一)			14日(二)			15日(三)			16日(四)			17日(五)			18日(六)			19日(日)			20日(一)			21日(二)			22日(三)			23日(四)			10月24日(五)	项目	各场地小计
			上午	下午	晚上	上午	下午	晚上	上午	下午	晚上	上午	下午	晚上	上午	下午	晚上	上午	下午	晚上	上午	下午	晚上	上午	下午	晚上	上午	下午	晚上	上午	下午	晚上	上午	下午	晚上			
1	上海体育场														田	田		田	田		田	田					田	田		田	田		田	田			田	12
2	虹口体育场			足						足												足						足							足		足	5
3	江湾体育场			足						足						足												足						足			足	5
4	杨浦体育场	大		足						足						足						足						足						足		大	足	6
5	嘉定体育中心			足						足						足												足						足			足	5
6	闸北体育场			足												足						足						足						足			足	5
7	宝山体育场									足						足						足						足						足			足	5
8	松江体育场			足						足						足						足						足						足			足	6
9	川沙体育场			足						足						足						足						足						足			足	6
10	卢湾体育馆			篮	篮		篮	篮		篮	篮		篮	篮		篮	篮		篮	篮		篮	篮					篮	篮					篮	篮		篮	18
11	松江体育馆			篮	篮		篮	篮		篮	篮					篮	篮		篮	篮								篮	篮				篮	篮			篮	14
12	静安体育馆	会		篮	篮		篮	篮		篮	篮					篮	篮		篮	篮								篮	篮				篮	篮		会	篮	14
13	上海市体育宫				排		排			排			排																								排	4
14	华东师范大学体育馆			排	排		排	排		排	排			排					手	手		手	手		手	手		手	手		手	手					排、手	17
15	上海大学嘉定校区体育馆		乒	乒			乒	乒					乒																								乒	5
16	嘉定体育馆		乒		乒	乒	乒	乒	乒		乒	乒		乒	乒		乒																				乒	11
17	黄浦体育馆		羽	羽	羽	羽		羽			羽			羽																							羽	7
18	上海沪南体育活动中心		10月6日－11日羽毛球男、女团体比赛																																		羽	12
19	上海国际网球中心		网						网			网			网			网			网			网			网			网			网				网	10
20	上海市仙霞网球中心	开	10月8日－9日网球男、女团体第一阶段比赛																																	闭	网	2
21	杨浦体育馆												手			手			手	手		手	手		手	手		手	手		手	手		手	手		手	14
22	上海游泳馆		游		游	游		游	游		游	游		游	游		游	游		游	游	现	游											现			游、现	16
23	上海国际体操中心			体	体	体	体	体		体	体					体	体		体	体																	体	11
24	静安体育中心游泳馆		水		水	水		水	水		水	水		水				水		水	水		水	水		水											水	14
25	浦东游泳馆								花		花	花		花			花			花			花														花	7
26	奉贤体育中心								射	射		射	射		射	射		射	射		射	射		射	射												射	12
27	闸北体育馆			举	举		举	举		举	举		举	举		举						举	举		举	举		举	举		举	举		举	举		举	19
28	上海体育运动技术学院击剑馆	幕										剑	剑		剑	剑		剑	剑		现			剑	剑		剑	剑		剑	剑		现			幕	剑、现	14
29	上海体育学院综合馆		摔	摔		摔	摔		摔	摔		摔	摔											摔	摔		摔	摔		摔	摔		摔	摔			摔	16
30	宝宸体育馆			拳	拳		拳	拳		拳	拳		拳	拳		拳	拳		拳	拳		拳	拳		拳	拳											拳	16
31	上海市射击运动中心		击	击		击	击		击	击		击	击																								击	8
32	上海体育运动技术学院射击馆																				现												现				现	2
33	上海赛车场		自			自			自	自					自	自		自	自		自	自		自	自												自	12
34	松江东佘山森林公园																													自	自						自	2
35	上海市水上运动场		赛			赛															皮			皮			皮	皮		皮	皮						赛、皮	8
36	浦东棒垒球场	式	垒			垒	垒		垒			棒	棒		棒	棒		棒	棒		棒	棒		棒	棒											式	垒、棒	14
37	上海市体育运动学校		垒			垒	垒																														垒	3
38	上海市体育宫棒球场											棒	棒		棒	棒		棒	棒		棒	棒		棒	棒												棒	10
39	虹口体育馆		武	武	武	武	武	武	武		武	武		武													武		武	武		武	武		武		武	16
40	上海马术运动场		马						马			马												现										现			马、现	5
41	上海植物园																					现															现	1
42	上海市闵行区体育场		曲	曲		曲	曲		曲	曲		曲	曲		曲	曲		曲			曲			曲	曲		曲	曲		曲	曲		曲	曲			曲	20
	每天项次数合计		15	20	13	13	16	13	13	20	13	14	13	10	10	21	8	10	13	10	12	18	8	11	11	5	7	19	7	8	9	4	9	17	5	总项次数		
			48			42			46			37			39			33			38			27			33			21			31			395		

备注：

1. 短道速度滑冰、速度滑冰提前到3月在北京、黑龙江举行
2. 帆船提前至4.18-27举行，帆板提前至5.5-15举行
3. 女排提前在5.23-6.1举行
4. 男子沙滩排球提前在7.22-27举行
5. 柔道提前在9.7－10举行
6. 女子沙滩排球在9.26－10.1举行
7. 艺术体操提前在10.2－4举行
8. 跳水提前在10.4-11举行
9. 马拉松提前在10.4在北京举行
10. 羽毛球提前在10.6开始
11. 男排决赛提前在10.7-10.16举行
12. 网球在10.8开始
13. 赛艇提前在10.9开始
14. 垒球提前在10.9开始
15. 乒乓球提前在10.9开始
16. 曲棍球提前在10.11开始
17. 10.13-15自行车举行公路赛
18. 水:水球 射:射箭 击:射击 剑:击剑 现:现代五项 自:(包括：公路赛、场地赛、山地赛)

来源：国家体育总局办公厅信档处

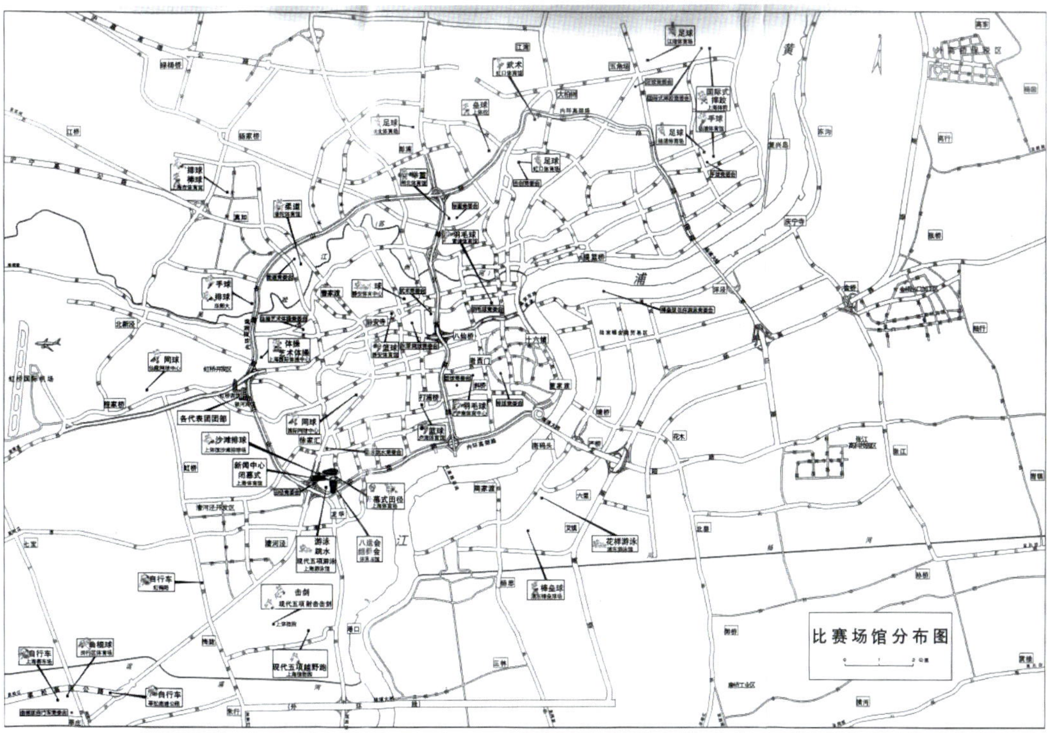

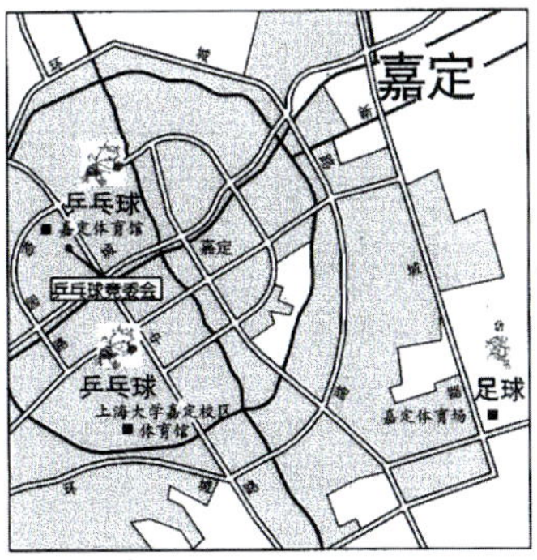

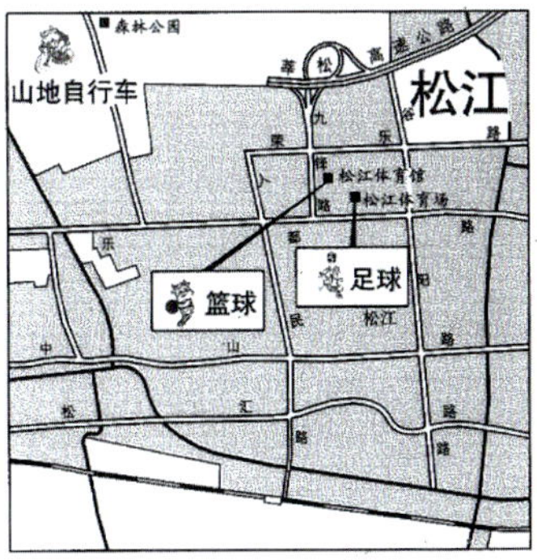

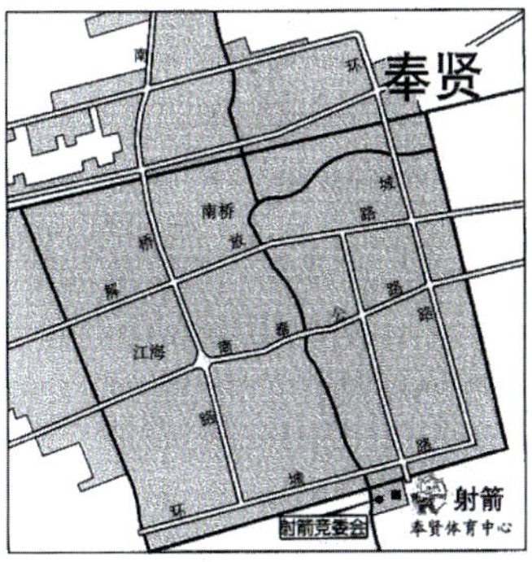

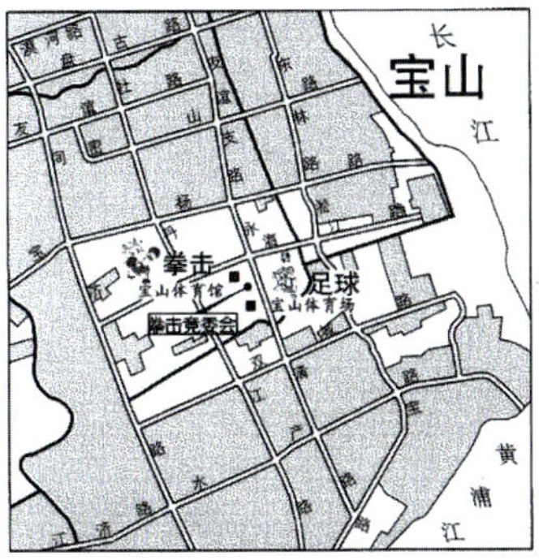

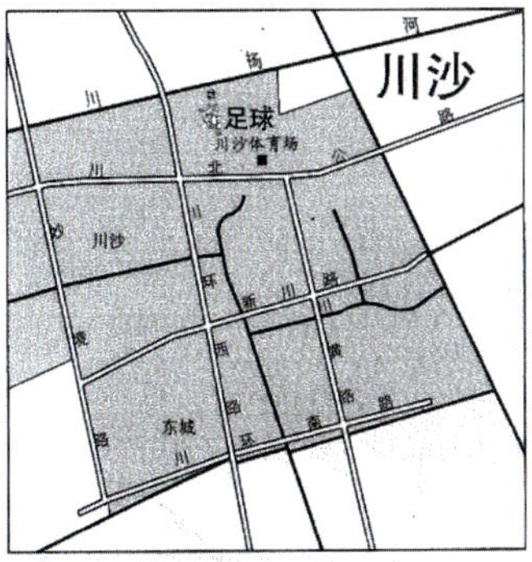

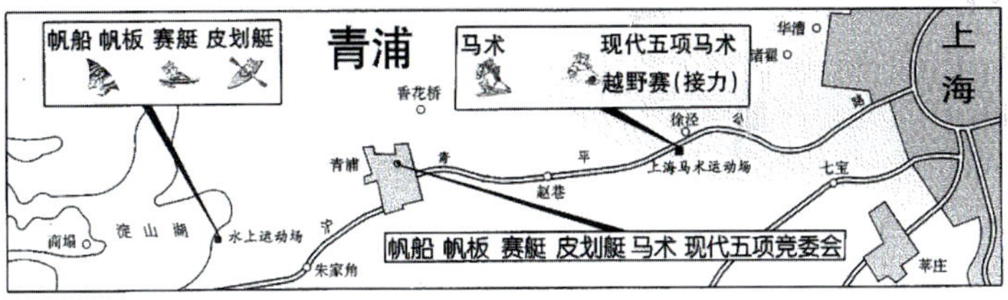

上海市测绘院绘制

来源：国家体育总局办公厅信档处

竞赛成绩

八运会各代表团奖牌统计

单位：枚

名次	单位	总计			比赛奖牌			奥运奖牌			超纪录	协议奖牌			两次奖牌		
		金	银	铜	金	银	铜	金	银	铜	金	金	银	铜	金	银	铜
1	上海	42.0	34.0	32.0	37.0	26.0	30.0	1.0	6.0	0.5		4.0	2.0	1.5			
2	辽宁	39.5	43.5	29.5	30.0	37.5	25.0	2.0	3.5	1.0	6.0	1.5	1.5	0.5		1.0	3.0
3	山东	25.0	22.0	25.0	21.0	17.0	25.0		3.0		1.0	2.0	1.0		1.0	1.0	
4	广东	24.5	31.5	37.5	24.0	28.0	36.0		3.5			0.5		0.5		1.0	
4	解放军	24.5	25.5	24.5	22.0	21.0	22.0	2.5	4.5	2.5							
5	江苏	23.0	15.0	24.0	22.0	14.0	22.0	1.0	1.0	2.0							
6	北京	20.0	33.0	12.5	17.0	25.0	11.5	1.0	7.5	0.5		2.0	0.5	0.5			
7	吉林	19.0	9.5	6.0	12.0	6.0	5.0		2.0		7.0		0.5	1.0		1.0	
8	湖南	17.5	10.0	13.5	15.0	10.0	13.0	1.0			1.0	0.5		0.5			
9	浙江	17.0	10.0	7.5	14.0	8.5	7.0	1.0	1.0	0.5	1.0	1.0	0.5				
10	河南	14.5	11.0	20.0	13.0	10.0	18.0	1.5	1.0	2.0							
11	四川	12.5	20.5	18.0	12.0	18.5	18.0					0.5	1.0			1.0	
12	广西	12.5	11.0	7.5	10.0	9.0	6.0	1.0	2.0	1.5	1.0	0.5					
13	湖北	12.5	10.5	9.0	9.0	7.0	7.0	3.5	3.5	2.0							
14	黑龙江	9.5	11.0	8.0	7.0	11.0	8.0	0.5			1.0				1.0		
15	内蒙古	9.5	9.0	9.0	9.0	8.0	8.0					0.5				1.0	1.0
16	山西	8.0	7.0	8.0	8.0	7.0	7.0							1.0			
17	江西	8.0	4.0	3.0	7.0	4.0	3.0								1.0		
18	河北	6.5	5.5	17.5	5.0	4.0	17.0		1.5		1.0	0.5		0.5			
19	天津	5.5	10.0	8.0	5.0	9.0	8.0		1.0			0.5					
20	安徽	5.5	4.5	10.0	5.0	4.0	9.0			1.0		0.5	0.5				
21	福建	5.0	8.0	8.0	5.0	7.0	8.0		1.0								
22	甘肃	4.0	4.5	6.0	3.0	3.0	5.0		1.5			1.0					1.0
23	新疆	3.0	3.0	5.0	3.0	3.0	5.0										
24	贵州	2.5	3.0	3.5	2.0	1.0	3.0		1.0	0.5		0.5			1.0		
25	火车头	2.0	1.0	3.0	2.0	1.0	3.0										
26	香港	2.0			1.0			1.0									
27	陕西	1.5	6.5	1.0		6.0	1.0					0.5	0.5		1.0		
28	前卫	1.0	5.0	3.0	1.0	5.0	3.0										
29	云南	1.0	3.5	5.0	1.0	3.0	4.0		0.5								1.0
30	西藏	1.0			1.0												
31	青海	0.5	2.0			2.0						0.5					
32	重庆		2.5	2.5			1.0						0.5	0.5		2.0	1.0
32	银鹰		1.0			1.0											
33	海南			2.0			2.0										
34	宁夏			1.0			1.0										
35	水利			1.0			1.0										

来源：国家体育总局办公厅信档处

八运会各代表团总分统计

名次	单位	总分	比赛分	奥运增分	超纪录增分	协议计分	两次计分
1	上海	2218.5	2024.5	84.0		110.0	
2	辽宁	1951.0	1678.0	74.5	78.0	53.0	67.5
3	广东	1915.0	1792.0	38.5		36.5	48.0
4	山东	1423.0	1308.0	33.0	13.0	45.0	24.0
5	北京	1373.5	1216.5	100.5		53.5	3.0
6	解放军	1365.5	1258.5	107.0			
6	江苏	1335.5	1282.0	44.0		9.5	
7	四川	1300.9	1193.9			31.0	76.0
8	河南	1089.5	1020.0	50.5		3.0	16.0
9	河北	1059.5	1007.5	16.5	13.0	11.5	11.0
10	湖南	821.5	772.0	13.0	13.0	11.5	12.0
11	湖北	722.5	618.5	104.0			
12	浙江	721.0	660.5	29.0	13.0	18.5	
13	天津	710.0	688.5	11.0		10.5	
14	黑龙江	702.0	651.0	6.5	13.0		31.5
15	吉林	700.5	534.5	22.0	91.0	31.5	21.5
16	山西	568.0	510.0			10.0	48.0
17	内蒙古	543.5	480.5			24.5	38.5
18	广西	540.0	477.0	50.0	13.0		
19	福建	485.5	474.5	11.0			
20	江西	391.5	357.5				34.0
21	安徽	369.0	342.0	10.0		12.0	5.0
22	甘肃	364.5	301.0	16.5		26.0	21.0
23	陕西	280.0	243.0			12.0	25.0
24	重庆	267.5	50.5			14.0	203.0
24	贵州	259.0	212.0	16.0		6.5	24.5
25	云南	258.0	229.5	5.5			23.0
26	新疆	191.0	191.0				
27	前卫	143.5	143.5				
28	火车头	137.5	137.5				
29	海南	89.0	89.0				
30	宁夏	88.0	83.0				5.0
31	青海	78.0	71.5			6.5	
32	香港	48.0	35.0	13.0			
33	邮电	44.0	44.0				
34	银鹰	39.0	39.0				
35	西藏	27.0	27.0				
36	水利	26.0	26.0				
37	石油	20.0	20.0				
38	煤矿	19.0	19.0				
39	电力	15.0	15.0				
40	航空	9.9	9.9				
41	化工	8.0	8.0				

来源：国家体育总局办公厅信档处

破纪录人数和人次

179人659次超41项世界纪录，其中，16人19次超7项奥运项目世界纪录；4人4次平3项世界纪录；100人3队367次超55项亚洲纪录；88人6队142次创66项全国纪录。

精彩瞬间

马拉松比赛开始了

许刚以5.50米的成绩获男子撑杆跳冠军

女子4×100米决赛

占旭刚以总成绩360公斤、挺举200公斤双超70公斤级举重世界纪录后欣喜万分

香港自行车队黄金宝胜利到达157.88公里公路个人赛终点时，已成了泥人

女子全能冠军孟菲

湖南的凌洁获得高低杠、平衡木两枚金牌

周小菁的带操魅力无穷

肖艳玲（河北）获女子铁饼冠军

乒乓常青树邓亚萍打起球来气势逼人，她在八运会上夺得女子单打、女子双打（与张辉合作）两枚金牌

老将王义夫代表辽宁出战，获男子自选手枪慢射冠军

闭幕式

闭幕式致辞

徐匡迪

各位来宾，同志们、朋友们：

在党中央、国务院的关心下，在国家体委的指导和各代表团的共同努力下，第八届全运会实现了热烈、隆重、精彩、文明的目标，划上完美的句号。在八运会帷幕降下之际，我谨代表中共上海市委、上海市人民政府和1300万上海人民，向参加八运会的各省市区、解放军和行业体协的代表团，向为八运会取得圆满成功做出努力的运动员、教练员和所有的同志们，表示热烈的祝贺！

本届全运会经过12天的激烈拼搏，中华体育健儿以优异的成绩为国争了光，打破了一大批世界纪录、亚洲纪录和全国纪录，以顽强勇敢的意志、勇攀高峰的信念和团结友谊的风尚，体现了奥林匹克的精神。本届全运会，必将进一步激发全国亿万人民奋发向上、振兴中华的爱国热情，推动我国体育运动的蓬勃开展。本届全运会在上海举办，激发了上海人民更好为全国服务的热情，全国体育健儿崭新的精神风貌，是我们学习的榜样，必将鼓舞上海人民以更高昂的姿态去夺取两个文明建设的新胜利。

同志们，新的历程已经开始。让我们携起手来，在党的十五大精神的指引下，加快步伐，继续奋进，创造更加辉煌的业绩，迎接新世纪的到来！

谢谢。

闭幕式上儿童表演

李鹏总理等中央领导同志出席八运会闭幕式

闭幕式上优秀运动员合影

媒体报道

《中国体育报》

世纪圣火熊熊燃起　五彩礼花映红天际
八运会在沪隆重开幕
江泽民宣布八届全运会开幕

中共中央总书记、国家主席江泽民今晚在上海体育场宣布，中华人民共和国第八届运动会开幕。

今晚上海清风送爽，花团锦簇，彩旗飞扬。晚上8时，第八届全国运动会开幕式在如同白玉兰花盛开般的上海体育场举行。来自全国各省、自治区、直辖市及香港特别行政区和解放军以及13个行业体协的共46个代表团步入运动场。由257人组成的香港特别行政区代表团首次参加全运会，入场时受到了全场8万名观众的热烈欢迎。

在雄壮的中华人民共和国国歌乐曲声中，全场观众齐唱国歌，国旗冉冉升起。此后，八运会会旗在会歌乐曲声中徐徐升起。

八运会组委会执行主任、上海市市长徐匡迪致欢迎词说，在党中央、国务院和全国人民的关心、支持下，上海人民以服务全国为己任、以乐于奉献为光荣、以争创一流为目标，经过4年的努力奋斗，已做好了八运会的各项准备工作。他说，“当好东道主，办好八运会”已成为上海人民的共同心愿。大家将继续全力以赴，为八方嘉宾提供良好服务，为运动健儿创造一流比赛环境。八运会组委会主任、国家体委主任伍绍祖在致开幕词时说，八运会是本世纪我国最后一次规模最大的综合性运动会，是我们学习、宣传党的十五大精神，贯彻党的体育工作方针和《中华人民共和国体育法》，推动全民健身计划、奥运争光计划的体育盛会。伍绍祖说，我们一定要高举邓小平理论伟大旗帜，在以江泽民同志为核心的党中央领导下，坚持党在社会主义初级阶段的基本路线，大力发扬中华体育精神，努力做好体育工作；在全国人民的关心和支持下，把本届运动会办得隆重、热烈、精彩、文明，做到运动成绩和精神文明双丰收，为把建设有中国特色社会主义伟大事业全面推向21世纪做出贡献。

在江泽民宣布第八届全国运动会开幕后，五彩缤纷的礼花在运动场腾空而起，全场欢声雷动，把开幕式推向了高潮。随后，蒋丞稷、孙麒麟分别代表参加八运会的运动员和裁判员宣誓。

出席八运会开幕式的领导人有中共中央政治局委员、国务委员李铁映，中央政治局委员、中央军委副主席张万年，中央政治局委员、上海市委书记黄菊，中央政治局候补委员、书记处书记曾庆红，全国人大常委会副委员长王光英，全国政协副主席杨汝岱、钱伟长、董寅初、霍英东，还有香港特别行政区第一任行政长官董建华。国际奥委会主席萨马兰奇以及部分国际体育组织、悉尼奥运会组委会、一些国家和地区体育组织或代表团的官员也出席了开幕式。中央和国家有关部门负责同志也出席了开幕式。主持今天开幕式的是八运会组委会常务副主任、上海市副市长龚学平。

第八届全国运动会10月12日至24日在上海举行。它是本世纪最大、也是最后一届全运会，是香港回归祖国和党的十五大之后举行的首次全国性大型活动。参加八运会的运动员、教练员、裁判员、记者和观摩人员等总共达两万人，其中7647名运动员参加28个大项、319个小项的决赛阶段比赛。除武术外，其余都是奥运会正式比赛项目。

上海人民为举办本届全运会做出了很大的努力和奉献，积极探索建立有中国特色的举办大型赛事的新模式，引入市场机制进行场馆建设等，做好了八运会各项筹备工作。八运会所需训练比赛场馆82个，其中比赛场馆42个，新建改建场馆38个。

在运动员、裁判员退场后，组织了有18000人参加的大型文体表演《祖国万岁》。它由“伟大的民族”“奋进的时代”和“腾飞的巨龙”三个章节组成，主题鲜明，寓意深刻，突出了广场艺术大气势、大色块、大流动的特点。

本届运动会特意把圣火点燃仪式安排在大型文体表演的末尾举行。代表全国各省、自治区、直辖市和香港特别行政区的32位火炬手，手持燃烧的火炬跑入会场，一起点燃巨龙龙尾，只见巨龙口吐火球，火炬台随之烈焰升腾，本世纪最后一簇全运会圣火熊熊燃烧，映红了天际。

八运会圣火火种分别采自中国共产党诞生地上海和7月回归祖国的香港。8月28日，江泽民在北京点燃了八运会火炬。在此后的一个多月里，“奔向新世纪”火炬传递活动在全国各省、自治区、直辖市和香港特别行政区举行，参加者人数超过200万。各路火炬于八运会开幕前运抵上海。文体表演结束后，江泽民等领导同志走下主席台，来到体育场内，满面笑容地与文体表演的创作、演出人员亲切握手，并与他们合影留念，随后向看台上的观众不断挥手致意。这时，场内掌声不断，一片欢声笑语。江泽民与8万名观众共同欢庆八运会开幕，把八运会开幕式再次推向了高潮。

除先期开始或结束的一些决赛项目外，八运会比赛明天将全面展开。

（刊载于《中国体育报》1997年10月12日）

《中国体育报》

跨世纪的脚步

——上海筹备八运会采访手记

我们登上高耸的东方明珠塔，看上海仿佛找到了新的视角。

望浦东，崭新的高楼大厦鳞次栉比，张扬着激越跳动的色彩与韵律；望浦西，老上海正在隐去，一座座宏伟漂亮的现代建筑拔地而起，一条条高架路纵横穿梭。往昔的外滩楼群，已变得陈旧低矮了。滔滔江水上长桥飞架，仿佛把上海的过去与现在、现在与未来紧紧贯通在一起。

此时此刻，瞭望遍布各区的八运会场馆，回顾 上海人筹备八运会的不平凡历程，感触良多，激动不已。站在改革开放潮头的上海人民在体育的舞台上也创造了令人惊叹的奇迹。

机遇——在世纪的舞台上涌现

1997年10月12日，第八届全国运动会将在上海开幕。

这一天，1380万名浦江儿女4年来为筹备八运会所付出的卓越努力，将随着上海体育场主火炬台熊熊燃烧的圣火，在无数目光中，得到最集中、最生动、最壮美的展现。

背依一条横贯九域的长江，面向一片波澜壮阔的大海。上海，吞吐万汇，气象非凡；上海，注定要一次次冲上潮头，担当重任！

20世纪90年代，小平同志打出了上海这张“王牌”。他说：“上海是我们的王牌，把上海搞起来是一条捷径。”

这是继80年代建立经济特区、开放沿海城市之后，小平同志所做出的又一重大战略决策。这位深谋远虑、胸怀全局的世纪老人明确指出，“上海在人才技术和管理方面有明显的优势，辐射面宽”，要“利用上海这个基地发展长江三角洲和长江流域”。

机遇，崭新的历史性的发展机遇，召唤着上海冲向改革开放的“前沿”。

1994年，小平同志最后一次来上海。临回北京，老人家特地把吴邦国和黄菊同志叫上火车，殷切嘱咐：“你们要抓住20世纪的尾巴，这是上海的最后一次机遇啊！”

上海人民怎能忘记小平同志郑重而深情的嘱托！“抓住机遇，加快发展”，上海人民把这八个大字写在整座城市所有重要的场合，同时更深深地铭刻在心中。

当承办第八届全运会的重任落在上海市肩上，这里的人们敏锐而强烈地意识到，这是机遇，这是展示上海改革开放新风貌的良好机遇，是促进上海建设现代化大都会的良好机遇，是推动上海物质文明与精神文明建设的良好机遇，也是上海为国家体育事业做出新贡献的良好机遇。

在党和国家的关怀下，在国家体委和上海市委、市政府的大力支持与领导下，1994年，也就是小平同志最后一次到上海的同一年，八运会筹备工作开始酝酿启动了。

筹委会主任、上海市副市长龚学平说：“筹备八运会固然会有一些困难，但从一开始，更多看到并且牢牢抓住的，是机遇。”

正是在史诗般宏阔、浩荡的“抓住机遇，加快发展”的大背景之下，以“发扬三种精神，坚持一个标准、一条道路”为宗旨的八运会筹备工作，凸现出其强烈、鲜明、动人心魄的色彩。

蓝图——在新思路中勾画

机遇，往往更垂青于锐意创新的人们。没有立足实际、冲破旧框的决心，没有敢为天下先的勇气，再好的机遇也会丧失殆尽。

在八运会筹备进程中，上海人解放思想，开拓思路，多年积攒的潜能如岩浆奔涌。

为承办八运会，上海这次集中新建、改建38个体育场馆，总面积达70万平方米，其规模之大、数量之多为我国城市建设史上所罕见。

支撑起这一壮举的，是达56亿元人民币的总投资。钱从哪里来?

在八运会筹备工作顺利进入收尾阶段的时候，1997年9月初的一天，龚学平在他的办公室微笑着回答本报记者："我始终认为体育本身是个很大的产业，只要多动脑筋，真正打开思路，资金并不成问题。几年前筹办东亚运动会时，在时间紧、经验少、困难多的情况下，我们尚且没花国家一分钱，并赢利2. 6亿元，面对八运，又有什么理由胆怯?"

静安区体委曾经拥有位于市中心繁华地段的两块"宝地"。

其一名为新成游泳池，位于拥挤繁华的南京路上。这座露天泳池建于1938年，上海解放前叫作大陆游泳池，是有钱人出没的所在。

其二则是区体育俱乐部，夹杂在喧腾的江宁路边。上海解放前是个摩登舞厅，建于1945年，想来昔日富贾名媛也曾云集此间。

新中国成立后，人民当家作主，经陈毅市长批示，这两块地方收归区体委管理。在静安区几十年来的业余训练和群众体育活动中，两块"宝地"贡献余热，发挥了很大作用。

然而，斗转星移，时光荏苒，昔日的场所再也满足不了今天发展的需求。静安区体委主任康元龙一度愁眉不展。

新成游泳池设施老，水质差，利用率低，一年只能对外开放两个月；俱乐部的锅炉一坏再坏，无钱维修。康元龙说："由于年久失修，房子漏雨，室内潮湿不堪，连击剑房的地毯上都生蛆了……场馆状况已到了非改变不可的地步。"

而这需要资金，大笔的令区体委无法承担的资金。更何况，在寸土寸金的市中心"商业地段"上，体育场馆早已处于重重包围之中，根本没有可以施展拳脚的发展余地。

一时间，两块"宝地"似乎陷入一种无法自拔的尴尬之中。

"是八运会给我们带来了发展的机遇。"康元龙说。

利用土地置换、级差地租来筹措场馆建设资金！思路一开，康元龙紧锁的眉头顿时舒展。接下来所发生的一切顺理成章。

区体委将两块地共14000平方米交区政府批租，得到2.6亿元的资金，以及一块21000 平方米的地皮，这块地与过去的区体育俱乐部不过两站路距离。

这是一片遍布危棚简屋的旧区地块，密集着1064户居民、近30家个体户，以及几十家企业。1994年5月，静安区体委开始开展难度极高的动迁工作。一年后，动迁完毕，而通过批租得来的2.6亿元也全部花尽。

面对着一片空地，精疲力尽的体委仍不停息地继续拓展思路：他们划出一个角、约6000平方米的土地卖给一家报社，获款1.4亿元，作为建设资金。1995年6月，规模宏伟的上海市静安体育中心主体建筑——游泳馆如期打桩。

但是，整座大楼的建设资金共需1.9亿元，还有5000万元的缺口必须补上。

怎么办?

区体委的同志广开思路，最终拿出一个大胆的创意：将原本打算设在底层的游泳馆，一下子提升至第5层，以充分发挥底下4层多种经营的效益。他们将其中两层出售给中国农业银行上海市分行，得到5000万元。

至此，整幢大楼的建设资金全部到位。

1997年9月初的一天午后，在这座离地28米高的游泳馆的阳台上，康元龙向记者述说着这一切，满脸发自内心的骄傲和自豪。

这位搞教育出身的基层体委主任，对于抓住机遇、开拓思路的重要性颇多感触。他欣慰地说："我们贡献了两块能为国家创造巨额税利的黄金土地，改造了一片旧城区，建起了一座集训练、比赛、健身、休闲多种功能为一体的现代化体育中心，一举三得。更重要的是，在这一过程中，我们体委的人真正实现了一次思想观念的大飞跃。这对今后体育事业的进一步发展，具有深远意义。"

上海市筹备八运会的工作，一直得到国家体委的高度重视和大力支持。国家体委领导曾多次赴上海视察，并帮助解决困难。

1996年7月21日，国家体委主任伍绍祖为建设中的静安体育中心题词："体育设施要设计好，建设好，管理好，使用好，经营好。"

1997年8月10日，伍绍祖在视察了部分八运会场馆后，对上海市的工作给予了高度评价。他说，上海市在没花国家一分钱的情况下，能够将八运场馆建成世界一流、亚洲第一的高水平，适应了我国社会主义市场经济的要求。而如何使这些一流场馆在八运会后不是变成包袱，而是更好地为社会服务，是一个需要认真考虑和解决的问题。

据悉，静安区体委已对体育中心今后的管理和经营做出了详尽的规划，并且开始广泛吸纳各种人才。去年，中心招收了25名学生，正由静安职业学校进行为期3年的正规培训。

另外，作为"最高的国际比赛标准游泳馆"，静安体育中心名列吉尼斯之最。

当然，在浦江两岸，静安并非唯一的成功者。上海体育场、卢湾体育馆、国际体操中心、浦东游泳馆……每一个名字，都代表一段动人的故事；每一座雄伟的建筑背后，都连系着一条宽广的新思路。

力量——在心血汗水中凝聚

八运会筹备工作千头万绪，上上下下，成千上万人为之操劳、为之奔波。心血的凝聚便是力量的爆发。

他们爱打一个比方：八运会就像一个大火盆，每个人都往里添根柴，火就会越烧越旺。

1997年4月，八运会筹委会创造性地成立了志愿者工作部。到目前为止，上海市已有7万名居民到志愿者招募点报名，其中年龄最大的已78岁，最小的才8岁。

聋哑职工徐庆祥，几经周折才找到报名地址，填完表后，他特意用笔告诉工作人员：只要通知，我随叫随到。

21岁的朴龙哲是上海中医药大学学生，已有一年半没回延边老家，为给两位前来指导闭幕式翻牌表演的朝鲜专家当翻译，他毅然放弃了假期先打工、然后回家的打算。

56岁的姚妙英大妈退休后炒股，自从当上志愿者，就没那工夫了。每天，她要到组委会办公室帮助收发上千份报纸、信件。这几天股票行情颇好，她很想去证交所走一趟，无奈工作离不开，姚妈妈心一横："算了，赔就赔！"

八运会，实质上是一项激发人们爱心、凝聚社会力量的浩大工程。在构筑八运会舞台的日日夜夜里，上海上上下下同心协力，付出了可贵的热忱。体育社会化，在此得到了生动的诠释。

"七五"期间，上海市兴建了一批居民小区，本来留有体育规划用地，但因无资金，一直搁置。

1992年年底，13个居民小区的体育场地建设开始提上议事日程。当时，上海市计委每年拨给体委的基本建设资金为800万元，而小区体育场地建设总费用最起码也需8个亿。这就是说，即使全部投进国家拨款，这件事也需用100年才能办完！

不改变思路，根本谈不上发展。上海市体委专门成立了一个体育场地开发公司，充分利用国家政策，充分依靠社会力量，采取“借天不借地”的办法，开发商品房获取资金后，建造了一批规划中的小区体育设施。

乘改革东风，抓八运会机遇，动员并依靠全社会的力量，上海仅用5年时间，便创造了一项百年伟业。

现在，上海市人均体育活动占地面积已从1983年的0.13平方米上升到0.9平方米，在全国各省、市、自治区中从第25位跃至前列。

火炬传递、开闭幕式等大型活动历来是综合性运动会的重要组成部分。遵照上海市领导“高立意，新思路，大手笔”的总体要求；无数人殚精竭虑。

——火炬传递采取“沪港两地采火，北京点火，各地传火”的方案，寓意深刻，且更加务实。

——开幕式将把各种仪式融合在表演及焰火施放之中，一气呵成。

——运动员入场式时间大大缩短，每个代表团人数限定在48人，以使整个开幕式更加紧凑。

——大型团体操《祖国万岁》参演人数达18000人，创历届全运会之最。

——开幕式表演将邀全体观众参与，届时会发给每人几件小道具，在志愿者的指挥下，组成绚丽的色块，场上场下融为一体。

——主火炬台设在主会场场外，开幕式时，各地火炬手将全部进入主会场，共同点燃主火炬，并通过一定的措施，传到场外火炬台。届时，场内外呼应，蔚为壮观。而到底采取什么手段传火，现在已成为八运会留给人们的最大悬念。

目前正在上海体育场西门外抓紧施工的主火炬台，由上海大学美术院郭力教授创意设计。在此基础上，又有十多位中青年雕塑家进行了对主体结构、体育组雕、灯光装饰的设计和制作。火炬燃烧结构则委托上海市煤气公司完成。

八运会主火炬台，乃众手同心浇铸而成。

火炬台基础用花岗岩作材料，基座长19.95米、宽6.2米，寓意1995年6月20日，国务院颁布《全民健身计划纲要》。基座高8. 29米，表明1995年8月29日，《中华人民共和国体育法》正式发布。在此基础上竖立起来的熊熊火炬，意义非常深刻。

整个火炬总高19.97米，下段圆柱高8.3米，象征着1983年上海曾举办五运会，1997年再次承办八运会，又上台阶。

这座凝结着上海人智慧和心血、几乎每一个部分都蕴藏深刻内涵的火炬台，将在八运会后永久矗立，成为上海——这座有着深厚文化底蕴城市的又一处纪念性建筑。

八运会，无疑是对上海“两个文明”建设的一次大检阅、大促进。在“讲文明、树新风、迎八运”的旗帜之下，上海市的交通、邮电、旅游、文化、卫生、气象、新闻各行各业广泛动员了起来。

通过八运会的筹备历程，我们仿佛看到，在东海之滨，在黄浦江畔，领导的韬略、设计师的智慧，以及无数劳动者的创造，正在一起激荡、汇聚，卷起一片声势浩大的波澜。

（刊载于《中国体育报》1997年9月11日）

《中国体育报》

神州大地八运情
全国各地支持和参与筹办八运会

当八运圣火在上海体育场燃起时，全国人民感谢东道主——1300万名上海人民筹办八运的日夜操劳，而上海人民也没有忘记全国各地对筹备工作的全力支持和参与。

八运会是全国人民的八运会

8月初的一天，南京体育学院体育器材厂一派节日气氛。该厂为八运会艺术体操赛生产的专用场地器械、减体重设备已全部保质保量完成。工人们簇拥在厂门口敲锣打鼓欢送前往上海运送器材的车队。卡车的四周挂着表达他们心意的条幅：“为八运会生产体育器材光荣”“八运会是全国人民的八运会”。

为与奥运会接轨，八运会的赛项除武术外，其他均为奥运会项目，对比赛器材的要求十分严格。上海厂家除提供乒乓球、羽毛球等球类比赛用品外，其他的大型比赛器材需要外地支援。

经过国家体委有关部门的检验批准，北京、天津、山东、江苏等省市的6家体育器材厂荣幸“中标”。为生产这批器材，这些厂家专门成立了八运会体育器材生产领导小组，从选料、加工，直至运输，层层把关，确保优质、按时。9月15日之前，这批比赛器材已提前一个月安全送到了上海有关比赛场馆。

有人出人有力出力

筹备八运会的许多活动都得到了全国各界人士的支持和合作。如八运会会徽和吉祥物的征集，八运会会歌和大型文体表演《祖国万岁》主题歌的创作及演唱，直至演出的民族服装制作，等等。

今年1月，上海向全国征集八运会歌曲，短短3个月，就收到全国各地3000多人的词曲稿1300余件。4月，中国轻工总会与八运会筹委会成立了联合办公室，率先开展以“支持八运盛会，宣传轻工名牌”为主题的全行业迎八运活动。几个月来，轻工系统上千家企业通过各种方式支持八运会。

在全国开展的“奔向新世纪”火炬传递活动，广东健力宝集团拿出1200万元予以资助；广东神州燃气用具有限公司提供了300把传递火炬和40只火种盒；中国老区建设促进会代表老区人民主持铸造了一尊具有中华民族象征意义的中华青铜鼎。

八运志愿服务工作也得到了上海邻近城市人民的响应。今年8月，八运志愿者招募向社会推出后，5万名多上海市民争先恐后地报名，常熟、苏州、杭州等外地市民也纷纷打来长途电话要求加入。江苏省驻沪办事处是第一个参加志愿者队伍的外地团体，他们所属的江苏饭店组成了一支80多人的名厨和优秀服务员志愿者队伍。他们表示：哪个代表团想吃淮扬菜，他们就上门服务，保证选手们品尝到正宗的淮扬菜。

全力“确保”见真情

电视是传播运动会信息和比赛的重要手段。八运会筹委会广播电视委员会原计划对开、闭幕式及18个比赛项目进行电视实况转播，其规模已超过历届全运会。八运会组委会成立后决定扩大转播范围，除水上项目外，将实况转播所有竞赛项目。届时，八运会的25个场馆都进行电视实况转播，转播场次达234场。

这样规模空前的电视转播，需要全国各地电视台通力协作。中央电视台和北京、天津、广东、山东、浙江、江苏、安徽等14家省市级电视台一致表示“这也是我们的责任和义务”，决定派出15辆设备精良的电视转播车和一批技术工作人员到上海，会同上海的东方、上海、有线3家电视台一起做好电视转播工作。

确保八运会顺利进行，是全国上下的一致行动。在八运会整个筹办过程中，国家体委给予了全方位的指导和帮助。国家体委领导多次赶到上海，反复检查体育场馆、竞赛组织、开闭幕式安排和新闻宣传等主要环节，与上海市委、市政府领导共同研究各项筹备工作。

开幕式定于10月12日举行，这是气象部门认为无雨概率达92%的日子。为了预防8%的雨天，八运会组委会决定做好人工消雨的准备。中国气象科学研究院人工影响天气研究所所长张纪淮等6名专家专程赶到上海，与上海气象中心的专家们一起研究制定人工消雨方案。空军某部的3架运输机也整装待发。届时，北京与上海、地方与部队，将共同确保八运会开幕之日是个好天气。

八运会期间，上海机动车辆将剧增。上海交通管理部门在限制本市车辆的同时，也需要限制外省市车辆进沪。兄弟省市的交管部门立即呼应：一定做好工作，最大限度减少进沪车辆，把交通便利让给八运会。

确保八运会，情系八运会。上海正和全国各地携手合作，共谱一曲“办好八运会，迎接新世纪”的动人乐章！

（刊载于《中国体育报》1997年10月5日）

《深圳商报》

我是志愿者

在深圳，有个组织叫“义工联”，是由一批义务为社会做好事的人组成的。近日在上海，我们也见到了这些熟悉的身影。9日晚，当记者抵达申城来到机场内设置的八运接待处自报家门时，一位小伙子迎了过来：“您好！我是志愿者。”说着，他帮我们提着行李等物品，一直将我们送到接站车上。一下飞机就受到接待，心里当然有股浓浓的暖意。接下来的几天里，在住地，在主新闻中心，在赛场，在开幕式上……每一处，你都能看见身着白色T恤、上面印有“八运志愿者”字样的志愿者。在主新闻中心，一位叫潘骏的小伙子告诉我们，他是上海农学院二年级的学生。当上海的八运会志愿者工作部到他们学校设志愿者报名点时，一、二年级一下子就有三四百名同学报名。由于名额有限，最后只录用了120名，那些没有当上志愿者的同学有的还流下了眼泪。在主新闻中心，像潘骏这样的大学生有50名。每天早晨6点多钟，他们就从学校出发，8点前准时赶到，一直到晚上最后一个记者离去，他们才能下班。

记者问潘骏："你为什么参加志愿者队伍？"小伙子说："八运会是本世纪内最大的一次体育盛会，如果不参加，这一生都会感到遗憾。作为大学生，我也有义务无偿奉献，并且帮助别人自己也会感到快乐。"上海的志愿者，像潘骏这样的人很多，他们当中，有机关工作人员、教师、个体经营者等各界人士，他们服务在八运会的各个地方，人数有7万之多。国家体委主任伍绍祖在了解这一活动后，对志愿者的风格非常赞赏："这是像'星期六义务劳动'一样的伟大创举，从某种意义上说，比在八运会比赛上拿金牌更有意义。""用我们的爱心和技能，服务八运会；用我们的真诚和友爱，参与八运会……"这就是八运会志愿者的誓言。

（刊载于《深圳商报》1997年10月14日）

《人民日报》

八运会组委会向港澳记者通报情况
香港一百六十八名健儿挺进决赛

本报深圳8月13日电 中华人民共和国第八届运动会组委会今天下午在深圳召开新闻发布会，向港澳及华南地区新闻界介绍全运会的筹备和组织情况。首次组团参赛的香港特别行政区代表团有关负责人也出席了新闻发布会，并介绍了香港代表团的组团和备战情况。

袁伟民预计，最后赴上海参加决赛的总人数将达到7700多人，共有46个代表团。国际奥委会主席萨马兰奇等一大批国际体育组织的官员和上海友好城市的外宾将应邀观摩，约2000名中外记者将前来报道八运会。

上海市副市长龚学平介绍了上海市的准备情况。他说，上海除了利用现有的44个场馆外，还新建、改建了38个体育馆（场），总投资约56亿元人民币。龚学平说，查阅了上海气象历史资料，发现10月12日开幕式这一天晴天率高达93%；为防万一，还准备采取先进的空中人工消雨措施。

龚学平说，这届全运会，加强了兴奋剂检查，并且首次检查运动员的性别。本届全运会还首次设立了纪律检查委员会，全力抓好赛风。

霍震霆在介绍香港代表团的情况时认为，与内地的其他代表团相比，香港队显得较弱，他们将派出168名运动员参加20个项目的决赛，在乒乓球和马术方面较有希望取得名次。由于李丽珊在亚特兰大奥运会上获得的金牌按规则已算入总分，因此香港队这次肯定不会空手而归。

（刊载于《人民日报》1997年8月14日）

《人民日报》

参加第八届全运会
香港特区组成筹委会

新华社香港7月17日电 香港特别行政区参加第八届全国运动会的筹备委员会以及下属机构已经成立，特区行政长官董建华将担任全运会特区代表团名誉团长，文康广播局局长和康体发展局主席将担任代表团名誉副团长。

香港康体发展局经与香港各体育总会的领导人进行磋商，成立了参加全运会的筹备委员会。筹委会主席是日前已委任的第八届全运会香港特别行政区代表团团长霍震霆副主席、代表团副团长是韦基舜，筹委会委员还有康体发展局行政总裁马子超和傅浩坚、范锦平、陈启明等人。

筹委会下设公关、财政、行政、医疗等小组（部）。

马子超透露，筹委会将于近日派发报名表格给有意参赛全运会的各个体育总会。体育总会向筹委会报名的截止日期为8月1日。

据悉，现在已经有田径、游泳、足球等24个体育总会表明有意参加全运会，初步报名人数为433人（其中运动员330人）。代表团的最后名单将于8月13日公布。

（刊载于《人民日报》1997年7月18日）

《中国体育报》

八运会的前奏曲

改革的思路

10月，上海盛装迎嘉宾，八运盛会即将开幕。全市166条主要道路整修一新，道路两边彩旗飞舞，花团锦簇。而最引人注目的，是总建筑面积达70万平方米的38个新建、改建的体育场馆已拔地而起。它们造型新颖，极富现代气息，如同一颗颗明珠撒落申城。

1993年9月19日，当上海市副市长龚学平在北京接过全运会会旗时，不少人隐隐有些担忧。因为当时上海的体育设施严重老化，上海人曾引以为骄傲的上海体育馆也已使用近20年了。

现在，人们不禁又要问：在短短4年中建起这么一大批场馆，上海究竟有何“魔力”？

决心“换脑筋”

兵马未动，粮草先行。从国务院批准上海承办八运会的那天起，体育场馆建设就列入上海市政府的议事日程。根据竞赛需要，应准备82个竞赛和训练场馆，除原有的44个外，还需要新建、改建38个，总投资约36亿元。

这是上海有史以来规模最大的体育场馆建设，如此巨额的资金如何筹集？此次八运会，国家给上海的拨款仅8000万元，这意味着靠财政拨款已不可能。同时，上海的决策层还下决心不用行政摊派和号召市民募捐的老办法，改以市场经济的思维方式，充分发掘体育的自身价值，探索一条体育产业化的新路。

万事开头难。第一个要建的就是可容纳8万名观众的主会场，其总投资高达13亿元。当时，上海在东亚运动会中积余了2. 4亿元资金，这些钱就变成了一只会生蛋的“金鸡”。负责主会场建设的上海东亚集团公司以此为启动资金，并向银行贷款7亿元，一面进行场馆建设，一面进行多种经营、滚动开发。他们在体育场庞大的室内空间建造三星级宾馆、游乐场和商场。在体育场建成之时，他们已经回收了近3亿元。

现在，一座可容8万名观众的现代化的上海体育场已经矗立起来，成为上海的又一个标志性建筑。体育场设计成马鞍形，顶上覆以乳白色半透明新型膜材，远远望去如一只展翅的大鹏，腾空欲飞。前不久，国家体委主任伍绍祖考察后高兴地说：“我观摩过世界上许多体育场，上海体育场虽不敢说世界第一，但绝对称得上世界一流。”

区县各显其能

许多人或许不知道，在38个新建、改建的场馆中，像上海体育场这样由市里负责建设的只是少数，绝大部分场馆是由各区县承建的。这是上海自推行“两级政府、三级管理”城市管理新体制后，对各区县政府的又一次巨大考验。

在市政府只给政策、不给财政拨款的情况下，许多区县都不约而同地想到了4个字：土地置换。用市体委主任金永昌的话来说：“上海的土地还是很值钱的。”

第一个“吃螃蟹”的是卢湾区。1992年，随着淮海路商业街的改造，曾是上海解放前唯一的体育馆——卢湾体育馆被拆迁。区政府就以这笔土地置换获得的资金为基础，在肇嘉浜路上建起2万多平方米的新的卢湾体育馆。

为承办八运会体操比赛，按规划必须建造一个国际体操中心。长宁区将地段较好的天山游泳池批租给日本一公司建商用住宅，用这笔钱加上银行贷款，在内环线旁建成了长宁国际体操中心。国际体联官员来此看后，很惊讶地说：“没想到中国有这么好的体育设施！”

浏览申城，你会发现每个场馆都别具特色：位于中山西路的长宁国际体操中心呈扁球体状，通体银白，像一颗硕大的“围棋子”；位于浦东的临沂游泳馆宛如一只巨型贝壳，升腾在半空；位于市中心的卢湾体育馆则如一艘潜艇，在海上遨游……它们中的大多数，都是各区县以土地置换、合资、集资等各种形式，自筹资金建成的。八运会后，这些场馆都将成为各个社区的体育活动中心。

挖掘商业价值

一位年近五旬的体育记者曾颇为感慨地对人说：“我采访了20多年体育，还从来没有像这次这样，参加过这么多指定产品、冠名权的新闻发布会。”

拓宽思路不仅仅在场馆建设中。在组委会眼里，八运会本身就具有极大的商业价值。八运会的指定产品、杯赛冠名权、各种广告等，也搞得红红火火。对于国际商界来说，体育比赛就是看不见的黄金。最早向八运会投资的是几家外国大公司。百事可乐出资700万元，获得了指定可乐饮料的权利；富士胶卷、诺基亚移动电话等也成为八运会的赞助商。与此同时，国内企业不甘落后，纷纷利用八运会进行自身宣传。广东健力宝集团以1200万元独家赞助“奔向新世纪”火炬传递活动；中国轻工总会联合44家企业，一下子买断了4300万元广告，还专门在上海设了一个办公室，意欲在八运会上掀起一股“轻工旋风”。

据组委会集资部透露，经过这段时间的集资工作，现在八运会指定产品已有40多种，28个比赛项目的冠名权也基本落实，其中足球比赛冠名权被新加坡德加拉电器公司以600万元高价买走。开幕式的场内外广告早已售完。这既为组委会带来了巨额赞助，也给国内外企业提供了商机。

在短短4年时间里，上海成功集资近60亿元，新建改建了38个体育场馆，使上海人均占有体育场地面积达到0. 9平方米，跃居全国前列。而且，这是建立在既没有增加国家和市民的负担、也没有向企业硬性摊派的基础上的。对此，副市长龚学平说得明白：“上海承办八运会的过程，其实就是在市场经济条件下，逐步建立体育产业化新思维的过程。”

（刊载于《中国体育报》1997年10月9日）

《人民日报》

遥远的东方有条龙

——第八届全运会开幕式畅想

今夜，长江水拍打着吴淞口的堤岸，好似龙吟，仰天长啸中，身后是千里浩荡、奔腾不息的江流，眼前是一望无际、云水连天的大海。

第八届全运会开幕式上，那条巨龙口中吐出的火焰点燃了主火炬。在熊熊燃烧的八运圣火中，中国龙奔向大海，翱翔于九天之上。

龙　吟

上海，令我们浮想联翩；八运会，让我们遐思飞扬。长江水，中国龙。从百余年前那个小市镇，到今日高楼大厦鳞次栉比的国际大都会，上海浓缩了中国近现代史上的百年风云。1842年，当帝国主义列强与满清政府签订不平等的《南京条约》时，上海成为被强行开埠的5个通商口岸之一。从此，十里洋场成了西方冒险家的乐园。在川江船工苦难的号子声中，我们仿佛听到了这条巨龙沉重的叹息。

滔滔江水，万载流淌，不死的是民族的精神，不屈的是华夏的魂魄。开幕式上，在波峰浪谷中上下飞舞的精卫大鸟，在烈火中浴血涅槃的凤凰，都在昭示着中华民族坚定不移的信念、九死而不悔的追求。

然而，上海又是一座英雄的城市，它是中国共产党诞生的摇篮。它在20世纪90年代的重新崛起，又有赖于一位世纪伟人的高瞻远瞩。

邓小平从他的家乡踏上一条寻求救民济世的

真理道路时，正是从上海起锚出航的。那也是一个秋天，一个风雨如晦的秋天。70多年以后，小平同志曾7次到上海过春节，他豪迈地提出，上海要成为中国改革开放的龙头，成为国际经济、金融、贸易的中心之一。今夜，我们告慰九天之上的小平同志：龙首已扬起，金甲游九州。

上海作为中国经济腾飞的龙头，襟三江、带五湖，写下了一页页辉煌的乐章。功夫在诗外。上海为八运会所作的种种努力和准备，通过拔地而起的一座座体育场馆，通过以市场运作而不要国家一分钱投入的新思路，通过千姿百态的城市新貌，印证了这样一个事实：中国，已经实实在在地与国际体育大舞台、国际经济大舞台接轨。

大上海，大中国，好大一阵风，它吹向大洋，吹向全球。今夜一首龙吟曲，明日高歌动五洲。

龙　威

长江奔流千里之后，终于在我们身边融入了浩瀚无垠的大海。今天，就在这座被形象地称作“上海”的城市，中国体育上演本世纪末最后一台“大戏”。

场内，600名身着粉红色衣裙的少女正在起舞。一轮红日喷薄而出，七彩的霞光照亮了天际。黎明为我们带来蓬勃的朝气，带来万物复苏的生机。甜蜜的生活，宁静的岁月，晨起的人们沐浴着和风在健身。

此时，人们的思绪已经飞到场外。这是那个曾被称作“东亚病夫”的民族吗？这是那个曾让“孤独英雄”刘长春单身赴奥运的国家吗？近半个世纪来，人们看到了一部从未如此威风的体育史。在它的上面留下了一个个足以让我们下一代记住的名字：容国团、穆祥雄、郑凤荣、朱建华、邓亚萍。

从1959年9月13日到1997年10月12日，三十八载春秋弹指一挥间。全运会从第一届到第八届，体育事业从风雨中走来，今天终于让世人刮目相看。1984年，中国在洛杉矶取得了奥运金牌零的突破。最近两届奥运会更是一直位居金牌榜的第四位。一面面五星红旗升上去，无数个海内外华人眼中的泪水流下来。中国龙威风八面，当今世界谁敢小觑？

我们在历数辉煌的同时，不要忘记铸就辉煌的精神。在八运会前，人们听到了一个越来越响亮的名词：八运志愿者。在短短数月中，上海有7.3万名市民报名加入不要任何报酬的志愿者行列，其中年龄最大的是80岁的程知行老妈妈，最小的是今年8岁的丘洁晨小朋友。也许，这种精神比金牌更有意义。

“咚！咚！咚……”地壳下鼓声阵起，黄土地片片龟裂。身着火红绸衣、手持火红鼓槌的600名击鼓者，从地壳下一齐拥上。场子中央的一面巨鼓上，舍身的精卫鸟昂首向天。顿时，鼓声震天，烈焰铺地。

伴随着鼓声，世纪的时钟走到了一个新的临界点，中国体育又在酝酿新的辉煌。在八运会这个大舞台上，首次全部上演“奥运会节目”。这是一个全新的奥运战略，它在提醒世界，中国体育这条巨龙已经瞄准了下一个坐标：2000年，悉尼！

（刊载于《人民日报》1997年10月13日）

《人民日报》

创造新的辉煌
热烈祝贺第八届全国运动会开幕

社　论

十月金秋，喜讯频传。在香港顺利回归祖国怀抱、党的十五大胜利闭幕之后，今天，又迎来我国本世纪规模最大、也是最后一次综合性运动会——第八届全国运动会的隆重开幕。花团锦簇，群星灿烂，万众一心，共创辉煌盛世盛会，全国瞩目。我们预祝本届运动会圆满成功，祝愿全国各路体育健儿顽强拼搏，多创佳绩，为祖国添彩。

展望八运风云，回眸百年沧桑，我们面前打开一部奋进的世纪史。从旧中国遭受“东亚病夫”的讥讽，到新中国“发展体育运动，增强人民体质”这一口号的提出；从1932年刘长春在奥运会上无功而返，到1984年许海峰一声枪响开始“零的突破”；从青运会、全运会连传捷报，到亚运会、奥运会频传佳音；从竞技体育一枝独秀，到全民健身运动蓬勃开展；从新中国建立后我国体育事业的基础积累，到今天《中华人民共和国体育法》《全民健身计划》《奥运争光计划》的贯彻实施。所有这一切都在表明，我国的体育事业正以空前的规模蓬勃发展。我们民族的体质得到了很大改善，我国的竞技体育水平迅速提高，我国的体育设施建设日趋完善，随着“中国人民站起来了”的巨响，每一年、每一天我们都在进步；从十一届三中全会以来到1996年年末，我国群众体育蓬勃发展，竞技体育在世界大赛中共获得998枚金牌，是1979年前30年共获得30枚金牌的33倍多。更为令人欣慰的是，我国体育事业发展，已经初步走上了依法管理和发展的道路。所有这一切都在证明，国运兴则体育兴、国家富强则体育腾飞！

海阔凭鱼跃，天高任鸟飞。八运会为体育健儿搭起了一个大显身手的舞台，给来自各地的7000多名健儿创造好成绩提供了一流的硬件设施。上海除利用现有的44个场馆外，新建、改建了38个体育场馆，供八运会比赛、训练使用。在赛前筹备工作中，上海全市动员，全民参与，全力以赴，从各个方面为开好八运会做出了很大的贡献。为了更好地实施国家的奥运战略，使全运会和奥运会接轨，在八运会的28个比赛大项目中，除武术外，其他27个大项目均为奥运会项目。前来参加八运会的香港运动员将与各地运动员同场竞技、共创佳绩。血脉相连、手足情深；龙的传人、同攀高峰。这是“一国两制”结出的硕果，是祖国强盛的象征，也是八运会引人注目的风景线。

体育运动中每一项新纪录、新成绩，每一块奖牌的取得，都是奋勇进取、顽强拼搏的结果，胜利永远属于强者。运动场上的胜负也许会被人们忘记，但体育铸造的精神却永放光芒。时光流逝，人们也许会淡忘夺得金牌、创了纪录的运动员的名字，但运动员们在平时苦练中铸造、在比赛中表现出来的精神风貌却是人们永远不会忘记的。容国团喊出的“人生能有几回搏”，中国女排大力弘扬的“拼搏精神”，已经成为我国广大青少年的精神财富；运动员们在比赛中表现的团队精神、协作精神、奉献精神，正成为广大青少年学习的榜样；他们平时训练中不怕苦、不怕累、不畏困难、勇夺胜利的精神，胜不骄、败不馁、“成绩说明过去，一切从零开始”的精神，在他们身上凝结的炽热的爱国主义精神，正在一代一代的青少年中发扬光大。体育的魅力是永恒的，体育健儿铸造、焕发、表现出来的精神将历久弥新；体育事业对推动社会物质和精神文明建设的作用，将记载史册。

世纪之交，风云聚汇。党的十五大向我们指明了迈向21世纪的航程。在邓小平理论伟大旗帜指引下，在以江泽民同志为核心的党中央的领导下，我国的各项事业必将创造出新的辉煌，我国体育事业也将进入新的发展阶段；体育产业将得到快速发展；全民健身计划将得以更广泛更深入地贯彻落实；竞技体育水平将得到更大提高。当然，我们也应看到，无论是在体育运动的普及程度上，还是竞技体育的发展水平上，我国与世界体育强国都还有一段距离。备战1998年亚运会和2000年奥运会，体育健儿任重道远，还有许多高峰有待登攀。八运会的战幕已经拉开，我们相信，体育健儿一定会贯彻“团结、进步、文明、参与”的宗旨，弘扬“爱祖国、重参与、讲文明、创佳绩”的精神，以强烈的责任感和高度的使命感，把八运会开好，一定会赛出风格、赛出水平，以运动成绩和精神文明双丰收，回答党和人民的殷切期盼。

（刊载于《人民日报》1997年10月12日）

《解放日报》

团结拼搏共创辉煌

祝贺中华人民共和国第八届运动会隆重开幕

社　论

鲜花吐艳，彩旗飞扬，高楼绽开笑脸，立交张开臂膀，大变样的上海披上迷人的节日盛装。今晚，全国人民将迎来1997年的又一桩大喜事：中华人民共和国第八届全国运动会将在上海体育场举行盛大的开幕式，从中国共产党诞生地“一大”会址和回归后的香港采集的火种，将点燃象征新世纪光芒的火炬。

八运会在上海举行，是党中央、国务院和全国人民对上海的信任，是上海人民的光荣。我们谨向来自全国各地、各民族的运动员、教练员、裁判员和广大体育工作者，向所有为八运会的举办做出贡献的社会各界人士，向来自海内外的新闻工作者和来宾，向第一次组团参加全国运动会的香港特别行政区体育代表团和重庆直辖市体育代表团表示最热烈的欢迎，预祝体育健儿创造新纪录，赛出好成绩。我们1300万名上海人民，将竭诚为八方来宾服务，保证八运会开得隆重、热烈、精彩、圆满。

以“团结、进步、文明、参与”为宗旨的八运会，是在党的十五大胜利召开之后的第一项国内大型活动，也是香港回归祖国后，全国各族人民团结、喜庆、欢乐的盛会。八运会是本世纪我国最后一次最高水平的全国性运动会。它不仅是对体育事业发展水平的一次大检阅，也是改革开放和现代化建设伟大成就的大展示，八运会将在中国体育史上写下崭新的篇章。

体育，集中表现力与美。体育竞赛，体现着顽强拼搏、力争上游的精神。体育活动的普及程度、人民群众的体质状况、体育竞技运动的水平，是衡量一个民族的素质和精神状态的重要标志。一个正在崛起的民族，必然是全民健身运动蓬勃发展、体育竞技水平不断提高的民族。自从中国人民站起来之后，就把“东亚病夫”的屈辱称号甩到太平洋里去了。改革开放以来，我国体育事业蓬勃发展，人民体质进一步增强，竞技运动水平迅速提高，令世界刮目相看。八运会是我国历届全运会中规模最大、参赛人数最多、参赛地区和单位最全、比赛项目设置与奥运会全面接轨的一次体育盛会。高手云集、强将纷至的八运会，一定能够开成一次佳绩频创、纪录迭破、新人辈出、赛风文明，充分展现中华儿女以高昂斗志奔向新世纪的精神风貌，为社会主义祖国增光添彩的运动会。

体育是以社会主义物质文明建设为基础的。国盛体育兴。我们能够举办八运会这样大规模的赛事，表明几年来我国改革开放和社会主义建设取得了巨大成就，综合国力大大增强。从第七届全运会到第八届全运会短短几年，上海和全国各地一样，也是经济持续、快速、健康发展，社会全面进步。这就为八运会提供了包括场馆设施、通讯装备、交通住宿等方面的雄厚物质条件。更重要的是，经济体制改革和社会主义市场经济的逐步构建，有力地推动了体育事业，为体育竞技活动注入了活力，展现了广阔的新路。

体育是社会主义精神文明建设的重要组成部分。体育竞赛有着独特的魅力和情趣，体育健儿为祖国、为民族、为集体争光的拼搏精神和奉献精神，对激发广大人民群众，特别是青少年的爱国热情和蓬勃向上精神具有很大的鼓舞作用。而八运会更因其规模大、涉及面广、影响深远，并且强调体育与文化、体育与经贸的有机结合而成为一个展示精神文明建设成就的窗口，一个促进“两个文明”协调发展的契机。我们要抓住八运会这一难得的大好机遇，发扬“爱祖国、重参与、讲文明、创佳绩”的八运精神，把社会主义精神文明建设推上一个新台阶。

1997年是中国历史上不寻常、令人欢欣鼓舞的一年。在党的十五大精神指引下，中国人民将跨越世纪，搏击春秋；中华民族正在奋力冲刺，振兴中华。让我们高举邓小平理论伟大旗帜，在江泽民同志为核心的党中央领导下，团结拼搏，共创辉煌。

（刊载于《解放日报》1997年10月12日）

辽宁电台

陈妍勇夺金牌并超世界纪录

各位听众：这里是上海游泳馆。现在是10月13日晚上7点52分。第八届全运会女子400米个人混合泳决赛马上就要开始。我在这里向大家做现场报道。

今天是八运会游泳比赛第一天。能够容纳三千多人的上海游泳馆气氛热烈、座无虚席。观众们都期待着运动员们能创造出好成绩。

现在运动员出场了。参加今晚女子400米个人混合泳决赛的8名运动员，是今天上午通过预赛，在41名选手中产生的。获得决赛权的这8名选手有3名来自辽宁、3名来自上海，广西和江苏各有1名。

现在我们看到，8名选手已经依次站在起跳台上，人人都做好了奋力一搏的最后准备。发令声响了，8名选手几乎同时跃入水中，用她们的身体在空中划出一道美丽的弧线。处在第5道的是辽宁选手陈妍，第6道是陈妍在国家队的队友、广西的著名选手吴艳艳。陈妍戴着黑黄相间的泳帽，穿着深色泳衣，与其他选手一道，劈波斩浪，奋力向前。

陈妍今年16岁，9岁选入辽宁游泳二队。这个大连姑娘，手大、脚大、个儿大，水感特别好，训练能吃苦。赛前，我在采访她的教练时了解到：她现在的状态很好，这次来上海信心很足。她的教练韩冰岩告诉我：如果小陈妍能发挥正常，游出她最近训练时的水平，就很有可能在八运会上创出优异成绩。

现在最后一个100米——自由泳开始了。陈妍游在最前面，吴艳艳在她的后面紧追不舍，两人相差仅半个泳姿。她俩越游越快，触池、转身，还有50米，陈妍开始奋力冲刺。只见她像水中飞鱼一般，拨开碧蓝的池水，掀起朵朵白色浪花，动作协调优美，双臂划水有力，吴艳艳毫不气馁，奋力追赶着陈妍。

场内大屏幕不断闪烁着运动员们的成绩。定格在左下方的是世界纪录4'36"10。照陈妍现在这个速度，她正在向世界纪录冲击。陈妍加油啊！能不能超过世界纪录，就在这最后15米，这真是太扣人心弦了！此时此刻，我的心也同场内观众一样，快要蹦出来了。8米、5米、触池，第一、第一，陈妍第一！陈妍1. 78米的个儿头，冲刺时显出了优势。

现在大屏幕上已经打出成绩：4'34"79，破了，破了，陈妍打破了世界纪录！

各位听众，现在是北京时间20点零3分，在刚刚结束的八运会女子400米个人混合泳决赛当中，我省选手陈妍以4'34"79的优异成绩打破了德国选手保持了15年之久的4'36"10的世界纪录！

（辽宁人民广播电台1997年10月14日）

《解放日报》

在八运会男子举重赛上
占旭刚勇超两项世界纪录

占旭刚昨天成了八运会举坛上的英雄。他在70公斤级比赛中，以360公斤总成绩超过357.5公斤的世界纪录，同时以200公斤超过195公斤的挺举世界纪录。这两个纪录均是由他本人去年7月在亚特兰大奥运会上创造的。

来自浙江省开化县农村的占旭刚直言不讳："是为超世界纪录而来上海的。"他在上半年一度受伤，为了在八运会上创佳绩，七八月间他边养伤边训练，很快恢复了状态。占旭刚的教练陈继来说，赛前分析，竞争对手对小占夺金构不成很大威胁，所以注意力放在超世界纪录上了。

占旭刚抓举成绩是160公斤，比最后获得银牌的福建万建辉多5公斤。进入挺举阶段，万建辉的成绩是185公斤。占旭刚首次挺举187.5公斤成功，金牌已入囊中。第二次试举，当播音员报出了"200公斤"的数字时，全场掌声雷动。占旭刚信心十足地走上举坛，采用了他擅长的下蹲式姿势，成功地举起了200公斤杠铃。之后，占旭刚放弃了第三次试举。陈继来教练解释说："为避免运动员受伤，留待12月在曼谷举行的世锦赛上再创新成绩。"

（刊载于《解放日报》1997年10月21日）

奖品　纪念品

第八届全运会纪念邮票

第八届全运会纪念品

第八届全运会首日封

第八届全运会纪念币

第八届全运会纪念邮票

左图50分邮票画面的左下角为一枚本届全运会的会徽。其上半部由红色的“8”和白色的“S”组合而成，象征八运会在上海市举行，图形在视觉上如一把燃烧着的火炬，又似一朵上海市花白玉兰的花蕾。下半部分由一个空心和一个实心椭圆形组成，好像八运会的主会场，即可容纳八万人的上海体育场，寓意着本届运动会是全国各族人民大团圆的体育盛会

右图150分邮票画面为“体育场”。画面以浩瀚蓝天为背景，描绘了可容纳8万人的上海体育场的外观。邮票画面的右下角为一个本届全运会的吉祥物。它采用了牛年画牛的创作设计思路，运用卡通牛的绘画技法，喻意“初生牛犊不怕虎”，并表明八运会在农历牛年举行。身穿印有本届运动会会徽运动服的小牛，以欢快的跳跃动作和喜气洋洋的笑脸，象征着勃勃的生机和体育健儿们顽强的拼搏精神

友好交流

江泽民会见萨马兰奇
萨马兰奇盛赞八运会开幕式精彩
江泽民表示中国历来重视体育，积极与国际奥林匹克运动和国际体育交流

新华社上海10月13日电 国家主席江泽民今天在这里会见了应邀来沪观摩第八届全国运动会的国际奥委会主席萨马兰奇及其一行。江泽民主席对萨马兰奇的来访表示欢迎，对萨马兰奇多年来对中国体育事业的发展所给予的支持表示感谢，并对萨马兰奇前不久再次当选为国际奥委会主席表示祝贺。萨马兰奇感谢江泽民主席的会见。他盛赞中国八运会开幕式极为精彩、成功，称这是他一生中所见到的最好的开幕式文体表演之一。萨马兰奇还祝愿中国的体育事业和奥林匹克运动取得更大的成绩。江泽民说，中国政府历来高度重视发展体育事业，积极推动群众体育的开展，以提高人民身体素质和健康水平，同时积极参与国际奥林匹克运动和国际体育交流。李铁映、黄菊、曾庆红、伍绍祖等参加了会见。

（刊载于《中国体育报》1997年10月14日）

萨马兰奇盛赞八运开幕式
“充满了活力，反映了中国的变化”
一些国际奥委会官员感动得流下了眼泪

国际奥委会主席萨马兰奇盛赞八运会的开幕式是“平生看到的最好的开幕式之一”。而他的一些同事则在开幕式上流下了感动的眼泪。

这位国际体育组织的领导人昨天在全国体育美术展的开幕式上说，“我要向上海市市长和中国国家体委主任表示我的祝贺，开幕式很精彩，演出充满了活力，反映了中国的变化，我对此印象非常深刻”。

这位曾检阅过很多世界性开幕式的国际奥委会主席在赞美一个国家运动会的开幕式的时候，用了“平生”这一个不同寻常的词。

国际奥委会执委何振梁说，开幕式的表演非常好，因为从演员的眼神中流露出来的真实感情，看得出这种感情是很自然的、发自内心的。

一些奥委会的高级官员在开幕式上情不自禁地流下了眼泪，这是发生在全场8万人齐声高唱中华人民共和国国歌的时候。他们说，这种万众一心的激情流露是最能打动人的。

国际奥委会的官员们对八运会开幕式的称赞，不仅在于文体表演的艺术，还有对大会的组织。有一个细节，在开幕式上几乎所有的国际奥委会高级官员都在看手表，因为行家是用能否准确地控制大会的时间来考察一个城市的组织能力的。后来，每一个贵宾都认为时间的控制十分精确，八运会的开幕式组织得很出色。

悉尼2000年奥运会筹委会主席在开幕式后对何振梁说，一个国家的全运会开幕式有这样高的水平，你们使我为难了。国际奥委会的澳大利亚委员则说，唯一可以庆幸的是，我们还有三年时间，或许还来得及。

（刊载于《解放日报》1997年10月14日）

萨马兰奇又见邓亚萍

应邀观摩八运会的国际奥委会主席萨马兰奇，在上海又见到了他的中国老朋友——参加八运会乒乓球比赛的奥运会冠军邓亚萍，并向她赠送了纪念品。

13日晚，国务委员李铁映在这里的新锦江饭店会见了国际奥委会主席萨马兰奇和其他国际奥委会官员、国际体育组织的友好人士。代表河南参加乒乓球比赛的邓亚萍也参加了会见，而且和萨马兰奇等“坐在了一边”。

当介绍国际奥委会官员时，穿一身红色西服裙装的邓亚萍也被介绍给中国的主人。在座的李铁映以及伍绍祖、徐匡迪、袁伟民朗朗地笑着为她鼓掌。

原来，两届奥运会冠军邓亚萍是作为国际奥委会运动员委员会委员参加会见的。

晚宴上，萨马兰奇把一件特意带来的纪念品赠送给邓亚萍——书本大小的精致的蓝色礼品盒里装着金属制作的国际奥委会五环旗，金属杆和底座。

萨马兰奇还饶有兴趣地介绍了他与邓亚萍结识和交往的经过：在1992年巴塞罗那奥运会上，崭露头角的邓亚萍夺得乒乓球女子单打冠军。萨马兰奇为年轻的中国选手发了奖。1995年，应邀观摩中国天津世乒赛的萨马兰奇，再次为获得女单冠军的邓亚萍发奖。萨马兰奇许诺，如果她夺得亚特兰大奥运会冠军，还将为她发奖。翌年，第26届奥运会在亚特兰大举行，邓亚萍顽强拼搏，一路过关斩将，最后终于夺得女单金牌。萨马兰奇兑现承诺，又为她发奖。萨马兰奇在把闪光的金牌挂在邓亚萍的胸前后，又用手轻轻地拍了一下她的脸。在场的新华社记者举起照相机抓住了这一瞬间。

回到北京后，邓亚萍请记者放大了一张24英寸的彩色照片，装裱后珍存。

邓亚萍在上海见到萨马兰奇非常高兴，然而她回赠老朋友萨马兰奇的不是什么“礼品”，而是一大摞请他签名的八运会纪念封。萨马兰奇一一签毕，笑着说，他希望在悉尼奥运会上再为邓亚萍发奖。

（刊载于《中国体育报》1997年10月14日）

中华人民共和国
第九届运动会

2001年

11月11日—11月25日

广 东

简　介

第九届全运会于2001年11月11日至25日在广东举行，由国家体育总局、广东省人民政府承办，设田径、游泳、体操、艺术体操、举重、击剑、柔道、国际式摔跤、拳击、现代五项、马术、中国式摔跤、围棋、速度滑冰、短道速滑、自行车、跳伞、足球、篮球、乒乓球、网球、手球、曲棍球、女子垒球、跳水、水球、花样游泳、技巧、射击、射箭、赛艇、皮划艇、排球、羽毛球、棒球、武术、帆船和冬季项目（速度滑冰、短道速滑和花样滑冰三大项共10个小项目）等30个大项，345个小项，其中田径的马拉松2个小项在外省市举行，广东省承办了27个大项的决赛。来自全国各省市自治区、解放军和行业体协45个代表团的12314名运动员参加了预赛，8608名运动员参加决赛。共产生了411.5块金牌、398块银牌、405块铜牌。

本届运动会有24人35次超7项世界纪录，6人1队7次创6项亚洲纪录，28人41次超9项亚洲纪录，32人4队52次创37项全国纪录。在参赛的45个代表团中，32个获得金牌，有37个获得奖牌，这是新世纪来我国举办的第一次大型综合性运动会。

会　徽

会徽中间丰满、两端渐细的曲线给人无限的延伸感，配合倾斜的线条，更显奔腾飞跃之意。对比鲜明的红、黄、蓝三色，对视觉有强烈的冲击力。造型洒脱地勾勒出一个“9”，既直接传达了九运会的信息，又宛如一位矫健、充满活力、奋发向上的运动员，豪迈跨入新世纪。

筹　备

筹备委员会成立

1997年5月经国务院批准，第九届全国运动会由广东省承办。接到任务后，广东省委、省政府高度重视承办九运会的历史机遇，1998年11月20日，省政府成立了第九届全运会筹备委员会，由省长卢瑞华任主任，徐寅生、王岐山、蔡东士、许德立、游宁丰、林树森为副主任。1998年11月20日召开九运会筹委会成立暨第一次会议后，在省委、省政府和国家体育总局的高度重视和各有关方面的大力支持下，九运会筹备工作紧张有序地推进。1999年2月13日，经广东省人民政府许德立副省长等领导批示，同意第九届全国运动会筹备委员会下设办公室、竞赛部、行政部、新闻宣传部、人事部、场馆建设部、大型活动部、群体部、电子技术部、安全保卫部、检查审计部、咨询顾问部和集资委员会以及提出的各部门负责人名单。其中14个部门负责人由部长、常务副部长、成员共72人组成，2001年8月11日，第九届全运会组委会成立。

组委会成立后，九运会正式进入临战试运转阶段，为了办好九运会，广东省政府批准成立了第九届全国运动会集资公司，命名为“九运会粤兴有限公司”，它是九运会筹资的唯一经营机构，该公司通过面向社会走向市场，工程招标、物资进口与筹资挂钩等多种方式进行筹资，截至2000年11月底，已为九运会筹资2968万元。

根据国家体育总局的决定，九运会共设置竞赛项目30个大项，345个小项，其中进入广东决赛的有27个大项，333个小项，共需比赛、训练体育场馆122个，这些比赛场馆分布在广州等15个城市。

第九届全运会会场鸟瞰

中华人民共和国运动会会旗

吉祥物

吉祥物名叫“威武”，是以广东的醒狮（也叫南狮）为原型设计的。醒狮顶生独角，威猛雄壮，是中国古代传说中的独角神兽。用醒狮做吉祥物，寓意站起来的东方巨人跨入新世纪，自强于世界民族之林的时代特色，象征中国体育事业在新世纪威风八面、走向新辉煌的信心，即新世纪也是全运会的新起点。

中华人民共和国第九届运动会
THE 9TH NATIONAL GAMES OF THE PEOPLE'S REPUBLIC OF CHINA
共创世纪新乐章
2001
国家体育总局主办 广东省人民政府承办

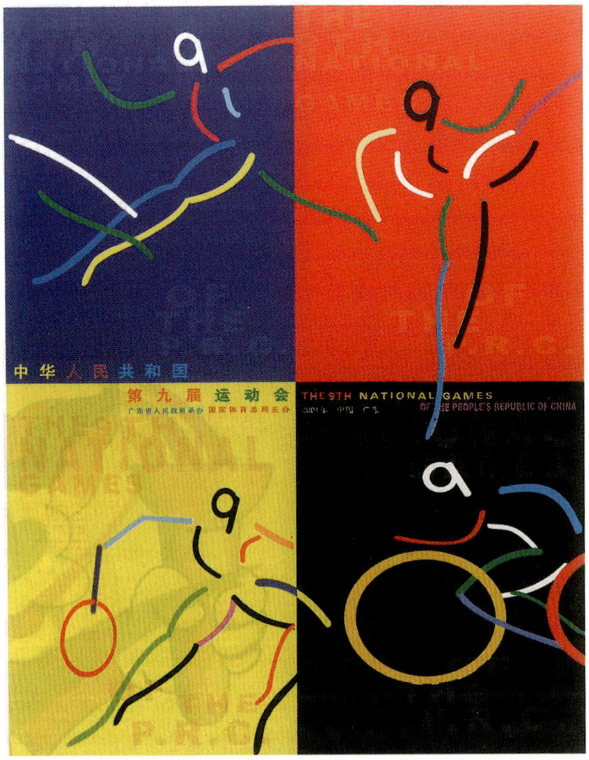
中华人民共和国
第九届运动会
THE 9TH NATIONAL GAMES
OF THE PEOPLE'S REPUBLIC OF CHINA

SPORTS
中华人民共和国第九届运动会
THE 9TH NATIONAL GAMES OF THE PEOPLE'S REPUBLIC OF CHINA
中国·广东
2001.11.
国家体育总局主办
广东省人民政府承办

昂首阔步跨进新世纪
2001 中国 广东
中华人民共和国第九届运动会
THE 9TH NATIONAL GAMES OF THE PEOPLE'S REPUBLIC OF CHINA
国家体育总局主办 广东省人民政府承办

宣传画报

9
GUANGDONG
中华人民共和国第九届运动会
THE 9TH NATIONAL GAMES OF THE PEOPLE'S REPUBLIC OF CHINA
国家体育总局主办　广东省人民政府承办

中华人民共和国第9届运动会
THE 9TH NATIONAL GAMES
中国　广东
OF THE PEOPLE S REPUBLIC OF CHINA
国家体育总局主办　广东省人民政府承办

THE 9TH NATIONAL GAMES OF THE PEOPLE'S REPUBLIC OF CHINA
中华人民共和国第九届运动会
国家体育总局主办　广东省人民政府承办

中华人民共和国第九届运动会
2001
绿色·运动·新世纪
国家体育总局主办
广东省人民政府承办

宣传画报

九运会筹备工作全面展开

经国务院批准，由国家体育总局主办、广东省人民政府承办，我国进入新世纪的第一个全运会——中华人民共和国第九届运动会（以下简称九运会）将于2001年11月11日在广州广东奥林匹克中心体育场隆重开幕，11月25日在广州新体育馆闭幕。这是新千年我国举办的第一个规模盛大的全国综合性体育盛会，她象征着中国人民迈向新世纪的开始，展示中华民族昂首阔步走进新时代的精神风貌。举办九运会是为了进一步提高我国体育运动水平，锻炼和培养优秀运动人才，展现体育改革的成就，推动我国体育事业的发展，为社会主义“两个文明”建设做出贡献。

党中央和国务院把这个揭开体育历史新篇章的盛事交由广东承办，是对广东的信任和重托。为了实现国务院对九运会提出的“精彩、圆满并具特色”的要求，中共中央政治局委员、广东省委书记李长春指示九运会的承办工作要达到“四个一流”的标准（即“一流的设施、一流的环境、一流的组织、一流的成绩”）。

1998年11月20日九运会筹委会成立以来，广东人民满腔热情地以“当好东道主，举省迎九运”的姿态，按照广东省省长、九运会筹委会主任卢瑞华提出的“高标准、高质量、高水平”的要求投入筹备工作。广东承办九运会，是在进入新世纪，在全国率先基本实现社会主义现代化的大背景下，在北京申办2008年奥运会的特定历史环境中启动的。其宗旨是贯彻“三个代表”的要求，增创广东发展新优势，为21世纪我国体育事业腾飞开好头、起好步。

“奔向新世纪迎九运”群众性长跑活动上广东省副省长许德立向全省各市代表授旗。

中共广东省委、省人大、省政府、省政协的领导，多次检查九运会的筹备工作，一个“把握九运会契机，结合创建文明城，塑造广东新形象，当好九运东道主”的热潮，正在广东省蓬勃兴起。全省各市都有特点、有创意、有进步地工作，齐心合力，举省一致营造“绿色九运”“科技九运”“文明九运”。

2001年6月，国家体育总局局长袁伟民率领考察团对广东筹备九运工作进行考察，九运会所需的122个场馆已大部分交付使用。6月6日第九届全运会各单项竞委会成立，标志着九运会的筹备工作从以场馆建设为中心的基础性筹备阶段，进入了以竞赛为中心的综合性筹备阶段。在全运会工作会议上，袁伟民局长评价九运会的竞赛组织、新闻宣传、环境治理等筹备工作“卓有成效”。

在广东省委、省政府直接领导下，九运会筹委会坚决贯彻落实李长春书记“百米冲刺迎九运”的指示精神，抓时间，争速度，高效益，全力以赴抓好后期筹备工作，确保九运会如期、胜利召开。

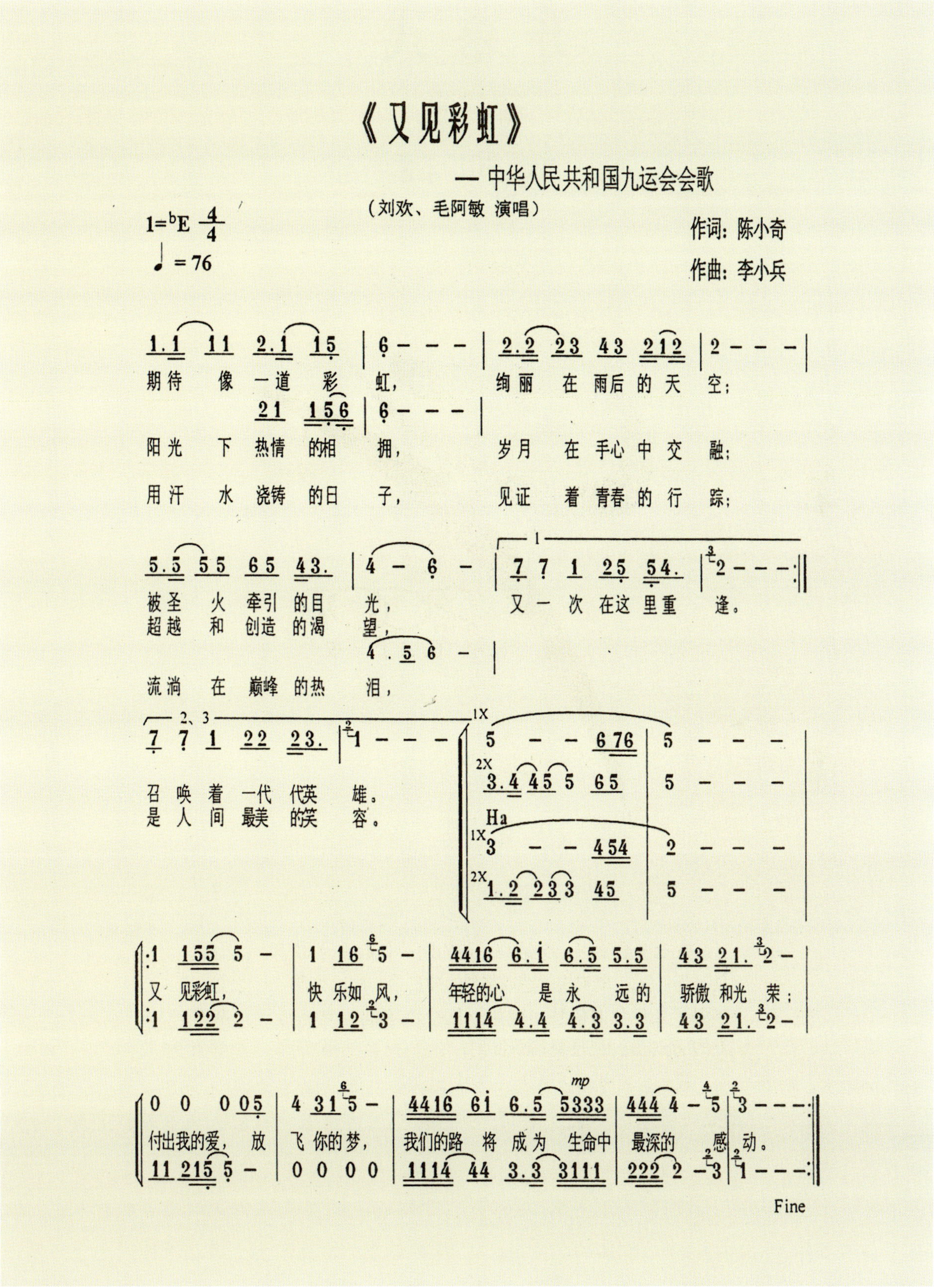

来源：《第九届全运会纪念册》

开幕式

欢迎词

卢瑞华

尊敬的江泽民总书记，

尊敬的国际奥委会主席罗格先生，

各位领导、各位来宾，同志们、朋友们：

我代表中共广东省委、广东省人民政府和全省人民，向光临广东出席九运会开幕式的国际奥委会主席罗格先生，国际奥委会委员、国际体育组织的领导，国家有关部门、兄弟省市和香港特别行政区、澳门特别行政区的领导和来宾，台湾同胞、海外华侨、国际友人，全国各行业体协以及来自祖国各地的运动员、教练员、群众体育先进集体和个人的代表，表示热烈欢迎！

我衷心祝愿与会运动员创造一流成绩，实现新的飞跃！祝愿各位领导、各位来宾、国内外朋友们在广东生活愉快！

开幕词

袁伟民

尊敬的江泽民总书记，

尊敬的国际奥委会主席罗格先生，

各位领导、各位来宾，同志们、朋友们：

四年一届的全国运动会，是检阅我国竞技运动水平的一次盛会，也是向全国人民展示中华体育健儿精神风貌的一次盛会。我们要本着“更快、更高、更强”和“团结、友谊、进步”的奥林匹克精神，把第九届全运会办成文明、热烈、精彩、圆满的体育盛会，为成功举办2008年奥运会奏响高昂的前奏曲。让我们在以江泽民同志为核心的党中央领导下，高举邓小平理论伟大旗帜，遵循“三个代表”的重要思想，齐心协力，奋发进取，争取运动成绩和精神文明双丰收，为我们伟大的社会主义祖国增光添彩。

现在我们荣幸地邀请中共中央总书记、国家主席、中央军委主席江泽民同志宣布第九届全运会开幕。

2001年11月11日晚上八点整，广东省副省长许德立宣布中华人民共和国第九届运动会开幕式开始。之后各省市自治区代表队、运动员、教练员、裁判员依次入场。然后由国家体育总局局长袁伟民致开幕词，江泽民总书记宣布第九届全运会开幕

开幕式五彩纷呈

新世纪的首届全国运动会昨晚在广东奥林匹克运动场开幕，盛大的开幕式表演成为本届运动会的第一个亮点。

九条银色的巨龙高耸在四方，在刘欢、毛阿敏激情演唱九运会会歌《又见彩虹》之时，银色巨龙会聚场中央喷吐着熊熊烈焰，全场沸腾了！这个别具匠心的写意龙头为《盛世中华》带来了一个亮丽精彩的开场戏。

第一章《新世纪之光》

一开场，庞大的1560名演员队伍所形成的磅礴气势令全场观众的情绪沸腾不已，而随后阎维文与殷秀梅所演唱的开幕式主题曲《盛世中华》则让观众情绪第一次达到高潮，中国的体育事业也正如歌词中所唱到的，“放眼世界我们意气风发”。

火炬点燃

山东省代表团入场

本次开幕式的主角之一，7岁的小女孩陆芷殷在第一章中出场。一身粉白色连衣裙打扮的她拉着一只绘有九运会标志的绿色风筝跑入场内，当她将风筝放飞时，似乎是在预示着中国体育在新世纪放飞希望、放飞梦想。由1400人组成的奥运五环标志以及巨大的2001年字样，在黑夜中喷射着烟火，这似乎预示着中国体育将在7年后的奥运会上放射出耀眼的光芒。

第二章《金色的豪情》

600名演员装扮成南国特有的芭蕉树叶，令全场的观众再次感受到希望的力量。自1959年第一届全运会以来，中国体育逐步走向强大，无论是在亚运会还是在奥运会上，中国的体育健儿数次为国争光。今天的成功实现了我们昨天的希望，今天的希望也就预示着明天的成功。而身着一袭金色服装的宋祖英则在随后唱着《祖国的笑容那么美》，站在一艘金光闪闪的帆船上，乘着碧波缓缓驶入场内。

由武警广东总队四支队的680名武警们铸就的中国沉睡的“西部”，在西部大开发的进军号声中腾飞了！带着黄土的气息与“东部”融汇，与全国人民一道奔向美好灿烂的明天。2400名身穿黄色和银色服装的建设者紧接着如潮水般涌入场内，预示着巨大热流灌注大地。建设者手中有力地挥舞着红黄相间的彩布，这是中国龙又一次出征了！朝着“亚洲地理中心”，朝着古老神秘的西部进发——西部在崛起，中国更强盛！

第三章《五彩的奔腾》

作为开幕式最后一个篇章，孩子成为这个主题的主角，“奔腾”的希望由他们来演绎。

一群身着绿色衣服的孩童拥进场内，整个舞台充满生机。“有一个声音在呼唤，你有没有听见？那是妈妈深情的双眼，把我们期盼，我们有一片蓝天，蓝天下是温暖的家，我们共有一片阳光，妈妈怀里永远是春天……”一段如天籁般的小女孩的歌声响起，演唱者是身穿高山族服装的彭伊倩。场中央有一些小孩变成大树的形象，而在场地的周围，有一片大的枯叶在大树旁游弋。一些身着高山族服装的小女孩坐在大枯叶上找不到回家的方向。歌声中，这片枯叶终于闻到了大树母亲的气息，它奔向大树母亲的怀抱。这时，7岁的小女孩陆芷殷伴着彭伊倩的歌声，从向日葵中走出来，她拉着高山族小姑娘的手，奔向向日葵的里面。她们形成了向日葵的嘴。终于，向日葵有了完整的嘴之后，幸福地笑了。

当歌声淡去，又发出了震撼人心的敲击声，蓝、黄、绿、红、青五幅巨大的彩绸从左向右横贯场内，似一道长虹悬于夜空。长虹之下，千百名身着红、白、蓝等五彩服装的演员在场内流动、穿梭、舞动，喻示着东西南北中的大汇聚，象征着五色社稷土的沸腾。最后身着黄色服装的演员从四面八方拥入，铺满全场，组成了万人大地的画面，随后申奥成功的标志和巨大的木棉花蕾融入到金色的人海中。体育场南北两边燃起了五彩烟花，金菊怒放、百鸟朝凤……20多组形态各异的烟花映照着夜空。

开幕式组图

组织机构

组织委员会名单

主　　任：袁伟民（国家体育总局局长）
执行主任：卢瑞华（广东省省长）
副 主 任：李志坚（国家体育总局党组书记）
黄丽满（广东省委副书记）
张发强（国家体育总局副局长）
欧广源（广东常务副省长）
于再清（国家体育总局副局长）
蔡东士（广东省委常委、秘书长）
李富荣（国家体育总局副局长）
许德立（广东省副省长）
段世杰（国家体育总局副局长）
林树森（广州市市长）
王宝良（中纪委驻国家体育总局纪检组组长、党组成员）
苑世军（广东省军区副司令员）
何慧娴（国家体育总局局长助理、党组成员）
陈　坚（广东政府秘书长）

秘 书 长：许德立（兼）
常务副秘书长：刘元福（国家体育总局办公厅主任）
程良洲（广东省政府副秘书长）
杨树安（国家体育总局竞技体育司司长）
董良田（广东省体育局局长）
副秘书长：张　昊（国家体育总局体育经济司司长）
张凤祥（广州市政府秘书长）
屠铭德（国家体育总局对外联络司司长）

杨迺军（广东省体育局副局长）
刘光春（国家体育总局宣传司副司司长）
叶细权（广东省体育局副局长）
凌伟宪（广州市政府秘书长）
田新德（广东省体育局副局长）

委　　员：郭　敏（国家体育总局群体司司长）
倪治安（海关总署广东分署副主任）
谢琼桓（国家体育总局政策法规司司长）
喻　军（广东省邮政局局长）
王　钧（国家体育总局人事司司长）
宁旭平（广东国家税务局副局长）
史康成（国家体育总局科教司司长）
余　勇（广东省气象局副局长）
赵炳璞（国家体育总局机关党委副书记）
陈嫦娟（广东电信公司副总经理）
陈述贤（国家监察部驻国家体育总局监察局局长）
李功民（武警广东省总队副总队长）
杨光辉（国家体育总局离退休干部局局长）
孟建波（中国人民银行广州分行副行长）
谭一鸣（广东省委办公厅副主任）
张瑞霭（南方航空集团公司副总裁）
刘　昆（广东省政府办公厅副主任）
李文新（广州铁路集团公司总经理助理）
胡国华（广东省委宣传部副部长）
张平安（广东档案局副局长）
陈喜臣（广东省省直机关工委书记）
曾广星（广东省电台台长）
黄功绵（广东省发展计划委员会助理巡视员）
严建强（广东省文明办副主任）
杨建初（广东省经济贸易委员会副主任）
张毓麟（广东省电力集团公司副总经理）
李小鲁（广东省教育厅副厅长）
肖钟瑞（广东省建工集团有限公司总经理）

罗　娟（广东省公安厅副厅长）
庄　耀（广东省物资集团公司总经理）
罗达明（广东国家安全厅副厅长）
王春芙（南方日报社副总编辑）
江青遴（广东省纪委副书记、监察厅厅长）
王赛茵（羊城晚报社副总编辑）
杨自胜（广东省纪委常委、监察厅副厅长）
陈传誉（广州市副市长）
周高雄（广东省财政厅副厅长）
李卓彬（广州市副市长）
杨绍森（广东省人事厅副厅长）
王顺生（深圳市副市长）
孙庆奇（广东省劳动和社会保障厅副厅长）
郭开华（珠海市副市长）
劳应勋（广东省建设厅厅长）
王　芸（汕头市副市长）
王志荣（广东交通厅纪检组长）
邬公权（汕尾市副市长）
徐志彪（广东省信息产业厅厅长）
张顺彩（东莞市副市长）
廖国济（广东省对外贸易经济合作厅副厅长）
姚志彬（中山市副市长）
陈中秋（广东省文联党组书记）
陈照平（江门市副市长）
王智琼（广东卫生厅副厅长）
李玉光（佛山市副市长）
刘伯龙（广东省审计厅副厅长）
郑尤坚（阳江市副市长）
鲁兰桂（广东省地方税务局副局长）
黄晓涛（湛江市副市长）
王子葵（广东省环境保护局副局长）
林日娣（茂名市副市长）
冯锡增（广东省广播电影电视局副局长）

黄二和（肇庆市副市长）
梁浩泉（广东广播电影电视局副局长兼广东电视台台长）
冯国德（清远市副市长）
蔡伟雄（广东省体育局监察专员、纪检组长）
何庆喜（中共顺德市市委常委）
李蓝田（广东工商行行政管理局助理巡视员）
黎小江（广州市体育局党委书记、局长）
苏建和（广东省旅游局副局长）
姚继业（广州教委副主任）
肖锦哲（广东省政府外事办公室副主任）
邵云平（广州市建设工作委员会书记、主任）
孔祥鸿（广东省总工会副主席）
赖南池（广州日报社副社长）
李　嘉（共青团广东省委副书记）
施红平（广州市规划局党委书记）

机构设置及职责

（1）办公室内设机构工作职责
（2）竞赛部内设机构工作职责
（3）新闻宣传部内设机构工作职责
（4）行政接待部内设机构职责
（5）贵宾接待部内设机构工作职责
（6）交通中转部内设机构工作职责
（7）医疗卫生部内设机构工作职责
（8）大型活动部内设机构工作职责
（9）场馆部内设机构工作职责
（10）安全保卫部内设机构工作职责
（11）信息通讯部内设机构工作职责
（12）兴奋剂检查部内设机构工作职责
（13）志愿者服务部内设机构工作职责
（14）广播电视部内设机构工作职责
（15）群体部内设机构工作职责
（16）九运会人事部内设机构工作职责
（17）监察审计部内设机构工作职责

办公室
- 秘书处
- 印务中心
- 综合处
- 票务处
- 总值班室

竞赛部
- 秘书处
- 竞赛信息处
- 场地处
- 联络处
- 颁奖处
- 调研处

新闻宣传部
- 秘书处
- 新闻宣传处
- 社会宣传处
- 外宣处
- 主新闻中心管理处
- 体育道德风尚奖评选处
- 记者接待处

行政接待部
- 秘书处
- 财务处
- 接待处
- 物资设备处
- 联络处

贵宾接待部
- 秘书处
- 首长接待处
- 外宾接待处

交通中转部
- 秘书处
- 车辆管理处
- 中转票务处

医疗卫生部
- 秘书处
- 医疗救护处
- 卫生监督处
- 性别检测处

大型活动部
- 秘书处
- 后勤处
- 入场仪式处
- 开幕式表演办公室
- 闭幕式表演办公室

场馆部
- 秘书处
- 场馆设备处
- 场馆管理处

安全保卫部
- 秘书处
- 场馆保卫处
- 住地保卫处
- 交通指挥处
- 警卫处
- 证件制作处

信息通讯部
- 总工办
- 秘书处
- 计算机处
- 计时计分处
- 通讯处
- 设备处
- 注册中心
- 网站中心

兴奋剂检查部
- 秘书处
- 监督处
- 场站处和血检处
- 兴奋剂检测中心

志愿者服务部
- 秘书处
- 招募培训处
- 组织调配处

广播电视部
- 秘书处
- 宣传报道处
- 转播技术处
- 节目传送处
- 广播转播处
- 后勤保障处

群体部
- 秘书处
- 群先表彰处
- 火炬传递处

人事部
- 秘书处
- 调配任免处
- 资格审核处

监察审计部
- 监察处
- 审计处

竞赛规程规则

竞赛规程总则

举办第九届全国运动会是为了进一步提高我国体育运动水平，锻炼和培养优秀体育运动人才，展现体育改革的成就，推动我国体育事业的发展，为社会主义建设做出贡献。第九届全国运动会要本着勤俭节约的精神，开得隆重、热烈、精彩、圆满，赛出风格、赛出水平，努力创造出一批新纪录、新成绩，涌现出一批新人才。

一、竞赛日期和地点

2001年11月11日至25日在广东省举行。

二、竞赛项目

射箭、田径、羽毛球、棒垒球、篮球、拳击、皮划艇、自行车、马术（速度赛马）、击剑、足球、体操（艺术体操、蹦床）、手球、曲棍球、柔道、现代五项、赛艇、射击、游泳（跳水、水球（男）、花样游泳）、乒乓球、跆拳道、网球、排球（沙滩排球）、举重、国际式摔跤、帆船（板）、速度滑冰、短道速度滑冰、花样滑冰、武术。

各竞赛项目的小项设置按照国家体育总局统一审定的各单项竞赛规程规定执行。

三、参加单位

（一）中国人民解放军、北京市、天津市、河北省、山西省、内蒙古自治区、辽宁省、吉林省、黑龙江省、上海市、江苏省、浙江省、安徽省、福建省、江西省、山东省、河南省、湖北省、湖南省、广东省、广西壮族自治区、海南省、重庆市、四川省、贵州省、云南省、西藏自治区、陕西省、甘肃省、青海省、宁夏回族自治区、新疆维吾尔自治区、澳门特别行政区、台湾省、新疆生产建设兵团、各行业体协。

香港特别行政区是否参加第九届全国运动会将根据其意愿再定。

（二）行业体协须有运动员取得参加各项目决定的资格（不含个别项目指定的基数）方可组成代表团参加第九届全国运动会。

四、运动员资格

（一）经医务部门检查证明身体健康的中华人民共和国公民。

（二）按照《运动员参加全国比赛代表资格注册管理办法》和各项目的实施细则的规定，球类集体项目须于1999年12月15日前、其他项目须于2001年度注册期内（2000年12月1日至

2001年1月31日）进行代表单位资格注册，并持有国家体育总局颁发的“全国体育竞赛运动员注册证”参加比赛。

（三）各省、自治区、直辖市、行业体协（不含解放军）代表团的运动员可按照《关于印发全国运动员交流管理办法（试行）的通知》（体竞字〔1998〕097号）的规定进行人才交流，实行协议计分，并须于2000年9月15日前报国家体育总局审批；1997年10月24日（第八届全国运动会闭幕之日）以后，2000年9月15日以前代表团国家参加过各项目世界锦标赛、世界杯赛、亚运会、亚洲锦标赛、亚洲杯赛的运动员进行人才交流的，不能实行协议计分。1997年10月24日至2000年9月15日，代表国家参加过各项目世界锦标赛、世界杯赛、第13届亚洲运动会的运动员在2000年度注册期（1999年12月1日至2000年1月31日）后进行人才交流，办理变更注册代表单位手续参加第九届全国运动会的，不得参加2人和2人以上项目的比赛。

（四）解放军代表团实行两次计分的运动员必须是1994年7月1日以后至2000年12月15日以前入伍（首次入伍，下同），且要在2000年12月15日前报国家体育总局审批，具体办法另行通知。运动员入伍前，代表地方参加过原国家体委或国家体育总局主办的全国成年正式比赛（只限解放军第八届全国运动会上报名参加的项目）的，不实行两次计分；运动员入伍前，代表地方参加过原国家体委或国家体育总局主办的全国成年正式比赛（只限解放军第八届全国运动会上未报名参加的项目）获得过前 8 名的，不实行两次计分。第八届全国运动会上已经实行两次计分的解放军运动员，在符合国家体育总局两次计分规定的前提下，在第九届全国运动会上继续实行两次计分。

（五）解放军运动员不得代表地方、地方运动员不得代表解放军参加第九届全国运动会。

（六）凡解放军运动员退役后代表地方参加过第四届全国城市运动会的，如再次应征入伍，则该运动员不得代表解放军参加第九届全国运动会。

（七）凡不参加国家指派的出访任务和备战奥运会集训的运动员，国家体育总局将取消其参加第九届全国运动会的资格。

五、参加办法

（一）各代表团参加比赛的运动队人数，按各单项竞赛规程规定执行。

（二）足球、篮球、排球（不含沙滩排球）项目广东省队不参加预赛，直接参加决赛。

（三）各项目国家队运动员回原单位参加比赛，占代表团名额；凡被选派参加亚洲和世界重大比赛的运动员，比赛时间与该项目预赛有冲突的，经国家体育总局批准后运动员可直接参加决赛。

（四）各代表团团部工作人员（含团长、副团长）：凡参加比赛运动员总数（不包含第九届全国运动会开幕前决赛已经结束的项目的运动员人数，下同）在4人（含4人）以下的代表团，工作人员人数不超过运动员人数；运动员总数在5人至50人的，可报工作人员5人；运动员总数在51人至100人之间的，运动员每超过10人（尾数不足10人的，按4舍5入的方法计算），可增加1名工作人员；运动员总数在101人以上的，运动员每超过15人（尾数不足15人的，按7舍8入的方法计算），可增加1名工作人员。各代表团团长、副团长：运动员总数在4人（含4人）以下的代表团，可报团长1人；5人至50人（含50人）的可报团长1人，副团长1人；51人至100人（含100人）的可报团长1人，副团长1—2人；101人至200人的，可报团长1人，副团长1—3人；201人以上的，可报团长1人，副团长1—4人。此外，如各代表团因工作需要可另增报副团长1—2人，不占代表团团部工作人员比例，一切费用自理。

（五）各代表团运动队医生：各代表团根据运动员人数（不包含第九届全国运动会开幕前决赛已经结束的项目的运动员人数）按照下述比例配备医生数额。具体：

1—15名运动员配备1名医生；

16—30名运动员配备2名医生；

31—45名运动员配备3名医生；

46—60名运动员配备4名医生；

61—75名运动员配备5名医生；

76—90名运动员配备6名医生以此类推。

六、竞赛办法

（一）执行国家体育总局审定的各项目最新竞赛规则。

（二）在第九届全国运动会决赛中，除拳击、跆拳道等项目外，其他项目须排出名次，不出现并列。

（三）按各项目竞赛规程规定进行预赛，并按各项目竞赛规程规定的录取标准或录取名额参加决赛。

（四）裁判员及仲裁委员的选派办法另定。

七、奖励和计分办法

（一）足球、篮球、排球（不含沙滩排球）奖励前12名，其他项目奖励前8名；足球、篮球、排球（不含沙滩排球）、手球、曲棍球、棒垒球、水球参加比赛的队数不足奖励名额的，按实际参赛队数奖励；其他项目有11名（含11名）以上运动员（队）参加的，奖励8名；8名至10名的，奖励6名；5名至7名的，奖励3名；3名至4名的，奖励1名；2名以下的，不进行比赛。

（二）对获各项目比赛前3名者分别颁发金、银、铜牌，获得奖励名次者分别颁发证书。

足球、篮球、排球（不含沙滩排球）、手球、曲棍球、棒垒球、水球项目获前3名的队分别按2枚金、银、铜牌进行统计。

（三）获得足球、篮球、排球（不含沙滩排球）项目前12名的，分别按26、22、20、18、16、14、12、10、8、6、4、2 计分；获得手球、曲棍球、棒垒球、水球项目前8名的，分别按

26、22、20、18、16、14、12、10、计分；获得其他项目前8名的，分别按 13、11、10、9、8、7、6、5 计分。不足录取名额的计分，按各项目相应名次的分值进行统计。

（四）一个项目同一名次中协议计分运动员不能代表两个以上计分单位；同时无论协议计分的两个单位的运动员比例和人数多少，则只各按一名运动员所获名次的奖牌和分值的50％计入两个单位。

（五）运动员在第27届夏季奥运会和第18届冬季奥运会上取得前3名的成绩，计入代表团奖牌总数和总分内。统计办法为：

单人项目：每获1枚金（银、铜）牌，按1枚金（银、铜）牌13（11、10）分进行统计。两人以上（含两人）项目：每获1枚金（银、铜）牌，每人按0.5枚金（银、铜）牌和（6.5、5.5、5）分计算；如同一单位在同一比赛项目中有两名或两名以上运动员，则该单位最多不得超过1枚金（银、铜）牌和13（11、10）分进行统计。

（六）运动员在第27届夏季奥运会上每创超一项奥运会项目世界纪录，增加1枚金牌和13分计入各代表团金牌总数和总分内。具体加分加牌办法为：奥运会设置的比赛项目（小项）在决定名次的决赛（不含预赛、复赛、资格赛等）中、运动员所获名次的最好成绩超过本项目决赛前的最新世界纪录，则按 1枚金牌和13分计入第九届全国运动会其所在代表团的总成绩中。

（七）解放军代表团两次计分办法：

解放军代表团与各代表团共同排名，确定其名次后，解放军代表团符合两次计分条件的运动员所获奖牌和分数再分别计入原输送单位，在公布各代表团排名顺序时，解放军代表团与相同名次的代表团并列。

解放军运动员两次计分具体统计办法为：

单人项目：每获一个名次，按所获名次的奖牌和分数计入原输送单位的奖牌总数和总分内。

两人项目：每获一个名次，一名运动员按所获名次的奖牌和分数的50％计入原输送单位的奖牌总数和总分内。

两人以上项目：只计分数，不计奖牌。一名运动员按所获名次得分的50％计入原输送单位。如一个输送单位在同一个项目中有2名或2名以上运动员，最多不得超过所获名次的满分。

解放军运动员在第27届夏季奥运会和第18届冬季奥运会上获得前3名成绩，不实行两次计分。

（八）第八届全国运动会上已经与重庆市实行两次计分的56名四川省运动员，在符合国家体育总局有关规定的前提下，在第九届全国运动会上继续实行两次计分。上述56名运动员无论是注册在四川省，还是注册在重庆市，只要在第九届全国运动会单人项目（不含2人或2人以上项目）上取得成绩，就实行两次计分；这些运动员如果在第27届奥运会上获得前3名成绩，也实行两次计分。

（九）设“创超世界纪录奖”，办法另定。

（十）设“体育道德风尚奖”，评选办法另定。

八、兴奋剂检查和性别检查

（一）第九届全国运动会实行兴奋剂检查，对重点项目运动员将进行血检。具体按照国家体育总局1号令《关于严格禁止在体育运动中使用兴奋剂的规定》以及其他有关规定执行。

（二）性别检查将根据国际组织有关规定，按照必需和必要的原则进行。已经获得并出示国际奥委会医学委员会或国际体育单项联合会或被各单项运动协会认可的医学部门出具的女性证明书的运动员，可予以免检。

九、公布代表团名次

（一）按获奖牌数公布各代表团名次。金牌多者名次列前；金牌相同，银牌多者名次列前；金、银牌数相同，铜牌多者名次列前；金、银、铜牌数相同，名次并列。

（二）按获总分数公布各代表团名次。总分高者名次列前；总分相等，名次并列。

十、报名和报到

（一）预赛报名：按各项目单项竞赛规程规定赛前30天报名。

（二）决赛报名：原则上在第九届全国运动会开幕前30天报参加运动员具体名单和项目，具体时间和规定将另行通知。

（三）代表团报到时间：各代表团团部工作人员可于2001年11月8日报到；各项目运动员在本项目比赛开始前3天报到，比赛结束后1天离会。

（四）裁判员及仲裁委员报到日期另行通知。

十一、代表团团旗

各单位自备，颜色自定，规格为2米×3米。代表团团旗除标明规程规定的参加单位名称外，不得出现其他标志。

十二、比赛服装按各项目竞赛规程规定执行

十三、本竞赛规程总则的内容由国家体育总局负责解释

第九届全运会竞赛日程表

序号	项目		承办单位	比赛场（馆）	日期	1 四	2 五	3 六	4 日	5 一	6 二	7 三	8 四	9 五	10 六	11 日	12 一	13 二	14 三	15 四	16 五	17 六	18 日	19 一	20 二	21 三	22 四	23 五	24 六	25 日
1	射箭		广州市	广东奥林匹克中心射箭场													★	★	★	★	★	★	★							
2	田径		广州市	广东奥林匹克体育场	马拉松10月14日(京)																	★	★	★		★	★	★		
3	羽毛球		广州市	天河体育中心体育馆														★	★	★	★	★		★	★	★	★	★		
4	棒垒球	棒球	广州市	广东奥林匹克中心棒垒球场								★	★	★	★		★	★	★	★										
		垒球																				★	★	★	★	★	★	★	★	
5	篮球	男子篮球	东莞市	东莞体育中心体育馆、大朗体育馆、常平体育馆							★	★	★	★	★		★	★	★											
			中山市	小榄体育馆																										
		女子篮球	佛山市	佛山体育馆、三水体育馆																★	★	★	★	★	★	★	★	★		
			清远市	清远体育馆、阳山体育馆																										
6	拳击		肇庆市	肇庆体育中心体育馆	10月28日-11月7日	★	★	★	★	★	★	★																		
7	皮划艇	皮划艇	广州市	广东国际划船赛场																				★	★	★	★			
		激流回旋						★	★	★	★																			
8	自行车	公路	深圳市	广东龙岗国际自行车赛场																						★	★	★	★	
		山地																					★	★						
		场地															★	★	★	★	★									
9	马术	马术	广州市	广东奥林匹克中心赛马场							★	★	★	★	★															
		速度赛马	广州市	广州赛马场																										
10	击剑		江门市	江门体育馆								★	★	★	★															
11	足球	男子足球	深圳市	深圳体育场																										
			珠海市	珠海体育中心体育场														★	★	★	★	★	★	★	★	★	★	★		
			肇庆市	肇庆体育中心体育场																										
		女子足球	广州市	天河体育中心体育场、越秀山体育场、黄埔、花都、增城体育场、省体育场、番禺英东体育场					★	★	★	★	★	★	★	开	★	★	★											闭
			东莞市	东莞体育中心体育场																										
12	体操	体操	广州市	广州体育馆													★	★	★	★	★	★	★	★						
		艺术体操	深圳市	深圳体育馆													★	★	★											
		蹦床	江门市	江门体育馆																							★	★	★	
13	手球	男子手球	湛江市	湛江体育中心体育馆															★	★	★	★	★	★	★	★				
		女子手球	珠海市	珠海体育中心体育馆	9月21日-28日																									
14	曲棍球	男子曲棍球	广州市	广东奥林匹克中心曲棍球1号、2号场												幕							★	★	★	★	★	★	★	幕
		女子曲棍球												★	★		★	★	★	★										
15	柔道		中山市	中山市体育馆																	★	★	★	★						
16	现代五项		广州市	广东奥林匹克中心：击剑馆、泳馆、马术场、射击馆																					★	★	★	★	★	
17	赛艇		广州市	广东国际划船赛场													★	★	★	★	★									
18	射击	射击	广州市	广东奥林匹克中心射击场												式	★	★	★	★	★	★								式
		飞碟	东莞市	东莞厚街国际飞碟射击俱乐部	9月21日-27日																									
19	游泳	游泳	广州市	天河体育中心游泳馆													★	★	★	★	★	★	★	★						
		跳水	汕头市	汕头游泳跳水馆													★	★	★	★	★	★	★	★	★					
		水球	珠海市	珠海体育中心游泳馆														★	★	★	★	★	★	★	★					
		花样游泳	广州市	天河体育中心游泳馆																						★	★	★	★	
20	乒乓球		汕头市	潮汕体育馆、澄海正大体育馆	10月11日-20日																									
21	跆拳道		深圳市	深圳市体育馆	10月6日-9日																									
22	网球		广州市	芳村网球中心、（注：雨天备用馆：省网球馆、天河网球馆、沙面网球馆）						★	★	★	★	★	★		★	★	★	★	★	★	★	★	★					
23	排球	男子排球	阳江市	阳江体育馆	10月28日-11月6日	★	★	★	★	★	★																			
			茂名市	茂名体育馆																										
		女子排球	江门市	江门市体育馆、台山体育馆、开平体育馆	10月15日-24日																									
		沙滩排球（男、女）	阳江市	海陵岛银滩沙滩场	9月20日-29日																									
24	举重	男子举重	江门市（鹤山）	鹤山体育馆																				★	★	★	★			
		女子举重															★	★	★	★										
25	国际式摔跤		肇庆市	肇庆体育中心体育馆													★	★	★	★(古)				★	★	★	★(自)			
26	帆船	帆船	汕尾市	广东省海上训练基地	10月20日-11月2日	★	★																							
		帆板	汕尾市	广东省海上训练基地	10月10日-18日																									
27	武术	武术套路	顺德市	顺德体育中心体育馆	8月21日-23日																									
		散打	佛山市	南海体育馆	8月27日-29日																									

来源：国家体育总局办公厅信档处

竞赛成绩

这届运动会共有45个代表团的12314名运动员参加了预赛，8608名运动员参加决赛。九运会达到了提高我国体育运动水平，发现和培养优秀体育运动人才，为2008年奥运会进行练兵的目的。共有24人35次超7项世界纪录，6人1队7次创6项亚洲纪录，28人41次超9项亚洲纪录，32人4队52次创37项全国纪录。一批项目的成绩达到了世界领先水平，体操、射击、举重、羽毛球、乒乓球、跳水等既展现了高水平的竞争，更展现了后备人才的勃勃生机。一些过去比较落后的项目成绩有一定幅度提高。选手之间竞争更加激烈，水平更加接近，一些集体球类项目的基本技战术能力也有新提高。从各代表团的表现看，都进行了系统训练和充分的准备。在参赛的45个代表团中，32个获得金牌，有37个获得奖牌，竞技体育的整体水平在稳步发展。取得了体育竞赛和精神文明的双丰收。

奖牌榜

单位：枚

名次	代表团	金牌	银牌	铜牌
1	广东	69.5	48	51.5
2	辽宁	41	31.5	28.5
3	解放军	33	26	28
4	上海	29.5	29.5	24.5
5	江苏	24.5	21.5	25
6	北京	23	27	22.5
7	山东	22	22	22
8	湖南	19.5	14.5	17
9	浙江	12.5	12.5	17.5
10	湖北	12.5	6.5	11
11	吉林	12	17	10
12	河北	12	10.5	10.5
13	四川	9	16	21.5
14	福建	9	9	12.5
15	黑龙江	8.5	10	12
16	山西	8.5	7	2
17	陕西	8.5	4.5	4
18	天津	8	8	9
19	河南	7.5	18.5	10
20	广西	7	7.5	7.5
21	云南	7	7.5	5.5
22	内蒙古	6.5	2.5	5.5
23	安徽	3.5	8.5	11
24	甘肃	3.5	4.5	6.5
25	江西	3	9.5	5.5
26	新疆	2	5	2
27	香港	2	2	1
28	前卫	2	0	2
29	贵州	1.5	2.5	4.5
30	重庆	1.5	2.5	3
31	海南	1	2.5	2
32	火车头	1	1.5	1.5
33	青海	0	1	2
34	西藏	0	1	0.5
35	宁夏	0	0.5	3
36	建设	0	0	2
37	金融	0	0	1

24人35次超7项世界纪录

项目名称	姓名	单位	成绩	原成绩	日期
女子举重 48公斤级（总成绩）	李卓	辽宁	202.5 kg	197.5 kg	11月12日
女子举重 48公斤级（总成绩）	王明娟	湖南	207.5 kg	197.5 kg	11月12日
女子举重 48公斤级（总成绩）	王明娟	湖南	210 kg	197.5 kg	11月12日
女子举重 48公斤级（总成绩）	刘秀华	广东	202.5 kg	197.5 kg	11月12日
女子举重 58公斤级（总成绩）	王利	辽宁	240 kg	235 kg	11月13日
女子举重 58公斤级（总成绩）	王雪久	上海	242.5 kg	235 kg	11月13日
女子举重 58公斤级（总成绩）	周燕	江苏	240 kg	235 kg	11月13日
女子举重 58公斤级（总成绩）	陈艳青	江苏	240 kg	235 kg	11月13日
女子举重 58公斤级（总成绩）	陈艳青	江苏	242.5 kg	235 kg	11月13日
女子举重 58公斤级（总成绩）	宋志娟	解放军	245 kg	235 kg	11月13日
女子举重 58公斤级（总成绩）	宋志娟	解放军	250 kg	235 kg	11月13日
女子举重 63公斤级（总成绩）	李春梅	吉林	250 kg	245.2 kg	11月13日
女子举重 63公斤级（总成绩）	熊美英	江西	255 kg	245.2 kg	11月13日
女子举重 63公斤级（总成绩）	熊美英	江西	257 kg	245.2 kg	11月13日
女子举重 63公斤级（总成绩）	颜晓莉	山东	250 kg	245.2 kg	11月13日
女子举重 63公斤级（总成绩）	颜晓莉	山东	257.5 kg	245.2 kg	11月13日
女子举重 63公斤级（总成绩）	李丽花	广东	247.5 kg	245.2 kg	11月13日
女子举重 63公斤级（总成绩）	舒洁安	重庆	245 kg	245.2 kg	11月13日
女子举重 63公斤级（总成绩）	刁威威	金融	245 kg	245.2 kg	11月13日
女子举重 63公斤级（总成绩）	刁威威	金融	252.5 kg	245.2 kg	11月13日
女子举重 69公斤级（总成绩）	尚世春	辽宁	260 kg	255 kg	11月14日
女子举重 69公斤级（总成绩）	刘海霞	吉林	270 kg	255 kg	11月14日
女子举重 69公斤级（总成绩）	刘东萍	江苏	262.5 kg	255 kg	11月14日
女子举重 69公斤级（总成绩）	张少玲	安徽	260 kg	255 kg	11月14日
女子举重 69公斤级（总成绩）	刘春红	山东	270 kg	255 kg	11月14日
女子举重 69公斤级（总成绩）	刘春红	山东	275 kg	255 kg	11月14日
女子举重 69公斤级（总成绩）	刘春红	山东	275.5 kg	255 kg	11月14日
女子举重 75公斤级（总成绩）	张宁	安徽	260 kg	257 kg	11月14日
女子举重 75公斤级（总成绩）	张宁	安徽	262.5 kg	257 kg	11月14日
女子举重 75公斤级（总成绩）	蔺华	上海	262.5 kg	257 kg	11月14日
女子举重 75公斤级（总成绩）	孙瑞萍	广东	262.5 kg	257 kg	11月14日
女子举重 75公斤级（总成绩）	孙瑞萍	广东	265 kg	257 kg	11月14日
女子举重 +75公斤级（总成绩）	唐功红	山东	302.5 kg	300 kg	11月15日
女子举重 +75公斤级（总成绩）	唐功红	山东	312.5 kg	300 kg	11月15日
男子举重 62公斤级（总成绩）	苏飞翔	广东	327.5 kg	235 kg	11月19日

1人1次创1项世界青年纪录

项目名称	姓名	单位	成绩	原成绩	日期
田径女子400米栏	黄潇潇	山东	0:55.15	00:55.2	11月22日

6人1队7次创6项亚洲纪录

项目名称	姓名	单位	成绩	原成绩	日期
自行车女子场地500米计时赛	江永华	北京	00:34.751	00:34.768	11月12日
游泳女子100米蛙泳	罗雪娟	浙江	01:06.960	01:07.180	11月14日
游泳女子4×200米自由泳接力	王璐娜 徐妍玮 朱颖文 庞佳颖	上海	07:56.520	07:57.960	11月16日
游泳女子800米自由泳	陈桦	浙江	08:26.540	08:27.940	11月18日
游泳女子800米自由泳	张良	解放军	08:26.480	08:26.940	11月18日
田径女子三级跳远	黄秋艳	广西	14.72米		11月22日
田径女子链球	顾原	陕西	66.97米		11月22日

3人3次创1项亚洲最好成绩

项目	姓名	单位	成绩	原成绩	日期
田径女子 20公里竞走	刘宏宇	辽宁	1:26:35	1:27:30	11月19日
田径女子 20公里竞走	王丽萍	辽宁	1:26:23	1:27:30	11月19日
田径女子 20公里竞走	王妍	辽宁	1:27:30	1:27:30	11月19日

精彩瞬间

男子跳高比赛中，上海选手王舟舟以2.24米的成绩获得冠军

马拉松比赛中辽宁选手刘敏获得冠军

篮球比赛

2001年第九届全运会马拉松比赛与城市马拉松比赛合并，图为马拉松比赛中

游泳比赛

北京女排主攻手陈洋（中）大力扣球

武术比赛

辽宁队战胜上海队夺得全运会足球比赛的金牌

闭 幕 式

闭幕式致辞

卢瑞华

尊敬的朱镕基总理，

尊敬的国际奥委会主席罗格先生，

尊敬的各位来宾，同志们、朋友们：

中华人民共和国第九届运动会在党中央、国务院的亲切关怀下，开得“精彩、圆满并具特色”，举世瞩目，令人难忘。九运盛会进一步激发了全国人民团结奋进、振兴中华的爱国热情，推动了我国体育运动的蓬勃发展。九运会在广东举办，已经有力地促进了广东“两个文明”的建设。

（略）

闭 幕 词

袁伟民

尊敬的朱镕基总理，

尊敬的国际奥委会主席罗格先生，

尊敬的各位来宾，同志们、朋友们：

第九届全运会今天闭幕了。九运会是我国竞技体育水平和人才状况的一次大检阅，是广东省改革开放成果的一次充分展示，也是为我国成功举办2008年奥运会，锻炼参赛队伍和竞赛组织队伍的一次极好机会。在党中央、国务院领导同志的亲切关怀下，在大会组委会的统一组织指挥和各赛区组委会、全体工作人员以及各参赛代表团的共同努力下，本届全运会取得了圆满成功，达到了“精彩、圆满并具特色”的目标。在此，我代表组委会和国家体育总局向为本届全运会做出贡献的全体工作人员、志愿者和各参赛代表团；向广东省委、省政府以及各赛区政府和广大人民群众致以崇高的敬意和衷心的感谢！

下面，我们荣幸地邀请朱镕基总理宣布九运会闭幕。

袁伟民在组委会暨团长会议上的讲话

表演现场

九运会是新世纪我国举办的第一届全国大型综合性运动会，举国关注，影响巨大。广东省委、省政府和国家体育总局以及九运会筹委会、组委会，对办好这届全运会高度重视，做出了极大的努力。从九运会开始筹备到开幕之后的整个过程中，始终坚持以邓小平理论和江泽民同志“三个代表”重要思想为指导，始终按照中央领导同志提出的高要求，以争创“四个一流”为目标，在继承传统的同时，着力在改革创新，办出时代特色、广东特色上下功夫，进行了许多有益的探索，为今后我国举办大型体育赛事积累了宝贵的经验，回顾总结这届全运会及其筹备和组织工作，我认为有以下几个特点：

抓住千载难逢的机遇，创办一流体育盛会

2001年是新世纪的第一年，是历史发展进程中承前启后，继往开来，具有重要历史意义的一年。进入新世纪，我们国家面临着实现中华民族伟大复兴的历史重任，一个个机遇与挑战迎面而来。在我国经济持续高速健康发展的形势下，我们又获得了2008年奥运会的举办权，在上海成功地举办了APEC会议，实现了加入WTO的目标，北京还成功的举办了第二十一届世界大学生运动会，这些重大事件在国内外产生了巨大而深远的影响。九运会恰逢在这样的历史时刻和机遇下举行，实属千载难逢。这也为办好这届全运会提供了前所未有的客观条件和社会氛围。

党和国家领导同志的高度重视，社会各界的积极参与和大力支持，成为办好全运会的巨大动力。江泽民总书记亲自为九运会主会场“广东奥林匹克体育中心”题名，点燃了“走进新时代”九运会群众性长跑传递的火炬，出席了九运会开幕式并宣布九运会开幕，接见了全国群众体育先进单位和先进个人代表，并发表了重要讲话。明

天，朱镕基总理将出席九运会闭幕式，李岚清副总理亲临广东视察和指导。党和国家领导同志对九运会的关心支持，极大地激发了广东各级领导、全国广大体育工作者办好九运会，为国争光，为两个文明建设多做贡献的荣誉感、责任感和使命感。

九运会成为全国人民盛大的体育节日，在中华大地掀起了新一轮的体育热潮。“走进新时代”大型火炬传递活动历时53天，遍及全国31个省区市和香港、澳门特别行政区，参与人数达2000多万人，进一步强化了全民的体育意识。体育科学大会、群先表彰活动、体育美术展览、体育集邮展览、体育成就展览、（广州）国际体育用品博览会等活动，充分发掘了大型体育赛事的多元社会功能和整体效益；以广州为中心，分布广东全省15个地市，纵横数百公里的比赛场，在广东省形成了一道亮丽的体育风景线；无私的志愿者、文明的观众、热情的啦啦队，为广东省乃至全国全民健身活动的广泛开展和竞技体育成绩的提高创造了良好的环境，成为“新世纪、新广东”全面腾飞的强大动力。精心筹划的开幕式《盛世中华》大型文体表演，热烈、精彩、优美，充满着时代气息和广东特色。向全国人民奉献了一份精美的体育文化礼物。

九运会的成功举办，还进一步扩大了我国的影响，展示了我国改革开放和体育事业发展的成就，显示了承办好2008年奥运会的能力。国际奥委会主席罗格等41名国际奥委会委员和部分国家体育部长、奥委会主席等共90多位外宾莅临广东，对广东省的发展和巨大变化，对全运会的组织和竞赛工作给予了高度评价，扩大了中国体育在国际体坛的影响。

创造一流成绩，检阅运动人才和水平，推动竞技体育工作的持续发展

本届运动会充分展示了四年来我国竞技体育的新发展，在参赛规模、竞赛水平、人才状况、竞争激烈程度和格局等方面，都谱写了全运会历史上新的篇章。共有45个代表团的12314名运动员参加了预赛，8608名运动员参加决赛，比八运会多了近千名运动员，加上教练员、裁判员、官员、记者总数在20000人以上，规模宏大。

九运会达到了提高我国体育运动水平、发现和培养优秀体育运动人才、为2008年奥运会进行练兵的目的。各项比赛今天将全部结束。这是一次高水平的较量，创造了一批好成绩，共有24人35次超7项世界纪录，6人1队7次创6项亚洲纪录，28人41次超9项亚洲纪录，32人4队52次创37项全国纪录。一批项目的成绩达到了世界领先水平，体操、射击、举重、羽毛球、乒乓球、跳水等既展现了高水平的竞争，更展现了后备人才的蓬勃生机。一些过去比较落后的项目成绩有一定幅度提高。选手之间竞争更加激烈，水平更加接近，一些集体球类项目的基本技战术能力也有新提高。从各代表团的表现看，都进行了系统训练和充分的准备。在参赛的45个代表团中，32个获得金牌，有37个获得奖牌，一些竞技体育发展较为薄弱的省市有了明显的进步，取得了一些好成绩，说明经过全国体育界的努力工作，竞技体育的整体水平在稳步发展。

通过举办九运会，促进了广东省各项事业的全面发展

广东省抓住举办九运会的契机，全省一致，全面动员，加快了全省各项事业发展的步伐。三年多来，在市政基础设施建设、环境美化、体育

设施、交通通讯等方面投入了巨大的人力、财力，“三年一中变”的目标，在九运会的推动下已经顺利实现。在硬件设施上，广东省利用筹办九运会的契机，完成了新中国成立以来规模最大的一次体育场馆建设工程，场馆的设计、施工质量、科技含量和配套功能等都表现了时代的特征和要求。广东奥林匹克体育场、广东划船赛场、广东海上运动场、激流回旋赛场、广州新体育馆、深圳龙岗国际自行车赛场、汕头游泳跳水馆等主要场馆已成为一流水平的国际标准赛场。本届全运会，广东省把比赛场馆分布在全省的15个地市，充分考虑了场馆的赛后利用问题，通过举办九运会，为全省人民留下了宝贵的体育财富。为了实现“绿色九运、科技九运、文明九运”的主题，各办赛城市特别是广州市加大了城市改造、环境美化的力度，使城市面貌焕然一新。

狠抓赛风，严肃赛纪，力求客观公正地评价各地竞技体育的实力和工作水平

四年一届的全运会受到了各参赛单位乃至全国人民的高度关注，抓好赛风是办好比赛的保证。国家体育总局和九运会组委会对赛风问题高度重视，成立了专门的纪律检查委员会和兴奋剂检测监督机构。九运会是反对使用违禁药物、纠正不正之风及处罚力度最大的一届运动会。组委会和纪律检查委员会分别召开会议，全面部署抓好赛风赛纪的工作，要求各代表团把抓好九运会赛风提高到讲政治的高度来认识。要求全体运动员、教练员和裁判员要认真遵守各项竞赛规程和规定，团结拼搏，公正竞赛，赛出风格，赛出水平，促进社会主义精神文明建设。

2001年11月24日

香港运动员代表在闭幕式上

闭幕式揭秘：四千人演绎“超越梦想”

九运会闭幕式将于11月25日晚在广州新体育馆举行。届时，在长达70分钟的题为《超越梦想》的大型文艺晚会上，4000多名演出人员将与观众一起度过一个欢乐的不眠之夜。

《超越梦想》总导演、广州市文化局副局长王庆生今天透露，广州市政府为九运会闭幕式投入了1700多万元人民币，邀请了北京、上海、香港等地的80多名主创人员，力求使主旋律与多样化相统一，体育文化与高雅艺术相融合，突出岭南特色，并与开幕式有机联系。

艺术形式丰富多彩

整台晚会将有杂技、舞蹈、演唱、芭蕾舞、民乐、钢琴演奏、时装模特表演、南狮表演等。届时，那英、毛阿敏、刘欢、火风、黄格选、张也、高枫等一批著名演员将同台献艺，著名运动员桑兰亦将与观众见面，阵容非常强大。

歌曲《不要说分手》将由一个少女组合演唱，在40面铜鼓的伴奏下，40名身着橘红上衣、紧身黑裤、黑色皮鞋的少女将跳起踢踏舞，100对热情的拉丁舞者也同时上阵；黄格选等人演唱的《中华儿女当自强》则配以具有岭南特色的粤剧和醒狮表演，气势恢弘。此外，有的歌曲将流行唱法和芭蕾艺术相结合，有的则把钢琴与乐队的演奏，同木棉花群舞以及大屏幕资料结合起来。

近六成音乐为原创

在包括引子和尾声在内的全部12个节目中，有7个节目的音乐为原创音乐。其中既有气势恢宏的美声歌曲《你的目光》，又有宽广流畅的民族歌曲《明日理想》；既有抒情细腻的《一样的心》，又有节奏强劲的《辉煌的那一天》；既有西洋技法的原创音乐《活力海洋》，又有具鲜明岭南特色的重新编曲填词的广东音乐《彩云追月》。有关方面表示，将把闭幕晚会的歌曲制成VCD，使之广为流传。

舞蹈设计变幻莫测

晚会舞蹈设计将追求艺术上的精美和室内空间的充分利用。纵、横切面的舞台全部是弧形，和体育馆内圆形、弧形的穹隆式结构融为一体。主舞台两侧各有一个长27米的弧形滑道，通过40米的舞台。三组升降旋转舞台让大舞台变换出动感小舞台，四组浮台像巨大的手臂向舞台前方延伸，伸缩自如。

舞台后部的台阶上，21台纯白色三角钢琴将展现在观众面前；由150名白衣演员组成的气势磅礴的合唱团分成两层，设在贵宾席前沿；合唱平台下面，是同样分两层的大型交响乐团。整个台阶远远望去，宛如一座雪白的白云山。届时，合唱团和交响乐团将为观众表演交响大合唱《你的目光》。

晚会的道具则轻便精巧，追求金属质感与现代时尚。巨大的水母、地球车、月、云、月球车等都极具特色。最出彩的莫过于50个3.5米高的巨型机器人了，他们分别由50名演员操纵，在台上跳起摇滚。

媒体报道

《中国体育报》

九运会火炬传递点火起跑仪式在京举行

江泽民点燃主火炬

胡锦涛出席李岚清致辞

新华社北京9月11日电 中共中央总书记、国家主席江泽民今天亲手点燃了中华人民共和国第九届全国运动会“走进新时代”火炬传递主火炬，这标志着充分体现国家富强、祖国统一和民族大团结景象的规模盛大的火炬传递活动正式在全国范围内展开。

九运会火炬传递点火起跑仪式今天上午在人民大会堂东门外广场隆重举行，中共中央总书记、国家主席江泽民点燃九运会火炬传递主火炬，中共中央政治局常委、国家副主席胡锦涛，中共中央政治局常委、国务院副总理李岚清等领导同志以及各界人士2000人出席了点火仪式。

上午10时，国务委员兼国务院秘书长王忠禹宣布九运会火炬传递点火起跑仪式开始。我国首枚奥运会金牌获得者许海峰及广东优秀运动员代表孙淑伟用分别采自北京和广东的“新世纪圣火”和“文明进步圣火”火种引燃了引火棒，并同时用引火棒点燃放置在主席台前沿中央位置的世纪宝鼎内的火源。

中共中央政治局常委、国务院副总理李岚清致辞说，我们在天安门广场点燃第九届全国运动会“走进新时代”的火炬，象征着我们祖国将走进新的时代，踏上实现中华民族伟大复兴新的征程。

李岚清说，新中国成立以来特别是改革开放20多年来，我国的经济实力和综合国力显著增强，社会主义建设事业取得了伟大成就。我们要继续紧密团结在以江泽民同志为核心的党中央周围，努力学习和贯彻江总书记“七一”讲话和“三个代表”的重要思想，奋发努力，扎实工作，把祖国建设得更美好。将于11月11日在广东隆重举行的第九届全国运动会，是进入21世纪后我国首次举行的大型综合性全国运动会。通过这届全运会，将全面展示我国体育事业取得的成绩和体育健儿的英姿，要高标准、高质量、高水平地做好各项准备工作，力争把九运会办成一届“一流的设施，一流的环境，一流的成绩”的全运会。

10时10分，江泽民总书记从燃烧着九运会圣火火种的世纪宝鼎内点燃手持的主火炬，高举火炬向周围的人群致意。此时军乐团奏响了激昂的乐曲，3000只和平鸽振翅飞向天空，身穿传统民族服饰的少年儿童跳起了欢快的舞蹈，广场上掌声雷动，气氛达到了高潮。随后江泽民把主火炬传授给国家体育总局局长袁伟民，再由袁伟民将主火炬传递给主火炬手、奥运会冠军、著名乒乓球运动员孔令辉，孔令辉和两名副火炬手依次点燃了火炬队队员手中的传递火炬，这些队员分别来自并代表全国31个省、自治区、直辖市和香港、澳门特别行政区。

点火仪式之后举行了火炬传递起跑活动。孔令辉和两名副火炬手带领主火炬队从人民大会堂东门外广场出发，穿过天安门广场到历史博物馆门前结束。

出席今天火炬点火仪式的领导同志还有：李长春、贾庆林、曾庆红、王光英、周铁农，以及有关方面负责同志王刚、卢瑞华、刘淇等。

（刊载于《中国体育报》2001年9月12日）

《中国体育报》

袁伟民指出九运暴露六大问题 一切要为奥运服务

新华社广州11月24日电 九运会组委会主任、国家体育总局局长袁伟民今天在组委会全体会议暨各代表团团长会议上，概括了本届全运会暴露的六大问题。

这六大问题是：一、如何更好地贯彻“国内练兵，一致对外”的原则，处理好奥运会与全运会的关系，进一步强化全运会为奥运会练兵和培养人才的功能；二、如何加深和强化对综合性运动会规律的认识，调整、修改和完善全运会现行的政策、规程和规则；三、如何处理好全运会按市场规律、体育规律办事；四、如何进一步加强反兴奋剂的立法以及加强检查过程中的内部协调；五、如何有效地促进全国体育人才的合理、规范流动；六、如何加强对裁判员的监管和提高执裁水平。

袁伟民指出，九运会的成功举办为今后举办大型综合性体育赛事提供了宝贵的经验和启示，为我国成功举办2008年奥运会打下了良好的基础。

袁伟民要求体育界抓住九运会契机，认真总结，进一步改革和发展竞技体育工作，使全运会切实达到促进人才成长、为奥运争光计划服务的目的。

（刊载于《中国体育报》2001年11月25日）

《人民日报》

从新起点奔向新目标

11月11日晚，九运圣火在广东奥林匹克体育场熊熊燃起，圣火的光芒将照亮奔流不息的珠江，照亮满目葱茏的羊城，照亮生机勃勃的神州大地。来自全国各地的8000余名体育健儿将在这里聚会交流、比试身手，谱写新世纪的一曲希望之歌。

新世纪开始，中国体育就写下神采飞扬的画卷。北京申奥成功吹响了第一声嘹亮号角，世界大学生运动会第一次在我国举办，中国男足第一次打入世界杯，举国上下不断感受从未有过的喜悦，迸发出豪迈的激情。走过42年路程的全运会，在这样的大背景下举行有着特殊的意义。

全运会是一个巨大的舞台，这个舞台展现出新中国竞技体育的风采，展现出中华民族自强不息、团结奋进的精神风貌，也承载着一个国家、一个民族的文明、进步与希望。九运会是新世纪第一次全运会，是全面检阅和展示我国竞技体育实力的一次运动会。在我国经济连续多年稳步发展、加入WTO成为现实的宏大背景下，坚持体育为经济建设和社会进步服务的正确方向，确保把九运会办成展示我国改革开放成果、提倡社会进步、推动社会主义精神文明建设的团结拼搏的体育盛会，已成为必然的选择。九运会同时又是在北京申奥成功之后举办的第一次全运会，举国关注，举世瞩目。面对来自国际、国内充满希冀的目光，面对这一难得的历史机遇，将九运会办成纯洁、健康、生机勃勃的盛会，并以此为契机，为我国经济的持续发展、为体育事业的欣欣向荣做出新的贡献，已成为必然的选择。

2000年悉尼奥运会，中国体育代表团创记录地夺取28枚金牌；2008年奥运会，我们将在家门口迎候世界体坛诸强的挑战。风云变幻的世界体坛格局，既向中国体育发出深情的呼唤，同时也给我们提出一个严肃的课题：今后的中国体育将如何发展，才能“百尺竿头，更进一步”？带着这个问题来审视全运会的发展历程，我们不难发现：在全运会刚刚问世的50年代末期，作为中国体坛最高水平的综合运动会，它承担着向世界展示中国体育运动水平的全部任务；但随着80年代中国体育重返国际体育大家庭，全运会的角色和作用已发生根本性的转变。其中突出的一点就是，全运会已由过去中国体育的“主战场”，逐步演变成面向奥运会和国际赛场的“演练场”。这就要求我们必须正确处理好全运会与奥运战略的关系，必须正确认识全运会金牌的真正价值，必须正确理解我国举办全运会的根本目的。这就要求我们必须全面体现奥林匹克精神，奋力实现“更高、更快、更强”，坚决反对使用兴奋剂，严格赛风赛纪，采取坚决措施，使新世纪第一次全运会开成运动成绩和精神文明双丰收的体育盛会。确保九运会举办成功，为21世纪我国体育事业的腾飞开好头、起好步。

4年多来，广东省为筹备九运会做出了巨大的努力。如今，竞赛组织、场馆建设、交通通讯、安全保卫、后勤接待、新闻报道等各项筹备工作都已就绪。这是广东省继1987年成功举办了第六届全运会之后，为我国体育事业做出的又一重大贡献。14年前，在全运会中率先引入商业运作机制是广东的杰作。今天，广东以全新的观念办九运，采取政府与企业共同投资、由企业负责全面建设经营管理的场馆建设新模式，不搞摊派、运用市场化手段开发无形资产的集资工作新办法，大力整治环境、通过将赛地分散到15个地市带动全省工作的新思路，都是广东筹办九运会的精彩之笔，这将为今后如何办好全运会创造宝贵的经验。

连日来，来自全国各地的数千名青年带着北京申奥成功的喜悦和豪情来到了九运会赛场。他们是一群幸运者，因为中华儿女的百年期待在他们这一代驰骋赛场时终于实现了；他们也是一群佼佼者，因为他们以自己在国际赛场的优异表现为自己的祖国赢得了掌声和尊重；他们又是一群开拓者，因为祖国的体育事业需要他们朝气蓬勃地参与，2008年奥运会的宏伟蓝图需要他们去参与绘制。

九运会是一座桥梁，它连接着全运赛场与奥运赛场；九运会是一个摇篮，它孕育着新鲜的血液与希望；九运会是一个舞台，它承载着历史、现在与将来。

勇敢地面对挑战，从本位主义和局部利益中摆脱出来，同心同德、共襄大业，此其时也！

勇敢地接受挑战，真正从实战出发，为2004年雅典奥运会锻炼队伍、演练阵容，此其时也！

勇敢地迎接挑战，面向世界，面向未来，以更高的标准办好本届全运会，此其时也！

祝体育健儿捷报频传，祝第九届全国运动会取得圆满成功！

（刊载于《人民日报》2001年11月12日）

中国新闻网

九运火炬传递新意 首次推出电子火炬传递

记者张旭光报道：随着江泽民主席亲手点燃九运会的主火炬，第九届全国运动会“走进新时代”火炬传递活动也正式拉开了帷幕。不过与以往不同的是，除了传统的传递方式之外，电子火炬传递活动也将同时启动。

电子火炬传递将于9月21日起从国家体育总局开始，依次经过北京、河北、河南、湖北、湖南等地，最后到达广东，电子火炬传递以所经过的每个省、市体育局办公楼作为交接地点，并进入电子火炬传递网页。全部传递活动将于11月1日结束。

据介绍，九运会火炬传递活动是以全国各族人民团结奋进、开启新世纪、配合全民健身活动深入开展和奥运会争光计划的顺利实施为主题。

另外，各地火炬传递活动的日期拟订为：9月12日至21日，北京，黑龙江，浙江，陕西，西藏，云南，河南。9月22日至10月1日，天津，青海，吉林，山西，甘肃，新疆，内蒙古。10月2日至11日，河北，辽宁，海南，宁夏，上海，湖北，江苏。10月12日至21日，山东，安徽，贵州，重庆，福建，江西。10月22日至29日，湖南，四川，广西，广东省。电子火炬则从9月12日起至10月31日止在全国范围内传递。

（来源：中国新闻网2001年8月24日）

中国新闻网

我为九运做贡献

——广东志愿者在行动

11月6日，南国的阳光照耀下，九运会自驾车志愿者在广州市的主干道驾车游行，宣传九运。开放改革，广东人逐渐形成了富有、精明的形象。然而，另一方面，却也带上了以钱为中心，情感冷漠色彩。今天，广东人有了机会，用自己的行动重新展示真实的形象。

何建文又站到了白云宾馆接待记者的台前，他是接待记者和协调工作的主要工作人员之一。十四年前大运会时，他就在这里做这项工作。但现在不同了，他已经下海，已经成了何老板。这里已不是他靠工作挣钱的地方。

一个做老板的，把生意放在一边，专来这儿吃苦受累，而且是一如既往：六运会后又是首届世界女足赛、世界女足邀请赛、世界举重锦标赛……他都来了。

自愿到九运会新闻部工作的，不止小何。黎国尧在广东是名人，不只因为他是中山医附院的速诊科医生，更因为也是足球撰稿人，《中国足球运动史》等他都参与……他说，六运会到现在，他也是每次都来，现在退休了更应该为九运会出点力。

自然，他们来这儿，不是为了钱。据记者所知，给他们的补助极其有限，据说，这个月大约补助600元钱，对于小何来说，记者们从全国各地都给他打电话，这点钱还不够他的手机费。

广东人以自己的行动，批驳了那些认为广东人就是以钱为中心的说法。

他们来工作，是自愿的，但还不是真正的“志愿者”，真正的“志愿者”都要经过志愿者服务中心注册。

在广东，不是只要想来当志愿者就能当上的。得经过申请、审核、面试等一系列程序才能注册。为了动员全省人民，特别是广大团员青年积极参与九运会，今年年初，团省委、省体育局等在全省开展了“我为九运作奉献——广东青年志愿者在行动”。没想到这次活动，竟如一团烈火，呼啦啦烧起了一片：6月23日、24日和7月14日、15日四天，三万多人挤爆了门槛。虽然只通过了1500多人，但那桩桩感人事迹令人记忆犹新。70多岁的邱老伯在现场得知不受年龄限制，立即报名参加面试；53岁的钟姨是一名退休的医疗工作者，担心年龄大不被录取，面试后写信说：“我虽然退休了，但作为一名共产党员，为九运会服务的心不退休。还有一名5岁小朋友来面试，记者问他“为什么当志愿者？”他歪着小脑袋说：“为什么不当？”

97000多人踊跃报名。97000多人，不仅关注九运，而且要求服务九运。9月19日，九运会志愿者培训学校于广州市团校挂牌成立，分批培训了200多名骨干。广东人为能当上志愿者为荣。

志愿者服务既能帮助解决问题，又是一种精神象征。九运会志愿者队伍中，亮点闪闪。

港澳自愿服务队就要到达广州了，他们由港澳学生企业家和社会工作者等90人组成。

自驾车志愿服务队也是一支特有的志愿者队伍。这是由一批老板组成的。他们在九运会期间让自己的心爱的小车为运动员和记者们服务，当一次运输兵。这里面有广州大众集团董事长严锐忠、宝供物流企业集团总裁刘武等100多名队员。

热心支持九运的，不仅是广东本地人。有一对夫妇，开着自己的车来加入自驾车服务，他们说："80年代，我们带着5000元从内蒙古来到广州，现在，我们小有成就了，这些是广州给予我们的，我们以广州人的身份回报。"

记者在预演看台上，无意中看到了一个穿着志愿者服装的外国人。这是个澳大利亚人，叫布莱尔，是个教师。夫人吴颖要来报名做志愿者，他也跟着成为了志愿者。

志愿者中优秀部分，有着八成以上是大学学历的高校大学生团干部、团员组成的"广州共青团综治队"，将在法治宣传、执勤和维持秩序中亮出广东青年的素质和品德。

说起来容易，做起来难。志愿服务，也未必能令所有人理解。9月22日晚，是奥林匹克中心场地剪彩的日子。规定不许拿包进场，数万名观众的手提包都堆放在四辆大客车上。要想找到一个包，谈何容易！但，散场后急着赶车的观众是不能给他们太多的时间的。女孩子们被骂哭了，男学生们也被气红了脸，但他们都忍了。

志愿者们已经走过了参与九运会的通道，他们已得到了支持九运会的机会。他们也已经过了一次高尚风格的教育。

（来源：中国新闻网2001年11月7日）

奖品　纪念品

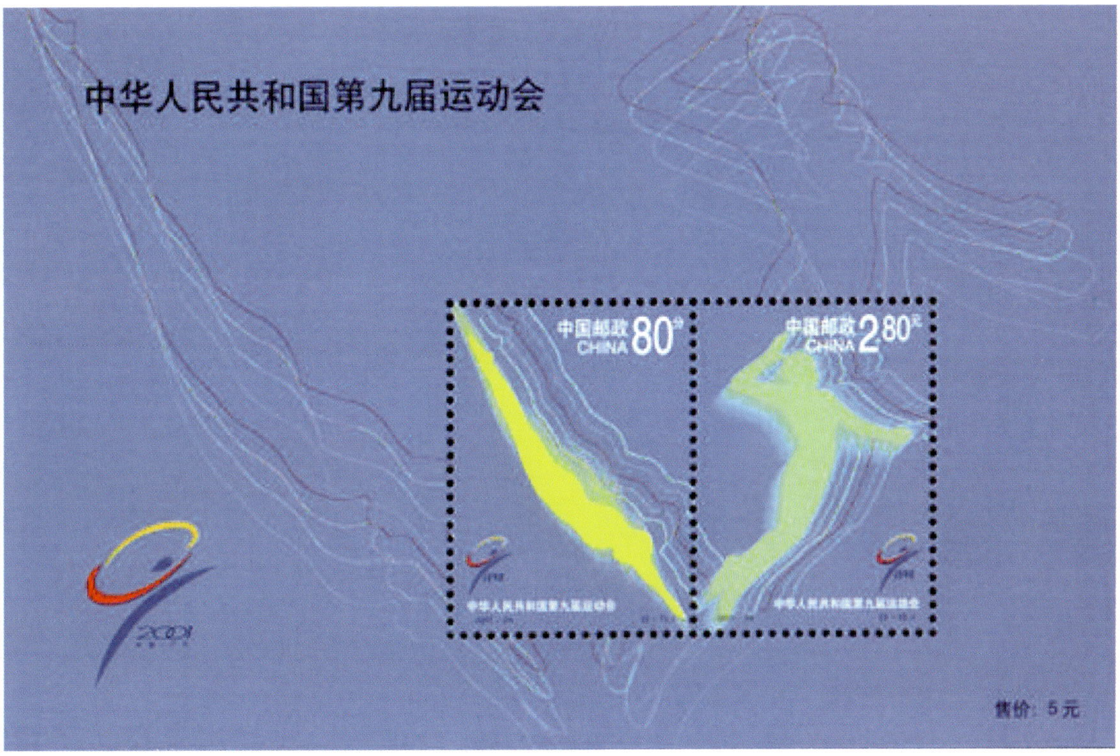

第九届全运会纪念邮票

宣传画报

友好交流

众贵宾南风窗前话神州
罗格：对中国充满崇敬和希望

10日上午11时，39米长的“南沙38号”超级快艇从香港方面徐徐驶来，停靠在广州南沙港1号码头。新当选的国际奥委会主席罗格在国际奥委会中国执委何振梁的陪同下。第一个走下快艇。这是国际奥委会主席首次从水路进入中国，也是他上任以后的第二次访华，距其上次访华（北京大运会）时间相隔仅3个月。随同罗格来的IOC委员以及委员们的妻子和工作人员共41人，此外，另一路IOC委员从空中来到广州，初到时，出席九运会开幕式的国际奥委会委员共42人。罗格不仅带来了自己的妻子，还带来自己的女儿。他要让自己的家人对中国有更多的了解。罗格在广州停留3天，活动安排的非常满，抵达广州3小时后，就出席了第五届全国体育美术展览暨第九届全运会纪念邮票首发式，而第二天开幕前的活动更加频繁。国家体育总局局长袁伟民陪同罗格观看了美术展。袁伟民向罗格介绍说，全国体育美术展每四年一次，从1995年开始，目前已经有80多件艺术品被国际奥委会博物馆收藏。在一樽反映太极拳运动的雕塑前。袁局长不失时机地再次向罗格主席介绍太极拳运动。袁局长一边说一边做手势，罗格也在学。太极拳是罗格从北京申奥标志上首次了解到的。果然，罗格对一些反映北京申办成功的艺术作品很感兴趣，比如油画《胜利者是北京》、水晶作品《乐章》、宣传画《祝福奥运》等等。另外，一个古希腊《掷铁饼者》的现代版雕塑也让罗格驻足观看了很久。罗格一面看一面对袁伟民感叹说：“这里有很多好作品啊！”

袁伟民马上说：“我们还可以为奥林匹克博物馆送一批啊！”

在10日晚九运会组委会和中国奥委合联合举行的招待会上，罗格的开场白是这样的：“曾经有记者问我，为什么将2008年的奥运会交给北京。我的回答是，中国有几亿人口，就有几亿个应该承办奥运会的理由。”他的话搏得全场热烈的掌声。

罗格还说：“我对中国的体育事业充满崇敬，信心和希望。中国对国际奥林匹克运动做出了杰出的贡献，我们IOC将奥运会的承办权交给北京，这也是一个回报。我和所有IOC委员都在期待北京能成功举办这次奥运会，并能更好地弘扬奥林匹克精神。我预祝即将开幕的中国全国运动会获得成功。”

罗格的秘书对记者说：“罗格是首次到广州来，但他对这里的一切都很感兴趣。我们一定还会再来的。”

（刊载于《中国体育报》2001年11月12日）

阿维兰热：祝贺中国足球

作为九运会特邀客人之一的前国际足联主席阿维兰热见到记者就说：“我已经是第四次到广州了，但每次来都是与足球有关的活动。广州的变化真是很大。”

我们的话题无法离开中国队首次打入世界杯决赛圈。阿维兰热说：“的确，这是一件值得庆祝的事，我要向中国足球队表示祝贺。”他还说，“中国队这次请米卢当教练真是没错。他是一个非常聪明的家伙，我非常喜欢他。”

在回答这次中国队出线是日本和韩国都不参加预赛、是“幸运”打入决赛圈的问题时，阿维兰热并不同意记者的观点。他认为，“中国队打得是技术足球，这与韩国和日本的打法不一样。”阿维兰热还表示，由两个国家承办比赛，比如2002年的韩日共同承办世界杯赛“绝对不是一个好主意”。“你要设两个主赛区，两个新网中心，两套接持计划……任何事都要做双份，这是浪费金钱。”

阿维兰热表示亚洲还可以承办一次世界杯赛，这里他是在暗示中国应该承办世界杯赛。

在回答记者关于非洲是否有望承办世界杯赛时，已经退出国际足联主席一职的阿维兰热说：“那是国际足联执委会决定的事。”

按照计划，阿维兰热在出席九运会开幕式之后，还将应中国足协之邀去上海访问。中国足协专职副主席阎世铎透露，我们请阿维兰热去上海参观一下场馆和上海的足球俱乐部。这位年过八旬的老人表示，只要有可能，他都会尽可能地帮助中国的足球事业。

（刊载于《中国体育报》2001年11月12日）

维尔布鲁根：我非常了解中国

11月7日，国际奥委会宣布，荷兰人维尔布鲁根为2008年北京奥运会协调委员会主席。这次罗格主席来广州，事先正式向中方声明，维尔布鲁根不是观摩团成员，而是工作组成员。广州的记者对这位在北京申办中起到关键作用的荷兰人似乎一点儿也不熟悉，而维尔布鲁根在广州的活动也很低调，他处处走在后面，有些时候是罗格亲自将他拉到前面，但谈完话之后，他又消失在人群中。

在南沙码头，记者看到维尔布鲁根最后一个下船，便走向前向他祝贺当选2008年北京奥运会的协调委员会主席。于是，这位荷兰人也很热情地与记者交谈起来。

据他自己讲，国际奥委会宣布前天，罗格主席与其在一次旅行中交换过意见，但并没有透露这个位置就让其担任。为了核对自己的记忆是否正确，他还亲自向站在一边的罗格主席询问了一下。“主席先生并没有事先通知我，就宣布了这个消息。这对我来说是一个意外的惊喜。”他笑着说，“我非常荣幸地接受这个任命，我并不认为与北京合作是件困难的工作。”他再三强调。“我非常了解中国，我最早来广州是在80年代。”他指着旁边一位小记者说，那时他可能还没有出生。

维尔布鲁根至今对今年初在北京考察记忆犹新。他说：“考察团对北京留下了美好印象。”

他介绍说，北京奥运会协调委员会将在12月正式成立，但一开始人数不会很多。“不过，我在北京已经认识了很多人，有了很多同行。我们要在一起工作七年，这是个很长的时间。”

10日下午，IOC委员一行应邀来到广东展览馆，参观第五届全国体育美术展览。走在前面的罗格主席在2号馆看到了一幅自行车运动员的油画，他叫着说，“让维尔布鲁根过来看看。”

不过，维尔布鲁根在3号馆也发现了自己喜爱的画，名叫《车与人》，当然也是反映自行车运动的，色调火红，动感极强。不过，他看不懂中文说明，特意请记者做了翻译，并让《中国体育报》的摄影记者在这幅他自己喜爱的画前留影。

维尔布鲁根是最后一个离开展馆的IOC委员。临行时，他还对记者说：“有问题，随时来找我。”

（刊载于《中国体育报》2001年11月12日）

吴经国：全运会场馆有特色

来自中国台北的IOC委员一到广州就再次表示，“我也是个中国人，我是来向北京祝贺申办获得成功的。”

吴先生算来已经是第四次到广州，他对广州的变化感到很高兴。他说：“我是学建筑的，所以特别关注九运会的场馆建设。我认为法国人设计的广州新体育馆很有特色。”

已经承办奥运会和将要承办奥运会的城市都面临一个严肃的问题，奥运会后场馆的使用问题往往令人头痛。吴先生说：“我与罗格主席也谈论过这方面的问题。我们都同意一个观点，今后的奥运会场馆不要太奢华，应该采用亚特兰大奥运会的方式，将比赛项目安排在大型展览中心，甚至就是搭建临时体育设施。此外，体育场馆的设计一定要考虑实用特色，特别是综合功能。”吴先生说，希望北京在建设奥运会新场馆时，也多考虑考虑使用性的问题。“我会向北京市政府提出自己的建议。”

北京申办2008年奥运会成功以后，中国台北也想承办一些比赛项目。不过，吴先生表示：“罗格主席再次重申北京奥运会的比赛只有足球和水上项目可以放在上海、天津、青岛举行，不会考虑在台北和香港安排预赛。但是，奥运火炬传递活动还是可以在上述地点举行的。”

谈到这次到广州观看九运会的计划时，吴先生说：“我想看篮球和足球比赛，这些都是我最喜爱的项目。”

（刊载于《中国体育报》2001年11月12日）

九运明星谱

田　径

董艳梅　高淑英　李雪梅　刘宏宇　王丽萍　关英楠

游泳/跳水

齐　晖　罗雪娟　伏明霞　熊　倪　田　亮　郭晶晶

李　娜　胡　佳

体　操

李小鹏　杨　威　刘　璇　凌　洁　黄　旭　董　震

乒乓球/羽毛球

孔令辉　王励勤　刘国正　刘国梁　马　琳　张怡宁

王　楠　李　菊　杨　影　夏煊泽　吉新鹏　陈　宏

龚智超　周　蜜

足球/篮球/排球

宿茂臻　马明宇　王治郅　姚　明　巴特尔　孙　玥

吴咏梅　杨　昊

其他项目

陶璐娜　王义夫　李对红　张　山　杨　凌　占旭刚

陈小敏　林伟宁　丁美媛　杨　霞　陈　中　王海滨

袁　华　易景茜　陈　露　姜翠华　杨　扬　王春露

中华人民共和国
第十届运动会

2005年

10月12日—10月23日

江 苏

简　介

第十届全运会于2005年10月12日至10月23日在南京举行，由国家体育总局和江苏省人民政府承办。这是中国第一次采用申办形式确定承办单位的综合性大型运动会。设田径、游泳、跳水、花样游泳、水球、体操、举重、击剑、射击、射箭、足球、篮球、排球、沙滩排球、手球、网球、乒乓球、羽毛球、棒球、垒球、曲棍球、马术、速度赛马、柔道、拳击、跆拳道、蹦床、自行车、铁人三项、现代五项、武术套路、武术散打、帆船、帆板、赛艇、皮划艇、花样滑冰、艺术体操、国际式摔跤、皮划艇急流回旋、短道速滑、速度滑冰等42个大项。来自全国46个代表团的9986人运动员参加了比赛，为前十届全运会之最。共产生了483枚金牌、445.5枚银牌、439枚铜牌。

本届运动会共15人21次超6项世界纪录，7人7次平6项世界纪录，5人6次创5项亚洲纪录，14人20次超5项亚洲纪录，1队19人25次创19项全国纪录。

会　徽

会徽图案由数字“10”变化而来，又是一个“S”的变形，“S”是英文“体育”（sports）的首字母，也是江苏简称“苏”的拼音首字母。会徽图案为红黄两色，既是中国最吉祥和欢乐的颜色，又是中国国旗的色彩组合。特别强调活力和动感，以凸现体育健儿奋力拼搏的精神风貌，充分体现奥林匹克“更高、更快、更强”的理念。

筹　备

中华人民共和国运动会会旗

吉祥物

金麟，取材中国传统吉祥物“麒麟”与“金陵”谐音。它富有人性化的动作和孩童般天真灿烂的笑容，体现了东道主江苏人民的热情、开朗和友善。

关于印发《国家体育总局刘鹏局长在组委会成立大会上的讲话》的通知

各省、自治区、直辖市、新疆生产建设兵团体育局，总参军训和兵种部体育局、总政宣传部文体局，有关行业体协，有关运动项目管理中心：

现将《国家体育总局刘鹏局长在第十届全国运动会组委会成立大会上的讲话》印发给你们，请各单位认真组织学习，切实将讲话精神贯彻落实到第十届全国运动会乃至今后一段时期的全国体育工作当中去。

国家体育总局

二○○五年四月四日

附：国家体育总局刘鹏局长在组委会成立大会上的讲话

（2005年4月2日）

同志们：

第十届全国运动会组织委员会和各项目竞赛委员会今天正式成立了。我谨代表国家体育总局向组委会的成立表示热烈地祝贺！向为筹备十运会付出辛勤劳动的江苏省委、省政府、各承办城市、高等院校、全省各有关方面的同志们和广大体育工作者表示衷心的感谢！也借此机会，向全国各省区市党委、政府、各有关方面的同志们和广大体育工作者等表示衷心的感谢！

组委会的成立标志着十运会的组织工作进入到一个新的阶段，即从筹备建设阶段进入到组织运行阶段。本届全运会组委会的成立早于历届，以往的惯例是在开幕前三个月成立组委会，本届我们改在半年前就成立的目的，一是通过组织机构的转换，及早投入组织运行，提高工作效率，以利进一步开发和整合力量，以期进一步扩大全运会的社会影响；二是通过组织委员会、竞赛委员会的成立，及早抓落实，使主办、承办单位的相关部门、相关责任人尽早到位，明确职责，把工作抓早、抓实、抓细，为全运会的顺利举行创造更好的条件；三是参照国际综合性运动会的惯例，使全运会的组织机构尽早投入运转。因此，成立十运会组委会不仅仅是名称上的改变，更重要的是组织机构职能、工作重心和角色的重大转变。今天这个会议非常重要，大会除主会场外，各省辖市和承办单项比赛的9个县（市区）都设立了分会场，参加会议的有500多人。这次会议既是成立大会，又是动员大会。刚才组委会副主任何权同志讲了十运会筹备工作的情况，段世杰同志讲了竞赛工作的意见，江苏省省长梁保华同志做了重要讲话，对十运会的工作做了全面部署，李源潮同志还将作重要讲话。下面，我强调几个问题。

一、要充分认识举办十运会的重要意义。

新中国成立以来我们共举办了九届全运会，特别是改革开放以来我们举办了五届全运会，而且一届比一届规模大，一届比一届精彩热烈。这是党中央、国务院高度重视、坚强领导的结果；是我国改革开放、经济发展、社会稳定和国家综合实力不断增强的结果；是全国人民、各行各业对体育事业大力支持积极参与的结果。今年举办的第十届全运会有着更特殊的意义。第一，党中央做出了树立和落实科学发展观，构建社会主义和谐社会的重大战略部署，今年又是《体育法》颁布十周年、《全民健身计划纲要》颁布十周年，全运会作为一项国内水平最高、规模最大的大型体育赛事，也是体育这项重要社会事业的一次全面体现，在国际、国内将备受关注。成功地举办全运会，是对我国改革开放20多年来在经济建设取得巨大成就的同时，社会事业和精神文明建设也取得巨大成就的一次展示；是江苏省向全国人民和海外宾朋在经济发展、社会进步各方面都取得辉煌发展的一次展示，是一项内聚人心、外树形象的人民的节日、体育的盛会。同时，成功地举办全运会，对我国群众体育、竞技体育、体育产业都是一次大推动。第二，十运会是北京奥运会前的最后一届全运会，将极大地促进备战奥运的工作。北京成功申办第29届奥运会，圆了中华民族的百年奥运梦。随着2004年雅典奥运会的结束，世界的目光都已聚焦北京奥运会。在北京奥运会上取得好成绩，是全国人民的殷切期盼，是体育战线贯彻“三个代表”重要思想，保持共产党员先进性的重要实践。因此，抓好竞技备战，是下一阶段体育工作的重中之重。全运会的竞赛制度是我国竞技体育举国体制的重要表现形式，是调动全国各省、自治区、直辖市、解放军和行业体育协会为国家培养和输送人才的积极性，合理配置资源，国内练兵，完成奥运争光计划的重要手段。十运会作为2008年奥运会前举办的最后一届全运会，是对我国竞技体育水平的一次大检阅，是竞技备战的一次大练兵，对培养和锻炼队伍，进一步提高运动技术水平，全面完成北京奥运会的参赛任务，具有十分重要的意义。第三，本届全运会在项目设置上比照奥运会模式，参赛规模上宏大。因此，在竞赛组织上也是锻炼竞赛组织队伍、积累办赛经验的一次练兵。同时，运动会期间，我们将邀请国际奥委会、国际单项体育组织的一些官员观摩十运会，这也是向国际奥委会、国际单项体育组织展示我国综合国力和组织大型综合性运动会能力的机会。所以，本届全运会意义重大，肩负着特殊的历史使命。

二、要结合当前的保持共产党员先进性教育活动，发挥体育的多元功能，将成功举办十运会作为树立落实科学发展观，构建社会主义和谐社会的具体实践。

树立落实科学发展观和构建社会主义和谐社会，是我们党对社会主义市场经济条件下经济社会发展规律在认识上的重要升华，在执政观念上的飞跃和创新，在发展理论上的重大突破，为我们在新的历史阶段推进经济社会和人的全面发展指明了方向。体育作为党和国家事业的重要组成部分，必须服从于、服务于国家发展大局的需要，为树立落实科学发展观、构建和谐社会服务。

体育赛事在为国争光、凝聚人心、鼓舞斗志，促进经济发展，促进社会进步，满足人民群众的精神文化需求等方面，越来越发挥出它的独特作用。在我国全面建设小康社会，实现中华

吴邦国点燃火炬

民族的伟大复兴的宏伟事业中，体育应该做出更多、更大的贡献。大型综合性运动会是由很多体育项目在同一时间、地点或地区，按照统一的部署进行的体育比赛，相对单项比赛而言，规模大、影响更广泛。因此，体育的多元功能在综合性运动会上更能够得到充分发挥。在组织十运会的工作中，我们一定要牢牢把握体育工作的宗旨，抓住机遇，使运动会发挥出更大的效益。在实施竞赛的各项工作中，要统筹兼顾、协调配合，把握处理好几个方面的关系：

（一）全运会要为奥运战略服务

全运会是我国以奥运会为最高层次的竞技体育发展战略的重要组成部分，举办全运会的目的之一是培养造就一批优秀体育运动人才，促进国家整体竞技实力的提高，为奥运争光计划服务。各地区和单位也有自己全运会的目标和发展计划，两者之间是一致的。但在实际工作中如果处理不好局部和全局的利益关系，就可能出现“奥运战略”和“全运战略”两张皮，甚至相互矛盾的情况。对此，国家体育总局也在不断进行政策调整，使两者在利益上更趋一致。比如将雅典奥运会奖牌双倍计入十运会成绩的政策，就取得了较好的效果。但在今年国家队冬训工作中，仍能感到个别项目备战全运和备战奥运还要进一步协调。这就需要各单位进一步加强研究，统一认识，要把全运战略和奥运战略紧密联系起来，认真审视自己的发展战略，调整战略，使局部利益和国家、大局的利益进一步统一、和谐起来。试想，如果在近半年的备战中，仅仅只为全运会的成绩，不讲科学训练，急功近利，对优秀的苗子拔苗助长，甚至搞不正当竞争，那将会对备战2008年奥运会造成多么大的损失，也将对局部利益造成重大损失。

（二）全运会要为广泛开展群众体育工作服务

全运会不仅是竞技体育的舞台，也是促进体

育事业全面、协调、可持续发展的强大动力。我国实行的是全民健身和奥运争光两个计划协调发展的体育发展战略，全民健身和奥运争光犹如车之两轮、鸟之双翼，缺一不可。历史表明，凡是国际国内重大体育赛事的举办，都会极大地调动人民群众的体育热情，极大地推进强身健体群众活动的开展。十运会不仅有提高竞技水平、备战北京奥运会的任务，还有利用高水平的竞赛，大力推动全民健身，提高全民族身体素质，服务全面建设小康社会的重要任务。要乘今年是《全民健身计划纲要》实施十周年和《体育法》颁布实施十周年的东风，要抓住全运会年的契机，掀起一个全民健身的新热潮。在近几届全运会上，党和国家领导人都在运动会开幕当天亲切接见全国群众体育先进代表，这是从1975年第三届全运会开始形成的传统，表明党和国家对群众体育工作的高度重视和亲切关怀。各参赛单位，特别是东道主江苏省，要充分利用举办十运会的综合功能，像重视参赛那样重视群众体育工作，这也是贯彻以人为本思想，实现“立党为公，执政为民”的具体体现。

（三）全运会要为经济社会发展服务

竞技体育、群众体育的快速发展，必然带动包括体育产业在内的经济和其他社会事业的相应发展，为经济建设和社会进步做出贡献。中共中央、国务院《关于进一步加强和改进新时期体育工作的意见》中指出，“当今世界，体育产业的发展明显加快，已成为国民经济新的增长点。作为第三产业的组成部分，加快体育产业化的发展是建立社会主义市场经济体制的需要，符合我国经济结构战略调整的要求，对于扩大内需、拉动经济增长，实现现代化建设发展目标，有着明显的推动作用”。奥运会发展至今，其规模和影响越来越大，1984年洛杉矶奥运会商业运作的成功，使人们看到了奥运会对国家经济和社会发展的巨大推动力，是出现目前一浪高过一浪的申办热潮的重要原因。同时，体育产业的开发又为体育赛事和群众体育增强了体育发展的动力。上海承办八运会、广东承办九运会、长沙市承办五城会都取得了促进城市建设、促进经济和社会发展的良好效果。据北京市统计局预测，举办北京奥运会将每年拉动经济增长两个百分点。这些都充分说明，体育发展离不开社会总体发展水平，反过来体育发展又能为经济建设服务。江苏省在筹备十运会的工作中，不断创新思路，在统筹运动会的资源开发。市场化运作方面取得了新的进步。江苏省一定会紧紧抓住十运会的有利契机，积极实践社会主义市场经济条件下以体育发展促进全面发展的新路径，在下阶段工作中取得新进步，为全运会服务经济社会发展积累宝贵经验。还要注意厉行节约、勤俭办赛，既办出特色，又体现出节俭高效。

（四）全运会要为推动精神文明建设服务

体育是社会主义精神文明建设的重要组成部分，是推进先进文化建设的重要手段。“为国争光、无私奉献、科学求实、遵纪守法、团结协作、顽强拼搏”的中华体育精神已成为我们民族精神的重要组成部分，发挥着教育人、鼓舞人、塑造人的巨大功能，能够为社会主义现代化建设提供精神动力，能够为建设和谐社会发挥独特的作用。我们必须充分利用全运会的影响力，大力拓展文化建设的层面，使各项群众性文化活动和讲文明、树新风等各项群众性精神文明创建活动热烈而有效地开展。要教育运动会所有的参与者树立文明意识，展现文明形象，遵守社会公德和职业道德，创造优良业绩，取得精神文明和竞赛成

杨利伟参加火炬传递

绩双丰收。通过十运会的成功举办，进一步弘扬中华体育精神，展示我国体育健儿的时代精神风貌，激励国人的爱国热情，树立运动会的良好形象，为社会主义精神文明建设做出应有的贡献。

三、要把十运会赛风赛纪工作作为一件大事切实抓紧抓好，把十运会办成干净、文明、热烈、精彩的体育盛会。

近年来，全运会越来越受到各地党委、政府的重视，把全运会的成绩作为本地精神文明建设、社会综合发展指数的标志之一，各参赛单位都努力创造好成绩回报父老乡亲和行业职工，这正是全运会越办越好，竞技水平越来越高的重要保证。随着社会关注度越来越高，竞争越来越激烈，公平竞赛、公平竞争就显得愈发重要。从这个角度讲，十运会树立什么形象，赛风赛纪是关键，事关十运会的宗旨，事关十运会的成败，还事关中国体育的形象，事关2008年北京奥运会的形象，也事关中国的国际形象，事关社会稳定。

个别体育竞赛中存在的打假球、记假分、吹黑哨、打架斗殴，在运动员资格上弄虚作假，服用违禁药物等现象，是体育行业腐败现象和不正之风的集中体现。严重背离了体育精神、体育道德，严重污染了社会风气，甚至违反了党纪国法，损害了广大群众的感情和利益，损害了体育事业的健康发展。前几届全运会曾出过一些赛风赛纪的问题，教训不少。从十运会的参赛形势分析，竞争将会非常激烈，抓好赛风赛纪工作尤为重要、艰巨而复杂。对此我们必须要有清醒的认识，要高度重视十运会的赛风赛纪工作，采取切实可行的措施，保证十运会干干净净地比赛，堂堂正正地比赛，旗帜鲜明，坚决反对体育行业的腐败现象和不正之风，自觉维护竞赛的公正纯洁，这既是反腐倡廉工作在体育战线的具体实践，也是提高全运会竞技成绩的重要保障措施。

十运会组织工作的核心是为运动员构建展示才能、公平竞争的竞赛舞台。所以，国家体育总局作为主办单位，抓好赛风赛纪，是完成十运会组织工作的重要任务。要坚决贯彻执行今年全国体育局长会议提出的体育系统反腐倡廉的“十字方针和五个环节”，即“教育、自律、制度、监督、惩处”。第一，要对所有参加十运会人员进行赛风赛纪教育，树立公平竞争、遵纪守法、廉洁参赛的观念。第二，要加强自律，不仅各个参赛单位和人员要有自律意识，特别是总局有关业务部门尤其是各运动项目管理中心的干部和工作人员更要带头树立自律意识，坚决执行中央有关廉洁自律的禁令，绝不允许发生送钱和收钱的违纪违法行为。第三，要强化十运会赛风赛纪的制度建设，国家体育总局有关运动项目管理中心对赛风赛纪负有重大责任，要建立主要领导赛风赛纪责任制，总局将与各中心签订赛风赛纪责任书，把十运会赛风赛纪问题作为考核干部的重要内容。第四，要加强监督，总局已专门成立十运会赛风赛纪督察小组和纪律检查委员会，重点监督各项目在十运会预、决赛的赛风赛纪情况。第五，要严肃处理，对于违反赛风赛纪的人员和单位，都要依据有关规定发现一起，处理一起，绝不姑息迁就。目前，十运会各项目的预赛已全面展开，速度滑冰项目决赛已经结束。从整体上看赛风赛纪情况是好的，但也发现了某些不良苗头，必须引起我们的高度重视。要按“十字方针和五个环节”防微杜渐，绝不让苗头现象发展成严重问题，绝不让局部问题蔓延到其他领域。

要指出，赛风赛纪工作的重点是最易发生腐败现象和不正之风的打分、记点、吹哨的竞赛项目，落实“十字方针和五个环节”的重点就是这些项目，总局督察小组的工作重点就是与这些项目的竞赛现场直接关联的人员和赛事。无论是主办单位、承办单位，还是参赛单位，都有抓好赛风赛纪的责任，要各司其职，相互配合，形成合力，共同搞好这项重要工作。还要指出，要搞好赛风赛纪工作就必须树立服务意识，要把赛风赛纪工作融入到竞赛组织工作中，融入到对教练员、运动员、裁判员、工作人员竞赛和生活的关心中，融入到鼓励他们获得竞赛成绩和精神文明建设双丰收之中，和其他方面工作协调配合，共同努力为参赛运动队创造团结和谐、奋发热烈的竞赛环境。

要坚定不移地抓好反兴奋剂工作。有迹象表明，个别人员仍抱着侥幸的心理服用违禁药物或唆使、默许、纵容他人服用违禁药物。对此我们必须高度重视。十运会如出现兴奋剂事件，不仅会给十运会抹黑，还会让国际舆论对中国备战2008年奥运会产生怀疑，会严重损害国家和中国体育的形象。一定要坚决贯彻和实施国务院颁布的《反兴奋剂条例》，毫不动摇地坚持“严令禁止、严格检查、严肃处理”的反兴奋剂工作方针。国家体育总局针对全运会年是兴奋剂高发年份的特点，采取了一系列的措施，加大对兴奋剂的检查和惩处力度。加强了赛外检查，对十几个高危项目的优秀运动员实行行踪报告制度，对未按要求申报行踪信息而错过兴奋剂检查的，第一次发生后取消其十运会的参赛资格，第二次发生后按逃避兴奋剂检查给予不少于2年的停赛处罚。

十运会决赛阶段的兴奋剂检查数量将比九运会增加20%。本届全运会还将展开针对生长激素的血检。对查实违规实用兴奋剂的，要依照《条例》对相关运动员和有关责任人员严肃处理。各参赛单位都必须按照“三严”方针抓好本单位的反兴奋剂工作。为加强对十运会兴奋剂检查和检测工作的监督，国家体育总局专门成立了反兴奋剂监督组。

十运会是首次以申办形式确定承办单位的一届全运会。江苏省在2001年获得承办权以来，省委、省政府对十运会高度重视，把做好十运会的筹备工作作为一项重大任务来抓。提出了“优美环境、优良设施、优质服务、优异成绩”的总体目标，投入了大量的人力、物力和财力，在全国人民和各行各业的大力支持下，在全体工作人员的辛勤努力下，十运会的各项筹备工作进展顺利，成效卓著，为运动会的顺利举行奠定了雄厚的基础，创造了良好的社会氛围。今天省委书记李源潮同志、省长梁保华同志都到会做动员部署。在此，我再次代表国家体育总局向江苏省委、省政府，向各赛区党委、政府，向为十运会筹备工作做出积极贡献的全体同志们表示衷心的感谢！

同志们，今天距十运会开幕还有190天，筹备工作进入了最后的冲刺阶段。希望通过今天组委会和项目竞委会的成立，使我们的各项筹备工作再迈上一个新台阶。我们要以“三个代表”重要思想为指导，紧密团结在以胡锦涛同志为总书记的党中央周围，树立和落实科学发展观，为构建社会主义和谐社会，为完成2008年北京奥运会的备战任务做出贡献。让我们再接再厉，以高度的使命感、责任感和紧迫感，以高标准、高质量、高效率的工作成绩，以顾全大局、团结协作、无私奉献的工作态度，为全国人民献上一届文明、热烈、精彩、成功的全国运动会，为把十运会办成“体育的盛会，人民的节日”而努力工作。

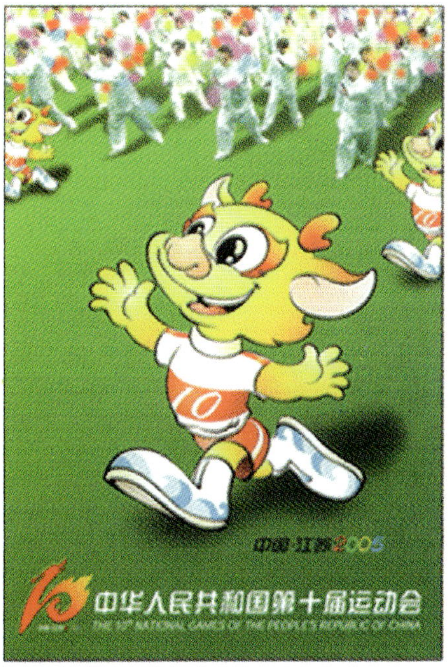

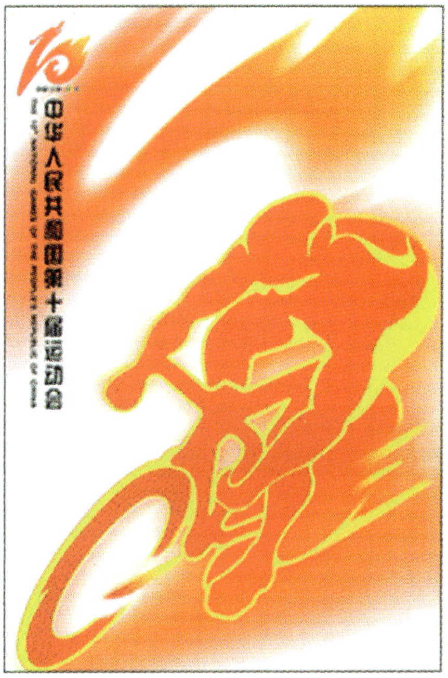

宣传海报

中华人民共和国第十届运动会
中华人民共和国第十届运动会
中华人民共和国第十届运动会
中华人民共和国第十届运动会
中华人民共和国第十届运动会
中华人民共和国第十届运动会

宣传海报

筹备工作总体方案

苏政发〔2004〕78号

经国务院批准，中华人民共和国第十届运动会（以下简称十运会）将于2005年在江苏举行。这是我国第一次采用申办方式确定承办单位的大型综合性运动会，是2008年北京奥运会前对全国竞技体育水平和办赛能力的一次大检阅、大练兵、大演习，也是新中国成立以来我省承办的规模最大、规格最高的一次体育赛事。根据国家体育总局十运会规程总则的要求，结合我省实际，特制定本总体方案。

一、指导思想和总体要求

承办十运会，要以邓小平理论和“三个代表”重要思想为指导，全面贯彻党的十六大和十六届三中全会精神，树立和落实科学发展观，按照“环境优美、设施优良、服务优质、成绩优异”的总体目标，坚持“举省一致、改革创新、市场运作、全民参与”的办赛思路，认真扎实地做好各项承办筹备工作，确保把十运会办成振奋民族精神、推动三个文明建设、在国内外产生良好影响的体育盛会，为奥运厉兵秣马，为江苏增光添彩，为百姓强身健体，为国家做出应有贡献。

二、竞赛组织工作

（一）竞赛日期。2005年10月9日（星期一）开幕，10月21日（星期日）闭幕。部分项目的决赛将安排在开幕式前先期举行。

（二）竞赛项目。十运会共设游泳（跳水、水球、花样游泳）、射箭、田径、羽毛球、棒球、篮球、拳击、皮划艇（激流回旋）、自行车、马术（速度赛马）、击剑、足球、体操（艺术体操、蹦床）、手球、曲棍球、柔道、现代五项、赛艇、帆船（帆板）、射击、垒球、乒乓球、跆拳道、网球、铁人三项、排球（沙滩排球）、举重、摔跤、速度滑冰、短道速度滑冰、花样滑冰、武术（套路、散打）等32个大项、355个小项。

（三）参加单位。中国人民解放军、北京市、天津市、河北省、山西省、内蒙古自治区、辽宁省、吉林省、黑龙江省、上海市、江苏省、浙江省、安徽省、福建省、江西省、山东省、河南省、湖北省、湖南省、广东省、广西壮族自治区、海南省、重庆市、四川省、贵州省、云南省、西藏自治区、陕西省、甘肃省、青海省、宁夏回族自治区、新疆维吾尔自治区、台湾省、新疆生产建设兵团、火车头体育协会、煤矿体育协会、前卫体育协会、林业体育协会、通信体育协会、石化体育协会、航天体育协会、冶金体育协会、水利体育协会、电力体育协会。

邀请香港特别行政区、澳门特别行政区参加。

（四）竞赛地点。十运会主赛场设在南京市。十运会比赛地点除少数项目因场馆条件限制、由筹委会指定承办单位外，其他项目均在全省范围内通过申办方式确定承办单位。筹委会根据各地的申办报告，经考察、评估并报国家体育总局同意，确定竞赛地点。南京地区安排26个项次的决赛，其中奥体中心 6项次，省五台山体育中心3项次，省射击射箭管理中心2项次，省足球管理中心1项次，南京市10项次，南京体院、南京师范大学、南京工业大学、南京审计学院各1项次。苏州市9项次，其中张家港2项次，昆山、常熟、吴江、太仓各1项次。无锡市6项次，其中江阴2项次、宜兴1项次。连云港市4项次，其中省海上训练基地2项次。常州市4项次，其中武进2项次、金坛1项次。扬州市3项次。徐州市3项次，其中徐州师范大学1项次。镇江市2项次。南通、淮安、盐城、泰州、宿迁市各1项次。

（五）参会规模。预计决赛期间大会安排的各代表团、裁判员、工作人员、新闻记者、来宾（包括国家体育总局、中国奥委会邀请的来宾）等2万人左右，各省区市组织的观摩人员1万人左右。邀请省对外友好城市、港澳台地区和海外著名人士前来观摩十运会。

三、大型活动

（一）开幕式

安排在南京奥林匹克体育中心体育场举行开幕式要体现时代特征、体育特点和江苏特色，最大限度地让广大人民群众参与。

开幕式方案通过招标形式向社会公开征集。

（二）闭幕式

安排在南京奥林匹克体育中心体育馆举行。开、闭幕式应力求创新、精彩、节俭。

（三）其他大型活动

1.全国体育科学论文报告会。开幕式前在南京举行。

2.全国群众体育先进表彰会。做好江苏省群体工作现场准备。

3.十运会火炬接力活动。公开征集采火方式、采火地点等方案。

4.全国全民健身成就展示。

5.优秀全民健身项目展示会。

6.群体活动精品展示。

7.江苏体育成就展示。

8.全国体育美术、摄影作品展览。在全国范围征集参展作品。

9.全国体育集邮展览。向国家邮政总局申请发行十运会纪念邮品。

10.体育知识大奖赛和有奖征文活动。

四、新闻宣传

认真制订宣传工作计划，运用广播、电视、报刊、网络及宣传画、标语口号等多种形式，广泛宣传十运会，省广电总台开设体育频道，新华日报、扬子晚报等报刊增设十运会专版专栏，办好十运会会刊，征集十运会会徽、吉祥物、会歌、宣传画、标语口号，开展倒计时纪念活动。各办赛城市充分利用各种媒体，大张旗鼓地宣传十运会，动员各行各业和全省人民关心十运会、支持十运会、参与十运会，营造“人人都是东道主，我为十运做贡献”的浓郁氛围。宣传工作要走出江苏、面向世界，吸引港澳台同胞和海外侨胞以及国际人士前来观光旅游、洽谈贸易和开展多种形式的合作。筹建十运会新闻中心，为新闻记者提供优质服务。做好开、闭幕式等大型活动和重要比赛的现场电视直播、转播和网上直播的准备工作。

五、信息化管理

在十运会筹备工作中，积极应用信息技术，建设十运会网站，建立十运会信息库。构建十运会信息网络系统，实现筹（组）委会与各部门、各项目竞委会、代表团（运动队）住地和新闻中心之间信息网络化，确保信息准确、及时、畅通。

六、环境建设

把承办十运会与推进全省城市现代化和精神文明建设结合起来。加快城市交通等基础设施建设，搞好城市绿化、美化、净化工作，重点推进各办赛城市交通要道、十运会体育场馆周围道路建设和环境整治。认真实施《公民道德建设实施纲要》，深入开展群众性精神文明创建活动，提高公民道德素质，充分展示江苏人民良好的精神风貌。

南京市是十运会主赛场所在地，要按照“迎接十运会，建设新南京”的要求，提高城市规划水平，建设体育场馆和配套工程，加快河西新城区建设步伐，确保地铁等重大市政工程按期竣工，狠抓市容长效管理，以崭新的面貌迎接十运会。

七、场馆设施建设

（一）新建场馆。按照“省市共建、国内一流、市场运作”的要求，加快南京奥林匹克体育中心工程建设进度，保证工程质量，确保2004年年底前基本竣工，2005年5月投入试运行。省十运会指挥中心及各类比赛、训练场馆都要精心施工，保证质量，确保2004年年底前竣工或基本竣工。

（二）改造维修部分场馆。省重点改造五台山体育场、体育馆、游泳馆和江宁足球基地足球场。其余需要改造的场馆，由承办比赛的市、县（区）和单位负责维修改造，确保2004年年底前基本完成。

八、资金筹措

承办十运会所需经费主要通过以下方式筹集：

（一）组建江苏省十运资源开发公司，通过市场运作，力争筹措4亿元。

（二）财政部和国家体育总局补助。

（三）省体育局自筹。

（四）在筹备十运会的5年内，省财政按照收取的体育彩票中奖个人所得税安排专项资金用于承办十运会；如有资金缺口，将此项政策延长1年。

（五）对承办十运会的体育场馆建设项目、省级以上全民健身示范区建设项目，在选址、立项、征地、投入等方面给予优惠，用地实行行政划拨，场馆建设有关规费除上缴国家部分的以外，省、市两级原则上予以减免。

认真贯彻勤俭节约原则，强化预算管理，努力提高资金使用效益。严格预算支出，严肃财经纪律，建立健全资金和体育器材、物资使用管理制度，加强审计监督。

九、行政接待

制定十运会行政接待工作规范，为各代表团提供热情、周到、细致的服务。十运会总部驻地由筹委会选定，各项目竞委会和记者接待饭店采用选定与招标相结合的办法确定。加强宾馆饭店及交通旅游等服务单位人员的培训，落实文明服务措施。组织青年志愿者参与行政接待工作。对西部地区代表团在生活接待方面给予优惠。

十、安全保卫

根据十运会规模大、规格高、赛场分布广、大型活动多的特点，认真制定十运会安全保卫工作方案。做好大型活动和赛场内外的安全保卫工作，确保万无一失。交通、通讯、供电、医疗、卫生防疫等部门要及早拟定工作方案，认真组织实施，为十运会提供有力保障。深入开展“平安江苏”创建活动，强化社会治安管理，维护良好的社会秩序。

十一、组织机构

在省委、省政府和国家体育总局的领导下，十运会筹委会统一部署江苏省承办十运会的筹备工作，推动筹备工作紧张、高效、有序进行。

十运会筹备委员会下设办公室、新闻宣传部、场馆建设部、资源开发部、竞赛部、财务部、审计监察部、大型活动部、群体工作部、广播电视部、信息技术部、行政接待部、安全保卫部、医疗卫生部、兴奋剂检查部、志愿者工作部等职能部门，负责相关承办工作。明确各部门职责分工，根据筹备工作需要分批启动，逐步配备工作人员，各赛区建立赛区筹委会及项目竞赛委员会。

承办十运会，是江苏政治经济文化生活中的一件大事，是全省上下的共同责任。各级各部门要增强大局意识、率先意识和机遇意识，增强责任感、使命感和紧迫感，将筹备十运会工作摆上重要议事日程，列入工作要点，明确职责分工，有计划、有步骤地做好各项筹备工作，把十运会办出江苏特色、办出一流水平、办出综合效益，不辜负党中央、国务院和全国人民的期望和重托。

代表团团长会议举行

刘　鹏　梁保华讲话

十运会组委会全体会议暨代表团团长会议今天在南京举行，国家体育总局局长、十运会组委会主任刘鹏强调，要站在政治的高度，充分认识十运会的重要意义，全力办好十运会。

会议开始之前，正值举世瞩目的神六发射成功，全体与会代表以热烈掌声对之予以祝贺。而在神六发射成功之后的今天晚上，同样为国人关注的第十届全国运动会将在古城南京正式开幕。

刘鹏说，十运会是北京奥运会前的一届全运会，是奥运竞技备战工作的重要一环，对于培养和锻炼队伍，进一步提高运动技术水平，全面完成北京奥运会的参赛任务，具有十分重要的意义。

刘鹏表示，办好十运会，事关2008年北京奥运会的形象，事关中国体育的形象，事关中国的国际形象，事关人民群众的殷切希望。

刘鹏在讲话中要求各方面“把狠抓赛风赛纪作为决赛阶段重中之重的工作，切实保证竞赛工作顺利进行”，他说：“十运会竞赛工作的核心是全力抓好赛风赛纪，保证各项比赛能够公正、文明、干净、顺利。”

刘鹏重申了四点要求：第一，总局各运动项目管理中心在抓赛风赛纪工作中，一定要按照统一部署，严格制度，严密组织，严肃纪律；第二，各代表团要进一步加强队伍的教育和管理，进一步加强管理人员、教练员、运动员对规则以及各项规定的学习，要教育教练员、运动员正确对待比赛结果；第三，进一步加大对裁判员的管理和监督力度；第四，坚定不移地抓好反兴奋剂工作。

截至今天，十运会已经进行了22个项目、110个小项的决赛，刘鹏称“总体来说进展比较顺利”。

刘鹏同时强调，开幕后，十运会将进入比赛的高峰期，各方面一定要“高标准、高质量地做好各项组织工作”。刘鹏说，综合性运动会比赛项目多，规模大，涉及面广，是一个庞大的系统工程，希望各方相互支持配合，统筹安排，统一指挥，统一步调，顾全大局，加强沟通，增进理解，共同做好各项工作。

刘鹏讲话中对江苏省的筹备工作给予高度评价，赞扬江苏“为全运会搭建了一个良好的竞赛舞台和竞赛环境”。

江苏省省长、组委会执行主任梁保华，江苏省副省长、组委会副主任何权在会上介绍了江苏等各方面筹备十运会的情况。

国家体育总局党组书记、组委会副主任李志坚主持会议。

段世杰、王钧、冯建中、王宝良、任彦申、蒋定之、孙志军、崔大林等有关方面领导，各代表团团长，总局各司局负责人，各竞赛项目委员会负责人等出席了会议。

开幕式

中共中央总书记、国家主席胡锦涛等领导出席开幕式

欢迎词

梁保华

尊敬的胡锦涛主席，

尊敬的国际奥委会主席罗格先生，

各位领导、各位来宾，同志们、朋友们：

今晚的南京华灯齐放、万众欢腾。举国瞩目、世界关注的中华人民共和国第十届运动会将在这里隆重开幕。我谨代表中共江苏省委、江苏省人民政府和全省人民，向光临江苏出席十运会开幕式的中共中央总书记、国家主席胡锦涛同志，国际奥委会主席罗格先生，党和国家以及有关部门领导同志，国际奥委会委员、国际体育组织官员，各兄弟省市区和香港特别行政区、澳门特别行政区、解放军、各行业体协的领导，台湾同胞、海外侨胞、国际友人，向来自全国各地的运动员、教练员、群众体育先进集体和个人的代表，表示热烈的欢迎！

在党中央、国务院的正确领导下，在全国人民的关心支持下，江苏人民高举邓小平理论和“三个代表”重要思想伟大旗帜，全面贯彻落实科学发展观，以服务全国、支持奥运为己任，以“环境优美、 设施优良、服务优质、成绩优异”为目标，经过四年的不懈努力，十运会的各项准备工作已经全部就绪。“当好东道主、办好十运会”，成为江苏人民的共同心愿和自觉行动。我们将继续全力以赴，为各项比赛创造良好条件，为各方嘉宾提供优质服务。我们相信，在大家的共同努力下，十运会一定能够办成精彩圆满的体育盛会、人民的节日，必将激励我们紧密团结在以胡锦涛同志为总书记的党中央周围，为全面建设小康社会、加快推进社会主义现代化、实现中华民族的伟大复兴增光添彩！

衷心祝愿参赛健儿取得优异成绩！衷心祝愿各位领导、各位来宾在江苏生活愉快！

开幕词

刘　鹏

尊敬的胡锦涛主席，

尊敬的国际奥委会主席罗格先生，

同志们、朋友们：

金秋十月，我们在美丽的南京迎来了中华人民共和国第十届运动会。我谨代表国家体育总局、第十届全国运动会组委会，向全体运动员、教练员、裁判员表示热烈的欢迎！向出席开幕式的国内外嘉宾、台湾同胞、港澳同胞、海外侨胞表示热烈的欢迎！向为承办本届全运会做出巨大努力的中共江苏省委、江苏省人民政府和全省人民表示衷心的感谢！

盛世中华，神六升天，巨龙腾飞。这届全运会是在我国全面建设小康社会、构建社会主义和谐社会的背景下召开的。衷心祝愿全体运动员发扬中华体育精神，赛出风格，赛出水平；祝愿大会取得圆满成功，成为“体育的盛会、人民的节日”，向亲爱的祖国献礼，为伟大的时代增光。

办十运，迎奥运。借十运东风，全民健身、为奥运争光。让我们在以胡锦涛同志为总书记的党中央领导下，高举邓小平理论和“三个代表”重要思想伟大旗帜；树立和落实科学发展观；认真学习贯彻党的十六届五中全会精神，为全面建设小康社会，实现中华民族伟大复兴做出更大贡献。

在我国即将圆满完成“十五”计划、阔步迈入“十一五”发展新阶段之际，我们迎来了中华人民共和国第十届运动会。这是我国进入新世纪举办的一次规模最大的综合性体育盛会，也是迎接2008年北京奥运会的一次大演练。我们要充分发扬“更快、更高、更强”和“团结、友谊、进步”的奥林匹克精神，把十运会办成“体育的盛会，人民的节日”，全面展示我国体育事业取得的巨大成就和体育健儿的勃勃英姿，为2008年北京成功举办一届高水平、有特色的奥运会打下坚实的基础。让我们在以胡锦涛同志为总书记的党中央领导下，高举邓小平理论和“三个代表”重要思想伟大旗帜，全面贯彻落实科学发展观，同心协力，奋发进取，努力夺取运动成绩和精神文明双丰收，为全面建设小康社会、加快推进社会主义现代化做出新的更大的贡献！

现在，请允许我代表组委会，荣幸地邀请中共中央总书记、国家主席、中央军委主席胡锦涛同志，宣布中华人民共和国第十届运动会开幕。

中共中央总书记、国家主席、中央军委主席胡锦涛接见全国体育先进集体、先进个人代表

开幕式现场

十运会会歌

《让时代为我们喝彩》——音乐旋律优美而大气，通俗而简单。兼时代和时尚，民族与流行于一体。采用三步曲式。表现对大自然和祖国的热爱，表现对成功的渴望和期盼，表现运动赛场上体育健儿勇敢拼搏，并为其鼓劲加油，喝彩呐喊的一幕幕动人的场面。

让时代为我们喝彩

1=A 2/4

——中华人民共和国第十届运动会会歌

作词：石顺义

作曲：王咏梅

开阔而舒展地

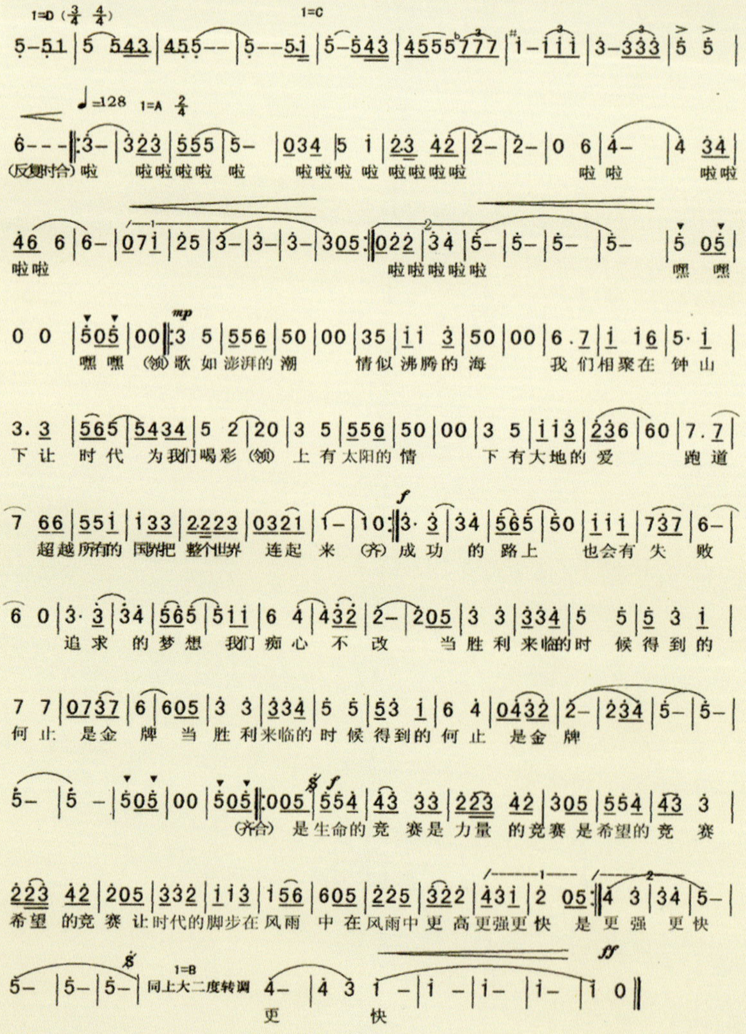

来源：《第十届全运会纪念册》

组织机构

组织委员会

主　　任：刘　鹏（国家体育总局局长）
执行主任：梁保华（江苏省省长）
副 主 任：李志坚（国家体育总局党组书记）
张发强（国家体育总局副局长）
于再清（国家体育总局副局长）
段世杰（国家体育总局副局长）
王　钧（国家体育总局副局长）
王宝良（国家体育总局党组成员、驻国家体育总局纪检组组长）
任彦申（江苏省委副书记）
蒋定之（江苏省常务副省长）
何　权（江苏省副省长）
蒋宏坤（南京市市长）
冯建中（国家体育总局局长助理）
崔大林（国家体育总局局长助理）
秘 书 长：李小敏（江苏省人民政府秘书长）
常务副秘书长：刘元福（国家体育总局办公厅主任）
吴经起（江苏省人民政府副秘书长）
副秘书长：郭　敏（国家体育总局群体司司长）
张　昊（国家体育总局体育经济司司长）
顾耀铭（国家体育总局对外联络司司长）
史康成（国家体育总局科教司司长）
张海峰（国家体育总局宣传司司长）
郭建军（国家体育总局竞技体育司副司长）
姚晓东（江苏省委副秘书长）
孔庆鹏（江苏省政协医卫体委员会副主任）

李一宁（江苏省体育局局长）
张大强（江苏省人民政府副秘书长）
徐国柱（江苏省人民政府副秘书长）
周世康（江苏省委宣传部副部长）
章剑华（江苏省文化厅厅长）
黄　明（江苏省公安厅厅长）
许慧玲（南京市副市长）
戴永宁（南京市副市长）

委　　　员：张　剑（国家体育总局政策法规司司长）
蒋志学（国家体育总局人事司副司长）
刘光春（国家体育总局直属机关党委常务副书记）
陈述贤（驻国家体育总局纪检组副组长、监察局局长）
杨光辉（国家体育总局离退休干部局局长）
潘志琛（国家体育总局竞技体育司副司长）
徐金万（江苏省委组织部副部长）
杨根平（江苏省人民政府办公厅副主任）
钱志新（江苏省发展改革委主任）
韩庆华（江苏省经贸委主任）
王斌泰（江苏省教育厅厅长）
杨兆亮（江苏省安全厅厅长）
谢秀兰（江苏省监察厅厅长）
包国新（江苏省财政厅厅长）
李小平（江苏省财政厅副厅长）
赵永贤（江苏省人事厅厅长）
陈凤鸣（江苏省劳动保障厅厅长）
陶培荣（江苏省国土资源厅厅长）
周　游（江苏省建设厅厅长）
潘永和（江苏省交通厅厅长）
张　雷（江苏省外经贸厅厅长）
郭兴华（江苏省卫生厅厅长）
朱尧平（江苏省审计厅厅长）
史振华（江苏省环保厅厅长）
仇中文（江苏省国资委主任）

王　华（江苏省外办主任）
韩健民（江苏省侨办主任）
华洪兴（江苏省体育局副局长、南京体育学院院长）
殷宝林（江苏省体育局副局长）
颜争鸣（江苏省体育局副局长）
周　旭（江苏省体育局副局长）
张　雄（南京体育学院副院长）
郑　坚（江苏省地税局局长）
徐毅英（江苏省广电局局长）
王德超（江苏省工商局局长）
李继平（江苏省食品药品监管局局长）
陆素洁（江苏省旅游局局长）
李明生（江苏省粮食局局长）
赵耿毅（江苏省物价局局长）
韩　杰（江苏省档案局局长）
周苏明（江苏省国税局局长）
陆茂丰（江苏省通信管理局局长）
赵家骅（江苏省邮政局局长）
卞光辉（江苏省气象局局长）
张　坊（江苏省无线电管理局局长）
孙工声（人民银行南京分行行长）
盛占省（南京海关副关长）
张振宇（民航江苏安监办主任）
范鸿云（南京铁路办事处主任）
苏俊高（江苏省军区政治部主任）
戴肃军（江苏省武警总队总队长）
李晓布（江苏省总工会党组书记、副主席）
魏国强（共青团江苏省委书记）
柏志英（江苏省妇联主席）
张吉生（江苏省国有资产经营〔控股〕有限公司、董事长）
沈长全（江苏省交通控股有限公司董事长）
余成安（南京禄口国际机场有限公司总经理）
周正荣（新华日报总编辑）

周　莉（江苏省广电总台台长）
费圣英（江苏省电力公司总经理）
孙久铭（江苏省电信公司总经理）
毛小平（无锡市市长）
李福全（徐州市市长）
王伟成（常州市代市长）
阎　立（苏州市市长）
丁大卫（南通市市长）
刘永忠（连云港市市长）
樊金龙（淮安市市长）
赵　鹏（盐城市市长）
王燕文（扬州市市长）
许津荣（镇江市市长）
毛伟明（泰州市市长）
张新实（宿迁市市长）

纪律检查委员会

王宝良　国家体育总局党组成员、驻国家体育总局纪检组组长
陈述贤　驻国家体育总局纪检组副组长、监察局局长
谢秀兰　江苏省纪委副书记、监察厅厅长
（以下略）

竞赛规程规则

竞赛规程总则

举办第十届全国运动会是为了全面备战2008年奥运会，锻炼和培养优秀体育运动人才，进一步推动我国体育事业的发展，为社会主义建设做出贡献。第十届全国运动会要本着勤俭节约的精神，开得文明、热烈、精彩、圆满，赛出风格、赛出水平，努力创造出一批新纪录、新成绩，涌现出一批新人才。

一、竞赛日期和地点

2005年10月9日至21日在江苏省举行。

二、竞赛项目

游泳（跳水、水球、花样游泳）、射箭、田径、羽毛球、棒球、篮球、拳击、皮划艇（激流回旋）、自行车、马术（速度赛马）、击剑、足球、体操（艺术体操、蹦床）、手球、曲棍球、柔道、现代五项、赛艇、帆船（帆板）、射击、垒球、乒乓球、跆拳道、网球、铁人三项、排球（沙滩排球）、举重、摔跤、速度滑冰、短道速度滑冰、花样滑冰、武术（套路、散打）。

各竞赛项目的小项设置按照国家体育总局统一审定的各项目竞赛规程规定执行。

三、参加单位

中国人民解放军、北京市、天津市、河北省、山西省、内蒙古自治区、辽宁省、吉林省、黑龙江省、上海市、江苏省、浙江省、安徽省、福建省、江西省、山东省、河南省、湖北省、湖南省、广东省、广西壮族自治区、海南省、重庆市、四川省、贵州省、云南省、西藏自治区、陕西省、甘肃省、青海省、宁夏回族自治区、新疆维吾尔自治区、台湾省、新疆生产建设兵团、火车头体育协会、煤矿体育协会、前卫体育协会、林业体育协会、通信体育协会、石化体育协会、航天体育协会、冶金体育协会、水利体育协会、电力体育协会。

香港特别行政区、澳门特别行政区是否参加第十届全国运动会将根据其意愿再定。

四、运动员资格

（一）中华人民共和国公民。

（二）经医务部门检查证明身体健康合格。

（三）各代表团参加第十届全国运动会的运动员，必须按照《关于施行〈全国运动员注册与交流管理办法（试行）〉的通知》（体竞字〔2003〕82号）的规定，于2004年度注册期（2003年12月1日至2004年1月31日）内进行注册；持有国家体育总局颁发的“全国体育竞赛运动员注册证”，并须参加2004和2005年度全国比赛或国际比赛；运动员第十届全国运动会代表资格以2005年度注册期（2004年12月1 日至2005年1月31日）内注册的代表单位为准。国家体育总局正式批准的第五届全国城市运动会交流运动员（以体竞字〔2003〕33号文件为准），可在2005年1月1日至31日期间按照交流双方单位签订协议的规定，进行第十届全国运动会代表资格注册。

（四）运动员交流规定：

1.以运动员2003年度注册期内注册的代表单位（以国家体育总局正式公布的单位为准）为依据，凡是改变代表单位参加第十届全国运动会的，都按照第十届全国运动会交流运动员对待。

2.第十届全国运动会交流运动员必须符合《关于施行〈全国运动员注册与交流管理办法（试行）〉的通知》（体竞字〔2003〕82号）和第十届全国运动会各项目竞赛规程的规定。同时还要符合以下规定：

（1）2004年10月31日前，凡获得过各项目奥运会、世界锦标赛、世界杯总决赛、全国锦标赛、全国冠军赛（没有全国锦标赛或全国冠军赛名称的项目，将视各项目不同情况确定相同级别的比赛名称）前6名（含第6名）的运动员不能进行交流；其他运动员可以进行交流，但不能协议计分。

（2）速度滑冰、短道速度滑冰、花样滑冰项目的运动员交流不受上述条款限制。即上述3个项目的运动员可以进行交流，可以协议计分，协议计分的方式只能是协议双方单位各按运动员所获名次的奖牌和分数的50%进行统计。

如果在速度滑冰、短道速度滑冰、花样滑冰项目上拟进行运动员交流的代表团，必须在2004年度和2005年度有运动员在速度滑冰、短道速度滑冰、花样滑冰项目上代表其进行注册并参加全国比赛。

3.各代表团须按照《关于施行〈全国运动员注册与交流管理办法（试行）〉的通知》（体竞字〔2003〕82号）的规定办理运动员交流手续，并须于2004年10月31日（以收到邮戳日期为准）前将双方协议一式两份，分别报送国家体育总局竞技体育司和各运动项目管理中心。经审核，国家体育总局正式公布第十届全国运动会运动员交流名单，各代表团须于2005年1月31日前办理具体注册手续。

（五）在2004年度注册期以及2005年度注册期内，凡运动员以“协议终止”或“退役”的形式申请变更注册单位并拟参加第十届全国运动会的，都按照交流运动员对待，须符合上述运动员交流规定。

（六）符合下列全部条件的西部地区的运动员（不受比赛成绩或名次限制）可以进行协

议计分，协议计分的方式只能是协议双方单位各按运动员所获名次的奖牌和分数的50％进行统计。

1.运动员必须是西部地区的，即在国家体育总局各运动项目管理中心首次注册在西部地区的某一单位。西部地区是指内蒙古自治区、广西壮族自治区、重庆市、四川省、云南省、贵州省、西藏自治区、陕西省、甘肃省、青海省、宁夏回族自治区、新疆维吾尔自治区、新疆生产建设兵团13个单位。

2.运动员第十届全国运动会的代表单位也必须是首次注册的同一单位。

3.2004年10月31日前，西部地区的单位须向国家体育总局报送运动员联合培养协议，并且要明确协议计分。

4.西部地区每个单位实行协议计分的项目不超过5个大项。

（七）解放军运动员实行两次计分规定：

1.第九届全国运动会上已经实行两次计分的解放军运动员，在第十届全国运动会上继续实行两次计分。

2.2000年10月31日以前入伍的运动员，未在上述名单之列的，如果申报实行两次计分，国家体育总局将按照第九届全国运动会竞赛规程总则的有关规定进行审核并公布。

3.除上述条款外，在第十届全国运动会上实行两次计分的解放军运动员必须是2000年11月1日以后至2004年10月31日以前入伍（首次入伍，下同）；并且运动员在入伍前，凡获得过各项目奥运会、世界锦标赛、世界杯总决赛、全国锦标赛、全国冠军赛（没有全国锦标赛或全国冠军赛名称的项目，将视各项目不同情况确定相同级别的比赛名称）前6名（含第6名）的，都不能实行两次计分；其他运动员入伍后可以实行两次计分。

4.运动员2次或2次以上入伍，该运动员不能在同一项目上实行两次计分。

5.各代表团须于2004年10月31日前将《第十届全国运动会两次计分运动员审批表》以及《第十届全国运动会两次计分运动员申报表》报国家体育总局审批。凡列入第九届全国运动会两次计分运动员名单的，各代表团不须再重新申报审批。

（八）实行两次计分的解放军运动员（拳击、击剑、柔道、跆拳道、摔跤、武术散打项目运动员除外）在解放军同意的前提下，可代表运动员原输送单位参加第十届全国运动会预、决赛。但取得成绩只计给原输送单位，不再两次计分。解放军和运动员原输送单位签订的代表协议须于各项目第十届全国运动会预选赛前45天（不举行预选赛的项目在2005年8月31日前）报国家体育总局审批，逾期将不予受理。

（九）不参加国家指派的出访和备战奥运会集训任务的运动员，国家体育总局根据实际情况可以取消其参加第十届全国运动会的资格。

（十）为维护决赛竞赛编排的严肃性和权威性，各代表团对运动员资格问题进行举报的截止时间为第十届全国运动会各项目决赛前召开的技术会议（具体会议时间、地点等由第十届全国运动会项目竞赛委员会确定）结束时，同时须提交详细的举报和证明材料，逾期一律不再受理。

（十一）台湾省、香港特别行政区、澳门特别行政区的运动员的参赛资格另定。

五、参加办法

（一）各代表团参加比赛的运动队人数和各项目直接参加决赛阶段的人数按照各项目竞赛规程有关规定执行。

（二）江苏省可以直接参加足球、篮球、排球（不含沙滩排球）、手球、曲棍球、棒球、垒球、水球项目决赛阶段的比赛。

（三）凡被选派参加亚洲和世界重大比赛的运动员，比赛时间与该项目预选赛有冲突的，经国家体育总局批准后运动员可以直接参加决赛阶段的比赛。

（四）各代表团团部工作人员（含团长、副团长）：凡参加比赛运动员总数（不包含第十届全国运动会开幕前决赛已经结束项目的运动员人数，下同）在4人（含4人）以下的代表团，工作人员人数不超过运动员人数；运动员总数在5人至50人的，可报工作人员5人；运动员总数在51人至100人之间的，运动员每超过10人（尾数不足10人的，按4舍5入的方法计算），可增加1名工作人员；运动员总数在101人以上的，运动员每超过15人（尾数不足15人的，按7舍8入的方法计算），可增加1名工作人员。

各代表团团长、副团长：运动员总数在4人（含4人）以下的代表团，可报团长1人；5人至50人（含50人）的，可报团长1人，副团长1人；51人至100人（含100人）的，可报团长1人，副团长1—2人；101人至200人的，可报团长1人，副团长1—3人；201人以上的，可报团长1人，副团长1—4人。此外，如各代表团工作需要，可另外增设副团长1—4人，不占代表团团部工作人员比例，一切费用自理。

（五）各代表团运动队医生：各代表团根据运动员总数（不包含第十届全国运动会开幕前决赛已经结束项目的运动员人数）按照下述比例配备医生数额。具体为：

1—15名运动员配备1名医生；

16—30名运动员配备2名医生；

31—45名运动员配备3名医生；

46—60名运动员配备4名医生；

61—75名运动员配备5名医生；

76—90名运动员配备6名医生；以此类推。

在国家体育总局组织的决赛报名时，按上述比例配备的所有医生都须指定在某一个项目中进行工作。该指定项目比赛结束后，如需到其他项目继续工作，可在决赛报名时申请增加副卡，按超编人员对待，一切费用自理。

六、竞赛办法

（一）执行由国际各单项体育组织或全国各单项体育协会审定，并且第十届全国运动会各项目竞赛规程明确规定的竞赛规则。

（二）在第十届全国运动会决赛中，除部分有纪录项目按照规则规定，确实无法认定名次而允许并列外，其他项目须排出名次，不出现并列。

（三）按照各项目竞赛规程规定进行预选赛，并按各项目竞赛规程规定的录取标准或录取名额参加决赛。

（四）预选赛的裁判员和仲裁委员由各运动项目管理中心根据竞赛规程、规则的规定自行确定；决赛的裁判员和仲裁委员由各运动项目管理中心提出建议名单，报国家体育总局统一审定。

七、奖励和计分办法

（一）足球、篮球、排球（不含沙滩排球）、手球、曲棍球、棒球、垒球、水球项目奖励前12名，如果参加决赛的队数不足12队的，按照实际参赛队数奖励；其他项目有11名（含11名）以上运动员（队）参加的，奖励8名；8名至10名的，奖励6名；5名至7名的，奖励3名；3名至4名的，奖励1名；2名（含2名）以下的，不进行比赛。

（二）各项目获得比赛前3名的，分别颁发金、银、铜牌；获得奖励名次者分别颁发证书。

（三）足球、篮球、排球（不含沙滩排球）、手球、曲棍球、棒球、垒球、水球项目获得前3名的队，分别按2枚金、银、铜牌进行统计。

（四）获得足球、篮球、排球（不含沙滩排球）、手球、曲棍球、棒球、垒球、水球项目前12名的，分别按26、22、20、18、16、14、12、10、8、6、4、2分进行统计；获得其他项目前8名的，分别按 13、11、10、9、8、7、6、5分进行统计。不足录取名额的计分，按各项目相应名次的分值进行统计。

（五）并列名次的计分办法：

比赛名次并列时，将名次并列的下一个（或几个）名次空出，空出名次的分值与获得名次的分值相加后的平均数，作为并列名次的所得分值。如果第8名并列，则各按照5分进行统计。

（六）运动员在第28届夏季奥运会和第19届冬季奥运会上获得前3名成绩，将分别计入运动员注册的代表团的奖牌总数和总分内。统计办法为：

单人项目：每获1枚金（银、铜）牌，按2枚金（银、铜）牌和26（22、20）分进行统计。

两人以上（含两人）项目：每获1枚金（银、铜）牌，每人按1枚金（银、铜）牌和13（11、10）分进行统计；如同一代表团在同一比赛项目中有两名或两名以上运动员（含解放军两次计分的运动员），则该代表团按照2枚金（银、铜）牌和26（22、20）分进行统计。

第五届全国城市运动会交流运动员在第28届夏季奥运会上获得前3名成绩的，按照交流双方单位签订的协议计分单位进行统计，协议没有规定的，按照运动员2004年度的注册单位进行统计。

（七）实行两次计分的解放军运动员在第28届夏季奥运会上获得前3名成绩，在第十届全国运动会上按照两次计分办法进行统计。具体统计办法为：

单人项目：每获1枚金（银、铜）牌，按2枚金（银、铜）牌和26（22、20）分统计给运动员原输送单位。

两人以上（含两人）项目：每获1枚金（银、铜）牌，每人按1枚金（银、铜）牌和13（11、10）分统计给运动员原输送单位；如同一输送单位在同一比赛项目中有两名或两名以上运动员，则该输送单位按照2枚金（银、铜）牌和26（22、20）分进行统计。

（八）运动员在第28届夏季奥运会上每创造一项奥运会项目世界纪录，增加1枚金牌和13分计入运动员第十届全国运动会注册的代表团的金牌总数和总分内。

实行两次计分的解放军运动员在第28届夏季奥运会上每创造一项奥运会项目世界纪录，增加1枚金牌和13分计入运动员第十届全国运动会两次计分代表团的金牌总数和总分内。

具体加分加牌办法为：在奥运会设置的比赛项目（小项）决定名次的决赛（不含预赛、复赛、资格赛等）中，运动员所获名次的最好成绩超过本项目决赛前的最新世界纪录，则按1枚金牌和13分进行统计。

（九）解放军代表团两次计分排名办法：

1.第一次排名：解放军代表团与各代表团共同排名，决定解放军代表团的名次，但不公布。

2.第二次排名：将解放军代表团两次计分运动员所获得的奖牌和分数分别计入运动员原输送单位后，各代表团（不含解放军）进行重新排名。

3.正式公布各代表团第二次排名成绩，但解放军代表团按照第一次排名名次公布，与相同名次的代表团名次并列。

（十）解放军运动员两次计分具体统计办法：

1.单人项目：每获一个名次，按所获名次的奖牌和分数计入原输送单位的奖牌总数和总分内。

2.两人项目：每获一个名次，一名运动员按所获名次的奖牌和分数的50%计入原输送单位的奖牌总数和总分内。

3.两人以上项目：只计分数，不计奖牌。一名运动员按所获名次得分的50%计入运动员原输送单位。如一个输送单位在同一比赛项目中有两名或两名以上运动员，则计入该输送单位的分数最多不得超过所获名次的满分。

（十一）第八届全国运动会上已经与重庆市实行两次计分的56名四川省运动员［体训竞综字（1997）37号］，无论是注册在四川省，还是注册在重庆市，只要在第十届全国运动会单人项目（不含2人或2人以上项目）上取得成绩，就继续实行两次计分。上述运动员如果在第28届奥运会上获得前3名成绩或创超了奥运会项目世界纪录，在第十届全国运动会上也按照两次计分办法进行统计。

（十二）设“创超世界纪录奖”，办法另定。

（十三）设“体育道德风尚奖”，办法另定。

八、兴奋剂检查和性别检查

（一）兴奋剂检查和处罚按照国家体育总局、中国奥委会反兴奋剂委员会的有关规定执行；运动员比赛名次取消后，空出的名次由后续运动员依次递补。

（二）性别检查将根据国际组织有关规定，按照必需和必要的原则进行。已经获得并出示国际奥委会医学委员会或国际各单项体育组织或被全国各单项体育协会认可的医学部门出具的女性证明书的运动员，可予以免检。

九、公布代表团名次

（一）公布各代表团奖牌榜。具体办法是：金牌多者名次列前；金牌相同，银牌多者名次列前；金、银牌数相同，铜牌多者名次列前；金、银、铜牌数相同，名次并列。

（二）公布各代表团总分榜。具体办法是：总分高者名次列前；总分相等，名次并列。

（三）闭幕式上，将公布获得奖牌榜和总分榜各前12名的代表团，并进行颁奖。

十、报名和报到

（一）各代表团须于2004年10月31日前将《第十届全国运动会参加项目报项表》书面报国家体育总局。项目一经确定，原则上不得更改和调整。无故退出的，将取消代表团参加评选体育道德风尚奖的资格。

（二）预选赛报名：原则上在各项目赛前30天进行，具体按各项目竞赛规程规定执行。

（三）决赛报名：报参加运动员名单和具体项目。

1.2005年9月30日前开始举行决赛的项目，原则上在各项目比赛前30天截止报名。

2.2005年9月30日后开始举行决赛的项目，其报名工作在各代表团联络员会议（运动会开幕前 30天左右召开）上进行，具体时间和地点另行通知。

3.各项目决赛报名截止后，原则上不得变更（各项目竞赛规程和规则有特殊规定的除外）。

（四）各代表团团部人员可于2005年10月6日报到，10月22日离会；各项目运动队原则上在本项目比赛开始前3天报到，比赛结束后1天离会；如各项目竞赛规程有明确报到时间规定的，按具体规定执行，但提前报到的所有费用全部自理。

（五）裁判员及仲裁委员报到时间另行通知。

十一、代表团团旗

各代表团自备，颜色自定，规格为2米×3米。代表团团旗除标明规程规定的参加单位名称外，不得出现其他标志。

十二、比赛服装要求按照各项目竞赛规程、规则及其他有关规定执行

十三、本竞赛规程总则的内容由国家体育总局负责解释

二〇〇五年一月二十四日

关于加强第十届全国运动会竞赛组织管理工作的通知

发布部门：国家体育总局

发布文号：体竞字〔2005〕34号

各省、自治区、直辖市、新疆生产建设兵团体育局，总参军训和兵种部体育局、总政宣传部文体局，各有关行业体协，各有关运动项目管理中心：

为了做好第十届全国运动会的竞赛组织管理工作，保证各项目预、决赛的顺利进行。根据总局领导的指示精神，现将加强第十届全国运动会竞赛组织管理工作的要求下发给你们，请遵照执行。

一、第十届全国运动会，是2008年北京奥运会前，我国举行的最后一次全国最高水平的运动会，是对我国竞技体育水平的一次大检阅，是备战2008年奥运会的一次大练兵，对于培养和锻炼优秀体育人才，进一步提高运动技术水平，全面完成好2008年北京奥运会的参赛任务具有十分重要的意义和作用。同时，第十届全国运动会还是向世界展示中国改革开放20多年来在物质文明和精神文明建设方面所取得的巨大成就的极好机会，也是向国际奥委会、各单项国际体育组织成员展示我国组织大型综合性运动会能力的良好契机，直接关系到我国的国际声誉和形象。各代表团、总局各运动项目管理中心都必须充分认识举办本届运动会的重要意义，从维护国家的形象、促进社会发展的大局出发，认真贯彻落实国家体育总局领导“一定要采取切实措施，抓好第十届全国运动会的赛风问题”的指示精神，扎扎实实地做好各项准备工作，确保运动会成功举行。

二、要认真学习贯彻2005年全国体育局长会议上关于十运会赛风赛纪的要求，从“教育、自律、制度、监督、处罚”五个方面抓好赛风赛纪工作。一定要旗帜鲜明，坚决反对体育行业的腐败现象和不正之风。在十运会上要全面体现中华体育精神，体现中国人民办好2008年奥运会的能力和决心。

三、要严格执行第十届全国运动会竞赛规程总则、各项目竞赛规程、规则及其他相关规定，进一步加强对各国际单项体育组织针对规程、规则修改、变化的深入研究。特别是总局各运动项目管理中心要专门组织裁判员进行强化学习，领会要旨，统一认识，准确执法，以适应2008年北京奥运会比赛的需要。

四、总局各运动项目管理中心要坚决执行《第十届全国运动会工作人员纪律规定》（体监字〔2005〕1号），要对本中心工作人员进一步加强教育，提出更加严格、具体的要求，管理好自己的队伍。各中心要根据总局的统一部署，进一步加强对第十届全国运动会运动员、教练员、裁判员和预、决赛承办赛区各类人员的组织管理，明确工作要求，严明组织纪律。要制定第十届全国运动会赛风赛纪管理规定，完善本项目竞赛管理办法、裁判员管理办法以及其他相关纪律规定。各中心要针对本项目的情况，认真总结近年来在抓裁判队伍建设中的经验和教训，抓好制度建设、思想教育、业务培训、选拔监督等重要环节，结合年度的全国比赛，完善制度，选好人员。要加强裁判员的思想教育和职业培训，抓好裁判员的管理和选拔工作，建立和健全公开、公平、公正的考核、选拔办法和任用制度，并向各参赛单位公开。首先要把好选派关。凡选派参加执法工作的裁判员，必须要以书面形式征求过各参赛单位的意见，同时选派的裁判员要参加过2004年或2005年各中心组织的培训和考核，并且要保证在以往全国比赛中没有不良记录。其次要把好监督关。对裁判工作要提出明确要求，加强组织纪律性，特别是要加强裁判员临场工作的评判和监督，每个单元比赛结束后，各中心都要组织全体裁判员对比赛执裁情况进行评议，并建立评判和监督记录。对在预赛中出现故意误判、漏判和反判等行为的裁判员，运动队意见较大的，将坚决取消其参加决赛阶段执法的资格，并根据情节轻重进行严肃处理。对在决赛中出现上述问题的裁判员，要依据有关规定对其进行通报批评或取消裁判员等级称号，对触犯法律的将移送司法机关处理。

各中心要在保证第十届全国运动会竞赛规程、规则、竞赛办法等不做变动的前提下，进一步完善相关细则，针对项目的特点，制定特殊措施，加强工作的预见性，减少漏洞，做到有章可循，有法可依。

五、第十届全国运动会各参赛代表团要对工作人员严格管理，严格要求，在运动队伍中进行职业道德的教育和培养，树立正确的人生观、价值观和道德观，尊重对手，尊重裁判，尊重观众，做好运动队伍的管理工作。在反兴奋剂工作中要认真执行《关于第十届全运会反兴奋剂工作有关问题的通知》以及其他有关规定。在决赛阶段出现兴奋剂阳性事件的代表团，将取消体育道德风尚奖代表团的评选资格。各代表团在比赛期间对裁判员判罚有异议的，要按正常的程序进行申诉，不准以任何理由停赛、罢赛或拒绝领奖等，一旦出现上述违纪行为，组委会将按照严重违纪进行处罚。不得以任何借口和形式给裁判员、仲裁委员和竞赛管理干部送礼、行贿或邀请其进入高档消费娱乐场所。各代表团领导要明确分工，实行赛风赛纪管理责任制。代表团有关人员出现赛风赛纪问题的，要追究代表团领导的责任。情节严重的，国家体育总局将对代表团提出通报批评并建议地方政府给予相关人员纪律处分。

六、各承办赛区要加强赛区的组织领导，严格执行国家体育总局的各项规定，认真履行承办协议，周密细致地做好赛前准备和赛期组织工作。要开好组委会会议、领队、教练员联席会议等，对运动员、教练员要提出具体要求，进一步明确赛区纪律，落实责任。要注重提高竞赛质量和效益，提倡艰苦奋斗、勤俭节约、与时俱进、开拓创新地举办竞赛活动。要切实加强安全工作，将安全工作纳入训练和竞赛组织活动的议事日程，要加强医务检查和救护保障工作，特别注意加强食品卫生管理，做好防疫检疫工作，防止食物中毒等恶性事件的发生。要认真做好赛后总结工作。各预赛承办赛区须将秩序册、成绩册和竞赛工作总结各2份，在比赛结束后7天内上报总局竞技体育司。

七、国家体育总局将成立第十届全国运动会竞赛督察小组，指派竞赛督察人员对重点项目预赛赛区进行检查和监督，各单位要积极配合总局竞赛督察小组的工作，认真抓好第十届全国运动会的赛风赛纪工作，切实把第十届全国运动会办成干净、公平、文明的体育盛会。

各中心要成立由中心领导挂帅的赛风赛纪工作小组（原则上不设专职人员），切实抓好竞赛管理人员、裁判员、运动队以及赛区的各类人员的教育、管理和监督工作，出现违纪、违规行为要及时纠正，遇到重大赛风赛纪问题要及时上报总局第十届全国运动会竞赛督察小组。

十运会赛风赛纪举报电话：

（010）87182492（竞体司竞赛处）

（010）87182428（监察局纪检监察室）

国家体育总局（办公厅章）

二○○五年三月十日

竞赛成绩

奖牌榜

单位：枚

排名	代表队	奖牌总数				比赛奖牌			奥运奖牌		
		金	银	铜	总数	金	银	铜	金	银	铜
1	江苏	56	38	42	136	51	37	40	5	1	2
2	广东	46	42.5	36.5	125	37	38.5	34.5	9	4	2
2	解放军	44	39	32	115	40	35	30	4	4	2
3	山东	42	29	27	98	32	24	27	10	5	0
4	北京	32	23.5	26	81.5	22	21.5	24	10	2	2
5	辽宁	31	35	33	99	24	33	26	7	2	7
6	浙江	29	20	12	61	22	19	10	7	1	2
7	上海	26	48	44.5	118.5	23	41	42.5	3	7	2
8	福建	17	12	14	43	15	9	12	2	3	2
9	黑龙江	16	17	8.5	41.5	12	16	6.5	4	1	2
10	天津	15.5	13.5	11	40	13.5	11.5	11	2	2	0
11	河南	15.5	7	18.5	41	10.5	7	18.5	5	0	0
12	河北	15	9	11	35	12	9	10	3	0	1
13	湖南	13	12	8	33	13	9	6	0	3	2
14	四川	12	17	19	48	11	15	18	1	2	1
15	江西	12	6	2	20	9	6	2	3	0	0
16	吉林	10	17	11.5	38.5	10	10	5.5	0	7	6
17	山西	10	5	5	20	10	5	5	0	0	0
18	安徽	7	5	7	19	7	5	7	0	0	0
19	湖北	7	4.5	8	19.5	5	3.5	8	2	1	0
20	广西	6	8	8	22	5	8	6	1	0	2
21	云南	5.5	8	8.5	22	3.5	7	8.5	2	1	0
22	陕西	3	7.5	8.5	19	2	5.5	6.5	1	2	2
23	甘肃	2	4	1	7	2	4	1	0	0	0
24	火车头	2	1	1	4	2	1	1	0	0	0
25	新疆	1.5	2.5	6.5	10.5	1.5	2.5	6.5	0	0	0
26	内蒙古	1	4.5	10	15.5	1	4.5	10	0	0	0
27	重庆	1	3	0.5	4.5	1	3	0.5	0	0	0
28	个人	1	2	2	5	1	2	2	0	0	0
29	海南	1	1	4	6	1	1	4	0	0	0
30	贵州	1	0.5	3.5	5	1	0.5	1.5	0	0	2
31	香港	1	0	3	4	1	0	3	0	0	0
32	前卫	1	0	2	3	1	0	2	0	0	0
33	宁夏	0	1.5	0.5	2	0	1.5	0.5	0	0	0
34	新疆生产建设兵团	0	1	0.5	1.5	0	1	0.5	0	0	0
35	煤矿	0	1	0	1	0	1	0	0	0	0
36	青海	0	0	2	2	0	0	2	0	0	0
37	通信	0	0	1	1	0	0	1	0	0	0
总计		483	445.5	439	1367.5	402	397.5	400	81	48	39

创世界纪录、亚洲纪录、全国纪录破纪录情况

破纪录人数和人次：共15人21次超6项世界纪录，7人7次平6项世界纪录，5人6次创5项亚洲纪录，14人20次超5项亚洲纪录，5人5次平4项亚洲纪录，1队19人25次创19项全国纪录。

超世界纪录 15 人 21 次超 6 项

射 击

日期	小项	姓名	代表团	成绩	原纪录	地点
10月 15日	男子 25米手枪速射 60发	陈永强	上海	591	589	江苏省方山体育训练基地

举 重

日期	小项	姓名	代表团	成绩	原纪录	地点
10月 10日	女子 48公斤级总成绩	高伟	辽宁	212.5 kg	210 kg	苏州大学体育馆
10月 10日	女子 48公斤级总成绩	杨炼	湖南	215 kg	210 kg	苏州大学体育馆
10月 10日	女子 53公斤级总成绩	李萍	湖南	227.5 kg	225 kg	苏州大学体育馆
10月 10日	女子 53公斤级总成绩	李萍	湖南	230 kg	225 kg	苏州大学体育馆
10月 11日	女子 58公斤级总成绩	陈艳青	江苏	247.5 kg	240 kg	苏州大学体育馆
10月 11日	女子 58公斤级总成绩	陈艳青	江苏	252.5 kg	240 kg	苏州大学体育馆
10月 11日	女子 58公斤级总成绩	陈艳青	江苏	255 kg	240 kg	苏州大学体育馆
10月 11日	女子 58公斤级总成绩	顾薇	解放军	247.5 kg	240 kg	苏州大学体育馆
10月 11日	女子 58公斤级总成绩	邱红梅	江西	247.5 kg	240 kg	苏州大学体育馆
10月 11日	女子 58公斤级总成绩	孙彩艳	辽宁	247.5 kg	240 kg	苏州大学体育馆
10月 11日	女子 63公斤级总成绩	邓惠洁	广西	250 kg	247.5 kg	苏州大学体育馆
10月 11日	女子 63公斤级总成绩	欧阳晓芳	辽宁	257.5 kg	247.5 kg	苏州大学体育馆
10月 11日	女子 63公斤级总成绩	欧阳晓芳	辽宁	260 kg	247.5 kg	苏州大学体育馆
10月 11日	女子 63公斤级总成绩	舒洁安	广东	250 kg	247.5 kg	苏州大学体育馆
10月 11日	女子 63公斤级总成绩	王珠	江苏	252.5 kg	247.5 kg	苏州大学体育馆
10月 11日	女子 63公斤级总成绩	颜小莉	山东	250 kg	247.5 kg	苏州大学体育馆
10月 11日	女子 63公斤级总成绩	颜小莉	山东	255 kg	247.5 kg	苏州大学体育馆
10月 13日	女子 75公斤级总成绩	杜烨莹	解放军	280 kg	273 kg	苏州大学体育馆
10月 13日	女子 75公斤级总成绩	刘春红	山东	277.5 kg	273 kg	苏州大学体育馆
10月 13日	女子 75公斤级总成绩	刘春红	山东	280 kg	273 kg	苏州大学体育馆

平世界纪录　7 人 7 次平 6 项

射击

日期	小项	姓名	代表团	成绩	原纪录	地点
10月 18日	女子飞碟双向 75靶	张山	四川	96	96	江苏省方山体育训练基地

举重

日期	小项	姓名	代表团	成绩	原纪录	地点
10月 10日	女子 53公斤级总成绩	李萍	湖南	225 kg	225 kg	苏州大学体育馆
10月 11日	女子 58公斤级总成绩	顾薇	解放军	240 kg	240 kg	苏州大学体育馆
10月 11日	女子 58公斤级总成绩	邱红霞	广东	240 kg	240 kg	苏州大学体育馆
10月 12日	女子 63公斤级总成绩	王珠	江苏	247.5 kg	247.5 kg	苏州大学体育馆
10月 12日	女子 69公斤级总成绩	李丽滢	湖南	275 kg	275 kg	苏州大学体育馆
10月 13日	女子+75公斤级总成绩	丁美媛	辽宁	305 kg	305 kg	苏州大学体育馆

超亚洲纪录　14 人 20 次超 5 项

举重

日期	小项	姓名	代表团	成绩	原纪录	地点
10月 10日	女子 48公斤级总成绩	高伟	辽宁	212.5 kg	207 kg	苏州大字体育馆
10月 10日	女子 48公斤级总成绩	杨炼	湖南	215 kg	207 kg	苏州大学体育馆
10月 10日	女子 53公斤级总成绩	李萍	湖南	227.5 kg	225 kg	苏州大学体育馆
10月 10日	女子 53公斤级总成绩	李萍	湖南	230 kg	225 kg	苏州大学体育馆
10月 11日	女子 58公斤级总成绩	陈艳青	江苏	247.5 kg	240 kg	苏州大学体育馆
10月 11日	女子 58公斤级总成绩	陈艳青	江苏	252.5 kg	240 kg	苏州大学体育馆
10月 11日	女子 58公斤级总成绩	陈艳青	江苏	255 kg	240 kg	苏州大学体育馆
10月 11日	女子 58公斤级总成绩	顾薇	解放军	247.5 kg	240 kg	苏州大学体育馆
10月 11日	女子 58公斤级总成绩	邱红梅	江西	247.5 kg	240 kg	苏州大学体育馆
10月 11日	女子 58公斤级总成绩	孙彩艳	辽宁	247.5 kg	240 kg	苏州大学体育馆
10月 11日	女子 63公斤级总成绩	邓惠洁	广西	250 kg	247 kg	苏州大学体育馆
10月 11日	女子 63公斤级总成绩	欧阳晓芳	辽宁	257.5 kg	247 kg	苏州大学体育馆
10月 11日	女子 63公斤级总成绩	欧阳晓芳	辽宁	260 kg	247 kg	苏州大学体育馆
10月 11日	女子 63公斤级总成绩	舒洁安	广东	250 kg	247 kg	苏州大学体育馆
10月 11日	女子 63公斤级总成绩	王珠	江苏	252.5 kg	247 kg	苏州大学体育馆
10月 11日	女子 63公斤级总成绩	颜小莉	山东	250 kg	247 kg	苏州大学体育馆
10月 11日	女子 63公斤级总成绩	颜小莉	山东	255 kg	247 kg	苏州大学体育馆
10月 13日	女子 75公斤级总成绩	杜烨莹	解放军	280 kg	273 kg	苏州大学体育馆
10月 13日	女子 75公斤级总成绩	刘春红	山东	277.5 kg	273 kg	苏州大学体育馆

创亚洲纪录 5人6次创5项

田径

日期	小项	姓名	代表团	成绩	原纪录	地点
10月 22日	男子 50公里竞走	虞朝鸿	云南	3:36:06	3:36:20	南京奥林匹克体育中心体育场
10月 22日	男子 50公里竞走	赵成良	云南	3:36:13	3:36:20	南京奥林匹克体育中心体育场

自行车

日期	小项	姓名	代表团	成绩	原纪录	地点
10月 13日	女子 3公里个人追逐赛	王利	江苏	03:43.5	03:44.9	南京体育学院仙林分院

游泳

日期	小项	姓名	代表团	成绩	原纪录	地点
10月 17日	男子 100米自由泳	陈祚	北京	00:49.6	00:50.1	南京奥林匹克体育中心游泳馆
10月 15日	男子 100米仰泳	欧阳鲲鹏	江西	00:54.1	00:54.4	南京奥林匹克体育中心游泳馆
10月 18日	男子 200米仰泳	欧阳鲲鹏	江西	01:57.9	01:58.4	南京奥林匹克体育中心游泳馆

平亚洲纪录 5人5次平4项

举重

日期	小项	姓名	代表团	成绩	原纪录	地点
10月 10日	女子 53公斤级总成绩	李萍	湖南	225 kg	225 kg	苏州大学体育馆
10月 11日	女子 58公斤级总成绩	顾薇	解放军	240 kg	240 kg	苏州大学体育馆
10月 11日	女子 58公斤级总成绩	邱红霞	广东	240 kg	240 kg	苏州大学体育馆
10月 12日	女子 69公斤级总成绩	李丽滢	湖南	275 kg	275 kg	苏州大学体育馆
10月 13日	女子+ 75公斤级总成绩	丁美媛	辽宁	305 kg	305 kg	苏州大学体育馆

创全国纪录　1 队 19 人 25 次创 19 项

田径

日期	项目	姓名	代表团	成绩	原纪录
10月 21日	男子400米栏	孟岩	吉林	49秒19	49秒25
10月 20日	男子铅球	张奇	山西	20米15	19米78
10月 22日	男子50公里竞走	虞朝鸿	云南	3小时36分06秒	3小时36分20秒
10月 22日	男子50公里竞走	赵成良	云南	小时36分13秒	3 3小时36分20秒

自行车

日期	项目	姓名	代表团	成绩	原纪录
10月 13日	女子3公里个人追逐赛	王利	江苏	3分43秒502	3分44秒854

射击

日期	项目	姓名	代表团	成绩	原纪录
10月 15日	男子50米步枪卧射60发	曹逸飞	四川	702.7环	702.5环
10月 15日	男子25米手枪速射60发	陈永强	上海	591环	586环
10月 18日	女子飞碟双向75靶	张山	四川	96中	96中

游泳

日期	项目	姓名	代表团	成绩	原纪录
10月 17日	男子100米自由泳	陈祚	北京	49秒56	50秒23
10月 15日	男子100米仰泳	欧阳鲲鹏	江西	54秒09	54秒37
10月 18日	男子200米仰泳	欧阳鲲鹏	江西	1分57秒91	1分58秒72
10月 17日	男子200米蛙泳	赖忠坚	解放军	2分14秒41	2分14秒56
10月 17日	男子200米蛙泳	刘维佳	辽宁	2分 14秒28	2分 14秒56
10月 19日	男子100米蝶泳	吴鹏	浙江	53秒10	53秒20
10月 19日	男子100米蝶泳	周嘉威	广东	52秒81	53秒20
10月 16日	男子200米蝶泳	吴鹏	浙江	1分55秒78	1分56秒28
10月 18日	男子200米个人混合泳	曲敬宇	解放军	2分00秒59	2分01秒08
10月 20日	男子4×100米混合泳接力	林铁 曾启亮 周嘉威 刘禹	广东	3分39秒98	3分41秒90

举重

日期	项目	姓名	代表团	成绩	原纪录
10月 10日	女举48公斤级总成绩	杨炼	湖南	215公斤	212.5公斤
10月 10日	女举53公斤级总成绩	李萍	湖南	225公斤	217.5公斤
10月 10日	女举53公斤级总成绩	李萍	湖南	227.5公斤	225公斤
10月 10日	女举53公斤级总成绩	李萍	湖南	230公斤	225.5公斤
10月 11日	女举58公斤级总成绩	陈艳青	江苏	252.5公斤	250公斤
10月 11日	女举58公斤级总成绩	陈艳青	江苏	255公斤	250公斤
10月 11日	女举63公斤级总成绩	欧阳晓芳	辽宁	260公斤	257.5公斤

精彩瞬间

辽宁队员（白）在突破

辽宁艺术体操运动员孙丹获得女子全能冠军

曲棍球比赛

国际摔跤比赛

欧阳鲲鹏在向观众致意

王励勤、刘杉在比赛中

国际摔跤比赛

自行车比赛

自行车比赛

广西队姚洁照（黄）运球上篮

闭幕式

国务院总理温家宝在闭幕式上

闭幕式致辞

梁保华

尊敬的温家宝总理，

各位领导、各位来宾，

同志们、朋友们：

在党中央、国务院的亲切关怀下，经过各方面共同努力，第十届全国运动会取得圆满成功，成为体育的盛会、人民的节日。在此欢庆的时刻，我谨代表中共江苏省委、江苏省人民政府和全省人民，向出席十运会闭幕式的各位领导和来宾表示诚挚的欢迎！向国家体育总局，各省区市和香港特别行政区、澳门特别行政区、解放军、各行业体协的代表团，向为十运会做出贡献的全体运动员、教练员、裁判员、工作人员和各界人士致以崇高的敬意和衷心的感谢！

在十运会期间，来自祖国各地的体育健儿大力弘扬“更快、更高、更强”的体育精神，顽强拼搏、勇攀高峰、团结友谊、公平竞争，取得了比赛成绩和精神文明双丰收。为迎接2008年北京奥运会进行了一次成功的演练，激发了全国人民团结奋斗、振兴中华的爱国热情。十运会在江苏举办，为江苏向全国人民学习提供了一次难得的机会，有力地推动了江苏三个文明建设和各项事业的发展。

同志们、朋友们，再过三年，第29届奥运会将在北京隆重举行，新的使命催人奋进。让我们紧密团结在以胡锦涛同志为总书记的党中央周围，高举邓小平理论和“三个代表”重要思想伟大旗帜，全面贯彻科学发展观，认真落实党的十六届五中全会精神，万众一心，奋发图强，以更加辉煌的业绩，共创伟大祖国美好的明天！

闭幕词

刘　鹏

尊敬的温家宝总理，

各位领导、各位来宾，

同志们、朋友们：

在党中央、国务院的亲切关怀下，在江苏省和各代表团的共同努力下，中华人民共和国第十届运动会取得了圆满成功。在此，我谨代表国家体育总局和大会组委会向中共江苏省委、江苏省人民政府、江苏省人民和参赛的各代表团致以崇高的敬意！向顽强拼搏并取得优异成绩的运动员、教练员表示热烈的祝贺！向为本次运动会付出辛勤努力、做出重要贡献的裁判员、大会工作人员、志愿者、新闻工作者等表示衷心的感谢！

第十届全运会在党的十六届五中全会胜利闭幕，“神舟六号”载人飞船顺利升空返航的喜庆日子里成功举办，进一步展示了我国改革开放、经济发展和社会进步的丰硕成果，展示了我国体育事业发展的巨大成就。本届全运会文明、热烈、精彩、圆满，成为体育的盛会，人民的节日。

十运会是对我国竞技体育的一次大检阅，是对群众体育的一次大促进，吹响了备战2008年奥运会的号角。让我们乘十运会的东风，在以胡锦涛同志为总书记的党中央领导下，高举邓小平理论和“三个代表”重要思想伟大旗帜，树立和落实科学发展观，深入贯彻党的十六届五中全会精神，面向未来，再接再厉，不断满足人民群众日益增长的体育文化需求，在北京奥运会上再立新功、再创辉煌，为全面建设小康社会、构建社会主义和谐社会做出新贡献，在中华民族伟大复兴的历史进程中续写新篇章。

现在，我们荣幸地邀请中共中央政治局常委、国务院总理温家宝同志宣布中华人民共和国第十届运动会闭幕。

第十国运动会在南京闭幕
温家宝出席闭幕式

温家宝总理、何鲁丽、华建敏、陈至立、张思卿、中央军委委员李继耐等出席闭幕式

新华社南京10月23日电 圣火缓缓熄灭，希望心中腾飞，作为2008年北京奥运会的重要演练，中华人民共和国第十届运动会圆满地完成了她的使命，于23日晚在江苏省南京市闭幕。

晚上8时，十运会闭幕式在南京奥林匹克中心体育馆举行。中共中央政治局常委、国务院总理温家宝宣布第十届全运会闭幕。在十运会会歌的乐曲声中，十运会会旗缓缓落下，燃烧了12天的十运圣火渐渐熄灭。

何鲁丽、华建敏、陈至立、张思卿，中央军委委员李继耐以及有关方面负责人出席了闭幕式。

第十届全运会是2008年北京奥运会前国内举行的最后一次全国性综合体育盛会，被看作是北京奥运会的全面演练。作为首次通过申办获得全运会主办权的东道主，江苏省在场馆建设、赛事组织、资源开发、交通安保、信息技术、媒体服务等各方面都做了新的尝试，为三年后的北京奥运会积累了大量的有益经验。

闭幕式由十运会组委会副主任、江苏省副省长何权主持。在全场观众起立高唱中华人民共和国国歌后，十运会组委会副主任、国家体育总局领导宣布了十运会比赛成绩。

根据组委会公布的奖牌统计，江苏代表团以56枚金牌雄居榜首。广东（46）、解放军（44）、山东（42）、北京（32）和辽宁（31）

代表团名列金牌榜前列。江苏、广东、上海、山东代表团名列总积分榜前列。在参赛的46个代表团中，32个获得金牌，37个获得了奖牌，全运会的格局从传统的“三强鼎立”演变为“多强对抗”。

在欢快的乐曲声中，十运会组委会副主任、国家体育总局党组书记李志坚，江苏省委书记李源潮向获得奖牌前12名的代表团颁奖。

十运会组委会副主任、国家体育总局副局长王钧宣读了国家体育总局关于授予刘春红等15名超世界纪录的运动员体育运动一级奖章的决定。十运会组委会副主任王宝良宣读了授予江苏、上海、解放军、辽宁等40个代表团体育道德风尚奖的表彰决定。

随后，十运会组委会副主任、国家体育总局副局长段世杰向香港、澳门特别行政区颁发参赛纪念奖。李志坚等代表国家体育总局向十运会承办地江苏省的代表赠送了纪念品。十运会组委会执行主任、江苏省省长梁保华在闭幕式上致辞。他说，在十运会期间，来自全国各地的体育健儿大力弘扬“更快、更高、更强”的体育精神，顽强拼搏、勇攀高峰、团结友谊、公平竞争，取得了比赛成绩和精神文明的双丰收，为迎接2008年北京奥运会进行了一次成功的演练，激发了全国人民团结奋斗、振兴中华的爱国热情。十运会在江苏举办，为江苏向全国人民学习提供了难得的

机会，有力地推动了江苏省三个文明建设和各项事业的发展。

十运会组委会主任、国家体育总局局长刘鹏在闭幕词中说，十运会是对我国竞技体育的一次大检阅，是对群众体育的一次大促进，吹响了备战2008年奥运会的号角。

闭幕式上，江苏省省长梁保华将全运会会旗交给国家体育总局局长刘鹏，刘鹏又将会旗移交给第十一届全国运动会承办地代表，山东省省长韩寓群。第十一届全国运动会将于2009年在山东省举行。

于10月12日开幕的第十届全国运动会见证了中国竞技体育的新发展。本届全运会赛场遍及江苏13个市、9个县、6所高校，使全运会成为“体育的盛会，人民的节日”。十运会共设32个大项，357个小项，来自全国46个代表团的9986名运动员参加了决赛阶段的比赛，参赛人数为全运会之最。值得一提的是，本届全运会在项目设置上与奥运会全面接轨，包含了夏季奥运会全部28个大项和冬季奥运会3个大项。

在本届全运会上，共有15人21次超6项世界纪录，7人7次平6项世界纪录，5人6次创5项亚洲纪录，1队19人25次创19项全国纪录。

闭幕式后举行了主题为“江河湖海的祝福”的巨型音诗画文艺表演。

闭幕式颁奖仪式

媒体报道

《中国体育报》

第十届全运会在南京隆重举行
胡锦涛出席并宣布开幕

新华社南京10月12日体育专电 钟山脚下，华灯璀璨；秦淮河畔，花团锦簇。中华人民共和国第十届运动会12日晚在这里隆重开幕。中共中央总书记、国家主席、中央军委主席胡锦涛出席开幕式并宣布十运会开幕。

今晚的南京奥林匹克体育中心流光溢彩、鼓乐震天，可容纳8万人的体育场人声鼎沸、群情激荡。十运会吉祥物“金麟”在场内欢舞。

19时58分，在欢快的乐曲声中，胡锦涛等领导同志走上主席台，全场响起长时间的热烈掌声。

中共中央政治局候补委员、中央书记处书记、中央办公厅主任王刚出席开幕式。应邀专程前来的国际奥委会主席罗格也参加了开幕式。

20时整，开幕式开始。雄壮的《运动员进行曲》响起，步伐矫健的男青年和英姿飒爽的女青年护拥着鲜艳的五星红旗和全运会会旗、十运会会旗向主席台走来。裁判员队伍首先入场，紧随其后的是46个代表团的运动员，他们分别来自各省、自治区、直辖市，香港、澳门特别行政区和解放军、新疆生产建设兵团以及各个行业体协。裁判员、运动员队伍精神抖擞、雄姿勃发，充分展现了中华体育健儿的风采。

随后，全场起立，高唱国歌。在国歌的激昂旋律中，五星红旗冉冉升起，迎风飘扬。伴随着十运会会歌，全运会会旗和十运会会旗也徐徐升起。

20时50分，胡锦涛以洪亮的声音宣布：中华人民共和国第十届运动会开幕。顿时，数千只彩色气球腾空而起，绚丽的礼花绽放夜空，手持鲜花的少女翩翩起舞，热烈的掌声经久不息。

十运会组委会执行主任、江苏省省长梁保华代表江苏全省人民，对各位嘉宾和全体运动员、教练员、裁判员、体育工作者表示热烈的欢迎。他表示，江苏将全力以赴为各项比赛创造良好条件、提供周到服务。

十运会组委会主任、国家体育总局局长刘鹏在致开幕词时说，希望全体运动员发扬中华体育精神，赛出风格、赛出水平，祝愿十运会成为体育的盛会、人民的节日。

沈巍巍、庞毅分别代表参加十运会的运动员、裁判员宣誓。随后举行了大型文体表演。整个表演气势恢宏、寓意深刻。生动表现了全国各族人民为实现全面建设小康社会的宏伟目标团结奋斗、开拓进取的时代风貌。

21时50分，激动人心的圣火点燃仪式开始。江苏籍运动员葛菲高举火炬跑进体育场。象征东方力量的巨人——“中国飞人”手持火炬，在体育场上空飘然而过，到达点火台，点燃十运会主火炬，熊熊火炬顿时映亮了体育场上空。

开幕仪式在繁花似锦的焰火表演中结束。

出席开幕式的领导同志还有全国人大常委会副委员长李铁映，国务委员陈至立，全国政协副主席丁光训、张怀西，中央军委委员李继耐，等等。

部分国际奥委会委员和应邀观摩十运会的外国来宾也参加了开幕式。

全运会是我国最高水平的体育盛会。本届全运会共设立 32个比赛大项、357个小项，首次实现在项目设置上与奥运会全面接轨。参赛运动员达9985人，为历届全运会之最。

本届全运会将于10月23日闭幕。

（刊载于《中国体育报》2005年10月13日）

《中国体育报》

胡锦涛在会见全国群众体育先进集体和个人代表时强调

开展全民体育健身活动　提高全民族的健康素质

新华社南京10月12日体育专电　在第十届全国运动会即将开幕之际，中共中央总书记、国家主席、中央军委主席胡锦涛12日下午在南京会见了参加全国群众体育先进集体和个人表彰会、全国体育系统先进表彰会的代表，并发表了重要讲话。胡锦涛强调，广泛开展全民健身活动，提高全民族的健康素质，是全面建设小康社会的重要内容，是构建社会主义和谐社会的必然要求，也是功在当代、利在千秋的事业。希望广大体育工作者认真贯彻党的十六届五中全会精神，全面落实科学发展观，坚持以增强人民体质、提高全民族的健康素质为目标，不断开创体育事业和体育工作的新局面。

中共中央政治局候补委员、中央书记处书记、中央办公厅主任王刚参加了会见。国务委员陈至立主持。

胡锦涛在讲话中首先表示，今天是一个大喜的日子。“神舟六号”载人航天飞船发射成功，标志着我国载人航天事业又迈出了新的重要一步。今天又是第十届全国运动会开幕的日子。胡锦涛代表党中央、国务院、中央军委，向受到表彰的全国群众体育先进集体和先进个人表示热烈的祝贺，向全国体育战线的广大运动员、教练员和体育工作者表示诚挚的问候。

胡锦涛指出，党和国家历来高度重视体育事业和体育工作，始终把提高广大人民群众的健康素质放在重要位置。近年来，在党中央、国务院正确领导下，在全社会广泛支持和广大体育工作者共同努力下，我国体育事业和体育工作取得了新的显著成就。在去年雅典第28届奥运会上，我国运动员取得了好成绩，标志着我国竞技体育实现了新的突破。今晚开幕的第十届全国运动会，将全面检阅我国竞技体育的实力和水平。在群众体育方面，我们实施《全民健身计划纲要》，人民群众的健身意识和健康素质不断提高，为促进经济社会发展起到了重要作用。

胡锦涛强调，再过三年，第29届奥运会将在北京举办。这为我国体育事业和体育工作带来了难得的发展机遇。我们一定要抓住机遇，扎实工作，开拓进取，推动群众体育和竞技体育协调发展，为全面建设小康社会努力做出更大贡献，全国政协副主席张怀西、中央军委委员李继耐等也参加了会见。

（刊载于《中国体育报》2005年10月13日）

《中国体育报》

成绩提高不等于奥运奖牌
十运佳绩如何体现在2008

全运会的成绩从来都让前一年参加奥运会比赛的中国游泳显出尴尬，今年也不例外。出现了那么多“相当于奥运会和世锦赛”前几名的成绩，可中国泳将毕竟没有如此大面积地站到奥运会和世锦赛的领奖台上，雅典奥运会入账一金，而今年7月的世锦赛一金未得。“全运现象”再次出现南京，又如何让人对2008年的北京奥运会心里有底？

究其原因，首先是各省市都把全会作为重点备战，而奥运会和世锦赛是“国家的事情”，可以不闻不问。第二个原因，国内比赛的激烈程度根本无法和世界大赛比，预赛、半决赛，国手们基本无对手，保存实力也可轻松晋级，这使得他们肯定不能在前两轮拿出浑身解数。罗雪娟曾在百米蛙泳夺冠后坦言：“我不认为中国游泳是兵败蒙特利尔，我们只是因为战略的原因没有调整出最好状态。中国游泳还是有竞争实力的！不过，我对自己成绩的评价是一般。”这是对全运会出现好成绩的直接注解。

但世界大赛与全运会完全不同，预赛、半决赛、决赛的“三枪”哪个都不敢掉以轻心，稍有疏忽或所谓状态不佳，便早早淘汰。为何中国选手不能在“三枪”硬战中脱颖而出？比赛数量相对少，特别是参加世界高水平比赛数量少，缺乏过硬考验和经验积累，更缺乏应对频繁比赛的有效训练办法，恐怕是关键所在。即使是国手、名将们，也尚未解决这一难题。

由此看来，十运会成绩绝对不能和奥运会、世锦赛名次相提并论，“相当于”完全不是“等于”。我们只能说，如果搞好了、解决了问题，他们有希望在北京奥运会创造好成绩。但三年攻克多年“顽症”，又谈何容易！

（刊载于《中国体育报》2005年10月21日）

奖品　纪念品

第十届全运会纪念邮票

第十届全运会纪念邮票

友好交流

国际奥委会官员高斯帕：我给十运会开幕式打 11 分

解 说：

10 月 13 日上午，国际奥委会新闻委员会主席、国际奥委会北京奥运会协调委员会副主席、前国际奥委会副主席高斯帕在南京奥体中心接受了新华社记者专访，高斯帕说，今年是他第五次来中国观看全国运动会，每次全运会开幕式给人感觉都不一样，每次都会吸取前一次的经验，但他强调，12 日晚上的开幕式气势更加恢宏。

同 期：

高斯帕

It was spectacular.There was a lot of technology applied to the event last night…

解 说：

高斯帕说，十运会开幕式高科技含量高，尤其是机器人点火的场面真的非常精彩，他相信中国的年轻人肯定特别喜欢。

当记者问到，如果以十分制来算的话，您会给开幕式打多少分的时候，高斯帕回答说，他会给 11 分。

同期：

高斯帕

Probably eleven.It was very,very good.It was…

解 说：

高斯帕说，他觉得十运会开幕式真的太棒了，通常他只有在奥运会上才能看到这么美的开幕式。

刊载于《新华网》2005年10月14日

国家主席胡锦涛会见国际奥委会主席罗格

胡锦涛会见国际奥委会主席罗格

新华社南京10月12日体育专电 国家主席胡锦涛12日晚在南京会见了应邀出席第十届全国运动会的国际奥委会主席罗格。胡锦涛对罗格和其他奥委会官员前来出席十运会表示欢迎，对国际奥委会为促进中国体育事业发展做出的贡献表示感谢。

胡锦涛说，全国运动会是中国范围最大、层次最高的运动会。我们把这次全运会作为北京2008年奥运会前的一次预演，希望通过这次运动会评估中国体育界备战奥运会的情况，切实把筹办奥运会的工作做得更好。欢迎罗格主席提出意见和建议。

胡锦涛强调，在国际奥委会帮助下，北京奥运会的各项筹备工作正在紧张有序地进行。中国政府高度重视并大力支持北京奥运会的筹备工作。我们将认真履行承诺，全力以赴做好各项筹备工作，努力把北京2008年奥运会办成有特色、高水平的奥运会。我们愿意进一步听取国际奥委会的意见，加强同国际奥委会的合作，努力实现世界各国体育界的共同理想。

罗格表示，很高兴再次同胡锦涛见面，对中国邀请他出席十运会表示感谢。他说，国际奥委会同北京奥运会组委会保持着良好的合作关系，为筹办北京2008年奥运会高质量地完成了大量工作。在去年雅典奥运会上，中国运动员取得了很好的成绩。再经过三年努力，中国体育运动的水平必将更进一步。北京举办奥运会，不仅代表着北京，而且代表着整个中华民族，代表着中国给全世界的希望。他表示，相信北京2008年奥运会一定能实现“同一个世界，同一个梦想”。

中共中央政治局候补委员、中央书记处书记、中央办公厅主任王刚，国务委员陈至立等参加了会见。

罗格和部分国际奥委会官员是应国奥委会的邀请专程来华出席第十届全国运动会开幕式的。

（刊载于《中国体育报》2005年10月13日）

十运会赛艇比赛　外籍教练唱主角

本报南京10月14日电　在十运会赛艇比赛的举办地玄武湖畔，各队聘请的十几名外籍教练成为一道独特的风景。在2008年奥运会上，水上运动项目将有13个冲金点，其中有5个将来自赛艇项目。外籍教练的大量拥入，让赛艇项目的家底更为厚实。水上运动管理中心副主任辛群英表示：“外籍教练的先进训练理念对中国赛艇整体实力的提升起到了很大作用。”

本次赛艇比赛的全部16枚金牌被8个省市瓜分，分散程度之广超过往届。其中，广东、上海、福建、河北等摘取金牌的省市均可以看到外籍教练的身影。目前，包括国家赛艇队在内，共有13名外籍教练在华执教。辛群英认为，他们的到来，对缺少国际比赛经验的中国赛艇运动非常有益。尤其在技术的严谨性、训练的合理安排等方面，外籍教练都有其独到之处。辛群英说：“本次全运会的成绩普遍提高，队员的技术以及运用技术的合理性都比4年前进了一大步。”

蒂姆·麦克拉伦曾经在江苏执教两年，现今执掌着澳大利亚队教鞭。他认为中国赛艇的传统训练方法训练量过大，缺少休息的时间，而且恢复手段跟不上，队员容易厌烦，也增大了受伤的可能性。在中国的执教经历给麦克拉伦留下了非常愉快的回忆：“很多中国运动员都非常有潜力，只是需要在训练中加以挖掘。”

福建队的美国教练尚·霍维也认为中国缺少良好的恢复手段，有些运动员在训练和比赛后根本不知道如何放松。此外，他也看到中国选手的技术差异较大，“在多人艇项目上，不仅是福建队，整个中国赛艇界都需要更持久、更统一的技术动作”。

在本次比赛中收获1金1银的河北队聘请了在国家队执教的外籍教练伊格尔，河北省水上运动中心主任刘迎肯定了这位美籍教练的作用，说：“伊格尔抓训练非常细，在技术上有新东西，是一个敬业的教练。我们的队员对他的训练非常认可。”

当然，外籍教练也并非万能。赛艇传统强省河南聘请了荷兰教练，本届十运会没有一金入账；广东女队由罗马尼亚教练执教，4枚金牌却全为男子选手所得。

（刊载于《中国体育报》2005年10月15日）

中华人民共和国
运动会史

卷三
（第十一届——第十三届）

史进　高西广　主编

陕西新华出版传媒集团
三　秦　出　版　社

卷三目录

中华人民共和国
第十一届运动会

2009年

10月16日—10月28日

山 东

简　介

第十一届全运会于2009年10月16日至28日在山东省举行，由国家体育总局和山东省人民政府承办，设游泳（跳水、水球、花样游泳）、射箭、田径、羽毛球、棒球、篮球、拳击、皮划艇（激流回旋）、自行车、马术（速度赛马）、击剑、足球、体操（艺术体操、蹦床）、手球、曲棍球、柔道、现代五项、赛艇、帆船（帆板）、射击、垒球、乒乓球、跆拳道、网球、铁人三项、排球（沙滩排球）、举重、国际式摔跤、速度滑冰、短道速度滑冰、花样滑冰、自由式滑雪、武术（套路、散打）等33个大项、43个分项、362个小项，其中包括28个夏季奥运会项目、4个冬季项目以及武术项目。与2005年十运会相比，增加了1个大项（自由式滑雪）和5个小项（自由式滑雪男子个人、女子个人，女子水球项目，足球男子16岁以下组和女子18岁以下组）。全国各省、区、市和解放军、香港特别行政区、澳门特别行政区、新疆生产建设兵团、行业体协等46个代表团参赛。共产生411枚金牌、396枚银牌、436枚铜牌。

本届运动会上有7人9次创超5项世界纪录，3队12人21次创16项亚洲纪录，5队29人52次创39项全国纪录，5人12次创8项全国青年纪录。

会　徽

十一运会会徽以“和谐中华、活力山东”命名。整体结构创意来源于中国古代文字小篆中繁体“中华”的“华”字；造型语言借鉴中国传统吉祥饰物“四喜人”的手法，共用人形，巧妙地完成了11个运动人形的组合，在点明“第十一届”全国运动会的同时还具有吉祥美好的象征意义；会徽整体图形创意还融合了中国传统纹样“同心结”的概念，寓意此次全运会将是一次“团结、和谐、圆满”的体育盛会。

中华人民共和国运动会会旗

吉祥物

吉祥物“泰山童子”以充满文化、自然内涵和动人传说的泰山为基础，并结合现代体育理念、国泰民安的吉祥寓意进行创作。

“泰山童子”设计将传统与现代元素融入其中，吉祥纹样与五官形象巧妙穿插，石与肢体灵活组合，既有整体概括，又有细节体现；既传达了传统文化内涵，又强调了现代精神风貌。造型独特，简洁大方，生动可爱，积极向上，是“和谐中国、全民全运”概念最为直观的艺术延展。

十一运会体育图标

马术
田径
蹦床
击剑
拳击
帆板
排球
射箭
足球
手球
沙滩排球
武术套路
垒球
自行车
曲棍球
举重
跳水
武术散打
跆拳道
艺术体操
柔道
羽毛球
帆船
自由式滑雪
皮划艇激流回旋
游泳
赛艇
棒球
花样游泳
花样滑冰
体操
乒乓球
射击
网球
铁人三项
速度滑冰
现代五项
篮球
水球
皮划艇静水
摔跤
短道速度滑冰

筹　备

深入开展全民健身运动　不断提高竞技体育水平
努力推动我国由体育大国向体育强国迈进

10月16日，中共中央总书记、国家主席、中央军委主席胡锦涛在济南接见新中国体育发展60年来涌现出的优秀运动员、教练员代表和全国体育先进集体、先进个人代表　　**新华社 发**

新华社济南10月16日电　在第十一届全国运动会即将开幕之际，中共中央总书记、国家主席、中央军委主席胡锦涛16日下午在济南亲切接见了新中国体育发展60年来涌现出的优秀运动员和教练员代表、全国群众体育先进单位和先进个人代表、全国体育系统先进集体和先进工作者代表。

接见大厅里气氛热烈。当胡锦涛等领导同志来到这里，全场掌声雷动。胡锦涛等高兴地同大家热情握手、亲切交谈。

在热烈的掌声中，胡锦涛发表了重要讲话。他代表党中央、国务院、中央军委，向在场的代表们，并向全国体育战线的同志们，致以诚挚的问候和崇高的敬意。

胡锦涛指出，国运盛则体育兴。新中国成立60年来，伴随着共和国波澜壮阔的发展历程，我国体育事业也取得了举世瞩目的辉煌成就。特别是北京奥运会和残奥会成功举办，有力推动了我国体育事业的长足发展，极大激发了中华儿女的爱国热情和民族自豪感。体育战线的同志们为祖国和人民赢得的无上荣光、做出的突出贡献，将永载共和国的史册。

胡锦涛强调，体育是综合国力的重要组成部分，是社会文明的重要标志。他希望体育战线同志们牢记肩负的历史使命，全面贯彻党的体育工作方针，大力弘扬伟大民族精神，深入开展全民健身运动，不断提高竞技体育水平，努力推动我国由体育大国向体育强国迈进，为构建社会主义和谐社会、促进人的全面发展做出更大贡献。

中共中央政治局委员、国务委员刘延东在主持时说，胡锦涛总书记的重要讲话对我国由体育大国向体育强国迈进提出了新的更高要求，给广大体育工作者以极大的鼓舞和鞭策。我们一定要认真学习贯彻胡锦涛总书记的重要讲话精神，为全面推进我国体育事业发展做出新的贡献。

参加会见的领导同志还有刘云山、王沪宁、李建国、林文漪和李继耐等。

（刊载于《中国体育报》2009年10月17日）

刘延东：全力做好全运会各项筹备工作
在思想解放中开拓我国体育事业发展新路子
创造体育事业发展新辉煌

本报济南9月22日电 中共中央政治局委员、国务委员刘延东今天在济南听取第十一届全运会筹备工作汇报，她结合全运会各项筹备工作，就体育事业的发展，明确指出要在解放思想中开拓我国体育事业发展新路子，创造体育事业发展新辉煌。

刘延东充分肯定了山东省委、省政府和国家体育总局十一运会组织筹备工作取得的成绩。她说，山东省委、省政府围绕“和谐中国，全民全运”这一主题，以“创一流水平，促和谐发展”为目标，举全省之力，集全民之智，努力做好各项筹备工作。国家体育总局在积极指导和主动配合山东省做好第十一届全运会的运动竞赛等各项筹备工作的基础上，高度重视并切实抓好赛风赛纪和反兴奋剂工作，决心坚定，责任到位，措施得力，不断加强运动员思想教育和道德作风建设，为确保运动员干干净净参加比赛，做了大量的前期工作，取得了明显的成效。全运会前期的各项筹备工作进展顺利，部署周密，取得了阶段性的重要成果。

刘延东说，中国体育60年的辉煌成就，是中华民族奋发图强、努力实现伟大复兴的历史写照，国家和人民对体育工作取得的成绩以及在当代社会中的作用和地位给予了高度肯定，这既是全国体育工作者和社会各界的光荣和骄傲，也是体育事业发展新的起点，也意味着新的责任和要求。

刘延东结合即将开幕的全运会和体育事业发展，讲了几点意见。她说要全力以赴做好第十一届全运会各项筹备工作，办一届人民群众满意，文明、精彩、祥和、成功的体育盛会。

她指出，首先要充分认识全运会在我国社会发展和体育事业中的重要地位和作用，四年一度的全国运动会已经发展成为国家社会生活中的一件大事。对于全运会，在国家领导人关心、全国人民关注下，影响越来越大。全运会是中国特色的体育体制的重要内容，在振奋民族精神，增强社会凝聚力，丰富人民群众精神文化生活，提升社会文明程度，促进社会和谐等方面，全运会日益彰显出重要的社会功能和价值。

刘延东说，第十一届全运会即将开幕，恰逢新中国成立60周年，全运会举办50周年，是北京奥运会后国内举办的水平最高、规模最大的综合性体育大赛。成功举办第十一届全运会，是山东省和全国体育系统学习实践科学发展观、贯彻落实胡锦涛总书记去年9月29日重要讲话精神的一次生动而具体的实践，大家一定要从国家大局出发，进一步统一思想，提高认识，明确责任；全力以赴做好各项工作。这些工作主要包括：一是要精心组织好最后阶段的筹备工作。二是要认真抓好赛风赛纪和反兴奋剂工作。三是要对安全工作和宣传工作给予高度重视。四是要唱响“和谐中国、全民全运”的主题，促进全民健身运动广泛开展，努力把全运会办成“体育的盛会，人民的节日”。

刘延东强调要深入学习实践科学发展观，努力推动我国由体育大国向体育强国迈进。她说，我国体育事业发展已站到新的起点上。总书记去年9月29日在北京奥运会、残奥会总结表彰大会上发表了重要讲话，系统地论述了体育工作，对我国体育事业发展提出了由体育大国向体育强国迈进的新目标、新要求，为我国体育发展指明了方向，大家一定要认真学习，积极思考，深刻领会。在当前和今后相当长一个阶段，在解放思想中开拓我国体育事业发展的新路子，创造体育事业发展新辉煌，当前和今后一个时期，要从以下几个方面做好体育工作。

首先，要继续大力开展全民健身运动。我们要以《全民健身条例》的颁布实施为契机，把全民健身事业纳入各级政府国民经济和社会发展规划，把全民健身所需经费列入本级财政预算，加强全民健身宣传，加大公共体育设施建设力度，使群众性体育活动得到更加有力的保障。

同时，要进一步提高竞技体育水平。要在坚持和完善举国体制、保持我国竞技体育特点和优势的基础上，不断完善竞技体育发展的目标、方向、布局和策略，来推动竞技体育内部各门类的发展。

要大力发展体育产业，探索中国特色体育产业发展模式，壮大我国体育产业规模和整体实力。

要深化体育国际交流，拓宽体育对外交流广度和深度，创新内容，承办和参与重大体育赛事，为提升国家软实力做出贡献。

（刊载于《中国体育报》2009年9月23日）

第十一届全运会筹备时间表

● 2004年2月11日，山东省成立申办十一届全运会领导小组。

● 2004年10月15日，山东省政府正式向国家体育总局递交申办报告。

● 2004年12月上旬，国家体育总局组成考察组，对山东省体育设施和筹备工作情况进行了全面考察。

● 2005年2月25日，国务院办公厅复函国家体育总局，同意山东省承办2009年十一届全运会。

● 2005年7月19日，十一届全运会山东省筹委会成立。

● 2005年8月18日，十一运会山东省筹委会第一次会议召开，标志山东省承办十一运会工作正式启动。

● 2005年10月23日，在十运会闭幕式上，时任山东省省长韩寓群从国家体育总局局长刘鹏手中接过了全运会会旗，标志全运会的接力棒正式交到了山东人民手中。

● 2006年5月28日，济南奥体中心正式开工建设，标志十一运会场馆建设全面启动。

● 2006年10月26日，第十一届全国运动会组织委员会成立大会暨第十一届全运会组委会揭牌仪式在济南山东大厦举行。

● 2007年6月27日，济南奥体中心体育场主体正式封顶。

● 2007年7月3日，组委会第二次会议在济南召开，部署下阶段工作任务，调整充实组委会人员。

● 2007年10月10日，十一运会官方网站正式开通。

全运会火炬

吉祥物“泰山童子”

● 2007 年 10 月 11 日，十一运会倒计时两周年庆祝活动在山东全省 17 市中心广场同时举行。

● 2007 年 11 月 18 日，十一运会徽“和谐中华、活力山东”揭晓。

● 2008 年 10 月 11 日，十一运会倒计时一周年庆祝活动在济南泉城广场举行。同时，志愿者招募工作正式启动。

● 2008 年 10 月 14 日，十一运会吉祥物“泰山童子”和主题口号“和谐中国、全民全运”正式揭晓。

● 2008 年 10 月 15 日，十一运会组委会第三次会议在济南召开，公布了组委会有关人员调整意见和各项目竞委会主要成员名单，总结了十一运会前段筹备进展情况，安排了下一步工作。

● 2008 年 12 月 18 日，十一运会奖牌“璇宝”在北京正式亮相。

● 2008 年 12 月 23 日，十一运会开闭幕式创作团队主创人员向山东省和国家体育总局主要领导汇报了方案创作情况。

● 2009 年 1 月 2 日，在先期举行的十一运短道速滑女子短距离全能比赛中，十一运会首枚金牌产生。

● 2009 年 3 月 30 日，山东省委、省政府召开迎全运动员誓师大会。

● 2009 年 4 月 28 日，十一运会火炬“如意”在济南正式公布。

● 2009 年 10 月 16 日至 28 日，中华人民共和国第十一届运动会在山东省成功举办。

火炬传递活动

山东济南奥体中心

全运史上首个“全运村”为运动员记者营造“家的温馨”

在山东济南奥体中心的两侧，64栋暖色系建筑依着山势，高低错落，形成一道壮观风景。这些大型楼盘，正是第十一届全运会的运动员和媒体记者之家——全运村。绿意盎然的庭院式小区，崭新舒适的居家环境，宽敞明亮的千人餐厅……全运会历史上第一个全运村就这样呈现在人们面前。

全运村多项指标参照奥运标准

十一运全运村占地21万平方米，总建筑面积53万平方米，共有64栋公寓楼，2300套单元房，11000余张床位，由运动员村和媒体记者村两大部分组成。其中运动员村预计容纳8000人，媒体村预计容纳3000人左右。据悉，这个超大规模的全国首个全运村，多项指标参照奥运标准，公寓内的所有家具均来自北京奥运村。

北京奥运村有42栋楼，可容纳6000人到8000人入住，而全运村有64栋楼，可入住的总人数达到1.1万。此外，拥有4000多个座位的运动员餐厅可以说是国内最大的餐厅了。

记者看到，运动员公寓的房间内铺着地毯，环境整洁，装修简约大方。每间卧房都配备电视，并有无线电网络覆盖。全运会期间，整个村内将实行酒店式管理服务，每天都会有清洁人员负责房间卫生。

“全运村的床、衣橱、床头柜、书桌、座椅都是奥运产品。”常务副部长靳磊表示，奥运结束后拍卖奥运家具时，全运村建设方专门前往北京将这些家具买下来，拉到济南循环使用。

运动员村餐厅面积达15000平方米，餐位有4000多个。记者了解到，组委会精选了8套普通食谱和清真食谱，每8天一个循环，菜品突出鲁菜特色，同时兼顾全国各地风味。另外为了确保食品安全，餐厅使用的原材料都是定点供应，在采购、运输、储存、加工、回收等环节都严格按照相关标准进行操作。

记者了解到，为丰富入住人员的精神文化生活，开村运营期间，运动员村每天晚上都将安排文化娱乐活动，媒体村也将在记者吧中适当安排一些文艺活动。

媒体村兼具家的舒适和酒店的服务

十一运媒体村位于全运村的南端，共有31座公寓楼，68个单元，638套公寓房，3280个床位，媒体村里完全是欧式风格，环境优美。在媒体村，大约有2000名志愿者进行服务，这里的房间服务都按照三星级酒店标准进行。

媒体村每套公寓面积都在120平方米以上，

通常是三室两厅两卫，每套公寓住5至7人。在公寓里，沙发、液晶电视、空调、冰箱、洗衣机等设施一应俱全。每个房间都有网络端口，村里的3G网络也已全部覆盖。“要给记者以家的感觉。”媒体村常务副村长张立中表示。

媒体村餐厅可满足1500人同时就餐，而且菜品也非常丰富，以鲁菜为主，兼顾川菜、粤菜、徽菜、淮扬菜等7个菜系的代表菜品，有3000个品种，保证每天不重样。同时，有针对性地选用东北、上海、山西等全国各地风味名优小吃，满足不同地区记者的需求，像“兰州拉面”这样的名小吃，都有专门的窗口负责供应。媒体村餐厅分早、中、晚、宵夜4个时段供给。

运动员村和媒体村均设有商业街，可提供超市购物、银行、票务、邮政、就医等服务。村内配有电瓶摆渡车，媒体记者可免费乘坐。

记者走进一家购物超市，看到超市内商品琳琅满目，品种达到数百种。主办方特意精心准备了大量来自山东各地的特产，从东阿阿胶、周村烧饼、德州扒鸡到各种时令水果一应俱全。在水果专柜，摆着又大又红的烟台苹果、水灵灵的莱阳梨、青翠的潍坊萝卜、红艳艳的济南石榴……

（刊载于《中国体育报》2009年9月29日）

全运村开村

本报济南9月28日电 第十一届全运会全运村今天下午正式开村，山东省委副书记、省长姜大明，省委副书记刘伟，省委常委、济南市委书记焉荣竹，济南市市长张建国等领导同志出席开村仪式并为全运村剪彩。上午，全运村还隆重举行了升旗仪式，各服务团队代表近千人参加了升旗仪式。

十一运会全运村在我国全运会历史上是首次设立，全运村包括运动员村和媒体村两部分，总占地面积21万平方米，总建筑面积53万平方米，共有64幢公寓楼、2300多套单元房，11000余张床位，将在全运会期间接待8000名运动员和近3000名记者。

全运村的房间设施按照一般酒店标准配置，参照三星级宾馆标准为入住人员提供客房服务。分别由银座泉城大酒店、东方大厦、省旅游职业学院、舜耕山庄和吉华大厦负责运营。

餐饮方面，全运村分别设有运动员餐厅和媒体餐厅，两个餐厅的运营单位制定了8套普通食谱和清真食谱，每隔一天轮番推出。

为搞好全运村的商业服务，运动员村和媒体村都设有商业街，可提供超市购物、美容美发、洗衣、花店、银行、邮政、票务等服务，同时设有诊所。全运村共设有3个停车场，总面积达7.4万平方米。运动员村内设有两条公交环线，媒体村内设有电动摆渡车。济南市还专为全运村开通了三条市内公交线路。

全运村周边群山环抱，气候宜人，运动员村和媒体村采取了不同的建筑风格，村内花团锦簇，亭台水榭点缀其中，颇具欧陆风情。两村距奥体中心不足两公里，交通十分方便。

（刊载于《中国体育报》2009年9月29日）

开 幕 式

欢 迎 辞

姜异康

尊敬的胡锦涛主席，

尊敬的国际奥委会主席罗格先生，

各位领导，各位来宾，同志们，朋友们：

在全国各族人民热烈庆祝新中国成立60周年的大喜日子里，第十一届全国运动会将在这里隆重开幕。我谨代表中共山东省委、山东省人民政府和全省9400万人民，向出席第十一届全运会开幕式的中共中央总书记、国家主席、中央军委主席胡锦涛同志，国际奥委会主席罗格先生，党和国家以及有关部门领导同志，国际奥委会委员，国际体育组织官员，向各兄弟省区市和香港特别行政区、澳门特别行政区、解放军，各行业企业的领导，台湾同胞，海外侨胞，国际友人，向来自全国各地的运动员、教练员和体育工作先进集体、先进个人代表，向各位来宾、各位朋友表示崇高的敬意和热烈的欢迎。

第十一届全运会是北京奥运会后我国体育运动成就的又一次集中展示，这一次全运会在山东举办，全省人民倍受鼓舞。在党中央、国务院的正确领导下，在全国人民的大力支持下，十一届全运会各项筹备工作已全部就绪，山东将全力为参赛体育健儿创造良好环境，提供优质服务。我们真诚企盼各位运动员取得优异成绩，衷心祝愿各位来宾生活愉快。全省人民将更加紧密地团结在以胡锦涛同志为总书记的党中央周围，高举中国特色社会主义伟大旗帜，深入贯彻落实科学发展观，以举办全运会为契机，加快推进经济文化强省建设，创造更加美好的新生活。祝第十一届全运会圆满成功。

开 幕 词

刘 鹏

尊敬的胡锦涛主席，

尊敬的国际奥委会主席罗格先生，

尊敬的各位来宾、同志们、朋友们：

在全国人民隆重庆祝新中国60华诞的喜庆中，今晚，山川秀丽、历史悠久、文化灿烂的齐鲁大地热情地迎来了第十一届全运会的开幕盛典，我代表第十一届全运会组委会和国家体育总局向各位运动员、教练员、裁判员表示热烈的欢迎，向出席开幕式的国内外嘉宾、港澳同胞、台湾同胞、海外侨胞表示热烈的欢迎，向为举办全运会做出巨大贡献的山东省委、省政府和全省人民表示的衷心感谢，向为筹办全运会辛勤努力工作的工作人员和无私奉献的志愿人员表示崇高的敬意。

50年前，党和国家决定在北京举办了首届全运会。50年来，党中央、国务院对全运

开幕式夜景

会高度重视，四年一度的全运会已经成为全国人民生活中的一件大事。运动会不仅促进了我国体育事业的发展进步，也对国家经济社会协调发展做出了积极贡献，在振奋民族精神、增强社会凝聚力、丰富人民群众文化生活、提升社会文明程度、促进社会和谐等方面日益彰显重要的社会功能和价值。成功举办本届全运会是深入贯彻科学发展观，全面落实胡锦涛主席在北京奥运会、残奥会总结表彰大会重要讲话的重要实践，是新中国成立60年辉煌成就的集中展示，必将推动全民健身活动和竞技体育等各项体育事业的蓬勃发展。

再此，衷心祝愿全体运动员顽强拼搏，赛出风格，赛出水平，以良好的精神风貌，优异的运动成绩，以一届文明、精彩、祥和、成功的全运会向新中国60华诞献礼。和谐的中国，全民全运，让我们紧密团结在以胡锦涛为总书记的党中央周围，高举中国特色社会主义的伟大旗帜，全面落实党的十七大精神，坚定不移地落实科学发展观，不辜负人民的信任和期望，努力推动体育大国向体育强国迈进，为发展体育运动，增强人民体质，创造新的辉煌，为中华民族伟大复兴谱写新的篇章！

我们荣幸地邀请中共中央总书记、国家主席、中央军委主席胡锦涛同志，宣布中华人民共和国第十一届运动会开幕。

第十一届全运会今日开幕

开幕式升国旗、会旗仪式

北京奥运会后我国举办的规格最高、规模最大的体育赛事——中华人民共和国第十一届运动会10月16日在山东济南正式拉开帷幕。

本届运动会共设33个大项（包括28个夏季奥运会项目、武术和4个冬季项目），362个小项。来自全国各省、市、区，解放军、新疆生产建设兵团，香港、澳门特别行政区以及行业体育协会的46个代表团报名参加。

从今年年初开始，冬季项目决赛和夏季项目预赛陆续展开。来自各个参赛单位的15133名运动员参加了各项目预赛，共有10991名运动员进入决赛（与夏季奥运会规模相当）。本届全运会国家体育总局共派出裁判员2257人，东道主山东派出辅助裁判1249人，另外有12个项目还聘请外籍裁判员58人，共计3564人。加上随队官员、竞赛组织人员、新闻记者等，运动会的总规模将达到40000人。

截至10月15日，共决出104个小项的金牌。从10月15日开始到10月28日的决赛期内，全运会将进行25个大项（完整大项是17个）、258个小项的比赛。

本届全运会在办赛理念上，唱响了“和谐中国、全民全运”的主题口号。这届体现“全民全运”理念的盛会，一大“亮点”是全民健身与竞技体育并重。在筹办十一运会过程中，城乡全民健身工程投资近50亿元，实现了全民健身设施大跨越。在做好129个比赛和训练场馆建设的同时，规划建设了881项城市全民健身工程和3.2万个农民体育健身工程，基本形成了沿海、沿黄河历史文化三条全民健身特色带。

在办赛模式上，山东实行了“举省办全运”的开放式办赛模式，突出体现了全省参与、共享全运

火炬点燃

的特点，即实行以省会济南为主赛区、其他16个城市为分赛区、全省共同承办的办赛模式，让全省各地共享发展机遇，让全省人民共享发展成果。

在办赛创新上，本届全运会首建我国全运会历史上第一个全运村。这里有中国最大的宾馆集群，包括运动员村和媒体村，总建筑面积52万平方米，建有64栋公寓楼2300多套单元房，按一般酒店配置床位11103个。

国旗、会旗入场

文艺表演

开幕式夜景

开幕式现场

文艺表演

组织机构

组委会人员名单

主　　　任：	刘　鹏				
执行主任：	姜大明				
副　主　任：	胡家燕	于再清	段世杰	王　钧	杨树安
	冯建中	崔大林	蔡振华	吴　齐	晓　敏
	李　群	鲁建华	张建国	夏　耕	张宝明
	吴鹏飞				
常务副秘书长：	倪会忠	郭建军	张万青	司安民	张洪涛
副秘书长：	张海峰	于建修	于　刚	高玉清	张传亭
	韩金峰	张忠明	亢清泉	般鲁谦	
委　　　员：	盛志国	潘志琛	刘扶民	张　剑	史康成
	宋鲁增	蒋志学	刘光春	阎利生	赵化娟
	赵　黎	杜利军	刘汉俊	王维新	傅绍万
	伊戈扬	王　磊	翟黎明	费云良	郭述禹
	齐涛法	进　衍	尹慧敏	董国勋	徐景颜
	杨焕彩	贾学英	吕在模	孙志恒	包文辉
	左　敏	张伟龄	刘富春	谭成义	于希信
	刘长允	叶国雄	张松林	李　政	丁艳菊
	刘　明	王延奎	高金业	王嗣华	徐大义
	隋拥军	李华理	李　民	于　冲	孟庆秀
	陈　充	张奎明	王　琳	胡金木	武新民
	湖　涛	林乐虎	邢　强	陈新洲	巴　伟
	瞿建明	南　平	韩君王	同　洲	冯　刚
	霍海峰	汤　淇	李秀川	杨子强	周清利
	陈　伟	张建华	张江汀	许立全	张振川
	李洪峰	孙述涛	赵效为	马平昌	张少军
	吴翠云	林峰海	张光峰	刘士合	

纪律检查委员会

主　任：吴　齐

副主任：王维新　郭建军　刘扶民　张　剑　史康成　蒋志学　刘光春　阎利生

委　员：冯少军　秦小宝　赵英刚　高志丹　蔡家东　韦　迪　马文广　常建平　杜兆才　李　桦　罗超毅　雷　军　信兰成　徐　利　刘凤岩　孙晋芳　高小军　马继龙　王凯祥　李建军　王嗣华

各代表团团长副团长名单

解放军代表团

团　长：黎国如

副团长：宋　晶　陈应表　张西凌　陈宏林　张跃进　钱利民　曹晓明　田晓军

北京市代表团

团　长：刘敬民

副团长：孙康林　侯玉兰　孙学才　牛德成　胡　蓉

天津市代表团

团　长：孙俊芳

副团长：韩振铎　刘凤山　殷向杰　谢德龙　刘树华　王　欢　王　敏　黄维勉

河北省代表团

团　长：孙士彬

副团长：聂瑞平　李同亮　张建新　杨静之　董德良　范国珍

山西省代表团

团　长：张　平

副团长：郭慧民　苏亚君　杨凤楼　王　荣　李振生　郝晓峰　李世杰

内蒙古自治区代表团

团　长：刘新乐

副团长：石　梅　杨　玺　李志友　刘义胜　毕立夫　李　远　高　忱

辽宁省代表团

团　长：滕卫平

副团长：马祥图　孙永言　于晓光　宋　凯　徐　汉　刘　征　张　钊　刘凤鸣

吉林省代表团

团　长：陈晓光

副团长：赵锋佩　张秋甫　宋海友　王言辉　王庆森　厉达岭

黑龙江省代表团

团　长：程幼东

副团长：衣恩普　郭铭玉　张力军　李　峰

上海市代表团

团　长：赵　雯

副团长：于　晨　陈一平　刘建胜　韩秀荣　郭　蓓　叶蓓伦　黄卫方　杨培刚

江苏省代表团

团　长：曹卫星

副团长：殷宝林　唐　建　华洪兴　江建平　周　旭　杨国庆　张　雄　舒建平

浙江省代表团

团　长：郑继伟

副团长：马林云　李云林　鲍学军　朱忠明　应祖明　翟晓翔　崔胜芝　李建设

安徽省代表团

团　长：谢广祥

副团长：冯　潮　徐晓明　张武扬　陈海军　高维岭　丁自勉　许广全

福建省代表团

团　长：陈　桦

副团长：徐正国　杨文科　廖延辉　毛武夷　李　强　林泽民　陈忠和　陈圣平

江西省代表团

团　长：谢　茹

副团长：刘　鹰　晏驹腾　李小平　陈东有　胡开志　周海涛　林　军

山东省代表团

团　长：

副团长：张洪涛　司安民　张松林　李　政　丁艳菊　刘　明　王嗣华　王　毅

河南省代表团

团　长：孔玉芳

副团长：李建庄　韩时英　彭德胜　钱国玉　刘世东　王　鹏　蒋承顺　毛　宏

湖北省代表团

团　长：张岱梨

副团长：李元江　李建明　刘顺妮　章　进　孙义良　林晓华　崔益同　罗明福

湖南省代表团

团　长：甘　霖

副团长：袁建尧　李友志　李　舜　陈正湘　李　贵　熊　倪　曹任远　杨再辉

广东省代表团

团　长：林木声

副团长：罗　欧　杨洒军　叶细权　田新德　蔡伟雄　王禹平　陈润森　招少鸣

广西壮族自治区代表团

团　长：李　康

副团长：容小宁　岑汉康　吴数德　冼祖云　张冬梅　吴海琴　范世祥

海南省代表团

团　长：林方略

副团长：王扬俊　范晓军　吕　勇　王炳林　陈亚俊

重庆市代表团

团　长：谢小军

副团长：张明树　吴建华　王　霓　张　欣

四川省代表团

团　长：陈文华

副团长：朱　玲　黄锦生　叶　壮　陈　伟　刘　践　温　建　张荣伟
罗冬灵

贵州省代表团

团　长：谢庆生

副团长：蔡国祥　刘　尚　王文阳　周晓云　秦志浩　李小萍

云南省代表团

团　长：高　峰

副团长：卫　星　查大林　李锡康　鲁继明　赵建军　沈俊镔　张　俊

西藏自治区代表团

团　长：甲热·洛桑丹增

副团长：王维杰　德吉卓嘎

陕西省代表团

团　长：郑小明

副团长：孟建国　李明华　姚金荣　支希贤　任贤良　吴长龄　孙润生
丁云祥

甘肃省代表团

团　长：郝　远

副团长：杨　卫　张　翀　马成洋　李发昌　李　堋　石生泰　马赛敏

王群年

青海省代表团

团　长：吉狄马加

副团长：冯建平　王胜德　夏学平　郭玉京

宁夏回族自治区代表团

团　长：

副团长：马汉文　王　政　马闽霞　董赛平　魏　莉

新疆维吾尔自治区代表团

团　长：铁力瓦尔地·阿不都热西提

副团长：李春阳　李光明　买买提·司地克　聂　春

李西林　阿扎提·吐尔逊　佟立新

香港特别行政区代表团

团　长：曾德成

副团长：彭　冲　梁美莉　周冠华　张维李　蔡咏军　罗皓妍

澳门特别行政区代表团

团　长：黄有力

副团长：戴祖義　潘永權

新疆生产建设兵团代表团

团　长：宋建业

副团长：高继宏

火车头体协代表团

团　长：国一民

副团长：徐长安　唐　巍　王瑞江　姜甫宁　王忠义

金融体协代表团

团　长：刘承萱

副团长：翟晓华

煤矿体协代表团

团　长：王显政

副团长：赵岸青　　苗久合　　王　宏　　倪政新　　宋　国

前卫体协代表团

团　长：崔景龙

副团长：孙杭南　　张补旺　　刘正品

林业体协代表团

团　长：张建龙

副团长：蔡延松　　谭光明　　刘玉来

通信体协代表团

团　长：张立贵

副团长：石　霞

航天体协代表团

团　长：方向明

副团长：

航空体协代表团

团　长：高建设

副团长：刘洪德　　蔡二雨　　张继滨

冶金体协代表团

团　长：霍光来

副团长：曾祥伒

水利江河代表团

团　长：张印忠

副团长：袁存礼

电力体协代表团

团　长：孙玉才

竞赛规程规则

竞赛规程总则

举办第十一届全国运动会是为了进一步促进我国群众体育和竞技体育协调发展，展示我国改革开放三十年来的丰硕成果，为社会主义经济建设服务。运动会要坚持贯彻落实科学发展观，本着团结协作、统筹协调、科学规范、节俭效能的原则，赛出风格、赛出水平，努力办成隆重、热烈、精彩、和谐的高水平体育盛会，为我国体育事业的发展和全面建设小康社会、构建社会主义和谐社会做出积极的贡献。

一、竞赛日期和地点

2009 年 10 月 16 日至 28 日在山东省举行。

二、竞赛项目

游泳（跳水、水球、花样游泳）、射箭、田径、羽毛球、棒球、篮球、拳击、皮划艇（激流回旋）、自行车、马术（速度赛马）、击剑、足球、体操（艺术体操、蹦床）、手球、曲棍球、柔道、现代五项、赛艇、帆船（帆板）、射击、垒球、乒乓球、跆拳道、网球、铁人三项、排球（沙滩排球）、举重、国际式摔跤、速度滑冰、短道速度滑冰、花样滑冰、自由式滑雪、武术（套路、散打）。

各竞赛项目的小项设置按照国家体育总局统一审定的各项目竞赛规程规定执行：足球项目设置男女各个年龄组别：男子 20 岁以下组、男子 16 岁以下组；女子成年组、女子 18 岁以下组。

三、参加单位

中国人民解放军、北京市、天津市、河北省、山西省、内蒙古自治区、辽宁省、吉林省、黑龙江省、上海市、江苏省、浙江省、安徽省、福建省、江西省、山东省、河南省、湖北省、湖南省、广东省、广西壮族自治区、海南省、重庆市、四川省、贵州省、云南省、西藏自治区、陕西省、甘肃省、青海省、宁夏回族自治区、新疆维吾尔自治区、香港特别行政区、澳门特别行政区、台湾省、新疆生产建设兵团、火车头体育协会、金融体育协会、煤矿体育协会、前卫体育协会、林业体育协会、通信体育协会、航天体育协会、航空体育协会、冶金体育协会、水利江河体育协会、电力体育协会。

四、运动员资格

（一）中华人民共和国公民。

（二）经医务部门检查证明身体健康合格。

（三）运动员注册规定。

1.各代表团运动员必须按照《全国运动员注册与交流管理办法（试行）》（体竞字〔2003〕82号）和国家体育总局网络注册系统的规定进行注册，获得国家体育总局颁发的“全国体育竞赛运动员注册证”，并参加2008年度和2009年度全国比赛或国际比赛方可参加第十一届全国运动会的比赛。

2.运动员第十一届全国运动会的代表资格以2008年度注册期内注册的代表单位为准。

3.经国家体育总局批准的第六届全国城市运动会第二批交流运动员（详见体竞字〔2007〕5号），可按照协议的规定，在2009年度注册期确定第十一届全国运动会的代表单位。

4.各代表团须按照《全国运动员注册与交流管理办法（试行）》的规定办理第十一届全国运动会双重注册运动员手续，并于2007年6月30日前将双重注册协议一式五份，分别报送国家体育总局竞技体育司（一份）和国家体育总局相关运动项目管理中心（四份）。经审核，国家体育总局正式公布第十一届全国运动会双重注册运动员名单，各代表团依据双重注册运动员名单和相关注册要求办理具体注册手续。

5.足球（男子16岁以下组、女子18岁以下组）运动员的有关注册资格规定另行通知。

（四）运动员交流规定：

1.以运动员2007年度注册期注册的代表单位为依据，凡是改变代表单位参加第十一届全国运动会的，均按照第十一届全国运动会交流运动员对待。

2.经国家体育总局批准的第十届全国运动会交流运动员（详见体竞字〔2005〕162号）和第六届全国城市运动会交流运动员，根据协议规定返回原单位注册的，不按第十一届全国运动会交流运动员对待。

3.第十届全国运动会交流运动员必须符合《全国运动员注册与交流管理办法（试行）》和第十一届全国运动会各项目竞赛规程的规定。同时还要符合以下规定：

（1）2002年1月1日至2006年12月31日期间，凡获得过各项目奥运会、世界锦标赛、世界杯总决赛、全国运动会、全国锦标赛、全国冠军赛或总决赛（没有全国锦标赛或全国冠军赛名称的项目，可视各项目不同情况由国家体育总局相关运动项目管理中心确定相同级别的比赛名称，下同）前8名（含第8名）的运动员不能进行交流；其他运动员可以进行交流，但不能实行协议计分。

（2）速度滑冰、短道速度滑冰、花样滑冰、自由式滑雪项目的运动员交流不受上述条款中名次的限制，并且可以实行协议计分，协议计分的方式只能是协议双方单位各按运动员所获名次的奖牌和分数的50%进行统计。

（3）在跳水、花样游泳、拳击、击剑、体操、艺术体操、蹦床、柔道、帆船、帆板、跆拳道、国际式摔跤、武术套路、武术散打项目上，同一个单位同一个项目只能与另外一个单位进行运动员交流（无论是引进运动员还是输出运动员，都视为是运动员交流）。

4. 各代表团须按照《全国运动员注册与交流管理办法（试行）》的规定办理运动员交流手续，并于 2007 年 6 月 30 日前将双方协议（交流期限开始时间必须是 2007 年 12 月 1 日或以后，交流年限应不少于 2 年）一式五份，分别报送国家体育总局竞技体育司（一份）和国家体育总局相关运动项目管理中心（四份）。经审核，国家体育总局正式公布第十一届全国运动会运动员交流名单，各代表团依据交流名单和相关注册要求办理具体注册手续。

（五）在 2008 年度和 2009 年度注册期，凡运动员以“中止协议”或“退役”等形式变更注册单位的，原则上不能参加第十一届全国运动会的比赛。

（六）符合下列全部条件的西部地区的运动员可以进行协议计分，协议计分的方式只能是协议双方单位各按运动员所获名次的奖牌和分数的 50% 进行统计。

1. 运动员必须是西部地区的，即在国家体育总局相关运动项目管理中心首次注册在西部地区的某一单位。西部地区是指内蒙古自治区、广西壮族自治区、重庆市、四川省、云南省、贵州省、西藏自治区、陕西省、甘肃省、青海省、宁夏回族自治区、新疆维吾尔自治区、新疆生产建设兵团 13 个单位；

2. 运动员第一届全国运动会的代表单位也必须是首次注册的同一单位；

3.2002 年 1 月 1 日至 2006 年 12 月 31 日期间，凡获得过跳水、花样游泳、拳击、击剑、体操、艺术体操、蹦床、柔道、帆船、帆板、跆拳道、国际式摔跤、武术套路、武术散打项目奥运会、世界锦标赛、世界杯总决赛、全国运动会、全国锦标赛、全国冠军赛或总决赛前 3 名（含第 3 名）的运动员不能签订运动员联合培养协议：

4. 在跳水、花样游泳、拳击、击剑、体操、艺术体操、蹦床、柔道、帆船、帆板、跆拳道、国际式摔跤、武术套路、武术散打项目上，西部地区的同一个单位同一个项目只能与另外一个单位签订运动员联合培养协议；

5.2007 年 6 月 30 日前，西部地区的单位须向国家体育总局报送运动员联合培养协议，并且要明确协议计分；

6. 西部地区每个单位实行协议计分的项目不超过 5 个大项。

（七）解放军运动员实行两次计分规定：

1. 第九届全国运动会和第十届全国运动会上已经实行两次计分的解放军运动员，在第十一届全国运动会上继续实行两次计分。各代表团须于 2007 年 6 月 30 日前填写《第十一届全国运动会两次计分运动员备案表》上报国家体育总局备案。

2. 除上述条款外，在第十一届全国运动会上实行两次计分的解放军运动员必须是 2007 年 6 月 30 日以前入伍（首次入伍，下同）；并且在入伍前，凡获得过各项目奥运会、世界锦标赛、世界杯总决赛、全国运动会、全国锦标赛、全国冠军赛或总决赛前 8 名（含 8 名）的运动员，都不能实行两次计分；其他运动员入伍后可以实行两次计分。各代表团须于 2007 年 6 月 30 日前将《第十一届全国运动会两次计分运动员申报汇总表》《第十一届全国运动会两次计分运动员申报表》以及运动员入伍证明复印件报国家体育总局审批。

3. 运动员两次或两次以上入伍，该运动员不能在同一项目上实行两次计分。

（八）实行两次计分的解放军运动员（拳击、击剑、柔道、跆拳道、国际式摔跤、武术散打项目运动员除外）在解放军同意的前提下，可代表运动员原输送单位参加第十一届全国运动会预、决赛。但取得成绩只计给原输送单位，不再实行两次计分。解放军体育部门须于各项目第十一届全国运动会预赛前 30 天（不举行预赛的项目在 2009 年 9 月 11 日前）将运动员代表原输送单位报名参赛的同意函报国家体育总局审批，逾期将不予受理。

（九）预赛、决赛报名时，同一名领队、教练员等官员只能代表一个代表团进行报名。

（十）不参加国家指派的出访和备战奥运会集训任务的运动员，国家体育总局根据实际情况可以取消其参加第十一届全国运动会的资格。

（十一）为维护决赛竞赛编排的严肃性和权威性，国家体育总局接受举报运动员资格问题（须提交详细的举报和证明材料）的截止时间为各项目第十一届全国运动会预赛结束后的一周内（不举行预赛的项目在 2009 年 9 月 11 日前），逾期一律不再受理。

五、参加办法

（一）各代表团参加比赛的运动队人数和各项目直接参加决赛阶段的人数按照各项目竞赛规程有关规定执行。

（二）山东省可以直接参加足球、篮球、排球（不含沙滩排球）、手球、曲棍球、棒球、垒球、水球项目决赛阶段的比赛。

（三）凡被选派参加亚洲和世界重大比赛的运动员，比赛时间与该项目预赛有冲突的，经国家体育总局批准后，运动员方可以直接参加决赛阶段的比赛。

（四）各代表团团部工作人员（含团长、副团长）数量规定：凡参加决赛运动员总数（不包含第十一届全国运动会开幕前决赛已经结束项目的运动员人数，下同）在 4 人（含 4 人）以下的代表团，工作人员人数不超过运动员人数；运动员总数在 5 人至 50 人的，可报工作人员 5 人；运动员总数在 51 人至 100 人之间的，运动员每超过 10 人（尾数不足 10 人的，按四舍五入的方法计算），可增加 1 名工作人员；运动员总数在 101 人以上的，运动员每超过 15 人（尾数不足 15 人的，按七舍八入的方法计算），可增加 1 名工作人员。

各代表团团长、副团长数量规定：运动员总数在 4 人（含 4 人）以下的代表团，可报团长 1 人；5 人至 50 人（含 50 人）的，可报团长 1 人，副团长 1 人；51 人至 100 人（含 100 人）的，可报团长 1 人，副团长 1—2 人；101 人至 200 人的，可报团长 1 人，副团长 1—3 人；201 人以上的，可报团长 1 人，副团长 1—4 人。此外，如各代表团工作需要，可另外增设副团长 1—4 人，不占代表团团部工作人员比例，一切费用自理。

如某代表团的运动员都没有取得决赛资格，则其可以报名团长参加。

六、竞赛办法

（一）执行由国际各单项体育组织或全国各单项体育协会审定、并且第十一届全国运动会各项目竞赛规程明确规定的竞赛规则。

（二）在第十一届全国运动会决赛中，除部分有纪录项目按照规则规定，确实无法认定名次而允许并列外，其他项目须排出名次，不出现并列。

（三）按照各项目竞赛规程规定进行预赛，并按各项目竞赛规程规定的录取标准或录取名额参加决赛。

（四）预赛的裁判员和仲裁委员由各运动项目管理中心根据竞赛规程、规则的规定自行确定；决赛的裁判员和仲裁委员由各运动项目管理中心提出建议名单，报国家体育总局统一审定。

七、兴奋剂检查和性别检查

（一）兴奋剂检查和处罚按照国家体育总局、中国奥委会反兴奋剂委员会的有关规定执行。

（二）性别检查将根据国际组织有关规定，按照必需和必要的原则进行。已经获得国际奥委会医学委员会或国际体育单项联合会或被各单项运动协会认可的医学部门出具的女性证明书的运动员，可予以免检。

八、奖励和计分办法

（一）足球、篮球、排球（不含沙滩排球）、手球、曲棍球、棒球、垒球、水球项目奖励前 12 名，如果参加决赛的队数不足 12 个队的，按照实际参赛队数奖励；其他项目有 11 名（含 11 名）以上运动员（队）参加的，奖励 8 名；8 名至 10 名的，奖励 6 名；5 名至 7 名的，奖励 3 名；3 名至 4 名的，奖励 1 名；2 名（含 2 名）以下的，不进行比赛。

（二）各项目获得比赛前 3 名的，分别颁发金、银、铜牌；获得奖励名次者分别颁发证书。

（三）足球（男子 20 岁以下组、女子成年组）、篮球、排球（不含沙滩排球）、手球、曲棍球、棒球、垒球、水球项目获得前 3 名的队，分别按 2 枚金（银、铜）牌进行统计；足球项目（男子 16 岁以下组、女子 18 岁以下组）获得前 3 名的队，分别按 2 枚金牌、1 枚金牌、0.5 枚金牌进行统计。

（四）获得足球、篮球、排球（不含沙滩排球）、手球、曲棍球、棒球、垒球、水球项目前 12 名的，分别按 26、22、20、18、16、14、12、10、8、6、4、2 分进行统计；获得其他项目前 8 名的，分别按 13、11、10、9、8、7、6、5 分进行统计。不足录取名额的计分，按各项目相应名次的分值进行统计。

（五）并列名次的计分办法：比赛名次并列时，将名次并列的下一个（或几个）名次空出，空出名次的分值与获得名次的分值相加后的平均数，作为并列名次的所得分值。如果第 8 名并列，则继续按照上述原则进行统计。

（六）运动员在第 29 届夏季奥运会和第 20 届冬季奥运会上获得前 8 名成绩，将分别计入运动员注册的代表团奖牌总数和总分内。统计办法为：

1. 单人项目：每获 1 枚金（银、铜）牌，按照 2 枚金（银、铜）牌进行统计；每获一个名次，分别按照 26、22、20、18、16、14、12、10 分进行统计。

2. 两人项目：每获 1 枚金（银、铜）牌，每人按照 1 枚金（银、铜）牌进行统计；每获一个名次，每人分别按照 13、11、10、9、8、7、6、5 分进行统计。

3. 两人以上项目（足球、篮球、排球、手球、曲棍球、棒球、垒球、水球项目除外）：每获 1 枚金（银、铜）牌，每人按照 1 枚金（银、铜）牌进行统计；每获一个名次，每人分别按照 13、11、10、9、8、7、6、5 分进行统计。如同一代表团在同一比赛项目中有两名或两名以上运动员，则该代表团只按照 2 枚金（银、铜）牌和 26、22、20、18、16、14、12、10 分进行统计。

4. 足球、篮球、排球、手球、曲棍球、棒球、垒球、水球项目：每获 1 枚金（银、铜）牌，每人按照 1 枚金（银、铜）牌进行统计；每获一个名次，每人分别按照 13、11、10、9、8、7、6、5 分进行统计。

（七）实行两次计分的解放军运动员在第 29 届夏季奥运会和第 20 届冬季奥运会上获得前 8 名成绩，在第十一届全国运动会上按照两次计分办法进行统计。具体统计办法为：

1. 单人项目：每获 1 枚金（银、铜）牌，按照 2 枚金（银、铜）牌统计给运动员原输送单位；每获一个名次，分别按照 26、22、20、18、16、14、12、10 分统计给运动员原输送单位。

2. 两人以上（含两人）项目：每获 1 枚金（银、铜）牌，每人按照 1 枚金（银、铜）牌统计给运动员原输送单位；每获一个名次，每人分别按照 13、11、10、9、8、7、6、5 分统计给运动员原输送单位。如同一输送单位在同一比赛项目中有两名或两名以上运动员，则该输送单位只按照 2 枚金（银、铜）牌和 26、22、20、18、16、14、12、10 分进行统计。

（八）运动员在第 29 届夏季奥运会上每创造一项奥运会项目世界纪录，增加 1 枚金牌和 13 分计入运动员注册的代表团奖牌总数和总分内。

1. 实行两次计分的解放军运动员在第 29 届夏季奥运会上每创造一项奥运会项目世界纪录，增加 1 枚金牌和 13 分计入运动员第十一届全国运动会两次计分代表团奖牌总数和总分内。

2. 具体加分加牌办法为：在奥运会设置的比赛项目（小项）决定名次的决赛（不含预赛、复赛、资格赛等）中，运动员所获名次的最好成绩超过本项目决赛前的最新世界纪录，则按 1 枚金牌和 13 分进行统计。

（九）解放军代表团两次计分排名办法

1. 第一次排名：解放军代表团与各代表团共同排名，决定解放军代表团的名次，但不公布。

2. 第二次排名：将解放军代表团两次计分运动员所获得的奖牌和分数分别计入运动员原输送单位后，各代表团（不含解放军）进行重新排名。

3. 正式公布各代表团第二次排名成绩，但解放军代表团按照第一次排名名次公布，与相同名次的代表团名次并列。

（十）两次计分具体统计办法

1. 单人项目：每获 1 枚金（银、铜）牌，按照 1 枚金（银、铜）牌统计给运动员原输送单位；每获一个名次，分别按照 13、11、10、9、8、7、6、5 分统计给运动员原输送单位。

2. 两人项目：每获 1 枚金（银、铜）牌，每人按照 0.5 枚金（银、铜）牌统计给运动员原输送单位；每获一个名次，每人分别按照 6.5、5.5、5、4.5、4、3.5、3、2.5 分统计给运动员原输送单位。

3. 两人以上项目（足球、篮球、排球、手球、曲棍球、棒球、垒球、水球项目除外）：只计分数，不计奖牌。每获一个名次，每人分别按照 6.5、5.5、5、4.5、4、3.5、3、2.5 分统计给运动员原输送单位。如一个输送单位在同一比赛项目中有两名或两名以上运动员，则计入该输送单位的分数最多不得超过所获名次的满分。

4. 足球、篮球、排球、手球、曲棍球、棒球、垒球、水球项目，只计分数，不计奖牌。每获一个名次，每人分别按照 13、11、10、9、8、7、6、5、4、3、2、1 分统计给运动员原输送单位。如一个输送单位在同一比赛项目中有两名或两名以上运动员，则计入该输送单位的分数最多不得超过所获名次的满分。

5. 在第十一届全国运动会拳击、击剑、柔道、跆拳道、国际式摔跤、武术散打项目比赛中，如果实行两次计分的解放军运动员与原输送单位的运动员在冠亚军决赛中相遇，则解放军的运动员将不实行两次计分的办法。

（十一）第八届全国运动会上已经与重庆市实行两次计分的 56 名四川省运动员（体训竞综字〔1997〕37 号），无论是注册在四川省，还是注册在重庆市，只要在第十一届全国运动会单人项目（不含 2 人或 2 人以上项目）上取得成绩，就继续实行两次计分。上述运动员如果在第 29 届奥运会上获得前 8 名成绩或创造了奥运会项目世界纪录，在第十一届全国运动会上也按照两次计分办法进行统计。

（十二）设“创超世界纪录奖”，办法另定。

（十三）设“体育道德风尚奖”，办法另定。

九、公布代表团名次

（一）按照代表团奥运会带入成绩、代表团全运会比赛成绩、代表团综合成绩分别公布金牌榜、奖牌榜和总分榜。

（二）公布各代表团金牌榜。具体办法是：金牌多者名次列前；金牌相同，银牌多者名次列前；金、银牌数相同，铜牌多者名次列前；金、银、铜牌数相同，名次并列。

（三）公布各代表团奖牌榜。具体办法是：奖牌数量多者名次列前；奖牌数量相同，名次并列。

（四）公布各代表团总分榜。具体办法是：总分高者名次列前；总分相同，名次并列。

十、报名和报到

（一）各代表团须于 2008 年 12 月 31 日前将《第十一届全国运动会参加项目报项表》上

报国家体育总局备案。项目一经确定，原则上不得更改和调整。无故退出的，将取消代表团参加评选体育道德风尚奖的资格。

（二）预赛报名：原则上在各项目赛前 30 天进行，具体按各项目竞赛规程规定执行。

（三）决赛报名：报参加运动员名单和具体项目。

1.2009 年 10 月 1 日前开始举行决赛的项目，原则上在各项目比赛前 30 天截止报名，具体要求另行通知。

2.2009 年 10 月 1 日后开始举行决赛的项目，其报名工作将结合各代表团团长会议（运动会开幕前 30 天左右召开）进行，具体时间和地点另行通知。

3. 各项目决赛报名截止后，原则上不得变更（各项目竞赛规程和规则有特殊规定的除外）。

（四）各代表团团部工作人员可于 2009 年 10 月 13 日开始报到，并于 2009 年 10 月 29 日前离会；各项目运动队原则上在本项目比赛开始前 3 天报到，比赛结束后 1 天离会。期间组委会将负担各代表团编内人员的住宿、市内交通等有关费用，但各代表团须按规定交纳一定数额的伙食费等；如个别项目在竞赛规程中明确运动队可以提前报到的，按具体规定执行，但提前报到的所有费用全部自理。

（五）裁判员及仲裁委员原则上在本项目比赛开始前 4 天报到，比赛结束后 1 天离会；如个别项目由于特殊情况，需要提前报到的，经国家体育总局批准后另行通知。期间组委会须提供裁判员及仲裁委员工作装备，并负担食宿费、差旅费、市内交通费、酬金等相关费用。

十一、代表团团旗

各代表团自备，颜色自定，规格为 2 米 ×3 米。代表团团旗除标明规程规定的代表团名称外，不得出现其他标志。

十二、比赛服装要求按照各项目竞赛规程、规则及其他有关规定执行。

十三、本竞赛规程总则的内容由国家体育总局负责解释。

竞赛成绩

奖牌榜

单位：枚

		奖牌总数				比赛奖牌				奥运奖牌		
名次	代表团	金牌	银牌	铜牌	总数	金牌	银牌	铜牌	总数	金牌	银牌	铜牌
1	山东省	63	44	46	153	53	40	43	136	10	4	3
2	解放军	49	39	40	128	36	30	32	98	13	9	8
3	江苏省	48.5	37	36	121.5	32.5	31	30	93.5	16	6	6
4	辽宁省	48	46	34	128	35	34	26	95	13	12	8
5	广东省	45	45.5	39.5	130	34	37.5	33.5	105	11	8	6
6	上海市	41	34	49.5	120.5	31	31	34.5	92.5	10	3	15
7	北京市	30	20	29	79	21	16	21	58	9	4	8
8	黑龙江省	23.5	23	18.5	65	17.5	14	10.5	42	6	9	8
9	天津市	23	14	15.5	52.5	17	12	10.5	39.5	6	2	5
10	福建省	19	11	21	51	13	11	19	43	6	0	2
11	湖南省	18	10.5	6	34.5	13	10.5	6	29.5	5	0	0
12	浙江省	16	27	25	68	13	22	24	59	3	5	1
13	四川省	13.5	21	26	60.5	6.5	18	22	46.5	7	3	4
14	河北省	13	13	19.5	45.5	8	13	19.5	40.5	5	0	0
15	安徽省	13	12.5	9	34.5	12	8.5	9	29.5	1	4	0
16	湖北省	12	7.5	15	34.5	6	5.5	9	20.5	6	2	6
17	江西省	10.5	7.5	7	25	7.5	5.5	6	19	3	2	1
18	山西省	9	7	12	28	9	5	10	24	0	2	2
19	陕西省	9	6	4.5	19.5	6	6	2.5	14.5	3	0	2
20	吉林省	7.5	9	13	29.5	6.5	6	9	21.5	1	3	4
21	河南省	7.5	6.5	8	22	7.5	4.5	8	20	0	2	0
22	广西	7.5	4	3.5	15	4.5	4	2.5	11	3	0	1
23	内蒙古	7	4.5	8.5	20	5	4.5	8.5	18	2	0	0
24	贵州省	3	5	3	11	2	5	3	10	1	0	0
25	云南省	3	4.5	4	11.5	3	4.5	4	11.5	0	0	0
26	前卫体协	2	4	2	8	2	4	2	8	0	0	0
27	火车头体协	2	2	2	6	2	2	2	6	0	0	0
28	香港	2	1	4	7	2	1	4	7	0	0	0
29	重庆市	2	0	5	7	2	0	4	6	0	0	1
30	新疆	1.5	5.5	7.5	14.5	1.5	4.5	4.5	10.5	0	1	3
31	甘肃省	1	2.5	7	10.5	1	2.5	7	10.5	0	0	0
32	宁夏	1	1	4	6	1	1	4	6	0	0	0
33	青海省	0	1	2	3	0	1	2	3	0	0	0
34	西藏	0	0	2.5	2.5	0	0	2.5	2.5	0	0	0
35	海南省	0	0	2	2	0	0	2	2	0	0	0
36	通信体协	0	0	2	2	0	0	2	2	0	0	0

积分榜

排名	代表团	总积分	比赛积分	奥运积分
1	山东省	3220	2917	303
2	广东省	2827.3	2328.3	499
3	江苏省	2679	2195	484
4	解放军	2656	2074	582
5	辽宁省	2574.5	2007.5	567
6	上海市	2547.3	1985.3	562
7	北京市	1753	1373	380
8	四川省	1563.5	1266.5	297
9	浙江省	1515	1290	225
10	河北省	1305	1183	122
11	黑龙江省	1302.5	937.5	365
12	福建省	996.5	892.5	104
13	湖北省	848	629	219
14	天津市	822.5	822.5	0
15	河南省	783	725	58
16	湖南省	756.5	642.5	114
17	安徽省	736.5	589.5	147
18	吉林省	718	558	160
19	山西省	567	525	42
20	陕西省	537	460	77
21	江西省	464	379	85
22	内蒙古	422.8	378.8	44
23	广西	413.8	340.8	73
24	云南省	368.3	368.3	0
25	新疆	341	300	41
26	甘肃省	317.3	310.3	7
27	通信体协	299.5	40.5	259
28	香港	254	254	0
29	重庆市	252.5	235.5	17
30	贵州省	212.8	199.8	13
31	宁夏	154	154	0
32	前卫体协	115.5	115.5	0
33	火车头体协	98.5	98.5	0
34	海南省	96	96	0
35	青海省	81	81	0
36	西藏	70.3	70.3	0
37	煤矿体协	20	20	0
38	澳门	17	17	0
39	金融体协	15	15	0
40	冶金体协	13.5	13.5	0
41	电力体协	6.5	6.5	0
42	航天体协	6	6	0
43	水利江河体协	5	5	0

十一运会比赛共产生金牌411枚，银牌396枚，铜牌436枚。在全部46个代表团中，有32个代表团获得了金牌，35个代表团获得了奖牌，其中山东、江苏、辽宁跻身金牌榜前三位，分别获得63、48.5、48枚金牌。共有7人9次创超5项世界纪录，3队12人21次创16项亚洲纪录，5队29人52次创39项全国纪录，5人12次创8项全国青年纪录。

创世界纪录、亚洲纪录

项目名称	姓名	单位	成绩	原纪录	日期
	1人 1次创 1项世界纪录				
游泳女子 200米蝶泳	刘子歌	上海	02:01.8	02:03.4	2009-10-21
	6人 8次超 4项世界纪录				
举重女子 48公斤级总成绩	杨炼	湖南	218kg	217kg	2009-10-17
举重女子 48公斤级总成绩	王明娟	湖南	220kg	217kg	2009-10-17
举重女子 53公斤级总成绩	李萍	湖南	233kg	226kg	2009-10-17
举重女子 53公斤级总成绩	李萍	湖南	235kg	226kg	2009-10-17
举重女子 63公斤级总成绩	管新蕾	江苏	258kg	257kg	2009-10-18
举重女子 63公斤级总成绩	欧阳晓芳	辽宁	262kg	257kg	2009-10-18
举重女子 63公斤级总成绩	欧阳晓芳	辽宁	265kg	257kg	2009-10-18
举重男子 69公斤级总成绩	廖辉	解放军	358kg	357kg	2009-10-24
	3 队 12人 21次创 16项亚洲纪录				
田径男子三级跳远	李延熙	河北	17.59米	17.35米	2009-10-26
游泳男子 400米个人混合泳	刘维佳	辽宁	04:12.7	04:14.4	2009-10-17
游泳男子 400米个人混合泳	黄朝升	湖南	04:12.5	04:14.4	2009-10-17
游泳男子 4×100米自由泳接力	史腾飞/王超/张琳/陈祚	北京	03:15.5	03:16.2	2009-10-18
游泳女子 100米自由泳	庞佳颖	上海	00:53.1	00:53.8	2009-10-22
游泳女子 400米自由泳	刘京	北京	04:04.1	04:05.0	2009-10-18
游泳女子 400米自由泳	陈倩	山东	04:02.4	04:05.0	2009-10-18
游泳女子 800米自由泳	陈倩	山东	08:20.4	08:23.7	2009-10-13
游泳女子 100米仰泳	赵菁	湖北	00:59.0	00:59.0	2009-10-19
游泳女子 200米蛙泳	齐晖	解放军	02:21.4	02:22.8	2009-10-22
游泳女子 100米蝶泳	刘子歌	上海	00:56.1	00:56.9	2009-10-18
游泳女子 200米蝶泳	刘子歌	上海	02:01.8	02:03.9	2009-10-21
游泳女子 200米个人混合泳	齐晖	解放军	02:08.3	02:09.7	2009-10-20
游泳女子 400米个人混合泳	齐晖	解放军	04:30.8	04:34.8	2009-10-17
游泳女子 400米个人混合泳	李玄旭	湖南	04:30.4	04:34.8	2009-10-17
自行车男子场地争先赛	张磊	山东	00:10.1	00:10.1	2009-10-18

续表

项目名称	姓名	单位	成绩	原纪录	日期
举重女子 63公斤级总成绩	欧阳晓芳	辽宁	262kg	260kg	2009-10-18
	欧阳晓芳	辽宁	265kg	262kg	2009-10-18
举重女子 +75公斤级抓举	周璐璐	解放军	148kg	145kg	2009-10-19
举重女子 +75公斤级挺举	祁希慧	湖南	186kg	183kg	2009-10-18
自行车男子场地争先赛	张磊	山东	00:10.1	00:10.1	2009-10-18
自行车男子场地团体追逐赛	李传民 /姜晓/王杰/王明伟	山东	04:09.4	04:10.9	2009-10-20
自行车男子场地团体追逐赛	陈利斌 /李维/马腾/曲学龙	天津	04:09.1	04:09.4	2009-10-20
自行车男子场地团体追逐赛	李传民 /姜晓/王杰/王明伟	山东	04:07.5	04:09.4	2009-10-20
自行车女子场地 500米计时赛	李雪妹	河北	00:33.9	00:34.0	2009-10-17
自行车女子场地争先赛	李雪妹	河北	00:11.0	00:11.0	2009-10-18
	5人 12次创 8项全国青年纪录				
举重男子 56公斤级挺举	龙清泉	湖南	169kg	165kg	2009-10-23
举重男子 56公斤级总成绩	龙清泉	湖南	298kg	295kg	2009-10-23
举重男子 56公斤级总成绩	龙清泉	湖南	302kg	298kg	2009-10-23
举重男子 94公斤级挺举	李兵	广西	208kg	205kg	2009-10-25
举重男子 94公斤级挺举	刘激	湖北	211kg	208kg	2009-10-25
举重男子 94公斤级挺举	李兵	广西	216kg	211kg	2009-10-25
举重男子 94公斤级总成绩	李兵	广西	374kg	368kg	2009-10-25
举重男子 94公斤级总成绩	李兵	广西	382kg	374kg	2009-10-25
举重男子 105公斤级抓举	杨哲	山东	185kg	180kg	2009-10-26
举重男子 105公斤级总成绩	杨哲	山东	402kg	400kg	2009-10-26
举重女子 63公斤级挺举	管新蕾	江苏	147kg	142kg	2009-10-18
举重女子 63公斤级总成绩	管新蕾	江苏	265kg	260kg	2009-10-18

精彩瞬间

艺术体操比赛

花样游泳

水球比赛

花样游泳

射击比赛

射箭比赛

手球比赛

刘翔（中）在比赛中

射击比赛

散打比赛

闭幕式

国务院总理温家宝在闭幕式上

2009年10月28日20时，中华人民共和国第十一届运动会闭幕式开始。奏国歌，宣布比赛成绩，宣读各类表彰决定，为获奖个人、代表团和志愿者代表颁奖。国家体育总局向山东省赠送纪念品，时任山东省省长姜大明、国家体育总局局长刘鹏先后致闭幕词。20时40分，温家宝宣布中华人民共和国第十一届运动会闭幕。

随后举行主题为“辉煌的记忆”闭幕式文艺演出，总导演马戎，包括三个篇章：第一篇章“泉水”，有《泉水》《四季》《冬季恋歌》《春天》《风摆荷柳》《秋天的童话》等歌舞；第二篇章“跑道”，包含《奔跑》《律动》《跳跃》《燃烧》《沸腾》等舞蹈和武术表演，表演者有大学学生、少儿舞蹈团、芭蕾舞团、艺术学校学生等；第三篇章“星空”，由廖昌永、曹芙嘉演唱主题歌《星空》。主火炬熄灭，降会旗，山东将全运会会旗交给下届全运会主办地辽宁，闭幕式结束。

闭幕式致辞

姜大明

尊敬的温家宝总理，

同志们、朋友们：

经过大家的共同努力，第十一届全国运动会胜利完成各项比赛任务，即将落下帷幕，本届全运会的圆满成功是党中央、国务院正确领导和亲切关怀的结果，得益于国家体育总局和各代表团的精心指导和密切配合，得益于社会各界和各位朋友的真诚帮助和鼎力相助。在此，我谨代表山东省委、省政府表示衷心的感谢和崇高的敬意。

体育健儿是运动场上永远的主角，正是因为他们的顽强拼搏，奋勇争先，才有了无数的精彩，才有了无数的超越，使我们充分体验到体育运动的魅力和愉悦，让我们用最热烈的掌声向所有参加比赛的运动健儿表示衷心的祝贺和诚挚的祝福，祝愿他们在新的赛场上再创佳绩，为国争光！同时，也让我们把美好的祝愿送给辛勤劳动的全体裁判员、教练员、志愿者和工作人员，祝愿他们永远快乐、永远年轻！

作为十一运会东道主，山东人民用满腔热情和积极参与，诠释了“和谐中国，全民全运”这一主题，兑现了向祖国做出的庄严承诺，实现了富有特色、平安祥和、人民满意的目标，展示了热爱和平、追求和谐、奋发向上的精神风貌。

同志们、朋友们，熊熊燃烧的全运圣火即将熄灭，精彩热烈的体育盛会就要闭幕，明天我们将踏上新的征程去创造新的辉煌，让我们更加紧密地团结在以胡锦涛同志为总书记的党中央周围，牢记肩负着光荣使命，大力弘扬伟大民族精神，与时俱进、开拓进取，为实现体育大国向体育强国的迈进，为中华民族的伟大复兴贡献力量！谢谢大家。

闭幕式表演

闭幕词

刘　鹏

尊敬的温家宝总理，

尊敬的各位领导、各位来宾，

同志们、朋友们：

10月16日晚，一场激情洋溢、美轮美奂的和谐盛世齐鲁情拉开了第十一届全运会帷幕，经过精彩热烈的日日夜夜，本届全运会即将胜利闭幕，在此，我谨代表组委会和国家体育总局向山东省委、省政府、各赛区所在地党委政府和山东全省人民表示衷心的感谢和崇高的敬意。向为本次运动会付出辛勤努力，做出贡献的裁判员、工作人员、志愿者、新闻工作者表示衷心感谢和崇高敬意。向顽强拼搏，取得优异成绩的运动员、教练员表示热烈的祝贺。

本届全运会的成功举办来自于党中央、国务院的高度重视、亲切关怀和坚强领导，来自于全国人民的热情支持和代表团的奋发努力，来自于山东省委、省政府、各赛区所在地党委政府和全省人民的开拓进取，扎实工作和无私奉献，来自于公平、公正、严谨、高效的竞赛组织，来自于所有工作人员辛勤劳动的汗水和心血。本届全运会以“和谐中国、全民全运”为主题，促进了群众体育和竞技体育协调发展，是体育的盛会，人民的节日，极大地丰富了人民群众的体育文化生活，为推进改革开放、经济发展和社会进步做出了积极贡献，为实践科学发展观、构建社会主义和谐社会发挥了重要作用，为新中国60年华诞谱写了一曲华彩乐章。广大运动员弘扬中华体育精神，顽强拼搏，展示了高超的竞技水平和良好的精神风貌，创、超一批世界纪录、亚洲纪录和全国纪录，涌现出一批新人才，取得了运动成绩和精神文明双丰收。这是一届公平、公正、文明、精彩、祥和、成功的全运会，这是一届全民健身和竞技体育并肩同行的全运会，这是一届向着体育强国启航的全运会。

国运盛、体育兴，让我们紧密团结在以胡锦涛同志为总书记的党中央周围，牢记使命，再接再厉，全面贯彻党的体育方针，大力弘扬伟大民族精神，深入开展全民健身运动，不断提高竞技体育水平，努力推动我国由体育大国向体育强国迈进，为构建社会主义和谐社会，促进人的全面发展做出更大的贡献。

现在，我荣幸的邀请中共中央局政治局常委、国务院总理温家宝同志宣布中华人民共和国第十一届运动会闭幕。

闭幕式颁发锦旗

闭幕式现场

会旗交接仪式

香港代表团在闭幕式上

闭幕式文艺表演

闭幕式现场

媒体报道

《中国体育报》

十一运会纪检委召开扩大会议

干干净净参加比赛 堂堂正正获取成绩

本报济南 10 月 16 日电 第十一届全国运动会纪律检查委员会今天在这里召开扩大会议，再次就加强赛会期间纪律检查工作，特别是抓好赛风赛纪和反兴奋剂工作进行了具体部署，提出了具体要求。

十一运会纪律检查委员会主任、国家体育总局党组成员、中央纪委国家体育总局纪检组组长吴齐出席会议并讲话。十一运会纪律检查委员会全体委员，各代表团负责纪检和反兴奋剂的副团长，各竞赛委员会的纪检负责人、督察员等参加会议。

吴齐指出，自十一运会筹办以来，国家体育总局以举办一届让党中央国务院放心、人民群众满意的体育盛会为目标，把赛风赛纪和反兴奋剂工作作为组织筹备工作的重中之重、作为事关全运会乃至体育事业生死存亡的大事来抓，在思想上前所未有地重视，措施上前所未有地加强，处罚上前所未有地严厉，采取的管理手段和措施比国际体育组织的要求更严格、更周密、更细致。

目前，十一运会抓赛风赛纪和反兴奋剂工作取得了良好的开局，接下来更要全力以赴、常抓不懈。吴齐说，首先要进一步树立正确的政绩观、参赛观和胜负观。一要合理制定参赛目标和奖励机制，积极倡导重在参与、重在干净、重在团结，以及友谊第一、比赛第二；二要对参赛队伍严格教育和管理，管好自己的人，把好自己的门；三要自觉尊重裁判、服从裁判；四要坚决对兴奋剂问题实施“零容忍”，毫不留情、毫不手软。

其次，进一步打造公开、公平、公正的竞赛环境，这是必须抓好的首要环节。要秉公用权，廉洁自律作表率；大胆管理，理直气壮刹歪风；完善举措，突出重点抓防范；公正执裁，从严监管抓裁判。

另外，进一步严格纪律、严格监督、严格处罚，工作中要坚持关口前移、靠前监督、注重防范，要敢于监督、大胆监督、严格监督。对存在的问题和不良倾向要敢于批评、纠正。对违纪违规问题要敢于碰硬、查处。对不履行职责、失职失察的，要坚决进行责任追究，决不姑息迁就。对出现的重大赛风赛纪和兴奋剂问题，不仅要严肃处理当事人，还要依规追究有关领导的责任。

（刊载于《中国体育报》2009 年 10 月 17 日）

《中国体育报》

气势恢宏　美不胜收（节选）
——百姓眼中的全运会开幕式

精彩、惊喜、惊奇、惊叹……当孔孟之乡、礼仪之邦的第十一届全运会开幕式，以其浓郁的文化气息、深远的历史内涵、唯美的画面和意境、充满活力的表演以及出人意料的点火方式……给人们呈现了一场美轮美奂的视觉盛宴后，人们震惊了！

"太壮观了！太好看了！"10月17日，在济南泉城广场的一个大电视屏幕上，10月16日晚进行的十一运会开幕式正在播放着，济南市民李美娟女士驻足观看。"昨天在家里已经看过了，但依然还想看，再看看细节。我认为整个开幕式场面气势恢宏、美不胜收，既有浓郁的山东地方特色，也充分展示了中华文化的风采。非常精彩！"

两届奥运会冠军、湖南省体育局副局长熊倪虽然没能到现场去观看开幕式，但他还是通过电视感受了这一恢宏的气势。"非常棒，非常精彩！展现了非常高的水准。我参加过很多届全运会的开幕式，本届的确水平非常高。"

……

"点火方式很奇特，出人意料！是'全民全运'的最好诠释。"全运新闻中心的志愿者李明告诉记者，在他看来，整个演出都充分体现了"全民全运"的精神，让人感觉全运会切实是每个人的运动会，我们每个人都可以参与其中。

（刊载于《中国体育报》2009年10月18日）

《中国体育报》

唱响全运新理念　夺取办赛"大金牌"（节选）
——访山东省省长姜大明

新华社济南10月5日体育专电　十一运会组委会执行主任、山东省省长姜大明5日接受记者采访时表示，山东省要举全省之力，搭建一流的十一运会竞技舞台，要为各方面提供最好的条件和环境，让所有运动员、来宾和人民群众满意，努力夺取办赛的"大金牌"。

作为北京奥运会之后我国举办的规格最高、规模最大的体育赛事，十一运会能否成功举办备受瞩目。姜大明说，十一运会既是对新中国60周年华诞的献礼，也是对全运会50周年最好的纪念，由山东承办十一运会，是党中央、国务院和全国人民的重托。山东有信心，也有能力不辱使命，不负重托，举办一届富有特色、平安祥和的全运盛会。

姜大明说，山东在筹办十一运会过程中，坚持以科学发展观为指导，认真学习借鉴历届全运会特别是北京奥运会的成功经验，从山东实际出发，创造性地开展工作。在办赛理念上，十一运会旗帜鲜明地提出“和谐中国，全民全运”的办赛理念，这也是本届全运会的主题口号。这个理念紧扣坚持科学发展、共建和谐社会的时代主题，顺应了当前经济社会发展的要求，使十一运会的内涵和外延得到丰富和拓展。

据介绍，这次全运会，山东实行了“举省办全运”的开放式办赛模式，即实行以省会济南为主赛区、其他16个城市为分赛区、全省共同承办的办赛模式。“举省办全运”为筹办工作奠定了深厚的群众基础，赢得了广泛的社会影响和社会支持，省民意中心调查结果显示，市民对全运会知晓率达到92%，其中95%的市民希望能够为全运会贡献力量。

……

姜大明说，山东的竞技体育实力在全国处于第一集团，但山东并不给运动员下达具体的指标。山东要求运动员首先要确保“干净”参赛，充分发挥自己的竞技水平，展示良好的精神面貌，做到胜有风度、虽败犹荣，为山东体育事业发展再续华章。

（刊载于《中国体育报》2009年10月8日）

棒球三、四名决赛中，北京队以9比8战胜天津队，获得季军

新华社

香港特区政府祝贺黄金宝夺金

新华社香港 10 月 26 日电 香港特区政府民政事务局 26 日特别向在第 11 届全国运动会上取得金牌的香港自行车运动员黄金宝致贺。

36 岁的香港著名自行车运动员黄金宝 26 日在山东济南为香港队夺得自行车男子公路个人赛金牌，这也是香港代表团在本届全运会上夺得的首枚金牌。特区政府民政事务局局长曾德成当日表示："他的骄人成绩是多年来努力不懈的成果，亦充分表现了他对体育的真诚追求和坚持，我们为他的成就感到自豪和鼓舞。"

黄金宝是香港自行车队的"元老"级队员，有"亚洲车王"之称。他曾先后在过去 3 届全运会的自行车赛事中取得两金和两铜的优异成绩。黄金宝担任了本届全运会开幕式的火炬手，与其他 4 名运动员共同传递了最后一棒火炬并点燃主火炬。

香港代表团共有约 230 名运动员参加本届全运会 25 项决赛，至今已经取得 1 枚金牌、1 枚银牌和 3 枚铜牌。

（刊载于《中国体育报》2009 年 10 月 27 日）

《人民日报》

运作很顺畅标准更重要

本报济南 10 月 17 日电 住进全运媒体村已有 3 天，这个各路记者在济南的"家"，全运历史上的首座媒体村颇受好评。媒体村不仅解决了接待容量的挑战，还让整个媒体运行更为顺畅，"顺便"还为济南留下了一片现代化楼盘，带动了城市开发，可谓一举多得。

偶然得知，媒体村里的各种板式家具、衣柜、床、电视柜等等，原来都是北京奥运会使用过的。奥运会后，这些家具就被十一运会组委会租借过来。而这些家具的大型赛事之旅并未就此结束，全运会后，它们又将被运到广州，继续为明年的亚运会服务。

这看来正是"节俭办全运"的体现，也是奥运"遗产"得以善加利用的一个例子。作为北京奥运会后国内第一个大型综合性赛事，十一运会受北京奥运会的影响，既有实实在在的，也有不知不觉的。

比如，对全运会开幕式的评价，不知不觉间人们就会和奥运会做个比较。从观众的关注点来说，去年奥运会精彩的开幕式摆在那里，以后大型赛事开幕式怎样办，自然也有了一个新的衡量高度。

不过，在讨论开幕式“谁更精彩”的同时，再梳理一下北京奥运会为举办大型赛事留下的更多“财富”，也更有意义。“精彩”的背后，科学合理的程序安排、严格规范的运行模式，包括赛后场馆怎样向民众开放、为大众体育服务等，都颇值得全运会借鉴。从十一运会的一些思路和做法来看，“后奥运时代”的大赛运作，确有不少新的面貌。

其实，就记者采访过的四届全运会而言，每届全运会的组织工作都有值得称道之处。以媒体工作为例，从班车运行到发布会程序，从资料提供到网络服务，怎样能够将好的做法传承下去，“标准化”的概念必不可少。国际奥委会就非常重视奥运会的标准化运行，这也保证了尽管举办地不同，奥运会的流程却可以一以贯之。在此基础上，不同的主办者尽可以“锦上添花”。大赛运行，莫不如此。比如2006年多哈亚运会时，主办方为记者提供免费的午餐，这就属于“锦上添花”。而让记者印象更为深刻的，还是他们“奥运会级别”的赛事运作规范。

全运会举办了十一届，已积累起足够的运作经验。将这些经验整合为统一标准和流程，也是全运会的一笔宝贵财富。

（刊载于《人民日报》2009年10月18日）

《中国体育报》

数字十一运会

6亿——目前，十一运会签约资金、物资和服务额达6亿元，这一数字大大超过了历届全运会。

16800——十一运会城市志愿者共1.68万名，其中主赛区济南有9000人。这支庞大的队伍分为城市文明岗、啦啦操和啦啦队三种岗位。

12000——共有46个代表团参加十一运会，参赛运动员达1.2万人，裁判员接近4000人，教练员约3500人。

9000——十一运会开幕式表演人数在9000名左右。

861——4年来，山东省投资43亿元，规划建设城市全民健身工程861项。农民体育健身工程共投资6.5亿元，目前已完成3.2万个，占行政村总数的40%。

381——十一运会共设33个大项、43个分项、362个小项，设金牌数381枚（足、篮、排、手、曲、棒、垒、水球增加14枚，男足乙组增加5枚=362+14+5=381枚）。

300——山东省为300块触摸式便民服务信息屏专门设计完成了气象服务信息页面，比赛期间，组委会、代表团、运动员、游客、居民等就可以便利地获得及时准确的气象服务。

129——为承办十一运会，山东省共规划建设比赛和训练场馆129个，其中比赛场馆64个，训练场馆65个；新建44个，维修改造85个。竞赛场馆总投资达到105亿元，新增体育设施面积220万平方米，观众坐席近53万个。

92%——据山东省民意中心调查结果显示，老百姓对全运会知晓率达到92%，其中95%的市民希望能够为全运会贡献力量。

（刊载于《中国体育报》2009年10月19日）

《中国体育报》

拼搏奋斗　和谐进取

——热烈祝贺第十一届全运会圆满落幕

十一运会的圣火已经在齐鲁大地缓缓熄灭。在“和谐中国，全民全运”主题口号的引领下，本届全运会办出了大气磅礴的新风貌，展现了更加动人的时代风采。来自全国各地、解放军和行业体协的一万多名英气勃发的体育健儿，用拼搏与奋进共同谱写了共和国六十华诞之际我国体育事业新的篇章。

十一届全运会对于中国体育事业的发展来说，具有着承前启后的重要意义。作为北京奥运会、残奥会后我国举办的水平最高、规模最大的全国综合性运动会，十一运会是2010年广州亚运会、2012年伦敦奥运会前的一次集中练兵和重要选拔，是对我国体育发展整体水平的一次重新检阅，是促进体育事业发展、发挥体育综合效益的重要平台。

在这个重要节点上举办的本届全运会不负众望、不辱使命，取得了运动成绩和精神文明的双丰收。竞赛组织工作实现标准化、规范化、赛风赛纪和反兴奋剂整体情况良好，新纪录、新成绩、新人才不断涌现。传统优势项目表现出高超的技战术水平和难度水平，基础项目进步也很显著。这些都为我国竞技体育可持续发展奠定了良好的基础。

今年是全运会创办50周年。半个世纪以来，具有中国特色的全运会体制作为我国竞技体育发展的重要载体和鲜明标志，发挥了不可替代的导向与杠杆作用。本届全运会竞赛工作的成绩斐然，更加有力论证了在推动我国由体育大国向体育强国迈进的过程中，我们必须毫不动摇地坚持全运会竞赛体制。同时全运会也肩负新的使命，要积极面对挑战，勇于探索和实践，在深化改革中进步，在不断创新中传承，将改革创新与体育事业的健康协调发展紧密联系起来，全运会还会大有可为。

十一运会是全国各族人民参与体育、享受运动的又一个盛大节日，不仅为奥运争光计划做出了巨大贡献，同时也有力促进了我国群众体育活动的开展。在“全民全运”理念的指引下，十一运会的社会功能和多元价值充分彰显，社会影响力和广泛群众性达到了新的高度。

作为东道主，豪放大气的山东人秉持“开放办全运、创新办全运、节俭办全运、文明办全运”的思路，各承办城市高度重视开发体育赛事的综合功能，统筹谋划，精心布局，努力创造多元效应，为将全运会打造成集体育、经济、文化、环境等为一体的大型公众活动做了充分准备。运动健儿在场上奋力拼搏、摘金夺银；志愿者们无私奉献，引领社会新风；场馆建设与城市发展协调一致，体育设施后续效益即将展现。四年的筹备，全力做足的各项赛事保障工作，使本届运动会获得了圆满成功。人民群众的充分参与、享受全运会带来的各项成果，也由此让全运会体制增添了更动人的魅力。山东人民兑现了对全国人民的承诺，一个更加自信、更加开放的山东也必将通过全运这个平台清晰地展现在全国人民面前。

今日的成功铺展开明日的征程，齐鲁儿女用奋发进取唱响了全民全运新理念，中华体育人用拼搏奋斗书写了和谐中国新篇章！

（刊载于《中国体育报》2009年10月29日）

中国广播网

山东努力当好东道主

“全运会场馆彰显地方特色展现节能环保职能”：为了办好全运会，山东各地兴建了许多颇具特色的场馆，很多场馆的硬件设施堪比北京奥运会。其中就包括全运会主体育场奥体中心，以“东荷西柳”为建筑特色，有着“小鸟巢”的美誉。奥体中心体育场是全运场馆中最能体现绿色、科技和节能的场馆，它采用了地源热泵的原理，节省电力资源。“其实，奥体中心从铲下第一锹土开始，‘绿色、科技、人文’的理念就深深植入了建设轨迹。”奥体中心主任张忠明表示。

“努力当好东道主”：十一运唱响“和谐中国，全民全运”的主题。十一运实行“举省办全运”的开放式办赛模式，让各地共享发展机遇，坚持竞技体育与群众体育协调发展，在全省精心建设了一批群众体育设施，深入开展了以“全民健身、共享全运”为主题的群众体育活动，将全民全运理念广播齐鲁大地。山东举办十一运的过程，是山东竞技体育和群众体育都获得巨大发展的过程，是体育运动为促进山东科学发展和和谐社会建设发挥独特作用的过程。

（来源：中国广播网 2009 年 10 月 17 日）

《人民日报》

全运会定位

十一运会即将开幕了。齐鲁人民为四年一度的中国体育界大聚会搭好了舞台。据说全运会的开幕式很值得期待，甚至可以与北京奥运会相媲美。中国全运会的规模，堪称世界一大奇观。

这些年，诟病全运会的声音一直不断。例如在高额奖金激励方面，各省市自治区互相攀比；全运会场馆建设耗资巨大等等。中国体育这些年发展神速，但参加奥运会的尖子选手毕竟是少数，很多运动员难有在国际赛场的表现机会。因此，泱泱大国，4 年展现一次体育成就，来个大聚会也无可非议。但是归根到底，全运会之所以引发争议，恐怕和它的定位不太清晰有关。

过去说全运会是为奥运会做准备，现在看似乎不太切合实际。因为全运会是在奥运会结束一年之后才举办的。即使全运会上发现一些人才，但 3 年之后，其表现如何则很难说。若说是体育界大聚会，同样让普通百姓有些费解。一些群众喜欢的、我国又具有世界水平的项目，比如乒乓球、羽毛球、跳水、体操、女排等等，开幕式前就已经开赛，有的甚至结束了，精彩篇章在全运会期间难觅踪影，这自然令人遗憾，也让全运会赛事的悬念感和精彩程度大打折扣。如果放在奥运会上，这恐怕是难以想象的。既然我们办全运会，就应该遵循大型体育赛事的规律，否则，很难达到目的。

基层的体育工作者需要全运会，各地也希望通过全运会全面展示本地区体育工作的成绩；全运会也的确能起到拉动举办地经济以及加速城市发展、促进全民健身的作用。既然如此，各地都有热情，那体育主管部门就应该精心谋划，使它成为名副其实的中国体育节。

每届全运会，主办地都花费了大量的人力、物力。既然过年，就应该热热闹闹、红红火火，像个过年的样子。所以，下届全运会，倘若仍是由于种种原因在赛前就把许多比赛提前办完，那还不如另找时间为好。全运会的定位的确需要体育主管部门认真研究一下。

（刊载于《人民日报》2009 年 10 月 16 日）

《人民日报》

“全民全运”助推全民健身

第十一届全国运动会提出和倡导的“和谐中国，全民全运”的“大体育”理念，将竞技体育和全民健身有机结合起来，挖掘出全运会的深刻内涵。“全民全运”理念体现了全运会办赛宗旨的转变：不再仅仅是为奥运练兵、培养和发现高水平体育人才，同时强调全民参与，强调竞技体育与群众体育的协调发展。

华中师范大学体育学院副院长王斌教授认为，全运会的筹备和举办对全民健身的意义主要体现在三个层面：在物质层面，建设和投入运营的全运会体育场馆及其配套设施可以较好地满足群众健身娱乐的需求；在行为层面，运动员在比赛场上精彩的表现可以激发民众特别是青少年的模仿和学习，从而增强参与体育的兴趣；在精神层面，全运会的举办对民众的体育意识、健身意识和生活方式也有很大的促进和改变。

完善体育设施打造健身空间

本届全运会，山东 17 个城市承办比赛，竞赛项目实现在承办省份的全面覆盖，这在全运会历史上尚属首次。为真正实现全运会场馆设施建设与全民健身设施建设的密切配合，山东还实施了“一点三线”全民健身工程和“农民体育健身工程”。

记者在滨州市采访，没想到这个地级市的奥体公园体育馆建得那么漂亮，奥运会冠军张国政看了都连声夸赞“堪称一流”。济南市在建设全运会主场馆——济南奥体中心的同时，也推出了高标准的配套工程——济南市全民健身中心，该中心是目前国内规模最大、设施最好、项目最多、功能最全的综合性运动健身休闲场所。日照市本着“三分服务赛事，七分服务健身”的规划建设原则，投资 21 亿元修建了面积达 10 平方公里的奥林匹克水上公园，其中包含了众多的群众体育项目，还有上百条健身路径。

据了解，在筹办全运会的 3 年时间里，山东的全民健身设施建设投入高达六七十亿元，3 年前，全省总投入不过几千万元；现在，山东拥有了 34 家国家级健身中心，而 3 年前全省仅有一家。

专家建议，全运会应当坚持各省轮流承办的方式，这样可以有效改善各地体育基础设施。虽然过去全运会更多的是关注比赛本身，但曾经举办过全运会的城市留下来的体育设施，已成为一种宝贵的财富，正为全民健身活动的开展发挥着重要作用。

强化健身意识实现持续发展

利用全运会契机而召开的全国群众体育先进单位、先进个人及体育系统先进集体、先进工作者表彰大会，彰显了国家对全民健身的高度重视。

本届全运会，开幕式上的大型文体表演，突出表现了全民健身元素，让人们强烈感受到“全民全运”的新鲜气息。而在山东各地开展的“全民健身，共享全运”主题活动，更是让人们真正享受体育带来的健康和快乐。调查显示，举办过全运会等大型体育赛事的地方，健身人口比例有较大幅度的提高。

“全民全运”的理念为今后全运会的举办以及竞技体育与全民健身的协调、可持续发展提供了一个很好的示范。如何保持和扩大成果？王斌教授建议：一、体育场馆的设计不仅要满足比赛需要，还要特别考虑为全民健身提供更好的支持；二、应该积极组织优秀运动员深入到社区特别是学校中，进行运动示范和讲解，激发和强化青少年的体育学习与锻炼兴趣；三、应进一步挖掘竞技体育与全民健身之间的联系，探索并形成长效机制。

中国残联副主席吕世明表示，全运会应当是人民群众共同参与、共建共享的盛会，要让人民群众充分享受到体育发展的成果。既要注重体育精英，服务于奥运战略，又要考虑全民健身，增强人民体质，这是全运会可持续发展的基础。

从十运会的“体育的盛会，人民的节日”到十一运会的“和谐中国，全民全运”，全运会越来越突出大众参与，更强调全民健身。随着历史进步和社会发展的脚步，全运会的办赛理念也在不断更新、进步，并形成一份新的精神财富。

（刊载于《人民日报》2009 年 10 月 24 日）

奖品　纪念品

纪念邮票

纪念章

宣传海报

友好交流

胡锦涛会见国际奥委会主席罗格

胡锦涛主席会见国际奥委会主席罗格

新华社济南10月16日体育专电 国家主席胡锦涛16日晚上在山东济南会见了国际奥委主席罗格。

胡锦涛欢迎罗格出席中华人民共和国第十一运动会，对他连任国际奥委会主席表示祝贺。

胡锦涛说，去年8月，在国际奥委会大力支持下，在国际奥林匹克大家庭成员共同努力下，北京奥运会、残奥会取得圆满成功。北京奥运会、残奥会的成功举办，弘扬了奥林匹克精神，推动了国际奥林匹克运动普及和发展，深化了中国同国际奥林匹克大家庭的交流与合作，增进了世界各国人民相互了解和友谊，也极大鼓舞了中国人民建设自己国家的信心和热情。胡锦涛感谢罗格为北京奥运会、残奥会成功举办所做出的重要贡献，表示中方愿进一步加强同国际奥委会的交流与合作，也愿同伦敦、里约热内卢分享举办奥运会的经验，为推动国际奥林匹克运动发展做出新贡献。

胡锦涛表示，北京奥运会、残奥会结束后，我们积极运用北京奥运会、残奥会的成果，在13亿中国人民中推动奥林匹克运动的普及和发展。特别是我们颁布了《全民健身条例》，将每年8月8日定为“全民健身日”，以立法形式保障和促进全民健身活动。这既是为了培养人民健康意识和习惯，增强人民体质特别是青少年体质，也是为了弘扬奥林匹克精神，支持国际奥林匹克运动发展。

胡锦涛说，本届全国运动会正逢我们举办全国运动会50周年，也是继北京奥运会、残奥会之后我们举办的第一个全国综合性运动会。不管是运动员、教练员还是济南广大市民，都对这次全运会倾注了极大热情。

罗格表示，这是我第三次有机会参加中国全运会。这些运动会展示了中国体育运动的强大活力。感谢中国对于整个奥林匹克运动和世界体育运动做出的贡献。中国不仅举办了成功的奥运会，而且在体育、环境、发展方面给世界留下宝贵遗产。他赞赏中国全民健身运动的普及和发展，感谢中国对伦敦和里约热内卢奥运会给予的支持，相信中国将为下两届奥运会的成功发挥重要作用。

刘云山、刘延东等参加会见。

（刊载于《中国体育报》2009年10月17日）

刘鹏会见朝鲜客人

本报济南10月17日电 国家体育总局局长、中国奥委会主席刘鹏今天会见了朝鲜体育指导委员会委员长朴学先一行，双方进行了友好交谈并签署了《中朝体育交流议定书》。

刘鹏说，在中国北京申办和举办北京奥运会期间，得到朝鲜朋友的大力帮助，我们永远不会忘记。他介绍说，今年对于群众体育来说，是非常重要的发展之年。中国国务院决定每年的8月8日作为全民健身日，今年8月30日中国国务院颁布了《全民健身条例》。我们从今年开始在全国开展校园青少年足球的活动。在足球上中国要向朝鲜学习。就朝鲜乒乓球运动员要参加中国联赛的事情，刘鹏表示，我们非常欢迎，目前中国的乒乓球联赛已经有好几个国家乒乓球选手参加，非常愿意和各国选手共同提高。

朴学先说，通过北京2008年奥运会，中国有力地显示了国力。在奥运会上拿到了金牌第一名，证明在中国，党和政府非常支持体育活动。希望今后在有关体育项目上进一步加强交流与协作，并预祝中国第十一届全国运动会取得很好的成就。

（刊载于《中国体育报》2009年10月18日）

总局领导会见多方来宾

本报济南10月18日电 全国运动会举行之际，国家体育总局领导在济南分别会见了各国家和地区客人。

10月17日中午，国家体育总局局长刘鹏会见并宴请了香港金利来集团副主席曾智明。刘鹏代表国家体育总局欢迎曾智明前来观摩全运会，感谢曾智明及其父亲曾宪梓先生长期以来对内地体育事业的关心和支持。刘鹏表示，北京奥运会后，曾宪梓先生又捐出巨资成立曾宪梓体育基金用于奖励内地奥运金牌运动员，这是对内地体育事业发展的巨大支持和莫大鼓舞。曾智明祝愿第十一届全运会圆满成功，表示今后将继续支持内地体育事业的发展。

10月18日中午，刘鹏会见并宴请了蒙古奥委会主席扎德苏伦一行，双方进行了亲切友好的交谈并就共同关心的问题交换了意见。

10月16日晚，国家体育总局副局长于再清会见并宴请了香港英皇集团主席杨受成和前国际篮联主席程万琦。于再清感谢杨受成和程万琦先生对内地体育事业的关心和支持。杨受成和程万琦表示愿意继续为内地体育事业的发展贡献心力。

10月16日中午，国家体育总局副局长段世杰会见并宴请了香港特区体育代表团团长、民政事务局局长曾德成和香港体育界观摩团一行。段世杰祝愿香港运动员在本届运动会上取得优异成绩，并重申了国家体育总局支持香港成功举办第五届东亚运动会的一贯立场。

10月17日中午，国家体育总局副局长蔡振华会见和宴请了以澳门体育发展局局长黄有力为团长的澳门体育界观摩团一行。蔡振华祝愿澳门运动员在本届运动会上取得优异成绩。黄有力感谢体育总局长期以来对澳门体育发展的支持，希望今后继续加强与内地的体育交流与合作。

（刊载于《中国体育报》2009年10月19日）

第七届中国体育美术作品展览济南开展

新华社济南10月16日体育专电 第七届中国体育美术作品展览开幕式16日上午在山东工艺美院举行。国务委员刘延东、国际奥委会主席罗格等出席开幕式并参观了展览。

国家体育总局、中国奥委会、中国美术家协会和十一运会组委会共同主办的第七届中国体育美术作品展，于10月16日至22日在济南举行，该展览是十一运会期间举行的重要体育文化活动之一，也是世界上规模最大的以体育内容为创作题材的国家级美术作品展览。本次展览共展出作品368件，以雕塑、油画、国画、版画、漆画、招贴画、水彩画和粉画等多种形式和丰富的体裁、多样的表现手法，全方位、多角度地展现了美术工作者对于体育的理解，展现了体育与艺术相结合的魅力。

国际奥委会主席罗格为本次展览题词并在开幕式上致辞。他说，体育美术作品展突出体现了奥林匹克文化的核心内容，即体育与文化的结合。举办体育美术作品展对从体育中获得灵感的艺术家和参观者都具有重要的教育意义。

国家体育总局局长、中国奥委会主席刘鹏在开幕式上说，体育和艺术有着天然的联系。体育所展现的力量之美、精神之美，无不拓展着艺术创作的题材、丰富着艺术创作的内涵；而艺术所展现的体育画卷，又很好地传播了体育文化、促进了体育的普及。在我国从体育大国向体育强国迈进的历史进程中，将会不断地涌现出更多、更优秀的体育美术作品。中国美协主席刘大为表示，体育美术作品展是一次完美的体育与艺术的融合，是奉献给热爱体育、热爱奥林匹克的人们的一次文化盛宴。

周济、姜大明等中央国家机关和山东省领导出席了开幕式。

出席中国体育美术展览的还有李学勇、江小涓、于再清、霍震霆等。

（刊载于《中国体育报》2009年10月17日）

中华人民共和国
第十二届运动会

2013年

8月31日—9月12日

辽宁

简　介

第十二届全运会于 2013 年 8 月 31 日至 9 月 12 日在辽宁省举行，由国家体育总局和辽宁省人民政府承办。辽宁在 2009 年 1 月申办全运会成功，是继北京、上海、广东、江苏与山东后，第 6 个主办全运会的省市。设游泳（跳水、水球、花样游泳）、射箭、田径、羽毛球、棒球、篮球、拳击、皮划艇（激流回旋）、自行车、马术、击剑、足球、高尔夫球、体操（艺术体操、蹦床）、手球、曲棍球、柔道、现代五项、赛艇、橄榄球、帆船（帆板）、射击、垒球、乒乓球、跆拳道、网球、铁人三项、排球（沙滩排球）、举重、国际式摔跤、武术（套路、散打）等 31 个大项、40 个分项、350 个小项，7 人制橄榄球是本届全运会唯一增加项目。来自各省、区、市、解放军和行业体协 38 个代表团的 9500 名运动员参赛。共产生 574.5 枚金牌、525 枚银牌、553.5 枚铜牌。

本届运动会有 4 人 5 次破 5 项亚洲纪录，11 人 3 队 18 次打破 14 项全国纪录。

会　徽

图案以“龙腾盛世，扬帆体坛”为题材，充分反映出祖国经济繁荣昌盛、体育事业蒸蒸日上、全运盛会吉祥如意、体坛竞技争创明星的美好景象；以变体行书“辽”字体现地域特征；以“红五星一角”体现祖国形象；以“跑道”体现体育内涵；以“12”字符体现“十二届全运会”理念；以龙飞凤舞的表现手法，体现赛场上运动健儿英姿；以海水喻示“辽河流域，永远安宁”文化内涵。图案中红色象征活力，蓝色代表辽宁省沿海特征及博大胸怀。

中华人民共和国运动会会旗

吉 祥 物

“宁宁”的创意灵感来源于具有“渤海明珠”美誉的斑海豹。“宁宁”的名字取自“辽宁、安宁”。民间流传着“海狗把门”的传说，寓意守候一方平安与富庶。“宁宁”高举火炬，张开怀抱，发出热情洋溢的邀约，饱含着辽宁人民对全运会的美好憧憬、对全国运动健儿的良好祝愿以及对来自五湖四海宾朋的热诚欢迎。

筹　备

第十二届全运会辽宁省筹备委员会

【发布部门】辽宁省人民政府

【发文字号】辽政办发〔2010〕5号

【发布日期】2010年1月28日

【实施日期】2010年1月28日

辽宁省人民政府办公厅
关于成立第十二届全运会辽宁省筹备委员会的通知

（辽政办发〔2010〕5号）

各市人民政府，省政府各厅委、各直属机构：

经国务院批准，第十二届全国运动会将于2013年在辽宁省举行。为做好第十二届全运会筹备工作，省政府决定成立第十二届全运会辽宁省筹备委员会，其组成人员如下：

主　　任：陈政高　　省长

副 主 任：许卫国　　副省长

　　　　　滕卫平　　副省长

　　　　　陈海波　　沈阳市市长

　　　　　李万才　　大连市市长

顾　　问：王唯众　　省委原常委、省纪委原书记

秘 书 长：滕卫平　　副省长

副秘书长：马祥图　　省政府副秘书长

　　　　　郭富春　　省政府副秘书长

　　　　　何明清　　省政府副秘书长

　　　　　常卫国　　省委宣传部副部长

　　　　　孙永言　　省体育局局长

委　　员：（略）

第十二届全运会筹备工作

省政府副省长、十二运组委会副主任兼秘书长贺旻同志介绍十二运筹备工作情况。

一、工作进展情况。第十二届全运会将于8月31日至9月12日在全省14个城市(赛区)举办。自十二运筹备工作启动以来，在党中央、国务院的亲切关怀下，在十二运组委会和省委、省政府的正确领导下，各地区、各部门积极努力，通力合作，目前各项筹备工作均已进入收尾阶段。

1. 比赛场馆全部完工。64个比赛场馆建设已全部完工，竞赛器材入场安装调试基本结束，工程验收和体育工艺验收将分别于7月15日和7月底前全面完成。场馆周边的绿化施工、道路修建等配套工程已全部落实。

2. 竞赛组织有序推进。56个单项竞委会相继开始集中办公，与国家体育总局相关项目中心全面对接。十二运测试赛共计57个，已完成拳击、艺术体操、射击、柔道等测试赛41个。十二运先期决赛共计5个，已完成竞走、马拉松、网球团体3项决赛，开幕前还将举办现代五项和排球2项决赛。十二运信息系统已通过测试赛检测，报名系统、计时记分系统、通信系统运行正常。

3. 全力做好安保工作。在安保指挥体系建设、背景审查、证件管理、消防安全、重点部位警卫、风险评估、实战练兵等方面，全方位加大力度。制定了城市交通运行管理方案，赛会期间力争不封路、尽量减少交通管制。启动了“平安全运百日行动”，从严从紧，彻查隐患。同时，坚定不移地搞好社会管控和群防群控，确保十二运安全有序进行。

4. 市场开发收到成效。与25家企业签订赞助协议，签约总额9.3亿元，其中现金4.2亿元。目前已经到位4.1亿元，其中物资2.3亿元。

5. 接待准备全面启动。接待工作的职责分工已经落实，内外宾人数、驻地、费用及标准、交通保障等事项已经明确，信息采集将于7月底前完成。

6. 志愿者已上岗服务。招募赛会志愿者1.2万人、城市志愿者1.6万人。业务培训、现场演练全面展开，通过举行测试赛和决赛，检验了服务能力。在全省开展“迎全运社会志愿者服务活动”，150万名社会志愿者踊跃参与。

7. 城市环境不断改善。城市重点街路、全运会主功能区的道路整修全面启动，绿化、美化、亮化工作进度加快。在全省实施的“青山、碧水、蓝天”三大工程取得成效，城乡环境质量进一步改善。

8. 迎全运氛围持续升温。深入开展“迎全运、爱家乡、建辽宁”主题活动，吉祥物、会徽、会歌征集活动得到全社会积极响应，当好东道主、礼迎八方客、全民全运的氛围日益浓厚。已建成全民健身中心43个、健身广场1035个、体育公园96个，安装健身器材1.1万套。群众性体育运动和全民健身活动广泛开展。

同时，开闭幕式、火炬传递、交通保障、电视转播、医疗救护、食品安全、公共卫生等工作也在有序推进。

二、贯彻落实中央领导同志重要指示精神的情况。今年年初，中央领导同志就办好本届全运会做出重要指示，强调提倡俭朴、厉行节约，力求简约实效，不能过度奢华，把这届全运会办成一次开创新风的运动会。

全省上下按照王珉书记、政高省长的批示要求，认真学习、深刻领会、坚决贯彻习总书记重要指示精神，进一步明确了办好十二运的总体思路，即全民健身，共享全运，力求节俭，回归体育，开创新风。

1. 关于场馆建设。按照科学合理、保障比赛、持续利用的原则，尽可能利用现有场馆，坚持能利用的不改建、能改建的不新建、能简修的不大修，能临建的不搞永久建设。十二运比赛、训练场馆，由上届的129个减为117个，其中训练场馆53个，不需要投资建设和改造；64个比赛场馆中，以2009年3月5日国务院批复为界，之前批准建设39个，之后批准建设25个。25个新建场馆中，纯粹为全运会新建的只有10个，占场馆总数的8.5%。其余15个场馆，9个建在大学，没有全运会，这些大学也要建体育设施；6个建在盘锦市和葫芦岛市，由于两市是20世纪80年代建市，没有体育场馆，不举办全运会，也需要建设。新建的25个场馆总投资32.7亿元，其中政府投资12.1亿元，占37%。扣除大学9个场馆投资的4亿元和盘锦、葫芦岛两市6个场馆投资的24.1亿元，其余10个新建场馆投资为4.6亿元，其中政府投资3.6亿元，企业自筹1亿元（大连帆船帆板赛场）。由于十二运比赛项目主要在沈阳，而沈阳在筹备奥运会时就通过搬迁新建了“一场三馆”，所以节省了开支；由于十二运主要场馆建在大学，所以没有后期利用问题。

2. 关于开闭幕式。开闭幕式的主题定位和设计，本着力求节俭、回归体育、全民参与的原则，重在展现全民体育盛会的特色。开幕式于8月31日下午在沈阳奥体中心举行，这是继1987年第六届全运会后首次调整到白天举行，取消了大型文艺演出和焰火燃放，并降低了团体操表演规格。开幕式总时长120分钟，由展示和仪式两部分组成。闭幕式于9月12日晚，在辽宁省体育馆举行，总时长60分钟，由仪式和展示两部分组成。

3. 关于火炬传递。本届全运会火炬只在我省省内传递，点火仪式也在省内举行。圣火采集仪式拟于7月28日在大连旅顺口区老铁山观海平台举行。点火起跑仪式拟于8月10日上午，在沈阳奥体中心体育场南广场举行。火炬传递从8月10日开始在全省14个城市展开，预计历时20天，8月31日传入主会场沈阳奥体中心。

4. 关于运行经费。十二运运行经费总数控制在8亿元之内（包括中央给予的定额补助），压缩了78%。在经费使用上，坚持所需设备能借不租、能租不买，要购买的也严格执行采购程序，做到公开透明。同时，将市场开发的资金和物资纳入预算管理，实行收支两条线。

5. 关于赛会规模和规格。压缩比赛项目数量，比赛大项由上届的33个减为31个，小项由362个减为350个。压缩参赛规模，参赛单位由46个减少到38个。控制参赛运动队伍人数，总参赛运动员数量由上届全运会的11000人压缩到9500人，减少1500人；教练员和裁判员减少500多人。简化颁奖礼仪，颁奖团队尽量兼顾多个比赛场馆，用吉祥物代替鲜花。简化代表团成绩公布办法，淡化成绩排名。

6. 关于赛会相关活动。取消体育科学大会、各省体育成就展、体育摄影展、集邮展，压缩体育美术展规模，减少各种观摩活动，压缩时间和人数。合并组织全国群众体育先进单位、先进个人和全国体育系统先进集体、先进工作者两项表彰活动，压缩规模、会期。

7. 关于接待工作。邀请新闻记者不超过 2000 人；除邀请国家体育总局原负责同志外，不再邀请承办过全运会的省、市和中央国家机关有关负责同志观摩；除国家体育总局邀请的外宾外，我省只邀请 7 个外国驻沈领事馆的 21 位有关人员出席，邀请人数比上届减少一半。取消欢迎、答谢宴会，一律安排自助餐并注意节俭。不赠送各类纪念品或土特产，不安排超规格套房。

8. 关于票务工作。为体现全民共享全运的理念，施行便民惠民票务办法。开闭幕式统筹安排不同群体的观众有组织地观看。比赛门票以团体票和低价票为主，尽量满足更多观众的需求。团体票主要用于安排部分群众体育先进代表、退役运动员、青少年奥林匹克计划等观众免费观赛。公开销售的比赛门票中，100 元以下的中、低价票占总量的 85% 以上。充分考虑公众消费习惯和地域差异，通过代售点销售、网站销售、电话销售、场馆销售等多种途径，方便群众购票。

三、下一步主要工作：

1. 认真组织竞赛。精心组织先期决赛和测试赛，开展好相关人员集中培训。引导运动员树立正确的成绩观和胜负观，带头执行“严令禁止、严格检查、严肃处理”的反兴奋剂方针，展现东道主的风格和姿态，做到无赛风赛纪问题、无兴奋剂事件。

2. 精心做好接待。组织各赛区、各责任单位按照既定分工，分兵把口，各司其职，责任到人，严格执行服务保障工作流程、服务质量标准，在吃、住、行、医等方面，提供热情礼貌、细致周到、高效便捷的服务，力争让参赛选手和各方来宾高兴而来、满意而归。

3. 加紧开闭幕式准备。组织承担开闭幕式展演任务的各有关单位，明确时间节点，倒排时间表，抓紧排练，确保按期保质完成任务。对开闭幕式涉及的贵宾接待、安保交通、观众组织、医疗救护、现场保障等工作，实行统一指挥调度，落实责任，搞好衔接。

4. 全力做好安保工作。把全运会安保工作提高到前所未有的高度，搞好综合演练，细化工作方案，超前做好突发情况的应对准备。特别是开闭幕式现场、火炬传递路线、运动员驻地、比赛场地等重点地带的安保工作，要始终狠抓不放。实行每周工作调度制度，把各项措施、各项预案全方位落到实处，确保万无一失。

5. 加快推进城乡环境整治。加紧整修城市重点街路，加快推进城市市容整治和绿化、美化、亮化工作，严肃查处各类污染环境、不达标排放的行为，以美丽、整洁、有序的环境迎接各方来宾。

6. 进一步加强宣传工作。组织全省各级各类媒体，积极行动，主动而为，强化主旋律宣传导向作用。围绕“全民健身，共享全运”的主题，“节俭、文明、绿色”的办赛理念以及改革创新办会的做法、成果，对全运会进行多视角、全方位的报道；强化车站、机场、高速路口、宾馆等重点部位和公交车、出租车、楼宇电视、户外大屏幕等新兴媒体的氛围营造，让全省群众都来关心、参与全运会，让全国各地都来关注、支持全运会。

7. 坚决落实廉洁节俭办赛方针。切实按照中央要求，对重大项目、器材装备、配套设施，实行严格的招投标和采购制度，严格控制经费支出。加强对大额资金使用、市场开发、赞助捐赠物资管理等重点部位、关键环节的跟踪审计和全过程监督，确保无腐败问题发生。

现在，十二运的筹备工作进入了关键冲刺阶段。我们要在国家体育总局的指导帮助下，在省委、省政府的正确领导下，全面落实中央领导同志的重要指示精神，齐心协力，全力以赴，坚决做好全运会各项筹备工作，向党中央、国务院，向全国人民交上一份合格的答卷。自辽宁筹办第十二届全运会以来，在座的各家新闻媒体为宣传十二运采写了大量的新闻报道，对我们的工作给予了有力的支持。我们诚挚地希望各位记者多宣传报道十二运的各项工作，为十二运的成功举办做出媒体的贡献！谢谢大家。

（来源：辽宁省人民政府网 2013 年 7 月 10 日）

第十二届全运会项目竞赛委员会在沈阳成立

第十二届全运会项目竞赛委员会日前在沈阳成立，标志着十二运筹备工作进入了冲刺阶段。辽宁省副省长滕卫平出席会议并讲话，总局竞体司司长蔡家东宣布成立第十二届全运会项目竞委会的决定。

体育总局领导在讲话中强调，要抓好组织、计划和责任的落实，严格按照综合性运动会的规范要求组织竞赛工作，认真学习组委会各项政策规定，进一步加强业务培训。各项目竞委会的成立，是落实竞赛组织工作的重要一步，标志着主办单位和承办单位在体制机制上的进一步结合，也标志着国家体育总局各职能部门、相关项目管理中心，辽宁省各级政府部门、各相关单位工作参与力度的进一步强化。

据介绍，十二运会的全部比赛将在 63 个场馆进行，每一个单项竞委会都设有一个综合办公室和 14 个业务处，分别负责安保、竞赛、接待、新闻宣传、志愿者服务等工作。

据悉，项目竞委会是承办十二运各项赛事的职能主体，是在十二运组委会统一领导下、接受组委会各部门指导的独立运行机构。项目竞委会的职责是根据竞赛项目划分，在一个或若干个场馆内组织项目竞赛，落实相关运行和服务保障工作，确保每个项目赛事的顺利举行。

（来源：国家体育总局政府网站 2012 年 12 月 12 日）

第十二届全运会组委会成立暨动员大会在沈阳举行

2010年6月3日，第十二届全国运动会组委会成立暨动员大会在沈阳举行。省委领导出席会议并为组委会揭牌。国家体育总局局长刘鹏出席会议并讲话。市长陈海波出席会议并发言。

省上领导在讲话中说，在辽宁举办第十二届全运会，是党中央、国务院及国家体育总局对辽宁的信任，为此，辽宁人民感到欢欣鼓舞。我们一定要学习借鉴北京奥运会的成功经验，满怀激情，举全省之力把第十二届全运会办出一流水准、办出辽宁特色、办出综合效益，服务全国体育事业，推动辽宁全面振兴。我们要加强组织领导，分解落实承办任务。要加快场馆建设，为全运会提供优良设施；要精心组织备战，争创优异比赛成绩；要以承办全运会为契机，全面提升城市建设和精神文明建设水平，让辽宁环境更优美，拉动全省经济社会又好又快发展；要加强宣传引导，营造良好的办赛氛围；要建立“政府支持、市场运作、社会赞助”的投入机制，确保办会经费，防止乱集资、乱摊派，办一届廉洁的全运会。

刘鹏在讲话中代表国家体育总局向组委会的成立表示热烈祝贺。他说，第十二届全运会是在我国全面实施“十二五”规划、构建和谐社会、加快小康社会建设进程的大背景下举行的一届全运会。第十二届全运会在辽宁举办，是落实党中央、国务院振兴东北老工业基地战略方针的一项举措。希望辽宁省积极借鉴北京奥运会的宝贵经验，坚持廉洁办全运、节俭办全运、特色办全运的方针，认真做好场馆规划建设等工作，提升筹备与办赛水平。要尽快建立组委会各职能的组织机构，落实组委会的工作责任制，形成组委会的工作合力，科学、严谨地做好竞赛组织筹备工作；要按相关规定，抓紧制定全运会的市场开发方案，发挥全运会促进社会与经济发展的综合作用；要广泛宣传动员，形成全省人民理解、关心与支持全运会的良好舆论和社会环境。

陈海波在发言中说，沈阳市作为第十二届全运会的主赛区城市，将举全市之力，集各方之智，精心做好全运会各项筹备工作。加强组织领导，成立第十二届全运会沈阳赛区组委会；全力做好场馆规划建设，为全运会提供一流硬件设施；全面强化城市建设管理，为全运会创造一流城市环境；切实做好安全保卫和赛事组织；扩大舆论宣传，动员全社会参与支持全运会筹办工作；强化群众体育工作，推动群众体育事业跃上新台阶。

会上宣布了第十二届全运会组委会和纪律检查委员会成员名单，国家体育总局与省政府签订了第十二届全运会委托承办协议书。

国家体育总局领导段世杰、吴齐，省领导许卫国、周忠轩、张江、王琼、赵国红、程亚军出席会议。副省长滕卫平主持会议。国家有关部委、省直有关部门、各市政府主要负责人和我省社会各界代表参加会议。副市长王玲参加会议。

（刊载于《沈阳日报》2010年6月4日）

国家体育总局局长刘鹏点燃火炬

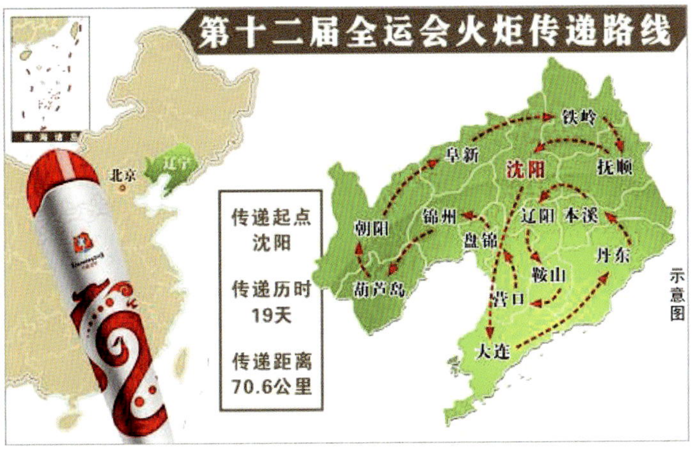

2013年8月10日，第十二届全运会火炬传递及点火仪式在沈阳举行

打造“绿色、科技、人文”全运会

主要内容：重点建设“十大工程”

实施时间：从2012年12月到2013年8月全运会前

●公共信息平台

城市公共信息平台是智慧浑南信息化基础支撑平台，平台包括基础信息，即人口、法人、地理空间、宏观经济“四大库”和建筑物库及物联网库的建设，还包括时空信息承载平台、城市运营平台、云计算服务等相关内容的建设。城市公共信息平台的建设，将对智慧浑南的信息化项目统一的运维管理和服务提供支撑。

●十大工程

交通工程

建设内容包括：智能公交系统、电子车牌、LED路灯节能系统、电子围栏、智能停车场管理、智能泊车、车载智能终端等应用；服务于浑南新区交通、物流等方面的应用。其目标是改善交通治理、微交通循环，提升宜居城区出行便利指标。

安保工程

建设内容包括：城市公共安全防控系统、行政应急预警智慧系统、安全生产监督管理系统、室内定位、交通流量控制等。智慧安保项目先期服务于全运会，制订全运会期间信息服务保障的各种方案和预案，确保赛事的正常举行，提高应急处置能力。之后服务于浑南新区城市安全与保卫，通过完善无线宽带专网和应用，实现对人流、物流、信息流等方面的高效管理。

市政工程

建设市政设施监控管理平台，对道路、通信、供水、排水、供电、供气、供暖等市政设施进行实时状况监测，收集实时数据，进行管理分析，利用技术提升城市功能。建立市政综合管廊管理信息系统，对管廊设备进行监控管理。

全运村工程

采用先进的物联网系统、楼宇设备自控系统、安保监控及防盗系统、智能卡系统、车库管理系统等，实现全运村的高效安全管理。建设全运村内智能信息服务系统，利用多种手段，提供运动员、官员、媒体、志愿人员等相关人员所需的公共信息，包括场馆、赛事、出行、生活信息等。

健康工程

将所有的医院信息、中医药行业信息、卫生局及医院等网站信息，卫生厅、体检中心的健康档案等信息全部进行归类并展现给市民，由市民自主选择，制定个性化服务套餐，使每个市民都拥有属于自己的私人医生。

社区工程

利用物联网等技术，对社区安全、卫生、生活服务进行智慧管理提升；对社区居民进行健康管理，采集居民的个人健康数据，及时有效管理社区居民的健康状况，进行健康追踪。提供智能家居服务，提供全方位的信息交互功能，帮助家庭与外部保持信息交流畅通。

城管工程

基于城市数字化、信息化和智能化建设，利用新一代移动通信网络、高速光纤宽带网络、物联网等信息和通信技术、云计算技术、GIS/3D/多媒体等高性能数字技术，积极探索城市智慧化的发展途径，最终实现一个集信息获取、信息处理、全过程监控督办、分析决策、视频监控、应急联动、联合指挥调度等多位一体的智慧化、全覆盖、全流程的综合性城市管理系统。

政务工程

建立政府协同办公及公文交换系统，支撑政府办公业务流转，实现文件、信息、资料、报表等的交换。统筹政务门户网站建设，建立政府内部门户网站和对外服务网站群，实现信息服务和信息公开和信息交互。建立行政审批及电子监察系统。

体验中心

以现有浑南新区规划馆为基础，扩展建设智慧城市展示体验中心，展示各智慧城市建设的相关技术，描述未来智慧城市基本建成后的场景，让参观者能切身感受到智慧系统给人们日常生活带来的改变。

参赛场馆

沈阳奥体中心五里河体育场曾作为2008年北京奥运会足球分赛场，为了十二运，体育场从2011年开始本着满足竞赛基本需求、节俭经费支出、兼顾赛后利用的原则进行了改扩建工程。

“赛后如何利用，如何将全运的成果惠及百姓，这是我们改造期间思考最多的问题，”沈阳奥体中心五里河体育场场长郑伟介绍说，“本着节俭和再利用的原则，这次改造我们新建了很多功能用房，这些在比赛的时候可以作为裁判员、运动员、工作人员的工作用房，等到比赛结束后，就会变成对外开放的健身房。”

●形象大使

2013年1月9日19时，由第十二届全运会组委会新闻宣传部、新华社辽宁分社主办的“中冶交通之夜·第十二届全运会形象大使揭晓晚会”在沈阳中华剧场举行。“钢琴王子”郎朗、女子羽毛球奥运冠军张宁、伦敦奥运会女子重剑冠军孙玉洁、辽宁男足队长肇俊哲成功当选。辽宁省政府、国家体育总局、第十二届全运会组委会、新华社及支持单位领导分别向4位形象大使颁发聘书及奖杯。

在揭晓晚会上，现任辽宁男足队长、曾在2002年代表中国男足参加韩日世界杯的肇俊哲眼角有些湿润。“因为自己心中承载着对辽宁足球的信仰，所以从19岁进入辽足一线队后就从未想过离开这片热土。”他直言，“我愿意为辽宁付出一切，不止在足球场上。”

随后登场的辽宁鞍山姑娘孙玉洁则在现场飙起了象征胜利的“海豚音”。在伦敦奥运会上与队友合作为中国女子重剑队拼下奥运首金的孙玉洁，正是凭借这样的呐喊让世界记住了她。

同为奥运冠军的羽毛球女将张宁，如今已成为中国羽毛球女队的主教练。当晚，她幸福地告诉现场观众，自己的女儿刚刚“满月”。张宁坦言：“担任全运会形象大使责任重大，升级为妈妈的自己更要成为榜样。”

被誉为“中国莫扎特”的世界钢琴大师郎朗当晚压轴出场，他已经有两年多没有回到家乡沈阳。他说：“正是成功当选形象大使才有机会回家看看。为家乡做宣传，必须的！”曾在德国世界杯和北京奥运会演奏钢琴曲的郎朗透露，在8月底开幕的全运会上也会有惊喜献给大家。

此次形象大使选拔是通过全社会的广泛参与和投票，再征求本人意见，并经十二运组委会核准后，最终在候选人中脱颖而出的。4位当选者在各自领域都有着较高知名度和影响力，他们将担任宣传中国全运会、宣传辽宁的“重任”。

十二运新建场馆只占五分之一

新华社沈阳7月25日体育专电 十二运组委会副秘书长李世凯25日表示，本届全运会所需117个比赛、训练场馆中，新建25个，只占21.4%。

国家有关部门2011年规定，十二运现有训练、比赛场馆至少达到总量的70%，新建场馆不超过30%。

据李世凯介绍，在25个新建场馆中，9个建在大学，丰富了大学生文化体育生活，为有效解决体育场馆的赛后持续利用探索了新路。6个建在盘锦和葫芦岛两市，两市是20世纪80年代建市，没有体育场馆，不举办全运会，也需要建设。

十二运组委会场馆建设与环境治理部副部长朱红称，在25个新建场馆中，纯粹为全运会新建的只有10个，占场馆总数的8.5%。

据介绍，这10个场馆承办的主要是辽宁省尚未开展的一些项目，如激流回旋、帆船帆板、马术等。

据十二运组委会介绍，举办十二运共需场馆117个，其中比赛场馆64个，训练场馆53个。117个场馆已于去年底全部完工，截至今年7月15日，64个比赛场馆已全部竣工并交付使用。

朱红说，十二运场馆建设一直坚持能利用的不改建，能改建的不新建，能简修的不大修，能临建的不搞永久建设。

记者从沈阳市了解到，作为十二运主赛区城市，沈阳承担着十二运开闭幕式和三分之一以上的赛事，共需40个比赛和训练场馆。由于沈阳在筹备北京奥运会时，就通过搬迁新建了“一场三馆”，所以除了在7个高校新建9个场馆外，其余全部是临建和改建场馆，节省了建设资金。

另外，十二运比赛场馆分布于辽宁省14个城市、9所高校，直接提升了群众体育运动的基础条件，有助于激发群众参与全民健身活动的热情。

（刊载于《中国体育报》2013年7月26日）

国家射击队开放资源
全面支持地方队备战全运

尽管国家队的比赛已告一段落，但是位于石景山的北京射击场似乎比以往更加热闹，目前这里聚集着来自国内各地方队的200多名射击运动员和教练员，他们的任务是备战即将打响的第十二届全运会。地方队之所以可以享受国家队的训练条件，按照射击射箭运动管理中心副主任、中国射击队总教练王义夫的说法，就是为了回馈地方队以往对于国家队的支持，全力帮助他们做好本次全运会的备战工作。

实际上早在今年4月的全运会射击预选赛之前，很多地方队就曾到北京的国家队训练场训练过，预选赛之后，很多教练员和运动员反映这样的备战效果非常不错。所以经过商议，射运中心再次为地方队开了“绿灯”，全力支持他们完成全运会正赛最后阶段也是最关键阶段的备战。其中除了来自东部发达省份的队伍，西部的新疆、青海、内蒙古等队也都进入了这个“大家庭”。

各地方队在北京的备战全面享受了国家队的资源和待遇，资格赛馆的电子靶位全部让给了他们，大大提高了地方队的训练质量。要知道现在一部分地方射击队还没有自己的电子靶，在国际射联更改了新规则、很多项目的成绩需要精确到小数点的情况下，他们是无法达到训练要求的，比赛时成绩自然不会太好。除了训练馆之外，射运中心还把国家队公寓、射击场内部的宾馆腾了出来，供地方队队员入住。地方队在餐厅享受到的可口的饭菜，无论是数量还是质量上也是与国家队基本相同的。

据王义夫介绍，地方队队员还可以在备战的这段时间内享受到日常为国家队队员进行的各种教育课，比如励志教育课、文化礼仪课、反兴奋剂教育课、心理教育课等。而对于地方队来说，这些课程平时是很难遇到的。

当然，既然进入了国家队的大门，也要相应遵守国家队的各项规定，地方队队员严禁外出就餐，必须遵守请假制度，日常训练严格按照制订计划执行。

“国家队的成绩离不开地方队的支持，那么国家队也要为地方提供必要的帮助。”王义夫说。其实国家射击队对地方队的支持远不止本次全运会的备战，在每年的全国比赛过程中，国家队的教练员都会和地方队教练员做一个沟通，将各种国际比赛的详细数据和视频交给大家，让他们了解目前世界射坛的发展趋势。比如在今年的第一站韩国世界杯比赛后，国家队的教练就曾深入到沈阳、南昌全运会预赛赛区，将该站比赛的具体情况向各地方的教练员做了一个报告，因为这站比赛是国际射联规则第一次使用，国内的很多教练员和运动员还不清楚究竟会对比赛有什么样的影响。“全国一盘棋，国家队的资源和地方队共享，才能更好地推动中国射击运动的发展。”

（刊载于《中国体育报》2013年7月26日）

坚决维护十二运公平干净的竞赛环境
总局领导检查调研反兴奋剂工作

本报讯 日前，国家体育总局党组成员、中央纪委驻总局纪检组组长王庆云到总局反兴奋剂中心检查调研反兴奋剂工作。在现场观看了反兴奋剂实验室、了解兴奋剂检查工作流程后，王庆云与反兴奋剂中心领导班子及中层干部进行了座谈。

座谈中，王庆云指出，总局历来高度重视反兴奋剂工作，将赛风赛纪和反兴奋剂工作视为十二运成功与否的关键环节，作为十二运重中之重的任务来抓。十二运决赛即将开始，反兴奋剂中心要进一步提高思想认识，加强教育监督，切实做到廉洁自律、恪尽职守、秉公执法。

王庆云强调，反兴奋剂中心要以十二运为主线，坚决贯彻落实总局反兴奋剂“零容忍”原则和“三严”方针，保持反兴奋剂高压态势，切实维护公平、公正、干净的竞赛环境。要提高思想认识，加强预防，对可能出现的问题进行梳理，做好工作预案并组织演练，提前做好兴奋剂问题的应急处置工作；要加强教育监督，增强工作人员廉洁自律意识和拒腐防变能力，对每个可能产生腐败的制度漏洞进行排查，细化廉政风险防控措施，看好自己的门、管好自己的人；要强化流程监控，将监控措施落实到兴奋剂检查的全过程，防止操作失误，避免兴奋剂问题漏报、错报，做到兴奋剂检查万无一失。

驻总局纪检组副组长、监察局局长施泽华陪同调研，表示要协调多部门配合，支持反兴奋剂工作，齐心协力推进体育行风建设。反兴奋剂中心主任汇报了中心主要任务、兴奋剂检查程序以及围绕十二运兴奋剂检查采取的针对性措施等工作情况。

（刊载于《中国体育报》2013 年 7 月 29 日）

全运会组委会第三次全体会议召开

本报沈阳 8 月 30 日电 第十二届组委会第三次全体会议暨代表团团长会议今日在沈阳召开。会议通报了第十二届全运会筹备组织工作情况，并对做好决赛阶段各项工作进行了动员和部署。

组委会主任、国家体育总局局长刘鹏作重要讲话，全面部署了决赛阶段的工作任务，并提出了要求。

刘鹏在讲话中明确指出了办好十二运会的目标和任务，全面深刻地分析了十二运会面临的形势，特别指出十二运会决赛阶段可能面临的赛风赛纪、反兴奋剂、安全工作等方面存在的风险和问题。要求各单位坚决贯彻落实习近平总书记的重要指示，把第十二届全运会办成一届厉行节约、反对铺张、开创新风的全运会；把赛风赛纪、反兴奋剂工作责任制认真落实到位，全力以赴抓好十二届全运会赛风赛纪和反兴奋剂工作，举办一届文明、干净的全运会；重视并做好全运会的新闻宣传工作，为全运会的调整和改革创造良好的社会舆论环境，举办一届鼓劲、和谐的全运会；重视全运会组织与参赛的安全工作，举办一届平安、祥和的全运会。

组委会副主任、辽宁省委常委、常务副省长周忠轩通报了十二运会组织工作筹备情况。组委会副主任、体育总局副局长冯建中、蔡振华，组委会副主任、中纪委驻国家体育总局纪检组组长王庆云，组委会副主任、辽宁省委常委、省总工会主席赵国红，组委会副主任、沈阳军区政治部副主任黄永贤，组委会副主任、辽宁省军区副政委王德波等出席了会议。第十二届全运会组委会全体委员、各代表团团长以及各单位体育部门负责人，组委会纪律检查委员会委员、组委会各部门负责人、各赛区区组委会负责人和各项目竞委会负责人等240余人与会。

（刊载于《中国体育报》2013年8月31日）

开幕式团体操

开幕式团体操

开幕式

欢迎辞

尊敬的习近平主席，

各位来宾，朋友们：

在这祥和、欢乐、激动人心的美好时刻，中华人民共和国第十二届运动会，即将在这里隆重开幕。首先，我谨代表中共辽宁省委、辽宁省人民政府和全省各族人民，向出席开幕式的各位领导、各位嘉宾表示热烈的欢迎！

第十二届全运会，是党的十八大后举办的全国第一个大型综合性体育盛会，也是我国体育健儿竞技水平和精神风貌的又一次集中展示。这届全运会在辽宁举办，我们备受鼓舞，同时也深感责任重大。在党中央、国务院正确领导下，在全国人民的关心支持下，我们以“全民健身、共享全运”为主题，按照“力求节俭、开创新风”的要求，彰显“回归体育本质”的理念，全力为赛事创造良好条件，为体育健儿和所有嘉宾提供优质服务。

辽宁山川秀美，历史悠久，产业雄厚，人文荟萃，当前正处于加快全面振兴、建设富庶文明幸福新辽宁的关键时期，全省人民将更加紧密地团结在以习近平同志为总书记的党中央周围，深入贯彻落实党的十八大精神，继续保持经济社会持续健康发展的良好态势，为开启提前全面建成小康社会新征程、实现中华民族伟大复兴的中国梦不断书写新篇章。

此时此刻，让我们共同在辽沈大地燃放激情，追逐梦想！衷心祝愿各位来宾生活愉快！祝第十二届全运会圆满成功！

谢谢大家！

开幕词

刘　鹏

尊敬的习近平主席，

尊敬的各位来宾，同志们、朋友们：

今天，我们在美丽富饶的辽沈大地，迎来了第十二届全运会的隆重开幕。在此，我谨代表国家体育总局和第十二届全国运动会组委会，向参加本届全运会的38个代表团表示热烈的欢迎！向出席开幕式的国内外嘉宾、港澳同胞、台湾同胞和海外侨胞表示热烈的欢迎！向为举办本届全运会做出巨大贡献的辽宁省委、省政府和辽宁全省人民表示衷心的感谢！向为筹办全运会工作付出辛勤努力的工作人员和无私奉献的志愿人员表示崇高的敬意！

全运会自1959年首次举办以来，已走过了54年。作为中国特色社会主义体育事业的重要组成部分，四年一届的全运会在党中央、国务院的高度重视和亲切关怀下，在全国人民的热情支持下，已经成功举办了11届。通过举办全运会，积极促进了我国竞技体育运动水平的不断提高，中国体育健儿在国际体育赛场上屡创辉煌，为国争光；通过举办全运会，有力推动了我国群众体育的不断普及和全民健身活动的更广泛开展，为我国体育事业的全面发展做出了积极的贡献。

本届全运会是一届调整改革、厉行节俭、开创新风的运动会。成功举办本届运动会，将会为继续提高我国竞技体育运动水平、促进全民健身活动开展、丰富人民群众精神文化生活、推动我国体育事业的新发展做出应有贡献。在此，衷心祝愿全体参赛人员顽强拼搏，公平竞争，赛出风格，赛出水平，赛出友谊，以良好的体育道德风尚和优异的运动竞技表现，大力弘扬中华体育精神和奥林匹克精神，取得运动成绩和精神文明双丰收。

同志们，朋友们，让我们紧密团结在以习近平同志为总书记的党中央周围，高举中国特色社会主义伟大旗帜，全面贯彻落实党的十八大精神，践行科学发展观，深入开展群众路线教育实践活动，紧密联系和依靠广大人民群众，以改革创新精神，不断探索和实践中国特色社会主义体育事业发展方式，加快体育强国的建设步伐，为实现中华民族伟大复兴的中国梦而积极努力，做出贡献！

现在，我荣幸地邀请中共中央总书记、国家主席、中央军委主席习近平同志宣布第十二届全国运动会开幕。

入场式隆重热烈
点火仪式精彩纷呈

北京时间2013年8月31日16时，第十二届全运会开幕式在沈阳奥体中心举行，这是继1987年第六届全运会以来，开幕式首次在白天举行。开幕式总时长为两个小时，由文艺演出、全民健身展示、运动员入场、点火仪式等环节组成，为观众们展示一个全新的全运会开幕仪式。

16时，在欢快的迎宾曲中，习近平等党和国家领导人走上主席台，向观众挥手致意，全场响起热烈掌声。

开幕式全民健身展示由行进队列、太极武术、第九套广播体操和健身操4个节目组成，队列操展现了当下辽宁“转身向海”、扬帆远航的时代内涵和气势；太极武术体现了不同年龄健身者对中华文化刚柔相济、动静结合内涵的理解；第九套广播体操是在全国最高级别的盛会上群众参与最为广泛的健身项目；多种形式的健美操、搏击操、竞技操、啦啦操的展示则焕发了当代青年的青春活力和蓬勃动力。参与人员来自学校、部队、农村、社区各体育爱好者协会等，总人数3920人，展示时长为24分钟。

开幕式现场

开幕式仪式

首先，欢迎中华人民共和国国旗、中华人民共和国运动会会旗、第十二届全运会会旗。随后，技术官员（裁判员）代表方队和38个代表团运动员代表方队入场。

1. 技术官员方队代表着本届全运会3600多名裁判员。

2. 中国人民解放军体育代表团由身穿军装的王治郅担任旗手，共参加28个大项、257个小项的决赛。

3. 北京市体育代表团共有628名运动员，将参加28个大项、246个小项的比赛。

4. 天津市体育代表团由575人组成，将参加23个大项、137个小项的比赛。

5. 河北省体育代表团的454名运动员将参加23个大项、192个小项的比赛。

6. 内蒙古自治区体育代表团由308人组成，将参加19个大项、138个小项的比赛，是内蒙古自治区参加历届全运会参赛人数、参赛项目最多的一届。

7. 吉林省体育代表团178名运动员将参加16个大项、69个小项的决赛。在已经结束的全运会冬季项目决赛，加上冬夏奥运会奖牌合计，目前已获12金13银8铜655分。

8. 黑龙江省体育代表团共有210名运动员参加16个大项、123个小项的角逐。旗手王镇在本届全运会男子20公里竞走比赛中为黑龙江夺得首金。

9. 上海市体育代表团共有728名运动员参加29个大项、236个小项的决赛。

10. 江苏省体育代表团共有739名运动员参加比赛，包括陈若琳、蔡赟、骆晓娟、许安琪、仲满、陆春龙、邱健等奥运冠军。

11. 浙江省体育代表团由男篮国手丁锦辉担任旗手，共有535名运动员参加26个大项的决赛。1984年以来，浙江体育健儿创造了八届奥运会连续夺金的辉煌。

12. 安徽省体育代表团的230名运动员力争在手球、体操、田径、摔跤、拳击、武术、皮划艇等项目上向金牌发起冲击。1984年洛杉矶奥运会，许海峰夺得了新中国参加奥运会的首枚金牌。

13. 福建省体育代表团由中国男篮队员王哲林担任旗手，441名运动员将参加21个大项、207个小项的角逐，在羽毛球、举重、田径、蹦床、水上等项目均有优势。

14. 江西省体育代表团，近年来涌现出蝉联奥运冠军杨文军、吴静钰和奥运冠军许艳梅、彭勃、金紫薇等一批优秀运动员。

15. 山东省体育代表团由乒乓球大满贯选手张继科担任旗手，852名运动员将参加28个大项的角逐。山东成功举办了第十一届全国运动会，且金牌总数位列第一名。

16. 河南省体育代表团的443名运动员将参加25个大项、189个小项的争夺。

17. 湖北省体育代表团的386名运动员将参加22个大项、27个小项的比赛。

18. 湖南省体育代表团的249名运动员将参加15个大项、136个小项的比赛。

19. 广东省体育代表团由奥运击剑冠军雷声担任旗手，784名运动员将参加30个大项的决赛。

20. 广西壮族自治区体育代表团的235名运动员将参加17个大项、87个小项的比赛。团员中有46名壮、瑶、侗、回族等4个少数民族运动员，包括奥运冠军陆永、世界冠军马欢欢等优秀选手。

21. 海南省体育代表团由全运会帆船冠军邓道坤、王伟东等61名运动员组成。将参加本届全运会帆船帆板、拳击、高尔夫等10个大项目。

22. 重庆市体育代表团共有143名运动员，将参加14个大项、75个小项的决赛，由李雪芮、施廷懋、王涛、李斌等一批奥运会冠军、世界冠军和全国冠军领衔。

23. 四川省体育代表团共有运动员731人，是四川参加全运会历史上人数最多的一次。将参加34个大项、251个小项的角逐。

24. 贵州省体育代表团共111名运动员，将参加18个项目的比赛。

25. 云南省体育代表团的265名团员中包括彝、白、壮、傣、纳西等19个少数民族的运动员，将参加田径、游泳、自行车等21个大项、100个小项的比赛。

26. 西藏自治区体育代表团的19名运动员将参加摔跤、柔道、拳击、武术、跆拳道、马术、皮划艇等项目的角逐。

27. 陕西省体育代表团共266名运动员，将参加18个大项、120个小项的决赛。

28. 甘肃省体育代表团共153名运动员，将参加田径、自行车、摔跤、射击、皮划艇、赛艇、铁人三项等13个大项、67个小项的决赛。

29. 青海省体育代表团，通过重点发展马拉松、中长跑、竞走、自行车等高原重点优势项目，培养了奥运史上首位登上领奖台的藏族选手切阳什姐等优秀运动员。

30. 宁夏回族自治区体育代表团，63名运动员将参加射击、游泳、武术、摔跤、田径、自行车、水球、赛艇、皮划艇（静水）、乒乓球、击剑11个大项29个小项的决赛。

31. 新疆维吾尔自治区体育代表团，将参加15个大项、61个小项的决赛。

32. 香港特别行政区代表团，将参加20个项目的比赛。

33. 澳门特别行政区代表团，将参加11个项目的比赛。

34. 新疆生产建设兵团体育代表团，将参加跆拳道、摔跤、田径和射击4个项目的比赛。

35. 中国火车头体育协会代表团，将参加国际式摔跤、跆拳道、举重、武术散打、田径等5个项目的比赛。

36. 中国煤矿体育协会代表团，将参加摔跤、跆拳道、柔道3个大项的比赛。

37. 中国前卫体育代表团，将参加拳击、跆拳道、武术散打3个项目的角逐。

38. 辽宁省体育代表团。辽宁，被誉为共和国的长子，也是培养奥运冠军的摇篮。新中国成立以来，共夺得了 34 枚奥运金牌，产生了 405 个世界冠军。作为本届全运会的东道主，辽宁代表团由 1411 人组成，其中运动员 928 人，将参加 31 个大项、282 个小项的比赛，参赛人数和参与比赛项目均创历届之最。

17时15分许，全场起立，奏国歌，升国旗。辽宁省领导致欢迎辞："辽宁山川秀美，历史悠久，产业雄厚，人文荟萃。第十二届全运会，是党的十八大后举办的全国第一个大型综合性体育盛会，也是我国体育健儿竞技水平和精神风貌的又一次集中展示。在党中央、国务院正确领导下，在全国人民的关心支持下，以'全民健身、共享全运'为主题，按照'力求节俭、开创新风'的要求，彰显'回归体育本质'的理念，全力为赛事创造良好条件，为体育健儿和所有嘉宾提供优质服务。"

第十二届全运会组委会主任、国家体育总局局长刘鹏同志致开幕词："全运会自 1959 年首次举办以来，已走过了 54 年。作为中国特色社会主义体育事业的重要组成部分，四年一届的全运会在党中央、国务院的高度重视和亲切关怀下，在全国人民的热情支持下，已经成功举办了 11 届。通过举办全运会，积极促进了我国竞技体育运动水平的不断提高，中国体育健儿在国际体育赛场上屡创辉煌，为国争光；通过举办全运会，有力推动了我国群众体育的不断普及和全民健身活动的更广泛开展，为我国体育事业的全面发展做出了积极的贡献。本届全运会是一届调整改革、厉行节俭、开创新风的运动会。"

升旗现场

开幕式现场

开幕式现场

火炬点燃

开幕式现场

“英雄航天员”张晓光、“当代雷锋”郭明义、“载人深潜英雄”刘开周在开幕式上担任火炬手

火炬传递

开幕式现场

场内火炬传递　点燃主火炬

第一棒火炬手李玉伟、姚景远、陈跃玲，曾分别获得过第 23 届奥运会射击、举重项目冠军，第 25 届奥运会田径项目冠军。

第二棒火炬手庄晓岩、王军霞、孙福明，曾分别获得过第 25 届奥运会柔道项目冠军，第 26 届奥运会田径、柔道冠军。

第三棒火炬手丁美媛、袁华、王楠，曾分别获得过第 27 届奥运会举重、柔道、乒乓球冠军。

第四棒火炬手王丽萍、张宁、杨昊，曾分别获得过第 27 届奥运会田径冠军，第 28 届奥运会羽毛球、排球冠军。

第五棒火炬手刘亚男、张越红两人均获得过第 28 届奥运会排球冠军，韩晓鹏曾获第 20 届冬奥会自由式滑雪冠军。

第六棒火炬手王娇曾获第 29 届奥运会摔跤冠军，孙玉洁和李娜两人均获第 30 届奥运会击剑冠军。

第七棒火炬手射击奥运冠军王义夫、羽毛球教练李永波、柔道教练刘永福，3 人均为辽宁籍冠军教练员代表。

第八棒火炬手由 3 名辽宁籍社会各界代表组成，他们分别是："当代雷锋"、全国道德模范郭明义，"天宫一号"与"神舟十号"的"英雄航天员"张晓光，"蛟龙号"的"载人深潜英雄"刘开周。

3 名主火炬手郭明义、张晓光、刘开周将手中的圣火传递给 12 名少年儿童代表。喻示着体育精神将永远薪火相传，喻示着中华美德必将折射出时代的光芒，喻示着象征祖国未来的一代，也一定能担负起让中华民族更加强盛的伟大期望！

3 名主火炬手和 12 名少年儿童代表共同点燃火炬塔。12 名奥运冠军韩晓鹏、王丽萍、罗微、杨凌、张娟娟、罗雪娟、奚爱华、张国政、陈一冰、冯坤、冼东妹、张军，引领着群众体育健身爱好者与场上的运动员代表共同欢庆！

组织机构

组织委员会名单

主　　任：	刘　鹏				
执行主任：	陈政高				
副 主 任：	杨树安	冯建中	蔡振华	王庆云	贺　旻
	晓　敏	周忠轩	张　江	赵国红	
	黄永贤	王德波	陈海波	李万才	
秘 书 长：	贺　旻（兼）				
顾　　问：	王唯众				
常务副秘书长：	倪会忠	蔡家东	周立元		
副秘书长：	张海峰	刁　林	郭　平	张玉珠	何庆良
	郭富春	王大心	孙永言	李世凯	邢　凯
委　　员：	刘　岩	刘国永	郭建军	刘扶民	高志丹
	宋鲁增	蒋志学	李寿山	施泽华	翁家忍
	赵　黎	何珍文	孙远富	王　悦	韩玉起
	赵焕林	张　晨	王金笛	李　兵	张福昌
	刘晓东	王大伟	韦春江	陈广君	李树民
	季凤岚	朱京海	商向东	刘焕鑫	史会云
	奚克路	何焕秋	韩东太	周连科	王大南
	崔枫林	孙大刚	石凤岐	常　海	李成军
	李厚朴	马述君	于晓光	宋　凯	徐　汉

孙悦声	刘　征	董新利	殷立军	张　伟
吴玉祥	吕　鹏	张　钊	姚　非	王　英
陈必成	于　波	刘　野	田　野	许　波
孙　刚	马　义	徐少达	于文福	王江山
张荣胜	孙　康	王占柱	陈锡兵	李　林
周　斌	张志南	燕福龙	张　媛	南新生
唐　宁	王学礼	王　顺	王建宏	吴忠琼
栾庆伟	高宏彬	石　光	刘凤海	葛乐夫
杨忠林	王正谱	林　强	于言良	蹇　彪
郝　本	伟姜军	朱程清		

代表团团部正编人员人数规定

单位：人

运动员	团长	副团长	工作人员总数（含团长、副团长）
1	1	0	1
2	1	0	2
3	1	0	3
4	1	0	4
5—54	1	1	5
55—64	1	2	6
65—74	1	2	7
75—84	1	2	8
85—94	1	2	9
95—100	1	2	10
101—107	1	3	11
108—122	1	3	12
123—137	1	3	13
138—152	1	3	14
153—167	1	4	15
168—182	1	4	16
183—197	1	4	17
198—212	1	5	18
……	1	5	……

注：运动员人数在212人以上的代表团，工作人员人数依此类推，即运动员每增加15人（不足15人的，按7舍8入计算），可增报1名工作人员。

夜幕下的运动会场馆

竞赛规程规则

竞赛规程总则

举办中华人民共和国第十二届运动会是为了贯彻落实科学发展观，进一步促进我国群众体育和竞技体育协调发展，推动我国竞技体育的健康、协调、可持续发展和进步，展示我国改革开放和现代化建设的丰硕成果，为社会主义经济社会文化建设服务。运动会要本着团结协作、统筹协调、科学规范、节俭廉洁的原则，赛出风格、赛出水平，努力办成精彩、热烈、文明、和谐的高水平体育盛会，为推动我国体育强国建设，促进体育事业的全面发展，为建设和谐社会与促进文明进步做出积极贡献。

一、竞赛日期和地点

2013 年在辽宁省举行。

二、竞赛项目

游泳（跳水、水球、花样游泳）、射箭、田径、羽毛球、棒球、篮球、拳击、皮划艇（激流回旋）、自行车、马术、击剑、足球、高尔夫球、体操（艺术体操、蹦床）、手球、曲棍球、柔道、现代五项、赛艇、橄榄球、帆船（帆板）、射击、垒球、乒乓球、跆拳道、网球、铁人三项、排球（沙滩排球）、举重、国际式摔跤、武术（套路、散打）。

各竞赛项目的小项设置按照《第十二届全国运动会竞赛项目小项设置方案》执行。各项目比赛原则上安排在开、闭幕式期间进行。如有个别项目确与国际重大赛事时间有冲突，经审核批准，国家体育总局将于比赛前 12 个月公布提前决赛项目方案。

三、参加单位

中国人民解放军、北京市、天津市、河北省、山西省、内蒙古自治区、辽宁省、吉林省、黑龙江省、上海市、江苏省、浙江省、安徽省、福建省、江西省、山东省、河南省、湖北省、湖南省、广东省、广西壮族自治区、海南省、重庆市、四川省、贵州省、云南省、西藏自治区、陕西省、甘肃省、青海省、宁夏回族自治区、新疆维吾尔自治区、香港特别行政区、澳门特别行政区、台湾省、新疆生产建设兵团、火车头体育协会、煤矿体育协会、前卫体育协会。

四、运动员资格

（一）中华人民共和国公民。

（二）经县级以上医务部门检查证明身体健康。

（三）符合国家体育总局有关规定，并自愿签署赛风赛纪和反兴奋剂承诺书。

（四）符合各项目竞赛规程和竞赛规则的有关规定。

（五）运动员注册规定：

按照《关于印发第十二届全国运动会运动员代表资格有关规定的通知》（体竞字〔2010〕6号）规定执行。

（六）同一名领队、教练员等官员只能代表一个代表团进行报名。

（七）特殊规定：

1. 不参加国家指派的出访任务或备战2012伦敦奥运会集训任务的运动员，国家体育总局根据实际情况可以取消其参加第十二届全国运动会的资格。

2. 国家体育总局将对运动员注册等参赛资格进行严格审查。凡经查实有违反规定者，除取消运动员第十二届全国运动会的参赛资格和比赛成绩（2人或2人以上项目取消全队比赛成绩）外，还将依据第十二届全国运动会参赛代表团赛风赛纪和反兴奋剂责任书及国家体育总局有关规定对运动员及相关单位进行处罚。

凡在全运会决赛报名之后，各项目比赛开始之前查实有运动员违反注册等参赛资格规定的，除取消该运动员的参赛资格外，还将依据该项目第十二届全国运动会竞赛规程、最新竞赛规则以及其他相关规定，重新确定竞赛编排方案并进行比赛；凡在各项目比赛开始之后，但在比赛全部结束之前查实有运动员违反注册等参赛资格规定的，除取消运动员的参赛资格和比赛成绩外，已进行比赛的其他运动员成绩及竞赛编排不变；凡在各项目比赛全部结束之后查实有运动员违反注册等参赛资格规定的，除取消运动员的参赛资格和比赛成绩外，其他运动员所获名次依次递补。

（八）香港特别行政区、澳门特别行政区、台湾省的运动员资格另定。

五、参加办法

（一）各代表团报名人数和各项目参加决赛阶段的人数按照各项目竞赛规程有关规定执行。

（二）辽宁省可以不参加足球、篮球、排球（不含沙滩排球）、手球、曲棍球、棒球、垒球、水球、橄榄球项目的预赛，直接参加决赛阶段的比赛。

（三）各项目参加决赛阶段的运动员须通过预赛选拔确定；凡因特殊情况无法参加预赛的运动员，经国家体育总局批准后，运动员可以直接参加决赛阶段的比赛。

（四）代表团团部工作人员（含团长、副团长）数量按照《第十二届全国运动会代表团团部正编人员人数规定》执行。代表团超编人员数量规定及收费标准另行通知。

另外，各代表团可根据工作需要另增设副团长1—3人，不占代表团团部工作人员名额，但相关费用须按照代表团超编人员标准全部自理。

六、竞赛办法

（一）执行由国际各单项体育组织或全国各单项体育协会审定的各项目最新竞赛规则。

（二）在第十二届全国运动会决赛中，除部分有纪录项目按照规则规定比赛名次可以并列，或经国家体育总局批准可以并列的项目外，其他项目须排出名次，不得并列。

（三）按照各项目竞赛规程规定进行预赛，并按各项目竞赛规程规定的录取标准或录取名额参加决赛。

（四）预赛的裁判员和仲裁委员由各运动项目管理中心根据竞赛规程、规则的规定自行确定，报国家体育总局备案；决赛的裁判员和仲裁委员由各运动项目管理中心提出建议名单，报国家体育总局统一审定。

七、兴奋剂检查和性别检查

（一）兴奋剂检查和处罚按照国家体育总局、中国奥委会反兴奋剂委员会的有关规定执行。

（二）性别检查将根据国际组织有关规定，按照必需和必要的原则进行。已经获得国际奥委会、国际体育单项联合会或国内各单项运动协会认可的女性证明书的运动员，可予以免检。

八、奖励和计分办法

（一）足球、篮球、排球（不含沙滩排球）、手球、曲棍球、棒球、垒球、水球、橄榄球项目奖励前 12 名，但足球、篮球、排球（不含沙滩排球）、手球、曲棍球项目分别录取各 8 个队参加决赛，棒球、垒球、水球、橄榄球项目分别录取 6 个队参加决赛。足球、篮球、排球（不含沙滩排球）、手球、曲棍球项目的第 9 名至 12 名和棒球、垒球、水球、橄榄球项目的第 7 名至 12 名须在各项目预赛阶段排定。具体办法按照国家体育总局审定的各项目竞赛规程规定执行。如果参加足球、篮球、排球（不含沙滩排球）、手球、曲棍球、棒球、垒球、水球、橄榄球项目预赛的运动队数量不足 12 个队的，按照实际参赛队数量奖励；其他项目有 8 名以上（含 8 名）运动员（队）参加决赛的，奖励前 8 名；5 名至 7 名的，奖励前 3 名；4 名以下（含 4 名）的不进行比赛。

（二）各项目获得比赛前3名的，分别颁发金、银、铜牌；获得奖励名次者分别颁发奖励证书。

（三）对于获得足球、篮球、排球（不含沙滩排球）项目第 1 至第 3 名的运动队，分别按照 3 枚金牌、2 枚金牌、1 枚金牌进行统计；获得第 4 至第 6 名的运动队，分别按照 3 枚银牌、2 枚银牌、1 枚银牌进行统计；获得第 7 至第 9 名的运动队，分别按照 3 枚铜牌、2 枚铜牌、1 枚铜牌进行统计。获得手球、曲棍球、棒球、垒球、水球、橄榄球项目前 3 名的运动队，分别按照 2 枚金牌、2 枚银牌、2 枚铜牌进行统计。获得其他项目前 3 名的运动队，分别按照 1 枚金牌、1 枚银牌、1 枚铜牌进行统计。

（四）获得足球、篮球、排球（不含沙滩排球）项目前12名的运动队，分别按照39分、33分、30分、27分、24分、21分、18分、15 分、12分、9分、6分、3分进行统计；获得手球、曲棍球、棒球、垒球、水球、橄榄球项目前12名的运动队，分别按照26分、22分、20分、18分、 16分、14分、12分、10分、8分、6分、4分、2分进行统计；获得其他项目前8名的运动队，分别按照13分、11分、10分、9分、8分、7分、6分、5 分进行统计。不足录取名额的计分，按照各项目相应名次的分值进行统计。

（五）并列名次的计分办法：

比赛名次并列时，将名次并列的下一个（或几个）名次空出，空出名次的分值与获得名次的分值相加后的平均数，作为并列名次的所得分值。如果第 8 名并列，则按照第 8 名的分值分别进行统计。

（六）运动员在第 30 届夏季奥运会和第 21 届冬季奥运会上获得前 8 名成绩，分别计入运动员第十二届全国运动会注册单位的奖牌数和总分数内。统计办法为：

1. 单人项目：每获得 1 枚金（银、铜）牌，分别按照 2 枚金（银、铜）牌进行统计，每获得一个名次，分别按照所获名次相应分值的 2 倍分值（26 分、22 分、20 分、18 分、16 分、14 分、12 分、10 分）进行统计。

2. 两人和两人以上项目（足球、篮球、排球、手球、曲棍球、水球、冰球项目除外）：每获得 1 枚金（银、铜）牌，每人分别按照 1 枚金（银、铜）牌进行统计；每获得一个名次，每人分别按照所获名次的相应分值（13 分、11 分、10 分、9 分、8 分、7 分、6 分、5 分）进行统计。如同一单位在同一比赛小项上有两名或两名以上运动员，则只能按照 2 枚金（银、铜）牌和所获名次相应分值的 2 倍分值（26 分、22 分、20 分、18 分、16 分、14 分、12 分、10 分）进行统计。

3. 足球、篮球、排球（不含沙滩排球）、手球、曲棍球、水球、冰球项目：每获得 1 枚金（银、铜）牌，每人分别按照 1 枚金（银、铜）牌进行统计；每获得一个名次，每人分别按照所获名次的相应分值（13 分、11 分、10 分、9 分、8 分、7 分、6 分、5 分）进行统计。如同一单位在同一比赛小项上有 4 名或 4 名以上运动员，则只能按照 4 枚金（银、铜）牌和所获名次相应分值的 4 倍分值（52 分、44 分、40 分、36 分、32 分、28 分、24 分、20 分）进行统计。

（七）实行两次计分的解放军运动员在第 30 届夏季奥运会和第 21 届冬季奥运会上获得前 8 名成绩，在第十二届全国运动会上按照两次计分办法进行统计。具体办法为：

1. 单人项目：每获得 1 枚金（银、铜）牌，分别按照 2 枚金（银、铜）牌统计给解放军和两次计分运动员输送单位；每获得一个名次，分别按照所获名次相应分值的 2 倍分值（26 分、22 分、20 分、18 分、16 分、14 分、12 分、10 分）统计给解放军和两次计分运动员输送单位。

2. 两人和两人以上项目（足球、篮球、排球、手球、曲棍球、水球、冰球项目除外）：每获得 1 枚金（银、铜）牌，每人分别按照 1 枚金（银、铜）牌统计给解放军和两次计分运动员输送单位；每获得一个名次，每人分别按照所获名次相应分值（13 分、11 分、10 分、9 分、8 分、7 分、6 分、5 分）统计给解放军和两次计分运动员输送单位。如同一单位在同一比赛小项上有 2 名或 2 名以上运动员，则只能按照 2 枚金（银、铜）牌和所获名次相应分值的 2 倍分值（26 分、22 分、20 分、18 分、16 分、14 分、12 分、10 分）统计给解放军和两次计分运动员输送单位。

3. 足球、篮球、排球（不含沙滩排球）、手球、曲棍球、水球、冰球项目：每获得 1 枚金（银、铜）牌，每人分别按照 1 枚金（银、铜）牌统计给解放军和两次计分运动员输送单位；每获得一个名次，每人分别按照所获名次的相应分值（13 分、11 分、10 分、9 分、8 分、7 分、6 分、5 分）统计给解放军和两次计分运动员输送单位。如同一单位在同一比赛小项上有 4 名或 4 名以上运动员，则只能按照 4 枚金（银、铜）牌和所获名次相应分值的 4 倍分值（52 分、44 分、40 分、36 分、32 分、28 分、24 分、20 分）分别统计给解放军和两次计分运动员输送单位。

（八）运动员在第30届夏季奥运会和第21届冬季奥运会上每创造一项奥运会项目世界纪录，增加1枚金牌和13分计入运动员注册单位的奖牌数和总分数内。参赛运动员中有实行奥运会联合培养的，只统计给运动员注册单位。

实行两次计分的解放军运动员在第 30 届夏季奥运会和第 21 届冬季奥运会上每创造一项奥运会项目世界纪录，分别计入解放军和两次计分运动员输送单位各 1 枚金牌和 13 分。

在奥运会设置的正式比赛项目（小项）决定名次的决赛中（不含预赛、复赛、资格赛等），如果创造了本项目最新世界纪录的：

1. 有运动员参赛的注册单位，每个单位按 1 枚金牌和 13 分进行统计。

2. 一个注册单位无论有几名运动员参赛，均按 1 枚金牌和 13 分进行统计。

3. 参赛运动员中有实行两次计分解放军运动员的，则解放军和两次计分运动员输送单位分别按 1 枚金牌和 13 分进行统计。

（九）两个单位之间签署联合培养协议的运动员在第 30 届夏季奥运会上所获成绩，双方以协议计分方式，即按照运动员奥运会所获成绩的 50% 分别计入运动员第十二届全国运动会注册单位和联合培养单位的奖牌数和总分数内。具体要求如下：

1. 足球、篮球、排球（不含沙滩排球）、手球、曲棍球、水球、乒乓球、羽毛球项目的运动员不能签署第 30 届夏季奥运会联合培养协议。

2. 同一个单位在同一个项目上最多只能与另外两个单位签署第 30 届夏季奥运会联合培养运动员协议；同一单位在同一个项目同一名运动员上只能与另外一个单位签署第 30 届夏季奥运会联合培养运动员协议。

3. 在第 30 届夏季奥运会上，运动员在田径、游泳项目上获得前 8 名成绩，在其他项目上获得前 3 名成绩才能以协议计分方式进行统计。

（十）运动员在2012年第十二届全国冬季运动会16个小项上获得的前8名成绩，将计入第十二届全国运动会相关单位奖牌数和总分数内。具体按照《关于印发中华人民共和国第十二届冬季运动会竞赛规程总则和第十二届全国冬季运动会部分比赛项目成绩计入第十二届全国运动会相关代表团实施办法的通知》（体竞字〔2010〕176号）规定执行。

（十一）解放军代表团两次计分排名办法

1. 第一次排名：解放军代表团与各代表团共同排名，决定解放军代表团的名次，但不公布。

2. 第二次排名：将解放军代表团两次计分运动员所获得的奖牌和分数分别计入运动员原输送单位后，各代表团（不含解放军）进行重新排名。

3. 正式公布各代表团第二次排名成绩，但解放军代表团按照第一次排名名次公布，与相同名次的代表团名次并列。

4. 两次计分具体统计办法：

（1）单人项目：每获得 1 枚金（银、铜）牌，按照 1 枚金（银、铜）牌统计给两次计分运动员输送单位；每获得一个名次，按照所获名次相应分值（13 分、11 分、10 分、9 分、8 分、7 分、6 分、5 分）统计给两次计分运动员输送单位。

（2）两人项目：每获得 1 枚金（银、铜）牌，每人分别按照 0.5 枚金（银、铜）牌统计给两次计分运动员输送单位；每获得一个名次，每人分别按照所获名次相应分值的 50%（6.5 分、5.5 分、5 分、4.5 分、4 分、3.5 分、3 分、2.5 分）统计给两次计分运动员输送单位。

（3）两人以上项目（足球、篮球、排球、手球、曲棍球、棒球、垒球、水球、橄榄球项目除外）：只计分数，不计奖牌。每获得一个名次，每人分别按照所获名次相应分值的50%（6.5分、5.5分、5分、4.5分、4分、3.5分、3分、2.5分）统计给两次计分运动员输送单位。如同一输送单位在同一比赛小项上有两名或两名以上运动员，则只能按照所获名次相应分值（13分、11分、10分、9分、8分、7分、6分、5分）统计给该单位。

（4）足球、篮球、排球项目：只计分数，不计奖牌。每获得一个名次，每人分别按照所获名次相应分值（13分、11分、10分、9分、8分、7 分、6分、5分、4分、3分、2分、1分）统计给两次计分运动员输送单位。如同一输送单位在同一比赛小项上有3名或3名以上运动员，则只能按照所获名次相应分值的3倍分值（39分、33分、30分、27分、24分、21分、18分、15分、12分、9分、6分、3分）统计给该单位。

（5）手球、曲棍球、棒球、垒球、水球、橄榄球项目：只计分数，不计奖牌。每获得一个名次，每人分别按照所获名次相应分值（13分、11分、 10分、9分、8分、7分、6分、5分、4分、3分、2分、1分）统计给两次计分运动员输送单位。如同一输送单位在同一比赛小项上有2名或2名以上运动员，则只能按照所获名次相应分值的2倍分值（26分、22分、20分、18分、16分、14分、12分、10分、8分、6分、4分、2分）统计给该单位。

（6）在第十二届全国运动会拳击、击剑、柔道、跆拳道、国际式摔跤、武术散打项目比赛中，如果实行两次计分的解放军运动员与两次计分运动员输送单位的运动员在冠亚军决赛中相遇，则解放军的运动员不实行两次计分的办法。

（十二）设“创超世界纪录奖”，办法另定。

（十三）设“体育道德风尚奖”，办法另定。

九、公布代表团名次

公布代表团成绩榜，包括金、银、铜牌数，奖牌数和总分数。成绩榜只以代表团所获金牌数量进行排序，具体排序办法为：金牌多者名次列前；如金牌相同，奖牌多者名次列前；金牌和奖牌数都相同，总分高者名次列前；再相同，则名次并列。

十、报名和报到

（一）各参加单位须于 2012 年 10 月 31 日前将《第十二届全国运动会参加项目报项表》上报国家体育总局备案。集体球类项目一经报名确定，原则上不得更改和调整。无故退出的，将取消代表团参加评选体育道德风尚奖的资格。

（二）预赛报名：原则上在各项目赛前 30 天进行，具体按照各项目竞赛规程规定执行。

（三）决赛报名：对决赛运动员名单和具体项目进行确认，同时报代表团、运动队官员名单和有关信息。原则上在开幕前 30 天进行，具体时间和规定另行通知。各项目决赛报名截止后，原则上不得变更（各项目竞赛规程和规则有特殊规定的除外）。

（四）各代表团团部工作人员报到时间另定；各项目运动队原则上在本项目比赛开始前 3 天报到，比赛结束后 1 天离会。其间组委会将负担各代表团编内人员的住宿、市内交通等有关费用，但各代表团须按照规定交纳一定数额的伙食费等；如个别项目在竞赛规程中明确运动队可以提前报到的，按具体规定执行，但提前报到的所有费用全部自理。

（五）裁判员及仲裁委员原则上在本项目比赛开始前 4 天报到，比赛结束后 1 天离会；如个别项目由于特殊情况，需要提前报到的，经国家体育总局批准后另行通知。其间组委会须提供裁判员及仲裁委员工作装备，并负担食宿费、差旅费、市内交通费、酬金等相关费用。

十一、代表团团旗

各代表团自备，颜色自定，规格为 2 米 ×3 米。代表团团旗除标明规程规定的代表团名称外，不得出现其他标志。

十二、比赛服装要求按照各项目竞赛规程、规则及其他有关规定执行。

十三、第十三届全国运动会的项目设置、运动员资格、竞赛办法、计分办法等相关政策，在保持政策的连续性和稳定性的前提下，将会按照奥运会的调整变化，以及国家体育总局对全运会总体发展改革的需求而做出相应的调整和改变。如进行调整，届时将会提前予以公布。

十四、此前颁布的有关规定与本竞赛规程总则不一致的，按本竞赛规程总则执行，具体内容由国家体育总局负责解释。

竞赛项目小项设置方案

一、游泳：51 项

游泳（34 项）

男子（17项）：50米、100米、200米、400米、1500米自由泳；100米、200米仰泳；100米、200米蛙泳；100米、200米蝶泳；200米、400米个人混合泳；4×100米、4×200米自由泳接力；4×100米混合泳接力；10公里马拉松游泳。

女子（17项）：50米、100米、200米、400米、800米自由泳；100米、200米仰泳；100米、200米蛙泳；100米、200米蝶泳；200米、400米个人混合泳；4×100米、4×200米自由泳接力；4×100米混合泳接力；10公里马拉松游泳。

跳水（12 项）

男子（6 项）：团体、个人全能、3 米跳板、10 米跳台、双人 3 米跳板、双人 10 米跳台。

女子（6 项）：团体、个人全能、3 米跳板、10 米跳台、双人 3 米跳板、双人 10 米跳台。

水球（2 项）

男子水球、女子水球。

花样游泳（3 项）

女子（3 项）：双人、集体、自由组合。

二、射箭：4 项

男子（2 项）：个人奥林匹克淘汰赛、团体奥林匹克淘汰赛。

女子（2 项）：个人奥林匹克淘汰赛、团体奥林匹克淘汰赛。

三、田径：47 项

男子（23项）：100米、200米、400米、1500米、10000米、110米栏、400米栏、3000米障碍、20公里竞走个人、20公里竞走团体、50公里竞走个人、马拉松、4×100米接力、4×400米接力、跳高、撑杆跳高、跳远、三级跳远、铅球、铁饼、链球、标枪、十项全能。

女子（24项）：100米、200米、400米、800米、1500米、5000米、10000米、100米栏、400米栏、20公里竞走个人、20公里竞走团体、马拉松个人、马拉松团体、4×100米接力、4×400米接力、跳高、撑杆跳高、跳远、三级跳远、铅球、铁饼、链球、标枪、七项全能。

四、羽毛球：7 项

男子（3 项）：单打、双打、团体。

女子（3 项）：单打、双打、团体。

混合（1 项）：混合双打。

五、棒球：1 项

男子棒球。

六、篮球：4 项

男子篮球（2 项）：成年组、18 岁以下年龄组（1995 年 1 月 1 日以后出生）。

女子篮球（2 项）：成年组、18 岁以下年龄组（1995 年 1 月 1 日以后出生）。

七、拳击：13 项

男子（10项）：46—49公斤级、52公斤级、56公斤级、60公斤级、64公斤级、69公斤级、75公斤级、81公斤级、91公斤级、+91公斤级。

女子（3 项）：48—51 公斤级、57—60 公斤级、69—75 公斤级。

八、皮划艇：16 项

皮划艇静水（12 项）

男子（8 项）：200 米单人皮艇、双人皮艇、单人划艇；1000 米单人皮艇、双人皮艇、四人皮艇、单人划艇、双人划艇。

女子（4 项）：200 米单人皮艇；500 米单人皮艇、双人皮艇、四人皮艇。

激流回旋（4 项）

男子（3 项）：单人皮艇、单人划艇、双人划艇。

女子（1 项）：单人皮艇。

九、自行车：18 项

男子（9 项）：

场地赛 5 项：争先赛、团体竞速赛、凯林赛、团体追逐赛、全能赛（行进间 1 圈计时赛、记分赛、个人追逐赛、捕捉赛、1000 米计时赛、淘汰赛）。

公路赛 2 项：个人计时赛、个人赛。

山地车赛 1 项：越野赛。

BMX 小轮车赛 1 项：越野赛。

女子（9 项）：

场地赛 5 项：争先赛、团体竞速赛、凯林赛、团体追逐赛、全能赛（行进间 1 圈计时赛、记分赛、个人追逐赛、捕捉赛、500 米计时赛、淘汰赛）。

公路赛 2 项：个人计时赛、个人赛。

山地车赛 1 项：越野赛。

BMX 小轮车赛 1 项：越野赛。

十、马术：6 项

场地障碍个人赛、场地障碍团体赛、盛装舞步个人赛、盛装舞步团体赛、三项赛个人赛、三项赛团体赛。

十一、击剑：12 项

男子（6 项）：花剑个人赛、重剑个人赛、佩剑个人赛、花剑团体赛、重剑团体赛、佩剑团体赛。

女子（6 项）：花剑个人赛、重剑个人赛、佩剑个人赛、花剑团体赛、重剑团体赛、佩剑团体赛。

十二、足球：4 项

男子足球（2项）：20岁以下年龄组（1993年1月1日以后出生）、18岁以下年龄组（1995年1月1日以后出生）。

女子足球（2 项）：成年组、18 岁以下年龄组（1995 年 1 月 1 日以后出生）。

十三、高尔夫球：2 项

男子团体、女子团体。

十四、体操：21 项

体操（14 项）

男子（8 项）：团体、全能、自由体操、鞍马、吊环、跳马、双杠、单杠。

女子（6 项）：团体、全能、跳马、高低杠、平衡木、自由体操。

艺术体操（3 项）

女子（3 项）：团体、个人全能、集体全能。

蹦床（4 项）

男子（2 项）：个人、团体。

女子（2 项）：个人、团体。

十五、手球：2 项

男子手球、女子手球。

十六、曲棍球：2 项

男子曲棍球、女子曲棍球。

十七、柔道：16 项

男子（8项）：–60公斤级、–66公斤级、–73公斤级、–81公斤级、–90公斤级、–100公斤级、+100公斤级、无差别级。

女子（8项）：–48公斤级、–52公斤级、–57公斤级、–63公斤级、–70公斤级、–78公斤级、+78公斤级、无差别级。

十八、现代五项：3 项

男子（1 项）：个人赛。

女子（1 项）：个人赛。

混合（1 项）：男女混合团体接力赛。

十九、赛艇：16 项

男子（8 项）：单人双桨、双人双桨、四人双桨、双人单桨无舵手、四人单桨无舵手、八人单桨有舵手；轻量级双人双桨、四人单桨无舵手。

女子（8 项）：单人双桨、双人双桨、四人双桨、双人单桨无舵手、四人单桨无舵手、八人单桨有舵手；轻量级双人双桨、四人双桨。

二十、橄榄球：2 项

男子七人制橄榄球、女子七人制橄榄球。

二十一、帆船帆板：9 项

男子（4项）：激光级奥林匹克航线赛、470级奥林匹克航线赛、芬兰人级奥林匹克航线赛、RS：X级奥林匹克航线赛。

女子（4项）：激光雷迪尔级奥林匹克航线赛、470级奥林匹克航线赛、RS：X级奥林匹克航线赛、米氏特拉级奥林匹克航线赛。

混合（1 项）：OP 级队赛。

二十二、射击：18 项

男子（11项）：10米气手枪个人、10米气手枪团体、25米手枪速射、50米手枪、10米气步枪个人、10米气步枪团体、50米步枪3种姿势、50米步枪卧射、飞碟双多向、飞碟双向、飞碟多向。

女子（7项）：10米气手枪、25米运动手枪、10米气步枪个人、10米气步枪团体、50米步枪3种姿势、飞碟多向、飞碟双向。

二十三、垒球：1 项

女子垒球。

二十四、乒乓球：7 项

男子（3 项）：单打、双打、团体。

女子（3 项）：单打、双打、团体。

混合（1 项）：混合双打。

二十五、跆拳道：8 项

男子（4 项）：58 公斤级、68 公斤级、–80 公斤级、+80 公斤级。

女子（4 项）：49 公斤级、57 公斤级、–67 公斤级、+67 公斤级。

二十六、网球：7 项

男子（3 项）：单打、双打、团体。

女子（3 项）：单打、双打、团体。

混合（1 项）：混合双打。

二十七、铁人三项：2 项

男子（1 项）：个人赛。

女子（1 项）：个人赛。

二十八、排球：6 项

排球（4 项）

男子排球（2 项）：成年组、16 岁至 19 岁年龄组（1994 年 1 月 1 日至 1997 年 12 月 31 日出生）。

女子排球（2 项）：成年组、16 岁至 19 岁年龄组（1994 年 1 月 1 日至 1997 年 12 月 31 日出生）。

沙滩排球（2 项）

男子、女子。

二十九、举重：15 项

男子（8项）：56公斤级、62公斤级、69公斤级、77公斤级、85 公斤级、94公斤级、105公斤级、+105公斤级。

女子（7项）：48公斤级、53公斤级、58公斤级、63公斤级、69公斤级、75公斤级、+75公斤级。

三十、国际式摔跤：18 项

男子（14 项）：

古典式7项：55公斤级、60公斤级、66公斤级、74公斤级、84公斤级、96公斤级、120公斤级。

自由式7项：55公斤级、60公斤级、66公斤级、74公斤级、84公斤级、96公斤级、120公斤级。

女子（4项）：自由式48公斤级、55公斤级、63公斤级、72公斤级。

三十一、武术：12 项

全运启用武术比赛新规则

本报沈阳 9 月 1 日电 今天是第十二届全运会武术比赛开赛第一天，国家体育总局武术运动管理中心主任高小军表示，随着武术赛制和新规则在本届全运会上的正式启用，不仅对运动员全面素质提出了更高的要求，同时也使比赛更加激烈，更具观赏性。

据介绍，作为全运会保留的唯一非奥项目，武术套路比赛共设 7 个竞赛项目，将决出 7 枚金牌，每天 3 个单元比赛，都有金牌产生。共有 25 支代表队 163 名男女运动员参加武术套路决赛。而武术散打比赛共设男女团体和个人 3 个竞赛项目，每天 2 个单元，将产生 5 枚金牌。共有 26 支代表队 132 名运动员参赛。

对于本届全运会上启用的新赛制，高小军介绍说，个人比赛由过去的三项赛，全部变成个人全能项目比赛，一天 3 个单元下来，运动员要经受 3 次大体力、高强度竞赛，对运动员个人全面素质是一种新的检验，而高手在一次比赛中相遇，同时接受新赛制考验是本届比赛最大的特点；调整后，新编成的团队赛将个人项目、团体项目、男女运动员单列算到集体计分当中，使比赛结果更具有偶然性，对运动队的管理、组织竞赛也将是新的考验。

经调整后，新的裁判法也将首次运用到本届全运会的比赛，高小军说，新的裁判法较之以前有所不同。一是取消了过去比较消极、节奏很慢的规则；二是比赛更加激烈，观赏性更强，更具偶然性，同时对运动员的体力、心理、技战术的全面素质要求更高；三是裁判员打分采取场上直接示分，使比赛更加公平、公正。

武术项目：

套路（7 项）

男子（3 项）：长拳刀术棍术全能、南拳南刀南棍全能、太极拳太极剑全能。

女子（3 项）：长拳剑术枪术全能、南拳南刀南棍全能、太极拳太极剑全能。

混合（1 项）：团体（男子枪术、男子剑术、男子对练、女子刀术、女子棍术、女子对练）。

散打（5 项）

男子（4 项）：60 公斤级、75 公斤级、90 公斤级、团体（56 公斤级、65 公斤级、70 公斤级、80 公斤级、90 公斤以上级）。

女子（1 项）：团体（52 公斤级、60 公斤级、70 公斤级）。

（刊载于《中国体育报》2013 年 9 月 2 日）

竞赛成绩

奖牌榜

单位：枚

排名	代表团	金牌	银牌	铜牌	奖牌总数	总分
1	山东	65.0	47.5	43.0	155.5	2895.5
2	辽宁	56	49.5	39.5	145	3143
3	广东	50.5	34.5	36	121	2696.5
4	上海	45	48	36.5	129.5	2460
5	解放军	45	38	37	120	2327
5	江苏	45	35	37	117	2588
6	浙江	35	20	39	94	1718.5
7	北京	33	28	25	86	1682
8	黑龙江	22	15	29	66	1366.5
9	天津	20	14	11	45	988
10	福建	18	23	22.5	63.5	1402.5
11	湖南	15	13	13	41	801.5
12	河南	14.5	7	18.5	40	1004
13	四川	13	26	27	66	1643
14	吉林	13	17	17	47	977
15	山西	10	8	6	24	557
16	陕西	9	11	11	31	608.5
17	安徽	8.5	9	12	29.5	636.5
18	湖北	8	18.5	14	40.5	794
19	河北	6	10	28	44	1205.5
20	江西	6	5	5.5	16.5	345.5
21	新疆	6	8	2	16	333.5
22	内蒙古	5	6	11	22	562
23	重庆	5	3	4	12	267.5
24	云南	4	8	4	16	456
25	广西	4	5	5	14	404.5
26	青海	3	1	2	6	132
27	海南	3	1	1	5	142.5
28	前卫体协	2	3	3	8	102
29	甘肃	2	4	1	7	271
30	贵州	1	4	6	11	244.5
31	香港	1	4	3	8	228
32	西藏	1	1	0	2	42
33	宁夏	0	0	2	2	100.5
34	火车头体协	0	0	1	1	51
35	新疆兵团	0	0	1	1	22.5
36	澳门	0	0	0	0	18.5
37	煤矿体协	0	0	0	0	5.5
合计		574.5	525.0	553.5	1653.0	35223.5

中华人民共和国第十二届运动会创纪录统计

游泳

日期	比赛项目	新成绩	原纪录	代表团	参赛者
创亚洲纪录					
3人4次4项创亚洲纪录					
9月6日	男子200米自由泳	1:44.47	1:44.80	浙江	孙杨
9月8日	男子100米自由泳	48.27	48.33	解放军	宁泽涛
9月9日	男子50米自由泳	21.91	21.95	解放军	宁泽涛
9月10日	女子800米自由泳	8:19.43	8:20.36	山东	辛鑫
创全国纪录					
8人9次7项创全国纪录					
9月4日	男子400米个人混合泳	4:09.10	4:11.61	浙江	汪顺
9月4日	男子400米个人混合泳	4:10.78	4:11.61	湖南	杨之贤
9月5日	男子100米蛙泳	1:00.31	1:00.73	云南	谢智
9月6日	男子200米自由泳	1:44.47	1:44.93	浙江	孙杨
9月8日	男子200米蛙泳	2:10.55	2:11.16	天津	李响
9月8日	男子200米蛙泳	2:10.25	2:11.16	浙江	毛飞廉
9月8日	男子100米自由泳	48.27	48.33	解放军	宁泽涛
9月9日	男子50米自由泳	21.91	21.95	解放军	宁泽涛
9月10日	女子800米自由泳	8:19.43	8:20.36	山东	辛鑫

单位：米

田径

日期	比赛项目	新成绩	原纪录	代表团	参赛者
创亚洲纪录					
1人1次1项创亚洲纪录					
9月8日	女子撑竿跳高	4.65	4.64	浙江	李玲
创全国纪录					
1人1次1项创全国纪录					
9月8日	女子撑竿跳高	4.65	4.64	浙江	李玲

自行车

日期	比赛项目	新成绩	原纪录	代表团	参赛者
创全国纪录					
3队4次2项创全国纪录					
9月3日	女子场地团体追逐赛	3:21.145	3:22.079	山东	姜吻吻 姜帆 梁敬
9月3日	男子场地团体追逐赛	4:01.888	4:02:431	山东	王杰 姜晓 刘威 郑健伟
9月4日	女子场地团体追逐赛	3:19.872	3:21.145	河南	敬亚莉 马闪闪 赵宝芳
9月4日	男子场地团体追逐赛	4:00.306	4:01.888	山东	王杰 姜晓 刘威 郑健伟

单位：公斤

举重

日期	比赛项目	新成绩	原纪录	代表团	参赛者
创全国纪录					
2人4次4项创全国纪录					
9月3日	女子53公斤级抓举	105	103	广东	黎雅君
9月5日	女子75公斤级抓举	130	129	山东	康月
9月5日	女子75公斤级总成绩	290	286	山东	康月
9月5日	女子75公斤级挺举	160	159	山东	康月
创全国青年纪录					
1人1次1项创全国青年纪录					
9月3日	女子53公斤级抓举	105	102	广东	黎雅君

精彩瞬间

花样游泳

女子举重

艺术体操

摔跤比赛

女子铅球

女子接力

北京队马龙、丁宁击败广东队的张超、刘诗雯，夺得冠军

平衡木比赛

女子乒乓球比赛

帆船比赛

三级跳远

游泳比赛

在男子自由式55公斤级决赛中，广东选手陈华（红衣）获得冠军

激流回旋

马术比赛

跆拳道比赛

射击比赛

胜利的喜悦

公路自行车

庆祝胜利

排球比赛

游泳比赛

艺术体操

男子标枪

火炬传递

颁奖仪式

击剑比赛

获胜后的喜悦

荣誉而拼！
辽
必
中国体育彩票

田径比赛

闭幕式

闭幕式致辞

尊敬的李克强总理，

同志们、朋友们：

今天，第十二届全运会即将落下帷幕。本届全运会的圆满成功，得益于党中央、国务院的正确领导，得益于国家体育总局的周密安排，得益于各代表团密切配合，还得益于各条战线的努力工作和社会各界的鼎力支持。借此机会，我代表中共辽宁省委、辽宁省人民政府，表示衷心的感谢！

在全运会期间，来自全国各地的运动员顽强向上、奋勇争先，展示了高超的竞技水平，创造了骄人的成绩。在这凯旋的时候，我们要向他们表示热烈的祝贺！在过去的十几天里，我们欢度了重大的节日，感受了体育的激情，结下了深厚的友谊，对于这些，辽宁人民将永远不会忘记。全运圣火即将熄灭，我们在此就要告别，希望大家把辽宁人民的友谊带回去，把辽宁人民的祝福带回去。同志们，朋友们，让我们更加紧密地团结在以习近平同志为总书记的党中央周围，开拓创新、奋发图强，为实现中华民族伟大复兴的中国梦而努力奋斗！

闭幕式在辽宁省体育训练中心举行会旗交接仪式。图为国家体育总局局长刘鹏挥舞全运会会旗

闭幕词

刘　鹏

尊敬的李克强总理，

尊敬的各位来宾，同志们、朋友们：

经过13个精彩热烈的日日夜夜，本届全运会即将落幕。在此，我谨代表国家体育总局和第十二届全运会组委会，向辽宁省委、省政府、各赛区党委政府，向为本届全运会付出辛勤努力、做出巨大贡献的工作人员、裁判员、志愿者、公安干警、武警官兵和新闻工作者表示衷心的感谢和崇高的敬意！向各参赛代表团的运动员、教练员、工作人员表现出的积极进取、奋发向上的体育精神表示诚挚的敬意和高度的赞扬！

本届全运会以“全民健身、共享全运”为主题，以精简、朴素、节约为风尚，大力改革，开创新风。广大运动员顽强拼搏，超越自我，展示了精湛的竞技水平和良好的精神风貌，弘扬了中华体育精神和奥林匹克精神，老将不减风采，新秀经历锻炼，取得了运动成绩和精神文明双丰收。本届全运会的成功举办，归功于党中央、国务院的高度重视、亲切关怀和坚强领导，归功于全国人民的热情关注和辽宁省人民的全力支持，得益于组委会各项组织保障工作严密和高效的运行，得益于各参赛代表团的积极努力和优异的表现，使本届全运会办成了一届精彩文明、厉行节俭、开创新风的体育盛会。

同志们、朋友们，让我们紧密团结在以习近平同志为总书记的党中央周围，牢记使命和宗旨，深入贯彻党的体育工作基本方针，大力弘扬中华民族精神和中华体育精神，深入开展全民健身运动，不断提高竞技体育水平，大力促进群众体育和竞技体育的全面发展，为建设体育强国、构建社会主义和谐社会、实现中华民族伟大复兴的“中国梦”做出更大贡献！

现在，我荣幸地邀请中共中央政治局常委、国务院总理李克强同志宣布中华人民共和国第十二届运动会闭幕。

全民健身·共享全运
烈 祝 贺 中 华 人 民 共 和 国 第 十
LIAONING 2013
LIAONING 2013
LIAONING 2013
AONING 2013
闭幕式现场

人民的节日
届运动会闭幕
Liaoning2013
中国辽宁
LIAONING 2013
NING 2013

十二运组委会总结全运会
——节俭 精彩 圆满

经过13天3490场比赛的激烈角逐，第十二届全运会9月12日闭幕。在当天上午召开的十二运新闻发布会上，十二运组委会副主任兼秘书长、辽宁人民政府副省长贺旻通报了本届全运会各方面情况。

本届全运会简约而不简单，回归了体育本色，提高了全运会体育特色和效益，同时也贯彻落实了党中央、国务院对改革和调整全国综合性体育运动会的要求，为规范国内其他综合性体育运动会积累了经验，做出了示范。

闭幕式上的辽宁省群众体育展示

闭幕式上通过大屏幕观看主火炬即将熄灭

此外，本届全运会展现与检验了我国竞技体育的发展水平，为大众奉献了一届精彩、竞争激烈、高水平的运动会。国家体育总局高度重视赛风赛纪和反兴奋剂工作，在制度建设、风险防范、监督检查、处罚措施等方面，多角度地抓好落实，本届全运会赛风赛纪情况总体良好。赛会期间，组委会各部门树立起为竞赛工作服务的意识，紧紧围绕竞赛组织这一核心开展工作，保障了竞赛工作的顺利、高效运转。

本届全运会做到了高水平竞技与宣传普及体育知识及全民共享。全运会期间，各赛区围绕“全民健身，共享全运”主题，精心组织丰富多彩的主题活动，让广大群众参与全运，营造全民健身氛围。

本届全运会作为伦敦奥运会后国内一项重大体育赛事，它的成功举办，必将进一步推动我国由体育大国向体育强国迈进，进一步推动全民健身活动的广泛深入开展，也将为启动2016年里约奥运会的全面备战起到积极的促进作用。

闭幕式上的武术表演

各代表队在闭幕式上

媒体报道

《中国体育报》

习近平出席并宣布运动会开幕

新华杜沈阳 8 月 31 日电 中华人民共和国第十二届运动会 31 日下午在辽宁省沈阳市隆重开幕。中共中央总书记、国家主席、中央军委主席习近平出席开幕式并宣布运动会开幕。

这是近三十年以来首次在白天举办的全运会开幕式。为办成一届“全民参与、回归体育、节约朴素”的全运会，十二届全运会组委会贯彻落实党的十八大以来中央关于改进工作作风、反对铺张浪费、开创赛会新风的要求，改变了 1987 年六运会以来晚上举办开幕式的惯例，改为白天举办，不燃放焰火，而且取消大型文艺演出，改为深受群众欢迎的全民健身展示。

31 日下午，沈阳奥体中心五里河体育场内人头攒动，气氛热烈。开幕式开始前，上口子高跷、海城高跷、乞粒舞、安代舞等富有辽宁地域特色的表演和全运会会歌《梦想的翅膀》等歌曲的演唱，以及憨态可掬的吉祥物“宁宁”与观众的尽情互动，使容纳近 6 万人的体育场成为一片欢乐的海洋。

16 时，在欢快的迎宾曲中，习近平等走上主席台，向观众挥手致意。全场响起热烈掌声。随后，全民健身展示开始。队列方阵和旗语方阵整齐划一、变化多样，舵轮造型展现了当下辽宁“转身向海”、扬帆远航的雄心壮志，表达了中华儿女意气风发的“圆梦”豪情；舒缓优美的乐声中，太极扇、太极球和武术等群众健身项目的表演，刚柔兼备地展示了中华文化博大精深的魅力；千名大学生表演的第九套广播体操，展现了群众参与最为广泛的健身项目，勾起了现场观众的集体回忆，引起了强烈共鸣；啦啦操、竞技操、搏击操等健身操展示风格时尚、激情强劲，充满青春活力，充分展现了第十二届全运会“全民健身、共享全运”的主题。

16 时 26 分许，第十二届全运会开幕式正式开始。步伐矫健的旗手护拥着鲜艳的五星红旗和全运会会旗、第十二届全运会会旗向人们走来。裁判员代表方队接着入场，紧随其后的是 38 个代表团的运动员代表，他们分别来自各省、自治区、直辖市、香港特别行政区、澳门特别行政区、解放军、新疆生产建设兵团，以及 3 个行业体育协会。裁判员、运动员个个精神抖擞，英姿勃发，全场观众热情鼓掌欢迎。

17 时 15 分许，运动员、裁判员入场完毕后，全场起立，高唱中华人民共和国国歌。雄壮的国歌声中，鲜艳的五星红旗冉冉升起，迎风飘扬。辽宁省委领导在致欢迎词时表示，第十二届全运会是党的十八大后举办的全国第一个大型综合性体育盛会，我们按照“力求节俭，开创新风”的要求，彰显“回归体育本质”的理念，全力为赛事创造良好条件，为体育健儿和所有嘉宾提供优质服务。

第十二届全运会组委会主任、国家体育总局局长刘鹏在致开幕词时说，本届全运会是一届调整改革、力求节俭、开创新风的运动会。衷心祝愿全体参赛人员顽强拼搏、公平竞争，取得运动成绩和精神文明双丰收。

17时26分，习近平用铿锵有力的声音宣布：“中华人民共和国第十二届运动会开幕！”顿时，全场为之沸腾，观众纷纷举起手中的彩色节目单，从中间向两边扩散，人浪滚滚，瞬间形成一道壮观而绚丽的彩虹。掌声、欢呼声经久不息。

伴随着第十二届全运会会歌的旋律，全运会会旗和第十二届全运会会旗也徐徐升起。

运动员孙玉洁、裁判员黄立平分别代表参加第十二届全运会的运动员、裁判员宣誓。

17时31分，激动人心的主火炬点燃仪式开始。3位辽宁籍奥运冠军李玉伟、姚景远、陈跃玲高擎火炬跑进体育场，经过其他18位辽宁籍奥运冠军和冠军教练员，以及“当代雷锋”郭明义、“英雄航天员”张晓光、“载人深潜英雄”刘开周等3位辽宁社会各界优秀代表的传递，最终，12名象征着未来和希望的少年儿童用取自大连老铁山的第十二届全运会圣火，点燃了命名为“汇聚”的火炬塔。火炬塔缓缓分节，拔地而起，表达了炎黄子孙期待中华民族“节节高”的吉祥祝福。

“太阳点燃圣火，在梦的天空，当火炬传递在手中，我们再次相逢……”3名来自辽宁基层的群众歌手引领全场观众共同唱响第十二届全运会开幕式主题歌《梦的天空》。轮滑、腰鼓、花棍、花式篮球……来自辽宁的12支健身队伍拥进场内，在12名奥运冠军的带领下，簇拥在来自全国的竞技体育健儿周围，尽情展示，体育场内一片欢腾。17时45分，开幕式在激情洋溢的气氛中圆满结束。

出席开幕式的领导同志还有：王沪宁、刘延东、范长龙、栗战书、王晨。

国际奥委会副主席黄思绵和应邀观摩第十二届全运会的境外来宾也出席了开幕式。

第十二届全运会主赛区设在沈阳市，辽宁省其他13个地市均设有分赛区，共有9000多名运动员参加31个大项、350个小项的比赛。全运会将于9月12日闭幕。

（刊载于《中国体育报》2013年9月1日）

《中国体育报》

沈阳奥体中心——张弛有度 滴水不漏

“十二运”在即，体育场馆是运动员与观众共同的沟通平台，场馆内的设施能满足运动员需要、其安保措施到位直接关系到“十二运”的成功举行。为此，记者对举行“十二运”开幕式及田径比赛的沈阳奥体中心体育场进行了探访。

奥体初印象

去沈阳奥体中心前，记者从“十二运”组委会工作人员处获悉，沈阳市内举办全运会比赛的体育场馆已于8月1日进入锁闭期，期间只有持有组委会发放的相关证件的人员才能进入指定场馆。

由于记者在沈阳采访“十二运”组织筹备工作的时间有限，来不及办理相关证件，因此抱着试试看的想法到实地采访。

沈阳奥体中心位于浑南区，距市中心地带有8公里左右的车程，乘坐公交车及地铁也可到达。在四周绿树与草坪的环绕下，沈阳奥体中心体育场给人以静谧之感，特别是经一场阵雨洗礼，更让人体会到闹中取静的幽深。

如组委会工作人员所说，沈阳奥体中心体育场外的大门多处已经锁闭，而且每个大门内侧都已搭建起数顶白色帐篷，内设安检门、安检机等设施。

（记者独白：奥体中心内非常安静，除了在点位上执勤的武警战士，几乎看不到走动的行人和来往的车辆。能否进入体育场内采访，记者心里一点儿谱都没有。）

安检极严格

位于奥体中心东南侧的一处安检通道目前可以供持证人员出入，但每次进入都要进行极为严格的安检。

时值中午，一辆为场内执勤武警运送午餐的封闭式货车正在接受检查——车辆停放在入口的待检区域后，驾驶员及一位工作人员下车首先出示了由“十二运”组委会发放的证件。接下来，他们通过安检门，然后再接受安保人员手持金属探测仪的近身检查，以确认身上是否携带刀具、打火机等危险物品。

在人员接受安检的同时，车辆在进行严格检查，查验驾驶室后，一位安保人员利用手持车底探测仪对车底进行扫描。与此同时，另一位安保人员通过实时监控装置观察车底情况；随后一只警犬在一位警员的带领下，围着车辆嗅辨，检验是否夹带违禁物品。

当所有安检程序齐备后，车辆才予以放行。

（记者独白：类似的安检记者只有在采访奥运会时经历过，“十二运”的安检如此严格确实在事前没有想到，而且目前仅仅是场馆锁闭期，一旦比赛正式开始，安检的级别会有增无减。万无一失是安保部门追求的目标，它关系到每个人，我们应当全力支持。）

当记者试探性地向现场值勤的沈阳市公安局大东分局吴翔警官讲明想到场内进行采访的来意后，他首先查验了记者的工作证件，然后告知：“您可以在现场办理临时使用的访客卡，但需要出示身份证，并将身份证短时‘质押’在办证处，离场时再取回。”他表示，配合记者做好“十二运”的采访工作是安保人员的职责之一，他希望他们的服务能让记者满意。

在吴翔警官的协助下，记者很快就办理好了访客卡，他说要将访客卡佩带在胸前，随后引导记者进行安检。

安保人员先请记者将身上及衣兜内携带的所有物品取出放在一个盒子内，然后将盒子放到安检机上进行X光检查。此时，记者正经过安检门。通过安检门后，无论它是否发出声响，记者仍要像之前的那位驾驶员一样接受近身检查。当时，记者包内装有一把雨伞，即便已通过X光检查，安保人员依然亲手把伞打开，查验里面是否夹带有其他物品。确认一切安全后，记者被准予进入奥体中心内采访。

（记者独白：采访包括奥运会在内的各类比赛时，都曾有带伞的经历，但像沈阳赛区组委会的安保人员那样。亲手把伞打开查看的情况还是第一次遇到。他们对安检的认真负责态度令人钦佩。）

开幕式表演

在环绕体育场的道路上，设有多处武警执勤点位。记者走到一处点位前，准备采访正在执勤的一位武警战士。

“请问你每次在这里执勤多长（时间）？”

问题还没全部提出，武警战士携带的对讲机便传来上级的指令：“请你面前的两人迅速离开，不要在点位前停留！”

记者试图让武警战士回答提问，但他一脸严肃地说：“请你们迅速离开，我正在执勤。摄像头现在正监控你们的行动，请配合。”

尽管有些不甘心，但记者最终没再说什么，配合了武警的工作。

（记者独白：被“监视”总会让人不自在，但安全无小事，它从另一方面也反映出“十二运”组委会对安保工作的高度重视。谁不想在安全的环境中观赏高水平比赛？心里多踏实呀！）

盼望开幕式

按照标识指引，记者很快进入体育场内，这将是举行“十二运”开幕式的地方。由于没有观众，场内显得十分空旷。蓝色的坐椅与红色的跑道交织在一起，让人产生无限遐想。

场地中央的草坪已被移出，上面铺着一层1厘米厚的乳白色塑料垫板，具有较强的硬度，数字与英文字母共同组合的圆形标记垫板上随处可见。据工作人员介绍，目前场内的一切准备都围绕开幕式展开，各项工作正有条不紊地推进，预计很快就将进行开幕式彩排。开幕式后，田径比赛将在这里举行，届时草坪将在赛前铺设完毕。

记者乘电梯来到主席台，沈阳赛区组委会场馆部的郑伟、吴云正在测量背景板的高度。见到记者，他们微笑着主动搭话：“我们能为你们提供什么帮助？”

郑伟告诉记者，最近一个时期场馆部的工作是分秒必争，各种测试接二连三，“为开幕式及田径比赛提供强有力的保障是我们的职责。”

站在主席台上眺望场内，“十二运”开幕式的场景已在眼前浮现……

（记者独白：即将举行的“十二运”开幕式令人激动，但为此付出辛勤劳动的人则让人感动——在普遍印象中，东北人粗犷，但在筹备“十二运”的过程中，他们展现了细致的一面。）

将近两个小时的探访，有关场馆“秘密”的轮廓已大致清晰。在这过程中，记者得到了“十二运”沈阳赛区组委会多部门人员的协助，他们主动、热情地提供服务令记者印象深刻。

“十二运”的核心是比赛，但它呈现的却是一座城市、一个机构、甚至一个人的胸怀。

（刊载于《中国体育报》2013年8月21日）

《中国体育报》

我们准备好了

——十二运会倒计时十天速写

群众表演

8月末的沈阳，酷暑已渐渐褪去。在这最好的季节里，一场全民参与的体育盛会即将在辽宁黑土地上演，4300万辽宁人翘首以待。

10天后的8月31日，第十二届全国运动会将在沈阳开幕。此时此刻，精心筹办了四年的辽宁人可以自豪地说："我们准备好了！"

开幕式团队准备好了。浑河南岸的沈阳奥体中心五里河体育场平静而神秘。23分钟的全民健身展示和97分钟的开幕式仪式演练已进入冲刺阶段。除了简约、精彩的展演外，这里留着十二运会最大的悬念，主火炬塔如何点燃？十二运开闭幕式办公室场地处处长朱文飙说："这可是核心机密，但巧妙的设计构思肯定出乎大家的意料。"

56个竞赛团队准备好了。十二运会共有56个单项竞赛委员会，除了五项提前进行的决赛，最先进入战时状态的是跳水竞赛团队，从23日开始，在奥运会摘金夺银的跳水明星将激战辽宁省体育训练中心游泳馆。跳台上奥运冠军多，跳水竞赛团队里也有一位奥运冠军。1996年亚特兰大奥运会柔道冠军孙福明作为跳水竞委会新闻处副处长，将为各路媒体记者服务，她表示我们会拿出争夺奥运金牌的劲头，为所有记者做好服务。

全运村团队准备好了。全国运动会历史上第二个全运村18日已经开门迎客，这里将是12000名运动员、技术官员和记者的家。全运村负责人介绍，全运村3个餐厅每天从6时到24时提供用餐服务；6家四星级以上的酒店服务团队将为入住人员提供客房服务；医疗中心将提供24小时医疗保障；另外，全运村的超市、银行、邮政、书店等设施也一应俱全。

志愿者团队准备好了。十二运会共招募11668名赛会志愿者、1.6万名城市志愿者以及200万名社会志愿者。十二运志愿者部新闻发言人张鹏介绍，一万余名赛会志愿者被编排为15种47类，直接服务在64个比赛场馆、火炬传递、开闭幕式、新闻中心等十二运的各个角落。为保证志愿者的服务质量，十二运会志愿者部通过“骨干培训”和“岗位实习”“演练”的大型赛会志愿者培训新模式，实施融入式、网格化志愿服务的新举措，不断提高十二运会志愿者骨干的实战能力和服务水平。

安保团队准备好了。随着全运村的正式开村，作为十二运会筹备工作的重中之重——保障工作，已由“赛前准备”进入“临战”状态。辽宁省公安厅治安管理总队政委、十二运组委会安保部副部长孟冰介绍，全运安保紧紧围绕场馆建设、开闭幕式、火炬传递等重点任务，确保赛事活动绝对安全。在硬件建设和安检排爆方面，我们通过配足配全硬件和扎实有效的培训，确保场馆内人员、车辆、物品的绝对干净。在实战演练和执法执勤方面，我们对每项赛事都进行安保演练，确保一旦有突发情况，能第一时间予以及时妥善处置。

除此之外，辽宁省已设置了专业队伍、指定专门食材供应基地、餐饮接待服务单位，保障全运会食品安全事故零发生，杜绝“病从口入”。辽宁省各级交通保障部门已组织征调车辆2000余台、驾驶人员2100余名，分别为开闭幕式、火炬传递等大型活动以及56个比赛项目、共计3万余人提供交通车辆保障服务。

（刊载于《中国体育报》2013年8月21日）

国家体育总局政府网站

十二运：节俭全运　全民共享

在12日进行的十二运组委会召开的新闻发布会上，组委会副主任、国家体育总局领导表示，本届全运会，总局和辽宁省委、省政府全面贯彻落实习近平总书记把十二运会办成一届“厉行节约、反对铺张、开创新风”运动会的重要指示精神，坚持“节约办赛”原则，提早规划，精心统筹，重在落实。

据悉，本届全运会对项目设置、参赛规模、成绩公布方式等进行了改革和调整；充分利用现有场馆，减少了新建场馆，合理规划临建设施；压缩精简了参赛队伍和组委会工作人员；改革了开闭幕式举办方式，取消并压缩了部分活动和仪式。这些“瘦身”措施，大大压缩了办赛成本和经费，突出了体育特色，减轻了承办单位压力，增强了全运会自身的活力和影响力。

总局领导还表示，本届全运会促进了全民参与体育和体育知识的传播，是一届高水平竞技与宣传普及体育知识及全民共享的运动会。

开幕式上精彩的全民健身展示，展现了辽宁全民健身的新风貌、新风采；全运会期间，各赛区围绕“全民健身，共享全运”开展主题活动，使广大群众参与其中；沈阳“全民健身创新器材示范园”和浑南奥林匹克公园的建成，为全民健身爱好者提供了强身健体的平台；第八届体育美术精品展的举办，在深化全运会文化内涵、唱响主旋律、传播中华体育精神方面起到了积极作用。

据介绍，本次共有来自400余家新闻单位的3000余名记者（其中境外媒体约100人）参加了全运会。对于媒体关于全运会改革、赛会组织工作以及赛风赛纪存在的问题和不足的探讨与思考，体育总局将高度重视，进一步研究。

（来源：国家体育总局政府网站2013年9月13日）

《中国体育报》

精彩全运全民共享
"50后"到"00后"眼中的十二运开幕式

上口子高跷、海城高跷、乞粒舞、安代舞等，这些辽宁地域特色鲜明的表演炒热了第十二届全运会开幕式的气氛。整齐划一的队列方阵和旗语方阵表演，亦柔亦刚的太极扇、太极球和武术表演，千名大学生展现的第九套广播体操表演，"青春无敌"的啦啦操、竞技操、搏击操等表演，充分展现了十二运会的主题口号——"全民健身，共享全运"。

开幕式表演异彩纷呈，参与者兴致勃勃，观众看得津津有味。

"50后"人民日报社资深记者王继晟早在1965年就在现场观看过第二届全运会的开幕式，2009年他又以记者身份现场见证了十一运会的开幕式。他说，本届全运会开幕式大气而简约，节俭又接地气，在非常紧凑的时间内让大家充分感受到体育的精神与力量。四年一届的全运会对全国人民来说是一个非常重要的体育交流和增进友谊的平台，全国各地代表在开幕式上相聚，共同经历和见证一系列的体育仪式，增进了中华民族的凝聚力。王继晟认为："本届全运会开幕式虽然只有不到两个小时，却在全民健身领域为全国人民做了非常精彩的展示，这种接地气、创新风的组织理念和组织形式，必将对今后体育事业的发展产生很好的引领和示范作用。"

"60后"沈阳人于杰虽然没能亲临开幕式现场，但他一直忠实地守在电视机前观看开幕式现场直播。于杰说，开幕式表演中的很多内容都是他经历过的身边事，没想到这些活动也能登上全运会开幕式的"大雅之堂"。于杰是一位体育爱好者，以前上学时，就一直做广播体操，前不久单位里还推行过第九套广播体操。他说："平时我都是早起跑步，然后打太极拳，而我爱人喜欢晚上去广场上跳健身操。开幕式能这么接近老百姓的生活，这让我感觉自己似乎就是一位参与者。"

"70后"辽宁籍奥运冠军张越红是此次全运会开幕式主火炬点燃仪式上的火炬手之一。这已是她第二次当火炬手，"这次比我2008年传递火炬时还要激动，因为是在家门口举办全运会。特别是身在开幕式现场时，我很激动。"张越红如此评价本届全运会开幕式："感觉现场气场特别强大，从每一个环节的演出，到整体节目的串联，感觉和以往的每届全运会都不太一样。虽然我们这次是要节俭办全运，但整个开幕式仍然给人气势如虹的感觉。"

"80后"广东击剑名将雷声参加过三届全运会，这次是他第一次出现在全运会开幕式上，还是以旗手的身份，这让雷声很开心。"其实半个多月前就知道自己是旗手了，我的队友和教练也都为我高兴。"伦敦奥运会上，雷声参加了开幕式并夺得金牌，他坦言更喜欢全运会开幕式。"很好啊！我们才有30多个队伍，入场仪式很快就结束了。奥运会几百支队伍，等待时间很长。"雷声说。倡导节约、节俭的本届全运会，在开幕式上做了调整，取消了繁文缛节，简单明快，也让雷声赞赏有加，"还不错，放在下午，大家能好好休息，第二天有比赛的运动员也可以参加。"

“90后”付媛杰是本报的实习记者。刚工作一年就赶上全运会这样的大型综合性赛事，她觉得很幸运。在她看来，这场开幕式绝对是“时尚、靓丽、小清新”。“整齐划一的队列表演，别出心裁的彩虹围墙，阳光活力的小火炬手，设计精准的火炬点燃都让我印象深刻。”付媛杰还被几位代表团旗手给“迷住”了，张继科、鲍春来分别作为山东和湖南代表团旗手入场，特别帅气！很期待他们在全运赛场上的精彩表现。

“00后”曹旭和母亲坐在看台一侧，认真地看着开幕式表演。今天是曹旭返校的日子，母亲特意和老师请了半天假，从学校把曹旭接来看开幕式，为的是让他长长见识。开学就要上初二的曹旭最喜欢开幕式上的武术表演，因为“很壮观，也很好玩”。富有辽宁特色的高跷热场表演，则让曹旭感觉很亲切。王治郅、张继科、鲍春来等等，看到这些原来只有在电视上才能看到的体育明星，曹旭很兴奋。

全运会开幕式，接地气，很亲民。

（刊载于《中国体育报》2013年8月31日）

《人民日报》

喜看盛会开新风

——写在第十二届全运会即将开幕之际

秋风送爽，浑河荡漾，正是金秋好时节。

位于沈阳市浑南新区莫子山脚下的全运村，随着第十二届全国运动会即将到来而引人注目。由辽宁省图书馆大楼临时改建的主新闻中心已于近日正式开门迎客，众多记者成为进驻这里的第一批“读者”，他们需要细心品读的，是这届全运会的独到之处。

作为一届承接历史而又不同寻常的体育盛会，十二运会注定要留下让人印象深刻的独特印记。

让节俭成为全运会的风尚

当全运会的接力棒交到辽宁人手中，他们深

知：这届盛会跑出的轨迹已经不能再循规蹈矩，不跳出“封闭、臃肿、乏味”的圈子，就得不到观众的喝彩。

于是，“回归体育、力求节俭、开创新风”的总思路，引领着辽宁人开始了全运会办赛史上前所未有的改革探索。

辽宁全运会的“简朴转身”，从万众瞩目的开幕式开始。实际上，节省开支的方案在今年年初就已经定下：开幕式自六运会以来首次改在白天举行，取消文艺演出和焰火燃放环节，不请明星大腕助演，人们习以为常的大型文艺演出也淡出了视线。

开闭幕式的预算最终节省90%，靠的是每一处细节的精打细算。大型体育赛事的开幕式，一般都要合练3个月左右，而十二运会开幕式的合练时间只有半个月。4000多名参演群众，绝大多数都是自带行李，住在沈阳建筑大学的学生宿舍。开幕式的全体带妆彩排，也仅在8月25日和29日举行两次。

辽宁省委宣传部副部长盖成立认为这些改变值得尝试，“节俭不等于降低水准，开幕式仍有精彩之处。我们努力让开幕式回归体育，这是一次艰难而全新的探索，希望会有一个成功的结果。”

“节俭、热烈、有序”不仅是开幕式的主题，也是本届全运会的主线。节俭的因子，已经渗入全运会的血液之中，在细微之处都有让人感动的呈现。

沈阳金辉街10号，全运会沈阳赛区的组委会所在地。记者步入这座临时租用的5层办公楼，整洁简朴之外，还不免有些“冷清”。组委会为了响应“节俭办全运”的号召，原来集中到金辉街办公的一些部门都回到各自单位分散办公。即便留在这里办公的新闻宣传部、竞赛部等少数部门依然将节俭进行到底，一间不算宽敞的办公室里，竟然有20多位工作人员一起办公，气氛紧张热烈，却也有条不紊。

置身于全运会气氛渐浓的沈阳街头，更加切身感受到节约节俭确实不是一句口号。全运会社会氛围的营造，全部通过市场化运作得以实现。政府没有投入一分钱，而是与企业合作，通过统一规划，精心布置，十二运会的会旗照样在沈阳街头迎风招展。

作为北京奥运会留下的财富，沈阳奥体中心将成为十二运会的主赛场。整个十二运会共需比赛、训练场馆117个，只有25个是新建场馆。有9个建在了高校，沈阳医学院、沈阳农业大学、铁岭高等师范专科学校都是受益者；有6个建在了分赛区，其中盘锦和葫芦岛都是急需体育场馆的年轻城市。

定下节俭办赛的基调，树立朴素简洁的风尚，顺势而为的十二运会正在开创一代新风。

让赛事成为全运会的核心

体育盛会的魅力，来自赛事本身；精心打磨赛事，就能呈现精彩。为了打造一届完整、精彩的全运会，组委会对赛事、赛程和赛地的安排颇费思量。

组委会竞赛部副部长韩伟民说：“此届全运会，大多数奖牌在开幕式和闭幕式之间的正赛期产生，这点和以往的全运会相比，有了新的变化。赛事如此集中组织，就是为了让体育竞技项目以更精彩的面貌展示在全国人民面前，提高赛会的观赏性，在全运会正赛期间献上精彩纷呈的瞬间。”

前两届全运会，开幕式之前就产生了百余枚金牌。大量赛事提前举行影响了全运会的精彩程度。十二运会组委会为打造一届完整的全运会，与国家体育总局各项目中心反复沟通，大大压缩了提前决赛的数量。在十二运会设置的31个大项中，田径项目中的竞走、马拉松以及网球团体赛、网球单项、现代五项和男、女成年排球比赛已进行完毕。开幕式前进行的 4 个大项 20 个小项比赛，共产生了 30 枚金牌，其他 29 个大项、330 个小项均在开幕式后进行。

本次全运会，辽宁省的 14 个规模较大的城市都安排了竞赛项目，并做到了每个城市都有金牌产生，同时在近几届全运会中首次实现了全部竞赛项目都在承办省举办。

在正赛期间，大部分的比赛项目都安排在主会场沈阳。组委会还精心策划了比赛的项目和日程，让更多精彩和观赏性较强的项目留在了主会场，这其中包括田径、游泳、男子篮球等关注度较高的比赛，孙杨、叶诗文、易建联等明星选手都将来到沈阳参赛。

与以往不同的是，本届全运会还首次在大连设立了次主赛区，有 30 多个项目的 74 个小项要在这里进行比赛，产生 88 枚金牌。次主赛区的设立将更加聚拢人气，沿着沈大线，组委会精心安排了一系列的比赛和相关活动，观众不仅可以观看比赛，还可以领略辽宁的城市变化和沿途风景。

十二运会精心设计的 12 边形“新曙光”奖牌正在静待主人，可以想见，8 月 31 日至 9 月 12 日，一届精彩的全运会将展现在世人面前。

让全民成为全运会的主角

2013 年 5 月，“全民健身，共享全运”成为十二运会主题口号。全民健身关系着人民群众的身体健康和生活幸福，共享全运体现的是让全民享受全运会带来的成果。

全运会不应只属于体育人，应该成为属于每一个人的运动会。

开幕式上，主题口号得以直观体现。在两个小时的时间里，没有明星大腕，体育爱好者成为主角。盖成立说：“参加开幕式的体育爱好者让我们感动。为了训练彩排，他们冒着高温无怨无悔地训练。有人问：‘你自己的买卖都不做了，干吗来练这个？’他们回答，钱可以再挣，但参加全运会开幕式的机会，一辈子就只有这一次。”

群众参与全运会的热情随处可见。日前，沈阳的两家媒体征集小学生创作关于十二运会的绘画作品，孩子们踊跃参与的盛况，让主办者都始料未及。最终，活动共收到作品 10000 余幅。孩子们的作品色彩艳丽，线条质朴，对十二运会的热烈期盼跃然纸上。在全运会开幕前夕，将有近千幅作品在沈阳鲁迅美术学院美术馆展出。第十二届全运会组委会新闻宣传部部长孟繁华说：“孩子们的参与让全运会更具活力，在这个特别准备的舞台上，他们成了全运会的主角。”

青少年是全运会不能忽视的群体。由十二运组委会、十二运合作伙伴共同发起并组织了青少年奥林匹克教育计划，分配 5 万张体育比赛门票，统一定价 10 元，由教育、体育部门定向发放给大中小学生和青少年运动员，使更多的青少年了解体育知识、感受体育精神。

全运会首次在辽沈大地主办，改变了城市的面貌，也让这里走出了健身场馆不足的窘境。全运会因为百姓的参与而精彩，百姓也因全运会的举行而受益。

在浑南新区，一张现代化的有轨电车路网已经铺就。铁轨“隐藏”在绿草之中，蓝色的列车就像在草地上飘行，为沈阳街头又增添了一道风景。目前已经开通的有轨电车线路拥有浓厚的“全运主题”，线路连接桃仙国际机场、全运村、奥体中心等，在丰富浑南新区交通布局的同时，也让百姓观赛更为迅捷畅达。

从竞技全运向全民全运转变，十二运会正在不懈探索。在全运会场馆的建设中，惠及全民健身是必须考量的指标。辽宁省对各地全民健身设施的要求是务必做到每个市有一个全民健身中心、每个县有一个全民健身广场，细化到每个乡镇街道、村屯社区。目前，辽宁省43个全民健身中心、96个体育公园、1035个健身广场都已投入使用。

如果说新建成的体育设施是促进全民健身事业发展的物质财富，那么“全民参与，全民共享”的理念则是十二运会给辽宁人民留下的宝贵精神财富，这些财富将让辽沈人民长久受益。

（刊载于《人民日报》2013年8月29日）

《中国体育报》

盛会，将节俭进行到底

第十二届全国运动会即将拉开大幕，赛会准备得怎样了？本届赛会有哪些新理念？竞技体育与全民健身共同发展有什么新特点？目前，记者带着这些问题走进了辽沈，零距离触摸，近距离感受。本报从今天起陆续推出相关报道。——编者

8月的辽沈，一样的高温，一样的炙烤，丝毫不逊江南。然而，这里还有别处没有的一项大“热”——倒计时中的第十二届全运会。虽是大热之事，但难见以往应有的热火朝天、轰轰烈烈，有的只是有条不紊、低调内敛。原因其实很简单，两个字：节俭。

背景一

2009年3月，辽宁省申办“十二运”成功后，怎样筹备和举办，以什么样的风貌在全国人民面前展示辽宁，成为辽宁省委、省政府考虑的重要议题。特别是前面几届全运会在举办方面展现出很高的水平，这也给了辽宁不小的压力。

2012年12月，中共中央政治局出台“八项规定”后，“勤俭节约、求真务实”成为全党、全社会的共识。这给辽宁筹办全运会提出了新要求。在认真学习领会中央精神的基础上，经过慎重考虑，决定将“全民健身、共享全运、力求节俭、回归体育、开创新风”作为辽宁筹备和举办全运会的总体。

背景二

以往的大型赛事，经费总额一般都不小，但本届全运会，辽宁落实中央精神，调整了原先的方案，大大压缩了经费支出。从场馆建设、组委会运行、活动举办、接待服务等方面，节俭原则贯穿始终。

诸如赛会规模压缩，参赛单位由46个缩减到38个；参赛运动员由11000人压缩到9500人以内；裁判员和教练员减少了500人。

缩小火炬传递范围。上届全运会，火炬在31个省区市及港澳地区传递。本届原计划在举办过全运会的北京、上海、广东、江苏、山东5省市传递，后调整为在辽宁省内传递，点火仪式也在省内举行。

缩减撤并论坛和活动，可办可不办的不再办，能合并的合并，保留举办的压缩时间和规模。

各项接待一律从简，减少邀请人数。新闻记

者不超过2000人；不再邀请承办过全运会的省市和中央国家机关有关部门负责同志出席开闭幕式、观摩等；除国家体育总局邀请的外宾外，辽宁只邀请7个外国驻沈阳领事馆的有关人员出席。取消欢迎、答谢宴会，一律安排自助餐并注意节俭。

背景三

开幕式在8月31日下午举办。这将是1987年第六届全运会后，首次恢复在白天举办开幕式；取消焰火燃放和大型文艺演出；总时间压缩至120分钟，闭幕式总时长为60分钟左右。第十二届全运会的开、闭幕式从形式到内容，力图体现简朴大气、回归体育、全民参与，同时也会在开、闭幕式中展示辽宁特色的全民健身精彩成果和浓缩精品。届时会给与会者一个精彩、热烈的全新感受。

背景四

全民参与还体现在便民惠民的票务上，降低比赛门票票价，100元以下的中、低价位门票占总门票量的85%以上，同时组织优秀、特殊贡献群体和市民免费观赛。

按照科学合理、保障比赛、持续利用的原则，尽可能利用现有场馆，坚持能利用的不改建，能改建的不新建，能简修的不大修，能临建的不搞永久建设。

64个比赛场馆中，以2009年3月5日国务院批复为界，之前批准建设39个，之后批准建设25个。25个新建场馆中，纯粹为全运会新建的只有10个，占场馆总数的8.5%。其余15个场馆，9个建在大学，没有全运会，这些大学也要建体育设施；6个建在盘锦市和葫芦岛市，这两个市是20世纪80年代建市，没有体育场馆，不举办全运会，也需要建设。

由于比赛项目主要在沈阳，而沈阳在筹备北京奥运会比赛时就通过搬迁新建了“一场三馆”，所以节省了开支；由于主要场馆建在大学，所以没有后期利用问题。

通过所有这些措施，最大限度实现了“办赛事，惠民生”。

（刊载于《中国体育报》2013年8月15日）

《人民日报》

全运会开幕式吹来节俭新风

8月31日，秋日下午的阳光将沈阳奥体中心体育场分出明暗、湛蓝的天色，与体育场内的蓝色主色调相得益彰。一次与众不同的全运会开幕式在这里开演，每一个热爱体育的人，都能在这里感受到触动心灵的震撼。

节俭——探索开幕式新思路

下午4时许，第十二届全运会开幕式拉开大幕。自1987年广东全运会以来，历届全运会的开幕式都在晚上举行，本届开幕式则大胆地打破了这项延续了25年的惯例。举行时间的改变，是思路的创新，更是对“节俭办赛”理念的追求和考量。

自去年12月，中央出台“八项规定”后，勤俭节约、求真务实成为全党、全社会的共识，这也给第十二届全运会定下了主基调。组委会及时调整了办赛思路，大刀阔斧地为开幕式“瘦身”。

开幕式导演组成员陈峥表示，开幕式的运营管理更加严格和细致，“每一分钱都要精打细算。能借用的绝不租用，能租用的决不购买。”

第十二届全运会组委会副秘书长张玉珠说：“节俭仍要不失精彩。辽宁不搞‘满汉全席’，但‘四菜一汤’也要让大家满意。”

节俭全运，意味着勇于创新。开幕式的舞台上呈现的是一个个群众广泛参与、喜闻乐见的健身项目：队列操展现了当下辽宁“转身向海”、扬帆远航的气势；太极武术体现了不同年龄全民健身爱好者对中华文化刚柔相济、动静结合内涵的理解；第九套广播体操在全国综合体育运动会首次推出，而形式多样的健身操、搏击操、啦啦操和竞技操则体现了当代年轻人的青春活力与蓬勃朝气。

节俭全运，意味着勇于奉献。为了节省开支，参加开、闭幕式展演的表演者没有任何酬劳，而且把大部分的排练工作都安排在本单位进行。团体项目合练、彩排时间由惯常的3个月压缩到半个月左右。服装道具着重体现实用、美观、简洁、庄重，摒弃华丽风格，材质、装饰一律从简从俭。

“由俭入奢易，由奢入俭难。”做减法又不失精髓，去奢靡又不失厚重，节俭全运凸显辽宁的智慧和功力。

回归——全民健身共享运动

24分钟的健身展示，让全运会开幕式返璞归真，传递出的是体育的快乐、人民的心声。

3920名来自学校、部队、工厂、农村、社区以及各体育爱好者协会的群众演员合力展演了队列操、太极武术、第九套广播体操和健身操4个篇章。激情洋溢、简单质朴，开幕式回归体育本质，纯粹的力量直击人心。

“全民健身、共享全运”的全运会主题在开幕式上彰显。辽宁省委宣传部副部长盖成立说：“遴选节目的时候，我们考虑的是开展时间长，而且已经形成一定规模的健身项目，服装齐备、道具也齐备。在辽宁这块体育热土，这样的资源可以说是取之不尽、用之不竭。”

开幕式上，200多名扮成全运会吉祥物斑海豹“宁宁”的独轮车少年惹人喜爱。这些来自葫芦岛兴城市曹庄小学的学生，早已在校园里练就了一套过硬本领。5年级学生张茉说：“我和同学们为全运会准备了半年时间，虽然有苦有累，但值得。”

开幕式上，健身群众的主角身份几乎贯穿始终。全运主火炬点燃之后，在奥运冠军的引领下，柔力球、双球操、花棍操、篮球操、轮滑等一批具有辽宁特色的全民健身项目，重新占据了沈阳奥体中心的场地中央。

引领新风的健身主题，让开幕式成为人民的盛会、体育的节日，每一位参与者的笑脸令人难忘。金牌属于少数人，健康属于所有人。全运盛会不仅是体育健儿的一次巅峰对决，更是老百姓享受体育发展成果的盛会。全运会还没开幕，辽宁已有43个全民健身中心、96个体育公园、1035个健身广场投入使用。

开幕式总导演杨嵘说：“以往的开幕式把很多精彩的画面留在了人们的记忆中，而这次的开幕式却留在了人们的生活中。”

传承——体育精神薪火相传

入场仪式中，38个代表团的旗手引人注目。

中国男篮标志性球员、36岁的老将王治郅作为解放军代表团旗手，引领运动员入场仪式。之后，隋盛胜、谢国臣等排球教练带队入场，晏紫、鲍春来等老将也高举旗帜。少帅老将陆续登场，在他们的身后，是各代表团的年轻选手们，他们是中国体育的未来，正在沿着前辈们的足迹奋力前行。

临近开幕式尾声的火炬传递更开启了人们对辽宁体育和中国体育的辉煌记忆。18 位奥运冠军和 3 位功勋教练将火炬传递，王义夫、王军霞、王楠、张宁……一个个熟悉的身影出现在人们的视野之中。

17 时 36 分，最后一组火炬手，“当代雷锋”全国道德模范郭明义、“天宫一号”与“神舟十号”“英雄航天员”张晓光和“蛟龙号”“载人深潜英雄”刘开周将手中的圣火传递给 12 名少年儿童代表。

随后，命名为“汇聚”的火炬塔缓缓拔地而起，12 名少年儿童分别点燃眼前的圣火盆，电光火石间，全运圣火熊熊燃烧。火炬塔主体造型的 38 根钢筋，代表了 38 个全运会代表团；上部两节的 56 根铁柱，象征着全国 56 个民族团结进取，走向复兴。火炬塔底座火车、汽车、齿轮等图案表达了辽宁创造出的工业奇迹。体育精神将从这里薪火相传，祖国未来的一代也一定能担当起实现中华民族伟大复兴的重任。

不到两个小时，全运会开幕式精彩落幕。此时，天色未晚，彩霞满天。

（刊载于《人民日报》2013 年 9 月 1 日）

《人民日报》

不请明星大腕　不搞焰火燃放　舞台留给群众

全运会开闭幕式务求节俭

取消大型文艺演出　总预算为原计划的 1/10

本报沈阳 6 月 30 日电　记者从第十二届全运会开闭幕式领导小组办公室举行的新闻通气会上获悉：十二运开幕式将于 8 月 31 日 16 时举行，这将改变以往大型运动会在晚上举行的惯例，且不请明星大腕、不燃放焰火，来自全省各地的群众将成为开幕式主角。开闭幕式总预算为 900 万元，仅为原计划的 1/10。

“活动节俭、热烈、有序”将是这届全运会的主线。辽宁省省长陈政高介绍，把十二运办成一次节俭的全运会，既是党中央、国务院的要求，也是辽宁的自觉实践，要把全运会办得节俭且精彩。

十二运开闭幕式有关负责人说，开幕式将取消大型文艺演出，从设计到呈现都以“回归体育”“回归群众”为主题，舞台将留给热爱体育的群众。

历届大型运动会开幕式费用中，文艺演出和焰火燃放的支出占据了大部分。而开幕式在白天举行，电力改造的费用大大压缩，灯光费用基本省略。参加开幕式团体展示的每个队伍人数都压缩在 1000 人以下。

另外，赛会所需场馆，一半是在原有场馆基础上改造而成。沈阳市在筹备工作中，能改造的场馆不新建，所有设备能借的不租，能租的不购，25 个市属全运场馆中只有 3 个新建场馆。

（刊载于《人民日报》2013 年 7 月 1 日）

《人民日报》

全运会开幕式得到各方好评

朴素办赛　回归体育

本报沈阳8月31日电　31日，第十二届全国运动会在沈阳开幕。没有华丽的声光电特效，没有绚烂的焰火表演，也没有著名的歌星大腕，一届以节俭为主题的全运会、一个节俭的开幕式，赢得了观众的高度评价。

观众席上，看着一个个代表团步入赛场，经历过10届全运会的体育摄影记者齐大征不住赞叹："这10届开幕式我都看，一届比一届好，但一届比一届花钱多。"齐大征说，"这次的开幕式做出改革，为老百姓提供了舞台，顺民心。这也证明，办开幕式少花钱没什么不行。"

来自英国的媒体人西蒙也非常享受这次朴素的开幕式："辽宁全运会的开幕式让我不禁想到了伦敦奥运会的开幕式，都是简单而充满内涵。北京奥运会无与伦比的开幕式已经证明了中国举办大型赛事的能力，而辽宁的节俭办赛也许会开启一种新的办赛方式。"

身为教师的邹英全程观看了开幕式，他深深地体会到身为辽宁人的自豪感："无论是队列展示中的舵轮，还是在表演中的辽宁本地汽车，都体现出辽宁特色。"

"开幕式突出全民健身展示，恰恰展现了辽宁人民热爱体育运动的特点。"观看了开幕式的电视转播后，沈阳边防检查站的干事梁宏博表示。

在开幕式的直接参与者眼中，本届开幕式还具有更多的意义。已经参加过3届全运会比赛的网球选手李喆，作为天津队的旗手参加了开幕式，激动兴奋之余，李喆对本次开幕式的点火仪式印象深刻："由孩子们点燃圣火盆的方式体现了体育精神的薪火相传，希望孩子们可以从体育中感受到快乐。"

"感觉挺震撼的，虽然没有烟花，也没有铺张，但效果也达到了。"沈阳城市学院的大三学生李浩是本次开幕式的群众演员，他表示，参加这次开幕式对于自己今后成长是很重要的经历。

（刊载于《人民日报》2013年9月1日）

《中国体育报》

十四个赛区全面开战

本报沈阳8月31日电　随着今天下午开幕式的进行，从明天开始，第12届全国运动会各项目的比赛将在分布于辽宁省内的14个赛区全面展开。

为承办全运会31个大项、40个分项、350个小项的比赛，这14个赛区共为全运会提供了64个比赛场馆。

其中，沈阳赛区共承担了田径、游泳、击剑、自行车、柔道等22个大项的比赛，成为举办项目最多的城市。大连因濒海优势和高水准的体育场馆，成为承办全运会项目数第二的赛区，帆船、赛艇、皮划艇等11个大项将在这里进行。

另外，鞍山、抚顺、本溪、丹东、绵州、营口、阜新、辽阳、盘锦、铁岭、朝阳、葫芦岛等赛区承办的比赛也将同时打响。

（刊载于《中国体育报》2013年9月1日）

《中国体育报》

新老交替　全运练兵

黄玉斌：男队有几个全能苗子

“我不是来看比赛的，我是来监督比赛的。”总局体操运动管理中心副主任、国家体操队总教练黄玉斌对记者说。9月1日下午，十二运会体操发布会在大连体育中心体育馆新闻发布厅举行。作为打分项目，裁判的打分是否公正，直接关系到比赛结果。为了确保比赛的公平，十二运会体操比赛制定了严格的裁判员管理办法，技术代表（高级裁判组和仲裁委员会）将对裁判员的打分进行严格监督，黄玉斌任仲裁委员会主任。“严格监督，严防暗箱操作，这是对所有队员负责。体操不光要有辉煌的今天，还要有美好的明天。”黄玉斌说。

记者问起世锦赛名单的情况，黄玉斌表示，世锦赛名单在十二运会结束后公布。选择这个时间公布，是因为全运赛场是一个很好的检测平台，能对选手进行最后的评估。

“除了冠军选手，大家可以多关注一下新人小将，这批出了几个不错的全能苗子。”黄玉斌向记者们介绍了周世雄、林超攀、程然、林溶冰等新人。“里约奥运这一周期，新人在全能方面较伦敦周期乐观一些。这些新人很有可能在3年后站在里约的赛场。”对解放军队与东道主辽宁队交流运动员刘洋，黄玉斌也给予很高评价，“他还年轻，年轻就有很大可能，希望他勇闯巴西。”在他看来，刘洋在吊环上的优异表现使得他有望填补陈一冰退役后留下的空缺。

“只接到陈一冰的退役申请，其他人都没有。”关于十二运会前传出的肖钦、滕海滨等老将即将退役的消息，黄玉斌这样说。“有些运动员能一直坚持，也可能一些运动员看到新人的水平逐渐超过了自己，就不想再练了，选择退役。”黄玉斌表示，体操项目新人不断涌现，对于老队员的退役要看运动员自己的意愿。

（刊载于《中国体育报》2013年9月1日）

《中国体育报》

始终把办赛和全民健身作为一个整体统筹

——访大连赛区组委会执行副主任、大连市副市长朱程清

十二运会正如火如荼地进行。作为十二运会重要赛区的大连，承担着11个大项、14个分项、74个小项比赛的任务，占十二运会设项总数的35%。如何借十二运会的东风，进一步提升大连的全民健身水准，正是大连市委、市政府紧紧围绕“全民健身、共享全运、回归体育、节俭办赛、开创新风”的努力目标。为此，本报记者专访了大连赛区组委会副主任、大连市副市长朱程清。朱程清说，大连人喜爱运动，是著名的足球之城、田径之乡。市委、市政府一直把完善群众身边的体育设施、丰富群众身边的体育活动、健全群众身边的体育组织，作为引领大连市群众体育事业的三条主线，持续实施“农民体育健身工程、社区健身活动室工程、室外健身路径工程”等三项惠民工程，先后为每一个行政村建起一座篮球场，还建成了600个功能完善的城市示范晨晚练场。依托社区健身广场、健身路径、健身活动室等场地设施，城市社区“十分钟体育生活圈”创建活动悄然开展，2000余支健身指导队伍活跃在街道、乡镇、社区、村屯。

朱程清表示，全运是全国人民的体育盛会，只有让更广大的市民参与全运，分享全运的成果，才能充分体现体育精神和办全运的宗旨。为此，大连市精心组织了丰富多彩的“全民健身，共享全运”主题活动，包括大连万名职工球类比赛、大连国际徒步大会、万名市民智力运动会、万人太极拳展演、大连国际体育舞蹈节、万名市民长跑、万名市民乒乓球冠军争霸赛等13项大型品牌活动，参与人数近60万人。此外，还特别策划了“全运在身边”群众性系列宣传活动、“全城运动，健康到家”迎全运社区活动、“与全运同行，拍最美大连”等多项群众性文体活动。不仅让广大市民真正融入并参与到全运中来，也营造出了“天天有活动、月月有品牌、年年有创新”的全民健身氛围，把大连的全民健身事业推向了一个新高度。

朱程清说，此次大连市承办的比赛项目中，个别项目市民比较陌生，比赛规则不太清楚，为了普及知识，吸引市民广泛参与，全市各媒体对所有承办项目一一作了充分介绍，围绕现代五项等项目还举办了多场专题讲座，让很多市民对原本比较陌生的项目产生了兴趣。为了吸引更多市民走进赛场，组委会积极推进门票销售工作，体操、花游等热门项目售票火爆、一票难求。针对个别不售票项目，组委会采取设点免费发放等措施，希望吸引更多的市民参与到赛事中来。

朱程清最后表示，大连市承办十二运会赛事，为全民健身事业的发展提供了更加宽广的舞台。下一步，全市将继续把全民健身运动推向深入，让更多的体育设施惠及民众，让更多的市民参与到全民健身中来，让大连的群众体育品牌活动更加丰富多彩。

（刊载于《中国体育报》2013年9月5日）

《人民日报》

赛会规模大、水平高，但公众关注度却较低

全运会如何“接地气”

在中国这样一个体育大国，全运会的大规模与高水平与其较低的受关注程度形成了畸形的对比。国人对于体育活动的需求在增长，但全运会却一直没有惠及到更多的人群。在这样的情形下，让全运会“接地气”，让老百姓“共享全运”成为重要的议题。本届全运会上，东道主做出了尝试。

吸引观众、填补空白，办赛者还要多下功夫

近几天，沈阳农业大学的校园呈现这样一幅场景：正午时分，学生们三五成群走在学校的林荫道上，有的在讨论去吃什么，有的抱着书刚从自习室里出来；而在沈阳农业大学举行的十二运会跆拳道和七人制橄榄球比赛的赛场里，却是观众寥寥。

一些赛场也呈现出不同的景象，比如游泳、篮球等项目的门票早就销售一空，赛场游荡的“黄牛党”四处询问着是否有余票。临近晚上的决赛，体育馆的观众入口也渐渐排起了长队。不可否认，在近万名运动员参与的全运会赛场，体育明星的影响力不可忽视。4年前在山东举办的第十一届全运会，当已经退役的郭晶晶亮相看台时，跳水比赛的气氛立刻被推向高潮。“我想，可能很多人还是冲着明星来看比赛吧。”一名国家队队员说。

热，是观众对明星、对项目十分追捧；冷，则是人们对这些比赛并不买账。无论是冷是热，均与人们对项目的兴趣有关。学生对比赛不同的反应，场馆中空出的大片看台都在说明仅仅是赠票等手段很难培养出这种兴趣。吸引观众、填补空白，办赛者显然还要多下功夫。

加强互动，提升人们对赛事的认同感是关键

不过，如果仅用观众的多寡和构成来衡量全运会是否“接地气”，显然有失公允。

其实，无论是奥运会、亚运会这样的综合性赛事，抑或是田径世锦赛、游泳世锦赛这些单项世锦赛中，观众的亲身参与和体验都是整个赛事筹办的重要一环。

在刚刚结束的莫斯科田径世锦赛中，赛场外面就是临时架设的迷你跑道和跨栏，大人和孩子尽可以上去较量一番；各个赞助商也各自搭建展台，竭尽所能招揽观众；每天也会有不同的田径冠军到场外与观众们互动；观众更是整个赛事的参与者。而在全运赛场上，由于“身份”上的差异，人们对赛事的认同感自然也会有许多不同。

“全民健身，共享全运”的主题口号因此成为本届全运会的“点睛之笔”。在赛事期间，为了吸引更多人的参与，组委会举办了很多全民健身活动，希望激发市民参与体育活动的热情，使全运会能够惠及赛场外更多的人。

这个口号统领的是一系列扎实有效的举措。在本届全运会主赛场所在的沈阳市浑南新区，“迎全运万人长跑”“迎全运健身舞大赛”等100多项群众体育活动均得到了全区百姓的踊跃参与。诸多活动，也体现着组织者以全运会带动全民健身的良苦用心。以全运会为契机的“十个一工程”从硬件方面为各地全民健身活动开展提供了充分的保障。看到社区新添了平衡木、单双杠等健身器材，一些普通市民向记者感叹“原来只能在报纸、电视上看到，如今才发现全运就在我们身边”。

全运会转型大势所趋，必须转变办赛理念

第五届全运会，备战1984年洛杉矶奥运会成为重要主题。竞赛项目也开始比照奥运会进行设置，“奥运练兵场”逐渐成为全运会的“标签”。

然而时至今日，曾经一呼百应的运动会场景已经难得一见。过分追求金牌、赛场乱象频生，让全运会的办赛之路似乎越走越窄。当竞技成绩与各地体育部门的政绩紧密“挂钩”，全运会在社会上引起的反响也江河日下。

如今中国体育正在经历由体育大国向体育强国迈进的战略转变，全运会的转型是大势所趋。从2009年十一运会提出的“和谐中国，全民全运”到本届全运会“全民健身，共享全运”，主题口号的变迁，让人们深切体会全运会回归体育本质、回归群众的尝试。

然而，如何真正将观众拉回到赛场上来？全运会的比赛究竟该办给谁看？转变办赛理念成为当务之急。

在以往的办赛经历中，全运会的组织者往往将运动员而不是观众当作第一位的服务对象。久而久之，全运会难免演变成全国体育系统内部的“精英交流会”。有时为了“保障安全，不打扰运动员”，像射击之类的比赛就不卖门票；有时自认为“不会有观众前来”，便声称“门票已经售光”，到赛场上才发现观众席空空如也。销售渠道不畅通、热门比赛票价过高等都成为将观众挡在场外的“门槛”。

全运会的转型当从提升“自身修为”做起。赛会配置资源、发现新人、培养后备力量的使命还远未完成，而固步自封、只看重“金牌”的趋势也必然会遭到人们诟病。在中国体育的转型阶段，全运会应被赋予更多的价值和社会功能，放下精英体育的身段，将“服务全民”纳入办赛理念，这是全运会向亲民和惠民转型迈出的关键一步。

（刊载于《人民日报》2013年9月7日）

《中国体育报》

惊险夺牌　变身啦啦队

虽然沈阳的天气晴雨不定，频频“变脸”，但辽宁大学体育馆内的气氛却持续火热。每次有河北运动员亮相，观众席就有一人的助威声都响彻全场。循着声音看去，十二运会男子长拳刀术棍术全能季军赵杰出现在视线中。

“那天比赛大起大落，拿到第三名，还是挺兴奋的。”说起前一天的比赛，赵杰的心情仍不能平静，“第一项长拳比完后，一看分数脑子一片空白。”由于A组动作质量被扣0.1分，赵杰的长拳仅以9.56分暂列第八。他坦言，自己全套动作下来后感觉很好，不明白分到底扣在了哪里，和教练、裁判沟通后，才知是因为自己的“扣腿平衡”有点高。“比完后现场反应特别好，我自己也觉得动作没问题，可能是大赛比较严吧”。

“心里不服气！”接下来的棍术比赛，9.66分的得分使他的排名追到第五。追上来后心里就有想法了，还是拼个前三吧。比第三项时就完全放开了，最后结果还不错。”赵杰笑着说：“如果第一项不扣分就更放得开了，本来也是抱着表演的心态来比赛的。拿到奖牌，也算是完成任务了。”

完成比赛任务，赵杰变身“全职啦啦队”。当日的女子长拳剑术枪术比赛，河北悍将阚文聪毫无悬念地以三个最高分夺得该项目冠军。观众席上有人开玩笑说：“这么大加油声果然管用，你看看，得这么高分！”

“每次比赛，场下的人都会给队友加油助威。我们的成绩很大一部分都源于队友的支持。”赵杰感慨道，“听到助威声，整个人都会兴奋起来。”“嗓子不会喊哑么？”记者打趣问。赵杰笑了笑说：“我们带了矿泉水和喉宝，都是润喉的。”

（刊载于《中国体育报》2013年9月5日）

国家体育总局政府网站

全运三连冠成绩全满贯　董栋诠释“伟大”

一名运动员，取得其所在项目的大满贯，但竞技状态依然良好，他还有目标吗？

有！蹦床全运会男子网上个人冠军董栋的回答：“我想成为一名伟大的运动员。”何谓伟大？董栋思考了一下，“作为运动员，我要争取最好的成绩，这无可厚非。但我不想人们仅仅因为我的成绩记住我，我希望自己在各个方面都有好的表现，金牌成绩、涵养、对体育的认识等等。”

9月3日，男子蹦床个人网上决赛，身为世锦赛、奥运会双料冠军，董栋在前两届全运会上分别拿到了团体和个人金牌，本届全运会，自然不会放过对于金牌的追逐。

但从资格赛到团体赛，董栋都不是全场最高分的获得者，上海选手高磊一直领先。2日晚上比完团体赛之后，董栋还遇到了兴奋剂检查，回到房间2点多了，再加上内心的小郁闷，他几乎一夜无眠。

可是，决赛就要在下午展开，董栋感觉自己的状态并不理想，但他也只能“逼迫”自己进入状态。高磊无疑是最大的对手，该选手高度高、难度大，但董栋在决赛中也拿出了同样的17.8的最高难度，最终硬是凭借高出对手近1分的技术分获胜，成就全运会三冠王。

“发挥了自己的水平，但也有运气的成分吧。”董栋说的很平静，但内心想来不会波澜不惊，自伦敦奥运会实现金牌梦想后，他没有止步不前，反而一直以高水准出现在国际国内赛场上，且几乎场场夺金，稳定的发挥令人赞叹。

“蹦床比较冷门，知道的人很少，但我希望通过我能带动一些人喜欢这个项目这就是我作为一名蹦床运动员最大的理想吧。”董栋说。

（来源：国家体育总局政府网站2013年9月4日）

《中国体育报》

刷新纪录
游泳池内汪顺杨之贤发威

本报沈阳9月4日电 今天的十二运会游泳赛场，孙杨、叶诗文、刘子歌、焦刘洋等名将悉数亮相。最先进行的男子400米个人混合泳决赛中，1994年出生的浙江小将汪顺以4分09秒10的成绩夺得金牌，并打破了由他自己保持的全国纪录。同样打破该项目全国纪录的还有获得亚军的湖南选手杨之贤，成绩是4分10秒78，另一位湖南选手黄朝开以4分11秒99的成绩收获一枚铜牌。浙江名将孙杨、叶诗文分别战胜各自对手，收获了自己十二运会的首金。孙杨以3分43秒68的成绩夺得男子400米自由泳金牌，河北选手郝运、河南选手李昀琦分列二三位。

（刊载于《中国体育报》2013年9月5日）

《中国体育报》

全运会武术套路冠军榜

浙江队俞特在男子剑术和枪术比赛中以完美表现获得第一，成成在女子刀术和棍术中稳定发挥也为浙江队获得第一，参加男子三人徒手对练的郑炬天、鲍焕祥、黄陈建为浙江队奠定胜局，最后一项女子二人对练中，老将张春艳与叶朱倩虽然发挥失常，最终依靠在前五项中建立的优势摘得冠军。

（刊载于《中国体育报》2013年9月2日）

《中国体育报》

“美得冒泡”三人组诞生 群芳争艳盖过一枝独秀

何姿、施廷懋、王涵，三朵小花在登上女子单人三米板领奖台后，“美得冒泡”三人组的名号也不胫而走。

“之所以有这个组合，是因为我们三人关系很好，我们都是同一年龄段，大家玩得来，我们就是传说中的闺蜜。”王涵的说法得到了何姿的认同，何姿也最喜欢把“我们仨”挂在嘴边。“我们仨和上一辈选手有点跨度，我们仨年龄差不多，喜欢聊的也相似。虽然场上是对手，但我们都会很真诚和对方说加油。”

在吴敏霞赛前因伤退出后，这届全运会女子单人三米板成为了小花们的天下，分别生于1990、1991、1992年，何姿、王涵、施廷懋三人的崛起，或许是“90后”正式接班的讯号。回顾这场决赛，三人旗鼓相当，五跳难度系数总和同为15.1，全都没有出现明显失误，顺利完成比赛，且没有一跳低于73分。在如此激烈和大强度的比赛进程中，三人能做到这样实属不易。

从郭晶晶时代甚至更早，人们似乎更欣赏“一枝独秀”的局面，喜欢封出“一姐”，大大小小的比赛都围绕着“一姐”能不能夺冠，如果没夺冠就感觉不正常。这无形中给了“一姐”很大压力，而和她同时代的选手也在媒体引导公众关注度上受到不公平待遇。本届全运会上，在女子单人三米板项目赛后发布会上，问施廷懋、王涵问题的记者不比问何姿的少，三人在比赛中都力争上游，在赛后的关注度也旗鼓相当，“群芳争艳”的局面让人感觉新鲜又刺激。

“美得冒泡”三人组的诞生，也许为我们提供了一种新的可能。对一个国内甚至国际顶尖的运动员来说，有一个甚至几个伟大的对手在身边，时刻鞭策和修正自我，何尝不是一种幸运。期待我们在更多项目和领域，诞生更多“美得冒泡”组合，让比赛更加美轮美奂、美不胜收！

（刊载于《中国体育报》2013年9月2日）

《中国体育报》

朱美美摘金犒劳爱马

本报沈阳9月4日电 以“海归”身份代表北京队首次出战全运会的朱美美今天后来居上，夺得了十二运会马术场地个人障碍赛金牌。香港队赖桢敏和内蒙古队达日玛分获银牌和铜牌。

今天上午进行的首轮比赛中，朱美美被罚4分排名第10位。下午第二轮比赛朱美美以沉着稳健的发挥，以罚0分的成绩与赖桢敏、达日玛以及广东队李振强同积4分进入附加赛。附加赛上，第一个出场的朱美美顶住压力，以罚0分的成绩完美地完成了比赛，夺得了她在全运会上的首枚金牌。

首次参加全运会就夺得金牌，这对于今年才21岁且从小就生活在国外的朱美美来说是不曾想到的。“我真的没有想到能获得这枚金牌，这是我参加马术运动以来的最好成绩。”朱美美说，“由于第一轮的成绩也不占优，因此后来的比赛中心态反而特别轻松。虽然首次参加大赛难免有些紧张，但比赛中我还是把注意力放到完成好每个动作上。与马配合的时间不长，马的左眼也失明了，但今天它太给力了，我已经为它准备了胡萝卜、苹果，一定要好好犒劳犒劳它。”

（刊载于《中国体育报》2013年9月5日）

《中国体育报》

击剑赛场天道酬勤 骆晓娟许安琪笑捧金银

9月2日20时30分，十二运会女子重剑的决赛时间，但早在两个小时前，江苏队便由“同门姐妹花”骆晓娟和许安琪锁定了这枚金牌。伦敦奥运会上，许安琪、骆晓娟联袂孙玉洁、李娜拿到女子重剑团体金牌，实现突破，姑娘们灿烂的笑脸也被大江南北的人们所熟识。“骆晓娟最近身体不好，一直在生病，8月世锦赛期间还在挂水。近期逐渐在恢复，训练也比较努力。但毕竟是一名老队员，伤病比较多一点。安琪训练一直很刻苦、努力，也算是天道酬勤吧。”弟子们会师决赛，教练许学宁也早早坐到观众席上，以平和的心态观看两名弟子的金牌争夺战。

十二运会前“姐妹花”的最后一次亮相，是在8月的世锦赛。当时骆晓娟、许安琪和队友拿到了一枚团体银牌，但在个人赛中，许安琪只打进32强，成绩不佳。不过，许学宁一点也不担心，“安琪输的对手是意大利选手纳瓦利亚，她是世锦赛头号种子。安琪不熟悉对方的节奏，打得很被动。”许学宁点评说。十二运会，他为许安琪制订的方案是充分发挥自己特长，连续两剑失分及时调整。

决赛中，两人打得略显沉闷，但随着比赛进行，两人越战越勇，比分交替领先，最终师姐骆晓娟更胜一筹，以9：4锁定金牌。之前的全国赛场，两人也多次交手，基本上骆晓娟胜面更大。

“骆晓娟更自信一点吧，安琪是第一次参加全运会个人赛，压力大，打得有点紧，不过状态也是一场比一场好。”许学宁说。

走下赛场，姐妹俩深情拥抱。“她是我的小师妹，我们也是国家队队友，私下关系很好，不过到场上就自己打自己的。”骆晓娟说。许安琪也对自己的成绩表示满意，“不管是谁拿，江苏队得金牌就可以了。”

（刊载于《中国体育报》2013年9月3日）

《体育时空》

场地自行车　两天四次改写纪录

3日进行的场地自行车男女团体追逐赛决赛中，两项新纪录再度被刷新。两天比赛，连续4次打破全国纪录。场地自行车赛场历来是新纪录的高产地。3日率先进行的半决赛中，梁敬、姜吻吻、姜帆组成的山东队骑出了3分21秒145的成绩，打破了此前由三人保持的3分22秒079的全国纪录。山东选手刘威、郑健伟、王杰、姜晓也骑出了4分01秒888的好成绩，打破了4分02秒431的全国纪录。没想到的是，这两项全国纪录仅维持了一天，就双双被破。

（刊载于《体育时空》2013年第19期）

《中国体育报》

皮划艇激流回旋落幕“海榕组合”成功卫冕

本报大连9月4日电　十二运会激流回旋比赛，今天在大连展开最后两个项目的角逐。中国头号组合、广东名将胡明海/舒俊榕在男子双人划艇决赛中力压群雄，成功卫冕。女子单人皮艇“一姐”李晶晶在半决赛中3次“漏门”，无缘决赛，该项目金牌被东道主选手李彤获得。

胡明海/舒俊榕是我国激流回旋男子双人划艇的“头牌”，两人参加伦敦奥运会并夺得第六名，是中国选手在该项目上的奥运最佳战绩。十二运会是“海榕组合”的第三次全运之旅，前两次他们分别获得亚军和冠军。此次再度夺冠，胡明海/舒俊榕表示：“上届全运会在北京奥运会后举行，斗志很高，轻松拿下，这一届备战遇到很多困难和伤病，是用100%甚至200%以上的努力才卫冕成功的。”原来，胡明海在今年冬训中左膝盖前十字韧带断裂，不得已接受手术，5个月没有与搭档一起训练。两人表示，他们一年多来没拿过国内冠军，十二运会夺冠实属不易。

女子单人皮艇比赛，曾参加了三届奥运会，并在伦敦奥运会上取得个人最好成绩第11名的福建选手李晶晶，半决赛中状态不佳，出现3次漏门被罚150秒，最终无缘决赛，爆冷出局。赛后李晶晶表示，由于对赛道线路水流控制不好导致失误，自身压力太大。这位历经四届全运会夺得1金1铜的28岁老将坦言，考虑到个人、家庭以及学业，自己准备退役。

此项决赛，辽宁选手李彤最后时刻全力反扑，以109.88秒的成绩夺冠。

（刊载于《中国体育报》2013年9月4日）

《中国体育报》

百姓健身健心是他的追求

十二运开幕后，大连报业集团和大连市体育局联合发起了“民间传统体育系列活动”，在滨城大连引起了极大的反响。新华社、人民网、本报等各大媒体都做了大量报道。记者通过大连媒体相关记者，采访了活动的发起者、知名教育心理咨询专家王克强。

作为一位教育心理工作者，为何要发起开展民间传统体育活动？王克强说：“在长期的教育心理咨询工作中，我发现许多人的身心状态堪忧，严重影响了人民群众的生活质量和社会的和谐发展，因此我一直探索和尝试如何真正普及全民健身健心运动的新路，今年1月我在辽宁省政协会上提交了《借第十二届全运会之机发扬光大民间传统体育非物质文化遗产》的提案。”为什么说民间传统体育项目是珍贵的非物质文化遗产？王克强说，民间传统体育是人民群众创造的世代相传并不断更新发展的文化项目，这些项目为百姓的身心健康和生活起到了历史性作用。随着社会的发展、科技的进步、生活水平的提高，相当一部分民间体育项目淡出人们的视线，甚至被渐渐遗忘，弥足可惜！为什么要借全运会之机开展民间体育项目？王克强说，全运会是一场竞技体育和凝聚精神的盛会，而全民全运是全运会的宗旨，当然强调的是体育运动对人的身体健康的积极意义和作用。联合国对现代健康给出了新的定义和标准：健康是在身体上、精神心理上和社会交往上保持健全的状态。而全运会期间，广大人民群众体育热情高涨，都希望有一个合适的机会参与全运会。所以像滚铁环、跳皮筋、跳方、打陀螺等等，都可以让人人参与健身运动，妇孺老幼，共享全运。

据十二运大连赛区组委会宣布，大连市民间体育系列活动将在大连东北路小学9月7日正式启动。记者相信，随着这一活动的正式启动，王克强先生的让体育回归本质、让百姓健身健心的愿景定会实现。

（刊载于《中国体育报》2013年9月7日）

《中国体育报》

吴鹏力争完美谢幕

倚靠在混合采访区的栏杆上，手插着腰和记者聊天，出现在十二运会男子200米自由泳预赛场上的26岁浙江老将吴鹏很放松。这是吴鹏十二运会的首秀，1分49秒34的成绩让他以预赛第三名顺利晋级半决赛。

“200米自由泳是我这次全运会的热身项目，成绩正常，比预想还差一点。第一枪嘛，比较难游一些。”为了对他而言最重要的比赛——明天的200米蝶泳，吴鹏并没有出现在今晚的200米自由泳半决赛中。

上个月的巴塞罗那游泳世锦赛，吴鹏斩获一枚宝贵的200米蝶泳铜牌。这次，是他最后一届全运会，吴鹏希望“能够在200米蝶泳这个项目上实现卫冕”，实现自己的完美谢幕。

吴鹏坦言，多年来，在心态愈加成熟的同时，也切实感受到了自己训练和比赛能力的明显下降。十二运会后，他打算好好休息一下，然后继续回到美国读书。

明天的男子200米蝶泳，吴鹏将遭遇今年全国游泳冠军赛该项目亚军——河北队的陈寅，以及浙江队的汪顺的有力挑战，吴鹏将会有何表现，我们拭目以待。

（刊载于《中国体育报》2013年9月5日）

《人民日报》

54岁的全运会渴望脱胎换骨 发展模式应接轨大众期待

——十二运会启示录

从何处来？向哪里去？第十二届全运会的大幕在辽宁落下，这样的追问和思索却不会停止。

全运会走过五十四载春秋，既要有坚持的信心，更应有改革的决心，这是全运会的时代命题。十二运会的口号“全民健身，共享全运”是一个回答。厉行节约、回归体育，十二运会的种种探索，吹来了一股久违的清新风气。但不可否认的是，12天的连场赛事似乎很难引发社会瞩目，赛场乱象一出则引来阵阵声讨——这种扭曲的关注说明了全运会所处的尴尬地位。作为中国竞技体育的鲜明代表，如何让赛会回归体育、体育惠及大众、推动体育发展理念的转型，全运会责无旁贷。

从社会层面看，全运会的吸引力在下降；于体育部门而言，全运会对“奥运争光战略”的刺激作用仍在加强。

不知不觉间，人们看待全运会的视角在改变。

1959年，第一届全运会在北京举行。“发展体育运动，增强人民体质”被写在秩序册的扉页，在中国体育离开奥运会的日子里，全运会就是最高舞台。1987年，第六届全运会在广东举行，市场经济的方式被引入办赛过程之中，体育开始展露产业价值。1997年，第八届全运会设项全面与奥运接轨，进入新世纪，中国奥运军团已跻身世界体坛最强竞争者行列。

在新中国竞技体育从弱到强的发展历程中，全运会的杠杆作用非常明显。中国奥委会原秘书长魏纪中曾参与第一届全运会的组织工作，“当时的‘中央体训班’仅有几支国家队。全运会的举办，对于各地成立体育部门、推动专业运动员培养体系的建立起到了积极的促进作用。”某种程度上，正是全运会为中国竞技体育攀登世界高峰夯实了地基。

国家体育总局竞体司原司长吴寿章认为，随着经济社会发展，对外交往频繁，人们对体育的认识也在发生转变。特别是2008年北京奥运会以后，“全民健身已经成为我国体育事业的主体，全运会作为国内规模最大、影响很高的综合性赛事，自然也要面对民意新的期待。”

一方面是人们对以奥运会为代表的各类国际体育大赛已耳熟能详，另一方面是全运会仍在延续多年的框架下运行。变与不变之间，从社会层面看，全运会的吸引力在下降；于体育部门而言，全运会对“奥运争光战略”的刺激作用则仍在加强。

近几届全运会，规程越来越复杂，类似三大球“一冠算三金”这样的“政策性金牌”越设越多，其调控各地竞技体育发展格局的用意十分明显，但由此带来的弊病也时有暴露。十二运会期间，北京橄榄球女队消极比赛更是成为热点新闻，给全运会带来的负面效果不容忽视。北京体育大学教授任海说：“在全运会的平台上，运动员、教练员和官员都有各自的利益，在不同的利益链上自然会产生各种矛盾和问题。”

夺标的过程也应当是育人的过程，这恰恰是中国竞技体育发展模式所缺失的。有人把全运会比喻为“以各省为单位参加的奥运会”。以奥运为参照的竞赛体系，以金牌为核心的评价体系，构成了全运会的基本坐标系。在这样的导向刺激下，金牌成为“体育政绩”的显性标识，但能否在大众中激起共鸣则较少被顾及。

于是，水球、手球、棒垒球等赛场观众席冷清的场面和运动员的全力拼搏形成了反差；跆拳道和橄榄球比赛在沈阳农业大学进行，“近水楼台”的学生们并没有拥入体育场；沈阳柏叶训练基地拥有世界顶级的自行车馆，但稀稀拉拉的观众让比赛看起来更像一场内部教学赛。十二运会上的这些场面，是近几届全运会上的常见情景。当人们呼吁全运会“接地气”时，如果只将重点放在全运期间的全民健身展示上，而不去思考人们对全运赛场的较量为何缺少关注，对竞技体育和大众体育之间的关系，也难以梳理出所以然来。

的确，孙杨、张培萌等体育明星的出场，让全运会多了些“星味”，多了些人气。但追明星和追赛事还是有所不同。正如徐莉佳夺得中国帆船史上首枚奥运金牌，但人们依然对“激光雷迪尔级”感到陌生。任海说：“全运会想要吸引观众，必须要让观众意识到其吸引力在哪。让观众看得懂是第一步，让观众知道这个体育项目魅力在何处更重要。”

首都体育学院院长钟秉枢认为，金牌起到的作用应该是培养引导这项运动的发展。而现在全运会中的一些项目，即使在奥运会上获得了金牌，也没有多少人关注，无法对这项运动的发展起到促进作用。

吉林省体育局局长宋继新认为，本届全运会的最大亮点，是清华大学学生王宇夺得男子跳高金牌，复旦大学新闻学院研究生赵婧独得女子800米和1500米两枚金牌。“夺标的过程也应当是育人的过程，这恰恰是中国竞技体育发展模式所缺失的。”

全运会的活力和未来，应当到大众中去寻找养分、伸展根系。全运会的诞生、成长、变革，和体育举国体制息息相关。宋继新认为，随着时代的发展，举国体制的内涵应当有更深入的挖掘，“打破体育部门一家操办专业体工队的模式，倡导多元主体参与办队。举全社会之力办体育，‘举国体制’才更有社会价值。”

“归根结底，像全运会这样的赛事是提供给大众的文化产品，具有传播体育文化的功能。全运会的发展转型，应强调文化和文明的理念。”吴寿章说。

正因为如此，当全运赛场乱象激起指责的同时，人们也会被帆板选手马娇弃赛勇救对手的行为所感动。对体育精神的诠释传递出的“正能量”，是体育带给社会的宝贵人文财富。这样的“偶发事件”，其实也应当促使体育部门感受民众的期待，对办赛的意义和理念再思考。

“民众中体育文化的形成，才是促进体育发展的真正土壤，”钟秉枢说，“全运会作为我国竞技水平最高的运动会，其承担的使命很多。那些大众喜闻乐见的‘非奥’项目也可以吸纳进来，借助全运会这个平台达到传播体育文化的目的。”

全运会的基本框架从计划经济时代沿袭至今，封闭的运转体系形成了固化的利益群体，由此带来种种弊病。而随着时代发展，人们已意识到，社会性是体育的天然属性，有着除了金牌之外的更多价值。无论是厚植土壤的校园体育模式，还是市场力量主导的俱乐部模式，其优点都在于能充分调动社会力量的参与。

宋继新认为：“和我们国家的经济发展方式一样，竞技体育也不必单纯追求速度（金牌数量），应当换挡了。”换句话说，全运会的活力和未来，应当到大众中去寻找养分、伸展根系。

54 岁的全运会，期待脱胎换骨，更上层楼。

（刊载于《人民日报》2013 年 9 月 18 日）

《中国体育报》

办一届得民心的和谐盛会

——访辽宁代表团副团长、辽宁省体育局局长孙永言

有这样一群人，他们“朝六晚七”地活跃在各大公园，跳着广场舞打着太极……他们热爱生活，他们热爱健身，他们是普通的健身爱好者。第 12 届全运会上他们成了全国瞩目的“明星”，他们站上了全国的舞台，成为这样一次全国性盛会的开幕式表演者。

“这届全运会是一届开创新风的全运会，回归了体育，特别是开、闭幕式表演的改革。以往的开闭幕式是大型的文艺表演，好像‘春晚’一样，这次开幕式改为了群众喜闻乐见的全民健身展示，闭幕式则由体育仪式和体育活动展演两部分组成。从各方面大大缩减了开、闭幕式的成本，这是很得民心的。”辽宁代表团副团长、辽宁省体育局局长孙永言直言，这体现了勤俭办赛，展现了办赛新风。

本届全运会进行了多项改革创新，对开闭幕式的改革得到了各方的关注和肯定。与此同时，对于竞赛规程“大刀阔斧”改革也尤为引人注目。从减少全运会项目设置，到减少参赛单位、参赛运动员、裁判员，再到大幅度减少提前决赛项目等等，无不体现着节俭办赛的初衷。对此，孙永言认为，国家体育总局本着勤俭办全运的目标，在项目设置等方面进行了改革创新，这些都得到了大家的欢迎和拥护。

节俭办赛，会不会“苦”了东道主？“当然，这对我们来说是有挑战的。”孙永言坦言他们一直积极配合国家体育总局，及时调整工作安排，努力做好各方面工作。在经费减少的情况下，我们努力把各种不利因素转变为有利因素。目标就是办一届和谐的、同时让大家满意的全运会。辽宁人是有全运情结的，能够举办这届全运会是圆了辽宁人的一个梦，非常高兴和荣幸。

资金等问题难不倒辽宁人。900 万同样可以呈现出赏心悦目、热闹非凡的精彩演出；减少压缩新建场馆照样可以满足比赛需求，将体育场馆建

设与城市发展以及学校、社区的建设需求相结合，这样大大压缩了办赛经费，全民健身与全运同行。看看本届全运会的主题口号——“全民健身，共享全运”。全民健身的重要性不言而喻，全运会自然也少不了全民健身的元素。全运会不仅是全国高水平运动员的竞技场，同时也是全国体育爱好者的盛会。全运会期间还将举办多项与全民健身相关的活动，让体育爱好者一同感受全运氛围，共襄盛举。

孙永言认为，竞技体育要创造辉煌成绩，非常重要的一点就是需要广泛的群众基础，1952 年毛泽东主席发表了题词“发展体育运动，增强人民体质”，表明了竞技体育的落脚点是要增强全民体质，提高全国人民的综合素质。我们希望发展全民健身，让全民共享全运盛会。

（刊载于《中国体育报》2013 年 9 月 1 日）

《中国体育报》

预赛第一瞄准冠军

北京女队“橄”为天下先

国际奥委会 2009 年将英式七人制橄榄球列为里约奥运会正式比赛项目后，它也随之进入十二运大家庭。在本届全运会橄榄球预选赛中，北京男女队均获第一名，他们不仅是全运会橄榄球冠军的有力争夺者，也是北京体育代表团在集体项目上夺金的重要突破口。

今天，在沈阳农业大学体育场，北京女队率先进行赛前适应性训练，总教练兼领队郑红军说：“预赛只是练兵，全运会上什么都可能发生，越到后面才越是真正的考验。”

去年冬训期间，北京队邀请了曾是职业橄榄球选手的新西兰籍教练威利・里卡兹执教，并派女队赴新西兰特训一个月。回国后，她们又到昆明集训，接着参加了全运会预赛。队长刘艳在接受采访时说：“新西兰的橄榄球水平比我们高很多，外教以前也打过职业赛事，经验丰富。他们给我们制定了包括界外球托举等在内的有效战术。虽然这都是很小的细节，但就是这些细节能够决定成败，他们带来的新内容让我们产生了学习的欲望。”

新西兰外教里卡兹却不愿把自己执教的作用说得太大，“赛前准备都是中方教练来主导，我们只是提供一些支持。我们感到非常荣幸能够成为大家庭中的一员，这是一群好姑娘，非常有天赋，如果她们没能夺冠，我会失望。”

决赛阶段将有 6 支球队参赛，预赛前五名北京、山东、江苏、安徽、香港和直接晋级的东道主辽宁队。本届全运会橄榄球赛采取先分组循环、后交叉淘汰的方式进行，对于北京队而言队长刘艳、MVP 级的裴嘉文都将是关键人物。

“面对山东队，我们从来不敢以冠军自居。”谈到争冠道路上的最大对手，刘艳说：“2011 年冠军赛，我们输给了山东之后比赛我们都是全身心投入，都是带着拼她们的心态，我认为只有抱着这种心态才能比出一个理想的结果。”

（刊载于《中国体育报》2013 年 9 月 2 日）

《中国体育报》

崔圆圆圆梦全运

最后一箭稳稳射中 10 环，崔圆圆用无可挑剔的表现将命运牢牢掌握在自己手中，同时也击碎了江苏对手张云录的冠军梦。

场下，逐渐淡出赛场的奥运冠军张娟娟作为山东队技术人员，一直在用望远镜观察小师妹的每一个技术细节。在外界看来，张娟娟取得的辉煌就是崔圆圆的未来。

事实上,崔圆圆一鸣惊人,真有一点张娟娟的“影子”。6 月，崔圆圆在土耳其举行的 2013 年国际射联世界杯土耳其站上，连续战胜奇甫信、尹玉姬两位韩国奥运冠军，夺得女子个人和混合团体两枚金牌，复制了张娟娟连克两位韩国高手夺冠的壮举。崔圆圆的一鸣惊人也令中国射箭女队收获了一颗新星，毕竟在张娟娟北京奥运夺冠之后，中国女子射箭队一直缺少能跟韩国抗衡的选手。

“其实全运会并不比国际比赛好比，但即便是首次参加全运会，如此紧张的氛围下崔圆圆还是保持了良好的手感和状态，这个成绩打韩国是没问题的。”赛后张娟娟忍不住为自己的小师妹拍手叫好。崔圆圆的主管教练王国章也高度评价，“射箭项目偶然性很大，八强赛打得好不代表半决赛一定打得好，半决赛打得好不代表决赛一定打得好，排在前几位的顶尖选手都有可能。现在崔圆圆在国内选手中还不具备绝对优势，还不能把崔圆圆和张娟娟相提并论，但圆圆未来会进步，和韩国高手比赛提高水平”。

巧合的是，崔圆圆的名字中有两个“圆”字，她笑言，“圆”了女子个人和团体两个冠军梦，和自己的名字非常吻合。而未来，她希望能像张娟娟那样把梦圆在奥运赛场之上。

（刊载于《中国体育报》2013 年 9 月 6 日）

《中国体育报》

节俭高效　开创新风

——第十二届全运会改革与创新解读

金秋时节，辽沈大地迎来了四年一度的全运会，在这场汇聚了全国最优秀的体育健儿的竞技场上，一幕幕精彩绝伦的赛事即将呈现，在第十二届全运会“节约办全运”的理念之下，本届全运会在竞赛设置、办赛规模与方式上都做了改革与创新，“节约”“高效”更是成为受人欢迎的关键词。

到底本届全运会“改”在哪里？“新”在何处？就让我们通过竞赛、办赛等方面的内容一一解读吧。

振兴三大球点亮未来，在2010年公布的全运会竞赛规程中，有关三大球的改革格外引人关注。具体说来，本届全运会对足篮排三大球实行特殊政策，冠亚季军都可获得金牌，分别按照3、2、1的数量计算。继上一届的足球之后，从本届开始，篮球和排球也更是增设了U18青年组。

如此改革，毫无疑问是为了三大球的振兴与未来。

排球是本届全运会三大球新增小年龄组和加大奖牌奖励等新政策的最大受益者之一。上届全运周期之前一段时间里，中国排球青少年运动员规模萎缩、后备队伍建设工作停滞不前等问题屡屡被人们所提及，也成为困扰中国排球可持续发展的一个待解难题。然而由于国家体育总局在本届全运会三大球项目中新增设了小年龄组，并加大了奖牌奖励力度，在这两项新政的激励下，中国排球遭遇的这一困境得到极大改善。本届全运会小年龄组预赛中，诸如山西省、海南省、内蒙古自治区等以往多年没有室内排球队伍建制的省区市培养了自己的小男排、小女排队伍；一些以往不太重视后备梯队建设的省市开始重视各自青少年排球队的建设；一些排球传统优势地区如江苏省、上海市、天津市等则加大了对后备人才队伍的投入。从数量上看，十二运周期的四年中，全国排球青少年运动员的整体数量与前几年相比有了明显的提高。“新政”对于中国排球的推动和促进作用已经有了立竿见影的效果，在今年，中国青年女排和少年女排罕见地在同一年双双夺得世界锦标赛冠军，中国少年男排也再度获得世少赛亚军这一历史最佳成绩。正如董瑞军所感慨的那样，中国青少年选手的整体规模近年来不断扩大，球员进步速度之快，技术能力提高幅度之大，这都不能不归功于全运会排球小年龄组“新政”。

近些年的中国篮球，一直深受“后继乏人”之苦，尤其是8月上旬兵败亚锦赛之后，有关“如何夯实中国篮球后备基础”的呼声一直不绝于耳……好在从本届全运会开始，篮球项目已经增设U18年龄组（男篮、女篮）。自此，全运会三大球项目全都有了青年级别比赛。中国篮协也希望以此为契机，深入做好中国篮球后备人才培养、选拔工作。全运会男、女篮U18赛场上，我们既能看到周琦（广东）、阿尔斯兰（解放军）、潘宁（山东）这些有潜质的年轻球员，也能发现诸如李楠（解放军）、贾光（辽宁）这样的年轻教练，因此无论从哪方面看，男、女篮U18年龄段的设置对于中国篮球的未来发展都大有好处。

相比于首次增设U18年龄组的排球、篮球项目，足球从上届全运会开始就已经增设了U18年龄组，而且借鉴奥运会男足项目只能由23岁以下球员参加的规定，从上届全运会开始，所谓的“男足成年组”也是由20岁以下的球员参加的。之所以有这样的规定，很大程度上因为相比于排球、篮球项目，足球项目的发展是相对比较滞后的，所以在“改革”方面，足球项目也走在了前面。当然，我们都知道一国足球水平的提高不可能一蹴而就，当然也不可能仅仅通过过去四年的全运周期的赛制调整，让我国足球水平立刻有质的提高，但至少，中国足球已经在寻求改变。如今中超赛场上的吕文君、张琳芃等“明星球员”就是上届U20组的参赛球员，而刘彬彬、王丽思等更为年轻的男女足“希望之星”则是出自上届的U18年龄组。本届全运会，裴帅（辽宁）、徐新（辽宁）等U20球员以及王娅萍（江苏）等U18球员都有可能让人眼前一亮，而他们，也势必会成为未来中国足球的栋梁之才。

（刊载于《中国体育报》2013年9月1日）

国家体育总局政府网站

改革创新　展示风采

——访广东代表团常务副团长杨迺军

在第十二届全运会上，改革创新、节俭办赛成为本届全运会的主旋律。如何看待改革创新？代表团如何更好地备战和参与全运会？记者专访了十二运会广东体育代表团常务副团长、广东省体育局局长杨迺军。

杨迺军认为，东道主辽宁在承办十二运会上贯彻落实党中央改革创新、节俭办赛精神，坚持解放思想、实事求是、与时俱进、勇于创新，节俭办全运，实行“政府引导、市场化运作”，开幕式厉行节约，场馆设计建设、运营模式进行体制和机制创新，充分利用现有场馆，新建体育场馆与学校和全民健身相结合，在大型综合运动会的功能、体育竞赛工作组织等方面都有效地展开了组织和筹备工作，对节俭办全运进行了一次大胆的、全新的尝试，探索出成功的做法和经验。

杨迺军说，广东此前已经承办过两届全运会、广州亚运会和深圳大运会，每次办运动会都秉承改革创新的宗旨，均得到各方认可。近年来，广东一直进行转变体育发展方式的改革创新。在前十一届全运会上，广东一直是我国的夺金大省和体育大省，四次获得全运会金牌榜第一。本届全运会的参赛目标，广东旨在位居前列。对广东而言，竞技体育成绩不再是衡量体育工作成绩的唯一标准，广东省委、省政府对参加十二运会也没有提出具体的金牌指标任务。虽然不想拿冠军、不想拿金牌的运动员不是好运动员，但广东率先转变体育发展方式，对竞技体育在认识、考核、评价等方面的观念都产生了一定变化。杨迺军坦言，广东并非没有金牌压力，只是广东体育需要的是高质量的金牌、群众体育的金牌，广东重点是如何在全运会上展现转变体育发展方式带来的新特点，要展现出广东体育应有的实力水平与精神风采，取得运动成绩与精神文明的双丰收。

事实上，随着广东体育转变发展方式的深入开展，广东在十二运会的备战方式上也发生了明显转变，提出“敢于拼、善于战、勇于胜”的广东体育军团精神；将“红黄牌问责制”改成每年的队伍评估制度，将单纯以成绩论成败的考核机制转换成结果与过程相结合的方式；在训练工作中引进了系统训练、体能训练等先进的理念与方式，谋求在训练方式方法上的创新。此外，还有团队运作、支撑体系、奖励津贴等细节方面的转变。

杨迺军最后表示，在引导广东军团将士时以鼓励为主，让指战员放开思想，发挥自己最大的才干。他相信，优秀的运动员和教练员都有自己的理想追求与精神境界，只要每个人在岗位上完成好自己的职责，一切都会水到渠成。广东也会在本届全运会上，利用转型升级的契机，充分体现南粤运动健儿的风格，展示广东改革开放以来的成果和风采。

（来源：国家体育总局政府网站 2013 年 9 月 6 日）

《中国体育报》

大连体育中心将成百姓“欢乐谷”

随着经济文化的不断发展，我国现在似乎每个城市都有一个地标性的体育建筑，如北京的鸟巢、广州的东奥体中心、上海的东方体育中心等，它们不仅承担着越来越多的国际国内体育赛事，还为正在建设中的国际性城市的目标巍然迈进。大连作为我国著名的旅游城市、著名的体育发达城市，借十二运会的东风，市政府下决心建起了世界级水准的大连市体育中心，体育中心占地面积 82 万平方米，包括体育馆、体育场、网球场、棒球场、游泳馆、室内田径馆、健身中心以及运动员训练基地等，记者第一眼看到面前的宏大建筑，陡然而生身处北京鸟巢和水立方的奇妙感觉，甚至感觉比鸟巢和水立方还要漂亮许多。

要知道，大连体育中心可是建在当年甘井子区一片残荷败柳、纵横沟壑、污水横流之处，所谓不看不知道，一看吓一跳。用大连方言讲那就是：“哎迈呀，血漂亮啦！”事实上她已经成为大连的地标性建筑，全运会这次可是大显身手了。运动会大显身手，这顶多是她的“职业操守”，关键是运动会之后呢？这么大的庞然大物，就晾在一边儿？任其风吹日晒、“徐娘垂垂老矣”下去？现在就已无须担心了，起码两点可以让人树立信心：一是从建成那天开始，早晨、傍晚、节假日，市民健身中心里就人头攒动、好生热闹，市民在漂亮宽敞的场馆里健身，热情真是一浪更比一浪高！健身、休闲、文化娱乐，她已经成了最佳“目的地人选”。而更让人放心的是，最近大连市有关方面宣布体育中心今后将免费向市民开放，尤其是“三场两馆”，将成为大连人的“欢乐谷”。

（刊载于《中国体育报》2013 年 9 月 2 日）

国家体育总局政府网站

加入全运剑指奥运　揭开橄榄球的新面纱

2009 年 10 月 9 日，国际奥委会在丹麦首都哥本哈根举行的全体会议上通过投票表决宣布：英式七人制橄榄球获准在 2016 年里约夏季奥运会中作为正式项目亮相。2013 年第十二届全运会，英式七人制橄榄球也正式亮相。

作为奥运会和全运会大家庭中的新成员，中国橄榄球目前的综合水平和面貌在十二运会上得以集中呈现。中国橄榄球在未来将沿着什么样的轨迹向前推进？中国能否在国际主流项目中找到打开奥运之门的钥匙？

全运杠杆让橄榄球在中国进入发展快车道

“全运会这样的竞赛杠杆确实让橄榄球在中国进入了快速发展的阶段。进入奥运会、全运会设项使不少省市都建立了自己的橄榄球队，每家都在加大投入。作为直接从事这个项目的人，能够看到这样局面我很欣慰。这对于中国橄榄球是一次有力推动。”有着中国橄榄球“教父”之称的北京队领队兼总教练郑红军在首次踏入全运赛场的那一刻对记者说道。

今年55岁的郑红军可谓中国橄榄球的“拓荒者”。20世纪90年代前，橄榄球运动在中国几乎是一片空白。1990年，在郑红军的努力下，中国农业大学橄榄球队组建，至此中国才有了真正意义上的橄榄球队。经过20多年的发展，橄榄球在中国农大落地生根，而男女国家队也以农大学生军为班底构成拳头力量。可以说在所有国家队中，橄榄球队是受教育程度最高的球队之一。

按照实力来看，至今仍坚持以农大学生为班底的北京男女橄榄球队依然是全国的佼佼者。除了农大建队多年积累的深厚底蕴，更重要的是，集体球类项目在北京市的主导下得到了空前的投入，足篮排三大球分别获得成功之后，也惠及了橄榄球这样的“冷门项目”。例如为了备战全运会，北京橄榄球获得了专项资金，在冬训期间集体前往橄榄球强国新西兰拉练，北京队的教练席上出现了来自新西兰的资深职业教练。不难发现，在参加全运会的男女各六支代表队中，除了香港队，只有北京队的胸前印有赞助商的名称，这足以让其余队伍羡慕。

现有人员良莠不齐因金字塔地基空虚

“虽说橄榄球现在在中国有了些基础，但作为冷门项目，没有青少年基础和人才储备，所以现在一线球员的水平良莠不齐。”几名省队教练都谈道，“很多专业运动员都是18岁成年后才开始摸橄榄球，各个队伍的组建都是找田径、足球、篮球和手球等项目转型而来的运动员。”

例如郑红军本人，早年就是田径运动员出身，主攻跳远。事实上在他看来，田径选手具备了橄榄球所需要的瞬间爆发节奏和身体灵活性。但也正因如此，田径教练大多不愿意把有发展前途的苗子交给橄榄球。“所以即便面儿铺开了，但真正适合橄榄球的苗子还是太少。不信你仔细观察场上的运动员，他们的技术动作都还带有原来项目的影子。但你再看香港队，虽然他们身体素质不如内地选手，但是技术动作一看就能看出是从小学开始培育出来的。”郑红军说。

难以一言蔽之的种种原因，让中国橄榄球在起跑线上就落后对手。据本次来沈阳参赛的香港队领队祁孟年介绍，香港的橄榄球人口大约在7000人，全港大概有50多个小型俱乐部，国际比赛交往频繁，队员经验丰富。近年来通过普及，举办橄榄球世界杯，很多年轻人爱上了橄榄球。而山东队中唯一一名打过五年日本职业联赛、刚从神奈川队转会至东京队的队员贺忠亮也谈道：“橄榄球在日本并不流行，但日本也有几百支大学生球队、几千支中学生球队、约两百家职业和半职业俱乐部。单是参赛保障级别，甚至比奥运会还高，很多比赛都有电视直播。”

对此，国家体育总局小球中心一部部长刘荣耀向记者透露，即便通过全运会刺激，中国的橄榄球人口也仅仅在1000人出头。“在现有情况下，我们确实需要奥运会的平台，通过优异的表现提升关注度，进而让群众普及面扩大。”

想拿到打开奥运大门的钥匙并非易事

中国集体项目的发展规律，往往女子项目率先取得突破。而中国橄榄球项目，女子的国际地位高于男子也是不争的事实。在郑红军看来，论实力女子项目已经取得了洲际大赛冠军等一系列历史突破，但男子橄榄球仍只能在亚洲系列赛摸爬滚打。因此，中国橄榄球的现阶段目标，是力争保障女子项目率先拿到奥运门票。

翻开中国橄榄球女队的荣誉簿，有5次亚洲女子七人制橄榄球锦标赛冠军，多哈亚运会和广州亚运会也获得了铜牌和银牌。在2009年3月曾获得首届女子七人制橄榄球世界杯的第九名。但这份成绩单只能用“看上去很美”来形容。

“因为欧美的橄榄球职业化程度高，群众基础好，所以我估计2016年里约奥运会，女子橄榄球项目给亚洲地区最多一又四分之一个名额。按照目前中国队的水平，期望通过奥运积分系列赛取得里约奥运入场券的可能性很小，中国队只有稳获亚洲冠军才能拿到里约奥运会的门票。但从近几届亚运会和亚锦赛上可以看出，哈萨克斯坦队、泰国队等主要对手皆对奥运入场券虎视眈眈，近年来大力发展女子橄榄球运动的日本更是将中国队视为头号对手。”郑红军说。

饶是如此，郑红军还是表达了进军奥运会的决心。“橄榄球是融合速度和智慧的集体项目。首先需要头脑，速度和对抗才是其次。只要运动员具备绝对速度、瞬间爆发节奏和身体的灵活性，其他都好练。如果再多些速度快、身材不错、头脑好、身体协调的选手，这样橄榄球队就有一个很好的冲奥基础。辅以一定数量的国际比赛，我相信不会让大家失望。”

（来源：国家体育总局政府网站2013年9月4日）

《中国体育报》

呼唤“全运精神”

全运会是检阅中国体育阶段性成果的最高平台，运动员在赛场上激烈竞争、挥洒汗水，为实现梦想而努力拼搏。争夺金牌固然重要，但它不应成为运动员、教练员参加全运会的唯一目的。

在全运会54年的发展史中，一个个精彩时刻令人记忆犹新。与此同时，通过全运会传递出的中国体育精神更为人津津乐道。

老一代运动员、教练员为中国体育事业默默奉献，他们在物质条件极为艰苦的环境中，通过主观努力、刻苦训练，不仅磨炼出坚强的意志，更创造了优异的运动成绩。那个年代，支撑运动员埋头苦练、为国争光的是理想、信念与精神，他们不计较个人得失，全身心投入事业。穆祥雄、姜玉民、张立华、金东翔等在全运会上取得过辉煌的运动员，当年并没有因全运夺金而得到丰厚的物质奖励，但他们依然在各自的项目上忘我追求。这是人生的一种境界，也是全运会流传的一种精神。

随着物质生活水平的改善，各地对全运会夺金的运动员实施重奖渐成趋势，在一部分运动员、教练员心中，金牌是他们追求的唯一目标，仿佛金牌失落便意味丧失一切。甚至本届全运会，出现了女子橄榄球决赛北京队消极比赛、女子10公里马拉松游泳比赛中两名选手发生纠纷等乱象。

物质的重要性不言而喻，但真正推动事业不断向前发展的内核是精神。全运会将最高水平的体育竞技奉献给全国人民的同时，更应展现出一种催人向上的全运精神，这才是全运会真正的内涵。

（刊载于《中国体育报》2013年9月12日）

《中国体育报》

节俭参赛瞄准里约

——访山东代表团副团长张松林

四年前的第十一届全运会，山东作为东道主以 63 金 44 银 46 铜，位居奖牌榜第一位，创造了山东参加全运会的最好成绩。四年一个轮回，十二运会已经拉开帷幕，在谈到本届全运会的参赛目标时，山东代表团副团长、省体育局局长张松林表示，山东本次的目标是：努力拼搏，继续保持第一集团优势，文明干净参赛，实现精神文明和运动成绩双丰收，为 2016 年里约奥运会积蓄人才，力争为国家体育事业做出更大贡献。

在谈到与以前相比山东代表团有什么变化时，张松林表示，承办十一运会对山东体育起到了积极的促进作用。经历了十一运会的辉煌后，山东体育对今后如何发展的问题进行了深入思考，省体育系统通过召开读书会、研讨会、务虚会，专题研究如何转变发展方式、调整体育发展结构，如何实现省委、省政府提出的建设体育强省的目标。经过系统研讨，大家统一了思想，明确了各项具体指标和任务。建设体育强省必须实现群众体育、竞技体育和体育产业均衡、协调发展。山东竞技体育这个“长板”要继续保持，群众体育和体育产业这两个“短板”今后要拉长。

关于竞技体育的“长板”如何保持，张松林说，主要是把优势项目做大做强，对基础好的项目，组建由运动队负责人、主教练、助理教练、科研康复人员构成的复合型教练员团队，制定 6 至 8 年队伍发展规划，建设具有奥运竞争力的项目，为国家多输送尖子队员，并已在广州亚运会和伦敦奥运会上取得了较好的成绩，为中国代表团做出了应有贡献。

关于如何拉长群众体育的“短板”，张松林说，要着力加快构建全民健身服务体系，突出健身设施建设，尽快将省市县乡村五级健身设施覆盖率从目前的 71% 提高到 100%，继续开展好全省全民健身运动，促进健身活动广泛开展。高度重视青少年体育工作，从 2010 年开始，先后在全省中小学开展足球、排球、篮球、田径、游泳、乒乓球六个项目的联赛，在高校开展三大球联赛，参赛人数逐年提高，影响日益扩大。今后还将进一步增加比赛项目，扩大比赛规模，加大经费投入，促进学校体育的蓬勃开展。

在谈到全运会的创新时，张松林表示，本届全运会是开创新风的一届全运会，国家体育总局和辽宁省在这方面采取了许多改革措施，这些措施都很好。山东省体育局结合正在开展的群众路线教育实践活动，在参与十二运会的工作中认真贯彻落实好各项作风建设要求。山东代表团成立时，成立大会安排在局机关会议室内召开，控制规模、规格，简化了会议议程，总共 40 分钟；山东代表团出发前也打破以往安排送行仪式的惯例，团部人员根据需要分批抵达赛区；赛后各运动队返回时将只安排简单的迎接活动；在精减了团部工作人员的基础上，不安排与运动会无关人员观摩全运会；代表团还要求各运动队严格执行赛会的食宿标准，严禁超标；要求各运动队在取得好成绩后也不得以任何形式进行吃喝庆祝，后方各单位在山东运动员获得金牌后也不举行燃放鞭炮、送喜报等庆祝活动，局机关只在办公楼一楼大厅的电子显示屏上显示成绩和喜报。

张松林表示，在国家体育总局、全运会组委会、各代表团和社会各界的共同努力下，相信本届全运会定会取得圆满成功。

（刊载于《中国体育报》2013年9月2日）

《中国体育报》

共享全运：我们不是看客

“全运会对我们沈阳人来说是件大事，能在沈阳举办全运会是我们沈阳人的光荣。”

“这是我人生中第一次当着这么多人演出，同时我也把它当作我人生中最重要的一次演出。”

“这些孩子具有潜质，我觉得这是中国足球未来的希望，能为他们服务，我心甘情愿。”

“这也算是弥补了没当上志愿者的遗憾，换一个角度服务全运会，参与感并不比志愿者少。”“全运会的经历帮助我达到了自己事业的高峰。”

在这里，每个人都不是看客，人人参与全运，更享受全运。这些来自第十二届全运会开幕式的演员和观众、工作人员、媒体的“全运之声”，分享了各个群体的全运请战。

全运会让我们全家都“动”了起来。

因为要看下午4点钟的第十二届全运会开幕式，上午10点钟刚过，崔震海就早早地张罗一家人吃了午饭。临出门时，他还特意将家里的一台小型摄像机背在肩上。“全运会对我们沈阳人来说是件大事，能在沈阳举办全运会是我们沈阳人的光荣，我要把开幕式的实况拍下来，作为永久的珍藏！”

来到开幕式现场，崔震海就忙着选地用他的摄像机拍摄起来，恢宏的奥林匹克体育中心体育场，全运会吉祥物，忙碌的志愿者，甚至现场的每条标语横幅都成为他记录的目标。当然，跟着他一起来观看开幕式的妻子和母亲也都记录在了他的摄像机中。

崔震海是沈阳农业大学的一名教师，说起本届全运会他满脸的兴奋。“我们学校就承办了全运会橄榄球和跆拳道两个项目的比赛任务，”他说：“之前，我们学校很多人对橄榄球运动基本上都不了解，也不知道橄榄球还分美式和英式，为了让大家了解这项运动，学校还专门请来专家为我们普及橄榄球知识，现在通过学习和观看全运会橄榄球测试赛，我们都掌握了橄榄球运动的基本知识，能够看懂橄榄球的比赛。”

除了组织大家普及橄榄球的基本知识，学校还利用全运会这一契机，在今年专门成立了一个健步走协会，协会成立当天就有近300名教师报名参加。协会成立时，崔震海便替一家人报了名。“现在每天吃了晚饭，我们一家人都会到学校的田径场上走上几十分钟，一家人既锻炼了身体，又加深了感情，真是两全其美。”

对于全运会的比赛，崔震海也十分期待，“我一直就喜欢打篮球和羽毛球，到时我肯定要争取看更多的比赛，更多的感受体育运动的魅力。因为全运会就在家门口进行，这样的机会实在太难得了！”

（刊载于《中国体育报》2013年9月2日）

《中国体育报》

运动员村里“忙”学习

“题目不难，一些反兴奋剂知识原来都了解过，通过这次答题也了解了一些新知识。”十二运会上海队马术运动员许新如是说。本届全运会反兴奋剂拓展教育活动设在了运动员村里的运动员餐厅内。答对电脑系统中随机选出的10道题中的8道以上，便可以获得运动帽、卡包腕带等纪念品。

测试题目包括了关于兴奋剂检查检测、申报行踪信息、申请用药豁免等内容的反兴奋剂基本知识。运动员可以查阅资料，可以多次答题，这样的做法就是为了更好地普及反兴奋剂知识。如此寓教于乐地学习反兴奋剂知识的方式，受到了运动员们的欢迎。截至9月3日，已有130余人次参与了反兴奋剂拓展教育活动。

（刊载于《中国体育报》2013年9月3日）

《中国体育报》

竞技高度与精神高度

全运会不仅是一个宏大的竞技舞台，还是一块检验精神高度的试金石。

十二运会开赛以来，有多少赛场故事催人泪下，有多少失利者的背影令人唏嘘。当然也有极少数违背体育道德的现象发生，比如北京女子橄榄球队公然“罢赛”、运动员在游泳公开水域打架、马术运动员的宝马被铁钉扎伤，这些负面事件让人愤慨，无疑已经脱离了体育作为超越自我、追求卓越、形与神内外兼修的本质内核。

但全运会从来就不缺乏令人感动的故事，从来就不缺乏正能量，就像从不缺少竞技高度一样。9月4日全运会大连瓦房店帆船帆板比赛场地出现了一封大红纸书写的感谢信，这是辽宁队为了感谢四川女运动员马娇为救人放弃比赛而写的——9月3日在瓦房店举行的女子RS：X级比赛中，辽宁运动员不慎落水，风大浪急将帆板拖至百米开外。水中的郝秀梅体力不支，生命受到严重威胁，马娇见此情况毅然退赛，冲入激流营救郝秀梅。最终郝秀梅成功脱险，而马娇却丧失了比赛的机会。对于一名运动员来说，四年一次的全运会非常重要，获得一枚奖牌甚至金牌，是每个运动员的梦想和荣耀，有的甚至为此改变了自己一生的命运。竞技，就是要分个谁赢谁输，但当竞技对手遇到不可测的困难甚至生命受到威胁时，你是选择毫不理会、麻木不仁，还是挺身而出、伸出援手？马娇舍生忘死、舍己救人的大无畏精神，舍己救人、专门利人的无私精神，是一种英雄行为，这样的正能量才是体育赛场应有的本色，甚至已经超越了体育的范畴。

向马娇致敬，同时也向所有展现全运精神的人们致敬！

（刊载于《中国体育报》2013年9月4日）

《中国体育报》

全运村里流行骑车

今年全运会运动员村里流行什么？答案是骑自行车。最近几天，上传骑行照已成为运动员小伙伴们微信朋友圈里的必选动作，大家都争先恐后地“晒”出骑行英姿。看看本届全运会柔道女子63公斤级冠军徐丽丽和队友骑得多欢乐。

本届全运会运动员村内提供了大量可以自由使用的自行车。运动员村入口、餐厅、超市、邮局、驻地门口，没有上锁的自行车随骑随走。在运动员村里，还坐电瓶车，那就太“OUT（落伍）”了。

记者今天在运动员村采访时看到了很多骑着自行车在村里“驰骋”的运动员。记者也赶了次时髦，感觉很不错。记者还意外地遇见了一个正在学习骑自行车的教练，他赛场上是教练，生活中是导师，一边口头指导一边亲自示范。

跳水名将何姿也很喜欢这个创意。她说：“没想到运动员村里还有自行车可以骑，这很环保。我和我的小伙伴们都觉得非常好。”

（刊载于《中国体育报》2013年9月3日）

《中国体育报》

老将，向你致敬！

本届全运会上的老面孔还有很多，51岁的高娥在女子飞碟多项夺金成就“不老枪神”的传奇。66岁的王越院在马术盛装舞步赛场上为自己的第一次全运会奋力拼搏……许多人认为，老将继续征战，虽然在一定程度上满足了地方代表团对成绩的追求，却挤压了年轻选手的锻炼机会。然而，任何一个人都有在全运赛场上追逐梦想的权利。在这个公平竞赛的舞台上，老将的每一次精彩绽放，既是榜样，也是力量。

老将的存在，首先体现出一种拼搏精神的传承。曾几何时，陈一冰于中国体操男队有一种定海神针的效果，马琳在中国男乒团队中的作用岂能用一两枚金牌衡量？竞技体育永恒追求着“更高、更快、更强”，所以不断有长江后浪推前浪，很多老将在运动生涯末期竞争力确有下降，但他们依然在坚持，因为他们还有未完成的梦想，因为他们还想挑战自己生理和心理的极限，更因为他们对自己从事的事业有一种发自内心的热爱，无法轻易割舍。

老将的存在，也使项目技术的传承得以延续。新人怎么成长起来？单单依靠教练口传心授吗？当然不行。新人的身边，能有一个甚至几个老将同场训练、同场竞技，身体力行地传承项目技术和要领，是新人能尽快成长的一大法宝。这在集体项目上尤为明显，雅典夺冠的女排“黄金一代”周苏红、刘亚男等仍在为各自地方队“传送带”，即便她们已经不再是场上的主力，出色的技术、关键球的处理方式、面对大赛如何练就过硬的心理，这些“精髓”在平时训练中可以随时渗透给小队员，难道不能体现她们的价值吗？

老将的存在，还是体育科学取得成就的明证。超过40岁的人还能出现在全运会赛场争金夺银？以前的传统观念是很难想象的。过去人们往往认为，运动员是碗“青春饭”，练到该结婚生子的年纪就该退役了。但是现在，“妈妈选手”层出不穷，“奶奶选手”都不稀罕了。这是为什么？当然是因为我国体育科学取得重大进步，科学训练、科学比赛全面推广，医疗保障、运动康复全面进步，让运动员得以延续运动寿命，能在赛场上为自己争取更多机会，挑战极限。

老将的存在是普遍现象，更是国际潮流。两次退役两次复出，丝毫不影响“飞人”乔丹在人们心目中的地位，反而增加了他身上的传奇色彩；为了给患白血病的儿子筹措治疗费，38岁的丘索维金娜还在体操赛场上拼搏，她还在憧憬自己的“里约梦想”。“烈士暮年，壮心不已”正成为世界范围内的一种潮流，一种回归内心最本真的对体育的热爱，一种对自我价值和人类极限永恒的追求。

“重要的是参与，而不是取胜。”这句古老的奥林匹克名言，用来为全运会的老将们做一个注解，再合适不过。全力拼搏、无悔付出，全运会的舞台因老将的存在，成就了更多光荣和梦想的绽放！向老将致敬！

（刊载于《中国体育报》2013年9月4日）

《中国体育报》

老将——这就是全运的荣光

有这样一些全运面孔，他们的脸上交织着欢笑和泪水，他们有一个共同的名字叫“老将”。数十载坚持，不见得都能以金牌完美收官，也有的人只能带着遗憾独自前行。

面孔一：世界冠军全运谢幕

面对伤病的困扰，34岁的大邱世锦赛女子铁饼冠军李艳凤选择了坚持。由于长期受到腰椎间盘突出的影响，现在李艳凤的左腿比右腿要细3厘米。“在这样的伤病困扰下，李艳凤的训练效果依旧让我满意。训练中她已经可以稳定投出60米以上的成绩，比赛时她的状态会比训练还好。”在全运会女子铁饼比赛前，教练张景龙感叹道，李艳凤作为卫冕冠军，在训练中表现出的顽强毅力令人敬佩。“一个伤病缠身的老运动员，凭借顽强的毅力克服伤病，坚持完成如此大的训练强度，令我惊讶，令我敬佩。”

李艳凤在伦敦奥运会结束后的很长一段时间里，都无法进行系统的大运动量训练。因为一旦训练强度加大了，李艳凤就连洗脸、叠被子这样的简单日常动作都难以完成。训练中张景龙既要让李艳凤的身体没有大的反应，又要保证训练有质量，两者之间很难找到平衡。在这位老将的最后一次全运谢幕演出中，我们期待她发挥出好成绩，更期待这样的拼搏精神激发更多年轻人。

面孔二：蹦床一姐的无怨无悔

16.360分！当大屏幕出现这个分数后，黄珊汕的脸上露出了笑容。“可以了！自己发挥得也不是很完美。能拿到奖牌，真的可以了。”她笑着说。

“能走到今天，我没有遗憾。”黄珊汕说。的确，黄珊汕的运动生涯从一开始就不是很顺利，“练体操的时候，人家说我能力不强。改练蹦床，也有人怀疑我，从那么高下来，我的腿能站住吗？所以很多人说，如果李丹、钟杏平一半的能力放在我身上，也不会这样。”黄珊汕说。

但黄珊汕却创造了中国蹦床的奇迹，从雅典奥运会摘铜，再到世锦赛冠军，她逐渐成长为了中国蹦床的“一姐”，一枝独秀。但伴随着新规则的实施，以及后起之秀的成长，黄珊汕在中国蹦床队的位置由一枝独秀变成与何雯娜、李丹、钟杏平分庭抗礼。大家都成功完成动作的前提下，金牌很有可能属于后者。“有人追上来，我没有选择的权利。我只能做好自己。”她说。最终，在伦敦奥运会上，黄珊汕拿到了银牌，虽然没有圆梦金牌，但她无怨无憾，“能站到赛场上，我的四年就没白过。”而此次全运会再次无金，黄珊汕亦没有丝毫遗憾。

“没有拿到金牌固然可惜，但能站在这里就没有遗憾。”她说。

面孔三：西北汉子不惧“晚节不保”

在中国男子自由式摔跤界，甘肃队的斯日古楞可谓是个传奇人物，其霸主地位延续十多年：获第九届全运会 76 公斤级、第十届全运会男子 74 公斤级冠军；第十届全运会男子自由式摔跤 84 公斤级亚军。今年是他连续第四次征战全运会，在中国摔跤界实属凤毛麟角。

业内人士称他有摔跤天赋，尤其是“穿腿”技术，令多少对手逢他上场就犯怵。这是第四次代表甘肃出征全运会，斯日古楞选择了使命和风险。他对记者说：“我自豪，但更有压力。在赛场上，与我同时代的队员十多年前就改行了，如今和我为伍的，都是“80 后”“90 后”的小孩儿。34 岁，在摔跤界算得上是年龄很大的了，我知道年龄是我的短板，但比赛经验是我的长项，我还有实力，我要把压力变动力，不去多想别的什么，就是力争打好每场比赛。给自己近 20 年的运动生涯画个满意的句号吧。”平时练，每天 200 斤重的“布人”用于陪练的仿人器具，一摔就是几百次。整天和比自己小十多岁的小队员一起摸爬滚打，腰伤时时发作。许多人劝他急流勇退，万一比赛失手，将晚节不保等。但他依然选择了风险。西北汉子说话很淳朴，“全运会将是我运动生涯的最后征程，我很珍惜这次机会，也希望用金牌报答养育我的西部黄土地，实现人生体育梦想。”

（刊载于《中国体育报》2013 年 9 月 12 日）

《中国体育报》

雷声“亮”了

——男子花剑决赛特写

一边是雷声伦敦奥运会男子花剑个人冠军，一边是张亮亮十一运会男子花剑个人卫冕冠军。9 月 2 日举行的男子花剑个人赛决赛注定是一场龙争虎斗的精彩战局。

1时，张亮亮红方，雷声绿方，相互致意，敬礼，剑拔弩张。

雷声，伦敦奥运会后一直在北大读书，暑假之后才开始恢复系统训练，8月的世锦赛，雷声打得不错，进入个人前八。“反正会尽力的，拼吧！”担任了广东代表团的旗手，雷声对于自己的全运会自然不放松。

张亮亮，伦敦奥运会只参加了团体赛，为了全运会，他从今年初开始恢复训练，好在伤病不多，冲劲十足。

9月2日，两个怀揣不同梦想的人开始了全运征程。小组赛，雷声作为种子选手不用参加，而张亮亮一路打过来，体力消耗不小。半决赛对阵江苏选手李海峰时，他几度感觉疲劳。“半决赛，包括决赛，打得非常非常艰苦。”他说。

雷声的体力也不是很足，世锦赛后他一直在省队训练，全运会于他而言，虽然在暑期，却没有一般学生的轻松惬意。

8比3，雷声开局很顺，不过随后便被张亮亮打了一个7比0的小高潮，“他突然改变了节奏，自己没有做出很好的调整。”雷声说。8比10落后，12比12、13比13、13比14、14比14……场上场下的气氛仿佛凝固了，一剑冲出，红灯亮起，看台上的安徽队员欢呼起来，但雷声却示意裁判器材有问题，经测试后的确没有亮灯，张亮亮得分无效。

继续对攻，红绿灯双双亮起，裁判走向了录像台，观看后表示双方互中，不算。

再次对攻，再次双双亮灯，又是一个互中，不算。

“心脏受不了了！”一名观众恨不得提早离场。

剑起灯亮！这一次，幸运之神偏向了张亮亮。15比14，卫冕成功！张亮亮豪情欢呼：“我终于可以退役了，以后会多抽出时间陪陪家人。”张亮亮擦着额头的汗水，而雷声则沉默了片刻，“还有团体赛，打完全运会，就开学了！”

（刊载于《中国体育报》2013年9月2日）

《中国体育报》

期待决赛再相逢

8分8秒的“金分加时赛”过后，来自山东的女子柔道63公斤级选手徐丽丽瘫倒在地，甚至在面对记者短暂的采访时，也晃动着双腿……

候场区，有一个人一直关注着徐丽丽的表现，当丽丽赛后躺在场边，她也握紧了双拳。她是徐玉华，徐丽丽本届全运会柔道比赛的主要竞争者之一，而她的另一身份是徐丽丽的姐姐。

1999年，11岁的徐丽丽进入体校学习柔道，她的动力和目标就是大她5岁的姐姐徐玉华。那时候，徐玉华已在国内青年柔道界小有名气，而徐丽丽只是一个爱玩、爱闹的小姑娘。

2009年，徐玉华以国内女子柔道63公斤级“头号种子选手”身份参加了山东全运会，21岁的徐丽丽只是名后起之秀。出人意料的是，徐丽丽居然和姐姐会师决赛！但因为经验、心态的差距，徐丽丽败在了姐姐手下。

之后几年，中国女子柔道63公斤级逐渐进入“徐丽丽时代”，伦敦奥运会徐丽丽打进决赛，以半分的微弱差距输给了斯洛文尼亚老将左妮尔；国内比赛中，徐丽丽几乎包揽了所有冠军。辽宁全运会，徐丽丽、徐玉华还希望重演4年前“姐妹会师决赛”的一幕，但遗憾的是，徐玉华半决赛输给了另一位山东选手杨俊霞。而在候场区，紧张的徐丽丽一直通过狭窄的缝观看姐姐的比赛……

决赛中，徐丽丽的对手就是杨俊霞，由于彼此十分熟悉，打得异常胶着，5分钟的常规比赛时间后，双方甚至进行了长达8分8秒的“金分加时赛”。比赛中，徐丽丽和杨俊霞曾同时坐在地上休息，也因此双双被裁判警告。最终徐丽丽还是以“一本”的优势击败对手，赢得了梦寐以求的全运金牌。

赛后，徐玉华这样评价妹妹：“我虽然输了，但我输得起，而且看到了妹妹的进步，我希望她能在奥运会上取得好成绩，为山东、为中国继续争光。”徐丽丽这样评价姐姐：“姐姐是个伟大的运动员，她教了我很多，我希望未来我们永远能会师决赛，那样无论是输还是赢，我们都不会太难过。”

（刊载于《中国体育报》2013年9月2日）

《中国体育报》

青年军带来无限遐想

——U18男足小组赛盘点

十二运男子足球U18组最后一轮小组赛8月30日鸣金收兵，最终辽宁、陕西、浙江和湖北进军四强。综观3轮小组赛，特点突出，有些场次甚至值得大书特书，逆转、世界波、顽强等亮点，预示着青年新军已为中国足球的未来带来无限遐想。

最无悬念的晋级

相比A组直到最后一刻才排定各队座次，B组的浙江队无疑是很幸运的，两个1比0，两轮过后就提前晋级四强。首轮浙江队1比0力克吉林，次轮又以1比0战胜山东。

A组的辽宁队可谓霸气十足，两场3比0赢得痛快淋漓，积6分晋级形势一片光明。最后一轮战平即可出线，最终辽宁队如愿晋级。

最激烈的出线之争

上海、辽宁、陕西、四川同分组，公认为“死亡之组”。上海队被视为能进前三甲，但首轮却被陕西队击败。第二轮上海队3比0战胜实力较弱的四川队，辽宁战胜陕西，为上海保留了一线晋级希望。第三轮，上海队依靠顽强拼搏，实现了对东道主的逆转，但可惜的是四川队没能顶住陕西队的猛攻而落败。

3轮过后，辽宁、陕西和上海同积6分，但因为净胜球的关系，辽宁和陕西携手出线。

最精彩的“逆袭”

山东队是上届全运会男足乙组冠军，加之山东鲁能为人称道的青训体系，本届全运会他们也被视为三甲的有力竞争者。然而，齐鲁小伙前两轮两战两败，早早就退出了前四名的竞争。但在最后一轮对阵吉林队的比赛中，山东健儿众志成城，顽强拼搏，打出了一场荡气回肠的比赛。

两个世界波、两次精彩的传切配合射门中的，山东队和吉林队在大连体育中心为观众奉献了一场高技术含量的足球比赛。山东队领队殷铁生对记者说：“珍惜每一场比赛，打好每一场比赛，是我们参加全运会的目的。”这又何尝不是所有全运健儿的心声。

（刊载于《中国体育报》2013年8月31日）

《中国体育报》

女篮U18揭开篮球大幕

31日下午，第12届全运会篮球项目女篮U18组率先开战，篮管中心主任信兰成没有参加全运会开幕式，来到现场观看女篮比赛，记者还见到中国女篮国家队主帅马赫的身影。

女篮U18揭幕战山东队与辽宁队的比赛下午两点在丹东新区体育馆展开。除信兰成外，中国女篮国家队主帅马赫和国家女篮新领队薛云飞也来到现场观看比赛，并认真对场上队员的表现进行讨论和做笔记。

在当日的揭幕战中，2013年全国女篮俱乐部青年联赛冠军山东队以85比75大胜辽宁队，其中前三节一路领先对手多达20分。

“我们前三节打得不错，最后一节有点松懈，毕竟孩子还是孩子，稳定性上差一些。”山东队主教练安广庭赛后说。杨衡喻为山东砍下全队最高的20分，辽宁队陈立姝得到全场最高的28分。

在随后进行的福建队和解放军队的比赛中，解放军队以81比62大胜对手，李梦得到全场最高的20分。

女子U18是本届全运会篮球项目最先开打的组别，随后，男子U18组、女子成年组和男子成年组将陆续在9月1日、3日和6日相继开战，由于采用新的奖励计分办法，本届全运会篮球四个项目将共产生24块金牌。

（刊载于《中国体育报》2013年9月1日）

《中国体育报》

请个冠军当“高参”

体育记者大都会有采访不熟悉项目的经验，这时候，请个专业人士做“高参”，无疑是个不错选择。采访十二运会期间，在柔道比赛现场，记者就请到了一位“高参”，而且还颇有来头——十二运会首枚柔道金牌得主、湖南48公斤级冠军谢狮狮。

通过几次采访，记者和谢狮狮已经成了朋友。当记者提出“帮忙”的要求后，谢狮狮欣然应允。

“这是摔技，包括站立摔和倒地摔；这是投技，要求运动员在做动作时有很强的速度和力量；这是关节技，就是别对手的肘关节……”说到这，谢狮狮甚至要拿记者的胳膊做演示，被记者断然拒绝。

看了山东选手徐丽丽和杨俊霞的女子柔道 63 公斤级决赛，谢狮狮评价说：“徐丽丽这次比赛状态不错，但对新规则似乎有些不适应，体能消耗有些大。她的对手杨俊霞对徐丽丽比较了解，另外她本人也很有实力，所以比赛进行得很胶着。

有趣的是，赛前记者曾让谢狮狮预测这一比赛日两个女子级别的冠军（男子级别冠军，谢狮狮以不熟悉为由拒绝预测），她只预测对了徐丽丽夺冠。广东选手卢童娟在女子 57 公斤级决赛中胜出，她半决赛淘汰的正是谢狮狮看好的山东选手冯慧慧。

竞技体育的魅力正在于此，即便是“高参”，有时候也不一定能参透。

（刊载于《中国体育报》2013 年 9 月 2 日）

《中国体育报》

来吧，冷门

接二连三的冷门打乱了许多人审视全运会的惯性思维，一些事情不再如想象的那样顺理成章，名将纷纷落败让人感叹沧桑变化的同时，也隐约察觉到新秀的异军突起。

仲满未能跻身男子佩剑个人赛四强；朱启南在男子 50 米步枪卧射比赛中无缘八强；体操选手邹凯、张成龙、郭伟阳先后在各自强项上失手；王仪涵在羽毛球女团小组赛中输给名不见经传的山东小将；女子跆拳道选手吴静钰在“升级”后只摘得铜牌；雷声在男子花剑个人比赛中仅获亚军……奥运金牌得主、世界冠军在全运会上“反常”的背后折射出什么？

名将败走麦城固然有其备战工作不够细致等原因，但更重要的是他们对于来自新秀的冲击准备不足。

全运会是检阅竞技体育建设的舞台，也是后备人才梯队培养的平台。吐故纳新是竞技体育的规律，新秀只有接连不断地脱颖而出，才能永葆各项目的青春活力。

十二运会开幕以来，一些项目冷门迭爆，在

江苏勇夺第十二届全运会男子佩剑团体冠军

竞争激烈程度加剧的同时，争金悬念丛生。这正是体育的魅力所在，这一魅力恰恰由新人引领。

在诸多新秀跃跃欲试的时刻，对于老将在比赛中发挥的特殊作用也要倍加珍惜，他们是新秀进步的参照，尽管失利在一定程度上使老将变为配角，但他们的拼搏精神却在全运赛场上永存。

冷门短时会让人产生不知所措的惊愕，但平静之后就会意识到，那才是我们真正的期待。从这个角度讲，来吧，冷门！

（刊载于《中国体育报》2013 年 9 月 3 日）

《中国体育报》

任成远参赛符合程序

——访中国自行车运动协会秘书长张斌

全运会山地车赛结束后，女子组冠军任成远的参赛资格受到数家媒体质疑，面对各种传言，中国自行车运动协会秘书长张斌接受了本报记者专访，就媒体关注的焦点一一做了解释。

记者：大家很关注任成远的问题，具体情况是怎样的?

张斌：2011年5月12日，在国家体育总局兴奋剂赛外检测中，江苏山地自行车运动员任成远被检测为兴奋剂阳性，依照国家体育总局和自行车项目的相关规定，对任成远进行了相应的处罚，处罚日期为2011年5月13日至2013年5月12日。处罚决定已在中国反兴奋剂中心的年报中给予通告。禁赛期间，任成远没有参加任何国际国内比赛。

自行车项目对于反兴奋剂问题一向高度重视，依照国家体育总局“严令禁止、严格检查、严肃处理”的“三严”方针，即使像任成远这样为国家山地车事业做出贡献的著名运动员，也决不姑息。针对第十二届全运会赛风赛纪和反兴奋剂问题，我们对参赛运动队都进行了教育，签订了相关责任书，并加大了检测力度。

任成远禁赛期间，反兴奋剂中心对其进行了动态检测，没有发现问题。

记者：自行车运动员参加全运会决赛的资格是如何产生的?

张斌：根据《第十二届全运会自行车项目预赛管理办法》的有关规定，运动员获得决赛资格的积分由两部分组成，包括国内积分和国际积分。获取积分有三种途径：一是通过国内积分；二是通过国际积分；三是既有国际积分，又有国内积分，累计获得。

记者：任成远的全运会参赛资格是如何取得的?

张斌：伦敦奥运会结束后，自行车项目启动了新周期的备战工作。今年国家队没有组织长期集训，也没有下发集训名单。根据近1年的国际比赛要求，国家自行车队临时组队参加了一系列的包括场地、公路、山地车和BMX小轮车的国际及亚洲比赛，其中包括：场地自行车世界杯赛、世锦赛、亚锦赛；公路自行车亚锦赛；山地自行车亚锦赛和世界杯赛；小轮车亚锦赛。所有代表国家队参加国际比赛的60多名运动员的国际积分都计入了全运会的积分，其中也包括任成远。

山地车世界杯德国站和捷克站的比赛于2013年5月举行，中心在征求了各地代表队意见的基础上下发了参赛通知，并电话通知了所有代表队。由于运动员训练节奏的安排，只有江苏山地车队的任成远报名参赛。针对任成远的参赛问题，中心高度重视、认真研究，并请示了国家体育总局相关职能部门，最终确认了任成远的参赛资格。

任成远在5月26日世界杯捷克站的比赛中获得第16名，获取了一定的国际积分，最终获得了全运会的参赛资格。

针对第十二届全运会运动员参赛资格问题，自行车项目严格遵守国家体育总局的有关规定和《第十二届全运会自行车项目预赛管理办法》，所有运动员的参赛资格，都是严格审查、层层把关，符合有关规定的要求，符合有关程序。

记者：对于所谓“9省市质疑任成远参赛资格”的说法，你怎么解释？

张斌：按照国家体育总局的要求，自行车项目于7月15日向全国公示了所有参加自行车决赛的资格名单，5天之内接受申诉。在此期间，只有一个省就任成远的参赛资格提出了异议，其申诉的内容主要有两点：

1. 有兴奋剂违规问题的运动员解禁后能否代表国家队参赛？由于任成远参赛是在其解禁期之后，中心在请示了总局反兴奋剂中心、科教司和竞体司国家队管理处，确认“由于兴奋剂违规问题的运动员解禁后是否可以代表国家队参赛”的问题，目前并没有“不允许代表国家队参赛”的规定。

2. 任成远在禁赛期两年内，没有参加任何国际国内比赛，是否具备足够的积分代表国家队参加国际比赛的资格？

由于任成远没有年度积分，而有积分的运动员又没有报名参赛。根据《国家自行车队运动员、教练员选拔办法》，在运动员选拔办法条款中，明确了运动员选拔的思想和原则、年度积分为选拔的主要依据、根据国家自行车队不同时期的集训比赛任务选拔国家队运动员共七条选拔办法。针对这次国际比赛任务的需要，以及报名参赛的情况，中心经过慎重研究，按照有关规定的要求确认了任成远代表国家队参加山地车世界杯比赛的资格。

中心在收到这个省的申诉材料后，针对其提出的任成远的全运会参赛资格问题，依据有关的政策和规定以及客观存在的事实，按照有关的程序，给予了明确的回复。

9月1日全运会女子山地车的比赛过后，组委会和裁判组也没有收到任何参赛队的申诉。

（刊载于《中国体育报》2013年9月3日）

《中国体育报》

全运风潮进校园

位于沈阳苏家屯区的朝鲜族第二中学是一家少数民族中学，学生大部分都是朝鲜族，他大都用朝鲜语交流。即便听不懂，看着孩子们兴奋的表情也知道他们在讨论全运会，向老师询问后得知，很多孩子都在探讨9月5日的足球比赛，大家都希望辽宁队能出线。

同我们印象中的朝鲜族兄弟姐妹一样，朝鲜族第二中学的孩子们非常喜欢体育，足球和排球是这里闪亮的体育名片。校长金圣力介绍说，组织体育活动是为了提升学校的文化内涵，培养学生们坚贞正直、不畏艰险、团队协作的精神。

全运会来到沈阳，朝鲜族第二中学的师生们也不甘人后：全运会前，每个班级都组织了针对全运会的主题班会；学校还有“迎全运知识问答比赛”；8月31日学校开学恰逢全运会开幕的日子，学校在升旗仪式上表示：要当微笑可爱的沈阳人、出行文明的沈阳人、观赛文明的沈阳人、礼仪文明的沈阳人、传递文明的沈阳人、崇尚运动的沈阳人。

师生们纷纷表示，要从自己做起，用文明行动践行沈阳人道德准则，当好全运东道主，做文明可爱沈阳人。

（刊载于《中国体育报》2013年9月5日）

《中国体育报》

在运动会感受热情

在采访十二运会的日子里，每时每刻都能感受到辽沈人民对办好十二运会的付出和贡献。从与志愿者擦肩而过时那一声“您好”，到餐厅大厨精心烹调出的那一道道可口美味，工作人员的辛苦付出，不仅为十二运会的顺利进行提供了良好的保障，也给参加十二运会的所有宾客留下了深刻的印象。

今天记者前往棋盘山铁人三项赛场的一段乘车经历，便让记者颇为感动。

早晨8点多，记者按照班车时间来到媒体班车发车点，准备乘9点的班车前往棋盘山采访铁人三项赛。到了发车点，记者却没看到发往棋盘山的班车。就在记者四下张望时，一位工作人员跑了过来，询问记者去哪里采访。当得知是前往棋盘山时，他告诉记者，由于铁人三项比赛需要封路，今天的班车提前到7点半，早已开走了。

这可咋整！看到记者焦急的表情，这位工作人员赶紧安慰道：“别着急，我马上替你联系车送你过去，保证不耽误你的采访。”说着话，他把记者带到一辆警车前面。在把情况告知值勤民警后，两位民警立即表示要用警车将记者送到棋盘山。由于担心记者不熟悉棋盘山赛场的情况，找不到返程媒体村的班车，另一位工作人员还把她的电话留给记者，并叮嘱：“如果在那里找不到回来班车，给我打电话。”

警车护送，畅通无阻。记者来到棋盘山铁人三项赛场时，正好赶上比赛开始。当记者向两位民警道谢时，他们连声说：“不客气不客气，为记者服务是我们的职责，你们来报道全运会，我们有责任保障你们采访工作的顺利，这都是我们应该做的。”

（刊载于《中国体育报》2013年9月3日）

《中国体育报》

全运会带动民间体育
大连筹办民间体育运动会

由大连市体育局和大连报业集团主办的民间体育系列活动日前拉开帷幕。众多大连市民纷纷加入这项有意思、有意义的活动。滚铁环、踢毽儿、跳皮筋、跳方、打陀螺等等，这些人们耳熟能详的民间传统体育项目，多少已经淡出了人们的视野，但借着全运会的东风，大连市将面向全市征集民间传统体育活动，使其在全民健身中发挥更大的作用。

活动组织者表示，对民间传统体育进行挖掘、回忆、征集、整理，并形成有意义的比赛，进而举办特色项目运动会，具有很强的社会意义和可行性。由于时代的变迁，虽然有些项目已淡出人们的视野，甚至看上去已经过时，但如何重新挖掘整理并赋予时代特色，让民间体育重新焕发生机，也是全民健身时代的群众性需求。而且这些项目大都不受场地限制，成本小，受大众欢迎，在全民健身深入人心的新形势下，对于丰富百姓体育文化生活，传承民族文化精神，无疑将发挥较好的作用。

据悉，民间体育项目的大连市运动会也在大连报业集团等单位的组织下，正有步骤、有计划的实施中。

（刊载于《中国体育报》2013年8月31日）

《中国体育报》

“三枪拍案”演绎全运惊奇 “二将折戟”感叹新秀辈出

本报讯 伴随着辽宁省体育局柏叶训练基地射击馆内传出的清脆枪声，“十二运”开幕后的首金有了归属——山西队三名枪手射落男子10米气手枪团体金牌。这只是金牌“生产”的开始，在9月1日当天，射击、山地车越野赛、击剑、柔道、跆拳道、武术、跳水项目的18枚金牌先后找到主人。

由王智伟、刘毅、于炜三人组成的山西队在男子10米气手枪团体比赛中将金牌收入囊中。在之后进行的个人比赛中，刘毅一鼓作气，又为山西代表团锦上添“金”。另外两枚射击金牌分别被云南的男子50米步枪卧射选手赵声波和上海的女子飞碟多向运动员高娥所获。

柔道比赛是1日产生金牌的另一大户，北京代表团的安建奇、马瑞斌分别摘取男子60公斤级和66公斤级比赛的金牌。女子48公斤级和52公斤级的冠军分别由湖南队谢狮狮、辽宁队马英楠斩获。

跳水收官之战，广东选手何姿虽然如愿拿到女子3米板金牌，但银牌得主施廷懋与她的差距只有一点点。相比之下，四川选手邱波赢得男子10米台金牌的过程则相对轻松。在击剑比赛中，辽宁队刘晓夺得男子佩剑个人赛冠军，来自福建的“三慧”剑客则包揽女子花剑个人赛前三名，戴慧莉、方慧敏、乐慧林分获金银铜牌。

在山地车越野赛中，江苏的任成远、安徽的姬建华分别夺得女子和男子冠军。

跆拳道女子49公斤以下级冠军由解放军运动员李照艺获得，男子58公斤以下级冠军是来自江苏的赵帅。

男子长拳、刀术、棍术全能和女子南拳、南刀、南棍全能的金牌也各有得主，山东的孙培原、福建的林凡成为各项目的擂主。

奥运佩剑冠军仲满止步于男子个人赛八强；朱启南在男子50米步枪卧射比赛中无缘前八名；羽毛球女子单打世界冠军王仪涵在全运会团体决赛阶段小组赛中1比2不敌山东选手刘洁，她所在的上海队最终也以1比3负于山东队。

（刊载于《中国体育报》2013年9月3日）

《中国体育报》

赛艇场上新人“抢戏”

全运会赛场，是老将展示丰富经验和风采的舞台，也是新人辈出接班抢戏的平台。今天在位于大连的辽宁省水上运动场举行的十二运会赛艇8个项目的决赛，充分印证了这一竞技体育“铁律”。

在首场女子轻量级2000米四人双桨比赛中，30岁老将张秀云领衔的浙江队不敌相对年轻的辽宁、山东和四川组合，无缘三甲。最引人关注的是福建队的段静莉在女子2000米单人双桨比赛中异军突起，以7分27秒13的成绩，力压预赛和半决赛领先的北京奥运会四人双桨冠军成员、辽宁名将唐宾和37岁老将张秀云，以将近9秒的领先优势夺冠，打破了张秀云对该项目超过20年的“垄断”。

赛后，张秀云坦言自己没有遗憾，看到年轻队员发挥出色，更为中国赛艇高兴，自己可以放心地退役。段静莉表示，今天发挥出了自己的最好水平，跟张秀云比起来，自己差距还很大，但自己一直在努力缩小差距，希望今后还有更好的发挥。“能够战胜秀云姐和唐宾，自己赛前都没想到，只想着赛出自己的水平。秀云姐要退役了，希望我们这些年轻人能好好地接她的班。”

在女子2000米双人双桨决赛中，东道主辽宁队的奥运冠军张杨杨和世界冠军田靓的组合是公认的夺冠大热门，另一位奥运冠军、江西名将金紫薇与搭档冯桂鑫同样具备夺冠实力。出人意料的是，最终登上最高领奖台的是山东组合江燕、张馨月。赛后田靓坦言，没拿到冠军有些遗憾，但看到“小朋友们”夺冠，自己也很欣慰，“有越来越多的后起之秀，中国赛艇才有希望。”

3日赛艇还将展开8个项目的决赛争夺，老将谢幕，新人接班的“好戏”还将继续上演。

（刊载于《中国体育报》2013年9月2日）

《中国体育报》

总局领导观战全运比赛

“让百姓分享全运快乐”

国家体育总局副局长蔡振华今天在观看十二运会赛艇比赛并接受媒体采访时表示，全运会重在改革创新，要让更多的老百姓分享全运会带来的快乐。

蔡振华非常满意本届全运会的比赛场馆。他表示，作为综合性运动会，对场馆赛场的要求都要按国际化标准，我国正从体育大国向体育强国迈进，比赛能够顺利进行，组织工作最重要，为运动队创造良好的比赛氛围，赛场标准化就是衡量的标准。

蔡振华高度评价本届全运会节俭办赛，倡导“全民健身，共享全运”。他认为，全运会的理念是“回归体育、回归群众”，这也是未来举办全运会的思路和方向。全运会目前最大的难点在于改革创新，要把竞技体育和老百姓分享体育的快乐结合得更融洽。他希望东道主能在新理念的推动下，为今后全运会的举办带好头，同时为运动员、教练员、裁判员创造良好的比赛氛围。蔡振华表示，辽宁一直是我国的体育大省，涌现了许多优秀运动员，有着很深的体育文化内涵。关键还有一大批教练员，能带动一批批优秀运动员的出现，而且群众体育开展日益深入，全民健身氛围浓厚，全民健身活动如火如荼。辽宁利用其地理优势，体育事业得到均衡发展，为中国体育事业的发展做出了重大贡献。

（刊载于《中国体育报》2013 年 9 月 3 日）

《中国体育报》

射击赛场今日鸣枪

老枪战新规！冠军麦城道？

第 12 届全国运动会射击比赛将于 9 月 1 日至 6 日在辽宁省柏叶训练基地举行。这是自 2012 年国际射联进行“史上最大规则修改”以来的首次全运角逐，赛场新人要面对变化，谭宗亮、贾占波等老枪也要面对变化。人们同样关注的是继四年前奥运冠军们集体哑火之后，本届赛会他们是否会再度败走麦城？

射击赛场共吸引了来自 33 个代表队的 497 名运动员争夺 18 枚金牌。与其他项目纵跨数届赛会的选手屈指可数不同，射击项目吸引了一大批“多朝元老”，奥运冠军朱启南、庞伟等虽已是连续三届参加全运会，但从资历上比之“五朝元老”陈颖、“六朝元老”贾占波、“七朝元老”张山等殿堂级枪手却是小巫见大巫。

跨届高龄选手济济一堂，历来是射击项目的特色，而其中又蕴含着中国体育的执着与坚韧传统。雅典奥运会冠军贾占波如今已年过不惑，曾在 16 年前第八届全运会上抢得男子步枪 60 发卧射金牌的他，四年前由于患上糖尿病导致成绩平平。沈阳，是他代表河南省第六次征战全运会的城市，也将是他完成全运谢幕的城市。比贾占波更具传奇色彩的是 1968 年出生的四川选手张山，人们因 1992 年巴塞罗那奥运会双向飞碟200发子弹无一脱靶的奇迹而认识她，因其恒久而执着的职业态度而喜爱她、尊敬她。堪称“不老的女汉子”的张山曾说过，希望多年以后让人们看到有一个老太太在双向飞碟赛场打枪。而今，第七次出战全运的她正向人们证明这不是痴人说梦。

但无论是几朝元老，在本届全运会上都必须适应新的规则。中国射击队总教练王义夫认为，新规相比 1986 年的引入决赛，其修改程度更大、更多、更复杂，最大的特点可概括为“资格赛成绩不带入决赛，决赛采取淘汰制”。据了解，国际射联此举旨在进一步增加比赛的偶然性和激烈程度，这也意味着，老枪、奥运冠军等成名选手被“秒掉”的概率陡增。

枪的发明使人类冷兵器时代的既定格局被彻底颠覆，无论是文豪普希金笔下的背靠背转身对射，还是美国西部片中的孤胆奇侠，都为这种武器增加了浓烈的浪漫色彩和偶然元素，射击运动恰恰也延伸了这两项特质。因为偶然，所以奥运冠军经常“阴沟翻船”，这在全运赛场几乎成了惯例。

四年前在山东，杜丽、贾占波、邱健等世界级射手纷纷败走麦城，与杜丽组成中国第一对奥运冠军夫妇的庞伟8年前全运会只获得第九名，4年前连决赛都没进去。有关羽败走麦城，就有吕蒙白衣渡江，当杜丽等冠军落败之余，也成就了易思玲等后起之秀的成名。

伦敦奥运会，中国射击队只收获2金2银3铜。按照往届全运会的“麦城模式”，易思玲和郭文珺两位冠军在各自的女子10米气步枪和女子10米气手枪赛场极有可能遭到阻击。射击作为中国的传统优势项目，其全运赛场的竞争激烈程度不会亚于奥运会，加之新规则附加出的爆冷概率，使奥运冠军级选手无法轻言取胜。

9月1日，本届全运会射击赛场将陆续决出男子10米气手枪团体、男子50米步枪卧射、男子10米气手枪、女子飞碟多向4个项目的冠军，充满悬念的“枪战”令人期待。

（刊载于《中国体育报》8月31日）

《中国体育报》

十二运会跳水水平历届最高

周继红：小将待考察全能意义大

为期9天的十二运会跳水比赛已经结束，12枚金牌各有归属。赛后新闻发布会上，中国跳水队领队周继红对十二运会跳水整体水平的评价是“历届最高”。

“这种高水平体现在动作难度、综合能力等方面，相对于往届提升不少，拿邱波来说，冬训刚刚学会的407屈体和169屈体两个动作难度相比之前增加了0.7，挑战极大。他在世锦赛和全运会上都能把这两个动作跳到几乎完美，我很高兴。”周继红认为，在里约新周期的第一年，中国男子跳水就必须在难度上寻求突破。“我们没有选择，没有退路。伦敦奥运会我们的男子项目难度全面落后，现在必须突破，难度提升的同时还要保证动作完成质量。”

十二运会跳水项目涌现出不少新人，女子十米台山东选手刘忻，周继红肯定了他们的表现：“一般在全运会特别是女台项目上会有一些黑马冲出来，我们感觉很欣慰，一些后备力量能补充上来。但同时又会有担心，她们在接下来的发育期水平还能否保持一个高度”，周继红认为，发育期仍是女选手面临的最大难关，“我们要看看两三年后这批选手的水平如何，这期间体重、技术合理性都是她们面临的考验，因为跳台运动员相比跳板保持周期的长度更短”。

男女个人全能项目是十二运会跳水新增项目，观众可以看到同一运动员先后完成跳台和跳板两种比赛。观赏性提升的同时，对运动员技术的全面性也提出了更高的要求。“我觉得全能设项可激发年轻运动员在技术上更全面，因为大多数运动员由于在青少年时期体重轻，就把主项定为跳台，所以我们在跳板上的人才储备会相对缺乏。”周继红指出，这个现象在十二运会依然存在，“尤其男子三米板项目最不乐观，全能设项的出现就是希望年轻选手能全面发展，通过比赛我们发现了比如林跃等几个青年运动员在跳板上挺有潜力的，今后可以从这方面再多训练和努力。”

（刊载于《中国体育报》2013年9月2日）

《中国体育报》

体操赛场新人涌现　谁是下一个杨威

“男队后备力量太强大了，真是后生可畏。”“对，好几个选手都是杨威一样的全能型选手，里约奥运，他们值得期待。”类似这样的对话多次出现在十二运会体操比赛媒体工作区。本届全运体操男子全能决赛收官，广东小将周施雄技压群雄获得冠军，贵州选手刘榕冰、邓书弟分获二、三名。几位新人的表现似乎让人们看到2016年里约奥运会体操金牌正缓缓飞来。

周施雄：也会有人为我鼓掌

被黄玉斌评价为“好的全能苗子”的广东选手周施雄用金牌证明自己。当晚，他赢得很惊险，在比跳马时落地不稳坐在地上，最后两项双杠与单杠是他的优势项目。他顶住压力，完美发挥，逆转夺魁。

男团广东队四连冠梦碎没有打倒他，“我唯一能做到的就是抛开杂念，抱着锻炼自己的目的，比好自己的强项，”记者问他，“之前现场观众为那些奥运冠军喝彩，你有没有羡慕？”他的回答是“没有。”“当时注意力全都在比赛，根本没留意。”周施雄又开玩笑说：“等这些奥运冠军退役了，相信观众就会为我加油、喝彩了。”

技术出色，力量出众，有突出的单项，大赛经验丰富，使周施雄成为国家队主要培养对象，是2016里约周期最有潜质的选手之一。

程然：滕海滨的接班人

在资格赛排名第一的北京选手程然最终排名第四。到目前为止，他没有经历过世界级比赛的磨炼，但在今年全国体操锦标赛暨全运会预选赛男子跳马决赛中，程然获得冠军。在那之前，程然名不见经传。在老将滕海滨逐渐淡出之际，程然已成为北京体操队的顶梁柱。

今年22岁的程然，2009年进入国家队，不过4年来他很少获得代表中国出战世界大赛的机会。程然非常清楚自己的不足，他说，他虽然是全能型选手，但6个项目中鞍马和单杠依然存在不足，另外自由操和跳马这两个用腿的项目，完成质量上还需要提高。

对于在比利时进行的体操世锦赛，程然说：“参加世界大赛一直是我的梦想，我会努力的。”

邓书弟、刘榕冰：没有短板项目

邓书弟在前五轮一直排名第一，但在最后的单杠项目上出现失误。此前吊环比赛他右手受伤，影响了发挥，最终遗憾摘铜。他是近些年涌现出的一名出色的全能选手，和周施雄、程然相比，他的单项没有那么突出，但也没有明显的弱项，在双杠和单杠上有比较不错的实力。邓书弟在去年全国体操冠军赛中获得男子个人全能、自由操两项冠军。

邓书弟在此前的团体决赛中表现出非常好的竞技状态和水准，所有的项目全部成功，完成得非常出色。在全能决赛前，邓书弟转发了这样一条微博：“紧握双手，抓住每一天；脚踏实地，走好每一步。只有这样，时间才会成为闪光的金子。”另一位贵州小将刘榕冰同样实力出众，稳定发挥，获得亚军。刘榕冰在今年5月的全国锦标赛上获得了该项冠军，是名实力出众的选手。刘榕冰六项全面，单杠和双杠比较有特色，其他四项没有特别的劣势。他不会因为比自己不擅长的项目而需要克服心理压力，在比赛中他不仅表现出了极佳的竞技状态，更表现出可贵的敢打敢拼的比赛精神。

林超攀：2016，还要看我们！

1995年出生在晋江的福建小将林超攀在比单杠时掉了下来，最终排名第八。他之前被看作杨威的最佳接班人。2010年，在全国青年体操锦标赛上，林超攀一鸣惊人，获得了男子跳马和单杠冠军，使很多体操迷开始注意到林超攀。

2011年全国城运会上，16岁的林超攀获得男子自由体操、鞍马、跳马和单杠四个项目的银牌，充分展露了全能选手的潜质。作为国家体操队里的年轻队员，林超攀曾进入伦敦奥运会5人替补名单，尽管最终未能前往伦敦，但他早已被视为下一个奥运周期——里约奥运周期的关键一员。黄玉斌就在接受采访时表示，林超攀在全能和几个单项上的潜力值得期待。

他说自己今天准备不足，回去以后会继续踏实训练，再充实自己。说到里约，小伙子仍是信心十足地说：“去巴西，还要看我们的！”

（刊载于《中国体育报》2013年9月5日）

《中国体育报》

深入学习争创先进

十二运赛事高潮迭起，全民健身亮点频出。继习近平总书记会见全国体育先进单位和先进个人代表并发表重要讲话之后，国家体育总局又隆重召开表彰大会。这两件大事和全运会开幕式一样令人瞩目，催人奋进。

全国群众体育表彰工作是群众体育领域内唯一经中央批准开展的四年一次的评比表彰类活动；全国体育系统先进集体和先进工作者表彰工作，是全国体育系统最高层次的表彰活动。受表彰的集体和个人为我国体育事业发展和建设体育强国奋斗目标做出了突出贡献，是我们学习的榜样。体育事业是一项伟大的事业，体育工作是一项崇高的工作。当前我们要深入学习、深刻领会习近平总书记在会见全国体育先进单位和先进个人代表时的重要讲话精神，将讲话精神贯彻落实到体育工作的各个方面。

先进典型无上光荣，先进精神弥足珍贵。我们要在体育界广泛宣传他们的先进事迹、优秀品质和高尚精神，深入开展学习先进、争创先进的活动，宣传好、发挥好先进典型的示范作用和带头作用。

讲话精神深邃，榜样力量无穷，学习永无止境。

（刊载于《中国体育报》2013年9月3日）

《中国体育报》

体操男团山东夺冠张成龙一站定江山

3日的体操男团决赛，山东队最终依靠老将张成龙单杠的完美发挥，以352.707分摘得金牌，这也是本届全运会的第一块体操金牌。贵州队以351.243分摘银，上届冠军广东队以350.376分获得铜牌。

本届全运会，山东队王永超、闫人鹏两位小将表现出色。张成龙评价他们是山东体操未来几年的台柱。

在最后一轮比赛前，张成龙把队友聚在一起，喊了一声："到了最关键的时候，都稳住！"张成龙说这样做就是为了让他们减压。其实就在两天前的资格赛，张成龙单杠失误，没能进单项决赛。这次顶着巨大压力最后压轴登场，张成龙说他在第四轮比赛之后就一直没看成绩。"队友都很紧张，一直盯着大屏幕，这样很影响状态。我一直没去看，也不知道具体的名次，对他们那么说就是为了减压。相比于个人成绩，我更看重这枚团体金牌，感谢队友，我们没让大家失望。"

（刊载于《中国体育报》2013年9月4日）

《中国体育报》

体育道德不容挑战

全运会女子7人制橄榄球决赛，北京队由于对裁判判罚不满，在下半场0比22落后时，竟然不再比赛，全体队员圈成一圈站在场地中一动不动，最终山东队以71比0的悬殊比分获胜，拿到冠军。

因对裁判不满而罢赛、拒绝领奖，这种情况在体坛十分罕见，其行为严重违反了体育道德。任何一场比赛都设有申诉机制，在遇到所谓的"不公平"后，必须按照相应的程序和渠道解决，而不是用野蛮的行为公然挑战体育道德。"不再比赛"本质上形同罢赛，这种行为不仅愚蠢，而且对自己、对观众、对项目、对赛会、对体育都造成了严重伤害。

橄榄球是一项剧烈的运动，但并非野蛮运动，恰恰是对人的素质要求甚高的运动项目。橄榄球刚刚进入到全运会大家庭，人们对它的亮相倍感期待。而橄榄球运动在我国起步较晚，在橄榄球文化、技术等方面尚需培育，与世界先进国家相比，差距不小。作为橄榄球运动的局中人，参赛者应当珍惜机遇，与项目共同成长。

闹剧的发生，引发了各方的强烈批评，相关当事方如能借此机会深刻反省错误、认真解决问题、理清发展思路，中国橄榄球定有美好未来。

（刊载于《中国体育报》2013年9月4日）

《中国体育报》

请为新人鼓掌

之前的体操男女资格赛中，到场媒体都在感叹这届全运会冷门多。男队方面，邹凯在强项自由操上遭遇滑铁卢，没能进入决赛；男子全能前10名全部是此前名不见经传的新人小将。女子更是意外频发，黄秋爽、姚金男掉下平衡木，邓琳琳自由操出现重大失误……

体操作为优势项目，在伦敦奥运周期一直走得不平稳。选手赢得艰难，观众看得胆战心惊。俄罗斯、美国都在不断涌现新人，而中国体操，特别是女队，自程菲退役后一直缺少一个全能型领军人物。在世界大赛，中国体操女队也较为被动，甚至在传统强项平衡木上也屡屡失误。

邹凯自由操没能进入决赛，我也在惋惜，预赛时整套动作，他仅在结束有一个失误，其他都堪称完美。但就因为这一点点失误，小将们靠稳定发挥超过了他，不难看出本届全运体操赛场后生可畏。全运赛场，在为奥运冠军的失误惋惜时，请别忘了为新人的出色表现鼓掌。

（刊载于《中国体育报》2013年9月3日）

《中国体育报》

挑战“升级”遗憾摘铜

两届奥运金牌得主吴静钰

“我预祝雷洁拿到这个级别的冠军，对我也是一件很开心的事。不过，我还是有点遗憾……”吴静钰说。全运会跆拳道女子57公斤级第三轮，升级参加该级别比赛的两届奥运会金牌得主吴静钰以3比9负于江苏选手雷洁。

9月2日上午10时许，身披宽大白浴巾的吴静钰出现在运动员通道中，她认真看了正在进行的男子68公斤级预赛。其后就是她与四川选手康新新的女子57公斤级首轮预赛。吴静钰原本的级别是49公斤级，之前在国内也曾参加过53公斤级的比赛，57公斤级对她来说还是第一次尝试。“伦敦奥运会后我一直在调整，在读书做论文，加上身体有些不适，没有太多时间降体重，把这个作为对自己的一次挑战吧。”吴静钰说。

在此起彼伏的加油声中，她3局以11比3的较大优势取胜。对此，吴静钰一点也感觉不到轻松，因这个级别的对手基本上都比1.68米的她高出差不多半头。“比打49公斤级费劲很多。”吴静钰说，升级作战，虽然在日常训练时可以不必严格控制体重，但比赛中却要比对手多耗费体力。“我一般是打‘游击战’，她们一推，我就飞出去了。”吴静钰笑着说。

下午第二轮预赛，她凭借两次击头以12比6战胜甘肃选手郭婷。比赛结束，两人向对方教练致敬后转身在赛台中间再度相遇，郭婷一下子就把吴静钰亲昵地抱了起来，引来看台上观众们的一阵笑声。

一个半小时之后，吴静钰遭遇了强劲的对手，也是同门师妹和曾经的陪练雷洁（吴静钰之前交流到江苏，两人在江苏队以及国家队的教练都是王志杰）。身高和力量占优的雷洁没给师姐留太多机会，凭借两次击头得手，以6分之差取胜。“我们在一起练了好多年，都是一个教练带出来的，她对我太了解了。”吴静钰说。

输掉了比赛，吴静钰并没有太过沮丧，毕竟国家队后备力量的成长让热爱跆拳道的她感到欣慰。“我们在队里打的时候也差不多，我预祝她能拿到冠军。”

在随后的铜牌争夺战中，吴静钰战胜了国家队队友侯玉琢，然而一块铜牌多少让人对26岁的小钰感到唏嘘，人们已经不忍心问这是否就是她的最后一届全运会。对于未来，吴静钰说，全运会之后会休息一段时间，然后继续学习并逐步进行恢复训练。“然后，我再和领导、教练商量一下，看看接下来会有什么样的目标？”

（刊载于《中国体育报》2013年9月2日）

《中国体育报》

跳水男台难度“疯涨”

“去年国内比赛前12名选手只有一半人能跳109抱膝，今天决赛全部选手都有109抱膝，还有两个能跳屈体。男台现在的难度发展速度对运动员的挑战太大了！”男子跳水10米台比赛结束后，周继红直呼，难度“疯涨”的男台决赛让人印象深刻。邱波、火亮、曹缘、张雁全、周吕鑫，男台决赛云集了多位奥运冠军和世界冠军，竞争激烈程度可想而知。在12名参赛选手中，有9位的难度系数总和达到或超过209，这个数字是邱波在去年伦敦奥运会上的难度总和标准。当其他选手追着这个标准训练和备战时，邱波已悄然将自己的难度总和提升到216，尤其是他的第五跳109屈体达到了世界顶尖的难度系数4.1，决赛中他也正是依靠这个动作的完美演绎拿到112.75的绝对高分，一举奠定夺冠优势。

“邱波在转体上还得加强。”周继红赛后的一席话让人惊讶，已经是世界顶尖难度了，邱波还得再上难度？“邱波的这套难度已经很高，但我希望他在巩固住407和109屈体的同时，能在今年冬天冲击一下5156，这个向前翻腾两周半转体三周的动作，难度系数3.8，相比他之前的5255只高出0.22，但却可以让邱波的技术和综合能力更上一层楼。”

这番话确是情理之中。伦敦的丢冠，让中国男台选手们压力倍增。在世界男台难度日新月异的今天，停滞就是最大的危险。正如周继红所言，我们没有退路。提升难度和保证完成质量是一对天然的矛盾，不断冲击新难度肯定有风险，但如今的形势摆在那里，没有难度就没有竞争力。对于男选手而言，冲击高难度也是满足观众对跳水项目观赏性的需要，是人心所向。期待邱波等国内男台高手们继续迎难而上，在难度上引领世界潮流。

（刊载于《中国体育报》2013年9月2日）

《中国体育报》

铁人三项赛　解放军队包揽男女前三

范丹：为冠军等了8年

今天上午进行的十二运会铁人三项女子个人赛中，以范丹为首的解放军队凭借强大的实力，延续了昨天男子包揽前三名的辉煌，再次将金银铜牌收入囊中。

铁人三项赛由15公里游泳、40公里自行车和10公里长跑组成，且运动员在不同项目之间不能停顿，因此比拼的不仅仅是体力，更是比赛中的策略和战术。虽然范丹在游泳阶段的成绩并不突出，但第二阶段的自行车赛中她迎头赶上，与队友仲梦颖、辛翎溪一起获得领先，并将优势保持到自行车比赛结束。随后的长跑比赛中，范丹继续保持领先，最终以2小时18分18秒的成绩夺得冠军，队友辛翎溪和张一分获二、三名。

"为了今天的胜利，我等了整整8年，我想用这个成绩证明自己。"夺冠之后的范丹显得十分平静。

去年负伤后，范丹的锁骨打上了一块钢板，但为了备战十二运会她毅然带着这块钢板和队友们每天坚持训练，直到今年初才将其取出，其中的艰辛只有她自己知道。"能取得今天的成绩，跟我当过兵有很大关系，是部队培养了我的吃苦精神。铁人三项是一项大体力项目，必须要敢于吃苦，付出百倍的努力才能成功。"

（刊载于《中国体育报》2013年9月3日）

《中国体育报》

粤囡超越世界纪录
鲁女射落团体金牌

十二运会进入第三个比赛日，运动员对金牌的争夺渐趋白热化。优异成绩也随之产生，超越世界纪录的喜讯从举重馆传出。广东小将黎雅君在女子举重53公斤级比赛中，以105公斤的抓举成绩超世界纪录，并以总成绩227公斤夺得金牌；在赛艇男子轻量级2000米双人双桨的角逐中，辽宁队王军、孔德明与上海队董天峰、李辉始终处于胶着状态，最终并列该项目冠军；在刚开始的射箭比赛中，山东队射落女子团体奥林匹克淘汰赛金牌。

在女子举重53公斤级较量中，广东小将黎雅君脱颖而出，在抓举第二次试举中，她便平了103公斤的世界纪录。第三次试举，黎雅君将重量加到105公斤，当她将杠铃稳稳举过头顶后，新的世界纪录诞生了！随后进行的挺举比赛，尽管黎雅君只有一次试举成功，但依然凭借122公斤、总成绩227公斤的成绩摘取金牌。

稍早进行的女子举重48公斤级比赛，谭亚运的名气不及湖北队的田源，特别是当王明娟隐退后，田源对这枚全运金牌大有当仁不让之势。然而，比赛的进程与人们赛前的预料存在较大出入，在抓举中，谭亚运便展现出强劲的争金势头，她以93公斤领先田源3公斤的成绩进入到挺举金牌争夺中。尽管田源的115公斤的开把重量较高，但谭亚运不甘示弱，开把反超田源1公斤，并试举成功。第二次试举，谭亚运追平121公斤世界纪录，田源力图挽回败局将重量加到124公斤，结果试举未能成功，将金牌送给了谭亚运。

赛艇比赛在3日全部结束，最后8个项目产生了9枚金牌，其中男子轻量级2000米双人双桨的争夺出现惊世一幕，辽宁队王军、孔德明与上海队董天峰、李辉并列冠军。前1500米比赛，上海选手始终处于领先，而辽宁组合在决胜时刻后发制人，两艇齐头并进冲过终点。经过千分之一秒时间单位上的比对，辽沪两对选手并列冠军。

射箭比赛从3日开始进行，尽管张娟娟已不在山东队阵中，但并不妨碍齐鲁风采在射箭场上的绽放，由崔圆圆、徐晶、马玉婷组成的队伍承袭了以往的强势，再展百步穿杨的本领，将女子团体奥林匹克淘汰赛的金牌归入名下，北京队、山东队分获银牌和铜牌。

当日开赛的还有自行车比赛，上海组合徐玉蕾、钟天使在女子场地团体竞速赛中击败吉林名将郭爽和官金杰夺金，这一结果或多或少让人有些意外；山东队获得男子场地团体竞速赛冠军。

铁人三项女子个人比赛结果同前一天如出一辙，三名解放军选手范丹、辛翎溪、张一包揽前三名，这不得不让人向军人致敬。

首次列为全运会比赛项目的橄榄球今日决出冠军，山东男女队双双夺冠。

（刊载于《中国体育报》2013年9月3日）

《中国体育报》

姐妹花水中芭蕾

被誉为“水中芭蕾”的花样游泳9月1日将在辽宁大连体育中心游泳馆开赛。记者探访赛前训练时发现，本届全运会花样游泳项目九支参赛队伍中，有五支队伍都出现了“姐妹花”的身影。

国家体育总局游泳运动管理中心水球花泳部主任俞丽表示，这是全运会花泳项目上“姐妹花”参赛人数最多的一次。在刚刚结束的巴塞罗那游泳世锦赛上摘得双人技术自选银牌的蒋文文、蒋婷婷姐妹无疑是本届全运会花泳项目上最受瞩目的“姐妹花”。

“双胞胎在双人项目上的优势还是比较突出的”，此次代表四川队参赛的蒋文文、蒋婷婷姐妹告诉记者，双人项目需要两人有很好的同步性，双胞胎在协调性上有很强的默契，练起来比较容易，双胞胎在长相、身材上也都差不多，同步出水时的视觉感觉会让人印象深刻。

蒋文文、蒋婷婷姐妹俩从7岁开始练习花样游泳以来，一直搭档双人项目。“除了协调性的优势外，两个人一起生活一起训练，心灵上还有一种陪伴，我们训练遇到低谷的时候总是互相鼓励。”蒋婷婷说。

来自澳门队的卢慧琳、卢慧诗姐妹不是双胞胎，姐姐卢慧琳今年17岁，妹妹卢慧诗尽管比姐姐小一岁，但泳龄则比姐姐长。“8岁的时候我出于兴趣参加了花泳队，每天放学都去泳队训练，姐姐有时会和我一起去。结果受我的影响，姐姐也喜欢上了花泳。”卢慧诗说。

另外三对分别是北京水立方队19岁的党晗、党曈姐妹，江苏昆山队18岁的金小琳、金小琪姐妹，广东队17岁的王柳懿、王芊璐姐妹，在各队中均有不俗表现。“以往的全运会花泳项目中从未有过这么多的‘姐妹花’参赛，应该说文文、婷婷姐妹的成功起到了一种很好的带动作用，说明有越来越多的人在关注花泳项目。”俞丽说。

北京队主教练汪洁表示，现在很多省队在选拔人才上也会有这方面的倾向，挑选一些双胞胎姐妹，她们在技术配合、视觉感受上确实有优势，但汪洁认为这也不能一概而论。“一方面要看运动员自身的身体条件，一方面也要看后期的努力。双胞胎通常更受裁判和公众的关注，她们甚至要承受更大的心理压力，赛场上的表现更需完美。”汪洁说。

（刊载于《中国体育报》2013年8月31日）

《中国体育报》

摘下柔道首金　“小萌狮”有大能量

走下赛场，即便仍旧穿着柔道服，25岁的湖南妹子谢狮狮还是像她的同龄人一样活泼而健谈。

“我喜欢网购。”

“我的偶像是李娜。”

“喜欢杨澜，爱听刘德华的歌。”

如此话语，能出自十二运会柔道首金得主、在场上无比勇猛的“女金刚”谢狮狮之口？女子48公斤级比赛是全运会正式开赛后柔道项目首先开打的，竞争也十分激烈，谢狮狮和四川对手莫琴琴的决赛甚至打到了加时，谢狮狮凭借良好的心态和扎实的技术动作惊险取胜。

来到混合采访区，谢狮狮难掩兴奋之情，还没来得及擦干脸上汗水的她高兴地说：“我真的很兴奋，因为这是我的首枚全运会金牌，也是湖南首块全运会柔道金牌，能实现这样的目标，我很骄傲！”

来到新闻发布会后，谢狮狮已经沉静了很多，但还是爱说爱笑，“我觉得我的心态调整得很好，比其他对手放得开，这种大赛很大程度上比的是心态，我对自己的发挥很满意。”从2001年开始练柔道的谢狮狮身高只有1.55米，虽然女子48公斤级是柔道项目中级别最小的，但谢狮狮的身高、体重和国内、国外对手相比丝毫不占优势。“确实，和很多对手相比，我的身高比较矮，很多人也因为我矮小认为我打不出来，但我觉得矮小可以很灵活，也可以有力量。这次一下子实现了两个目标，下步我希望冲一下奥运会。虽然很多人觉得我25岁的年龄不小了，但其实在柔道界，太小反倒很难出成绩，我还是希望给中国女子柔道小级别在更高档次赛场上长长脸。”

记者说，谢狮狮简直就像一只“小萌狮”，但谢狮狮却一脸严肃地说：“其实我不叫谢狮狮，我叫谢思思，是写户口本时写错了。”

哦，原来应该是谢思思。告别之前，思思说，在湖南，爸爸已经为她放了602响花炮，庆祝她勇夺全运冠军！

（刊载于《中国体育报》2013年9月1日）

《中国体育报》

西藏马术队场地障碍团体赛获第七

本报讯 9月2日，十二运会马术场地障碍团体赛在沈阳市苏家屯区马术运动中心举行，由宇宏边巴次仁、旦增平措、格桑平措组成的西藏马术队，凭着稳定的发挥获得第七名。此外，在9月2日上午举行的射箭女子奥林匹克轮赛（排名赛）上，由吉以622环排第46位，索朗卓玛以603环排第55位，两人将参加于9月5日进行的淘汰赛。淘汰赛在辽宁省柏叶训练基地射箭场进行，共有64人参赛。

（刊载于《中国体育报》2013年9月3日）

《中国体育报》

羽球训练星光闪耀
林丹李雪芮状态好

第12届全运会羽毛球赛将于9月1日在辽宁锦州开赛。赛前两天，全运会各支羽毛球代表队陆续抵锦。在赛前训练中，奥运冠军林丹、李雪芮、傅海峰等大牌球星悉数登场挥汗训练，一时间让人们感受到紧张热烈的大赛气氛。

记者从组委会了解到，大部分球队都是29日、30日这两天到锦州的。开赛在即，这些球队刚报到就立即协调安排场地训练，偌大的滨海体育中心体育馆的场地几乎“供不应求”，所有场地都被一拨又一拨的训练队伍占据着。

30日下午3时许，场地突然热闹起来，林丹在多人陪同下来到场地。在三位助手的协同下，林丹认真做完准备活动，随后即与队友开始了训练。作为全运会的四朝元老，本届全运会林丹要参加团体和单打两项比赛，后者也是人们最期待的比赛。在与年轻师弟的对抗训练中，林丹一直神色轻松，不时与年轻选手开着玩笑。在与队友赵俊鹏的一对一训练中，林丹刚开始只守不攻，但随着赵俊鹏攻势愈加凌厉，林丹也遇强则强地连连突击加速，末了以一记大力扣杀，终结比赛，显示出良好的竞技状态。

当日下午到场训练的明星球员还有解放军队

李雪芮、辽宁队于洋、广东队傅海峰等。虽说是为适应场地，训练气氛也比较轻松，但这些选手几乎都认真进行了激烈的对抗，场边观训人群的叫好鼓掌声不断。广东队教练张新广告诉记者，全运会与国际比赛仍有不同，队员之间的秘密武器很少，明星大腕稍不留神也可能落马翻船，因此谁也不敢大意。“锦州现在的气候比较适宜比赛，场地、伙食都不错，比赛时就看大家的临场发挥和适应情况，估计这届比赛会很精彩。”

（刊载于《中国体育报》2013 年 9 月 3 日）

《中国体育报》

遗憾！奥运冠军未进前四 心态左右仲满最后一剑

阳光灿烂的下午，仲满的心情却没法灿烂起来。沈阳航空航天大学体育馆的安检门外，他一个人落寞地站着，等待着队里的班车。

刚刚结束的十二运会男子佩剑个人赛 1/4 决赛，他以 14 比 15 惜败于天津选手侯孟君，无缘四强，爆出击剑赛场开赛首日最大冷门。

“确实没想到，这么早就被淘汰，太遗憾了。”仲满不甘心地说，“其实前面的比赛感觉不错，但有几剑没有处理好，和裁判也有一些争议，心态还是没放好，14 比 13 领先时我进攻不太果断，最后一剑还是对方准备得更充分。”他分析说，击剑比赛，尤其是佩剑比赛就是这样，瞬间的决定会直接影响到整盘的胜负。

不光仲满没想到，很多人都没想到。由于击剑半决赛在下午 5 点进行，仲满被淘汰的时候很多记者还没有赶来。

对手侯孟君对于仲满而言并不陌生，两人自少年时代就有交手，侯孟君从来没有赢过仲满。上届全运会，侯孟君就一剑之差输给仲满。第一局，仲满先以 8 比 5 领先，但在第二局仲满对几次裁判的判罚表示了抗议，情绪出现了一些波动。14 比 13 领先获得赛点后，仲满也没能抓住机会被对方连追 2 分，这一次胜利的天平倾向了侯孟君。

“输在哪里，我到现在也不知道为什么？”仲满无奈地说，“如果真要说状态不好，其实我准备得还行，尤其是个人赛，我就是冲着金牌来的，我坚持到现在也是为了这个……”仲满的话音越来越低，情绪也有点激动起来。

5 月的亚锦赛上，仲满曾向本报记者表述过将在全运会之后退役的想法。本次全运会，他也只参加个人和团体两项争夺。个人赛的失利，意味着他的运动生涯只剩下了 3 天之后的团体赛。“再过 3 天，就是我最后一场比赛了，一定会全力以赴！”仲满顿了一下，“击剑就是这样，尤其是佩剑，需要方方面面都做到最好，我会尽力调整自己的。”

班车如期而至，队友走下班车，准备半决赛的争夺。与队友击掌鼓劲后，仲满挥手离去。3 天之后，希望他在同样的画面中露出欣慰的笑容。

（刊载于《中国体育报》2013 年 9 月 1 日）

《中国体育报》

运动员 “亚克西”

9月1日一大早，在沈阳农业大学体育馆的看台上就涌进来一大批身穿民族服装的新疆孩子们。“加油！”“李照艺亚克西……”整齐地坐好，孩子们立即就投入到为全运会跆拳道比赛的运动员热情的加油呐喊之中。

这群孩子是沈阳东北育才学校新疆内高班的高二高三学生。和孩子们一起来到全运会跆拳道比赛现场的该校教师崔国栋告诉记者，来沈阳参加全运会的新疆代表团了解到在沈阳有一些新疆学子，便热情邀请他们来到赛场为新疆选手们加油。

来自伊犁的盖尔加斯提、来自阿克苏的努尔曼古丽和来自阿图什的麦尔哈区几个小姐妹从早上九点多就来到现场，看了一上午的比赛，她们不仅一点都不感到累，反而被激烈的比赛所吸引。努尔曼古丽说，以前她们只是在电视上看过跆拳道比赛，第一次来现场，感受到了比赛的精彩和现场秩序的井然有序。

除了给新疆籍运动员加油助威，孩子们也制作了印有解放军代表队名将李照艺名字的助威标语，当李照艺从预赛一路杀进决赛并最终夺得本届全运会第一枚跆拳道金牌时，孩子们始终高举着“李照艺亚克西”的牌子，将热情的掌声送给这位在新疆成长的选手。“她是新疆选手，但也是解放军运动员。她赢得了比赛，打得好！”孩子们的话质朴也充满感情。

因为她们都是高二、高三的学生，还有紧张的学业，所以除了这次跆拳道比赛，可能很少有机会到现场观看其他项目的全运会比赛了。即便感到一些遗憾，但孩子们还是为沈阳举办的这次全运会而兴奋。她们说，这次全运会很精彩，很有秩序，各方面都安排得非常妥当，让身在现场的她们感到非常开心。

（刊载于《中国体育报》2013年9月1日）

《中国体育报》

众老将登顶肺腑之言——

只要你足够热爱

十二运会射击赛场，一批名将倒下的同时，也有一些老将笑到了最后。51岁的高娥、45岁的张永杰和36岁的陈颖在两天时间内相继站上了最高领奖台。在新规则实施之后，老将们的江湖地位非但没有动摇，反倒是不约而同地焕发出了第二春。老将屡屡压倒新人，究竟是什么原因，是好事还是坏事，且听他们自己解说。

陈颖（女子25米运动手枪冠军）：

年轻人是我的榜样

“其实我也有痛苦的时候，也有徘徊的时候。”

陈颖说，现在有了家庭和孩子，与年轻时想法肯定不同，“再也不能完全集中到射击上，不过头脑里应该有几个阀门，离开家的时候，就应该关上想家的阀门。”

“其实现在有很多非常优秀的年轻选手，在国家队集训时看到，每一个年轻人都很有特点，这让我又有了很新鲜的感觉，对射击也有了新的认识。”陈颖说，新规则的确让人吃惊，“以前一场比赛打完就可以走了，现在打完一场后中间要下来看一会，看的过程要比自己打还紧张。真正最后两个人打的时候，和8个人一起决赛感觉完全不一样，我觉得自己的腿都在抖。这真的是实话。”

“现在的比赛真是太刺激了，看三四名决赛时我的手都凉了。”陈颖说，“作为一个老队员，看到一批批年轻选手展现出了能力和水平，其实她们同时也是我的榜样，在集训中我就向她们学习了很多。”

高娥（女子飞碟多向冠军）：

总想着去打枪

“我一直就有这么一种欲望，总想着去打枪，时隔这么多年再夺冠军，非常激动。”早在1983年高娥参加第五届全运会时就夺得过冠军，她说，一到了靶场，就只专注于技术动作，因为专注，所以有好的结果。

张永杰（男子飞碟多向冠军）：

希望后辈超过我

“训练过程很苦，坚持这么久，是因为我很热爱，希望观众和更多人也能来看一看。”张永杰说，“观众的掌声并不会分散我的注意力，他们的掌声对我是一种激励，我希望更多的人关注射击，更希望后辈们能够超越我。”

杨凌（奥运冠军、旁观者）：

其实老将不挡道

“就今天的女子25米运动手枪决赛而言，像陈颖这样的老将并不多。而且在决赛场上，陈颖就占了一个位置。总共8个靶位，年轻人完全可以去竞争其他7个，完全可以在比赛中打败她。如果连决赛都打不上，那以后的心理状态就完全不一样了。”杨凌说：“在射击项目上不存在老将挡道的问题，所以也不要去想老队员和新队员这个问题，新老交替肯定是存在的。”

“射击项目的特点就是，老队员完全可以在很长时间独当一面，这很正常。在国际上，能拿到奥运奖牌的甚至还有60多岁的选手，”杨凌说，“如果这是你的爱好，如果你很执着，那对老队员来说就没有问题。年轻人要想超越他们，至少也要做到这一点。”

（刊载于《中国体育报》2013年9月2日）

《中国体育报》

山东女乒团体摘金　李晓霞激将成大事

李晓霞的气场真的变了，而且她改变的不只是她自己，作为山东队的领军人物，她还能带领全队一起改变。9月5日十二运会乒乓球女团决赛在鞍山市奥体中心体育馆结束，山东队以3比0

横扫山西队，时隔26年再夺全运会乒乓球女团冠军。山东队如此顺利地拿下这个冠军，一个重要原因就是李晓霞在赛前对小将陈梦使出了激将法，结果这位影星黄晓明的小表妹果然中计，于是山东队夺冠水到渠成。

李晓霞的成熟与改变不仅体现在她面对输赢和困难的心态，与记者交流时她可以非常从容地侃侃而谈，而且言语得体，分析问题头头是道能说到点上。在这方面她已经越来越像她的国家队主管教练李隼。尽管现在李晓霞是中国女乒现役选手中唯一的大满贯选手，可她坚持认为自己并不是领军人物。“中国乒乓球队靠的是团队，而不是某一个人，我只不过是做好本分的事。”

不管李晓霞是否承认，在山东女队她是领军人物的角色已经是不争的事实。决赛前的晚上，为了激发陈梦的士气，李晓霞居然使出了激将法。陈梦现在已经是中国女乒的一线主力，技术实力响当当，就是在关键场次上尚需磨练，这次全运会女团半决赛中她就输了球。“昨晚我一直在刺激她，其实我是用激将法。我说这么多年下来了，关键时候你总是使不上劲，这次半决赛就输球了。我说你的球又不是不行，又不比别人差，能不能给我赢一场，赢一场让我看看！”李晓霞笑道，“其实这无形中也是对她的一种鼓励和激励，希望她今天能够一拼到底。我说你今天只要能够坚持到轮换发球阶段，那你肯定就赢了。果然她就坚持到了。她今天的表现非常顽强。”

正是由于陈梦以3比0击败武杨，为全队开了个好头，随后李晓霞与顾玉婷打得顺风顺水，以3比0的相同比分相继战胜李晓丹和杨飞飞，山东队最终在女团决赛中横扫对手。“今天全队发挥得淋漓尽致，我给她们的表现打100分。”山东队教练刘赛说。

（刊载于《中国体育报》2013年9月5日）

《中国体育报》

小组第一晋级决赛不足喜
张秀云夺金之路恐艰难

代表河南出战的张秀云在31日的辽宁全运会女子单人双桨半决赛中以小组第一的身份晋级决赛，但成绩较之另一小组第一、辽宁选手唐宾慢了近9秒，夺金之路恐难平坦。

曾夺得北京奥运会该项目第四和伦敦奥运会第六的张秀云以7分32秒94的成绩获得小组第一，同时晋级决赛。另一小组第一、北京奥运会女子四人双桨冠军成员唐宾的成绩是7分24秒41。唐宾在29日的预赛中就比张秀云快了10秒多。

张秀云赛后表示，自己在比赛中已经尽力，至于能否最终夺金，要看决赛的发挥，不过自己已经在全运赛场屡获金牌，因此是否夺金并不是最重要的，关键是要享受比赛。对于唐宾的表现，张秀云认为，唐宾本来就是一个出色的选手。小将们成长起来是正常的，这是一个正常的新老交替的过程。

当日进行了7个项目的半决赛，各小组前三均晋级9月2日和3日的决赛。在男子单人双桨比赛中，湖南选手张亮和河北选手康伟分别以小组第一身份晋级决赛。伦敦奥运会女子轻量级双人双桨银牌得主、浙江选手徐东香和队友潘鸿以小组第一身份晋级该项目决赛。

在女子双人单桨比赛中，北京奥运会银牌得主、江西队的吴优/高玉兰和浙江队张亭/滕孙燕分别以小组第一身份闯入决赛。在吴优/高玉兰所在的小组中，原先排名第二的广东队组合刘若希/于占新因艇重不合格被取消成绩，排名第四的北京队组合禹飞/苗甜递补晋级决赛。

曾获得雅典奥运会八人单桨有舵手第四名的禹飞表示，这是自己参加的第四届全运会，自己也已经29岁了，每一次参加比赛都是在透支自己，希望能发挥自己的最大潜能，全力配合领桨手。

（刊载于《中国体育报》2013年9月4日）

国家体育总局政府网站

十二运组委会总结全运会
——节俭　精彩　圆满

经过13天3490场比赛的激烈角逐，第十二届全运会12日闭幕。在当天上午召开的十二运新闻发布会上，十二运组委会副主任、国家体育总局领导，十二运组委会副主任兼秘书长、辽宁省人民政府副省长贺旻通报了本届全运会各方面情况。

总局领导表示，本届全运会简约而不简单，回归了体育本色，提高了全运会体育特色和效益，同时也贯彻落实了党中央国务院对改革和调整全国综合性体育运动会的要求，为规范国内其他综合性体育运动会积累了经验，做出了示范。

此外，本届全运会展现与检验了我国竞技体育的发展水平，为大众奉献了一届精彩、竞争激烈、高水平的运动会。国家体育总局高度重视赛风赛纪和反兴奋剂工作，在制度建设、风险防范、监督检查、处罚措施等方面，多角度地抓好落实，本届全运会赛风赛纪情况总体良好。赛会期间，组委会各部门树立起为竞赛工作服务的意识，紧紧围绕竞赛组织这一核心开展工作，保障了竞赛工作的顺利、高效运转。

本届全运会做到了高水平竞技与宣传普及体育知识及全民共享。全运会期间，各赛区围绕“全民健身，共享全运”主题，精心组织丰富多彩的主题活动，使广大群众参与全运，营造全民健身氛围。

总局领导表示，本届全运会作为伦敦奥运会后国内一项重大体育赛事，它的成功举办，必将进一步推动我国由体育大国向体育强国迈进，进一步推动全民健身活动的广泛深入开展，也将为启动2016年里约奥运会的全面备战起到积极的促进作用。

（来源：国家体育总局政府网站2013年9月12日）

国家体育总局政府网站

闭幕式展示刚柔并济动静相宜

稚嫩有力的“少年强则国强”呐喊，刚劲有力的武术招式，十二运会闭幕式上，由数十名少年、青年和9名全运会武术运动员进行的武术展示引得观众阵阵掌声，其中最小的表演者只有5岁。武术表演后，由辽宁省艺术体操队的5名全运会选手和体操爱好者呈现的艺术体操表演则给观众带来了另一种视觉享受。

十二运会闭幕式总导演杨嵘如此解读闭幕式的展示环节，闭幕式仍然以“全民健身，共享全运”为主题，坚持“全民参与、回归体育、节俭朴素”的理念，与开幕式首尾呼应。与气势磅礴、大写意风格的开幕式不同，闭幕式“辽宁群众体育项目展示”环节以“精炼、精致、精雅”见长，体现了竞技体育对全民健身的示范引领作用，呈现了刚柔并济、动静相宜的效果。

闭幕式同样也成为健身爱好者展示的平台。杨嵘说，花式跳绳和花式踢毽在辽宁非常受欢迎，已成为辽宁全民健身的新时尚。今天参加展示的花式跳绳队功底深厚、技艺娴熟，把武术、街舞、健美操等元素完美地融合到花式跳绳当中。花式踢毽极具观赏性，我们在辽宁各地考察调研的时候，被广大群众踢毽健身的火热场面吸引，于是就将各年龄层的踢毽爱好者请到了闭幕式的舞台上，一展风采。

值得一提的是，闭幕式本着节俭办会原则，熄灭主火炬的环节是通过现场大屏幕呈现的。大屏幕上沈阳奥体中心的主火炬缓缓熄灭，闭幕式举行地点辽宁体育训练基地综合馆现场，60名少女引领全场观众，双手以心形手势举向火炬塔，然后慢慢收回至胸前，共同完成了圣火熄灭仪式。这个动作的寓意是全运圣火将继续燃烧在每个人心中，全运精神将永远引领人们追逐梦想。

（来源：国家体育总局政府网站2013年9月13日）

奖品　纪念品

第十二届全运会奖牌（正面）

第十二届全运会奖牌（背面）

第十二届全运会纪念邮票

友好交流

刘鹏会见观摩全运会的境外来宾

本报讯 应国家体育总局和中国奥委会邀请，国际奥委会副主席黄思绵、阿尔及利亚青年与体育部部长塔赫米、中华台北奥委会主席蔡辰威、香港奥委会主席霍震霆、澳门特区政府社会文化司司长张裕、蒙古奥委会秘书长奥特贡沙干率团赴沈阳观摩第十二届全运会开幕式和部分比赛。

国家体育总局局长刘鹏、副局长杨树安于8月31日礼节性会见了上述团组。刘鹏局长代表国家体育总局和中国奥委会欢迎各友好代表团和观察团的来访。他表示，全运会是中国竞技水平最高、参赛规模最大的综合性运动会，它既是中国体育健儿展示风采的舞台，又是中国展现更加开放、包容、文明、进步形象的窗口，希望各位来宾在观摩比赛之余，尽情感受和品味中华文明和辽宁当地的风土人情。

（刊载于《中国体育报》2013年9月1日）

总局领导看望十二运新闻工作者

全运会激战正酣，采访本届全运会的媒体记者穿梭于各大比赛场馆，竭力为体育爱好者呈现最精彩的全运会赛事。9月10日，国家体育总局副局长、十二运组委会副主任冯建中来到了全运会媒体大本营——新闻中心和广播电视中心，看望正在这里工作的新闻工作者。

冯建中在记者工作大厅以及新华社、人民日报、中央电视台等单位的工作间与记者交流，了解媒体记者们的工作、生活情况和采访感受，听取大家的意见，并代表组委会向大家表示感谢。

在中国体育报工作间，冯建中还通过内部联系平台与正在各赛场采访的记者通话慰问：“大家辛苦了，谢谢大家！”

据了解，新闻中心和广播电视中心办公地点是借用新建的辽宁省图书馆大楼，全运会结束之后将归还给省图书馆，这也体现了节俭办全运的理念。

（刊载于《中国体育报》2013年9月11日）

第八届中国体育美术精品展开幕

本报沈阳8月30日电 一幅幅生动的艺术画作，一座座张力十足的雕塑艺术，208件作品共同诠释着运动与艺术之美。今天上午，第八届中国体育美术精品展在沈阳鲁迅美术学院开幕。国家体育总局局长刘鹏、副局长冯建中、辽宁省委副书记许卫国、副省长贺旻出席开幕式。

体育美术精品展在辽宁举办第十二届全运会之际开幕，既展示了中国美术创作的时代精神和当代美术家在新时期所取得的艺术成就，又为热爱体育、热爱艺术、热爱奥林匹克文化的人们奉献了一场盛宴，是艺术家为本届全运会奉上的一道文化大餐。

本次展出的208件作品中，包括中国奥委会收藏的历届全运会体育美术作品展获奖作品62件和辽宁省创作的体育题材美术作品146件。展品围绕“全民全运，共享全运”主题及“更快、更高、更强”的奥林匹克精神，用国画、油画、雕塑等丰富形式，诠释着体育与艺术相结合的特殊魅力。

冯建中表示，体育与艺术都起源于人类的社会实践，体育创造美，艺术展示美，体育与艺术都追求美。中国体育美术精品展所呈现的，正是体育美和艺术美的结合，而体育精神也借此得到更广泛的传播。

本次展览还展出了一百多幅儿童手绘贺卡。这些贺卡从沈阳市万余名学生绘制的贺卡中选出，表现手法丰富，极具个性张力。一幅幅贺卡充满童真稚气，满载着对运动健儿的祝愿、对家乡的热爱和对全运的支持。展览开幕式上，优秀小作者代表杨雨霖、李滢琪为辽宁全运会形象大使肇俊哲、张宁献画。

第八届中国体育美术精品展由国家体育总局、中国奥委会、十二运组委会共同主办，将于8月30日至9月5日免费向公众开放。

（刊载于《中国体育报》2013年8月31日）

中华人民共和国
第十三届运动会

2017年

8月27日—9月8日

天 津

简　介

第十三届全运会于2017年8月27日至9月8日在天津举行，由国家体育总局和天津市人民政府承办。设游泳（游泳、跳水、水球、花样游泳）、射箭、田径、羽毛球、棒球、篮球、拳击、皮划艇（静水、激流回旋）、自行车（场地、公路、山地、小轮车）、马术、击剑、足球、高尔夫球、体操（体操、艺术体操、蹦床）、手球、曲棍球、柔道、现代五项、赛艇、橄榄球、帆船、射击、垒球、乒乓球、跆拳道、网球、铁人三项、排球（排球、沙滩排球）、举重、国际式摔跤、武术（套路、散打）等项目，来自全国各省区市、港澳台地区和行业体协的约8500名运动员参赛。比赛首次取消了奖牌榜。

本届运动会有3人1队4次超4项世界纪录，有2人3次超亚洲纪录，有9人1队11次创11项全国纪录。

本届全运会筹办、举办工作认真贯彻落实习近平总书记系列重要讲话精神，特别是关于发展体育事业和举办重大赛事活动的重要指示精神，努力提升政治站位，牢固树立和自觉践行“四个意识”，突出“全运惠民，健康中国”主题，突出创新引领，突出简朴节约，把筹办全运会与健康中国建设、京津冀协同发展、美丽天津建设紧密结合。

会　徽

会徽由书法字“津”“13”“张开双臂的人形”和“海河”等元素构成，呈“火炬”造型，取名为“奔向未来”。会徽主色调为蓝色，体现了顽强拼搏、勇攀高峰的体育精神，同时也寓意天津盛世同心、开放包容的内涵。

中华人民共和国运动会会旗

吉祥物

一、吉祥物取名为“津娃”，取名点明了运动会主办地—天津。

二、“津娃”取材于享誉中外的天津杨柳青木板年画的人物形象，具有典型的民族风格和浓郁天津特色，“津娃”手持全运火炬，传递出了全运精神和天津人民期盼“全运”的心愿，而火苗为“13”的形态，又传递出“第十三届”的信息。“津娃”脚踩虎头鞋，挥舞红色绸带做出跳跃的动作，传递出了运动的概念，同时预示出虎虎生威、红红火火的团结奋进的景象。

筹　备

为筹办好2017年第十三届全运会，天津市将着重做好七个方面的工作：

第一，全力推进全民健身的广泛深入开展。承办十三运的过程中，要加强群众体育设施和组织建设，完善全民健身工作体系，促进全民健身与竞技体育的有机结合、专业办赛与群众参与的有机结合，实现体育赛事与体育产业的共赢。

第二，着力建设市民身边的体育设施。在筹备十三运过程中，要充分利用好天津现有体育场馆，着力建设市民身边的体育设施，要科学规划、合理布局、综合利用，使每个区县都新建、改扩建一批体育场馆，以满足全运会比赛需要和市民开展全民健身活动的需要。

第三，积极筹划具有天津特色、全运惠民的时尚活动。初步设想在2016年和2017年选择十个以上的省市，举行“喜迎十三运、全民全运、全运惠民”万人健身跑活动，在全国范围内广泛宣传“全民全运、全运惠民”的新理念。

第四，有力地促进地区经济发展。十三运期间，来自全国各地的运动员、教练员、裁判员、相关工作人员以及热心观众，预计要超过10万人次。

第五，促进市民素质和文明程度的提升。要抓住承办十三运的难得机遇，在广大市民中大力开展文明用语、良好卫生习惯、遵守公共场所和公共交通秩序以及文明观赛等教育，大力弘扬爱国诚信、务实创新、开放包容的天津精神。

第六，全面提升天津竞技体育的整体水平。从目前天津竞技体育的实际情况看，缺项较多，后备人才匮乏。全运会350多个小项，天津空白项目就多达127项。因此要及早动手，加快发展，提高天津的竞技体育水平。

第七，全过程、全方位地做好十三运的宣传工作。在全运会的筹办过程中，要牢牢把握正确的舆论导向，健全新闻报道机制，整体推进新闻舆论宣传和社会动员，不断掀起宣传热潮。

十三运筹备工作进入攻坚冲刺阶段

第十三届全运会将于今年8月27日至9月8日在天津市举办。天津市委常委、市委教育工委书记、第十三届全运会组委会副主任陈浙闽20日在北京通报了全运会筹备工作进展，称目前筹备工作已进入攻坚冲刺阶段。

陈浙闽在第十三届全运会改革创新新闻发布会上说，天津在筹备过程中努力突出“全运惠民、健康中国”的主题，体现全民参与；突出创新引领，体现时代特色；突出俭朴节约，体现办赛新风。

陈浙闽介绍，目前全运会的筹备工作进展顺利，并取得阶段性成果。

一是高标准、高质量建设比赛场馆和全运村。全运会在津赛事涉及场馆47个，其中新建场馆21个，改造15个，利用现有场馆11个。目前新建、改造场馆进展顺利，4月底前全部竣工。全运村供全运会使用的81栋楼座已全部封顶，5月底前竣工。

二是精心做好新增群众比赛项目各项工作。群众比赛项目是本届全运会的创新之举，预计有7000名普通群众参与19个大项的比赛。天津市按照与竞技比赛项目同规格、同标准的原则，成立了第十三届全运会群众比赛组织工作领导小组，下设竞赛部、场馆部、保障部及综合办公室等办事机构，同时组建各项目竞委会、裁委会、仲裁委员会，提供竞赛所需的各项保障和服务，制订了详细的赛事组织工作方案。

三是协同推进“全运惠民工程”。在筹备工作中，天津市积极探索在全运会举办地优先发展群众体育事业新模式，加快全民健身公共服务体系建设，完善市、区、街镇、社区（村）四级全民健身设施网络，让人民群众充分享受举办全运会带来的实惠。2016年共举办市级活动210项，参与市民达200万人次。

四是精心做好开闭幕式筹备工作。本届全运会开闭幕式以体育仪式为主，文体展演为辅。目前已与创意团队进行了多轮座谈交流，力求把思想性、艺术性、群众性、观赏性有机结合起来，做到政治站位高、主题思想鲜明，注重节俭，力戒奢华。

五是积极营造喜迎全运的舆论氛围。目前，媒体运行、主新闻中心建设、社会宣传、文化活动等重点工作正在全力推进。

六是有力有序推进各项综合保障工作。竞赛场馆和全运村安保配套设施建设工作正在全力推进，制定完善了证件管理、电力保障、交通保障、消防安全等应急处置预案，确保万无一失。完成了志愿者招募工作，细化完善了医疗卫生保障、食品药品监督检查、反兴奋剂、接待服务等工作方案。

七是切实做到廉洁节俭绿色办赛。认真贯彻执行中央有关办赛办会规定，严格落实党风廉政建设责任制，加强对大额资金使用、市场开发、赞助捐赠物资管理等重点部位、关键环节的跟踪审计和全过程监督。

八是扎实有效推进城市综合整治。从去年开始，天津市大力推进街景立面美化提升、净化亮化改造提升、交通秩序整治、城市文明创建等重点工作，全面提升生态环境质量，着力提升城市文明程度、城市品质和管理效能，以环境优美、服务优良、安全有序、文明和谐的城市形象迎接全运会召开。

十三运筹备工作汇报会在津召开

精心筹备　确保安全　奉献节俭精彩体育赛事

李鸿忠苟仲文出席并讲话　王东峰主持

22日上午，第十三届全运会筹备工作汇报会在迎宾馆召开。市委书记李鸿忠、国家体育总局局长苟仲文出席会议并讲话，市委副书记、市长王东峰主持。国家体育总局领导赵勇、王庆云、高志丹、李颖川，市领导段春华、程丽华、赵飞、陈浙闽、曹小红出席。

李鸿忠在讲话时说，在各方面的共同努力下，第十三届全运会各项筹备工作有条不紊推进。我们对国家体育总局给予的有力指导和组委会各个部门付出的辛苦努力表示衷心感谢。现在距全运会开幕只有四个多月，时间紧、任务重、使命重大，天津将切实提高政治站位，全力以赴做好全运会筹备后续工作。要按照“绿色、共享、开放、廉洁”的理念，优化细化各项方案，充分体现以习近平同志为核心的党中央治国理政新理念、新思想、新战略和对建设体育强国的重要指示精神，全面展示我国各族人民群众在党中央领导下团结一心、奋发向上的精神面貌。要坚持安全第一，决不能存有丝毫松懈，确保赛事安全，确保万无一失。全市各级各部门要落实责任，为赛事成功举办提供坚强保障。要突出赛事的群众性，把专业办赛与群众参与结合起来，注重“节俭”与“精彩”相统一，以优异成绩向党的十九大献礼。

苟仲文在讲话时说，天津方面在第十三届全运会赛事组织等各项方案的制定完善上做了大量认真细致的工作。全运会的筹备已进入冲刺阶段，要在已有基础上周密部署，严格落实，确保万无一失。要进一步细化方案，对每一个环节进行再梳理再打磨，创新方式，更好体现各省市体育特色和各代表队精神风貌；坚持以人民为中心，突出群众性，全力营造体育盛会全民参与的欢快热烈氛围。国家体育总局将与天津市密切协作，建立对接机制，不分你我、积极配合，加强沟通合作，做好场馆建设收尾、测试赛组织等工作，共同把筹办工作做深做细做扎实，努力为第十三届全运会的成功举办打下更加坚实基础。相信在天津市委、市政府的坚强领导下，一定能够奉献上一届更加精彩的体育盛会。

在津期间，苟仲文一行考察了天津体育学院体育场、天津中医药大学体育馆、天津团泊足球场和体育中心、天津工业大学体育馆、天津理工大学体育馆的建设情况。

刘延东在天津考察全运会筹办工作时强调

扎实做好筹办工作大力推进全民健身 为建设健康中国做出积极贡献

中共中央政治局委员、国务院副总理刘延东在天津考察第十三届全国运动会筹办工作时强调，要深入学习贯彻习近平总书记关于发展体育事业、建设健康中国的重要指示精神，落实李克强总理有关要求，精心筹划、周密安排，高质量做好全运会筹办工作，确保办成一届创新、绿色、和谐、节俭、共享的体育盛会，以优异成绩迎接党的十九大胜利召开。

刘延东考察了全运会开闭幕式主会场、全运村等活动地点，听取了筹办工作汇报。她指出，在党中央、国务院的坚强领导下，天津市委、市政府和体育总局健全组织领导体系，密切协作配合，有力有序推进全运会筹办工作，取得阶段性进展。

刘延东强调，第十三届全运会时机很好、意义重大、举国瞩目。当前筹办工作已进入关键阶段，各有关方面要以高度责任感、使命感、紧迫感，加强统筹协作，狠抓部署落实，扎实推进各项筹办工作，圆满完成党中央、国务院交办的重大政治任务。要创新办赛理念，把握好节俭与精彩、继承与创新、安全与便民的关系，使之成为展现体育精彩、体现全民参与的盛会，成为展示发展成就、振奋民族精神的重要平台。要抓实抓好场馆建设，统筹赛事需求和赛后利用，科学规划，简朴实用，节俭廉洁，打造阳光工程。要认真筹划开闭幕式和各项赛事安排，高标准做好安保后勤、志愿服务等工作，精心组织宣传报道和赛事转播，协同配合，精益求精，确保各项活动平稳顺利成功。要将赛事运行与城市运行衔接联动，为群众提供优质服务、创造优美环境，防止影响群众生产生活。要严格赛风赛纪，强化反兴奋剂工作，确保风清气正，展现和弘扬为国争光、顽强拼搏、团结奋斗的中华体育精神。

刘延东强调，发展体育运动，增强人民体质，建设健康中国，是我国体育工作的根本方针和任务。要以举办全运会为契机，落实全民健身计划，积极推进全运惠民工作，改善群众体育场地设施，发展健身组织，促进全民健身和全民健康深度融合，在更高起点上开创全民健身新局面，为提高人民幸福感获得感、建设健康中国做出新贡献。

天津市召开第十三届全运会誓师动员大会
上下同欲齐心协力　确保全运会圆满成功
李颖川李鸿忠王东峰讲话 肖怀远臧献甫出席 怀进鹏主持

28日是第十三届全运会倒计时30天，全市誓师动员大会在天津礼堂召开。国家体育总局副局长李颖川，市委书记李鸿忠，市委副书记、市长王东峰出席大会并讲话，市人大常委会主任肖怀远、市政协主席臧献甫出席，市委副书记怀进鹏主持。

第十三届全运会组委会竞赛组织部、全运村、志愿者部主要负责同志分别作了表态发言。市民代表、全运会形象大使栗岩奇宣读《“当好东道主，争做文明有礼天津人”倡议书》。会上，向青年志愿服务、城市运行、市容环境、医疗卫生、接待服务、安全保卫6支志愿服务队授队旗。

李颖川说，天津市委、市政府高度重视第十三届全运会筹办工作，在党中央、国务院的正确领导下，集中全力推进各项筹办工作，体现出一流的工作水平和良好的精神风貌，“全运惠民、健康中国”的办赛理念深入人心，各项准备工作已基本就绪。目前，全运会筹办工作已进入了最后冲刺攻坚阶段，体育总局将与天津共同建立筹备工作前线组织指挥机制，确保人员到位，提供坚实组织保障；加强内部协调管理，细化工作任务、做好预案，反复推演、精益求精，确保竞技体育、群众体育各项赛事顺利进行；狠抓赛风赛纪，建立风险防控责任机制，确保比赛成绩和精神文明双丰收；全力做好重大活动组织策划和服务保障工作，支持配合天津各项工作，共同努力奉献一届精彩纷呈的体育盛会。

李鸿忠说，第十三届全运会筹办工作启动以来，在以习近平同志为核心的党中央坚强领导下，在国家体育总局和有关部委的指导和支持下，各项工作很有成效，取得了阶段性进展。行百里者半九十，在全运会倒计时30天之际，我们召开全市动员大会，就是要进一步深入贯彻落实习近平总书记关于体育事业重要指示批示精神，切实增强“四个意识”，提高政治站位，动员全市干部群众发扬连续作战、敢于拼搏的作风，精神饱满、全力以赴做好冲刺阶段各项筹办工作，扎扎实实抓好落实，确保万无一失。办好全运会是全市上下共同的责任，要让全运会成为惠及全民、全民参与的体育盛会，引导全市干部群众牢固树立“我为全运添光彩、全运因我更精彩”理念，以社会主义核心价值观为引领，各出一道菜，共办一桌席，各尽一份心，招待八方客，当好东道主。要充分认识到，办好全运会是对天津各项工作的政治检验，是对组织能力、综合实力、抢抓机遇能力的全方位检验，更是对美丽天津建设成果的全面检阅。要以筹办全运会为契机，提升城市文明程度，让美丽天津不仅仅停留在城市外貌，不仅美其表，更要美其里、美其人。要让每个市民都成为展示天津形象的大使，做文明有礼天津人。要加强统一领导，强化责任担当，各区各部门要树立“一盘棋”思想，服从服务大局，充分展现团队精神和集体主义精神，加强协调配合。要高度重视接待服务工作，热情、尊重、友好、真诚、细致、周到，展示天津人的良好风貌。各单位要听从统一指挥调度，加强执纪问责，坚决治理不作为、不担当问题。全市要上下同欲，齐心协力，拧成一股绳，冲刺发力，确保全运会圆满成功，不负党中央期望和全市人民厚望，以办好全运会的佳绩迎接党的十九大胜利召开。

王东峰在讲话时充分肯定了全运会筹办工作取得的重要阶段性成果。他说，办好全运会意义十分重大。全市上下要深入贯彻习近平总书记系列重要讲话精神特别是关于发展体育事业、建设健康中国的重要指示精神，进一步增强紧迫感、责任感和主人翁意识，突出“全运惠民，健康中国”主题，发扬连续作战、精益求精和只争朝夕的精神，举全市之力坚决打赢筹办工作攻坚战。要高标准、高水平做好开闭幕式文体展演，坚持政治性、体育性、群众性、参与性、文艺性和创新性有机结合，充分体现节俭和精彩相统一。要牢固树立安全第一理念，以最严格的标准和措施做好安全保卫和食品药品安全工作，确保万无一失。要高质量如期完成场馆建设任务，加紧竞技体育备战。要细致周到、精心组织好赛事服务接待，做到各环节无缝对接、快捷高效。要持续深化城市综合整治，全面提升生态环境质量和城市品位。要积极发挥媒体舆论作用，对重要节点和重大活动进行全方位充分报道，全面展示天津昂扬向上、积极热情的精神风貌。各级各部门各单位要抓紧再抓紧、精心再精心、落实再落实，确保办成一届创新、安全、节俭、绿色、精彩的体育盛会，以优异成绩迎接党的十九大胜利召开。

市领导段春华、程丽华、赵飞、李毅、曹小红和于秋军出席；市有关方面负责同志，全运会组委会有关负责同志，承办单位代表，运动员、教练员、裁判员、志愿者和干部群众代表约1800人参加。

（来源：天津北方网 2017 年 7 月 28 日）

十三运会比赛场馆和全运村竣工

天津市人民政府副秘书长殷向杰在26日举行的天津市第十六届人大常委会第三十七次会议上报告说，第十三届全运会比赛场馆和全运村已全部竣工。

殷向杰介绍说，本届全运会新建场馆 21 个，改造 15 个，利用现有场馆 11 个，异地安排 2 个，目前所有比赛场馆设施建设改造任务已经完成。现正在对所有场馆特别是开闭幕式场馆的电力、监控、安保、消防等设施进行全面排查，并利用各项测试赛和模拟演练进行磨合检验，出现问题立即整改，保证场馆安全、可靠、高效运行。

（刊载于《中国体育报》2017 年 7 月 27 日）

十三运圣火火种成功采集

8月6日，第十三届全运会圣火火种采集仪式在天津市海河三岔口思源广场隆重举行。奥运冠军吕小军手持采火器，通过聚集太阳光的方式点燃圣火。之后，从8月8日开始，全运圣火将在天津市16个行政区进行传递，直至8月27日晚传入第十三届全运会开幕式会场——天津奥林匹克体育中心体育场。

第十三届全运会组委会执行主任、天津市委副书记、市长王东峰，第十三届全运会组委会副主任、国家体育总局副局长李颖川，第十三届全运会组委会执行副主任、天津市委常委、常务副市长段春华，第十三届全运会组委会副主任、天津市委常委、市委教育工委书记程丽华等领导和第十三届全运会组委会、天津各行政区相关同志参加圣火采集仪式。第十三届全运会组委会副主任兼秘书长、天津市副市长曹小红主持采集仪式。

上午9时许，第十三届全运会圣火采集活动正式开始。身穿洁白长裙的少女护火使者，在《全运中国梦想花开》的音乐中缓步入场，少女们在采火器旁站定，静待神圣而庄严时刻的到来。随后，伦敦奥运会举重冠军吕小军步行至采火器旁，手持采火棒，在采火器上采集圣火。经过短暂等待，产生的高热量将采火棒慢慢点燃，全运圣火第一次降临渤海明珠。吕小军将采火棒交给李颖川，展示火种后，圣火护卫将采火棒圣火引入火种灯。王东峰接过火种灯进行展示，伴随着全运会会歌《光荣与梦想》美妙的歌声，1300只象征自由与和平的信鸽飞向天空，圣火护卫手捧火种灯走向“全运号”游艇，将整个采火仪式推向高潮。这标志着第十三届全运会圣火采集成功。

海河是天津的母亲河，是天津的摇篮和发祥地，连接大江南北各族人民的往来和交流，中西方文化在这里交融共生。全运会圣火采集地点——海河的起点三岔河口体现了天津市的历史进程、文化渊源、城市文明、经济发展和社会进步等发展历程和伟大成就。

（刊载于《中国体育报》2017年8月7日）

圣火火种采集仪式

十三运会圣火将于6日采集，8日传递

从8月3日在天津市政府举行的新闻发布会上了解到，第十三届全国运动会圣火采集仪式将于8月6日上午举行，8日正式开始火炬传递。

本届全运会火炬传递的主题为“传递梦想，共享健康”。天津市体育局党委副书记、全运会组委会群体工作部部长王洪介绍，圣火采集仪式将于8月6日上午9时在海河三岔口思源广场举行，将通过采火器聚焦太阳光的方式采集圣火。本届全运会火炬传递起跑仪式将于8月8日8时30分在民园广场举行。全运会圣火将进行16天传递，于8月27日晚传入天津奥林匹克体育中心体育场，在全运会开幕式上，点燃本届全运会主火炬。

据介绍，全运圣火传递将在天津市16个行政区进行，每个行政区进行3至5公里的传递，总传递距离约56公里。各行政区火炬传递路线均选择景观优美，道路宽阔、利于通行，便于群众观看，具有历史文化、城市发展等特点的道路及地域。本届全运会火炬手共计600名。经过选拔，火炬手将由天津市各行政区、各行业先进代表、社会知名人士、体育界代表及全运会赞助商代表等组成。其中年龄最大的82岁，最小的14岁，涵盖了汉、回、满、蒙、苗、水、土家七个民族。参加每个区火炬传递的火炬手35至40名，火炬手间将通过相互引燃圣火的方式完成全运圣火的传递。

（刊载于《中国体育报》2017年8月4日）

开 幕 式

中共中央总书记、国家主席、中央军委主席习近平出席开幕式并宣布运动会开幕

欢迎辞

李鸿忠

尊敬的中共中央总书记、国家主席、中央军委主席习近平同志，

尊敬的国际奥委会主席巴赫先生，

尊敬的亚奥理事会主席、国际奥协主席艾哈迈德亲王，

各位来宾、同志们、朋友们：

在举国上下豪情满怀迎接党的十九大胜利召开之际，第十三届全运会将在这里隆重举行。我谨代表天津市委、市政府和全市1600万人民，向各位领导、各位来宾、各位朋友，向全体运动员、教练员、裁判员，表示热烈的欢迎和衷心的感谢！

体育强，中国强；国运兴、体育兴。党的十八大以来，以习近平同志为核心的党中央把体育强国梦与民族伟大复兴中国梦紧紧联结起来，全民健身蓬勃发展，竞技体育日新月异，中国体育大发展、中国人民大健康、中国地位大提升交相辉映，党和国家各项事业发生了历史性变革，中华民族实现了从站起来、富起来到强起来的伟大飞跃。中国前所未有地接近世界舞台中心，中华民族前所未有地接近伟大复兴目标。

全运圣火燃梦想，奋力拼搏写荣光。我们要秉持“全运惠民、健康中国”的宗旨，当好东道主，办出高水平，为全国人民奉献一场精彩的体育盛会。我们要在以习近平同志为核心的党中央坚强领导下，把赛场上迸发出的不惧风雨、迎难而上的奋斗激情、拼搏精神，转化为建设天津、强我中华，实现中华民族伟大复兴中国梦的磅礴力量。让我们在渤海之滨、海河之畔挥洒激情、团结拼搏、奋力竞进。衷心祝愿各路健儿，赛出风格、赛出水平、赛出佳绩！祝各位来宾在天津工作顺利、生活愉快！祝第十三届全运会圆满成功！谢谢！

国家主席习近平同志，国际奥委会主席巴赫先生，亚奥理事会主席、国际奥协主席艾哈迈德亲王等出席运动会开幕式

开幕式国旗入场

开 幕 词

苟仲文

尊敬的中共中央总书记、国家主席、中央军委主席习近平同志，
尊敬的国际奥委会主席巴赫先生，
尊敬的亚奥理事会主席、国际奥协主席艾哈迈德亲王，
各位来宾，同志们、朋友们：

在全党、全军、全国各族人民喜迎党的十九大胜利召开之际，今晚，第十三届全国运动会在海河之滨隆重开幕。

在此，我谨代表国家第十三届全国运动员组委会，向参加本届全运会的运动员、教练员和各代表团官员表示热烈的欢迎！向出席开幕式的国内外嘉宾、港澳同胞、台湾同胞、海外侨胞表示热烈的欢迎！向为举办本届全运会做出巨大贡献的天津市委、市政府和天津全市人民表示衷心的感谢！向为筹办全运会付出辛勤努力、无私奉献的工作者和志愿者们表示崇高的敬意！

现在，我荣幸地邀请中共中央总书记、国家主席、中央军委主席习近平同志宣布第十三届全国运动会开幕。

开幕式现场

开幕式现场组图

文体表演

文体表演

文体表演

运动员入场

文体表演

文体表演

文体表演全景

沸腾的开幕式现场

组织机构

组织委员会名单

主　　　任：苟仲文（国家体育总局局长、党组书记）
执 行 主 任：王东峰（天津市委副书记、市长）
执行副主任：段春华（天津市委常委、常务副市长）
副　主　任：杨树安（国家体育总局副局长、党组副书记）
赵　勇（国家体育总局副局长、党组成员）
蔡振华（国家体育总局副局长、党组成员）
王庆云（国家体育总局党组成员）
高志丹（国家体育总局副局长、党组成员）
李颖川（国家体育总局副局长、党组成员）
李建明（中纪委驻国家体育总局纪检组组长、党组成员）
杜兆才（国家体育总局局长助理、党组成员）
程丽华（天津市委常委、市委教育工委书记）
赵　飞（天津市委常委、市委政法委书记）
陈浙闽（天津市委常委、市委宣传部部长）
曹小红（天津市副市长）
孙文魁（天津市副市长）
秘　书　长：曹小红（兼）
常务副秘书长：倪会忠（国家体育总局办公厅主任）
刘晓农（国家体育总局竞技体育司司长）
殷向杰（天津市人民政府副秘书长）
副 秘 书 长：涂晓东（国家体育总局宣传司司长）
李克敏（天津市体育局局长）
马　政（执行）（天津市红桥区副区长）
委　　　员：褚　波（国家体育总局政策法规司司长）
刘国永（国家体育总局群众体育司司长）
杨善德（国家体育总局竞技体育司副司长）

刘扶民（国家体育总局青少年体育司司长）
王卫东（国家体育总局体育经济司司长）
郭建平（国家体育总局人事司司长）
宋克勤（国家体育总局对外联络司司长）
张小宁（国家体育总局科教司司长）
朱国平（国家体育总局直属机关党委常务副书记、直属机关纪委书记）
张保平（中纪委驻国家体育总局纪检组副组长）
赵长玲（国家体育总局离退休干部局局长）
陈志宇（国家体育总局反兴奋剂中心副主任）
丁　东（国家体育总局体育信息中心主任）
景　悦（天津市纪委副书记、市监察局局长）
石　刚（天津市委宣传部副部长）
孙　晨（天津市委督查室副局级督查专员）
王和珍（天津市人民政府研究室副主任）
赵　华（天津市精神文明办副主任）
尹继辉（天津市工业和信息化委主任）
张爱国（天津市商务委主任）
王　璟（天津市教委主任）
董家禄（天津市公安局局长）
王通海（天津市公安局副局长）
张　宇（天津市国家安全局局长）
苑广睿（天津市财政局局长）
于瑞均（天津市人力社保局副局长）
宋力威（天津市建委主任）
温武瑞（天津市环保局局长）
刘　祺（天津市市容园林委副主任）
沈　欣（天津市农委主任）
孙宝华（天津市水务局党委书记）
金永伟（天津市文化广播影视局局长）
王建国（天津市卫生计生委主任）
刘　健（天津市审计局局长）
杨洪峰（天津市交通运输委副书记）
林立军（天津市市场监管委主任）

阳世昊（天津市旅游局局长）
李建中（天津市体育局副局长）
李桂峰（天津市体育局副局长）
高家明（天津市安全监管局副局长）
鲁小萍（天津市机关事务管理局副局长）
路艳青（天津市信访办主任）
王　强（天津市通信局局长）
焦　勇（天津市应急办主任）
郭景平（天津市滨海新区副区长）
陈春江（天津市和平区区长）
田金萍（天津市河东区区长）
贾凤山（天津市河西区委书记）
孙剑楠（天津市南开区区长）
李　新（天津市河北区区长）
梁永岑（天津市红桥区区长）
孔德昌（天津市东丽区区长）
陈绍旺（天津市西青区区长）
刘　惠（天津市津南区区长）
吕　毅（天津市北辰区区长）
戴东强（天津市武清区区长）
毛劲松（天津市宝坻区区长）
夏　新（天津市宁河区区长）
蔺雪峰（天津市静海区区长）
廉桂峰（天津市蓟州区区长）
王志强（天津警备区政治工作局副主任）
陈世光（武警天津市总队副司令员）
王　峰（共青团天津市委书记）
王　奕（天津广播电视台台长）
王存杰（天津港集团党委副书记）
刘春雷（天津市北方演艺集团总经理）

纪律检查委员会组成人员名单

主　任：杨树安（国家体育总局党组副书记、副局长）

副主任：刘晓农（国家体育总局竞技体育司司长）

顾国平（中纪委驻国家体育总局纪检组副组长）

朱国平（国家体育总局直属机关党委常务副书记、直属机关纪委书记）

景　悦（天津市纪委副书记、市监察局局长）

委　员：王卫东（国家体育总局体育经济司司长）

郭建军（国家体育总局人事司司长）

张小宁（国家体育总局科教司司长）

刘长金（中纪委驻国家体育总局纪检组副局级纪律检查员）

于建勇（国家体育总局财务管理和审计中心主任）

陈志宇（国家体育总局反兴奋剂中心副主任）

闫玉丰（国家体育总局体育器材装备中心主任）

陈　媛（天津市纪委第四纪检监察室主任）

赵慧玲（天津市纪委驻市体育局纪检组组长）

组织委员会各部室负责人名单

办公室

主　任：王和珍

副主任：李　辉　　王　征（常务）

人力资源部

部　长：于瑞均

副部长：于家庆

竞赛组织部

部　长：刘晓农　　李克敏

副部长：刘树华　　杨德善　　李桂峰　　谢德龙（顾问）

部长助理：张恩祥

接待服务部

部　长：李春华

副部长：徐翔鸿　　魏代顺　　李建华　　尹大勇

信息技术部

部　长：丁　东　　王　芸　　尹继辉

副部长：孙　钢　　李　强　　李桂华　　崔永刚　　张　欣　　王哲新　　徐滨彦　　石　云

场馆工程部

部　长：吴冬粤

副部长：李建中　　邢立华

市容环境部

部　长：刘　祺

副部长：翟千德　　付永荣

新闻宣传部

部　　长：石　刚

副 部 长：曹　康　　徐　恒　　张　欣

部长助理：王洪亮

广播电视部

部　长：王　奕

副部长：李　津　李广全

开闭幕式工作部

部　长：殷向杰

副部长：邓光华（常务）　栗　群　魏世华　王通海　张勇勤　刘春雷

开闭幕式文体展演部

部　长：刘春雷

副部长：金永伟　阎国梁　刘金刚　刁　鲲

市场开发部

部　长：陈　铭

副部长：张建新（顾问）

财务部

部　　长：吴丽祥

副 部 长：张建华　陈燕平

部长助理：宋惠娟

群体工作部

部　长：刘国永　王　洪

副部长：邱　汝　高元义　田志宏　白戈瑞　段玉喜

志愿者部

部　长：王　凤

副部长：于　璐

全运村部

部　长：贾凤山

副部长：李　新（常务）　吴金星　李瑞清　崔　洁　王　芸　杨清海
齐超英　杨劲松　陈　铭　高家明　辛维刚　陈世光　王　进

医疗卫生部

部　长：王建国

副部长：申长虹　王栩冬

反兴奋剂工作部

部　长：陈志宇

副部长：丁　涛　胡雅欢　王路华　张　欣

综合保障部

部　长：邱振刚

副部长：王小兵　杨会明

食品药品监督检查部

部　长：林立军

副部长：何　福　张　欣　毛科军　毕玉国

后勤保障部

部　长：李建中

审计部

部　长：苗　薇

应急管理部

部　长：焦　勇

副部长：张晋华

各代表团负责人名单

中国人民解放军

团　长：杨　剑

副团长：姜秀生　王太国　郭建中　贾世江

北京市

团　长：张建东

副团长：孙学才　姜　帆　陈　杰　白菊梅　张　霞　孟强华　王定东

河北省

团　长：王晓东

副团长：郝杰成　何江海　李东奇　唐　青　何文革　张文平　田建功

山西省

团　长：张复明

副团长：郭　立　苏亚君　赵晓春　杜　荣　王　福　王舒袖

内蒙古自治区

团　长：刘新乐

副团长：谭景峰　高润喜　施李明　李志友　王文中

辽宁省

团　长：贺　旻

副团长：佟　昭　宋　凯　刘　征　殷立军　张　伟　吕　鹏　韩伟民

吉林省

团　长：李晋修

副团长：杨　凯　王成胜　宋海友　张振英　程体义

黑龙江省

团　长：孙东生

副团长：邢爱国　杨　涛　杨晓明　丁国怀　董晓冬

上海市

团　长：陈　群

副团长：宗　明　黄永平　李　鉴　郭　蓓　沈富麟　苏清明　陈佩杰

江苏省

团　长：王　江

副团长：陈　刚　霍宝柱　王伟中　刘　彤　杨国庆　王思源　赵　光

浙江省

团　长：成岳冲

副团长：李云林　孙光明　吕　林　李　华　胡国平　刘　军　张亚东

安徽省

团　长：谢广祥

副团长：吴　行　高维岭　陈海军　甄国栋　王大军　刘晓辉　梁绿林

福建省

团　长：杨贤金

副团长：王维川　赖碧涛　徐正国　陈忠和　李　静　唐佑明　周耀龙

江西省

团　长：谢　茹

副团长：晏驹腾　陈　敏　李小平　林　军　王　勇

山东省

团　长：王随莲

副团长：卢　杰　李　政　刘　明　王嗣华　隋拥军　乔云萍　李伟成

河南省

团　长：戴柏华

副团长：王梦飞　李俊峰　王东伟　王炳奇　梅宝菊　王　鹏　彭亚方

湖北省

团　长：郭生练

副团长：刘仲初　胡功民　高　鹏　彭道海　水　兵　林晓华　王沈顺

湖南省

团　长：向力力

副团长：彭　翔　李　舜　庄大力　孙平波　熊　倪　宋伟红

广东省

团　长：许瑞生

副团长：赵　坤　王禹平　高敬萍　林　瑛　许建平　刘小青　罗京军

广西壮族自治区

团　长：黄伟京

副团长：李　泽　谢　强　吴数德　周光华　卢意文

海南省

团　长：王　路

副团长：种润之　丁　晖　曹远新

重庆市

团　长：屈　谦

副团长：王余果　丁　洪　李亚光　王　霓

四川省

团　长：杨兴平

副团长：何旅章　朱　玲　王一宏　戴允康　温　建　杨利民　陈兴东

贵州省

团　长：何　力

副团长：张玉广　潘小林　王建忠　肖　俊

云南省

团　长：高　峰

副团长：赵瑞君　何池康　赵建军　邱　旗

西藏自治区

团　长：甲热·洛桑丹增

副团长：罗旺次仁　胡　宾　卢明秀

陕西省

团　长：梁　桂

副团长：王晓驰　董　利　张继学　张建才　邹　军

甘肃省

团　长：郝　远

副团长：俞建宁　杨　卫　曹天民　钱万杰　刘新平

青海省

团　长：韩建华

副团长：晁海军　张　宁　杨海宁

宁夏回族自治区

团　长：姚爱兴

副团长：崔晓华　张柏森　刘永才

新疆维吾尔自治区

团　长：艾尔肯·吐尼亚孜

副团长：高志敏　聂　春　祖龙·克里木　樊新和　贾尔肯·赛依提

香港特别行政区

团　长：刘江华

副团长：李美嫦　杨德强　郑青云　黄达明　余淑娟　傅丽珍　关仲伟

澳门特别行政区

团　长：谭俊荣

副团长：潘永权

新疆生产建设兵团

团　长：孔星隆

副团长：黎兴平　张志民

火车头体育协会

团　长：甄忠义

副团长：索　河

煤矿体育协会

团　长：梁嘉琨

前卫体育协会

团　长：邓卫平

天津市

团　长：曹小红

副团长：殷向杰　李克敏　刘树华　王　欢　王路华　张　欣　吴卫凤

竞赛规程规则

竞赛规程总则

举办中华人民共和国第十三届运动会是为了贯彻落实党的十八大精神，进一步深化体育体制改革，提高我国竞技体育实力与水平，促进群众体育、竞技体育和体育产业协调可持续发展。运动会要本着团结协作、统筹协调、科学规范、节俭廉洁的原则，按照体育竞赛的标准办出水平和特色，实现培养人才和锻炼队伍的目标。为促进社会经济发展和提升文化、文明程度、丰富人民群众精神文化生活和构建和谐社会服务，为全面建成小康社会，实现中华民族伟大复兴发挥积极作用。

一、竞赛项目

游泳（游泳、跳水、水球、花样游泳）、射箭、田径、羽毛球、棒球、篮球、拳击、皮划艇（静水、激流回旋）、自行车（场地、公路、山地、小轮车）、马术、击剑、足球、高尔夫球、体操（体操、艺术体操、蹦床）、手球、曲棍球、柔道、现代五项、赛艇、橄榄球、帆船、射击、垒球、乒乓球、跆拳道、网球、铁人三项、排球（排球、沙滩排球）、举重、国际式摔跤、武术（套路、散打）。

各竞赛项目小项设置按照《体育总局办公厅关于公布第十三届全国运动会竞赛项目设置的通知》（体竞字〔2014〕148 号）执行。

二、竞赛日期和地点

2017 年在天津市举行。

三、参加办法

（一）参加单位

1. 解放军、各省、自治区、直辖市、新疆生产建设兵团是第十三届全运会的基本参加单位，具有组成代表团的资格。

2. 各行业体协须符合以下标准，方可组成代表团参加第十三届全运会。

（1）有专门的体育管理机构设置和专职工作人员。

（2）有专业运动队建制和一定数量的教练员、运动员编制。

（3）有所属的运动队训练基地和教学、科研设施。

（4）有运动队的年度专项训练经费。

（5）参加各项目年度全国比赛。

（6）有 3 个项目（分项）或 12 名运动员参加第十三届全运会资格赛。

有意愿组成代表团参加第十三届全运会的行业体协，须于 2015 年 10 月 31 日前向国家体育总局递交申请，并依据参赛准入标准提交相应的文件和证明材料报国家体育总局审核。不符合上述标准的行业体协，只能组队参加单项比赛，不组成代表团参加开、闭幕式入场仪式等相关活动。

3. 香港特别行政区、澳门特别行政区和台湾省参加办法另行确定。

（二）参加单位报名和报项

各参加单位须于 2015 年 10 月 31 日前书面确认是否参加第十三届全运会，并填写《参赛项目报项表》报送至国家体育总局。参加单位报项一经确定，原则上不得更改和调整；无故退出的，将取消代表团体育道德风尚奖评选资格。

资格赛、决赛报名和报项在赛前 30 天进行，具体办法另行通知。

（三）代表团官员

代表团官员（包括团长、副团长、团部官员和运动队官员）的总数按照不超过参赛运动员总数 40% 的比例确定，其中只有 1 名运动员的代表团，只能报 1 名官员。代表团团部官员的总数按照不超过本代表团官员总数 20% 的比例确定。不足 1 人的均按四舍五入计算。同一名官员只能代表一个代表团报名。

每个代表团可报团长 1 人。运动员 4 至 50 人的，可报副团长 1 人；运动员 51 至 100 人的，可报副团长 2 人；此后运动员每增加 50 人，可增报副团长 1 人。每个代表团最多可报 5 名副团长。此外，代表团官员的具体分配由代表团自行确定。

代表团超编官员数量另行确定。

（四）报到和离会

各代表团团部人员在运动会开幕前 3 天报到，闭幕后 1 天离会。各代表团可在团部人员中明确 1—2 名联络员，其报到和离会时间另行确定。

各项目运动队在本项目比赛开始前 3 天报到，比赛结束后 1 天离会。个别项目按照单项竞赛规程规定，可以提前进行赛前场地适应性训练，组委会需按照规定提前免费开放比赛、训练场馆提供使用。

（五）相关费用

代表团正式报到至离会期间，组委会将负担各代表团正编人员的住宿、市内交通和伙食补助等费用，各代表团须按规定交纳一定数额的伙食费等（具体办法另定）。其他时间发生的上述费用由代表团自理。

四、运动员资格与审查

（一）运动员资格

1. 中华人民共和国公民。

2. 经县级以上医务部门检查证明身体健康。

3. 须符合《全国运动员注册与交流管理办法》（体竞字〔2003〕82 号）等有关规定。

4. 须符合各项目竞赛规程和竞赛规则的有关规定。

（二）资格审查

1. 国家体育总局将依据有关规定对运动员参赛资格进行审查，并采取公示等程序接受各参赛单位监督。各参赛单位可利用自查、互查和举报等形式，对运动员参赛资格进行审核与监督。

2. 运动员在参赛资格上经查证属实有违反规定的，单人项目取消本人参赛资格和比赛成绩；两人和两人以上项目取消全队参赛资格和比赛成绩。此外，还将根据参赛代表团赛风赛纪和反兴奋剂工作责任书及其他有关规定对相关责任人员和单位进行处罚。

凡运动员（队）被取消参赛资格和比赛成绩的，已完成的比赛结果不再改变，其被取消的名次依次递补。

（三）香港特别行政区、澳门特别行政区和台湾省运动员参赛资格另行确定。

（四）特殊规定

运动员应服从国家队需要，参加奥运会资格赛、世界锦标赛或类似重大国际比赛的集训和参赛任务，否则，国家体育总局有关运动项目管理中心可取消其参加全运会的资格。因上述原因无法参加全运会资格赛的运动员，经国家体育总局批准后可以直接参加决赛。

五、竞赛办法

（一）国家体育总局审定并公布各项目竞赛规程。

（二）比赛执行由国际单项体育组织或全国单项体育协会审定的竞赛规则。

（三）比赛使用由国际单项体育组织或全国单项体育协会认定的器材。

（四）各项目须通过资格赛确定决赛资格。资格赛可采用一次（场、站）或多次（场、站）比赛或积分赛的方式进行。

（五）报名参赛单位不足 6 个的大项（分项）将取消设项；各项目决赛报名以及决赛前技术会议上确认报名不足 6 名（队）的小项将取消比赛。

（六）足球、篮球、排球（不含沙滩排球，下同）、手球、曲棍球项目分别录取 8 支队伍进入天津市决赛阶段，棒球、垒球、水球、橄榄球项目分别录取 6 支队伍进入天津市决赛阶段。参赛队伍数量不足录取名额的，按照实际参赛队伍数量录取。其他项目按照竞赛规程规定的录取标准或录取名额参加决赛。

（七）在全运会决赛中，除部分项目按照规则规定比赛名次可以并列外，其他项目须排出单项名次，不得并列。

（八）特殊规定

天津市可以不参加足球、篮球、排球、手球、曲棍球、棒球、垒球、水球、橄榄球项目的资格赛，直接参加天津市决赛阶段的比赛。

六、奖励办法

（一）足球、篮球、排球、手球、曲棍球、棒球、垒球、水球、橄榄球项目奖励前 12 名。足球、篮球、排球、手球、曲棍球项目的第 9 名至 12 名和棒球、垒球、水球、橄榄球项目的第 7 名至 12 名须在各项目天津市决赛阶段比赛开始前排定，具体办法按照各项目竞赛规程规定执行。参赛队伍数量不足奖励名额的，按照实际参赛队伍数量奖励；其他项目有 11 名（含）以上运动员（队）参加决赛的，奖励前 8 名；有 8 名至 10 名参加决赛的，奖励前 6 名；有 6 名至 7 名参加决赛的，奖励前 3 名。

（二）获得各项目比赛前 3 名的，分别颁发金、银、铜牌和奖励证书；获得其他名次者只颁发奖励证书。

（三）设“创世界纪录奖”和“体育道德风尚奖”，办法另定。

七、公布比赛成绩

比赛成绩包括各单项比赛结果，依据赛会竞赛日程每日公布比赛成绩。

八、技术官员

（一）资格赛的技术官员（含技术代表、仲裁和裁判员等）由国家体育总局各运动项目管理中心选派；决赛的技术官员由国家体育总局各运动项目管理中心提出建议名单，报国家体育总局批准确定。

（二）各项目技术官员在本项目比赛开始前 4 天报到，比赛结束后 1 天离会；因赛前准备工作需要提前报到的人员，须报国家体育总局批准。

（三）技术官员正式报到至离会期间，组委会将负担其食宿、差旅、市内交通、工作补贴等相关费用。

九、兴奋剂和性别检查

（一）兴奋剂检查和处罚按照国家体育总局、中国奥委会反兴奋剂委员会的有关规定执行。

（二）性别检查将根据国际组织有关规定，按照必需和必要的原则进行。已经获得国际奥委会医学委员会、国际单项体育组织或全国单项体育协会认可的医学部门出具女性证明书的运动员，可予以免检。

十、代表团团旗

各单位自备，颜色自定，规格为 2 米 ×3 米。团旗除标明规程规定的参加单位名称外，不得出现其他标识。

十一、比赛服装要求按照各项目竞赛规程、规则及其他有关规定执行

第十三届全运会场馆分布图
Tianjin 2017中国·天津
天津市
武清区
北辰区
东丽区
宁河县
滨海新区
西青区
津南区
静海县
天津西站
天津站
天津南站
滨海国际机场
01 武清体育中心体育馆
02 马拉松比赛场地
03 武清南湖比赛场地
04 天津商业大学体育馆
05 环亚马球公园
06 天津农学院体育馆
07 天津城建大学体育馆
08 天津城建大学体育场
09 天津网球中心
10 天津市人民体育馆
11 水上东路竞走比赛场地
12 宝坻体育馆
13 奥林匹克中心体育场
14 奥林匹克中心游泳跳水馆
15 天津体育馆
16 天津财经大学体育馆
17 天津职业技术师范大学体育馆
18 海河赛艇皮划艇比赛场
19 东丽体育馆
20 中国民航大学体育馆
21 天津工业大学游泳馆
22 天津工业大学体育馆
23 天津师范大学体育馆
24 天津理工大学体育馆
25 天津团泊体育中心足球场
26 天津团泊体育中心橄榄球场
27 天津团泊体育中心射箭场
28 天津体育学院体育场
29 天津体育学院体育馆
30 天津团泊体育中心棒球场
31 天津团泊体育中心垒球场
32 天津团泊体育中心小轮车场
33 天津中医药大学体育馆
34 天津团泊足球场
35 天津团泊体育中心射击馆
36 天津团泊体育中心自行车馆
37 天津团泊体育中心曲棍球场
38 公路自行车比赛场地
39 海河教育园体育中心游泳馆
40 海河教育园体育中心体育场
41 海河教育园体育中心体育馆
42 天津滨海新区大港体育馆
43 天津科技大学体育馆
44 东疆港景区沙滩排球场
45 东疆港景区帆船帆板比赛场地
46 天津蓟县盘山高尔夫球会
47 蓟州国际山地自行车比赛场地
01 全运村
02 新闻中心
火车站
飞机场

中华人民共和国第十三届运动会竞赛总日程（3.0版，2017年8月2日发布）

提前比赛

项目（120）		比赛日期	天数	比赛地点
1.、田径-马拉松（3）		4月29日	1天	天津市武清区
2、花样游泳（3）		5月17日-19日	3天	天津奥林匹克中心游泳跳水馆
3.、网球团体预决赛（2）		6月12日-18日	7天	天津网球中心
4、轮滑冰球（2）	女子	7月10日-15日	6天	天津体育馆
	男子	7月26日-31日	6天	天津体育馆
5、射击-飞碟（6）		7月22日-27日	6天	河南省洛阳市宜阳县
6、足球男子U18（1）		7月25日-8月3日	10天	天津团泊足球场、天津市海河教育园体育中心体育场
7、现代五项（3）		8月3日-6日	4天	天津环亚马球会、天津工业大学体育馆、游泳馆
8、拳击（15）		8月3日-13日	11天	天津市宝坻区体育馆
9、柔道（14）		8月7日-10日	4天	中国民航大学体育馆
10、游泳少年组（14）		8月9日-11日	3天	山东省烟台市
11、足球女子U18（1）		8月9日-18日	10天	天津城建大学体育场、天津体育学院体育场
12、网球单项赛（4）		8月10日-19 日	10天	天津网球中心
13、现代五项游跑全能（2）		8月15日-16日	2天	北京市
14、皮划艇激流回旋（5）		8月15日-18日	4天	河南省洛阳市宜阳县
15、铁人三项游跑、骑跑全能（4）		8月16日-17日	2天	河北省秦皇岛市
16、田径青少年组、跑游、跑跳全能（24）		8月18日-19日	2天	陕西省渭南市
17、橄榄球（2）		8月19日-20日	2天	天津团泊体育中心橄榄球场
18、艺术体操（2）		8月19日-20日	2天	天津科技大学体育馆
19、排球男子U21（1）		8月19日-25日	7天	天津城建大学体育馆
20、三人篮球（4）		8月22日-26日	5天	北京市
21、空手道（8）		8月24日-26日	3天	河南省洛阳市

开、闭幕式期间（8月27日开幕，9月8日闭幕）

项目		19	20	21	22	23	24	25	26	27	28	29	30	31	1	2	3	4	5	6	7	8	场馆
		六	日	一	二	三	四	五	六	日	一	二	三	四	五	六	日	一	二	三	四	五	
游泳	游泳													4	4	4	5	5	4	5	4		天津奥林匹克中心游泳跳水馆
	马拉松游泳											1	1										天津市武清区南湖公园
	跳水	1	1	2	2	2		2		休	2												天津奥林匹克中心游泳跳水馆
	女子水球												1										天津市海河教育园体育中心游泳馆
	男子水球																					1	天津市海河教育园体育中心游泳馆
射箭														1	1	1	2						天津团泊体育中心射箭场
田径																3	13	8	5	5	10		天津奥林匹克中心体育场
羽毛球																	2				2	3	天津市宝坻区体育馆
棒球													休			休		1					天津团泊体育中心棒球场
篮球	男子成年																		休			1	天津市东丽体育馆、天津中医药大学体育馆
	男子U18									休			1										天津市东丽体育馆、天津中医药大学体育馆
	女子成年																休			1			天津财经大学体育馆
	女子U18							休			1												天津财经大学体育馆
皮划艇（静水）																				6	8		海河吉兆桥段
自行车	场地												2	2	4	4							天津团泊体育中心自行车馆
	公路																			2	1	1	天津市静海区团泊湖环湖路
	山地										2												天津蓟州国际旅游度假村
	BMX小轮车																	2					天津团泊体育中心小轮车场
马术												1	休	1	休	1		1			2		天津环亚马球会、环亚马球运动公园
击剑											2	2	2	休	2	2	2						天津体育学院体育馆
足球	男子U20												休		休		休	休			1		天津团泊足球场、天津市海河教育园体育中心体育场
	女子成年											休		休		休	休			1			天津城建大学体育场、天津体育学院体育场
	城市组											休		休		休	休			1			天津团泊体育中心
高尔夫球																			2				天津盘山高尔夫球会
体操	体操															1	1	1	1	5	5		天津市海河园教育园体育中心体育馆
	蹦床											2	2										天津科技大学体育馆
手球	男子						休			休	1												天津师范大学体育馆
	女子																休			休	1		天津师范大学体育馆
曲棍球	男子																休		休		1		天津团泊体育中心曲棍球场
	女子						休		休		1												天津团泊体育中心曲棍球场
赛艇											5	3	7										海河吉兆桥段
帆船	帆船												1							5			天津东疆湾景区
	帆板																2						天津东疆湾景区
射击											3	3	4	3	2								天津团泊体育中心射击馆
垒球																休		1					天津团泊体育中心垒球场
乒乓球															2		1		2	2			武清体育中心体育馆
跆拳道																		2	2	2	2		天津商业大学体育馆
铁人三项																	2	1					天津市武清区南湖公园
排球	男子成年																	休			1		天津城建大学体育馆
	女子成年							休			1												天津市人民体育馆
	女子U21																		休			1	天津市人民体育馆
沙滩排球																				1	1		天津东疆湾景区
举重											2	2	2	1	休	2	2	2	2				天津市滨海新区大港体育馆
国际式摔跤																		4	4	4	5		天津职业技术师范大学体育馆
武术	套路										2	2	3										天津理工大学体育馆
	散打																	5					天津农学院体育馆
合计（297）		1	1	2	2	2	0	2	0	0	22	16	26	12	15	18	32	33	22	40	44	7	
日期		19	20	21	22	23	24	25	26	27	28	29	30	31	1	2	3	4	5	6	7	8	
		六	日	一	二	三	四	五	六	日	一	二	三	四	五	六	日	一	二	三	四	五	

第十三届全国运动会每日决赛项目一览表

每日决赛项目一览表（开幕式前第8天）

日期	项目	比赛小项	比赛时间	比赛地点	金牌小计
8月19日	跳水	女子团体	9:30	天津奥林匹克中心游泳跳水馆	1

每日决赛项目一览表（开幕式前第7天）

日期	项目	比赛小项	比赛时间	比赛地点	金牌小计
8月20日	跳水	男子团体	9:30	天津奥林匹克中心游泳跳水馆	1

每日决赛项目一览表（开幕式前第6天）

日期	项目	比赛小项	比赛时间	比赛地点	金牌小计
8月21日	跳水	女子个人全能	9:30	天津奥林匹克中心游泳跳水馆	2
		男子个人全能	16:30		

每日决赛项目一览表（开幕式前第5天）

日期	项目	比赛小项	比赛时间	比赛地点	金牌小计
8月22日	跳水	女子双人10米跳台	18:00	天津奥林匹克中心游泳跳水馆	2
		男子双人3米跳板	20:30		

每日决赛项目一览表（开幕式前第4天）

日期	项目	比赛小项	比赛时间	比赛地点	金牌小计
8月23日	跳水	女子双人3米跳板	18:00	天津奥林匹克中心游泳跳水馆	2
		男子双人10米跳台	20:30		

每日决赛项目一览表（开幕式前第2天）

日期	项目	比赛小项	比赛时间	比赛地点	金牌小计
8月25日	跳水	女子10米跳台	15:30	天津奥林匹克中心游泳跳水馆	2
		男子3米跳板	19:00		

每日决赛项目一览表（开幕式后第2天）

日期	项目	比赛小项	比赛时间	比赛地点	金牌小计
8月28日	跳水	女子3米跳板	15:30	天津奥林匹克中心游泳跳水馆	22
		男子10米跳台	19:00		
	篮球	女子青年组	19:30	天津财经大学体育馆	
	山地自行车	女子山地车越野赛	9:00	天津蓟州国际旅游度假村	
		男子山地车越野赛	11:00		
	击剑	男子佩剑个人	17:00	天津体育学院体育馆	
		女子花剑个人	17:40		
	手球	男子手球	19:15	天津师范大学体育馆	
	曲棍球	女子曲棍球	15:30	天津团泊体育中心曲棍球场	
	赛艇	女子轻量级四人双桨	10:38	海河吉兆桥段	
		男子轻量级四人双桨无舵手	10:53		
		女子四人双桨	11:08		
		男子四人双桨	11:23		
		女子四人单桨无舵手	11:38		
	射击	女子10米气手枪	10:50	天津团泊体育中心射击馆	
		男子50米手枪	12:30		
		男子25米手枪速射	13:45		
	排球	女子成年组	19:00	天津市人民体育馆	
	举重	女子48公斤级	15:00	天津市滨海新区大港体育馆	
		女子53公斤级	19:00		
	武术套路	男子长拳、刀术、棍术全能	9:00	天津理工大学体育馆	
		女子太极拳、太极剑全能	9:35		

每日决赛项目一览表（开幕式后第3天）

日期	项目	比赛小项	比赛时间	比赛地点	金牌小计
8月29日	马拉松游泳	女子10公里	9:00	天津武清区南湖公园	16
	马术	场地障碍团体	9:00	天津环亚马球会、环亚马球运动公园	
	击剑	女子重剑个人	17:00	天津体育学院体育馆	
		男子花剑个人	17:50		
	蹦床	男子团体	15:00	天津科技大学体育馆	
		女子团体			
	赛艇	女子双人单桨	10:22	海河吉兆桥段	
		男子双人单桨	10:37		
		女子单人双桨	10:52		
	射击	男子10米气步枪团体	9:00	天津团泊体育中心射击馆	
		男子10米气步枪	11:15		
		女子50米步枪3种姿势	12:30		
	举重	女子58公斤级	15:00	天津市滨海新区大港体育馆	
		女子63公斤级	19:00		
	武术套路	女子长拳、剑术、枪术全能	9:00	天津理工大学体育馆	
		男子太极拳、太极剑全能	9:35		

每日决赛项目一览表（开幕式后第4天）

日期	项目	比赛小项	比赛时间	比赛地点	金牌小计
8月30日	马拉松游泳	男子10公里	9:00	天津武清区南湖公园	26
	水球	女子水球	16:30	天津市海河教育园体育中心游泳馆	
	篮球	男子青年组	19:30	天津中医药大学体育馆	
	场地自行车	女子团体竞速赛	16:55	天津团泊体育中心自行车馆	
		男子团体竞速赛			

续表

8月30日	击剑	女子佩剑个人	17:00	天津体育学院体育馆	
		男子重剑个人	17:40		
	蹦床	男子网上个人	16:00	天津科技大学体育馆	
		女子网上个人			
	赛艇	女子双人双桨	9:58	海河吉兆桥段	
		男子双人双桨	10:13		
		女子轻量级双人双桨	10:28		
		男子轻量级双人双桨	10:43		
		男子四人单桨无舵手	10:58		
		女子八人单桨有舵手	11:13		
		男子八人单桨有舵手	11:28		
	帆船	帆板男子 RS:X 航线赛	10:00	天津东疆湾景区	
	射击	男子 10 米气手枪团体	9:00	天津团泊体育中心射击馆	
		男子 50 米步枪卧射	10:40		
		男子 10 米气手枪	12:00		
		女子 25 米手枪	16:20		
	举重	女子 69 公斤级	15:00	天津市滨海新区大港体育馆	
		女子 75 公斤级	19:00		
	武术套路	男子南拳、南刀、南棍全能	9:00	天津理工大学体育馆	
		女子南拳、南刀、南棍全能	9:35		
		团体	8月28日 14:30		

每日决赛项目一览表（开幕式后第5天）

日期	项目	比赛小项	比赛时间	比赛地点	金牌小计
8月31日	游泳	男子 400 米混合泳	18:00	天津奥林匹克中心游泳跳水馆	12
		男子 400 米自由泳			
		女子 400 米混合泳			
		女子 4×100 米自由泳接力			
	射箭	女子个人	14:30	天津团泊体育中心射箭场	
	场地自行车	女子团体追逐赛	16:30	天津团泊体育中心自行车馆	
		男子团体追逐赛			
	马术	场地障碍个人	9:00	天津环亚马球会、环亚马球运动公园	

续表

8月31日	射击	女子10米气步枪团体	9:00	天津团泊体育中心射击馆	
		女子10米气步枪	10:50		
		男子50米步枪3种姿势	12:45		
	举重	女子75公斤以上级	15:00	天津市滨海新区大港体育馆	

每日决赛项目一览表（开幕式后第6天）

日期	项目	比赛小项	比赛时间	比赛地点	金牌小计
9月1日	游泳	女子100米蝶泳	18:00	天津奥林匹克中心游泳跳水馆	15
		男子100米蛙泳			
		女子400米自由泳			
		男子4×100米自由泳接力			
	射箭	男子个人	14:30	天津团泊体育中心射箭场	
	场地自行车	女子麦迪逊赛	10:15	天津团泊体育中心自行车馆	
		男子麦迪逊赛	16:00		
		女子争先赛	16:50		
		男子争先赛			
	击剑	男子佩剑团体	18:00	天津体育学院体育馆	
		女子花剑团体	19:00		
	射击	10米气手枪混合团体	10:30	天津团泊体育中心射击馆	
		10米气步枪混合团体	12:00		
	乒乓球	女子团体	14:00	武清体育中心体育馆	
		男子团体	19:00		

每日决赛项目一览表（开幕式后第7天）

日期	项目	比赛小项	比赛时间	比赛地点	金牌小计
9月2日	游泳	男子200米自由泳	18:00	天津奥林匹克中心游泳跳水馆	18
		女子100米仰泳			
		男子100米仰泳			
		女子100米蛙泳			
	射箭	混合团体	14:30	天津团泊体育中心射箭场	

续表

9月2日	田径	女子撑竿跳高	19:05	天津奥林匹克中心体育场	
		男子铁饼	19:30		
		女子10000米	20:00		
	场地自行车	女子凯琳赛	16:50	天津团泊体育中心自行车馆	
		男子凯琳赛			
		女子全能赛	9:30		
		男子全能赛	9:45		
	马术	盛装舞步团体	9:00	天津环亚马球会、环亚马球运动公园	
	击剑	女子重剑团体	19:00	天津体育学院体育馆	
		男子花剑团体	20:00		
	体操	男子团体	19:00	天津市海河教育园体育中心体育馆	
	举重	男子56公斤级	15:00	天津市滨海新区大港体育馆	
		男子62公斤级	19:00		

每日决赛项目一览表（开幕式后第8天）

日期	项目	比赛小项	比赛时间	比赛地点	金牌小计
9月3日	游泳	女子200米自由泳	18:00	天津奥林匹克中心游泳跳水馆	32
		男子200米蝶泳			
		女子200米混合泳			
		男子4×200米自由泳接力			
		女子1500米自由泳			
	射箭	女子团体	9:30	天津团泊体育中心射箭场	
		男子团体	14:30		
	田径	女子20公里竞走个人	8:00	天津奥林匹克中心体育场	
		男子20公里竞走个人	10:00		
		女子跳高	18:30		
		男子铅球	19:10		
		女子标枪	19:15		
		男子三级跳远	19:20		
		男子110米栏	19:35		
		女子400米	19:45		
		男子400米	19:55		

续表

9月3日	田径	女子1500米	20:10	天津奥林匹克中心体育场	
		女子七项全能	9月2日9:00		
		女子100米	20:45		
		男子100米	20:55		
	羽毛球	女子团体	13:00	天津市宝坻区体育馆	
		男子团体	18:30		
	击剑	女子佩剑团体	18:00	天津体育学院体育馆	
		男子重剑团体	19:00		
	体操	女子团体	19:00	天津市海河教育园体育中心体育馆	
	帆船	帆板男子RS:X航线	10:00	天津东疆湾景区	
		帆板女子RS:X航线			
	乒乓球	混合双打	20:15	武清区体育中心体育馆	
	铁人三项	男子决赛	10:00	天津市武清区南湖公园	
		女子决赛	12:30		
	举重	男子69公斤级	15:00	天津市滨海新区大港体育馆	
		男子77公斤级	19:00		

每日决赛项目一览表（开幕式后第9天）

日期	项目	比赛小项	比赛时间	比赛地点	金牌小计
9月4日	游泳	男子200米蛙泳	18:00	天津奥林匹克中心游泳跳水馆	33
		女子200米蝶泳			
		男子100米自由泳			
		女子4×200米自由泳接力			
		男子800米自由泳			
	田径	女子20公里竞走团体	8:00	天津奥林匹克中心体育场	
		男子20公里竞走团体	10:00		
		女子400米栏	19:00		
		男子跳高	19:05		
		男子标枪	19:10		
		男子400米栏	19:15		
		女子三级跳远	19:20		
		女子100米栏	20:55		

续表

9月4日	棒球	决赛	18:00	天津团泊体育中心棒球场	
	BMX 小轮车	女子小轮车越野赛	16:30	天津团泊体育中心小轮车场	
		男子小轮车越野赛	16:40		
	马术	盛装舞步个人	9:00	天津环亚马球会、环亚马球运动公园	
	体操	男子全能	19:00	天津市海河教育园体育中心体育馆	
	垒球	决赛	15:00	天津团泊体育中心垒球场	
	跆拳道	女子 49 公斤以下级	19:00	天津商业大学体育馆	
		男子 58 公斤以下级	19:15		
	铁人三项	混合接力赛	10:00	天津市武清区南湖公园	
	举重	男子 85 公斤级	15:00	天津市滨海新区大港体育馆	
		男子 94 公斤级	19:00		
	国际式摔跤	男子古典式 59 公斤级	17:00	天津职业技术师范大学体育馆	
		男子古典式 66 公斤级			
		男子古典式 75 公斤级			
		男子古典式 85 公斤级			
	武术散打	女子团体	9:00	天津农学院体育馆	
		男子团体			
		男子 60公斤级			
		男子 75公斤级			
		男子 90公斤级			

每日决赛项目一览表（开幕式后第10天）

日期	项目	比赛小项	比赛时间	比赛地点	金牌小计
9月5日	游泳	女子 200 米蛙泳	18:00	天津奥林匹克中心游泳跳水馆	22
		男子 200 米仰泳			
		男子 200 米混合泳			
		女子 100 米自由泳			
	田径	女子铁饼	19:05	天津奥林匹克中心体育场	
		女子 200 米	19:45		
		男子 200 米	19:55		
		男子 10000 米	20:05		

续表

9月5日	田径	男女混合4×400米接力	20:45	天津奥林匹克中心体育场	
	高尔夫球	男子团体	9月2日 8:30	天津盘山高尔夫球会	
		女子团体			
	体操	女子全能	19:00	天津市海河教育园体育中心体育馆	
	乒乓球	女子双打	20:00	武清体育中心体育馆	
		男子双打	20:45		
	跆拳道	女子57公斤以下级	19:00	天津商业大学体育馆	
		男子68公斤以下级	19:15		
	举重	男子105公斤级	15:00	天津市滨海新区大港体育馆	
		男子105公斤以上级	19:00		
	国际式摔跤	男子古典式98公斤级	17:00	天津职业技术师范大学体育馆	
		男子古典式130公斤级			
		女子自由式48公斤级			
		女子自由式53公斤级			

每日决赛项目一览表（开幕式后第11天）

日期	项目	比赛小项	比赛时间	比赛地点	金牌小计
9月6日	游泳	女子200米仰泳	18:00	天津奥林匹克中心游泳跳水馆	40
		男子100米蝶泳			
		女子800米自由泳			
		男子50米自由泳			
		男女混合4×100米混合接力			
	田径	女子800米	19:00	天津奥林匹克中心体育场	
		女子链球	19:05		
		男子跳远	19:10		
		女子铅球	19:15		
		男子1500米	20:20		
	篮球	女子成年	19:30	天津财经大学体育馆	
	皮划艇静水	1000米MK1	9:00	海河吉兆桥段	
		1000米MC1	9:10		
		500米WK1	9:30		
		200米WC1	10:10		
		200米MK2	10:15		
		200米MC1	10:20		
		500米WK4	10:40		
		500米WC2	10:48		

续表

9月6日	公路自行车	女子公路个人计时赛	9:00	天津市静海区团泊湖环湖路	
		男子公路个人计时赛	11:00		
	足球	女子成年组	19:30	天津城建大学体育场	
		男子城市组		天津团泊体育中心	
	体操	男子自由体操	15:00	天津市海河教育园体育中心体育馆	
		男子鞍马			
		女子跳马			
		男子吊环			
		女子高低杠			
	帆船	男子激光	10:00	天津东疆湾景区	
		男子 470 级			
		男子芬兰人			
		女子 470 级			
		激光雷迪尔			
	乒乓球	女子单打	16:30	武清体育中心体育馆	
		男子单打	17:30		
	跆拳道	女子 67 公斤以下级	19:00	天津商业大学体育馆	
		男子 80 公斤以下级	19:15		
	沙滩排球	女子决赛	11:00	天津东疆湾景区	
	国际式摔跤	女子自由式 58 公斤级	17:00	天津职业技术师范大学体育馆	
		女子自由式 63 公斤级			
		女子自由式 69 公斤级			
		女子自由式 75 公斤级			

每日决赛项目一览表（开幕式后第12天）

日期	项目	比赛小项	比赛时间	比赛地点	金牌小计
9月7日	游泳	女子 50 米自由泳	18:00	天津奥林匹克中心游泳跳水馆	44
		男子 1500 米自由泳			
		女子 4×100 米混合泳接力			
		男子 4×100 米混合泳接力			
	田径	男子 50 公里竞走个人	7:30	天津奥林匹克中心体育场	
		男子撑竿跳高	19:05		
		男子链球	19:10		
		女子跳远	19:15		

续表

9月7日	田径	女子 4×100 米接力	19:30	天津奥林匹克中心体育场	
		男子 4×100 米接力	19:40		
		女子 5000 米	19:55		
		男子十项全能	9月6日 9:00		
		女子 4×400 米接力	20:40		
		男子 4×400 米接力	20:50		
	羽毛球	女子单打决赛	18:30	天津市宝坻区体育馆	
		混合双打决赛	18:30		
	皮划艇静水	1000 米 MK2	9:00	海河吉兆桥段	
		1000 米 MC2	9:10		
		500 米 WK2	9:30		
		500 米 WCK2	9:38		
		1000 米 MK4	10:10		
		200 米 MK1	10:40		
		200 米 WK1	10:45		
		200 米 WCK1	10:50		
	公路自行车	男子公路个人赛	8:00	天津市静海区团泊湖环湖路	
	马术	三项赛团体	15:00	天津环亚马球会、环亚马球运动公园	
		三项赛个人			
	足球	男子 20 岁以下年龄组	19:30	天津市团泊足球场	
	体操	男子跳马	15:00	天津市海河教育园体育中心体育馆	
		女子平衡木			
		男子双杠			
		女子自由体操			
		男子单杠			
	手球	女子决赛	19:15	天津师范大学体育馆	
	曲棍球	男子决赛	15:30	天津团泊体育中心曲棍球场	
	跆拳道	女子 67 公斤以上级	19:00	天津商业大学体育馆	
		男子 80 公斤以上级	19:15		
	排球	男子成年组	19:00	天津城建大学体育馆	
	沙滩排球	男子决赛	11:00	天津东疆湾景区	

续表

9月7日	国际式摔跤	男子自由式65公斤级	17:00	天津职业技术师范大学体育馆	
		男子自由式74公斤级			
		男子自由式86公斤级			
		男子自由式97公斤级			
		男子自由式125公斤级			

每日决赛项目一览表（开幕式后第13天）

日期	项目	比赛小项	比赛时间	比赛地点	金牌小计
9月8日	水球	男子水球	16:30	天津市海河教育园体育中心游泳馆	7
	羽毛球	男子单打决赛	9:00	天津市宝坻区体育馆	
		男子双打决赛			
		女子双打决赛			
	篮球	男子成年组	16:00	天津中医药大学体育馆	
	公路自行车	女子公路个人赛	8:00	天津市静海区团泊湖环湖路	
	排球	女子21岁以下组	15:00	天津市人民体育馆	

竞赛成绩

（本届运动会首次取消了奖牌榜）

射击

3 人 1 队 4 次 4 项超世界纪录

日期	比赛项目	原纪录	新成绩	代表团	参赛运动员
8 月 30 日	男子 50 米步枪卧射决赛	249.8	251.2	黑龙江	李嘉弘
8 月 30 日	男子 10 米气手枪个人决赛	241.6	242.3	山东	谭宗亮
8 月 31 日	男子 50 米步枪 3 种姿势资格赛	1186	1189	河北	杨皓然
8 月 31 日	女子 10 米气步枪团体	1253.8	1255.8	浙江	王璐瑶 邱烨晗 张巧颖

2 人 2 次 2 项创全国纪录

日期	比赛项目	原纪录	新成绩	代表团	参赛运动员
8 月 29 日	女子 50 米步枪 3 种姿势资格赛	593	594	北京	高畅
8 月 31 日	男子 50 米步枪 3 种姿势资格赛	1186	1189	河北	杨皓然

举重

1 人 1 次 1 项创全国纪录

日期	比赛项目	原纪录	新成绩	代表团	参赛运动员
9 月 5 日	男子+105 公斤级抓举	201	202	吉林	孙海波

精彩瞬间

女排比赛

曲棍球比赛

男篮比赛

足球比赛

羽毛球比赛

林丹在比赛中

女子羽毛球比赛

男子羽毛球比赛

颁奖仪式

男篮颁奖仪式

庆祝胜利

欢呼

激烈比赛

女排比赛

自行车比赛

鞍马比赛

拳击比赛

拳击比赛

标枪比赛

TIANJIN2017
津融集团
津融资产
JR Asset
中环
ZHONGHUAN
渤海银行
CHINA BOHAI BANK
天津航空
Tianjin Airlines
游泳跳水馆

Tianjin
2017中国·天津
TIANJIN2017
渤海财险
渤海财险
CCTV
中国中央电视台
中国石化
东风日产

皮划艇比赛

皮划艇比赛

跳远比赛

撑杆跳比赛

男篮比赛

水球比赛

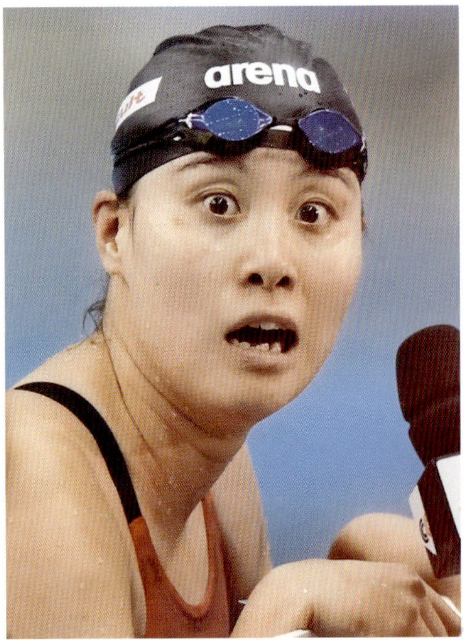

游泳运动员傅园慧

樊振东在比赛中

热心观众

湖南体育产业集团有限公司
北華大學

龙舟比赛

龙舟比赛

中国民航大学
www.cauc.edu.cn
729
第十三届全国运动会
乒乓球比赛器材供应商
3
6
天津渤化集团
YINHE
2
陕西省
禧福祥西凤酒队

群众组织乒乓球比赛

闭幕式

李克强总理在闭幕式上

会旗交接仪式

闭幕式致辞

王东峰

尊敬的李克强总理，

尊敬的各位来宾，同志们、朋友们：

第十三届全国运动会顺利完成各项赛事，今晚即将落下帷幕。本届全运会的圆满成功，归功于党中央、国务院的正确领导和亲切关怀，得益于国家体育总局等部委的精心指导和各代表团及运动员、教练员、裁判员的共同努力，得益于社会各界、新闻媒体、广大志愿者和各位朋友的大力支持、真诚帮助和无私奉献。在此，我代表中共天津市委、天津市人民政府表示衷心的感谢和致以崇高的敬意。

陕西省省长胡和平（左）接过会旗

全运会期间，来自全国38个代表团的运动员弘扬“更快、更高、更强”的奥林匹克精神，在公平的竞争环境中顽强拼搏、奋勇争先，竞技体育与群众体育相得益彰、比翼齐飞，广大参赛的运动健儿同场竞技，超越了自我，增进了友谊，创造了精彩和奇迹。全体裁判员、教练员、志愿者、媒体朋友、所有工作人员和广大人民群众共同努力和无私奉献，成就了一届精彩难忘的体育盛会。

当前，天津人民正在深入贯彻落实习近平总书记系列重要讲话精神和治国理政新理念、新思想、新战略，奋力谱写中华民族伟大复兴中国梦的天津篇章。熊熊燃烧的全运圣火，“全运惠民、健康中国”的理念将永植每一个人的心中。让我们更加紧密地团结在以习近平同志为核心的党中央周围，众志成城、创新竞进，为全面建成小康社会，实现中华民族伟大复兴的中国梦而努力奋斗，以优异成绩迎接党的十九大胜利召开！

谢谢大家！

闭 幕 词

苟仲文

尊敬的李克强总理，

尊敬的各位来宾，同志们、朋友们：

十二天前，习近平总书记亲切接见全国体育“双先”代表及群众比赛获奖运动员代表，发表重要讲话，出席第十三届全运会开幕式并宣布开幕。今天，第十三届全运会即将成功落幕。在此，我谨代表第十三届全运会组委会和国家体育总局，向支持、关注、参与全运会的各界群众表示衷心的感谢，向为全运会成功举办付出巨大努力的天津市委、市政府和天津市人民表示衷心的感谢！向全体工作人员、志愿者、广大公安干警、武警官兵以及新闻工作者致以崇高的敬意！向各参赛代表团、运动员、教练员表示热烈的祝贺！

在党中央、国务院的坚强领导和亲切关怀下，本届全运会坚持以人民为中心，以“全运惠民、健康中国”为主题，在继承中创新，创新中发展，焕发了全运会的勃勃生机与活力。广大运动员顽强拼搏、超越自我，老将新秀交相辉映，共打破11项全国纪录，超过3项亚洲纪录、4项世界纪录，取得了运动成绩和精神文明双丰收，以一届精彩、热烈的体育盛会为喜迎党的十九大胜利召开献上了一份厚礼。

体育强则中国强、国运兴则体育兴。让我们更加紧密地团结在以习近平同志为核心的党中央周围，牢固树立“四个意识”，开拓创新，团结奋进，不断开创我国体育事业发展新局面，为加快建成体育强国而努力奋斗！

下面我们盛情邀请李克强总理宣布第十三届运动会闭幕。

第十三届全运会
8日晚在天津市闭幕

晚上8时，第十三届全运会闭幕式在天津体育馆举行。中共中央政治局常委、国务院总理李克强宣布，中华人民共和国第十三届运动会闭幕。伴随着第十三届全运会会歌的旋律，第十三届全运会会旗缓缓落下，燃烧了13天的主火炬渐渐熄灭。

刘延东、杨晶、艾力更·依明巴海、陈晓光，以及中央军委委员吴胜利出席闭幕式。

第十三届全运会是党的十九大前举办的国内水平最高、规模最大的综合性体育盛会，也是北京申冬奥成功和全民健身成为国家战略后举办的一次重要综合性运动会。本届全运会推出多项创新举措——设立群众比赛项目；邀请高水平华人华侨运动员参赛；不设金牌榜、奖牌榜；邀请教练员与获奖选手一起登台领奖等，生动诠释了“以人民为中心”的办赛理念，翻开了“全民全运”的新篇章。东道主天津市和有关部门本着“创新、安全、节俭、绿色、精彩”的理念，为体育健儿搭建起奋力拼搏的广阔舞台，为全国人民奉献了一场精彩的体育盛会。

闭幕式由第十三届全运会组委会执行副主任、天津市常务副市长段春华主持。在各代表团团旗和运动员代表入场后，全体起立高唱中华人民共和国国歌。随后，第十三届全运会组委会副主任、国家体育总局副局长李颖川宣读了获得第十三届全运会参赛代表团体育道德风尚奖和参赛纪念奖的名单。

第十三届全运会组委会执行主任、天津市市长王东峰在闭幕式上致词。他说，本届全运会的圆满成功，归功于党中央、国务院的正确领导和亲切关怀，得益于国家体育总局等部委的精心指导和各代表团及运动员、教练员、裁判员的共同努力，得益于社会各界、新闻媒体、广大志愿者和各位朋友的大力支持、真诚帮助和无私奉献。在此，代表中共天津市委、天津市人民政府表示衷心的感谢。“全运惠民、健康中国”的理念将永植每一个人的心中。

第十三届全运会组委会主任、国家体育总局局长苟仲文在致闭幕词时说，本届全运会坚持以人民为中心，焕发了全运会的勃勃生机与活力，取得了运动成绩和精神文明双丰收，以一届热烈、精彩的体育盛会为喜迎党的十九大胜利召开献上了一份厚礼。体育强则中国强、国运兴则体育兴。让我们更加紧密地团结在以习近平同志为核心的党中央周围，牢固树立“四个意识”，开拓创新，团结奋进，不断开创我国体育事业发展新局面，为加快建成体育强国而努力奋斗。

闭幕式上，天津市市长王东峰将全运会会旗

闭幕式现场

交给国家体育总局局长苟仲文，苟仲文又将会旗移交给第十四届全国运动会承办地代表、陕西省省长胡和平。第十四届全国运动会将于2021年在陕西省举行。

第十三届全运会于8月27日在天津开幕。在这届全运会上，超过2万名运动员角逐33个竞技体育项目和19个群众体育项目的543个奖项。本届全运会上，有3人1队4次超4项世界纪录，有2人3次超3项亚洲纪录，有9人1队11次创11项全国纪录。

闭幕式上还举行了主题为《幸福万万家》的文体展演。

会旗交接

闭幕式现场

上海

闭幕式现场

闭幕式表演

闭幕式现场

中华人民共和国第十三届运动会获得体育道德风尚奖代表团名单

（33 个）

中国人民解放军代表团	广西壮族自治区代表团
北京市代表团	海南省代表团
天津市代表团	重庆市代表团
山西省代表团	四川省代表团
内蒙古自治区代表团	贵州省代表团
辽宁省代表团	云南省代表团
吉林省代表团	西藏自治区代表团
黑龙江省代表团	陕西省代表团
上海市代表团	甘肃省代表团
江苏省代表团	青海省代表团
浙江省代表团	宁夏回族自治区代表团
安徽省代表团	新疆维吾尔自治区代表团
福建省代表团	新疆生产建设兵团代表团
江西省代表团	火车头体育协会代表团
山东省代表团	煤矿体育协会代表团
河南省代表团	前卫体育协会代表团
广东省代表团	

媒体报道

《人民日报》

习近平在会见全国体育先进单位和先进个人代表等时强调

开创我国体育事业发展新局面 加快把我国建设成为体育强国

8月27日，在第十三届全国运动会即将开幕之际，中共中央总书记、国家主席、中央军委主席习近平在天津会见全国群众体育先进单位、先进个人代表和全国体育系统先进集体、先进工作者代表以及在本届全运会群众比赛项目中获奖的运动员代表，并发表重要讲话。

在第十三届全国运动会即将开幕之际，中共中央总书记、国家主席、中央军委主席习近平27日上午在天津会见了全国群众体育先进单位、先进个人代表和全国体育系统先进集体、先进工作者代表以及在本届全运会群众比赛项目中获奖的运动员代表，并发表重要讲话。习近平强调，体育承载着国家强盛、民族振兴的梦想。体育强则中国强，国运兴则体育兴。要把发展体育工作摆上重要日程，精心谋划，狠抓落实，不断开创我国体育事业发展新局面，加快把我国建设成为体育强国。

当天上午，天津宾馆会议厅内洋溢着热烈的气氛，参加会见的代表们情绪饱满、精神振奋，有的身穿少数民族盛装，有的胸前佩挂着闪亮的奖牌。11时许，习近平等来到天津宾馆会议厅，全场爆发出雷鸣般的掌声。习近平同参加会见的代表亲切握手，不时交谈并合影留念。

在热烈的掌声中，习近平发表了重要讲话。他首先代表党中央、国务院和中央军委，向大家表示热烈的祝贺，向全国体育战线全体同志致以诚挚的问候。习近平表示，党的十八大以来，我国体育事业取得长足发展，全民健身蓬勃开展，竞技体育成绩显著，体育改革不断深化，成功申办2022年冬奥会。大家为此付出了辛勤努力，我作为中共中央总书记、国家主席、中央军委主席，也作为普通的体育爱好者，向同志们表示衷心的感谢。

习近平指出，加快建设体育强国，就要把握体育强国梦与中国梦息息相关的定位，把体育事业融入实现“两个一百年”奋斗目标大格局中去谋划，深化体育改革，更新体育理念，推动群众体育、竞技体育、体育产业协调发展。

习近平强调，加快建设体育强国，就要坚持以人民为中心的思想，把人民作为发展体育事业的主体，把满足人民健身需求、促进人的全面发展作为体育工作的出发点和落脚点，落实全民健身国家战略，不断提高人民健康水平。把群众性体育纳入全运会，组织人民群众广泛参与，就更好起到了举办全运会的作用。

习近平指出，加快建设体育强国，就要弘扬中华体育精神，弘扬体育道德风尚，坚定自信，奋力拼搏，提高竞技体育综合实力，更好发挥举国体制作用，把竞技体育搞得更好、更快、更高、更强，提高为国争光能力，让体育为社会提供强大正能量。

习近平强调，加快建设体育强国，就要高质量筹办2022年北京冬奥会，全力做好各项筹办工作，特别是要做好备战工作，加快冰雪运动普及和提高，努力举办一届精彩、非凡、卓越的奥运盛会。

最后，习近平指出，体育代表着青春、健康、活力，关乎人民幸福，关乎民族未来。党的十九大即将召开，办好本届全运会将为党的十九大胜利召开营造良好氛围。希望同志们在新的起点上推动我国体育事业不断实现新进步，在体育强国建设中再立新功。

王沪宁、刘延东、许其亮、栗战书、王晨、卢展工等参加会见。

全国群众体育先进表彰活动自1993年第七届全国运动会开始，每4年表彰一次，已连续在6届全运会期间进行表彰。第十三届全国运动会期间，共表彰2013—2016年度全国群众体育先进单位3259个、全国群众体育先进个人2465名、全国体育系统先进集体70个、全国体育系统先进工作者44人。

（刊载于《人民日报》2017年8月28日）

《新京报》

十三届全运会取消金牌榜

12月10日，国家体育总局召开里约奥运备战动员大会，首次成立了奥运会选拔工作监督小组。局长刘鹏要求深挖“金牌至上”的政绩观扭曲了体育精神而引发种种问题的根源。这之前，总局宣布取消全运会的金牌榜、奖牌榜设置。过去几十年，全运会曾是香饽饽，如今却已不再抢手，2021年全运会仅有陕西省提出申办。而在十年前的第10届全运会，则有江苏、浙江等5省同时争办。

2017年天津全运会注定会写进中国体育史，它将成为首届不设金牌榜和奖牌榜的全运会。体育总局的这个决定看上去很容易做出，但过程却让人哭笑不得。

1月26日，中央纪委监察部公布了长达9000余字的《中共国家体育总局党组关于巡视整改情况的通报》，其中一段是这样写的：“从评价指标方面引导全国体育界树立正确的体育政绩观。体育总局取消了亚运会、奥运会贡献奖奖项的评选，对全运会等全国综合性运动会只公布比赛成绩榜，不再分别公布各省区市的金牌、奖牌和总分排名。”

通报出来后，很多人都在疑惑，取消全运会金牌榜、奖牌榜这么大的事情，怎么不是体育总局自己公布，而由中纪委非正式宣布呢？很快，这一疑惑有了答案。1月30日和2月2日，体育总局官网上陆续发布了《中华人民共和国第十三届运动会竞赛规程总则（草案）》和《中华人民共和国第十三届冬季运动会竞赛规程总则》。这两份通知中显示，第十三届全运会和冬运会仍会

皮划艇比赛

公布金牌榜、奖牌榜和总分数。

2月6日，体育总局官网刊登了一份题为“国家体育总局新闻发言人谈话”的说明，称系工作人员失误所为，将尚未最终定稿的《第十三届全国运动会竞赛规程总则（草案）》刊登了出来。这份声明重申，“对全运会等全国综合性运动会只公布比赛成绩榜，不再分别公布各省区市的金牌、奖牌和总分排名的具体要求和内容没有任何改变。”一场风波就此结束。

全运会是国内水平最高、规模最大的综合性运动会，其原意是为国家的奥运战略锻炼新人、选拔人才。

1994年，国家体委开始实行“奥运与全运挂钩”政策，奥运奖牌折算为全运奖牌，以全运会为考核周期，一并算账。这一政策的实施，一定程度上滋生了以全运会为轴心的诸多腐败现象，暗箱操作、服用禁药、操控比赛、官员和裁判受贿等问题时有发生。

全运会始于1959年，鉴于当时国内经济等各方面条件，前9届全运会一直由北京、上海、广东三地轮办。2001年初，国务院发布《关于取消全国运动会由北京、上海、广东轮流举办限制的函》，允许有条件的省市申请举办全运会。同年6月19日，江苏以39票击败辽宁、浙江、湖北和陕西，获得2005年第十届全运会举办权。此后，全运会离开北上广，山东、辽宁分别承办了第11届和第12届全运会。2017年，天津市将承办第13届全运会。

根据体育总局2021年全运会申办流程，今年10月31日是各省区市递交申办报告的最后期限。最终，只有陕西省一个单位递交了申办报告。根据《全国运动会、全国城市运动会申办办法》规定，当申办单位只有1个时，该申办单位经审查符合条件可自然当选承办候选单位。2011年，陕西省曾申办过2017年第13届全运会，最终以一票之差输给天津市。

（刊载于《新京报》2015年12月25日）

《中国体育报》

全运会组委会第二次全体会议暨代表团团长会议召开

8月26日，第十三届全国运动会组委会第二次全体会议暨代表团团长会议在天津召开，会议的主要任务是对全运会决赛阶段的各项工作进行再动员、再部署、再要求，真抓实干、开拓进取、求真务实，确保举办一届改革创新、节俭廉洁、安全惠民的体育盛会。

组委会主任、国家体育总局局长、党组书记苟仲文，组委会执行主任、天津市委副书记、天津市人民政府市长王东峰出席会议并讲话，组委会副主任兼秘书长、天津市人民政府副市长曹小红通报了全运会组织和筹备工作情况。会议由组委会副主任、总局副局长、党组副书记杨树安主持。

为进一步做好全运会决赛期间的各项工作，苟仲文指出，一要深入学习贯彻习近平总书记关于体育工作的重要论述，进一步增强办好全运会的责任感使命感。二要创新举办方式，积极推进全运会改革，为体育事业全面可持续发展注入生机和活力。三要严格执行主体责任和监督责任，狠抓严管赛风赛纪和反兴奋剂工作，办一届风清气正、纯洁干净的运动会。四要振奋精神、全力以赴做好竞赛组织和服务保障工作，办一届精彩、成功的运动会。五要做好新闻宣传和安全工作，唱响主旋律，全力保平安，办一届鼓劲、平安的运动会，以举办一届精彩圆满的体育盛会为党的十九大胜利召开献礼！

苟仲文强调，第十三届全运会即将开幕，各项工作已经进入决战、决胜阶段，让我们更加紧密地团结在以习近平同志为核心的党中央周围，牢固树立“四个意识”，振奋精神、开拓进取，为建设体育强国和健康中国、为实现两个一百年奋斗目标和中华民族伟大复兴的“中国梦”做出新贡献！

王东峰在讲话中指出，办好全运会是党中央、国务院交给天津的重大政治任务，也是全国人民的信任和支持。要深入贯彻习近平总书记系列重要讲话精神特别是关于发展体育事业、建设健康中国的重要指示精神，进一步提高政治站位，把组织和筹办好全运会作为自觉践行“四个意识”的具体行动和重要检验，举全市之力扎实做好各项工作，确保办成一届创新、安全、节俭、绿色、精彩的体育盛会。要坚持高标准严格要求，精心做好全运会开闭幕式和文体表演、赛事组织、服务保障、舆论宣传和安保工作，突出亮点和特色，维护良好竞赛秩序，努力营造良好社会氛围。要加强组织领导，强化协调配合，有效提升应急处置能力和水平，确保全运会圆满成功，以优异成绩迎接党的十九大胜利召开。

曹小红在通报十三运组织和筹备工作情况时说，在党中央、国务院的亲切关怀下，在国家体育总局的悉心指导下，在中央、国家有关部委和各省市区的大力支持下，组委会全体工作人员和天津市广大干部职工爱岗敬业、无私奉献、忘我工作，全运会各项准备工作已准备就绪。在筹办过程中，天津市提高政治站位，举全市之力办好全运会的责任到位；体现改革创新、贯彻全运惠民的理念到位；强化赛事组织，各项竞赛保障工作全部到位；聚焦重点任务，开闭幕式文体展演准备到位；坚持底线思维，安全保卫、食品安全等措施落实到位；弘扬奉献精神，相关服务保障工作到位；加强舆论指导和引导，全民全运的全运氛围营造到位。

出席会议的还有在组委会任职的总局和天津市有关部门同志，第十三届全运会各代表团团长和省、自治区、直辖市、新疆生产建设兵团体育局局长以及行业体协秘书长，全运会组委会委员、纪委会委员、总项目竞委会主任和执行主任。

（刊载于《中国体育报》2017年8月27日）

《中国体育报》

第十三届全运会纪律检查委员会第一次全体会议在天津召开

8月26日，第十三届全运会开幕前夕，第十三届全运会纪律检查委员会第一次全体会议在天津召开。十三运纪委会主任、国家体育总局副局长、总局党组副书记杨树安，中央纪委驻国家体育总局纪检组组长、总局党组成员李建明出席会议并讲话。本届全运会根据全面从严治党和体育系统行风行纪建设整体部署和要求，结合第十三届全国运动会组织管理工作实际，为了切实履行好主体责任，加强对第十三届全运会各项工作的监督和督促落实，专门成立了第十三届全国运动会纪律检查委员会。纪委会下设办公室，分5个督察小组开展监督检查工作。主要实施和履行监督检查组委会、竞委会和代表团人员遵守并执行党纪党规和法律法规等方面的情况和问题；监督检查体育系统落实中央八项规定精神情况；受理对组委会、竞委会和代表团人员违反党风廉政情况的控告、检举；受理赛风赛纪和兴奋剂问题举报；调查组委会、竞委会和代表团人员违反党风廉政以及赛风赛纪、兴奋剂等违纪违规违法行为；受理对竞委会处分决定不服的申诉；对举报、控告、检举提出处理建议和意见；审核代表团体育道德风尚奖等职责。

会议上，首先由5个督察小组组长简要汇报了前期按照分工对各比赛项目赛风赛纪的监督检查情况；十三运纪委会副主任、天津市纪委副书记景悦介绍了前期天津方面的工作情况。

李建明在讲话中指出，经过全国体育系统的共同努力，当前体育行业风气日益好转，从业人员责任意识不断增强，但是仍需进一步提高政治站位，深入推进全面从严治党，加大抓落实力度，努力实现十三运安全顺利、风清气正、精彩圆满的办赛目标。落实全面从严治党要在“全面”上下功夫，不仅从组织架构上，更要从赛风赛纪等各个方面履行和抓好主体责任落实，做到全员抓，抓全员。落实全面从严治党要求要在“从严”上下功夫，对十三运赛风赛纪的督察要从宽松软走向严紧硬，从严处罚，从而根本斩断潜规则、兴奋剂问题的来源。落实全面从严治党要求要在“坚决”上下功夫，在处理赛风赛纪具体问题上不怕亮家丑，对问题要果断坚决处理。

杨树安在讲话中指出，十三运纪委会设立5个督察组前期加强督导，是为了把赛风赛纪工作抓早、抓实、抓细节、抓问题，防范问题而采取的关口前移的一项重要措施。但是虽然总局在不断加大处罚力度，但还是有人铤而走险，开赛后竞争更加激烈，赛风赛纪将面临更大挑战。纪委会的同志们要高度认识自己肩上所负的使命，认识到赛风赛纪工作对全运会成功举办的重要意义，增强责任感和荣誉感。杨树安提出四点要求：第一，要牢记习近平总书记在年初访问国际奥委会总部会见巴赫时的重要讲话精神，要拿奥林匹克精神的金牌，也要拿遵纪守法的金牌，更要拿干干净净的金牌。第二，纪委会委员和工作人员要严于律己，打铁还需自身硬，模范执行好相关规则，履行好自己的职责，严格执纪。第三，要建立高效、通畅的工作机制，在竞赛指挥中心专设纪委办公室和加强值班，要建立及时请示报告制度，发现赛风赛纪问题及时报告、及时处理，确保渠道畅通。第四，要针对不同项目的不同特点，认真研究，抓好重点，开展工作。除了重点做好传统打点记分交手类、集体球类项目工作外，还要做好其他项目的研究，加强赛风赛纪潜在风险点的防范。纪委会的同志要切实履行监督、检查、执纪、问责的职能，明确工作职责和定位，聚焦发现问题，认真把监督检查贯穿到决赛全过程。确保第十三届全运会的风清气正，圆满成功，以优异的成绩向党的十九大献礼。

（刊载于《中国体育报》2017年8月27日）

《中国体育报》

全国群众体育先进及体育系统先进表彰大会在天津召开

8月28日上午，全国群众体育先进及体育系统先进表彰大会在天津召开，国家体育总局党组书记、局长苟仲文出席会议并讲话。天津市委副书记、市长王东峰，人力资源和社会保障部副部长、国家公务员局局长傅兴国，国家体育总局党组成员、副局长赵勇、蔡振华、高志丹、李颖川，党组成员、中央纪委驻体育总局纪检组组长李建明，天津市委常委、市教育工委书记程丽华，副市长曹小红出席了会议。大会由国家体育总局党组副书记、副局长杨树安主持。

王东峰发表讲话，代表天津市委、市政府和全市人民，向大会召开表示热烈祝贺，向出席会议的领导和同志们表示诚挚欢迎，向受表彰的先进集体和个人致以崇高敬意。王东峰表示，天津市委、市政府将坚决贯彻落实总书记指示要求，以举办第十三届全运会为契机，努力推动天津体育工作迈上新台阶。

会上，赵勇宣读了《体育总局关于表彰2013—2016年度全国群众体育先进单位和先进个人的决定》，决定授予北京市东城区体育局等3259个单位“2013—2016年度全国群众体育先进单位”称号，授予刚毅等2465名同志“2013—2016年度全国群众体育先进个人”称号；傅兴国宣读了《人力资源和社会保障部 国家体育总局关于表彰全国体育系统先进集体和先进工作者的决定》，决定授予北京市花样游泳队等70个单位“全国体育系统先进集体”荣誉称号，授予北京市平谷区体育局沈增光等44位同志“全国体育系统先进工作者”荣誉称号。出席会议的领导向获奖代表颁发了牌匾和证书，向第十三届全运会群众比赛获奖代表颁发了纪念牌。山东省青岛市城阳区人民政府代表全国群众体育先进单位，陕西省大荔县县委书记王青峰代表全国群众体育先进个人，广东省佛山市南海区九江龙龙舟俱乐部区俭安代表第十三届全运会群众比赛获奖者，国家女子排球队袁心玥代表全国体育系统先进集体，浙江体育职业技术学院游泳教练楼霞代表全国体育系统先进工作者，分别作了典型发言。

苟仲文在讲话中，首先代表国家体育总局向受表彰的先进集体和先进个人表示热烈祝贺，并通过大家向奋战在全国体育战线上的广大干部职工致以亲切问候。苟仲文说，8月27日，习近平总书记等中央领导同志亲切接见了大家，发表了非常重要的讲话，并与大家合影留念。这充分体现了党和国家对体育工作的高度重视和亲切关怀，充分体现了总书记浓浓的体育情怀和对体育工作者的殷切期望。

苟仲文指出，党的十八大以来，我国体育事业取得长足发展，全民健身蓬勃开展，竞技体育成绩显著，体育改革不断深化，成功申办2022年冬奥会。习近平总书记对加快建设体育强国提出了明确要求，指明了方向和路径。新时期的体育工作要以习近平总书记重要讲话精神为指引，不断适应新的时代要求，焕发新的时代精神，创造新的工作业绩。

苟仲文强调，首先要不断深入学习领会习近平总书记重要讲话精神、关于体育工作的重要论述和指示批示精神，坚决彻底、不折不扣贯彻落实。第二，要坚定不移深化体育改革，破解发展难题，不断取得新突破。第三，要扎实做好各项体育工作，推动体育事业全面协调发展。

全运会各代表团团长，各省、区、市体育局，解放军体育部门、人社部相关司局、体育总局机关各厅司局、项目中心负责同志，部分夏季奥运项目协会负责同志、全国群众体育先进及体育系统先进集体和先进个人代表、第十三届全运会群众比赛获奖者代表等700余人参加了会议。

（刊载于《中国体育报》2017年8月29日）

热情的观众

《中国体育报》

勇攀世界高峰　彰显中国精神

——二论学习贯彻习近平总书记在会见全国体育先进代表时重要讲话精神

“加快建设体育强国，就要弘扬中华体育精神，弘扬体育道德风尚，坚定自信，奋力拼搏，提高竞技体育综合实力，更好发挥举国体制作用，把竞技体育搞得更好、更快、更高、更强，提高为国争光能力，让体育为社会提供更大正能量。”

习近平总书记在天津会见全国体育先进单位和先进个人代表等时发表的重要讲话，深刻阐述了弘扬中华体育精神对于加快建设体育强国的重要性。

弘扬中华体育精神是坚定自信和奋力拼搏的前提，是提高竞技体育综合实力的信念，是更好发挥举国体制作用的基础，是把竞技体育搞得更好、更快、更高、更强的动力，是提高为国争光能力的保障，是让体育为社会提供强大正能量的源泉。

党的十八大以来，我国体育事业取得长足发展。中国健儿在国际赛场上取得辉煌成绩，中华体育精神在其间闪烁着耀眼的光芒，这是深入贯彻落实以习近平同志为核心的党中央关于体育事业发展理念和战略部署的重大成果。'

穿越时空，追溯过往，中华体育精神自始至终贯穿中国体育的每一步发展。

1961 年，当容国团在世乒赛男团决赛中高呼“人生能有几次搏？此时不搏，更待何时”的强音后，一种前所未有的自信便在中国体育的沃土中落地生根。

正是在中华体育精神的激励和鼓舞下，中国体育健儿接连创造惊人壮举，一个又一个世界冠军诞生，一项又一项世界纪录被打破，一篇又一篇体育传奇被书写……中国竞技体育夯基垒台、积厚成势、攻坚克难、砥砺奋进，并以磅礴伟力，在加快建设体育强国的进程中迎风破浪。

无论是新中国建立之初，还是改革开放的大门开启，抑或在为实现“两个一百年”奋斗目标、实现中华民族伟大复兴的中国梦的伟大进程中，中华体育精神在不同历史时期均发挥着重要作用。它促使一代又一代体育人，为实现中国体育强国梦而艰苦奋斗、自强不息，勇攀高峰，同时也为社会提供了强大的正能量。

中华体育精神把爱国主义作为永恒主题，展现“为国争光”的爱国情怀，凝聚民族振兴的强大动力。中华体育精神铸就自强不息的敬业品质和顽强拼搏、勇于奉献的担当品德。中华体育精神倡导“赛出风格、赛出水平”，强化人们的规则意识和法律意识，潜移默化地提升整个社会的法治认同。

总书记指出，中华体育精神来之不易，弥足珍贵，要继承创新、发扬光大。我们要更加努力地将弘扬我国体育健儿在赛场内外展现的中华体育精神，与弘扬以爱国主义为核心的民族精神和以改革创新为核心的时代精神紧密结合起来，与培育践行社会主义核心价值观紧密结合起来，使之化为全党全国各族人民团结奋斗的强大精神力量，为国家争得更大荣誉，不断增强中华民族凝聚力、向心力和自信心。

在中国体育的光辉历程中，一代代体育人谱写了自强不息、顽强奋进的壮丽诗篇，由此凝聚而成的中华体育精神是文化自信的生动展现，不仅激发了全国人们的爱国热情和全世界中华儿女的民族自豪感，也是中国精神的重要体现。

今天，面对新形势、新任务，我们仍要一如既往地坚持和发扬中华体育精神。在新的历史时期，我们不仅要在几代老体育工作者开创的荣耀之路上继续前行，还要赋予中华体育精神新的时代特征与内涵，以更好、更快、更高、更强为指针和标尺，内化于心，外化于形，再接再厉，永不懈怠。以为国争光为神圣使命，进一步展现中国体育健儿的精神风貌，努力实现体育强国梦！

（刊载于《中国体育报》2017 年 8 月 31 日）

《中国体育报》

谱写全运会新篇章

——热烈祝贺第十三届全国运动会开幕

（社论）

今天，第十三届全国运动会在天津隆重开幕。

本届全运会是贯彻落实以习近平同志为核心的党中央关于体育事业发展理念的重大实践，是党的十九大召开前举办的一次综合性体育赛事，是我国申冬奥成功后举办的重要综合性运动会。

全运会自创办之时，就一直担负着中国体育发展的龙头角色，是促进我国体育事业发展、发挥体育综合效益的重要平台，是全国各族人民参与体育、享受体育的一个盛大节日。

党的十八大以来，习近平总书记亲自谋划和推动体育事业改革发展，将全民健身上升为国家战略，明确提出“要以人民健康为中心，推动全民健身与全民健康深度融合”“通过全民健身实现全民健康，进而实现全面小康”。总书记强调，发展体育运动，增强人民体质，是我国体育工作的根本方针和任务。全民健身是全体人民增强体魄、健康生活的基础和保障，人民身体健康是全面建成小康社会的重要内涵，是每一个人成长和实现幸福生活的重要基础。要继续弘扬奥林匹克精神和中华体育精神，进一步提升我国竞技体育综合实力，把竞技体育搞得更好、更快、更高、更强，提高在重大国际赛事中为国争光能力，有力带动群众体育发展。

总书记关于体育工作重要论述，是开创我国体育事业发展新局面的强大思想武器，是我国体育事业改革发展的根本遵循，是动员全党全社会力量振兴体育事业的时代号角，对于深刻认识新形势下体育工作的重要地位和作用意义重大，对于准确把握体育工作的根本方针和任务意义重大，对于牢牢把握体育事业根本方略、牢固树立“四个意识”意义重大。

全国体育界深入学习贯彻习近平总书记系列重要讲话精神，不断推进体育事业改革发展。走过58年的全运会，在改革的旗帜下，不忘初心，全新启程，成为竞技体育与群众体育相结合、全民健身与全民健康相融合的新平台。

本届全运会以“全运惠民、健康中国”为办赛理念，大胆创新，锐意改革，必将在全运史上写下浓墨重彩的一笔——鼓励省区市在部分项目上跨单位组队参赛；实施少数民族自治区交流引进少数民族运动员政策；实施军队和地方共同培养运动员政策；建立游泳项目业余运动员参加全运会比赛机制；增设男子足球城市组比赛；增加群众体育比赛项目，让更多的“草根选手”和民间高手在全运会赛场上展现风采；线上线下齐动员，广泛开展“我要上全运”活动等。尤其增设群众比赛项目、允许普通群众参赛，是天津全运会最大的特色和创新。将19个普及和覆盖面广的群众项目纳入全运会，扩大了全运会的精彩，激发了老百姓的健身热情，充分体现了全民全运的宗旨。

本届全运会的一系列改革举措，正是站在党和国家关于健康中国建设总体布局的高度，发展以人民为中心的体育的具体实践。发展以人民为中心的体育，就是要把满足人民群众健身健康需求作为体育的出发点和落脚点，就是要把人民作为发展体育事业的主体，就是要构建以人民为中心的“大体育”体制机制，就是要以人民是否满意作为体育工作评价标准。从选拔人才到为国争光，从对接奥运到展现风采，全运会内涵的不断丰富和升华，生动诠释着当代中国发展的伟大进程。

全运会主火炬熊熊燃烧，既是体育盛宴的开始，也是对健康中国的祝福。弘扬体育文化，传承体育新神。第十三届全运会必将谱写我国体育事业新的华章！

金秋时节，硕果累累。第十三届全运会一定会办成一届创新、安全、节俭、绿色、精彩的体育盛会，向党的十九大献礼。

祝第十三届全国运动会圆满成功！

（刊载于《中国体育报》2017年8月27日）

群众比赛

《中国体育报》

第十三届全国运动会在天津隆重开幕

中华人民共和国第十三届运动会27日晚在天津市隆重开幕。中共中央总书记、国家主席、中央军委主席习近平出席开幕式并宣布运动会开幕。

27日晚的天津奥林匹克中心体育场，灯火五彩缤纷，美轮美奂，场内气氛热烈，鼓乐喧天，汇成一片欢乐的海洋。

19时57分，在欢快的乐曲声中，习近平等走上主席台，向观众挥手致意。全场响起长时间热烈的掌声。

20时，第十三届全运会开幕式正式开始。伴随着高昂优美的《歌唱祖国》的旋律，仪仗队员护拥着鲜艳的五星红旗步伐矫健地走进体育场。现场奏响节奏鲜明的《运动员进行曲》，全运会会旗、第十三届全运会会旗和由100名旗手组成的会旗方队、裁判员代表方队走向主席台，紧随其后的是38个代表团精神抖擞的运动员代表，分别来自各省、自治区、直辖市，香港特别行政区、澳门特别行政区，解放军、新疆生产建设兵团以及3个行业体育协会。全场观众用热情的掌声和欢呼声欢迎运动员们的到来。

入场仪式完毕，全场起立，高唱中华人民共和国国歌。在雄壮的国歌声中，五星红旗冉冉升起，迎风飘扬。

天津市委书记李鸿忠代表天津市委、市政府和全市1600万人民，向各位来宾和全体运动员、教练员、裁判员表示热烈的欢迎和衷心的感谢。

第十三届全运会组委会主任、国家体育总局局长苟仲文致开幕词，向举办本届全运会的天津市表示衷心感谢，向筹办全运会的工作者和志愿者们致以崇高的敬意。

20时40分，习近平用洪亮的声音宣布："中华人民共和国第十三届运动会开幕！"顿时，全场沸腾起来，掌声、欢呼声经久不息。

伴随着第十三届全运会会歌的旋律，全运会会旗和第十三届全运会会旗徐徐升起。

运动员魏秋月、教练员徐国义、裁判员李敬分别代表参加第十三届全运会的运动员、教练员、裁判员宣誓。

"同一片蓝天下，我们追逐同一个梦想，同一片沃土上，我们播种光荣和希望……"4位歌手现场演唱第十三届全运会会歌《光荣和梦想》，拉开了文体展演《逐梦远航》的序幕。整个演出由"百年呼唤""健康中国""领航未来"3个篇章组成，借助多媒体技术和声光电手段，生动诠释了本届全运会"全运惠民、健康中国"的主题，充分体现了"全民全运"的办会理念。

21时30分，激动人心的场内火炬传递和主火炬点燃仪式开始。从8月8日起，第十三届全运会火炬在天津市16个行政区接续传递，最后传入天津奥林匹克中心体育场。万众瞩目下，天津市首位获得全运会群众比赛项目金牌的解乒乒、率队10余次获得全国冠军的天津女排主教练王宝泉、累计无偿献血200余次的栗岩奇、北京奥运会女子柔道冠军佟文、多次夺得吊环世界冠军的陈一冰等5位火炬手接力传递，最后由本届全运会吉祥物“津娃”和机器人“优友”共同点燃了全运会主火炬塔。

“复兴之火点燃万众期待，神圣时刻我们与你同在……”21时40分，第十三届全运会开幕式在主题歌《健康赢未来》掀起的热烈气氛中圆满结束。

王沪宁、刘延东、许其亮、栗战书、王晨、卢展工出席开幕式。

国际奥委会主席巴赫，国际奥协主席、亚奥理事会主席艾哈迈德亲王以及应邀观摩第十三届全运会的境外来宾也出席开幕式。

开幕式由第十三届全运会组委会执行主任、天津市市长王东峰主持。

第十三届全运会定于9月8日闭幕。未来12天，将有8000多名运动员参加竞技比赛项目，300多名运动员参加群众比赛项目。

（刊载于《中国体育报》2017年8月28日）

《中国体育报》

为加快建设体育强国再立新功

——习近平总书记关于体育工作重要讲话引起全运赛场内外体育健儿和体育工作者强烈反响

“体育强则中国强，国运兴则体育兴。要把发展体育工作摆上重要日程，精心谋划，狠抓落实，不断开创我国体育事业发展新局面，加快把我国建设成为体育强国。”中共中央总书记、国家主席、中央军委主席习近平8月27日在津会见全国体育先进单位和先进个人代表等时的重要讲话，引起全运赛场内外体育健儿和体育工作者的强烈反响。

“加快建设体育强国，就要把握体育强国梦与中国梦息息相关的定位，把体育事业融入实现‘两个一百年’奋斗目标大格局中去谋划”，总书记的重要要求令人鼓舞和振奋。大家一致表示，习近平总书记的重要讲话，高屋建瓴、思想深邃、内涵丰富，牢牢把握住加快建设体育强国梦与中国梦定位，为做好新时期体育工作指明了前进方向、提供了重要遵循。我们要深入学习领会重要讲话的精神实质，学深学透，指导工作，加快群众体育、竞技体育和体育产业发展，推动我国体育事业不断实现新进步，为加快建设体育强国再立新功，汇聚起实现体育强国梦和中国梦的磅礴力量。

在昨天上午召开的“双先”表彰大会间歇，记者采访了全国群众体育先进单位代表、青岛市城阳区委书记王波。他说，“总书记的重要讲话语重心长、意义深远，将发展体育事业上升到与国运紧密相连的高度，让在场的每位同志都更加坚定信心。我们要牢固树立以人民为中心的发展思想，以此次全运会为契机，坚持全民健身和全民健康深度融合，满足人民群众对健康身心和美好生活的向往，把发展群众体育推向新的高度。”

全国体育系统先进工作者、天津市体育工作大队运动员魏秋月表示，总书记讲话带给她们极大的鼓舞与振奋，一定会尽好一名运动员的使命职责，“总书记提到，加快建设体育强国，就要弘扬中华体育精神，弘扬体育道德风尚，坚定自信，奋力拼搏，作为一名女排运动员，这也是我们多年来所坚持的。”魏秋月说，她有责任和义务把体育精神、女排精神融入今后的干事创业中，并带动更多人参与其中，“争取在新的起点上，为推动我国体育事业发展进步贡献出自己的一份力量。”

“总书记一上来说，很想和每一位代表都握手，让我心里一下子暖起来。”全国群众体育先进个人代表、陕西省大荔县委书记王青峰说。他表示，现场聆听了总书记的重要讲话，从深化体育改革谈到弘扬体育风尚，再到建设体育强国，听完备受鼓舞、信心满怀。作为党的基层干部，我们要立足自身实际，充分发挥资源，坚持一手发展公益体育、一手发展体育产业，在经济转型中让人民群众拥有更多获得感和幸福感。

“作为一名教练员，我非常自豪培养的运动员实现了自己昔日的梦想。”全国体育系统先进工作者代表、浙江体育职业技术学院国家级教练楼霞说，习近平总书记的重要讲话，充分体现了党中央对发展体育事业的无比重视和关怀，让我们这一代运动员和教练员深感使命艰巨和责任重大。我们要进一步坚定理念信念，倾情敬业奉献，科学刻苦训练，再带出一批优秀运动员、一支荣誉运动队，无愧于时代。

（刊载于《中国体育报》2017年8月29日）

《中国体育报》

展现精气神增强获得感
天津倾心书写全运会答卷

渤海湾畔燃梦想，海河两岸写荣光。熊熊燃烧的圣火9月8日晚在天津缓缓熄灭，第十三届全运会承载着光荣与梦想，精彩落幕。以“创新、安全、节俭、绿色、精彩”为理念，天津倾心书写出“当好东道主、办出高水平”的答卷，也向全国人民展现出城市的精气神和百姓的获得感。

大美天津　绽放新精彩

白天，天津奥林匹克中心体育场——“水滴”，在鲜花与绿草的簇拥下生机勃勃；夜晚，五彩缤纷的灯光则将“水滴”装点得美轮美奂。相距不远，流动的海河呈现出别样的诗意与美。

开幕式上的天津无疑更是令人惊艳。霍家拳法、杨柳青年画、“天津之眼”……一个纵横于历史与现代之间的大美天津展现在世人面前。“我们想用天津元素来展现中国气派。”开幕式总导演孟可说。

天津是中国近代体育与奥林匹克运动的发源地之一。篮球、足球、网球、乒乓球、台球、垒球、羽毛球、赛艇、田径……这些大家耳熟能详的体育项目，最初由西方传入天津，并逐渐传播到全国。

作为东道主，天津代表团共有710名运动员参加全部32个大项，参赛项目和人数全面超越历届。柔道、武术、棒球等优势进一步巩固，自行车、体操等项目摘金夺银，女足姑娘突破性地获得亚军……

“要在家门口展现东道主竞技体育的综合实力与天津体育健儿的精神风貌。”天津市体育局局长李克敏说。

全运会使得天津城市面貌日新月异。全运会组委会市容环境部副部长翟千德说，天津市对100多条道路、2900多栋建筑立面进行了综合整修，全市新建提升绿化面积1632.4万平方米，关停淘汰落后污染企业101家。

“比赛结束后，所有全运场馆将适时面向社会公众开放。”天津市城乡建设委员会总工程师吴冬粤承诺。

“天津是座美丽的城市，这次来天津能够感到浓厚的体育文化元素，希望运动员和教练员在比赛赛得好的同时，也能领略到天津的城市文化。”中国篮协主席姚明说。

全力以赴　办出高水平

“比赛场地真不错。”辽宁女垒日籍教练成田武男竖起了大拇指。

“欣赏到了精彩的比赛，丢失的钱包也失而复得！”在沙滩排球场观赛后钱包遗失的青海女孩孙海铭，在接到组委会工作人员递来的钱包时喜极而泣。

人前有多酷，人后有多苦，这句话适用于天津全运会从筹备到组织的全体参与者。

“这是天津市迄今为止承接的规模最大、水平最高、社会影响最为广泛的大型综合性运动会。”天津市体育局副局长李桂峰说。全运会涉及场馆47个，其中新建场馆21个，改造15个，工程量大，工期紧张。

在举办沙滩排球和帆船帆板项目的天津东疆湾景区，天津港东疆建设开发公司设施部工程师原辉说他“做梦都会梦见沙子”。为保证沙滩质量，80多位施工人员从7月初就开始进场筛沙，确保沙子粒径在两毫米以下，且无杂质。

本届全运村在我国运动史上规模最大、入住人数最多，并创纪录运营26天。“我们在全运村构建起了协调高效的组织运行体系。”全运村村长、天津河西区区委书记贾凤山说，由公安、武警、消防等1100多人组织的安保力量提供全区域、全天候、全方位安保服务。

办赛效果好不好，观众上座率最具说服力。有孙杨、张继科、林丹等明星运动员出场的赛事，观众上座率自不待言。可即便是在手球、摔跤、跆拳道等相对“冷门”项目赛场上，上座率也有七八成。

“这与组委会票务的科学设计密不可分。”全运会组委会票务中心主任袁彦彤透露，市民和外地游客可以花小钱看比赛，组委会专门安排柔道、跆拳道、田径等8个项目10多个场次开设“惠民专场”，票价全部仅为10元，效果颇佳。

志愿服务体现了一座城市的人文关怀与温度。凌晨三点，天津大学软件学院志愿者李璇依然面带微笑，守候在天津滨海国际机场，等待着即将抵达的运动员。“我希望能够为这项盛会付出一点自己的努力。”李璇骄傲地说。

整个赛事期间，1.7万名全运会志愿者遍布在47个比赛场馆、全运村、接待站点等服务地点，为竞赛支持、场馆运行、媒体服务、开闭幕式展演等方方面面保驾护航。

全民健身　抒写新明天

近百年历史的天津民园体育场，如今是夜跑族的最爱；着力打造“15分钟健身圈”，百姓在离家门口不远的地方就能找到健身场所，不出社区就能踢一场足球赛；各区县发挥山、河、湖、海、湿地等自然环境优势，打造市民健身休闲、体育旅游运动营地。

大力兴建群众体育设施不仅在硬件上改变着天津这座城市，更让普通百姓在体育赛事、健身活动中获得满足感。

“接人气、通地气”。本届全运会创新性地设立了19个大项、126个小项的群众比赛项目，其中不乏柔力球、太极拳、健身气功、轮滑、滑板等天津市民喜闻乐见的项目，甚至还有“跳”进全运会的广场舞。

“引入群众性体育项目，真正做到了全运会的‘全’字。这不仅仅是专业运动员的盛会，更是全社会的体育盛会。”姚明为天津全运会的创举“点赞”。

全运会还带火了天津体育旅游市场。去马术俱乐部骑马，到极地海洋世界潜水，赴蓟县梨木台“天然氧吧”登山……“体育＋旅游”正成为天津城市发展的新方向。

2015年，天津与国家体育总局签订协议，在全运周期内协同推进“全运惠民工程”，紧紧围绕“惠民”这个核心，不断提高全民健身公共服务均等化水平，确保实现人人享有基本体育健身服务的目标。

目前，天津建有各类体育场地2万个，人均体育场地面积2.15平方米，各类体育社会组织五千余个、社会体育指导员三万余名，经常参加体育锻炼的人数比例达到42%，国民体质合格率达到93%。

一个世纪前，“奥运三问”从天津发出了中国人对体育的渴望与畅想。如今，作为我国近代体育发展的先驱城市，天津正借群众体育之手，在对体育精神追求的道路上不忘初心，继续前进。

（刊载于《中国体育报》2017年9月10日）

闭幕式现场

《中国体育报》

十三运群众比赛决赛暨全国老年人体育健身大会开幕

7月2日，“我要上全运”第十三届全运会群众比赛决赛暨第三届全国老年人体育健身大会开幕式在天津市人民体育馆隆重举行，国家体育总局副局长赵勇，天津市委常委、市委教育工委书记程丽华，全国老龄工作委员会办公室副主任吴玉韶出席活动并致辞，天津市副市长曹小红主持开幕仪式。

赵勇在致辞中指出，全运会增设群众比赛，就是为了增加普通百姓的参与感和获得感，带动更多人参与全民健身。老年健身大会增加群众性和便利性，就是为了带动更多老人参与全民健身。赛事的改革，是以人民为主体，以群众满意为目的，是践行以人民为中心发展思想的实际行动，是发展以人民为中心的体育。

赵勇指出，发展以人民为中心的体育就要顺应人民群众的期待。人民对体育健身的需求前所未有，已成为第一需要，要及时转变体育发展思想，体现以人民为中心，走出一条有中国特色的体育强国之路。发展以人民为中心的体育就要构建全地域覆盖、全周期服务、全社会参与、全球化合作、全人群共享的大体育格局；要从群众身边做起，大力建设群众身边的体育组织，大力建设群众身边的体育设施，丰富群众身边的体育活动，开展丰富多彩的群众身边的体育赛事，强化群众身边的科学指导，发展群众身边的健身文化，让老百姓看得见、感受得到、用得上，天天都能享受健身、体育带来的快乐，要以群众满意不满意作为评价标准，作决策要有群众参与，过程中有群众监督，基层体育项目要让群众参与管理，最终的结果要由群众来评价，真正让百姓高兴满意。

赵勇强调，要精心组织好群众比赛的决赛和老年人健身大会，要严把资格关，组织好群众观赛，提供好各项保障，裁判做到公正公开，抓好赛风赛纪，共同办好这两场大赛，给全社会和全体人民呈现别样的精彩。

程丽华指出，老年人是全民健身的基础力量，全国老年人体育健身大会为丰富老年人文化生活、促进老年人健身锻炼搭建了广阔平台。全运会群众比赛决赛即将集中开赛，希望广大运动员发扬重在参与、重在健身、重在交流、重在快乐理念，共享体育事业发展的丰硕成果。

吴玉韶指出，老年群体是群众体育和全民健身的重要参与者，老年体育在增强老年人体质、丰富老年人精神文化生活、促进社会和谐等方面发挥了重要作用，全国老年人体育健身大会有效推进了老年体育健康事业的发展，希望各界更加关注支持老年体育事业的发展。

（刊载于《中国体育报》2017年7月3日）

《中国体育报》

李鸿忠王东峰到全运村就做好全运会有关工作现场办公看望慰问运动员工作人员和志愿者

顽强拼搏团结协作　全力服务保障全运会

4日下午，市委书记李鸿忠，市委副书记、市长王东峰深入全运村就做好全运会有关工作进行现场办公，并亲切看望慰问运动员、工作人员和志愿者。李鸿忠强调，要深入学习贯彻习近平总书记在津出席全运会有关活动时的重要讲话精神，发扬连续作战、顽强拼搏的良好作风，再接再厉，团结协作，全力以赴做好后续各项工作，确保第十三届全运会圆满成功。

在现场办公会上，李鸿忠、王东峰等市领导同志听取开幕以来有关工作情况汇报，就竞赛组织、安全保卫、闭幕式组织、文体展演、全运村运行等工作深入研究会商。会议指出，自全运会开幕以来，组委会各工作部和各区各部门各单位讲政治、顾大局，齐心协力推进各项工作，取得了阶段性成果，成绩值得肯定。目前赛程已过大半，越往后越不能松懈。要切实把习近平总书记对体育事业发展和对天津干部群众的关怀厚爱转化为办好全运会的强大政治动力和精神动力，增强“四个意识”，乘势而上，按照“场馆设施一流、竞赛组织一流、全运村一流、接待服务一流、新闻宣传一流、安全保卫一流”的“六个一流”标准严格要求，善始善终完成各项工作，做到目标不变、标准不降、力度不减。要更加严谨细致地做好闭幕式综合组织和文体展演工作，注重细节，搞好衔接，确保安全顺畅。要认真总结经验，形成长效机制，让全运会为城市发展留下更多宝贵财富。

会后，市领导同志来到全运村安检点，实地检查全运村安保值守工作情况，并与安检人员、服务人员和志愿者握手致意。李鸿忠说，大家为全运会的顺畅高效运行付出了心血、汗水和努力，你们团结协作、无私奉献的精神令人敬佩。希望以更加饱满的精神状态，尽职尽责、坚守岗位，为广大参赛人员提供真诚优质服务。

时至傍晚，正值运动员用餐高峰，市领导同志来到运动员村餐厅详细察看运动员就餐保障情况。李鸿忠与运动员亲切交流，关切询问饭菜口味怎么样，征求服务保障工作意见建议。运动员们称赞餐厅菜品齐全、味道可口，服务热情周到，对全运村服务工作表示满意。李鸿忠祝愿大家在运动场上有出色发挥，取得优异成绩。他叮嘱随行的餐厅负责同志和食品安全监管人员，要精心精细管理，让运动员吃得放心、舒心。

（刊载于《中国体育报》2017年9月4日）

《天津日报》

第十三届全运会：完成历史突破　展现天津力量！

第十三届全运会在天津体育馆大幕落下。经过 13 个比赛日的激烈争夺，天津代表团在 13 个大项中，获得了 18 个冠军，总共收获 62 枚奖牌。在历届全运会中，这是天津代表团成绩最好的一次，充分证明天津竞技体育取得了历史重大突破。

一、继承传统捍卫优势项目

一直以来，天津体育非常注重优势项目的传承，进而以优势项目为基石，带动本市竞技体育

十三届全运会开幕式

的整体发展。本届全运会上，众多优势项目发挥稳定，展现出了极高的竞技水准，成为天津代表团名副其实的排头兵。

天津女子网球队继续保持着在国内的领先地位，继上届全运会之后，女子团体再次为天津代表团夺得竞赛首金，并成就了“三连冠”的伟业。王蔷和张帅包揽女单冠亚军，凸显了天津女网的整体实力。

进入“后佟文时代”的天津柔道，在主场打出了气势，唐婧和陈飞分别获得女子63公斤级和女子70公斤级冠军。本次比赛，天津队总共夺得2金1银6铜，创造了建队以来在全运会赛场上的最佳战绩。

奥运冠军吕小军在举重男子77公斤级比赛中，展现出了高人一筹的实力，轻松卫冕。老将于萌萌夺取武术套路女子太极拳、太极剑全能冠军。此外，天津队还夺得了武术套路团体冠军，延续了“武术之乡”连续六届全运会均有金牌入

账的优良传统。在女子花剑个人赛中，重返赛场的孙超宝刀未老，成功问鼎，书写了一段剑坛传奇。继董震、陈一冰之后，穆济勒以一套流畅的动作收获男子自由体操冠军，天津体操再次迎来了领军人物。小将史航勇夺男子公路自行车个人计时赛冠军，成功完成了对前辈李维的超越。

在捍卫传统项目的同时，天津选手也在不断开辟新的领域，男子小轮车BMX越野赛，李晓刚强势夺冠，给代表团带来不小的惊喜。此外，在帆船比赛的3个项目中，天津选手收获1银2铜，也是不小的突破。

二、集体项目有惊喜有遗憾

在大型综合性运动会上，集体球类项目往往被各代表团格外看重。本届全运会，天津在女排21岁以下组、棒球、女子水球和新增项目女子轮滑冰球的比赛中，纷纷斩获冠军，充分展现出了在集体球类项目中的实力。

天津青年女排在21岁以下组比赛中，发扬了一拼到底、不畏强手的老女排精神，最终如愿夺冠。当然，我们也不会忘记永远的"城市名片"——天津女排，在家门口以第六名的成绩遗憾谢幕，"天女"结束了属于她们的那个时代。随着魏秋月、殷娜、李莹、王茜、张晓婷等一批功勋球员纷纷退役，李盈莹、王媛媛等小将责无旁贷地接过前辈的衣钵，天津女排也将迈入新的阶段。

天津棒球队时隔12年，再次夺得全运会冠军，这也是继三运会、九运会和十运会之后第四次称霸全运会。这枚金牌也标志着一个时代的落幕，随着侯凤连、苏长龙等老将的退役，以张春轩为首的新生力量将为天津棒球的未来继续打拼。

作为中国女子水球领域的常胜之师，天津女水不负众望，如愿实现了全运会"三连冠"。带着这样的辉煌成绩，天津女水同样要向一批老将挥手告别，杨珺、孙雅婷、孙玉君选择退役，她们将转战教练岗位，为天津女水继续奉献青春。

赛场上不仅有冠军的喜悦，还有爱情的甜蜜。值得一提的是，这两支王者之师还促成了一对金牌情侣，棒球小伙儿李洪鑫和女水姑娘孙雅婷已经开启了属于他们的蜜月之旅，这也是两个项目最完美的一种传承方式。

轮滑冰球首次被列入全运会竞技比赛项目，天津女队便拿到有史以来第一个冠军，可谓极具历史意义。作为冰球运动的"敲门砖"，轮滑冰球场地运营成本低、队员滑行速度慢，比较适合对冰球有兴趣的初学者，也适合在冰上条件不足的省市开展，从而有效发挥了全运会的竞赛杠杆作用。

此外，天津女足获得亚军，创造了天津足球征战全运会的历史最好成绩。男子七人制橄榄球队同样收获了一枚银牌，小伙子们展现出了顽强拼搏、永攀高峰的体育精神。

三、跨省组队促进互利共赢

本届全运会，国家体育总局实施了允许部分4人以下（含4人）项目跨单位组队的新政，包括自行车、乒乓球、羽毛球、田径、赛艇等10个大项49个小项，给各省市之间提供了"强强联手"的机会。天津代表团积极响应总局政策，与兄弟省市共同组队，在多个项目上实现了历史性突破。

赛艇选手李晶晶与来自山东和上海的三名奥运会选手合作，夺得女子四人双桨冠军，这也是天津代表团在本届全运会开幕式后获得的首枚金牌。王素素帮助天津自行车运动实现了"零"的突破，在女子场地团体追逐赛中，王素素与山东、山西的三位名将合作，一举夺冠。

田径和游泳两个基础大项，天津代表团亦有不俗表现。小将白家睿作为津沪赣粤联队的一员，获得男子 4×400 米接力冠军，而李响、董洁在泳池中也以联合组队的身份为天津分别收获奖牌。

联合组队新政的推出，不但为各省市代表队带来了利益最大化，还可以通过全运会这样的比赛，合理有效地与国家队大战略结合起来。本届全运会，不但取消了金牌榜，还推出了允许跨省联合组队这样的新举措。这些都是全运会的重大改革，同时打破了地域上的禁锢，让天津体育可以更好地与各兄弟省市形成积极有效的合作。

四、群众体育社会反响强烈

本届全运会设立 19 项群众比赛项目，既有乒乓球、羽毛球等传统项目，又有柔力球、太极拳、健身气功等适合大众的项目，真正实现了全民参与。在群众比赛中，天津队取得 5 枚金牌、3 枚银牌、9 枚铜牌的好成绩。

解乒乒在女子组规定孙式太极拳 73 式比赛中如愿夺冠，成为首位夺得群众比赛项目金牌的天津选手。作为天津体育学院的一名教师，在学校常年为学生教授太极，如今能够站上全运会的最高领奖台，解乒乒将天津的太极拳水平展现在全国观众面前。

本次全运会加入群众比赛是对“全运惠民健康中国”办赛宗旨的贯彻实施。群众参赛热情高涨，社会反响强烈。普通百姓从观众的角色转变为亲身参与，社会关注度不断提高，体现出了这次改革的深远意义。

五、放眼未来憧憬陕西全运

在这个全运周期，天津竞技体育有了跨越式发展，取得了长足的进步，实现了质的提升。上届辽宁全运会，天津代表团收获了 11 个冠军，而 8 年前在山东全运会则是拿到 12 个冠军。本届主场作战，天津体育健儿充分发挥了最佳的竞技能力与水平，展现出了良好的精神风貌和作风，最终创造了参加全运会的最好成绩。

在本届全运会的赛场上，天津运动员充分发扬奥林匹克精神，弘扬中华体育精神，胜不骄，败不馁，表现出了积极进取、坚韧不拔的精神意志；体现了遵守规则、尊重观众、尊重裁判、尊重对手的体育道德风尚；展现了文明礼貌、热情友好的精神风貌。

天津全运会已经成为过去，在总结成绩、寻找差距的同时，天津体育更应该放眼未来，加强顶层设计、强化项目的科学布局、加强教练员和运动员队伍建设、重视训练的科学含量、着力培养后备人才队伍，在四年后的陕西全运会上，力争取得更优异的成绩。

（刊载于《天津日报》2017 年 9 月 10 日）

《人民日报》

关注度越高　生命力越强

——透视第十三届全运会改革探索

回顾新中国体育，全运会的地位和作用不容忽视，它被认为是新中国体育事业改革发展的助推器和风向标。从“发展体育运动，增强人民体质”，到全面接轨“奥运争光”计划，再从“共享全运”“节俭办赛”到“全运惠民，健康中国”。在全运会58年的发展历程中，中国体育的价值取向不断丰富，人们看待全运会的视角也更为多元。

全面深化体育改革，努力破除机制障碍

1959年，第一届全运会在北京举行，这是中国体育里程碑式的大事，朝气蓬勃的新中国运动健儿展示了自信自立、热爱生活的风貌。而1983年的第五届全运会，则是中国重返国际奥运大家庭之后的首届全运会。

在新中国竞技体育从弱到强的发展历程中，全运会发挥着“指挥棒”的作用。1993年第七届全运会，将全运会举办时间调整为奥运会后一年；1997年第八届全运会的设项全面与奥运会接轨，并将奥运会金牌带入全运会计算。进入新世纪，中国军团跻身世界体坛最强竞争者的行列，2008年北京奥运会中国体育代表团登上金牌榜首位。国家体育总局竞技体育司负责人表示，全运会是国内练兵的主赛场，是选拔和培养奥运人才的重要渠道和舞台。在奥运争光计划中，全运会的跳水、乒乓球、羽毛球、射击、体操、举重等项目上涌现了一批高水平竞技人才，创造了许多好成绩，圆满完成了奥运会备战任务，充分发挥了竞赛的杠杆和资源配置作用。

另一方面，与中国选手在国际赛场争金夺银的形势形成反差的是，全运会的关注度近几届有所下降。面对日益高企的改革呼声，2008年北京奥运会后，全运会也开始积极探求自身新定位。比如，2009年第十一届全运会关于新建体育设施赛后利用的考虑；2013年第十二届全运会践行“节俭办赛”理念；即将举行的第十三届全运会公布七大改革举措，增加群众比赛项目等。国家体育总局竞技体育司负责人表示，要以全运会改革创新为突破口，全面深化体育的体制机制改革，努力破除制约体育事业发展的利益藩篱和机制障碍。

挖掘赛会综合功能，让全运会成为群众的节日

有人把全运会比喻成“以各省区为单位参加的奥运会”，在以往以金牌为核心的评价体系里，各省区市体育部门都会将全运会的成绩和排名，视作衡量一段时期内体育工作好坏的重要甚至唯一标准。

2015年1月，国家体育总局发文，取消亚运会、奥运会贡献奖奖项的评选，对全运会等全国综合性运动会只公布比赛成绩榜，不再分别公布各省区市的金牌、奖牌和总分排名。国家体育总局竞技体育司负责人表示，要从根本上扭转金牌至上的政绩观以及由此引发的种种问题，在新的历史时期，人民群众日益增长的多元化、多层次体育需求与体育有效供给不足的矛盾依然突出，全运会要与时俱进，进一步挖掘并发挥综合性运动会的多元价值和综合功能。

眼下，第十三届全运会群众项目比赛正在全国各地陆续展开。姚喆文，一名小学五年级学生，柔力球技艺精湛，“特别希望到大舞台上展示，观众越多，我就越想表现”。年近50岁的北京市龙舟队队员马玲玲带伤备战，日均徒手划桨训练2000次，“为了全运，为了心中的梦想，拼一把，没有下次机会了”。首都体育学院校长钟秉枢认为，一个运动会的主要价值体现在项目设置上，增加群众比赛项目让全运会成为群众的节日，这种思路值得肯定。

长期以来，全运会遵循奥运会的竞赛体系，奥运会的设项变化在全运会上得到很大程度的体现。例如，橄榄球、高尔夫球在成为里约奥运会项目之后，也第一时间进入第十二届全运会。而第十三届全运会并没有完全“复制”东京奥运会的项目安排，空手道、冲浪项目受一定条件制约，不完全符合列入全运会项目的标准和条件。相反，龙舟、舞龙、柔力球、太极拳、健身气功、航空模型、航海模型等覆盖各年龄阶段、各类人群喜好的非奥运项目纷纷进入全运会。

钟秉枢说：“无论参赛的是专业运动员还是业余选手，都竭尽全力，都要争胜，超越自我。从这个角度看，群众比赛项目和竞技体育项目的金牌是一样的，是等价的。”

整合更多社会资源，健全体育人才培养体系

取消全运金牌榜，奥运金牌与地方体育部门不直接挂钩。有人为此心怀顾虑：既然全运会和奥运会没有关系了，还有什么理由让各省区市为奥运会投入呢?

对此，国家体育总局竞技体育司负责人表示，要通过全运会改革等一系列举措引导地方把更多的资源和力量放在后备人才培养、提高竞技水平、培育体育精神等方面，为我国竞技体育的可持续发展创造更加良好的发展环境，使奥运争光计划在体育发展的新时期有新的收获。

第十三届全运会设20项田径和14项游泳小年龄组比赛，群众比赛项目则让普通体育爱好者参与到全运会的激烈竞争中，一些项目还鼓励高水平业余运动员与专业运动员同场竞技，这都是创新选材思路、拓展选材范围、动员社会力量参与奥运会备战、从更广阔的范围中选拔竞技人才的重要举措。“未来能为中国体育争光的人将来源于多元培养体系，这也将推动竞技体育体制的改革和完善。之前有李娜和丁俊晖这样的模式，现在有男子冰球队的选拔和组建模式，都在往这个方向改变。”钟秉枢说。

2016年里约奥运会，中国女排勇夺冠军。郎平执教中国女排期间，运动员都向往入选国家队，各省市体育局也全力支持，国家队一呼百应，各方一路绿灯。同时，市场手段也没有缺位，复合型保障团队对女排登顶也功不可没。女排的胜利，是举国体制和市场手段发挥各自优势、融合进步的结果，这一点得到业内外人士广泛认同。

步入2017年的中国体育，显示出了一种前所未有的改革气魄。第十三届全运会的改革力度强劲，各界也寄予厚望。当全运会能够充分调动社会力量参与的时候，体育也将展示金牌之外的更多社会价值。

（刊载于《人民日报》2017年7月13日）

田径预选赛

402
OUR HOME
国田径锦标赛暨全运会预选赛
努力超越 追求卓越
THIS IS OUR HOM
媒体合作伙伴

《人民日报》

发掘新秀 查找差距 锻炼队伍
全运历兵奥运　天津望向东京

第十三届全运会是中国体育通向2020年东京奥运会的重要一站。老将在这里捍卫荣誉，新人从这里崭露头角。本届全运会推出了联合组队等改革举措，力图创造出更高竞技水准。东京奥运会新增和变化的项目，全运赛场也囊括其中，为运动员提供大赛实战的机会。从天津望向东京，挑战始终相伴，磨炼从眼下开始。

老将新人，同场竞争完成交替

里约奥运会后，吴敏霞、陈若琳、秦凯、何姿等跳水老将退役，通过全运会发掘人才、锻炼人才的渴盼就更为强烈。中国跳水队领队周继红认为，从本届全运会看，女子项目的后备力量好于男子。独得女子十米台单人、双人两金的13岁小将张家齐成为最大“黑马”，掌敏洁、昌雅妮等小将也具备向世界冠军发起冲击的实力。

射击赛场，第七次参加全运会的“老枪”谭宗亮时隔12年再夺金牌，而“95后”的年轻选手已经成为决赛场上的主力军，女子10米气步枪决赛的8名选手中，1996年出生的江夏金和裴蕊娇是年龄最大的两位。

举重台上，3位里约奥运会冠军邓薇、向艳梅和孟苏平发挥出色，登上最高领奖台。此外，女子举重48公斤级侯志慧、53公斤级廖秋云的夺冠成绩都比里约奥运会冠军成绩高出不少，不少“95后”选手也进入这两个项目的前8名。

击剑场上老将新人的对决尤为激烈。北京奥运会男子佩剑冠军仲满在获得自己的首个全运会冠军后宣布正式退役。男子花剑团体决赛，老将雷声、马剑飞率领广东队实现四连冠。23岁的男花新秀陈海威带伤获得个人冠军，有望在这个项目上接过大旗。

经历了老将退役的滑坡后，体操队也努力从低谷攀登。福建队选手林超攀在男子个人全能比赛中表现抢眼；广东队15岁的陈一乐在女子全能决赛中一路领先夺冠；女队“小花”刘婷婷、王妍、罗欢等国家队选手也有不错发挥。但相比强队美国队，中国选手的气势仍需磨炼。

联合组队，重组格局激发活力

允许跨省市组队是本届全运会的重要改革举措。中国自行车协会主席沈金康说，这一改革效果明显，本届全运会场地自行车团体金牌几乎被联合队包揽。分散在各省市的优秀运动员相当于组成了国家一队、二队和三队，带动了竞技水平的提高。

沈金康认为，联合组队不仅是运动员联合，也应是教练、团队的技术力量、科研力量等更深层次的合作。同时，联合组队让更多省市拿到了金牌和奖牌，也会鼓励这些省市更为重视后备人才的培养，形成良性循环。希望全运会后对联合组队方式进一步探讨，进一步完善。“联合组队有很强的生命力，但前提是各地方队多考虑竞技水平的提高，而不只顾着计算奖牌。”

周继红也对联合组队给予肯定，她认为，联合组队能够体现出中国跳水的整体优势，推动跳水这样的小众项目更好发展。

2004年雅典奥运会皮划艇冠军孟关良在观看了全运会比赛后说，水上项目是奥运金牌大户，但在国内仍处于不温不火的状态，竞技层面的影响力和关注度都有欠缺，“这次多人项目夺冠的基本都是跨省联队，从提高水平和训练备战等方面看，这一措施发挥了积极作用。”

规则变化，磨砺选手积极应对

东京奥运会新设项目10米气步枪、气手枪男女混合团体比赛首次登上全运会舞台，中国队在这两个项目中都具备较强实力，代表河北队参加气手枪混合项目的老将庞伟说：“现在规则和设项都在向着吸引观众的方向前进，混合项目精彩程度高，对射击推广有好处。”国家体育总局射击射箭运动管理中心副主任李劲松说：“全运会前公开选聘了10名国家队主教练，将结合全运会的成绩选拔国家队队员，着手开始奥运集训。”

田径赛场上的国家队选手刚刚从伦敦世锦赛归来，两位世锦赛金牌得主杨家玉和巩立姣均捍卫了在国内的统治地位。但从天津放眼东京，中国田径仍面临着不小挑战。竞走奥运冠军刘虹和王镇已淡出赛场，全运会也是女子链球老将张文秀的告别战。杨家玉、王凯华和王铮等选手虽已逐渐挑起大梁，仍需用稳定的表现证明自己。

在奥运会击剑团体设项轮换原则被废除后，男花团体、女重团体重新跻身东京奥运会。这对中国选手来说虽然意味着机会，但“90后”担纲主力还需要大赛历练。另一方面，目前击剑业余俱乐部兴起，但和高水平竞技之间还无法衔接。中国击剑协会主席王海滨坦言，人才断档问题需要更多措施去应对。

东京奥运会上，体操团体项目将采用4—3—3赛制，“这提醒我们在全能型选手的培养方面还要发力，要全能、团体、单项并重，”中国体操队领队叶振南说，“不然参加奥运会的排兵布阵就会比较吃力。”中国队以往都是以难度见长，对动作完成质量的要求没那么严格。从本届全运会看，各队对于完成分的重视程度越来越高，“体操属于打分项目，还是要研究裁判的标准，跟上国际潮流的变化。”

（刊载于《人民日报》2017年9月8日）

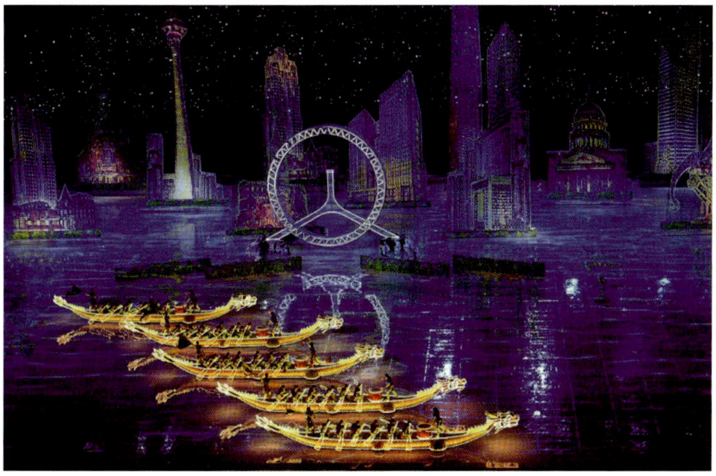

开幕式表演

《人民日报》

海河之畔　忙而不乱

8月23日和25日两天晚上，天津奥林匹克体育中心东侧的体育馆“大馆”里，北京跳水队13岁小将张家齐不断创造佳绩，而西侧的体育场“水滴”内，本届全运会的开幕式也已进入到最后的公开彩排阶段。

赛事与活动在时间、空间上的高度重合，使得场馆周边车辆川流不息、人流如织，不过这并未造成秩序上的混乱。共享单车在场馆外围一段距离就需停下摆放整齐，公交系统的全运专线开通用来运送、疏散观众，而场馆内的餐饮店、纪念品商店也已开门迎客，秩序井然。

虽是首次办全运会，但截至目前，东道主在媒体运行、赛事运行等环节却显得较为“熟练”。面向群众的项目在全运会中出现，不仅给群众选手提供了登上全运舞台的机会，也为办赛者协调安保、医疗、交通等必要环节提供了锻炼平台。包括4月29日的马拉松决赛在内，19个面向群众的全运会比赛项目相继展开，再加上拳击、足球U18（18岁以下）组等提前开赛的项目，在8月27日的开幕式之前，东道主便已累积起不少办赛经验。

未来的全运会将不再只是四年一度的体育赛事，而是要成为“散入寻常百姓家”的“日常赛事”。而办赛者的组织协调能力，也将随之得到检验与提升。

（刊载于《人民日报》2017年8月27日）

女子曲棍球

《中国体育报》

十三运会实施多项改革创新

第十三届全运会开幕前新闻发布会今天下午两点在全运会主新闻中心举行，第十三届全运会组委会副主任、国家体育总局副局长李颖川，第十三届全运会组委会副主任兼秘书长、天津市副市长曹小红及相关负责同志出席发布会，介绍有关情况。

李颖川就本次全运会的基本情况、全运会改革措施、赛风赛纪和反兴奋剂情况等介绍了本次全运会的准备情况。李颖川表示，本届全运会共设33个竞技比赛项目、19个群众比赛项目，总计543个小项。截至目前，17个群众比赛项目已结束比赛，乒乓球和羽毛球项目群众比赛将在开闭幕式期间举行；竞技比赛项目已结束130个小项，开闭幕式期间还将进行87个小项比赛。自4月29日田径马拉松项目开赛以来，十三运会前后累计将有20341名运动员参赛，其中参加竞技比赛的12721人，参加群众比赛的7620人。

本次全运会还进行了多项改革创新，李颖川介绍说，本次全运会新增乒乓球、龙舟等群众项目比赛；打破专业和业余、国际和国内的界限，在田径、游泳等6个项目上开放高水平业余运动员与专业运成员同场同池竞技、首次邀请高水平华人华侨运动员来华参加全运会；在游泳、田径等比赛上实施跨单位组队参赛政策；支持内蒙古、广西、西藏、宁夏、新疆5个少数民族自治区在全运会上交流引进少数民族运动员；实施教练员激励政策，在全运会颁奖仪式上，也为主管教练员颁发奖牌。

在赛风赛纪和反兴奋剂方面，李颖川表示，国家体育总局进行了广泛的思想发动和思想教育，专门成立了十三运会纪委会，分别与各参赛单位主要领导和各项目中心主要负责人签订了十三运会赛风赛纪、反兴奋剂责任书，严把运动员资格和年龄审核关，严把裁判员选派关，实施运动队反兴奋剂教育资格准入制度，制订严格的兴奋剂检查计划，坚持对兴奋剂的零容忍态度。

曹小红向与会媒体记者介绍了十三运会的竞赛组织、场馆建设、接待服务、大型活动、新闻宣传、交通通讯、环境整治等各项工作，并表示所有工作都已准备就绪，天津已轻准备好了！

（刊载于《中国体育报》2017年8月28日）

开幕式表演

《中国体育报》

十三运会群众比赛龙舟决赛开赛

第十三届全运会群众比赛“德成杯”龙舟决赛7月15日在湖南省常德市柳叶湖开赛。国家体育总局副局长赵勇致开赛辞并宣布比赛开幕，湖南省人民政府副省长向力力致欢迎辞，常德市委书记、市人民政府市长周德睿主持开赛仪式。

本次比赛由国家体育总局主办，天津市人民政府、湖南省体育局、常德市人民政府承办，湖南省龙舟协会、常德市文体广新局、湖南大众体育文化发展有限公司协办。今年，龙舟赛首次列为全运会群众比赛项目。

比赛为期3天，7月17日落幕，赛事采用12人、22人标准龙舟，设500米、200米、100米直道赛三个项目，每个项目设男、女子组，共设12枚金牌。由于龙舟赛每支队伍的运动员人数高达26人，是全运会颁发出金牌数、奖牌数最多的项目，本次赛事一共要颁出252套、756块奖牌。

赵勇在致辞中指出，龙舟是参与人数多、运动场面最大、影响范围最广、最能体现民族精神和体育精神并深受广大百姓喜爱的项目，是全运会改革的标志性赛事。目的是让更多百姓参与全运、感知全运、享受全运。赛龙舟是弘扬爱国主义精神的重要形式，是发扬光大集体主义精神的重要形式，是推动全民健身的重要形式，是倒逼水环境改善的重要形式。我们要以此为契机，发扬齐心协力、同舟共济、勇往直前、敢为人先的龙舟精神，创造幸福生活，同心共筑中国梦，共同“划”出更加幸福的美好未来。

向力力表示，湖南首次承办全运会龙舟赛决赛，承载了湖南体育人和三湘儿女的梦想和希望，龙舟赛在湖南举行，是湖南人的荣耀。“当好东道主，办好龙舟赛”成为湖南人民共同心愿和自觉行动，湖南将深入贯彻“全运惠民，健康中国”的办赛理念，严格按照“精彩、创新、带动、安全”的办赛要求，把龙舟决赛办成精彩圆满的“体育的盛会、人民的节日”。

本次比赛共有29个省（市）、香港特别行政区、解放军、前卫体协的49支队伍、1372人报名参赛。根据规程，东道主天津市、决赛承办地湖南省及香港特别行政区直接进入决赛。最终有16个省（市）、特别行政区的24支队伍、654名运动员拿到了决赛的入场券。7月15日和16日分别进行了男、女组22人和12人500米、200米直道赛共8个项目的角逐，传统劲旅广东队获得6金的佳绩，吉林队获得男子组12人龙舟500米和200米直道赛的两项冠军。

（刊载于《中国体育报》2017年7月17日）

《中国体育报》

赵勇：全运会以全民为中心

7月16日，第十三届全运会群众比赛龙舟决赛正在湖南常德如火如荼进行。国家体育总局副局长赵勇在常德视察全运工作时强调，全运会群众体育改革要坚定不移，不断深化，要让老百姓有参与感、获得感、幸福感。

赵勇说，以全民为中心就是我们下一步的工作方向。我们要认真总结这次全运会经验，下一步改革就是要围绕以人民群众为中心，让老百姓参与，让老百姓高兴，让全民健身带动全民健康，带动全民幸福。

谈到常德群众体育建设，赵勇表示，常德要借办比赛契机，要做群众体育改革的先锋，要率先创建国家运动城市，每个县都要创建全民健身模范县，建设一批运动休闲特色小镇，打造一批体育旅游示范区，要有实打实的抓手和载体，把体育产业搞起来，把载体搞起来，把百姓的公共服务体系搞起来。我们在设计下一步的群体赛事体系过程中，要从这次赛事中得到启发。

据统计，目前，已有87个国家和地区开展龙舟运动。赵勇强调，这次全运会一结束就开始搞资格赛，要月月有赛事，季季有赛事，年年有赛事，四年打进西安全运会，这是改革方向。我们要上下齐心协力，发扬龙舟精神，让越来越多的群众喜爱龙舟，让龙舟运动的规则和标准更契合国际赛事，让越来越多的国家开展龙舟运动，为最终龙舟入奥奠定基础。

（刊载于《中国体育报》2017年7月17日）

《中国体育报》

十三运会群众比赛体现“五个全面”

随着7月16日航空模型空战决赛结束，第十三届全运会群众比赛主赛阶段的13个项目比赛在天津圆满落幕。

在13天的比赛中，来自全国的34个代表团参加了13个大项、73个小项目的角逐，产生的73枚金牌被24个代表团分享。天津市体育局局长、第十三届全运会组委会副秘书长李克敏表示，本次全运会天津群众体育项目比赛精彩纷呈，体现了五个全面：一是全面贯彻习近平总书记关于体育工作的系列讲话精神，二是全面贯彻了“全运惠民，健康中国”的办赛理念，三是全面检验全国上下这些年来开展群众体育、全民健身工作的成果，四是全面推动全运会改革创新，五是全面推动全民健身与全民健康深度融合，对今后全民健身方向进行了大胆探索，用全运会的大平台引领全民健身迈上新水平、新高度。

第十三届天津全运会在项目设置上打破了除武术外基本与奥运项目相同的藩篱，共设19个群众比赛项目，有8022名群众选手参与赛事，让非专业运动员登上全运会的领奖台，让“全运惠民，健康中国”的办赛理念深入人心。

（刊载于《中国体育报》2017年7月17日）

《中国体育报》

八个“前所未有”诠释全运惠民

第十三届全运会尚未正式开幕，十余个群众比赛项目已经在天津、湖南等地轮番上演。各年龄层、各行各业的群众选手登上全运会大舞台，更多草根运动也展现出独特的魅力。带人参加天津赛区决赛的湖北省体育局巡视员、第十三届全运会群众比赛湖南省工作团团长林晓华日前在接受本报记者专访时表示，作为一个多年从事群众体育工作的老体育人，此次所见所闻，让她深深感受到本届全运会群众比赛所呈现的八个“前所未有”。

林晓华说，第一个“前所未有”是：群众体育上全运会的改革力度和各地支持改革的共识和力度前所未有。她认为，这是“执政为民”理念的体现，是“健康中国”的具体措施。通过群众体育上全运，有助于广大老百姓建立一种健康生活的理念。

林晓华说，这次全运会改革的重大举措从发出通知到赛事举办，只有3个多月，正是因为大家有共识，支持改革，才能在这么短的时间将各项改革措施逐步落实。这从一个方面反映了各省区市群众体育发展多年来的广度、深度、厚度，否则可能在队伍组建、赛事筹备上出现问题。

第二个“前所未有”是：群众“我要上全运”的参与激情，以及赛场上、赛场外群众运动员表现出的精神面貌前所未有。林晓华说，除马拉松、羽毛球等项目群众选手是其他途径和方式报名产生外，湖北的群众项目最终参赛选手都是通过预赛产生，直接参与选拔群众运动员近万人。不同年龄、不同地域、不同职业的运动员在场上将自己喜悦的心情、对健康生活的期盼和向往尽情释放。选手们不用督促、不用管理，都抱有“我要上全运”“我要去展示”的心态。

第三个“前所未有”是：全社会对群众体育关注的程度和新闻媒体的关注度以及报道的深度前所未有。林晓华感慨，各媒体对群众比赛的系列报道是从没有过的，关于群众体育项目、运动员的报道并不只是简单地报道一下得了多少金牌、奖牌而是用心在讲群众身边的体育故事，通过报道“我要上全运”的动人故事，切实推动全民参与健身，推动健康意识和健康生活理念的增长。

第四个“前所未有”是：对传统体育文化的弘扬和项目创新发展的促进前所未有。林晓华说，这次全运会群众项目的健身气功气舞比赛就是非常生动的例子，气舞是新鲜出炉的项目，也是观赏性很强的项目，它的基本动作都来自传统的健身气功功法，但编排、配乐自主性和创新性都很高，可以变换出更多形态，配合舞台灯光和LED大屏幕视频，习练者在强身健体的同时还可以放松心情，享受整个过程，这也给广大习练者一个非常好的展示空间。健身气功既彰显传统文化，又能跟现代新媒体、新技术结合，各地都抓住机会，在传统体育项目与现代新技术结合上大做文章，大大提高了项目的艺术享受。

第五个“前所未有”是：体育与文化艺术的结合对促进群众项目宣传、普及、推广以及竞技水平的提高和观赏性的提升前所未有。比如舞龙项目，一改过去只是单纯表现舞龙本身的动作，而是致力于怎样讲好故事，怎样将各地传统文化的内涵以故事的形式，通过体育的方式展示出来。林晓华说，湖北舞龙队以武汉体院的武术系学生为主体，据该校老师介绍，全运会舞龙项目的要求“逼迫”他们重新研究怎样在舞龙过程中讲好故事。他们对民间竹叶龙传说的故事进行了改编，通过舞龙的表现形式，讲述了竹叶龙保护弱小、与人们和谐相处的故事。林晓华说，这个过程本身对发展学校的专业、提高学生的能力都非常有帮助。

第六个“前所未有”是：赛前、赛中对赛风赛纪的教育和要求，以及所有群众运动员在赛场上的良好表现前所未有。林晓华说，赛前国家体育总局对全运会群众比赛提出了资格要求、纪律要求、反兴奋剂要求，各省区市也及时将这些要求传达给每位运动员、教练员，并组织大家学习相应的知识和条例。林晓华介绍，为确保赛风赛纪不出问题，湖北抓住充分发挥党员领头人作用这个抓手，多个代表队只要够党员数目的都有临时党支部，“因为我们的队员有高校老师、企业老板、学校学生，这些人走到一起怎样发挥作用？只有靠党员带头！”

第七个“前所未有”是：全运会群众比赛中的观众观赛文明程度前所未有。林晓华说，这次在天津理工大学赛区观看群众太极拳比赛，赛场氛围和观众表现非常好，只要场上运动员有精彩的表现，观众席上就会欢呼雷动，而不是只为自己的运动员加油，这充分反映了天津观众的文明程度和欣赏水平。她认为，这次天津组织了各区武术协会的习练者前往观赛，让场上的气氛热烈，这是可以移植的经验。林晓华说，这种赛场氛围对文明礼仪的学习、文明素养的养成是一个综合提升。

第八个“前所未有”是：全民关注全运会形成的大格局、大气场、大舞台的综合效益前所未有。林晓华说，在总结全运会群众比赛预赛的选拔过程中，群众体育赛事活动的选拔已不再单纯是体育局“自娱自乐”，而是与包括旅游部门、景区、市州县、协会等社会各方面结合起来。这样的平台搭建了体育与健康、体育与旅游、体育与文化深度融合的舞台，让社会各界都来关注并参与，后续效应会逐步体现。

林晓华认为，上全运会只是一个措施和手段，最终目的是带动更多人参与体育，共享体育发展成果，使全运会成为推动健康中国建设的重要窗口。

（刊载于《中国体育报》2017年7月19日）

开幕式现场

《中国体育报》

广东女枪手射落全运飞碟首金

第十三届全运会射击飞碟项目决赛阶段比赛7月22日在河南宜阳开赛。在首个比赛日进行的女子飞碟多向决赛中，广东选手张鑫秋以47中超世界纪录的成绩夺得冠军。

首次参加全运会的张鑫秋在资格赛中75发子弹打出73中，排名第二。决赛中，她发挥出色，淘汰各路好手进入冠亚军争夺战，最终以50枪47中超世界纪录的成绩夺冠。解放军队的邓维赞和江苏队王心怡分获第二和第三名。

在7月23日举行的男子多向决赛中，解放军选手于小凯以44中的成绩力压打出43中的四川选手刘杰，获得他的第二枚全运会金牌。于小凯曾在2005年的第十届全运会上射落男子多向金牌。

（刊载于《中国体育报》2017年7月24日）

《中国体育报》

全运场馆充分考虑赛后利用

第十三届全运会即将在天津开幕，全运场馆的赛后利用也是社会关注的焦点之一。天津全运会多个场馆设计任务的设计师称，早在新建场馆设计、老旧场馆改造阶段，后续利用问题就已充分考虑。第十三届全运会赛事涉及场馆47个，其中新建场馆21个，改造15个的场馆中，约有10个布局在高校中，为赛后直接利用创造了较好的条件。

天津奥林匹克中心体育场（“水滴”）将作为全运会开幕式场馆使用。这次提升改造更加符合全运会要求，同时考虑到了未来承接更多大型赛事的需要。天津市建筑设计院名誉院长刘景樑介绍，馆内进一步细化了功能分区，增加了贵宾接待区、赛时组委会用房等，增加总面积4000平方米，赛后都可以用作群众健身用房。

位于“水滴”旁的天津体育馆是全运会闭幕式场馆，建于1995年，改造难度较大。天津建筑设计院设计三院建筑所所长孙晓强说，因为该馆室内田径场使用频率不高，再加上全运田径项目整体设置在团泊场馆进行，所以这次提升改造将原有场地进行缩减，大幅增加观众座位数量至9991个，提升了观众的观赛效果和今后赛事承办能力。

自行车馆结构上采用了“弦支穹顶”设计，该技术将每平方米的用钢量由120公斤降到80公斤，从设计角度看，这种结构受力合理，效能较高。为解决这一专业场馆的赛后利用问题，孙晓强表示，在场馆一层专门规划有8块壁球场地。同样，专业化的射击馆也辟出了一块可容纳3000多名观众的区域，赛后可作为小型剧院使用。

除了场馆内空间预留，刘景樑表示，在场馆改造中机电设备也是按照尽可能减少能耗的方向设计，减轻后期利用的资金投入压力。

此外，全运村项目在赛事期间为运动员配套用房，赛后将作为商品房出售。天津市建筑设计院设计二院建筑所总建筑师赵敏说，项目在设计时全部按照绿色建筑标准。在小区入口附近车辆即可入地库，不在小区穿行，保障了小区内交通安全。运动员餐厅在小区内单独建设，不影响商品房整体结构。

（刊载于《中国体育报》2017 年 7 月 24 日）

《中国体育报》

香港攀岩高手为全运增色

当胸前挂着第十三届全运会群众比赛攀岩项目攀岩金、银牌的时候，来自香港的陈翔志和邓少熙脸上露出了开心的笑容。多年来的艰辛付出，终于有了回报。

虽然今天成为全运会攀岩冠军，但对于今年 22 岁的陈翔志来说，刚开始接触攀岩这项运动时则是抱着“玩”的心态。陈翔志说：“那时我刚 16 岁，正在上初中，一次偶然的机会接触到攀岩，当时完全是去玩一玩，结果一接触发现还挺有意思，特别是当我攀登到终点时很有成就感。”

陈翔志平时喜欢打电子游戏，喜欢上攀岩运动后很少再玩电游了，在父母的支持下，陈翔志来到攀岩俱乐部进行训练，有了专业教练的指导，他的技术得到快速提升。不仅如此，他还根据喜好，将攀岩项目作为自己的主攻项目。他说，因为攀石项目不仅挑战性强，也非常有趣，每次比赛的线路都不一样，只有到了比赛那一刻，才知道线路的设置，神秘感十足。

比起陈翔志来，今年 25 的邓少熙练习攀岩已有 10 年。他从小就练习足球，初中开始进行攀岩训练。高中时，他连续三年在亚锦赛上取得前八名。由于成绩突出，邓少熙获得了一份政府资助，让他可以专心进行攀岩训练。“高中毕业后，我要在工作和继续从事攀岩运动之间做出选择。由于有了这份资助，最终我选择了喜爱的攀岩，这一练就六七年，一直到现在。”

事实上，邓少熙这次差点参加不了全运会。在全运会预选赛上，他排名第四，根据规则，原本无缘参赛，但由于排名第三的欧志锋想专攻难度赛，放弃了攀岩项目，让邓少熙有了机会。“我的强项是攀岩，这 10 年中有 8 年时间我只参加攀岩赛。”邓少熙说，“但是这几年攀岩的风格变化很大，我的风格是力量型，但现在的线路对身体协调性要求也很高，这也要求我不断做出调整，改变已有的风格和习惯，才有机会取胜。

对于接下来的目标，性格腼腆的陈翔志表示，希望在 9 月份的亚锦赛上进入决赛；而邓少熙则把目标瞄准了明年的亚运会，“希望这次的全运会成绩对我参加亚运会有帮助。”（刊载于《中国体育报》2017 年 8 月 11 日）

游泳比赛

《中国体育报》

全运会场馆建设运用多项新技术

第十三届全运会将于本月底在天津正式开幕，各竞赛场馆均已建设完毕。记者从全运会组委会方面了解到，为保证高效、安全及美观，多项创新技术应用到了全运场馆建设中，为赛事顺利举办保驾护航。

此次全运会赛事涉及场馆 47 个。天津体育学院校区体首馆在全运会期间将承办击剑项目。据承建方中建六局相关负责人介绍，该馆屋盖结构采用双曲球面管桁架结构，最大跨度为 75.6 米，最大吊重 86.25 吨，吊装难度较大。为确保吊装安全，施工方与专家现场论证，并利用 BIM 模拟施工；最终确定采用抬吊技札顺利实现结构封顶。该馆赛场地面使用悬浮式运动木地板，并采用了悬浮式铺装工艺，解决了传统木地板安装方式的局部变形问题。

天津体育中心射击馆由中国建筑承建。该项目通过在三角钢桁架上依次焊接方钢连接件、方钢竖龙骨、挡弹钢板等来减轻构件自重，并在挡弹钢板外侧密拼固定的防腐木。

此外，天津体育中心自行车馆结构上采用了“弦支穹顶”设计，该技术将每平方米的用钢量由 120 公斤降到 80 公斤。在场馆一层还专门规划有 8 块壁球场地，便于实现这一专业场馆的赛后利用。

（刊载于《中国体育报》2017 年 8 月 16 日）

奖品　纪念品

第十三届全运会纪念章

第十三届全运会纪念邮票

友好交流

央视《新闻联播》报道

习近平会见亚奥理事会主席艾哈迈德亲王

国家主席习近平 27 日在天津会见来华出席中国第十三届全国运动会开幕式的亚洲奥林匹克理事会主席艾哈迈德亲王。

习近平感谢亚洲奥林匹克理事会长期以来为促进中国体育事业和亚洲体育发展所作积极贡献，强调中国将继续支持亚奥理事会工作。亚洲各国不仅要共同发展繁荣，体育方面也要共同进步。

习近平指出，2022 年冬奥会将在北京举办，这是中国体育同世界奥林匹克运动开创双赢局面的良好契机，将激发中国民众对奥林匹克运动的热情。建设体育强国是中国国家整体发展的重要组成部分。北京冬奥会也让中国民众有机会再次为奥林匹克运动发展和奥林匹克精神传播做出贡献。2022 年，中国杭州还将举办第十九届亚运会。我们将全力支持杭州亚运会筹办工作，相信杭州市有能力举办一届成功的亚运会。

艾哈迈德表示，亚奥理事会和我本人珍视同中国的合作和友谊，钦佩习近平主席对推进中国体育发展和国际奥林匹克事业的远见，感谢中国政府长期以来对亚奥理事会工作的支持，亚奥理事会将继续同中国密切合作，全力发展亚洲的体育事业，支持中国办好 2022 年北京冬奥会和杭州亚运会。

国务院副总理刘延东等参加会见。

（刊载于《中国体育报》2017 年 8 月 28 日）

习近平会见国际奥委会主席巴赫

国家主席习近平27日在天津会见国际奥林匹克委员会主席巴赫。

习近平欢迎巴赫来华出席中国第十三届全国运动会开幕式，感谢巴赫和国际奥林匹克委员会长期以来为促进中国奥林匹克运动和体育事业发展所作积极贡献。习近平强调，中国一贯重视发展体育事业，重视奥林匹克运动在社会发展进步中的重要作用。中方支持国际奥委会的工作，愿继续同国际奥委会就国际奥林匹克运动、体育在促进和平与发展方面的作用以及中国体育事业发展等议题深入交流合作。

习近平指出，目前北京冬奥会各项筹备工作正在积极展开。中国将全面兑现在申办北京冬奥会过程中的每一项承诺，为世界奉献一届精彩、非凡、卓越的冬奥会。我们将以北京冬奥会为契机，推动群众体育和竞技体育全面平衡发展，推进全民健身事业，不断提升人民健康水平。

巴赫表示，很高兴来天津出席中国第十三届全国运动会开幕式。习近平今年1月对国际奥委会总部的访问在国际上引起广泛关注，产生积极影响。我注意到中国人民对举办2022年冬奥会的热情，坚信中国政府将办成一届绿色、廉洁、高技术、可持续的冬奥会。国际奥委会将继续同中方密切协调合作，确保2022年北京冬奥会圆满成功。

国务院副总理刘延东等参加会见。

（刊载于《中国体育报》2017年8月28日）

苟仲文会见香港特区行政长官林郑月娥

今天上午，国家体育总局局长、中国奥委会主席苟仲文在津会见了香港特区行政长官林郑月娥一行。

苟仲文对林郑月娥来津出席全运会开幕式表示欢迎，对其就任香港特区第五任行政长官表示祝贺。苟仲文对香港回归以来的经济社会发展和体育事业取得的成就给予高度赞扬，并向客人介绍了内地体育改革发展、第十三届全国运动会和2022年北京冬奥会筹备工作等有关情况，希望两地体育界继续按照“一国两制”和基本法的有关规定，加强交流与合作，为推动两地体育事业发展和增进两地同胞情谊做出新的贡献。

林郑月娥感谢国家体育总局和中国奥委会长期以来对香港体育发展的关心和帮助，并希望在内地体育界的支持下，香港体育事业取得更大进步。她对2022年北京冬奥会筹办工作进展顺利表示祝贺，并期待第十三届天津全运会圆满成功。

（刊载于《中国体育报》2017年8月28日）

苟仲文会见国际奥委会主席巴赫

8月26日中午，国家体育总局局长、中国奥委会主席苟仲文在北京会见了应邀来华出席第十三届全国运动会开幕式的国际奥委会主席巴赫一行。

苟仲文对巴赫拨冗来华出席全运会开幕式表示欢迎，并对巴赫长期以来对奥林匹克运动稳定健康发展的贡献和为奥林匹克运动改革做出的努力表示感谢。

巴赫感谢苟仲文盛情邀请其来华观摩全运会。他表示，国际奥委会将一如既往地支持奥林匹克运动在中国的普及与传播。双方为就奥林匹克运动发展及北京2022年冬奥会等共同关心的议题交换了意见。

（刊载于《中国体育报》2017年8月27日）

苟仲文会见亚奥理事会主席艾哈迈德亲王

8月26日晚，国家体育总局局长、中国奥委会主席苟仲文在天津会见了来访的亚奥理事会主席艾哈迈德亲王。

苟仲文欢迎艾哈迈德亲王来华观摩第十三届全运会开幕式，并感谢其长期以来在国际体育事务中给予我们的支持与协助。艾哈迈德亲王表示，亚奥理事会将继续加强与中国奥委会的合作。双方就杭州2022年亚运会筹办及其他体育合作事项深入交换了意见。

（刊载于《中国体育报》2017年8月27日）

全运会参赛华人华侨开始报名了

第十三届全国运动会华人华侨参赛报名系统日前在全运会官网正式开通，并将于7月31日24时关闭。

6月14日，国家体育总局在京向全球华人华侨运动员发出《相约全运会　共筑中国梦》的邀请。本届全运会，华人华侨的高水平运动员可以报名参加26个大项、34个分项的比赛，与国内运动员同场竞技、切磋技艺、交流提高。华人华侨运动员可参照各项目的报名成绩标准进行报名，报名结束后，天津组委会将对报名运动员进行资格审核。通过资格审核后，将根据运动员人数决定是否举行资格赛，并通知运动员本人。

通过资格确认的运动员即可来华进行赛前适应性训练，来华参赛的华人华侨运动员的国内接送机、训练和食宿由北京体育大学负责，华人华侨运动员在天津参赛期间的服务保障政策按照天津组委会有关政策执行。

据了解，天津组委会将为参赛运动员和官员制作身份注册卡。按规定，18 岁以下的华人华侨运动员须由其监护人陪同来华参赛，占用官员名额；监护人不能陪同来华参赛的，须出具监护人委托函和公证书。根据规定，单人项目可报 1 名官员，两人和两人以上项目可报两名官员，集体球类项目每支队伍可报 5 名官员。

（刊载于《中国体育报》2017 年 6 月 15 日）

海丝沿岸国家主流媒体
感受天津体育文化

“海丝沿岸国家主流媒体天津行”活动日前启动，来自英国、法国、菲律宾、巴基斯坦、斯里兰卡等十余个国家主流媒体及北京、河北、福建等国内省市媒体云集津门。他们走进天津全运会马球场地、天津体育博物馆和民园体育场，感受天津体育文化魅力。“海丝沿岸国家主流媒体天津行”全媒体国际文化推广系列活动，旨在透过海上丝绸之路沿岸国家主流媒体的国际视野，依托全媒体报道方式，对外讲述不一样的天津故事，体现天津在“一带一路”建设和京津冀协同发展中的独特作用，迎接推广第十三届全运会，树立“美丽天津”国际良好城市形象。

在环亚马球公园，记者们近距离接触参赛马匹，这里是第十三届全运会马术比赛的举办地。泰国“经历在线”网站记者苏瑞说：“我非常喜欢这里，没有想到马球运动在天津开展得这么好。”

在位于民园体育场的天津体育博物馆，来自福建的记者林兴华说：“天津是一个很有名的城市，我过去知道霍元甲，但不知道天津体育在我国体育史上做出过这么大的贡献。通过全运会，将会让全世界和全国人民更加了解天津和天津体育。”

（刊载于《中国体育报》2017 年 8 月 16 日）

第九届中国体育美术作品展览开幕

为进一步推动社会主义文化大发展大繁荣，丰富全运会文化内涵，促进体育文化事业的发展；由中华全国体育总会、中国奥委会、中国美术家协会和第十三届全运会组委会共同主办的第九届中国体育美术作品展览 8 月 28 日在天津美术馆拉开帷幕。

经广泛发动，从全国征集到近 5000 件作品，经过专家评委严谨、细致的评选，最终从 668 件通过初评的作品中评选出 377 件作品参加在全运会期间举办的第九届中国体育美术作品展览，其中中国画 79 件、油画 77 件、版画 52 件、水彩粉画 52 件、雕塑 46 件、漆画 33 件、招贴设计 38 件。

记者在现场看到，377件优秀体育美术作品全方位、多角度地展现了体育与艺术结合的魅力，展示了体育与艺术、现代体育运动与中国传统文化相融合的无限魅力，展示了运动之美、力量之美和艺术之美，凸显了当代艺术家对体育、对生命的感受和领悟，诠释和彰显了中华体育精神和奥林匹克精神。“本次展览的主题和形式在国际上是独有的，通过艺术展现体育精神，连续九届的举办说明了其不竭的生命力和中国体育的影响力，很多艺术家投入到这样的创作中，成就了中国美术的品牌。”中国美协主席刘大为向记者介绍。

国家体育总局局长、党组书记、中华全国体育总会主席、中国奥委会主席、十三届全运会组委会主任苟仲文出席展览开幕式，国家体育总局副局长、中华全国体育总会副主席、中国奥委会副主席、十三届全运会组委会副主任赵勇致辞并宣布开幕，天津市委常委、市委宣传部部长、第十三届全运会组委会副主任陈浙闽致辞，中国文联副主席、书记处书记左中一，中国美术家协会主席刘大为等出席开幕仪式并参观展览。开幕式由十三运组委会副主任、天津市副市长曹小红主持。出席开幕式的还有国家体育总局相关司局、全运会组委会、天津文广局、体育局、市文联的负责同志，来自全运会各省区市代表团的代表、美术界和新闻界代表。

（刊载于《中国体育报》2017年8月29日）

巴赫参观第九届中国体育美术作品预展览

8月28日上午，国际奥委会主席巴赫一行参观了在天津美术馆举办的第九届中国体育美术作品预展览。

中国美术家协会主席刘大为向巴赫介绍了作品有关情况。天津美术家协会以及著名画家、老艺术家代表鲁光先生分别向巴赫赠送书画作品。

国际奥委会副主席、中国奥委会副主席于再清，中国奥委会副主席、国际奥委会委员李玲蔚，中国奥委会执委、国际奥委会委员杨扬，奥运冠军吴静钱以及中国美术家协会、中国奥委会新闻宣传部和第十三届全运会组委会新闻宣传部相关领导共同陪同参观。

巴赫饶有兴致地观看了美展，他从一楼行至三楼， 在一幅幅展品前驻足，详细询问作品的制作工艺、题材选择、作者背景，并一次次欣然点赞。巴赫随后在本届美展画册上签名，拟分别赠送给中国美术家协会、中国奥林匹克博物馆、天津美术馆、天津市体育博物馆留存。

中国体育美术作品展览历史悠久，该展览创办于1985年，已成为推动中国体育美术作品创作的重要载体和平台。其中一些优秀作品曾获得过国际奥委会大奖，并被洛桑奥林匹克博物馆收藏。

（刊载于《中国体育报》2017年8月29日）

总局领导看望十三运代表团和新闻工作者

8月29日，国家体育总局长、党组书记、十三届全运会组委会主任苟仲文一行先后来到天津全运会运动员村和主新闻中心，看望部分代表团运动员、教练员、工作人员、志愿者和参加全运会报道工作的中央主要新闻单位及天津市媒体的编辑记者。

8月29日上午，苟仲文一行考察了运动员村设施，查看了反兴奋剂教育中心、志愿者中心，亲切慰问了志愿者和工作人员。苟仲文分别到甘肃、青海、陕西、宁夏、广西、山西、山东、江苏、浙江等代表团运动员宿舍看望了运动员、教练员和官员，与大家亲切交谈。

在陕西代表团，苟仲文同刚刚获得跳水金牌的司雅杰交谈了解情况，激励她在夺取全运会冠军后树立更远大目标，在3年后的东京奥运会上，力争再夺金牌、为国争光。在看望江苏女排时，他激励她们要树立更高的努力目标，不断提高竞技水平。在浙江代表团看望了游泳运动员，他说，浙江省游泳有良好的传统，也是中国游泳队的主力军，希望大家再接再厉。他同时鼓励刚刚结束训练的孙杨继续顽强拼搏、再创佳绩。

8月29日下午，苟仲文一行来到十三运会主新闻中心和广播电视中心，看望和慰问了参与本届全运会新闻报道和电视转播的部分媒体记者。

苟仲文一行先后走进媒体工作室以及人民日报、新华社、中央电视台、中国体育报业总社、天津电视台等单位的工作间，与正在工作的记者们亲切交谈，仔细询问大家工作、生活中的各个细节，以及在媒体服务方面还有什么建议需求，与大家从多个角度探讨如何更好地做好本届全运会的宣传报道工作，并代表组委会向大家表示感谢。

在本报工作间，总局领导仔细翻阅了本报全运会期间推出的会刊，了解报纸的采编发行工作，充分肯定了对本届全运会全面、新颖、独到、专业的报道，就进一步做好下一阶段赛事报道提出新的要求和希望。

苟仲文表示，本届全运会是党的十九大召开前的一次重大体育盛会，也是全国人民了解我国体育事业发展的重要窗口，媒体记者在报道好各项比赛的同时，一定要多挖掘赛事背后的故事，做更多贴近群众的报道内容；同时要多利用新媒体、新科技，生产更多适合多种终端收看的视频、微视频等产品，全方位、多视角展开报道。要大力宣传天津为本届全运会做出的努力和贡献，彰显“全运惠民、健康中国”的主题。

国家体育总局副局长、十三届全运会组委会副主任杨树安、赵勇、李颖川，以及天津市委常委、宣传部长、十三届全运会组委会副主任陈浙闽，天津市副市长、十三届全运会组委会副主任曹小红等陪同看望和考察。

（刊载于《中国体育报》2017年8月30日）

开幕式彩排后合影

喜 悦

FASHION

后　记

《中华人民共和国运动会史》是一部专业史书，是中华人民共和国运动会自1959年举办以来，在六十多年的历史发展长河中，唯一一部记载全运会历史的史书。

2017年，著名红色体育专家、西安体育学院图书馆馆长史进教授发起并牵头成立了全运会史编纂小组，准备以每一届全运会为基础，共编写13册，全面展示党和国家对体育工作的高度重视和亲切关怀，以及我国体育事业改革和发展的成就，弘扬体育精神和全运会文化。在资料收集过程中，编辑们坚持实事求是原则，深入全国各地查阅历史档案，走访各方人士，广泛征集全运会发展史料、文物和图片，为编纂工作奠定了良好基础。其间，国内不少专家、教授和老体育工作者以及热心全运会史编纂的相关人员，为史料收集工作提供了极大方便，使编纂工作得以有条不紊地进行。在此，我们向承办过全运会的各省、市和相关人员对编纂工作的支持表示崇高的敬意和深深的谢意。

2021年9月，第十四届全运会将在陕西举行。作为文化大省，办一届文化全运、彰显陕西厚重的历史文化显得尤为必要，把编纂《中华人民共和国运动会史》作为献礼第十四届全运会的礼物再恰当不过。编纂期间，第十四届全运会组委会深入了解有关情况，并及时向国家体育总局汇报了拟编纂《中华人民共和国运动会史》的请示，国家体育总局办公厅于8月17日复函并指示：一、同意第十四届全运会组委会组织编纂《中华人民共和国运动会史》。二、编纂过程中请加强与体育总局的沟通协商，确保政治方向正确，尊重历史事实，编辑质量精准。在时间紧，任务重的形势下，编纂小组决定在十四运会开幕前，推出《中华人民共和国运动会史》精装版卷一、卷二、卷三，卷四在十四运结束后编纂出版。

为了确保高质量完成编纂任务，所有编纂、选图、修图、排版和出版社编辑、校对人员加班加点、夜以继日，仔细推敲、精雕细刻、数易其稿，终于在十四运会开幕前，使这部记载中华人民共和国运动会历史的史书与广大读者见面。

由于时间和条件限制，个别照片来自网络，请作者联系我们，以便奉上稿酬。

编纂《中华人民共和国运动会史》是件新事物，涉及面广，时间跨度大，由于编纂大型史书的经验不足和占有资料不全的限制，本志书缺漏和不当之处在所难免，敬请批评指正。

《中华人民共和国全运会史》编委会

2021年8月